Jürgen Tibusek

Ein Glaube, viele Kirchen

Die christlichen Religionsgemeinschaften –
Wer sie sind und was sie glauben

BRUNNEN
VERLAG GIESSEN

ABCteam-Bücher erscheinen in folgenden Verlagen:
Aussaat Verlag Neukirchen-Vluyn
R. Brockhaus Verlag Wuppertal
Brunnen Verlag Gießen und Basel
Christliches Verlagshaus Stuttgart
(und Evangelischer Missionsverlag)
Oncken Verlag Wuppertal und Kassel

Für Heike, Miriam und Sonja

*Danke, daß Ihr mir durch Eure Geduld
und liebevolle Unterstützung
die Arbeit an diesem Buch
ermöglich habt*

Die Deutsche Bibliothek – CIP-Einheitsaufnahme
Tibusek, Jürgen:
Ein Glaube, viele Kirchen:
die christlichen Religionsgemeinschaften –
wer sie sind und was sie glauben /
Jürgen Tibusek. – Giessen : Brunnen-Verl., 1994
(ABC-Team ; 1008)
ISBN 3-7655-1008-4
NE: GT

© 1994 Brunnen Verlag Gießen
Umschlagfotos: oben links und untere Reihe:
Pressefoto Lachmann; Rest: Brunnen-Archiv
Umschlaggestaltung: Helmut Pfindel
Satz: Rücker & Schmidt, Langgöns
Herstellung: St.-Johannis-Druckerei, Lahr
ISBN 3-7655-1008-4

Inhalt

Einführung   9

Erster Teil
Die katholischen Kirchen
Die römisch-katholische Kirche   11
   Die Geschichte der römisch-katholischen Kirche   12
   Die Lehre in der römisch-katholischen Kirche   17
   Erneuerungsbewegungen in der
   römisch-katholischen Kirche   36
   Die römisch-katholische Kirche
   im ökumenischen Gespräch   40
Die altkatholischen (christkatholischen) Kirchen
(Utrechter Union)   48
   Die geschichtliche Herkunft   48
   Die Lehre   50

Zweiter Teil
Die orthodoxen Kirchen
Altorientalische Kirchen   54
   Die Koptisch-Orthodoxe Kirche   57
   Die Äthiopisch-Orthodoxe Kirche   60
   Die Syrisch-Orthodoxe Kirche von Antiochien   60
   Die Orthodoxe Kirche Indiens   60
   Die Armenisch-Apostolische Orthodoxe Kirche   61
Nachchalcedonensische Orthodoxe Kirchen   62
   Orthodoxe Kirchen in Deutschland   64
      Ökumenisches Patriarchat von Konstantinopel   64
      Griechisch-Orthodoxes Patriarchat von Antiochien
      und dem gesamten Orient   64
      Russisch-Orthodoxe Kirche (Moskauer Patriarchat)   65
      Russisch-Orthodoxe Kirche im Ausland   65
      Serbisch-Orthodoxe Kirche   67
      Rumänische Orthodoxe Kirche
      (Patriarchat von Rumänien)   67

Bulgarische Orthodoxe Kirche
(Patriarchat von Bulgarien) 67
Ukrainisch-Orthodoxe Kirche im Ausland 67
Orthodoxe Theologie 68

Dritter Teil
Die protestantischen Kirchen
Die Anglikanische Kirche 79
  Die Struktur 79
  Die Geschichte der Anglikanischen Kirche 80
  Lehre in der Anglikanischen Kirche 80
Die Evangelische Kirche in Deutschland 85
  Die lutherischen Kirchen 93
    Die Vereinigte Evangelisch-Lutherische Kirche
    Deutschlands (VELKD) 94
    Lutherische Kirchen in Österreich und der Schweiz 96
  Die Reformierten Kirchen 102
    Der Reformierte Bund 103
    Reformierte Kirchen in Österreich, der Schweiz
    und in Liechtenstein 104
  Die Evangelische Kirche der Union (EKU) 112
  Übergreifende Organisationen in der EKD
  und ihr nahestehende Bewegungen 116
    Die Arnoldshainer Konferenz 116
    Deutscher Evangelischer Kirchentag 121
    Gemeindetag unter dem Wort 123
    Die Konferenz Bekennender Gemeinschaften 125
    Der Evangelische Gnadauer Gemeinschaftsverband e.V. 132
      Altpietistischer Gemeinschaftsverband 150
      Berliner Stadtmission 151
      Das Chrischona-Gemeinschaftswerk in Deutschland 152
      Evangelische Gesellschaft für Deutschland 156
      Evangelischer Gemeinschaftsverband Siegerland
      und Nachbargebiete 156
      Hannoverscher Verband landeskirchlicher
      Gemeinschaften 157

Landeskirchlicher Gemeinschaftsverband in Bayern	157
Landesverband Landeskirchlicher Gemeinschaften in Sachsen	158
Liebenzeller Gemeinschaftsverband	158
Süddeutsche Vereinigung für Evangelisation und Gemeinschaftspflege	159
Württembergischer Brüderbund	159
Deutscher Jugendverband „Entschieden für Christus" (EC) e.V.	159
Die charismatische Erneuerung in den protestantischen Kirchen	161
Die Geistliche Gemeinde-Erneuerung in der Evangelischen Kirche	163
Der Christliche Verein junger Menschen (CVJM)	176
Schweizerischer Evangelischer Kirchenbund	184
Evangelische Gesellschaft des Kantons Bern	185
Verband landeskirchlicher Gemeinschaften des Kantons Bern	188
Freie Kirche Uster	189
Minoritätsgemeinde der Evangelisch-reformierten Landeskirche Aarau	190
Evangelische Kirche in Österreich	191
Landeskirchliche Gemeinschaften in Österreich	192
Christlicher Missionsverein für Österreich	192
Scharnsteiner Bibelkreis	193
Geistliche Gemeinde-Erneuerung	193
Die Volksmission	193

Vierter Teil
Konfessionelle Freikirchen

Lutherische Freikirchen	194
Die geschichtliche Entwicklung	194
Selbständig Evangelisch Lutherische Kirche	199
Evangelisch-Lutherische Freikirche	201
Evangelisch-Lutherische Kirche in Baden	203
Die Evangelisch-altreformierte Kirche	205

Fünfter Teil
Freikirchen aus täuferischer, pietistischer und evangelikaler Tradition

Vereinigung Evangelischer Freikirchen	207
Verband Evangelischer Freikirchen und Gemeinschaften in der Schweiz	211
Arbeitsgemeinschaft evangelikaler Gemeinden in Österreich	213
Die Herrnhuter Brüdergemeine	215
Die Methodistischen Kirchen	220
Die Evangelisch-methodistische Kirche	220
Die Heilsarmee	231
Die Täuferbewegung als Vorläufer heutiger taufgesinnter Gemeinden	238
Die Hutterischen Bruderhöfer	249
Die Mennoniten	255
Mennonitische Gruppierungen im deutschsprachigen Raum	255
Arbeitsgemeinschaft Mennonitischer Gemeinden in Deutschland	256
Weitere mennonitische Gemeinschaften in Europa	258
Mennonitische Heimatmission	266
Arbeitsgemeinschaft zur geistlichen Unterstützung in Mennonitengemeinden	267
Die Mennoniten-Brüdergemeinden	269
Bund der Gemeinden Evangelisch Taufgesinnter	276
Baptistisch-mennonitische Zusammenschlüsse	278
Der Bund Taufgesinnter Gemeinden	278
Vereinigung der Evangeliums-Christen-Baptisten-Gemeinden e. V.	281
Der Baptismus	285
Der Baptismus in Deutschland	287
Der Bund Evangelisch-Freikirchlicher Gemeinden	291
Arbeitsgemeinschaft der Evangeliumschristen-Baptisten	310
Die Brüdergemeinden	312
Freie evangelische Gemeinden	333
Pilgermission St. Chrischona	345
Bund Evangelischer Gemeinden	353

Der Bund Evangelikaler Gemeinden in Österreich 356
Arbeitsgemeinschaft für bibeltreue Gemeinden 360

Sechster Teil
Aus der Heiligungsbewegung hervorgegangene Freikirchen
Die Gemeinden Gottes (evangelisch-freikirchlich) 365
Missions-Allianz-Kirche 372
Die Kirche des Nazareners 378
Evangelischer Brüderverein 384
Vereinigung Freier Missionsgemeinden 388

Siebter Teil
Evangelikal-Charismatische Freikirchen
Die Gemeinde der Christen „Ecclesia" 390
Anskar Kirche International 395
Calvary Chapel 402
Freikirchliches Evangelisches Gemeindewerk 406

Achter Teil
Aus der Pfingstbewegung hervorgegangene Freikirchen
Die Pfingstbewegung 411
Christlicher Gemeinschaftsverband Mülheim/Ruhr 423
Bund freikirchlicher Pfingstgemeinden 426
Bund Pfingstlicher Freikirchen (Schweiz) 429
   Schweizerische Pfingstmission 429
   Gemeinde für Urchristentum 430
Apostolische Kirche/Urchristliche Mission 432
Gemeinden Gottes 434

Neunter Teil
Wort- und Glaubensgemeinden 442

Zehnter Teil
Die Siebenten-Tags-Adventisten 451

Elfter Teil
Religiöse Gesellschaft der Freunde – Quäker 459

Zwölfter Teil
Unabhängige Gemeinden
Konferenz für Gemeindegründung 467
Charismatische Gemeinden 469

Dreizehnter Teil
Überkonfessionelle Zusammenschlüsse
Ökumenischer Rat der Kirchen 471
Arbeitsgemeinschaft Christlicher Kirchen in Deutschland 479
Arbeitsgemeinschaft Christlicher Kirchen in der Schweiz 480
Evangelische Allianz 481
   Evangelische Allianz in Deutschland 482
   Schweizerische Evangelische Allianz 485
   Evangelische Allianz in Österreich 485
   Europäische Evangelische Allianz 485
   Weltweite Evangelische Allianz 488
Lausanner Komitee für Weltevangelisation 490

Vierzehnter Teil
Überkonfessionelle Strömungen
Fundamentalisten und Evangelikale 493
Die charismatische Bewegung 509

Anhang
Dank 516
Anmerkungen 517
Register 596

Einführung

Hinter den Buchtitel *Ein Glaube – viele Kirchen* werden manche Leser ein Ausrufungszeichen setzen wollen – denn fast alle der dargestellten Kirchen (mit Ausnahme eines Teiles der Religiösen Gesellschaft der Freunde – Quäker) bejahen den Text des Apostolischen Glaubensbekenntnisses, oft ist er den jeweiligen Bekenntnissen vorangestellt.

Andere werden ein großes Fragezeichen hinter den Titel setzen wollen – weil sie zum Beispiel Lehraussagen über Maria, das Amtsverständnis und manches andere als trennend sehen. Auch Fragen der persönlichen Glaubensentscheidung, einer Wiedergeburt und manches andere werden sogar innerhalb der selben Konfession häufig als trennend angesehen – es wird zwischen „Namenschristen" und „wiedergeborenen Christen" unterschieden.

Es wäre sinnlos, solche Unterschiede zu leugnen. Ähnliche Dispute wurden bereits in der neutestamentlichen Gemeinde geführt. Andererseits kann die Frage der persönlichen Glaubensbeziehung zu Jesus Christus Christen unterschiedlicher Konfession trotz verschiedenartigem Gemeindeverständnis, Taufverständnis und Amtsverständnis miteinander verbinden.

Doch auch dort, wo Christen unterschiedlicher Konfession über den Weg der Versöhnung mit Gott die gleichen Auffassungen haben, wie es besonders in der evangelikalen Bewegung sichtbar wird, kennen sie einander oft zu wenig. So kommt es schnell zu Verletzungen oder auch zu Abgrenzungen, weil man einander nicht versteht.

Ich habe die Hoffnung, daß dieses Buch ein wenig dazu beiträgt, den anderen kennenzulernen und besser zu verstehen; aber auch vor einer falschen und oberflächlichen Einheit zu bewahren. Dabei muß „Verstehen" keinesfalls bedeuten, das Denken des anderen zu übernehmen. Wahre Einheit kann nur dort heranwachsen, wo man bereit ist, auch über Unterschiede miteinander ins Gespräch zu kommen.

Die Länge, in der einzelne Gruppen behandelt werden, ist unterschiedlich. Sie bedeutet keine Wertung, gibt auch nicht unbedingt einen Hinweis auf die zahlenmäßige Bedeutung der Gemeinschaft. Während einige größere Freikirchen gerade Wert darauf legen, trotz naheliegender Grenzen ein gewisses theologisches Spektrum in ihren Reihen zu ermöglichen, so daß die Festlegung in Bekenntnistexten nur einige grundlegende Dinge umfaßt, gibt es gerade einige kleine Gruppen, die sehr auf eine Einheit in möglichst allen Lehrfragen bedacht sind und deswegen auch umfangreiche Bekenntnistexte formulieren, die für die Mitglieder verbindlich sind. Die Behandlung der letztgenannten Gruppen muß daher zum Teil einen breiteren Raum einnehmen als die einer vielleicht zahlenmäßig größeren Gemeinschaft.

Als Mitarbeiter eines überkonfessionell arbeitenden Werkes habe ich mit fast allen der dargestellten Denominationen schon vor der Arbeit an diesem Buch Kontakte gehabt, Mitchristen in ihnen kennengelernt und in Abendveranstaltungen oder Gottesdiensten Vorträge halten können. Auch aufgrund dieser persönlichen Beziehungen war es mir ein Anliegen, bei der Darstellung objektiv zu bleiben und das Lebensgefühl der beschriebenen Gemeinschaften zu treffen. Dabei bin ich dankbar für die Hilfe vieler Freunde.

Jürgen Tibusek

Erster Teil
Die katholischen Kirchen

Die römisch-katholische Kirche

Mit weltweit 928 500 000 Mitgliedern[1] ist die römisch-katholische Kirche die größte christliche Kirche. Die geringste Verbreitung hat sie in Asien, wo 2,9 Prozent der Bevölkerung ihr angehören, ihre stärkste Verbreitung hat sie in Südamerika (89 Prozent der Gesamtbevölkerung) und in Mittelamerika sowie auf den Antillen (86,7 Prozent der Gesamtbevölkerung). 39,7 Prozent der Gesamtbevölkerung Europas gehören der römisch-katholischen Kirche an, in Deutschland waren es am 31. Dezember 1991 genau 28 197 822 Menschen, also etwas über 35 Prozent der Gesamtbevölkerung. 1991 verließen in Deutschland 167 933 Gläubige die römisch-katholische Kirche, 294 711 Katholiken wurden beerdigt. Dem stehen 299 504 Taufen gegenüber. 1992 lag die Zahl der Austritte bei 200 000.

Die Teilnahme am Gottesdienst ist sinkend. 1965 besuchten noch 45,1 Prozent aller Katholiken in Deutschland die Messe, 1985 waren es nur noch 25,8 Prozent, 1990 weniger als die Hälfte der Zahl von 1965, 21,9 Prozent[2], 1991 erneut ein Prozent weniger.[3]

Den höchsten Gottesdienstbesuch erreicht mit 32,8 Prozent das Bistum Regensburg, direkt gefolgt vom thüringischen Bistum Erfurt mit 31,1 Prozent. In Berlin besuchen bundesweit die wenigsten Katholiken die Messe (14,2 Prozent), im Ruhrgebiet ist der Besuch mit 15 Prozent auch nicht viel besser.

Insgesamt ist der Kirchenbesuch jedoch noch weitaus höher als in der Evangelischen Kirche in Deutschland (EKD, s.u.).

Eine umfangreiche sozialdiakonische Arbeit, die in fast jedem größeren Ort Deutschlands wirksam ist, leistet die römisch-katholische Kirche vor allem durch die Caritas. Insgesamt gibt es in Deutschland mehr als 68 000 Einrichtungen der Caritas.

Österreich

In Österreich gehören 86 Prozent der Bevölkerung, etwa 6,5 Millionen Menschen, der römisch-katholischen Kirche an. Sie ist in zwei Erzbistümer und sieben Bistümer aufgeteilt.

Schweiz

In der Schweiz hat die römisch-katholische Kirche zwischen 1980 und 1990 um 142 000 Mitglieder zugenommen. Der prozentuale Anteil an der Bevölkerung sank jedoch von 47,6 Prozent auf 46,2 Prozent, rund 3 Millionen Menschen. Die römisch-katholische Kirche ist in sechs Bistümer aufgeteilt. Außerdem gehören sechs Gemeinden zu den beiden unabhängigen Abteien Maria Einsiedeln und Saint-Maurice.[4]

Die Geschichte der römisch-katholischen Kirche

Eine Geschichte der römisch-katholischen Kirche würde den Rahmen dieses Buches sprengen. Hier soll nur ein kurzer Abriß der entscheidenden Entwicklungen seit der Reformation widergegeben werden.

Die Gegenreformation

Reformationsbestrebungen waren auch vor Martin Luther der katholischen Kirche nicht fremd. Aber erst nachdem die protestantische Reformation stattgefunden hatte und die Kirche eine Spaltung erlebt hatte, wurde der Reformgedanke vom Papst und einer größeren Zahl der Katholiken ernst genommen. Insbesondere der 1534 durch *Ignatius von Loyola* ins Leben gerufene Orden der *Jesuiten* tat sich in den Reformbestrebungen hervor.[5] In den Jahren 1545 – 1563 tagte das *Konzil von Trient*. Ein entscheidendes und die weitere Entwicklung der römisch-katholischen Kirche prägendes Ergebnis war die Dogmatisierung der Gleichstellung von Schrift und Tradition.

Die Entwicklung zur heutigen Bedeutung von Schrift und Tradition

Im Mittelalter hatte Thomas von Aquin die Tradition noch als der Schrift, der alleinigen Grundlage der Theologie, nachgeordnet bezeichnet.[6] Zum Ende des Mittelalters standen zumindest in der Praxis Schrift und Tradition gleichberechtigt nebeneinander. Erst mit der Berufung der Reformatoren auf die Schrift entgegen der Tradition war die römisch-katholische Kirche gezwungen, sich über das Verhältnis beider zueinander endgültig klarzuwerden.[7] So wurde im Zuge der Gegenreformation auf dem Trienter Konzil (1545 – 1563) die Gleichstellung von Schrift und apostolischer mündlicher Tradition dogmatisiert – eine entscheidende Weichenstellung hin zu der Kirche, die wir heute als römisch-katholische Kirche kennen.

Bisher hatte es einige apokryphe Schriften gegeben, die als Schriften zweiter Ordnung neben den kanonischen Schriften des Alten Testamentes in die Bibel aufgenommen worden waren. Durch diese Gleichschätzung von Schrift und Tradition gelangten nun auch Bücher in den Kanon, die bisher nicht zu den apokryphen Schriften gerechnet worden waren. Dazu gehörten z. B. das Gebet Manasses oder das dritte und vierte Buch Esra.[8]

Waren ältere Dogmen der katholischen Kirche noch mit der Schrift begründet worden und mindestens in deutlicher Nähe zu biblischen Aussagen, so muß eine biblische Begründung bei den drei Dogmen, die in der römisch-katholischen Kirche im 19. und 20. Jahrhundert festgelegt wurden, schwerfallen. Der Dogmengeschichtler Bernhard Lohse stellt fest:

> „Sämtliche neueren Dogmen der katholischen Kirche betreffen Probleme, die zugestandenermaßen dem Neuen Testament wie der älteren Kirche auch nur ansatzweise nicht bekannt waren. Der Altersbeweis für diese neuen Dogmen ist daher katholischerseits auch nur außerordentlich schwer zu führen."[9]

Bei den drei Dogmen handelt es sich um das Dogma von der unbefleckten Empfängnis Marias (s.u., 1854), von der Unfehlbarkeit des Papstes (s.u., 1870) und von der leiblichen Aufnahme Marias in den Himmel (s.u., 1950).

Der Rechtfertigungsgedanke nach den Aussagen des Konzils von Trient

Im Gegensatz zu Luther wurde auf dem Konzil von Trient festgeschrieben, daß die Rechtfertigung des Sünders am Ende des Lebens steht.[10] Gottes Heilszuwendung geschieht nach den Aussagen des Konzils zwar in der Taufe, die als Wiedergeburt verstanden wird; dieser Gnadenstand muß jedoch durch eigene Kraftanstrengung festgehalten werden. Vorausgesetzt ist bei dieser Lehre eine andere Entscheidung des Trienter Konzils, nach der trotz des Sündenfalls der freie Wille des Menschen zu sittlichen Handlungen fähig bleibt, jedoch das Heil alleine nicht erwerben kann. So schenkt Gott das Heil in der Taufe, der Mensch muß es aber aus seiner Kraft zu erhalten suchen.

Ein Reden von einer Heilsgewißheit ist nicht möglich. Nur durch die ständige Nutzung des Bußsakramentes wird dem Gläubigen immer wieder neu die Gnade zugesichert, und er erfährt Wachstum in der Heiligung.[11]

Die Sakramente

Die Siebenzahl der Sakramente wurde ebenfalls auf dem Trienter Konzil festgelegt.[12] Damit war ein Gegensatz zu den protestantischen Kirchen, die nur Taufe und Abendmahl als Sakramente bezeichneten, festgeschrieben.

Die Dogmatisierung der „unbefleckten Empfängnis" Marias

Papst Pius IX. mußte 1848 in Zusammenhang mit den politischen Ereignissen dieses Revolutionsjahres aus Rom fliehen, konnte jedoch 1849 wieder zurückkehren. Seine Rettung schrieb er Maria zu.[13] Nach einer Befragung der Bischöfe verkündete er 1854 in der Bulle *Ineffabilis Deus* das Dogma, in dem Maria als frei von Erbsünde erklärt wird.

Mit der Verkündigung dieses Dogmas hatte der Papst seine Macht demonstriert, indem er diese Entscheidung ohne Einberufung eines Konzils traf.[14]

Das I. Vatikanische Konzil

Das I. Vatikanische Konzil wurde 1869 einberufen. Es hatte das Ziel, Stellung gegen den Liberalismus zu beziehen. Bereits in der Auswahl der vorbereitenden Kommissionen wurde der konservative Flügel der katholischen Kirche stärker berücksichtigt. So wurde *Ignaz von Döllinger,* der zu den bekanntesten deutschen Theologen gehörte, übergangen.[15] Er wurde später zu einem geistigen Vater der *Altkatholischen Kirche,* ohne sich am Aufbau der Kirchenorganisation zu beteiligen. Seiner Überzeugung nach wurde mit dem Konzilsentscheid „*eine neue Kirche geschaffen*".[16]

Auf dem Konzil wurde trotz des Widerstandes eines großen Teiles der Teilnehmer das Dogma von der Unfehlbarkeit des Papstes (s.u.) verkündet. 88 Teilnehmer hatten sich auf Stimmenthaltung geeinigt und waren abgereist.[17] 533 der Versammelten nahmen bei zwei Gegenstimmen die Vorlage an. Die Erklärung des neuen Dogmas führte zur Bildung der *Altkatholischen Kirche* (in der Schweiz: *christkatholische Kirche*) (s.u.).

Der Codex Iuris Canonici

1917 wurde der Codex Iuris Canonici, der Kodex des kanonischen Rechtes, herausgegeben. Zu dieser Zeit war *Pius X.* römischer

Papst. Katholisches Kirchenrecht ist in diesem Werk festgeschrieben.

Ein drittes „neues" Dogma und das II. Vatikanische Konzil

Am 2. März 1939 wurde Pius XII. zum Papst gewählt. Seine äußerlich relativ neutrale Haltung gegenüber der nationalsozialistischen Diktatur in Deutschland wird unterschiedlich interpretiert. Während sein Vorgänger *Pius XI.* (1922-39) sich deutlich gegen das Nazi-Regime aussprach, versuchte Pius XII. durch Zurückhaltung vor noch größerem Leid zu bewahren. Der jüdische Gelehrte Pinchas Lapide stellte fest, daß der Papst vierhunderttausend Juden vor dem sicheren Tod bewahrt habe.[18]

In der 1943 veröffentlichten Enzyklika *Afflante Spiritu* erlaubte Pius XII. katholischen Theologen den Gebrauch neuer exegetischer Methoden wie der Formkritik. Allerdings warnte er 1950 in der Enzyklika *Humani Generis* auch vor den Gefahren der neuen historischen Theologie.[19] 1954 dogmatisierte *Papst Pius XII.* in der Bulle *Munificentissimus Deus* die leibliche Aufnahme Marias in den Himmel (s.u.).

Nachfolger von Pius XII. wurde nach dessen Tod im Jahre 1958 *Papst Johannes XXIII.* (1958-1963). Papst Johannes XXIII. hatte ein großes ökumenisches Anliegen. Einheit der Kirche war für ihn nicht mehr von einem Eintritt der nichtkatholischen Christen in die römisch-katholische Kirche abhängig. Einen Schritt hin zur Öffnung gegenüber anderen Kirchen tat er mit der Gründung des *Sekretariats zur Förderung der christlichen Einheit* im Jahre 1960.[20]

Er berief 1962 ein weltweites Konzil, das *II. Vatikanische Konzil,* ein. Noch vor der zweiten Sitzung des Konzils starb Papst Johannes XXIII. am 3. Juni 1963. Sein Nachfolger wurde *Papst Paul VI.* Kennzeichnend für das Konzil war unter anderem eine größere Öffnung für die Ökumene sowie die Einführung der Liturgie in der jeweiligen Landessprache, statt, wie bisher üblich, nach lateinischem Ritus.

Die Neuerungen wurde von einer Gruppe von Traditionalisten, unter denen sich besonders der Erzbischof *Marcel Lefèbvre* hervortat, vehement bekämpft, jedoch ohne Erfolg.

Vom II. Vatikanischen Konzil bis heute

Die bedeutendste Enzyklika Papst Paul VI. dürfte die 1967 veröffentlichte Enzyklika *Populorum Progressio* gewesen sein. In ihr werden Fragen der Weltwirtschaft, der dritten Welt und des Weltfriedens behandelt. Stärker in der Öffentlichkeit diskutiert wurde jedoch seine Enzyklika *Humanae Vitae* (1968), in der eine deutliche Ablehnung künstlicher Geburtenregelung ausgesprochen wird.

Der Nachfolger Papst Paul VI., *Papst Johannes Paul I.*, verstarb 33 Tage nach Beginn seiner Amtszeit am 28. September 1978. Zum erstenmal nach 1522 Jahren war der auf ihn folgende Papst kein Italiener. *Papst Johannes Paul II.*, geboren am 18. Mai 1920 in Wadowice bei Krakau als *Karol Wojtyla*, wurde am 16. Oktober 1978 zum Papst berufen. Am 25. Januar 1983 veröffentlichte er eine Neufassung des Codex Iuris Canonici (s.o.). Im November 1992 wurde, zuerst in französischer Sprache, ein Weltkatechismus der katholischen Kirche veröffentlicht (s.u.).

Die Lehre in der römisch-katholischen Kirche

Ein entscheidender Unterschied zwischen der römisch-katholischen Kirche und den meisten anderen Kirchen besteht in der Zuordnung von Schrift (der Bibel) und Tradition. Manche weiteren Unterscheidungspunkte haben letztlich in dieser grundlegenden Frage, die deshalb am Anfang behandelt wird, ihre Wurzel. Orientieren sich andere christliche Kirchen mit unterschiedlicher Betonung an der Bibel, deren Lehre auch in den frühchristlichen Konzilien als richtig dargestellt angesehen wird, stellt der Dogmengeschichtler Bernhard Lohse über die römisch-katholische Kirche fest:

> *„Der Katholizismus ist die einzige christliche Konfession, welche in der Neuzeit absolut verbindliche Glaubenssätze dogmatisiert hat."*[21]

Im Grunde haben die Lehrentscheidungen, an die Lohse hier denkt (s.u.), zumindest aus protestantischer Sicht die römisch-katholische Kirche erst zu der Kirche gemacht, die sie heute ist.

Die Offenbarungsquelle nach römisch-katholischer Lehre

Das II. Vatikanische Konzil beschreibt die Lehre von Schrift und Tradition in folgenden Worten:

"Die Heilige Überlieferung und die Heilige Schrift sind eng miteinander verbunden und haben aneinander Anteil. Demselben göttlichen Quell entspringend, fließen beide gewissermaßen in eins zusammen und streben demselben Ziel zu. Denn die Heilige Schrift ist Gottes Rede, insofern sie unter dem Anhauch des Heiligen Geistes schriftlich aufgezeichnet wurde. Die Heilige Überlieferung aber gibt das Wort Gottes, das von Christus dem Herrn und vom Heiligen Geist den Aposteln anvertraut wurde, unversehrt an deren Nachfolger weiter, damit sie es unter der erleuchtenden Führung des Geistes der Wahrheit in ihrer Verkündigung treu bewahren, erklären und ausbreiten kann. So ergibt sich, daß die Kirche ihre Gewißheit über alles Geoffenbarte nicht aus der Heiligen Schrift allein schöpft. Daher sollen alle mit gleicher Liebe und Achtung angenommen und verehrt werden."[22]

Hier wird also eine Gleichstellung von Schrift (Bibel) und Tradition erneut festgeschrieben. Beide sind durch den Geist Gottes inspiriert, beide können aber verbindlich nur durch die Amtsträger der Kirche ausgelegt werden:

"Die Aufgabe aber, das geschriebene oder überlieferte Wort Gottes verbindlich zu erklären, ist nur dem lebendigen Lehramt der Kirche anvertraut, dessen Vollmacht im Namen Jesu Christi ausgeübt wird. Das Lehramt ist nicht über dem Wort Gottes, sondern dient ihm, indem es nichts lehrt, als was überliefert ist, weil es das Wort Gottes aus göttlichem Auftrag und mit dem Beistand des Heiligen Geistes voll Ehrfurcht hört, heilig bewahrt und treu auslegt und weil es alles, was es als von Gott geoffenbart zu glauben vorlegt, aus diesem einen Schatz des Glaubens schöpft.
Es zeigt sich also, daß die Heilige Überlieferung, die Heilige Schrift und das Lehramt der Kirche gemäß dem weisen Ratschluß Gottes so miteinander verknüpft und einander zugesellt sind, daß keines ohne die anderen besteht und daß alle zusammen, jedes auf seine Art, durch das Tun des einen Heiligen Geistes wirksam dem Heil der Seelen dienen."[23]

Folglich gibt es nach römisch-katholischer Lehre drei verbindliche Lehrautoritäten: Die Bibel, die kirchliche Überlieferung und das Lehramt der Kirche.

Die Gleichstellung von Schrift und Tradition bedeutet jedoch nach römisch-katholischer Auffassung nicht, daß durch neue Offenbarungen die Offenbarung Gottes in Jesus Christus verändert oder überschritten werden kann.[24] Die römisch-katholische Kirche will durch die Dogmatisierung z.B. der Himmelfahrt Mariens nicht eine „neue Offenbarung" vermitteln, sondern bestätigt dadurch etwas, was nach ihrer Auffassung schon immer in der christlichen Kirche geglaubt wurde. Hier gilt der Grundsatz des Vinzenz von Lerin, nach dem nur das als verbindliche katholische Lehre gilt, „was immer, überall und von allen geglaubt worden ist".

Das gültige Kirchenrecht ist festgeschrieben im *Codex des kanonischen Rechtes*.[25]

Eine Gesamtzusammenstellung der heutigen römisch-katholischen Lehre wurde im November 1992, zuerst in französischer Sprache, im „Katechismus der katholischen Kirche" veröffentlicht. Die deutsche Ausgabe erschien im Mai 1993.

Unter der Präsidentschaft von Kardinal Josef Ratzinger arbeitete eine Kommission seit 1986 an der Fertigstellung des Katechismus. Der nun veröffentlichte Text ist die insgesamt zehnte Fassung.[26] Im Zuge der Fertigstellung wurden sämtliche Bischöfe der römisch-katholischen Kirche befragt.[27] Das Anliegen des Katechismus ist es nicht, einen neuen Glauben zu entfalten, sondern den katholischen Glauben in aktueller Form darzustellen und dabei auch auf aktuelle Fragen einzugehen. Dabei sollen *„die wesentlichen Wahrheiten und Grundlagen des katholischen Glaubens und der katholischen Moral ... möglichst vollständig, klar und zusammenfassend formuliert"* wiedergegeben werden.[28] In Zusammenhang mit der Veröffentlichung des neuen Katechismus sagte Papst Johannes Paul II.:

„Ein Katechismus muß getreu und organisch die Lehre der Heiligen Schrift, der lebendigen Überlieferung in der Kirche und des authentischen Lehramtes, wie das geistliche Erbe der Väter, der heiligen Männer und Frauen der Kirche darstellen, um das christliche Geheimnis besser erkennen zu lassen und den Glauben des Volkes neu zu ver-

lebendigen. Er muß die Entfaltung der Lehre berücksichtigen, die der
Heilige Geist im Laufe der Zeit der Kirche eingegeben hat. Es ist auch
notwendig, daß er mit dem Licht des Glaubens die neuen Situationen
und Probleme beleuchte, die sich in der Vergangenheit noch nicht ergeben hatten.
Der Katechismus wird daher Neues und Altes (vgl. Mt. 13,52) beinhalten, weil der Glaube immer derselbe und zugleich Quelle für immer
neues Licht ist."[29]

Der Katechismus enthält vier Hauptteile. Papst Johannes Paul II.
erklärt den Inhalt:

> „Die vier Teile sind miteinander verbunden: das christliche Geheimnis
> ist Gegenstand des Glaubens (erster Teil); es wird in den liturgischen
> Handlungen gefeiert und mitgeteilt (zweiter Teil); es ist gegenwärtig,
> um die Kinder Gottes bei ihrem Tun zu erleuchten und zu unterstüt-
> zen (dritter Teil); es bildet die Grundlage für unser Gebet, dessen
> bevorzugter Ausdruck das Vaterunser ist, und es bildet den Gegenstand
> unseres Bittens, unseres Lobes und unseres Fürbittegebetes (vierter
> Teil)."[30]

Die Lehre der römisch-katholischen Kirche heute

Das Lehramt der Kirche und Apostolische Sukzession

Das Lehramt der Kirche wird begründet durch die „Apostolische
Sukzession". Nach Auffassung der römisch-katholischen Kirche
– und einiger anderer Kirchen – wurde das Lehramt der Apostel in
ununterbrochener Folge durch die Ordination von Bischöfen weitergegeben.[31] Die Zahl der Bischöfe blieb dabei nicht auf zwölf
beschränkt.

Die Funktion der Bischöfe beschrieb Papst Johannes Paul II. im
Juli 1992 folgendermaßen:

> „Die Bischöfe erfüllen die den Aposteln anvertraute pastorale Sendung
> und besitzen alle mit ihr verbundenen Vollmachten. Sie erfüllen sie
> wie die Apostel auch mit Hilfe von Mitarbeitern. Wir lesen in der Kon-
> stitution Lumen Gentium: ‚Die Bischöfe haben also das Dienstamt
> in der Gemeinschaft zusammen mit ihren Helfern, den Priestern und

den Diakonen, übernommen. An Gottes Stelle stehen sie der Herde vor, deren Hirten sie sind, als Lehrer in der Unterweisung, als Priester im heiligen Kult, als Diener in der Leitung.'(LG,20). "[32]

Dadurch, daß die Bischöfe nach römisch-katholischer Auffassung in der direkten Autorität Christi handeln, kann Papst Johannes Paul II. sagen:

> *„Durch diese göttliche Einsetzung stehen die Bischöfe an Christi Stelle, so daß sie zu hören bedeutet, Christus zu hören. Also nicht nur der Nachfolger des Petrus steht an Christi, des guten Hirten, Stelle, sondern auch die andren Nachfolger des Apostel."*[33]

So ist verbindliche Entscheidung über die Lehre nur durch die kirchlichen Amtsträger möglich. Im Konzil von Trient wurde entschieden:

> *„Niemand soll es wagen, in Sachen des Glaubens und der Sitten, die zum Aufbau christlicher Lehre gehören, die Heilige Schrift im Vertrauen auf eigene Klugheit nach seinem eigenen Sinn zu drehen, gegen den Sinn, den die heilige Mutter Kirche hielt und hält – ihr steht das Urteil über den wahren Sinn und die Erklärung der heiligen Schriften zu ..."*[34]

Auf dem I. Vatikanischen Konzil wurde diese Aussage bekräftigt:

> *„Wir erneuern diesen Entscheid und erklären seinen Sinn dahin, daß in Sachen des Glaubens und der Sitten, die zum Aufbau christlicher Lehre gehören, der wahre Sinn der Schrift anzunehmen ist, den die heilige Mutter die Kirche festhielt und festhält. Ihr steht das Urteil über den wahren Sinn und die Erklärung der heiligen Schriften zu. Niemand darf also gegen diesen Sinn oder gegen die einstimmige Väterlehre die Schrift erklären."*[35]

Die Stellung des Papstes

In der heute bekannten Form ist die Stellung des Papstes erst seit 1870 festgelegt. In diesem Jahr verkündeten die Bischöfe auf dem I. Vatikanischen Konzil, daß der Papst bei Glaubensentscheidungen „ex cathedra" unfehlbar sei:

> *„Zur Ehre Gottes, unseres Heilandes, zur Erhöhung der katholischen Religion, zum Heil der christlichen Völker lehren und erklären wir endgültig als von Gott geoffenbarten Glaubenssatz, in treuem Anschluß an die vom Anfang des christlichen Glaubens her erhaltene Überlieferung, unter Zustimmung des heiligen Konzils: Wenn der römische Papst in höchster Lehrgewalt (ex cathedra) spricht, das heißt, wenn er seines Amtes als Hirt und Lehrer aller Christen waltend, in höchster apostolischer Amtsgewalt endgültig entscheidet, eine Lehre über Glauben oder Sitten sei von der ganzen Kirche festzuhalten, so besitzt er auf Grund des göttlichen Beistandes, der ihm im heiligen Petrus verheißen ist, jene Unfehlbarkeit, mit der der göttliche Erlöser seine Kirche bei endgültigen Entscheidungen in Glaubens- und Sittenlehren ausgerüstet haben wollte. Diese endgültigen Entscheidungen des römischen Papstes sind daher aus sich und nicht auf Grund der Zustimmung der Kirche unabänderlich."*[36]

Die Lehre von der Unfehlbarkeit des Papstes betrifft somit nicht alle Aussagen und Entscheidungen des Papstes. Sie wird da bedeutsam, wo verbindliche Dogmen durch den Papst verkündet werden – also nicht bei Stellungnahmen des Papstes zu Fragen wie zum Beispiel dem Zölibat oder der Empfängnisverhütung.

Die römisch-katholische Kirche beruft sich in ihren Aussagen über den Papst auf das Amt des Apostels Petrus, dem nach römisch-katholischer Auffassung Hirtengewalt über die gesamte Herde Christi verliehen wurde.[37] Petrus soll als Bischof Roms gestorben sein, der Bischof von Rom wird demzufolge jeweils als Nachfolger Petri betrachtet.[38] Er ist insbesondere Oberhaupt der Bischöfe, die durch ihn, nicht ohne ihn, Amtsgewalt in der Kirche haben. In einer Predigt sprach Papst Johannes Paul II. am 29. Juni 1992 vom Papst als dem *„sichtbaren Prinzip und Fundament der Einheit der ganzen Kirche"*.[39] Erst durch seine Anerkennung ist die Einheit der christlichen Kirche nach römisch-katholischer Auffassung gewährleistet. In den Texten des II. Vatikanischen Konzils wird die Rolle des Papstes beschrieben:

> *„Wie nach der Verfügung des Herrn der Heilige Petrus und die übrigen Apostel ein einziges apostolisches Kollegium bilden, so sind in entsprechender Weise der Bischof von Rom, der Nachfolger Petri, und die Bischöfe, die Nachfolger der Apostel, untereinander verbunden... Der Bischof von Rom hat nämlich kraft seines Amtes als Stellvertreter*

Christi und Hirt der ganzen Kirche volle, höchste und universale Gewalt über die Kirche und kann sie immer frei ausüben. Die Ordnung der Bischöfe aber, die dem Kollegium der Apostel im Lehr- und Hirtenamt nachfolgt, ja, in welcher die Körperschaft der Apostel immerfort weiterbesteht, ist gemeinsam mit ihrem Haupt, dem Bischof von Rom, und niemals ohne dieses Haupt, gleichfalls Träger der höchsten und vollen Gewalt über die ganze Kirche."[40]

Der Papst hat dabei das Recht, Entscheidungen allein oder „im kollegialen Verbund" mit den übrigen Bischöfen zu treffen.[41] Nur durch ihn kann eine konziliare Lehrentscheidung verbindlich werden. Bei einer Audienz am 7. Oktober 1992 stellte Papst Johannes Paul II. fest:

„Ein Konzil kann nicht wahrhaft ökumenisch sein, wenn es nicht vom Bischof von Rom bestätigt oder wenigstens angenommen wird. Dem Konzil würde das Merkmal der vom Nachfolger des Petrus sichergestellten Einheit fehlen. Wenn die Einheit und die Katholizität gewährleistet sind, kann das ökumenische Konzil auch in unfehlbarer Weise die Wahrheiten des Glaubens und der Moral definieren."[42]

Die übrigen Bischöfe handeln in der Autorität des Papstes.

„Bei der Ausübung seines Amtes stehen dem Papst die Bischöfe zur Seite ... Hilfe bieten ihm außerdem die Kardinäle sowie andere Personen ... alle diese Personen und Einrichtungen walten in seinem Namen und in seiner Autorität des ihnen übertragenen Amtes zum Wohl aller Kirchen gemäß den im Recht festgelegten Normen."[43]

Die Kirche in römisch-katholischer Sicht

Papst Johannes Paul II. zitierte in Zusammenhang mit der Kirche den Bibelvers Matthäus 16,19:

„Die Kirche – die die Schlüssel des Himmelreiches besitzt: Alles, was sie auf Erden binden wird, das wird auch im Himmel gebunden sein, und alles, was sie auf Erden lösen wird, das wird auch im Himmel gelöst sein."[44]

Christen anderer Kirchen, „die nicht in Gemeinschaft mit dem Nachfolger Petri stehen",[45] weiß sich die Kirche „aus vielerlei Gründen" verbunden. „*Wenn auch unvollkommen*", befinden sie sich in Gemeinschaft mit der katholischen Kirche.[46] Hier wird eine deutliche Führungsrolle der römisch-katholischen Kirche beansprucht. Dies bedeutet jedoch keinen Ausschluß der Nichtkatholiken vom Heil.

Evangelisation wird als Pflicht und Recht jedes Kirchenmitgliedes angesehen.[47] Am Weltmissionssonntag des Jahres 1992 sagte Papst Johannes Paul II.:

> „*Der Herr fordert uns auf, aus uns selbst herauszugehen und mit anderen die Güter, die wir besitzen, zu teilen, angefangen von unserem Glauben, den wir nicht als ein privates Privileg ansehen dürfen, sondern als eine Gabe, an der wir jene teilhaben lassen müssen, die sie noch nicht erhalten haben.*"[48]

Rechtfertigung

Im Katholizismus ist der Gedanke der Rechtfertigung durch die Gnade Gottes deutlicher Bestandteil der Rechtfertigungslehre. Der Katechismus der katholischen Kirche stellt klar fest:

> „*Wir haben unsere Rechtfertigung der Gnade Gottes zu verdanken.*"[49]

Die Gnade Gottes bewirkt die Bekehrung des Menschen. Durch Gottes Gnadenhandeln wendet er sich zu Gott und weg von der Sünde.[50]

Die Gnade Gottes gibt dem Menschen nun die Möglichkeit, sich mit seinem freien Willen zu entscheiden, den Willen Gottes zu tun.[51] Stärker als im Protestantismus wird hier also die Freiheit des Menschen zum Tun guter Werke hervorgehoben. Der *Katholische Erwachsenen Katechismus* betont jedoch in diesem Zusammenhang:

> „*Dabei geht es jedoch nicht um Werkgerechtigkeit. Vielmehr sind die Christen wie die Rebzweige am Weinstock; nur in Jesus Christus können sie Frucht bringen; ohne Jesus Christus dagegen können sie nichts vollbringen (vgl. Joh. 15,5). So sind auch unsere Verdienste letztlich seine Gnade.*"[52]

Der Katechismus der katholischen Kirche spricht vom „*Mitwirken an der Rechtfertigung durch den Glauben und an der Heiligung durch die Liebe.*"⁵³ Mit dieser Mitwirkung ist jedoch gerade nicht gemeint, der Mensch könne seine Werke ergänzend zur Gnade Gottes zu seiner Rechtfertigung einsetzen. Bereits der Empfang der Gnade gilt als Gnadenwirken Gottes.⁵⁴ Der Katechismus gebraucht auf der menschlichen Seite den Begriff „Verdienst". Es wird jedoch festgestellt, daß auch dieser Verdienst der Gnade Gottes zuzuschreiben ist.⁵⁵

Die Sakramente

Die Sakramente werden als Mitteilung göttlicher Gnade verstanden. Voraussetzung zum Empfang der sakramentalen Gnade ist der Glaube des Empfängers.

*„Die Sakramente sind hingeordnet auf die Heiligung des Menschen, den Aufbau des Leibes Christi und schließlich auf die Gott geschuldete Verehrung; als Zeichen haben sie auch die Aufgabe der Unterweisung. Den Glauben setzen sie nicht nur voraus, sondern durch Wort und Dinge nähren sie ihn auch, stärken ihn und zeigen ihn an; deshalb heißen sie Sakramente des Glaubens. Sie verleihen Gnade, aber die Feier befähigt auch die Gläubigen in hohem Maße, diese Gnade mit Furcht zu empfangen, Gott recht zu verehren und die Liebe zu üben."*⁵⁶

Nach Auffassung der römisch-katholischen Kirche ist Christus in den Sakramenten gegenwärtig. Im II. Vatikanischen Konzil konnte festgestellt werden, daß *„wenn immer einer tauft, Christus selber tauft"*. Im Sakrament ist er ebenso gegenwärtig wie in seinem Wort und im Gebet der Kirche.⁵⁷

Die römisch-katholische Kirche kennt sieben Sakramente. Es sind dies:

Die Eucharistie

Die Eucharistiefeier (Kommunion, Abendmahlsfeier) ist Mittelpunkt der römisch-katholischen Frömmigkeit. Sie wird als das *„erhabenste Sakrament"* bezeichnet.⁵⁸ Hier wird nach der katholischen Lehre der Bund Gottes mit den Menschen neu gefestigt. Er erlebt die Gnade Gottes.

> *„Aus der Liturgie, besonders aus der Eucharistie, fließt uns wie aus einer Quelle die Gnade zu; in höchstem Maße werden in Christus die Heiligung der Menschen und die Verherrlichung Gottes verwirklicht, auf die alles Tun der Kirche als auf sein Ziel hinstrebt."*[59]

Unter dem eucharistischen Hochgebet, das die Einsetzungsworte enthält, geschieht die Wandlung von Brot und Wein zu Leib und Blut Christi. In einem neueren Katholischen Katechismus heißt es:

> *„Gegen alle Versuche, die Worte Jesu ‚das ist mein Leib', ‚das ist mein Blut' nur bildhaft zu verstehen, betont dieser leicht mißzuverstehende Ausdruck: In der Eucharistiefeier werden kraft des Wortes Jesu und seines Auftrags Brot und Wein in Leib und Blut Christi verwandelt, ohne daß sich die sichtbare Gestalt ändert. Die Glaubenden verlassen sich hier ganz auf Jesu Wort. Das Konzil von Trient (1545-63) sagt dazu, daß im Sakrament der Eucharistie nach der Wandlung von Brot und Wein ‚unser Herr Christus als wahrer Gott und Mensch wahrhaft, wirklich und wesentlich unter der Gestalt jener sichtbaren Dinge (Brot und Wein) gegenwärtig ist'."*[60]

Die Eucharistie, in der sich nach römisch-katholischer Auffassung *„das Werk der Erlösung fortwährend vollzieht"*, sollte durch den Priester möglichst täglich, auch wenn keine Gläubigen teilnehmen, zelebriert werden.[61] Eucharistie ist ein immer wiederholtes Opfer, durch das das als einzigartig bezeichnete Opfer Christi vergegenwärtigt wird.[62] Papst Johannes Paul II. sagte 1992 in einer Predigt:

> *„Durch die Eucharistie erreicht die Erlösung Christi das Herz eines jeden Menschen und wandelt die Geschichte der Welt um."*[63]

Das Opfer, das in der Eucharistie geschieht, wird im Katechismus der katholischen Kirche auch folgendermaßen beschrieben:

> *„Oder auch heiliges Meßopfer, ‚Opfer des Lobes' (Hebr. 13, 15), geistiges Opfer, reines und heiliges Opfer, denn es vollendet und überragt alle Opfer des Alten Bundes."*[64]

Der Katechismus der katholischen Kirche wiederholt die Aussagen des Konzils von Trient bezüglich des Meßopfers. Das Opfer Christi und das Opfer der Eucharistie werden als eine Einheit betrachtet. In der Eucharistie findet demnach ein immer wieder wiederholtes Opfer Christi statt:

„‚Denn die Opfergabe ist ein und dieselbe; derselbe, der sich selbst damals am Kreuz opferte, opfert jetzt durch den Dienst der Priester; allein die Weise des Opferns ist verschieden.' ‚In diesem göttlichen Opfer, das in der Messe vollzogen wird, (ist) jener selbe Christus enthalten und (wird) unblutig geopfert...der auf dem Altar des Kreuzes ein für allemal sich selbst blutig opferte' ..."[65]

Üblicherweise wird den Gläubigen nur das Brot gereicht, der Wein wird allein vom Priester getrunken. Das kanonische Recht läßt hier jedoch grundsätzlich Ausnahmen zu.[66]

Junge Katholiken nehmen üblicherweise im Alter von etwa 7 Jahren zum ersten Mal an einer Eucharistiefeier teil. Dieses Ereignis, daß am Sonntag nach Ostern stattfindet, wird die „1. Heilige Kommunion" genannt.

Die Taufe

Die Taufe wird normalerweise an Kindern vollzogen. Der *Katholische Erwachsenenkatechismus* stellt dazu fest:

„Am Anfang der Kirche steht selbstverständlich die Erwachsenentaufe. Dies ist in den Missionsgebieten der Kirche bis heute so geblieben. Die Taufe unmündiger Kinder kann immer erst in der zweiten Generation zum Problem bzw. zur Praxis werden. Im Neuen Testament selbst gibt es dafür keine direkten Zeugnisse. Das Neue Testament spricht jedoch mehrfach von der Taufe eines ganzen ‚Hauses', d.h. ganzer Familien samt ihrem Gesinde (vgl. Apg. 16,15.33-34; 18,18; 1. Kor. 1,16). Es ist möglich, daß dabei auch Kinder mit eingeschlossen waren. Die ersten ausdrücklichen und klaren Zeugnisse für die Säuglingstaufe finden sich vom 2. Jahrhundert an. So ist die Taufe unmündiger Kinder sowohl in der Kirche des Ostens wie des Westens eine Praxis seit unvordenklichen Zeiten."[67]

Durch die Taufe werden die Menschen dem Leib Christi eingefügt und werden zu Kindern Gottes.

„So werden die Menschen durch die Taufe in das Pascha-Mysterium Christi eingefügt. Mit Christus gestorben, werden sie mit ihm begraben und mit ihm auferweckt. Sie empfangen den Geist der Kindschaft, ‚in dem wir Abba, Vater, rufen' (Röm.8,15) und werden so zu wahren Anbetern, wie der Vater sie sucht."[68]

Die Firmung
Die Firmung wird im Alter von etwa 14 Jahren durch einen Bischof oder Priester[69] vollzogen. Sie dient zur Ergänzung der Taufe. Dem Getauften wird der Heilige Geist mitgeteilt.

> *„Das Sakrament der Firmung, das ein Prägemal eindrückt, beschenkt die Getauften, die auf dem Weg der christlichen Initiation voranschreiten, mit der Gabe des Heiligen Geistes und verbindet sie vollkommener mit der Kirche; es stärkt sie und verpflichtet sie noch mehr dazu, sich in Wort und Tat als Zeugen Christi zu erweisen sowie den Glauben auszubreiten und zu verteidigen."*[70]

Die Buße
Dieses Sakrament dient zur Vergebung für die nach der Taufe begangenen Sünden. Der Priester erteilt die Absolution mit den Worten:

> *„Ich spreche dich frei von deinen Sünden im Namen des Vaters und des Sohnes und des Heiligen Geistes."*

Die sogenannte Ohrenbeichte ist außer in Notfällen zur Vergebung der Sünde notwendig. Vor der Eucharistiefeier wird in der Regel eine Absolution erteilt. Ist sich jemand einer schweren Sünde bewußt, muß jedoch vorher das Sakrament der Buße empfangen werden.[71]

Die Krankensalbung
In populärer Vorstellung handelt es sich hierbei um die ‚Letzte Ölung', die bei zu erwartendem baldigen Tod vollzogen werden soll. Wirklicher Zweck ist jedoch Heilung und Stärkung des Kranken.

> *„Durch die Krankensalbung empfiehlt die Kirche gefährlich erkrankte Gläubige dem leidenden und verherrlichten Herrn an, damit er sie aufrichte und rette ..."*[72]

Das Weihesakrament
Dieses Sakrament wird übertragen, wenn jemand als Diakon, Priester oder Bischof sein Amt antritt. Die Weihe ist nicht widerrufbar:

> *„Die katholische Kirche sieht in der Priesterweihe nicht die Einsetzung in ein möglicherweise zeitlich begrenztes Amt, sondern eine ein für allemal ausgesprochene Berufung, die von Gott her unbegrenzte Gültigkeit hat. Deshalb ist die Priesterweihe auch nicht wiederholbar und nicht widerrufbar."*[73]

Es ist möglich, einen Geweihten der Verpflichtungen oder Ämter zu entheben. Seine Weihe wird damit jedoch nicht zurückgenommen.

> *„Letztlich handelt Christus selbst durch den geweihten Diener und wirkt durch ihn das Heil. Dessen Unwürdigkeit kann Christus nicht am Handeln hindern."*[74]

Der den Priestern übergeordnete Rang der Bischöfe kommt darin zum Ausdruck, daß ihnen die Vollmacht zur Firmung und zur Priesterweihe vorbehalten bleibt. Diese Vorrangstellung wurde auf dem Konzil von Trient bekräftigt.[75] Erst in der Bischofsweihe wird die Fülle des Weihesakramentes übertragen.[76]

Unter Bezugnahme auf das Jesuswort *Weide meine Lämmer* (Joh. 21, 15.17) sagte Kardinalstaatssekretär *Angelo Sodano* in seiner Predigt am Papstsonntag (28. Juni) während der Weltausstellung 1992 in Sevilla:

> *„Mit diesen Worten machte Christus den Petrus zum Hirten der universalen Kirche, seiner Kirche, die nach einem Bild der Bibel eine Herde ist und seiner Sorge anvertraut wurde. Gewiß ist Christus der oberste Hirt der Kirche, wie es die Worte, die er seinen Jüngern sagte, bestätigen: ‚Ich bin der Gute Hirt ... Ich kenne die Meinen, und die Meinen kennen mich' (Joh. 10, 11.14). Dennoch wollte Christus seine Sendung den Aposteln, und an erster Stelle dem Petrus anvertrauen, denn sie sollten sein Heilswerk weiter fortsetzen. Dies ist das Geheimnis der Kirche, das wir heute feiern: Christus leitet seine Kirche weiter durch ihre Hirten."*[77]

Geweihte Priester der römisch-katholischen Kirche verpflichten sich zur Einhaltung des *Zölibats*, der Ehelosigkeit.

Die Ehe
Die Ehe ist nach katholischer Auffassung dann als Sakrament zu betrachten, wenn zwei getaufte Christen heiraten. Dieses Sakrament wird nicht vom Priester gespendet, sondern die Eheleute spenden es sich selbst. Nach katholischem Recht wird die Ehe rechtskräftig durch den Vollzug der Geschlechtsgemeinschaft.[78] Die Ehe wird geschlossen, „bis der Tod sie scheidet".

Das katholische Kirchenrecht erlaubt eine sogenannte Mischehe, das heißt eine Ehe zwischen einem Katholiken und einer getauften Nichtkatholikin oder umgekehrt. Diese Ehe bedarf, sollen die kirchlichen Regeln eingehalten werden, jedoch einer ausdrücklichen kirchlichen Erlaubnis.[79] Der katholische Partner muß sich verpflichten, daß Kinder, die aus der Ehe hervorgehen, durch einen katholischen Priester getauft werden und im katholischen Sinne erzogen werden.[80]

Die Stellung Marias

Die immerwährende Jungfräulichkeit
Im Jahre 649 n. Chr. wurde die Lehre von der immerwährenden Jungfräulichkeit Marias zum Dogma erhoben. Dies bedeutet, daß Maria nicht nur bei der Zeugung und Geburt Jesu Jungfrau war, sondern daß sie bis an ihr Lebensende Jungfrau blieb. Die Brüder und Schwestern Jesu, von denen im Neuen Testament die Rede ist, werden als nahe Verwandte Jesu verstanden.[81]

Maria als Mittlerin
Maria ist nach römisch-katholischer Auffassung am Heilswerk des Sohnes auf Grund ihrer Hingabe und ihres Glaubens mitbeteiligt.

> *„Diese Verbindung der Mutter mit dem Sohn im Heilswerk zeigt sich vom Augenblick der jungfräulichen Empfängnis Christi bis zu seinem Tod ..."*[82]

Man kann von Maria als Mittlerin sprechen, wenn auch nicht als Mittlerin im Sinne Christi.

"In ihrer mütterlichen Liebe trägt sie Sorge für die Brüder ihres Sohnes, die noch auf der Pilgerschaft sind und in Gefahren und Bedrängnis weilen, bis sie zur seligen Heimat gelangen. Deshalb wird die selige Jungfrau in der Kirche unter dem Titel der Fürsprecherin, der Helferin, des Beistandes und der Mittlerin angerufen. Das ist aber so zu verstehen, daß es der Würde und Wirksamkeit Christi, des einzigen Mittlers, nichts abträgt und nichts hinzufügt. Keine Kreatur nämlich kann mit dem menschgewordenen Wort und Erlöser jemals in einer Reihe aufgezählt werden. Wieviel mehr am Priestertum Christi in verschiedener Weise einerseits die Amtspriester, andererseits das gläubige Volk teilnehmen und wie die eine Gutheit Gottes auf die Geschöpfe in verschiedener Weise wirklich ausgegossen wird, so schließt auch die Einzigkeit der Mittlerschaft des Erlösers im geschöpflichen Bereich eine unterschiedliche Teilnahme an der einzigen Quelle in der Mitwirkung nicht aus, sondern erweckt sie. Eine solche untergeordnete Aufgabe Marias zu bekennen, zögert die Kirche nicht, sie erfährt sie auch ständig und legt sie den Gläubigen ans Herz, damit sie unter diesem mütterlichen Schutz dem Mittler und Erlöser inniger anhangen."[83]

Der jetzige Papst schrieb dazu im Jahre 1972:

"Die Mittlerschaft der Gottesmutter ist somit der einzigen Mittlerschaft Christi untergeordnet, der allein die Grundlage und den Ursprung der ganzen übernatürlichen Gnaden- und Heilsökonomie darstellt. Dennoch ist die Mittlerschaft in der Gnadenordnung von universaler Reichweite und besonderer Wirksamkeit."[84]

Das Gebet zu Maria

Nach römisch-katholischer Auffassung ist dem Christen das Gebet zu Maria möglich, nicht jedoch die Anbetung Marias. Aufgrund des Gebetes der Christen legt Maria bei ihrem Sohn Fürbitte ein. In der Praxis bedeutet dies, daß für viele Katholiken letztendlich Maria die Mittlerin hin zum Sohn, zu Christus, ist.

"Alle Christgläubigen mögen inständig zur Mutter Gottes der Menschen flehen, daß sie, die den Anfängen der Kirche mit ihren Gebeten zur Seite stand, auch jetzt, im Himmel über alle Seligen und Engel erhöht, in Gemeinschaft mit allen Heiligen bei ihrem Sohn Fürbitte einlege, bis alle Völkerfamilien, mögen sie den christlichen Ehren-

namen tragen oder ihren Erlöser noch nicht kennen, in Friede und Eintracht glückselig zum einen Gottesvolk versammelt werden, zur Ehre der heiligsten und ungeteilten Dreifaltigkeit."[85]

Die „unbefleckte Empfängnis" Marias

Eine Sonderstellung Marias drückt sich auch durch die von Papst Pius IX. dogmatisierte Lehre von der „Unbefleckten Empfängnis" Marias aus. Danach wurde Maria ohne Erbsünde geboren und blieb frei von jeder Tatsünde.

„Maria selber war vor, in und nach der Geburt reine und unversehrte Jungfrau. Wegen der Würde ihrer Gottesmutterschaft ist sie das begnadeteste aller Geschöpfe und wurde vom ersten Augenblick ihres Daseins im Schoße ihrer Mutter Anna durch besondere Gnade Gottes im Hinblick auf die Verdienste Christi vor jedem Makel der Erbsünde bewahrt."[86]

Ein neuer Katechismus drückt dies folgendermaßen aus:

„Weil Maria berufen war, Mutter Gottes zu werden, glaubt die Kirche, daß Gott sie von Beginn ihres Lebens an geheiligt hat. Er hat sie bewahrt vor Schuld und Sünde, in die die Menschheit verstrickt ist. In Maria, der Jungfrau, ist geschehen, worauf Israel hoffte: ganz Gott zu gehören wie eine Braut, die auf ihren Bräutigam wartet."[87]

Mariä Himmelfahrt

Die Lehre von der leiblichen Aufnahme Marias in den Himmel wurde im Jahre 1950 zum Dogma erhoben. Diie künftige Auferstehung aller Christen ist bei Maria nach katholischer Auffassung vorweggenommen worden.[88]

„Maria wird, durch Gottes Gnade nach Christus, aber vor allen Engeln und Menschen erhöht, mit Recht, da sie ja die heilige Mutter Gottes ist und in die Mysterien Christi einbezogen war, von der Kirche in einem Kult eigener Art geehrt."[89]

Maria als Bild der Kirche
Die erhöhte Maria gilt als Bild der christlichen Kirche.[90] So wie Maria die Mutter Christi war, ist die Kirche die Mutter der Gläubigen:

> *"Nun aber wird die Kirche, indem sie Marias geheimnisvolle Heiligkeit betrachtet, ihre Liebe nachahmt und den Willen des Vaters getreu erfüllt, durch die gläubige Annahme des Wortes Gottes selbst Mutter: Durch Predigt und Taufe nämlich gebiert sie die vom Heiligen Geist empfangenen und aus Gott geborenen Kinder zum neuen unsterblichen Leben."*[91]

Marienerscheinungen
Kein Dogma der römisch-katholischen Kirche verlangt, zu glauben, daß Maria Menschen erschienen sei und zu ihnen gesprochen habe. Eine Anzahl solcher Marienerscheinungen haben jedoch eine kirchliche Anerkennung erfahren. Diese Erscheinungen gelten als private Offenbarungen, die anhand der Offenbarung, die Gott der ganzen Kirche gegeben hat, untersucht und beurteilt werden müssen.[92]

In Europa sind besonders die Marienerscheinungen in *Lourdes* (1858), *Fatima* (1917) und *Medjugorje* bedeutsam geworden. In Lourdes erschien nach den Berichten vier Jahre nach der Verkündigung des Dogmas von der unbefleckten Empfängnis Marias (s. o.) Maria einem vierzehnjährigen Mädchen namens *Bernadette Soubirous* und bezeichnete sich als *"Unbefleckte Empfängnis"*, Worte, deren Sinn das Mädchen angeblich nicht verstand. Seitdem geschahen in Lourdes zahlreiche Krankenheilungen, die auf Maria zurückgeführt werden. Auch andere Marienerscheinungsorte stehen meist mit Heilungserfahrungen in Verbindung.

Die Lehre vom Fegefeuer (Purgatorium)

Nach römisch-katholischer Auffassung kommen Menschen, die zwar als gläubige Christen starben, aber noch nicht „vollkommen geläutert" sind, in einen Reinigungsort, in dem sie die Heiligkeit erlangen können, *„die notwendig ist, in die Freude des Himmels ein-*

zugehen".⁹³ Diese Vorstellung wurde auf dem Konzil von Trient (1563) formuliert. Dort heißt es:

*„Es gibt einen Reinigungsort, und die dort festgehaltenen Seelen finden eine Hilfe in den Fürbitten der Gläubigen, vor allem aber in dem Gott wohlgefälligen Opfer des Altares."*⁹⁴

Es handelt sich dabei um einen von der Hölle zu unterscheidenden Ort.⁹⁵

Ist auch die Sündenschuld und damit das ewige Leiden durch die Rechtfertigung getilgt⁹⁶ und damit die *„ewige Sündenstrafe"* weggenommen, kennt die römisch-katholische Kirche als zweite Folge der Sünde die Sündenstrafen, die im Leben oder im Fegefeuer zu verbüßen sind.

*„Die Sündenvergebung und die Wiederherstellung der Gemeinschaft mit Gott bringen den Erlaß der ewigen Sündenstrafen mit sich. Zeitliche Sündenstrafen verbleiben jedoch. Der Christ soll sich bemühen, diese zeitlichen Sündenstrafen als eine Gnade anzunehmen, indem er Leiden und Prüfungen jeder Art geduldig erträgt und, wenn die Stunde da ist, den Tod ergeben auf sich nimmt. Auch soll er bestrebt sein, durch Werke der Barmherzigkeit und der Nächstenliebe sowie durch Gebet und verschiedene Bußübungen den ‚alten Menschen' gänzlich abzulegen und den ‚neuen Menschen' anzuziehen."*⁹⁷

Zu ihrer Verkürzung dient der Schatz der Kirche, der aus dem Verdienst Christi sowie den Gebeten *„der seligsten Jungfrau Maria und aller Heiligen"*⁹⁸ besteht. Da zwischen den Gläubigen ein Band der Liebe besteht, kommt die Heiligkeit des einen dem anderen zugute.⁹⁹

Die Heiligen

Nach römisch-katholischer Auffassung sind „Heilige" Menschen, die durch besondere Verdienste, die sie durch die Kraft Christi erlangt haben, bereits in der Gegenwart Gottes sind und vollendet in der Gemeinschaft mit Gott leben. Sie können nicht „angebetet", aber um Fürbitte gebeten werden. Maria gilt als „Königin der Heiligen".¹⁰⁰

Das II. Vatikanische Konzil formulierte die Bedeutung der Heiligen folgendermaßen:

> „Denn in die Heimat aufgenommen und dem Herrn gegenwärtig (vgl. 2. Kor. 5,8), hören sie nicht auf, durch ihn, mit ihm und in ihm beim Vater für uns Fürbitte einzulegen, indem sie die Verdienste darbringen, die sie durch den einen Mittler zwischen Gott und den Menschen, Christus Jesus (vgl. 1. Tim. 2,5), auf Erden erworben haben, zur Zeit, da sie in allem dem Herrn dienten und für seinen Leib, die Kirche, in ihrem Fleisch ergänzten, was an den Leiden Christi noch fehlt (vgl. Kol. 1,24). Durch ihre brüderliche Sorge also findet unsere Schwachheit reichste Hilfe."[101]

Zu den Feiertagen der Heiligen heißt es in den Texten des II. Vatikanischen Konzils:

> „In diesem Kreislauf des Jahres hat die Kirche auch die Gedächtnistage der Märtyrer und der anderen Heiligen eingefügt, die, durch Gottes vielfältige Gnade zur Vollkommenheit geführt, das ewige Heil bereits erlangt haben, Gott im Himmel das vollkommene Lob singen und Fürsprache für uns einlegen. In den Gedächtnisfeiern der Heiligen verkündet die Kirche das Pascha-Mysterium in den Heiligen, die mit Christus gelitten haben und mit ihm verherrlicht sind. Sie stellt den Gläubigen ihr Beispiel vor Augen, das alle durch Christus zum Vater zieht, und sie erfleht um ihrer Verdienste willen die Wohltaten Gottes."[102]

In der Liturgie, insbesondere der Eucharistiefeier, soll die innige Gemeinschaft mit „der himmlischen Kirche" in besonderer Weise zum Ausdruck gelangen.

> „Auf vornehmste Weise wird aber unsere Einheit mit der himmlischen Kirche verwirklicht, wenn wir, besonders in der heiligen Liturgie, in der die Kraft des Heiligen Geistes durch die sakramentalen Zeichen auf uns einwirkt, das Lob der göttlichen Majestät in gemeinsamem Jubel feiern. So verherrlichen wir alle, die im Blute Christi aus allen Stämmen, Sprachen, Völkern und Nationen erkauft (vgl. Apg. 5,9) und zur einen Kirche versammelt sind, in dem einen Lobgesang den einen und dreifaltigen Gott. Bei der Feier des eucharistischen Opfers sind wir also sicherlich dem Kult der himmlischen Kirche innigst verbunden, da wir uns in verehrendem Gedenken vereinigen vor allem mit Maria, der glorreichen, allzeit reinen Jungfrau, aber auch mit dem heiligen Joseph wie auch den heiligen Apostel und Märtyrern und allen Heiligen."[103]

Erneuerungsbewegungen in der römisch-katholischen Kirche

In diesem Jahrhundert entstanden zahlreiche Erneuerungsbewegungen innerhalb der römisch-katholischen Kirche. In den dreißiger Jahren gründete *Frank Duff* in Irland die *Legio Mariens* mit dem Ziel der Heranbildung von Laienmitarbeitern. Während des 2. Weltkrieges gründete *Chiara Lubich* in Italien die Bewegung der *Focolarini,* deren Ziel es ist, durch die Einheit mit Christus Einheit und Frieden der Menschheit zu fördern.

Ende der vierziger Jahre gründete *Bischof Hervas* in Spanien die *Cursillo Bewegung*. In einem Glaubenskurs sollen Menschen zur Entscheidung für Jesus Christus geführt werden. Der Kurs steht inhaltlich evangelikalem Gedankengut sehr nahe.

Mitte der fünfziger Jahre gründete *P. Ricardo Lombardi* in Rom die *Bewegung für eine bessere Welt*. Junge Leute sollen durch die Hinwendung zu Jesus Christus die Welt und ihre Zukunft verändern.

Die bedeutendste der Erneuerungsbewegungen ist jedoch die charismatische Erneuerung. Die charismatische Bewegung ist eine konfessionsübergreifende Bewegung (s.u.: Die charismatische Erneuerung in den protestantischen Kirchen, und: Die charismatische Bewegung). Sie findet jedoch in den verschiedenen Konfessionen unterschiedliche Ausprägungen, auch wenn die Grenzen zeitweilig nicht mehr sichtbar sind.

Die katholische charismatische Erneuerung

Als Beginn der charismatischen Erneuerungsbewegung in der römisch-katholischen Kirche gilt der 17. Februar 1967. Dreißig Professoren und Studenten der *Duquesne University* in Pittsburgh im US-Bundesstaat Pennsylvania kamen an diesem Tag zu einem Einkehrwochenende zusammen. Dabei sollten die beiden ersten Kapitel der Apostelgeschichte sowie das von dem der Pfingstbewegung angehörenden Pastor *David Wilkerson* verfaßte Buch *Das Kreuz und die Messerhelden* gelesen werden. Zwei Professoren der Universität hatten vorher Treffen der Pfingstbewegung (s.u.) besucht.[104] Eine der Episkopalkirche (anglikanische Kirche in den

USA, s.u.) angehörende Charismatikerin hielt am Freitagabend einen Vortrag über das zweite Kapitel der Apostelgeschichte. Abends kamen ungeplant alle Teilnehmer in die Kapelle. Über die Ereignisse berichtet die Teilnehmerin *Patti Mansfield*:

> *„In dieser Nacht brachte der Herr die ganze Gruppe in die Kapelle ... Die Professoren legten manchen von den Studenten die Hände auf, aber die meisten empfingen die Taufe im Heiligen Geist, während sie vor dem Allerheiligsten knieten. Manche von uns begannen in Sprachen zu beten; andere empfingen die Gaben der Unterscheidung, der Prophetie und der Weisheit."*[105]

Viele der in der charismatischen Erneuerung engagierten Katholiken sehen in dem hier begonnenen Aufbruch eine Erhörung des Gebetes von *Papst Johannes XXIII.*, der in dem Gebet zur Einberufung des II. Vatikanischen Konzils 1961 um ein neues Pfingsten gebetet hatte.[106]

Zu einer ersten Konferenz katholischer Charismatiker kamen im April 1967 fünfundachtzig Menschen zusammen, 1971 waren es fünftausend, unter ihnen drei Bischöfe, 1973 bereits 20 000.[107]

In den siebziger Jahren breitete sich die Bewegung auch in den katholischen Kirchen Europas aus. 1974 fand in Rom ein erstes Treffen von Verantwortlichen der Charismatischen Erneuerung statt, dem 1975 ein internationales Treffen mit 10 000 Teilnehmern folgte. In Rom befindet sich auch das *Internationale Büro für katholische charismatische Erneuerung*.[108] In Deutschland bildeten sich ab 1970 Gruppen, die offiziell die Bezeichnung *Katholische Charismatische Gemeinde-Erneuerung* führten.[109] 1993 wurde der Name in *Katholisch Charismatische Erneuerung (KCE)* geändert.[110] Etwa 12 000 Katholiken kommen in Deutschland regelmäßig in den rund achthundert Gebetsgruppen der KCE zusammen.[111] Die Erneuerungsbewegung wird von einer achtköpfigen Koordinierungsgruppe geleitet, zu der auch die bekannte Evangelistin *Kim Kollins* gehört.

Weltweit wurden 1990 etwa 72 Millionen Katholiken der charismatischen Erneuerung zugerechnet.[112]

Das Ziel der charismatischen Erneuerung

Als Ziel der Erneuerungsbewegung formulierte 1982 der damalige Leiter des *Internationalen Rates der Charismatischen Erneuerung*, P. Tom Forrest:

> *„Ziel ist nicht eine Erneuerung in der Kirche, sondern eine Erneuerung der ganzen Kirche, von der wir ein Teil sind."*[113]

Die Taufe mit dem Heiligen Geist

Die Taufe im Heiligen Geist gilt als

> *„... die grundlegende Eigenschaft der Charismatischen Erneuerung, die sie von anderen geistlichen Bewegungen unterscheidet. Sie ist ein souveränes Handeln des Herrn, der seinen Geist ausgießt und dadurch den Christen verändert. Es geht also nicht um reine Vermittlung von Gaben (Charismen)."*[114]

Allgemein wird die katholische Auffassung übernommen, nach der der Mensch in Taufe und Firmung den Geist Gottes empfängt.[115] Die in der charismatischen Erneuerung gemachte Erfahrung soll nach Auffassung mancher charismatisch orientierter Theologen aus diesem Grund als Geist-Erfahrung bezeichnet werden. Damit soll auch die Gefahr abgewendet werden, sich als auf einer höheren Stufe des Christseins befindlich einzuordnen. Dabei kann durchaus von einem Durchbruchserlebnis die Rede sein, das für weitere Geisterfahrungen öffnet. Daß dieses Durchbruchserlebnis unbedingt von der Zungen- oder Sprachenrede begleitet sein muß, wird häufig abgelehnt.[116]

Nach Auffassung mancher Theologen wird in der Taufe im Heiligen Geist die in Taufe und Firmung objektiv empfangene Gnade gegenwärtig und wirksam, ist also eine bewußte zweite Erfahrung.[117]

Die Taufe im Heiligen Geist wird als Wiederbelebung dieser Sakramente verstanden.[118] In einem Grundsatzartikel stellt der Franziskanerpater *Raniero Cantalamessa* (OFM), der in Rom lebende persönliche Prediger des Papstes, fest, daß im Gegensatz zur frühchristlichen Kirche auf Grund der Kindertaufe der *„persönliche und freie Glaubensakt"* fehlt.[119] In der heutigen Situation sei ein normales christliches Leben eher die Ausnahme als die Regel. Die Taufe in den Heiligen Geist bezeichnet Cantalamessa als *„eine Antwort Gottes darauf, daß das christliche Leben so schlecht funktioniert."*[120] Er sieht sie als Wiederbelebung der Taufe und stellt fest:

> *„Der Grund dafür, daß sie die Taufe so wirksam wiederbelebt und reaktiviert, ist folgender: Der Mensch trägt endlich seinen Teil dazu bei, das heißt, er trifft eine Entscheidung zum Glauben, auf die er durch Buße und Umkehr vorbereitet wurde; dies erlaubt dem Wirken Gottes, sich zu ‚befreien' und sich mit ganzer Kraft zu entfalten."*[121]

So wird in einer katholisch-charismatisch orientierten Zeitschrift unter der Überschrift „Wie komme ich zu einem lebendigen Glauben?" die Verlorenheit des Menschen ohne Gott, die Liebe Gottes und das stellvertretende Opfer Jesu am Kreuz, durch das Menschen erlöst werden, geschildert. Dann wird festgestellt:

> *„Gemeinschaft mit Gott, neues Leben wird geschenkt, wenn wir an Jesus Christus glauben und ihm unser Leben anvertrauen.*
> *Wenn Sie einen Weg suchen, wie auch Sie Ihr Leben Jesus Christus anvertrauen könnten, wenn Sie als Kind getauft wurden, können Sie die damals von ihren Eltern stellvertretend ausgesprochene Entscheidung nun selber treffen. Wir laden Sie ein, ganz schlicht in Ihren eigenen Worten aus dem Herzen zu reden. Folgende Worte können eine Hilfe sein: Mein Herr und mein Gott, ich danke Dir, daß Du mich liebst und in Jesus Christus Mensch geworden bist. Ich öffne Dir mein Herz als meinem Gott und Erlöser. Ich schenke Dir den ersten Platz in meinem Leben und bitte Dich um Deinen Heiligen Geist, damit ich mich so verändern lasse, wie Du mich haben willst. Ich danke Dir, daß Du dieses Gebet erhört hast."*[122]

Eine vergleichbare, ausführlichere Darstellung findet sich auch in einem Mitarbeiterhandbuch der charismatischen Erneuerung.[123] Diese Darstellung erinnert stark an ähnliche Beschreibungen in pietistisch oder evangelikal orientierten protestantischen Kreisen.[124] Es verwundert von daher nicht, wenn der in Frankfurt/Main lebende Professor *Norbert Baumert SJ* als Sprecher der Bewegung 1993 in der Betonung der bewußten Entscheidung für Jesus Christus und der persönlichen Beziehung zu Gott eine Gemeinsamkeit mit evangelikal geprägten evangelischen Christen sah.[125]

Die römisch-katholische Kirche im ökumenischen Gespräch

Seit einigen Jahrzehnten ist die römisch-katholische Kirche mit verschiedenen protestantischen Kirchen im ökumenischen Gespräch. In Gesprächen mit den reformatorischen Kirchen ist es hier bereits zu einem gewissen Konsens gekommen. So werden die Verdammungsurteile der Confessio Augustana, des bedeutendsten Bekenntnisses der lutherischen Kirchen, heute eher als historisch bedingt betrachtet.

Römisch-katholisch – lutherischer Dialog

In den Vereinigten Staaten wurde von 1983 bis 1990 ein lutherisch-katholischer Dialog geführt, der sich mit der Thematik „Maria und die Heiligen" beschäftigte. Lutherische Vertreter äußerten darin ihre Besorgnis, daß die Heilsmittlerschaft Christi durch die Anrufung Marias und der Heiligen verdunkelt wurde. Ebenso machten sie ihre Ablehnung der Dogmen der Unbefleckten Empfängnis und der leiblichen Aufnahme Marias in den Himmel deutlich. Nach lutherischer Auffassung sind diese Dogmen nicht ausreichend in der Bibel begründet.[126]

Zur Zeit wird der lutherisch – römisch-katholische Dialog über das Kirchenverständnis geführt.[127]

Die Frage der Rechtfertigungslehre ist nach Aussagen des deutschen Priesters *Dr. Heinz-Albert Raem*, einer der Dialogbeauftragten des Vatikans, *„nahezu gelöst"*.[128]

Römisch-katholische Kirche und Evangelikale

Evangelikale Christen sind Protestanten, die die Notwendigkeit der Orientierung an der Bibel als der höchsten Autorität für Glauben und Leben betonen. Ebenso ist ihnen die Annahme des Heils durch eine persönliche Glaubensentscheidung für Jesus Christus wichtig.[129] Viele, jedoch nicht alle Evangelikalen sind verbunden mit der *Weltweiten Evangelischen Allianz* (s.u.), einer Dachorganisation der überkonfessionellen evangelikalen Bewegung. In einer 1986 verabschiedeten Stellungnahme machte die Weltweite Evangelische Allianz ihre Position zur römisch-katholischen Kirche deutlich. Es werden „*scharfe lehrmäßige Unterschiede*"[130] gesehen. Der Führungsanspruch der römisch-katholischen Kirche und die Bedeutung des Lehramtes der Kirche werden deutlich abgelehnt. Die Ursachen der von Evangelikalen abgelehnten Lehren werden in erster Linie in dem Verhältnis zwischen Tradition und Schrift in der katholischen Dogmatik gesehen.[131] Besonders scharf kritisiert werden die römisch-katholischen Mariendogmen:

„*Wir als Evangelikale fühlen uns tief verletzt von Roms Mariendogmen, weil sie einen Schatten werfen auf die Hinlänglichkeit Jesu Christi als Fürsprecher, weil sie jeglicher biblischer Grundlage entbehren und weil sie von der Anbetung, die allein Jesus Christus gehört, ablenken.*"[132]

Die Erklärungen des Trienter Konzils zur Rechtfertigungslehre werden weiterhin als trennend angesehen.[133]

Unterschiedliches Missionsverständnis zwischen Katholiken und Evangelikalen

In Dialoggesprächen zwischen evangelikalen Theologen und Vertretern der römisch-katholischen Kirche wurden nicht unbedeutende Unterschiede in der Auffassung über Mission deutlich. Diese hängen vor allem auch mit der römisch-katholischen Auffassung über nichtchristliche Religionen zusammen, die sich von der Auffassung der Evangelikalen unterscheidet.

In den Texten des II. Vatikanischen Konzils wurden Wahrheitselemente in anderen Religionen anerkannt:

„*Die katholische Kirche lehnt nichts von alledem ab, was in diesen Religionen wahr und heilig ist. Mit aufrichtigem Ernst betrachtet sie jene Handlungs- und Lebensweisen, jene Vorschriften und Lehren, die zwar in manchem von dem abweichen, was sie selber für wahr hält und lehrt, doch nicht selten einen Strahl jener Wahrheit erkennen lassen, die alle Menschen erleuchtet. Unablässig aber verkündet sie und muß sie verkündigen Christus, der ist ‚der Weg, die Wahrheit und das*

Leben' (Jo 14,6), in dem die Menschen die Fülle des religiösen Lebens finden, in dem Gott alles mit sich versöhnt hat."[134]

Auch evangelikal geprägte Christen lehnen die Existenz von Wahrheitselementen in nichtchristlichen Religionen nicht ab. Für sie bilden sie jedoch einen eher entstellten Rest des Wissens der Menschheit um Gott. Für Katholiken ist es möglich, hierin ein Wirken Christi, des Logos, zu sehen. In den Dialoggesprächen wurde festgestellt:

> *„Es gibt Elemente der Wahrheit in allen Religionen. Diese Wahrheiten sind die Frucht eines Geschenkes der Offenbarung von Gott. Evangelikale bezeichnen ihre Quelle meist als allgemeine Offenbarung, allgemeine Gnade oder als den Rest des Bildes Gottes im Menschen. Katholiken verbinden sie häufiger mit dem Wirken des Logos, dem wahren Licht, das in die Welt kommt und jeden Menschen erleuchtet (Joh. 1, 9) und mit dem Wirken des Heiligen Geistes."*[135]

Unterschiede zu von Evangelikalen vertretenen Grundhaltungen und römisch-katholischer Lehre kamen auch in Gesprächen zwischen der römisch-katholischen Kirche und dem Baptistischen Weltbund sowie in Gesprächen mit Vertretern der Pfingstbewegung zur Sprache. Beispielhaft soll darum auf diese Unterschiede anhand der Gespräche zwischen Katholiken und Baptisten kurz eingegangen werden.

Gespräche zwischen römisch-katholischer Kirche und Baptisten

Baptistisch/römisch-katholische Gespräche fanden auf internationaler Ebene in den Jahren 1984 – 1988 statt. Sie wurden verantwortet von der *Kommission für baptistische Lehre und zwischenkirchliche Beziehungen* des baptistischen Weltbundes sowie dem *Vatikanischen Sekretariat für die Förderung der Einheit der Christen*. Das Thema der Gespräche lautete *Christliches Zeugnis in der heutigen Welt*. Zu Beginn einer am Ende der Gespräche herausgegebenen gemeinsamen Erklärung heißt es:

„Unser gemeinsames Zeugnis beruht auf dem gleichen Glauben an die zentrale Stellung Jesu Christi als der Offenbarung Gottes und des einzigen Mittlers zwischen Gott und der Menschheit (1. Tim. 2,5)."[136]

Bezüglich der Christologie konnte festgestellt werden:

„Unsere Diskussion brachte hinsichtlich der Lehre von Person und Werk Christi keine wesentlichen Unterschiede zum Vorschein, obwohl einige Unterschiede im Blick auf die Aneignung des Erlösungswerkes Christi auftauchten."[137]

Unterschiede wurden deutlich in der Stellung zu Schrift und Tradition.

„Römische Katholiken bekräftigen, daß die Heilige Schrift und die Heilige Tradition ‚demselben göttlichen Quell entspringen' und daß ‚die Kirche ihre Gewißheit über alles Geoffenbarte nicht aus der Heiligen Schrift allein schöpft' (Dogmatische Konstitution über die göttliche Offenbarung Nr. 9). Der Glaube der Kirche, wie er in ihren Bekenntnissen durch die Jahrhunderte Ausdruck findet, ist für Katholiken normativ. Während Baptisten die Bekenntnisse der ersten vier ökumenischen Konzilien bekräftigen und in ihrer Geschichte bekenntnishafte Erklärungen hervorgebracht haben, betrachten sie diese dennoch nicht als normativ für den einzelnen Glaubenden oder für die nachfolgenden Perioden des kirchlichen Lebens. Für Baptisten ist allein die Schrift normativ.[138]

Hier blieben durchaus Fragen offen.

„(45) Baptisten bauen allein auf die Schrift, wie sie unter der Leitung des Heiligen Geistes interpretiert wird, also das Prinzip der Reformation. Römische Katholiken empfangen Gottes Offenbarung aus der Schrift, die im Licht der Tradition unter der Leitung des Lehramtes interpretiert wird, in einem vom Heiligen Geist geleiteten gemeinschaftlichen Prozeß.

… Römische Katholiken fragen oft, wie Baptisten die entscheidenden theologischen Verlautbarungen einschätzen, die die Kirche auf ihrem Weg durch die Geschichte hat ergehen lassen, zum Beispiel die großen christologischen Verlautbarungen von Nicäa und Konstantinopel. Kurz gesagt: Anerkennen sie eine wie auch immer geartete Rechtgläubigkeit? Baptisten fragen, ob römische Katholiken irgendwelche Grenzen für das setzen, was endgültig definiert werden kann, wenn sie

bestimmte Dogmen betrachten, die sie in der Tradition, nicht jedoch in der Schrift verwurzelt sehen, wie zum Beispiel die unbefleckte Empfängnis Mariens und ihre Aufnahme in den Himmel. Kann die Kirche einfach alles, was sie wünscht, als offizielle Lehre bestätigen? Die Schlüsselfrage, die an dieser Stelle diskutiert werden muß, ist die Lehrentwicklung."[139]

Hier ist eine berechtigte Anfrage seitens der römisch-katholischen Kirche insbesondere an den freikirchlichen Protestantismus. Die Aussage, Grundlage des Glaubens sei allein die Heilige Schrift, kann schlimmstenfalls zu einer Geschichtslosigkeit führen, in der alle Ergebnisse frühkirchlicher Lehrkonferenzen noch einmal neu erarbeitet werden müssen. Grundsätzlich werden jedoch auch in Freikirchen die Lehrentscheidungen der ersten Jahrhunderte n. Chr. anerkannt. Die Anfrage an die römisch-katholische Kirche dürfte schwerwiegender sein. Sie muß sich tatsächlich bei einigen ihrer Lehren fragen lassen, wo die Ursprünge liegen.

Zur Frage der Taufe und der Bekehrung wurde folgendes festgestellt:

„Als Baptisten und Katholiken streben wir beide danach, ‚umzukehren und an die gute Nachricht zu glauben' (Mk 1,15). Jedoch werden Bekehrung und Jüngerschaft/Nachfolge in unseren kirchlichen Gemeinschaften unterschiedlich ausgedrückt. Baptisten betonen die Wichtigkeit einer anfänglichen Erfahrung persönlicher Bekehrung, worin der Glaubende die Gabe von Gottes rettender und gewißmachender Gnade empfängt. Taufe und Eintritt in die Gemeinde sind Zeugnisse dieser Gabe, die sich in einem Leben vertrauensvoller Jüngerschaft/Nachfolge ausdrückt. Für Katholiken ist die Taufe das Sakrament, durch das ein Mensch in Christus einverleibt und wiedergeboren wird, um am göttlichen Leben Anteil zu nehmen. Taufe ist immer eine Folge des Glaubens; im Falle eines Säuglings geht man davon aus, daß die Gemeinschaft diesen Glauben stellvertretend leistet. Katholiken sprechen von der Notwendigkeit eines Lebens ständiger Bekehrung, wie es in dem Sakrament der Versöhnung (Buße) Ausdruck findet, das in der frühen Kirche manchmal eine ‚zweite Taufe' genannt wurde. In beiden Gemeinschaften fordern uns Veränderungen in der kirchlichen Praxis dazu heraus, unsere Theologie der Bekehrung und Taufe tiefer zu überdenken. In dem unlängst in Kraft gesetzten Ritus für die Eingliederung (Initiation) Erwachsener in die Kirche bekräftigen die römi-

schen Katholiken, daß die Taufe von Erwachsenen das Paradigma für ein volles Verständnis der Taufe ist. In einigen Gebieten der Welt empfangen Baptisten die Taufe in einem sehr frühen Alter."[140]

Zusammenhängend mit der Tauffrage schälten sich auch beim Begriff „Bekehrung" deutliche Unterschiede heraus, die in den Gesprächen ausformuliert wurden:

„*Selbst bei einer wachsenden Konvergenz in der Terminologie nimmt Evangelisation/Evangelisierung innerhalb unserer beiden Gemeinschaften unterschiedliche Formen an. Die baptistische Betonung der Bekehrung als eines Aktes persönlichen Glaubens und der Annahme Jesu als Herrn und Heiland räumt dem Vorrang ein, daß man Menschen zu einem ausdrücklichen Bekenntnis des Glaubens durch die Verkündigung des Evangeliums führt. Römische Katholiken betonen, daß eine Person durch die Taufe in Christus in der Kirche neu geschaffen ist, und sie betonen die Stiftung einer christlichen Gemeinschaft durch die Verkündigung des Wortes und durch die Existenz und den Dienst eines geistlichen Amtes.*"[141]

Ein weiteres Thema der Gespräche zwischen römischen Katholiken und Baptisten war die Marienlehre.

„*Große Unterschiede zwischen römischen Katholiken und Baptisten bestehen herkömmlicherweise auf dem Gebiet der Verehrung Mariens. In unseren Diskussionen tauchte dies auch als Herausforderung an das gemeinsame Zeugnis auf. Baptisten haben im allgemeinen zwei Hauptprobleme mit der Marienverehrung:*
(1) Sie scheint die alleinige Mittlerschaft Jesu als Herrn und Heiland zu gefährden und (2) marianische Dogmen wie die von der Unbefleckten Empfängnis und der Aufnahme Mariens in den Himmel, die von Katholiken als unfehlbar verkündet worden sind und deshalb im Glauben angenommen werden müssen, scheinen wenig ausdrückliche Bestätigung in der Bibel zu haben. Nach römisch-katholischer Ansicht beeinträchtigt die Marienverehrung nicht die einzigartige Rolle Christi, sondern ist in ihrem innigen Verhältnis zu Jesus begründet, spiegelt ihre beständige Rolle in der Heilsgeschichte wider und hat eine solide Basis im Neuen Testament.
(57) Wegen der langen Geschichte der Mißverständnisse und der den marianischen Dogmen innewohnenden theologischen Schwierigkeiten und Subtilität erwarten wir in absehbarer Zukunft keinen Konsens.

Auf einem Gebiet wie dem der Marienverehrung, die in beiden Gemeinschaften sowohl starke Emotionen als auch starke Überzeugungen weckt, wird die Suche nach gegenseitigem Verständnis und Respekt auf die Probe gestellt."[142]

Römisch-katholische Kirche und Evangelikale – kann es Zusammenarbeit geben?

Eine offizielle Gemeinschaft zwischen römisch-katholischer Kirche und den eher evangelikalen Denominationen kann auf Grund der nicht unbedeutenden Unterschiede nicht bestehen. Eine Zusammenarbeit ist relativ selten. Jenseits der offiziellen Lehre gibt es allerdings Beziehungen zu einzelnen römisch-katholischen Christen oder Gruppierungen, die den Evangelikalen nahestehen. So wird in der oben genannten Erklärung der Weltweiten Evangelischen Allianz auch festgestellt:

„Wir erkennen an, daß der römische Katholizismus heute kein einheitlicher Körper ist, und daß ein bemerkenswerter Unterschied besteht zwischen der volkstümlichen Religiosität seiner Glieder und den ausgefeilten theologischen Erklärungen seiner Lehre. Darüberhinaus läßt der Mangel an Priestern und der Verlust der sozialen Kontrolle in vielen Teilen der Welt vieles auf örtlicher Ebene zu, was sich der Kontrolle der Hierarchie entzieht. Außerdem besteht eine große Vielfalt von örtlichen Situationen, in denen evangelikale Christen im Kontakt mit römischen Katholiken die unterschiedlichsten Erfahrungen machen."[143]

Literatur

Rahner, Karl. Vorgrimler, Herbert (Hrsg.). *Kleines Konzilskompendium.* 20. Aufl. Freiburg, Basel, Wien: Herder, 1987.
Deutsche und Berliner Bischofskonferenz, Österreichische Bischofskonferenz, Schweizer Bischofskonferenz, Bischöfe von Bozen-Brixen, Luxemburg, Lüttich, Metz und Straßburg.

(Hrsg.). *Codex Iuris Canonici*. Lat.-dt. Ausg., 3., verb. u. vermehrte Aufl. Kevelaer: Butzon & Berker, 1989.
Neuner-Roos. *Der Glaube der Kirche in den Urkunden der Lehrverkündigung*. Neubearbeitet von Karl Rahner und Karl-Heinz Weger. 11. Aufl. Regensburg: Verlag Friedrich Pustet, 1983.
Katechismus der katholischen Kirche. Leipzig: St. Benno Verlag, 1993.

Die altkatholischen (christkatholischen) Kirchen (Utrechter Union)

Die geschichtliche Herkunft

Im Jahre 1725 wurde die Metropolie von Utrecht von Rom exkommuniziert. Der Erzbischof von Utrecht, *Petrus Codde,* hing den angeblich ketzerischen Lehren des Bischofs *Cornelius Jansen von Ypern* († 1648) an. In seinem 1640 veröffentlichten Werk über den Kirchenvater Augustinus vertrat Jansen die Auffassung, daß ohne besondere Gnade dem Willen Gottes nicht gehorcht werden könne. Andererseits sei es nicht möglich, der Gnade Gottes zu widerstehen.

Die *Jansenisten* genannten Anhänger Jansens wurden 1653 durch Papst *Innozenz X.* verdammt, zu einer endgültigen Verurteilung kam es 1713.[1] Bereits im Jahre 1704 setzte der Papst Erzbischof Codde ab und weigerte sich, einen einheimischen Geistlichen in Utrecht als Erzbischof einzusetzen.[2] 1723 wurde durch das Metropolitankapitel von Utrecht *Cornelius Steenoven* zum Erzbischof von Utrecht eingesetzt und 1724 durch den französischen Bischof *Dominicus Maria Varlet* in Amsterdam zum Bischof geweiht.

Der Papst belegte die Utrechter Kirche daraufhin mit einem Bann. Dadurch wurde die katholische Kirche der Niederlande zu einer autonomen Kirche.[3] Erst 1853 wurde dort eine neue päpstliche Hierarchie eingesetzt, so daß es seitdem in den Niederlanden wieder eine römisch-katholische Kirche gibt.[4]

Kurz nachdem im Juli 1870 die päpstliche Unfehlbarkeit definiert worden war, veröffentlichten in Deutschland vierundvierzig katholische Universitätsdozenten unter Führung des Münchner Stiftspropstes *Ignaz von Döllinger* im August 1870 die sogenannte „Nürnberger Erklärung". Hierin berief man sich auf den Grundsatz des Vinzenz von Lerin († vor 450), nach dem nur das als verbindliche katholische Lehre gilt, *„was überall, immer und von allen* *geglaubt worden ist"*.[5] Sie sprachen sich deutlich gegen die Unfehlbarkeitserklärung aus, auf die dieser Grundsatz nicht zuträfe. Es kam zur Bildung von „Alt-Katholikenvereinen", aus denen 1873 die alt-katholische Kirche entstand. In der Kölner Kirche St. Pantaleon zelebrierte der vom Kölner Erzbischof aus seiner Pfarrstelle in Unkel am Rhein vertriebene Pfarrer *Dr. Tangermann* am 2. Februar 1872 die erste alt-katholische Eucharistiefeier. Als erste Gemeinde entstand am 8. Mai 1872 die Kölner alt-katholische Kirche, zu deren Gründergeneration unter anderem die bekannten Familien *Stollwerck* (Schokolade) und *Ferdinand Mülhens* („4711") gehörten.[6]

Am 4. Juni 1873 wurde der Breslauer Theologie-Professor Dr. Josef Hubert Reinkens zum Bischof der deutschen alt-katholischen Kirche gewählt. Die Bischofsweihe empfing er von Bischof Heykamp von Deventer, dem Bischof der oben genannten altkatholischen Kirche in den Niederlanden. Da Rom die Gültigkeit der dortigen Weihen anerkennt, war die apostolische Sukzession gewahrt.

In der Schweiz war es im Jahre 1871 zu Protestversammlungen und zur Gründung freisinniger Katholiken-Vereine gekommen. Am 18. September schlossen sich diese Vereine in Solothurn zum *Schweizerischen Verein Freisinniger Katholiken* zusammen.[7] 1873 bildeten sich die ersten *christkatholischen Gemeinden*. Im Juni 1876 wurde in Olten *Dr. Eduard Herzog* zum ersten christkatholischen Bischof der Schweiz gewählt. Zu dieser Zeit gab es bereits 55 Gemeinden mit 73 000 Mitgliedern.[8] Im gleichen Jahr erhielt die Universität Bern ihre bis heute bestehende christkatholische Fakultät.

Auch in Österreich kam es 1872 zur Gründung eines altkatholischen Vereines. 1877 wurde die *Alt-Katholische Kirche in Österreich* gesetzlich anerkannt.

Im Jahre 1889 schlossen sich die Bischöfe aus den Niederlanden, Deutschland und der Schweiz in der sogenannten *Utrechter Union* zusammen. Heute gehören acht Nationalkirchen der Union an, unter anderem in Deutschland, den Niederlanden, Österreich, der Schweiz, Polen und in den Vereinigten Staaten. Weltweit gehören 6,5 Millionen Menschen den altkatholischen Kirchen an. Den Vorsitz der alt-katholischen Bischofskonferenz hat der Bischof von Utrecht.[9]

An der Spitze eines Bistums steht jeweils der Bischof sowie die durch Abgeordnete der Gemeinden gewählte Synode, durch die wiederum der Bischof gewählt wird.

Die Alt-Katholische Kirche war von Beginn an in der Ökumenischen Bewegung engagiert.[10]

Das Bistum der Alt-Katholiken in Deutschland hat 25 000 Mitglieder.[11] Es gibt etwa fünfzig Pfarrstellen. Ein Teil dieser Pfarrstellen ist von ehemals römisch-katholischen Priestern besetzt. Der Gottesdienstbesuch wird mit zwischen vierzehn und dreiunddreißig Prozent der Mitglieder angegeben. 1991 kamen auf einen Austritt zwei Beitritte, 1992 auf einen Austritt drei Beitritte. Eine theologische Fakultät mit 1992 dreizehn Studenten (darunter drei Frauen) ist an der Bonner Universität.

In der Schweiz hat die *Christkatholische Kirche* etwa 40 Gemeinden mit 16 000 Mitgliedern. Der Gottesdienstbesuch liegt zwischen 5 Prozent und 30 Prozent der Mitglieder.[12] Bischof der Kirche ist Hans Gerny. Die Glieder der schweizerischen Christkatholischen Kirche werden von etwa 40 Priestern, 4 Diakoninnen und einem Diakon betreut. Das Christkatholische Hilfswerk ist in Mission, Katastrophenhilfe und Entwicklungshilfe tätig. Einzelne Gemeinden haben soziale Einrichtungen, die von Alters- und Jugendbetreuung bis zu Krankenpflege und Drogenhilfe reichen.

Die Lehre

Die Rolle des Papstes

Anlaß zur Entstehung der alt-katholischen Kirche war das I. Vatikanische Konzil. Die Altkatholiken wandten sich in erster Linie gegen die Unfehlbarkeitserklärung. Dies bedeutet nicht grundsätzlich eine Ablehnung der Vorrangstellung des Bischofs von Rom. Auf der 12. Internationalen Theologenkonferenz wurden 1969 einige Thesen zur Primatsfrage (Vorrangstellung des Papstes) einstimmig angenommen. Unter anderem wird darin festgestellt:

> *„Vor allem ist festzustellen, daß im neutestamentlichen Zeugnis eine Petrustradition vorliegt, nach der er als erster Bekenner, als einer der Grundzeugen und als leitende Gestalt der Gemeinde von Jerusalem im*

Vollzug fundamentaler Entscheidungen der Kirche eine deutlich hervorragende Initiative hat."[13]

Das Autoritätsdenken des I. Vatikanischen Konzils läßt sich nach dieser Erklärung allerdings weder aus dem Schrift noch aus der Tradition heraus begründen.[14] Man will jedoch in der durch das II. Vatikanische Konzil ermöglichten Entwicklung positive Fortschritte sehen.

Schrift und Tradition

In der Utrechter Erklärung von 1889 hielt die alt-katholische Kirche an allen dogmatischen Entscheidungen des 1. Jahrtausends fest. Die Tradition wird nicht als gleichwertig neben der Schrift erachtet.

„Die Tradition ist nicht Quelle des Glaubens – das ist und bleibt allein die Heilige Schrift –, sie gilt als regulatives Prinzip der Wahrheitsfindung und bezeichnet die Grenzen der christlichen Lehrbildung."[15]

Durch den Akt der Bildung des neutestamentlichen Kanons hat die Tradition sich der Heiligen Schrift unterstellt.[16] Es wird unterschieden zwischen vergegenwärtigender und bewahrender Tradition. Bewahrend hat sie die Aufgabe, die kirchliche Botschaft vor Verfälschungen zu schützen. Dies kann letztendlich nur durch Erklärung der Offenbarung Gottes in der Bibel geschehen. Soll diese kirchliche Lehrtradition bindend sein, so kann dies nur der Fall sein, wenn die eine Kirche und nicht nur eine Teilkirche eine Lehraussage macht. Aus diesem Grund können nur die Glaubensentscheidungen der ungeteilten Kirche des 1. Jahrtausends als verbindlich angesehen werden.[17]

Vergegenwärtigende Tradition ist der Akt der Verkündigung der Kirche in Wort und Sakrament, in denen der Herr der Kirche in und an der Kirche handelt.[18]

Die Sakramente

Der christkatholische Katechismus definiert ein Sakrament als *„ein sichtbares, von Gott eingesetztes Zeichen, das mit einer unsichtbaren Gnade verbunden ist".*[19] Erklärt wird dazu:

„Es ist also eine mit den Sinnen erkennbare Handlung, die, gestützt vom Wort, das die Handlung verdeutlicht, Heil erwirkt, ein Zeichen, das als solches bereits erfüllt ist von der Heilswirklichkeit, die es zur Darstellung bringt."[20]

Festgehalten wird an der Zahl der sieben Sakramente. Allerdings wurde auf der Unionskonferenz in Bonn (1874) auch festgestellt:

„Wir erkennen an, daß die Zahl der Sakramente erst im 12. Jahrhundert auf sieben festgesetzt und dann in die allgemeine Lehre der Kirche aufgenommen wurde, und zwar nicht als eine von den Aposteln oder von den ältesten Zeiten kommende Tradition, sondern als Ergebnis theologischer Spekulation."[21]

Taufe und Abendmahl werden als die *„hervorragendsten"* der sakramentalen Handlungen bezeichnet.[22]

Taufe
Durch die Taufe geschieht Aufnahme in die Kirche. Den Gläubigen wird durch sie *„die ganze Fülle des Heils erschlossen"*.[23] In der Firmung wird dieses Heil befestigt.[24]

Abendmahl
Bei der Feier des Abendmahles geschieht eine unsichtbare Wandlung von Brot und Wein durch das Wort Christi.[25] Seine reale Präsenz im Abendmahl wird gelehrt, abgelehnt wird jedoch eine *„Substanzgegenwart Christi, im Sinne einer unblutigen Wiederholung des einen Opfers am Kreuz auf Golgatha"*.[26] Die Eucharistiefeier ist Dankopfer der Kirche, nicht Opfer. Sie ist jedoch Gnadenhandeln Gottes, weil Christus als Erlöser in den Gaben von Brot und Wein gegenwärtig ist.[27]

Die Stellung zu anderen römisch-katholischen Lehren

Wallfahrten und Prozessionen, Bilder- und Reliquienverehrung sowie das Rosenkranzgebet werden abgelehnt. Eine Anrufung

Marias und der Heiligen wird abgelehnt; sie werden jedoch verehrt. Die Einzelbeichte wird praktiziert, sie wird jedoch nicht als notwendig angesehen, sondern der freien Gewissensentscheidung des einzelnen überlassen. Der Priester erteilt Absolution, tut dies jedoch in dem Sinne, daß er die Zusage Jesu wiederholt. Ein Zölibat der Priester gibt es nicht. Seit Mai 1994 werden auch Frauen zum Priesteramt zugelassen.

Zur Marienlehre wurde 1950 in einer Erklärung anläßlich der Verkündigung des Dogmas von der Himmelfahrt Mariens durch den Papst festgestellt:

„Wir weisen deshalb aufs neue die vom Bischof von Rom proklamierte Lehre von der unbefleckten Empfängnis Mariä zurück, und heute ebenso die an Allerheiligen 1950 definierte und verkündete Lehre von der leiblichen Aufnahme der heiligen Jungfrau Maria in die himmlische Herrlichkeit."[28]

Das Verhältnis zu anderen Kirchen

Andere Konfessionen werden als Teile der Kirche Christi betrachtet. Die Gottesdienste werden in der jeweiligen Landessprache abgehalten. Mit der anglikanischen Kirche besteht Abendmahlsgemeinschaft, ökumenische Gespräche finden mit den orthodoxen Kirchen statt. Ziel ist die Wiederherstellung voller kirchlicher Gemeinschaft. Auf die ökumenischen Gespräche mit den orthodoxen Kirchen wird an späterer Stelle eingegangen.

Literatur

Küry, Urs. *Die Altkatholische Kirche. Ihre Geschichte. Ihre Lehre. Ihr Anliegen.* Die Kirchen der Welt Bd. III. Stuttgart: Evangelisches Verlagswerk, 1966.
Krahl, Wolfgang. *Ökumenischer Katholizismus.* Bonn: St. Cyprian, 1970.

Zweiter Teil

Die orthodoxen Kirchen

Altorientalische Kirchen

Unter den auch „nonchalcedonensische Kirchen" genannten altorientalischen Kirchen versteht man Glaubensgemeinschaften, die sich von der Gesamtkirche im Zuge der Diskussion um das Wesen Christi, die ihren Höhepunkt im Konzil von Chalcedon (451 n. Chr.) fand, getrennt haben. In diesem Konzil ging es um die christologische Frage der Stellung von Gottheit und Menschheit in Jesus Christus.

Die christologische Diskussion

Etwa ab der Mitte des vierten Jahrhunderts stand die Frage nach dem Verhältnis zwischen Gottheit und Menschheit in Jesus Christus im Mittelpunkt der christlichen Lehrentwicklung.

Zwei Hauptrichtungen entwickelten sich. Die eine geht zurück auf *Apollinaris von Laodicäa* (gest. um 390). Sein Anliegen war eine Darstellung der Einheit des Logos (göttlichen Wesens) und des Menschen in Jesus. Eine Trennung hielt er für nicht möglich. Diese Auffassung wird als *monophysitisch* bezeichnet. Ausgehend von einer Trennung von Leib und Seele trat für Apollinaris der Logos an die Stelle der Seele, so daß ein Mischwesen von einer einzigen Natur entstand. Christus war so zwar dem Fleisch nach Mensch, aber nicht völlig wie wir.[1] Apollinaris vertrat die *alexandrinische Richtung* im christologischen Streit.

Die *antiochenische* Linie vertrat *Theodor von Mopsuestia* (gest. 428). Eine Vermischung der göttlichen und menschlichen Natur lehnte er ab, weil sie der wirklichen Menschlichkeit Jesu Abbruch tue. Er stellte fest:

„*Er nahm nicht nur einen Leib an, sondern den ganzen Menschen, zusammengesetzt aus einem Leib und einer unsterblichen Seele.*"[2]

Ein Schüler Theodors, *Nestorius,* der 428 zum Erzbischof von Konstantinopel berufen worden war, lehnte die Bezeichnung der Maria als Gottesgebärerin ab. Für ihn bargen sich in Christus zwei volle, selbständige Existenzen, jedoch mit *einem* Willen und *einer* Wirkung.[3] Nestorius wurde auf dem III. Ökumenischen Konzil in Ephesus 431 als Ketzer verurteilt. Diese Verurteilung geschah jedoch durch Manipulationen des Vertreters der alexandrinischen Richtung, *Cyrill*.[4] Die Lehre des Nestorius wurde von der *Apostolischen Kirche des Ostens* angenommen, die durch eine starke Missionstätigkeit bis nach China vordrang. Heute bildet sie eine kleine Minderheitskirche, hauptsächlich im Gebiet des Irak, aber durch Auswanderung auch in den USA. Sie ist Mitglied im Ökumenischen Rat der Kirchen.[5]

Auf der alexandrinischen Seite trat in der Folgezeit *Eutyches* in den Vordergrund, der die Auffassung vertrat, der Körper Christi habe zwar wie ein menschlicher Körper ausgesehen, sei aber keiner gewesen.[6] Zwei Naturen hätten nur vor ihrer Vereinigung bestanden, danach nur die göttliche Natur.[7] Eutyches wurde in Konstantinopel exkommuniziert, jedoch 449 in Ephesus entgegen dem päpstlichen Willen auf der sogenannten „Räubersynode" (wegen des stürmischen Verlaufes) wieder eingesetzt.[8]

Auf Wunsch des Papstes beriefen die Kaiserin *Pulcheria* und ihr Gemahl *Marcian* im Jahre 451 die größte Synode der alten Kirche, die vierte allgemeine Synode von *Chalcedon* ein.

Auf den Beschlüssen dieses Konziles wurde die strikte Trennung der beiden Naturen durch Nestorius in dem Bekenntnis zu ein- und demselben Sohn verurteilt, ebenso wurde betont, daß die zwei Naturen „unauflöslich und untrennbar miteinander verbunden" seien.[9] Gegen die monophysitische Theorie stellte man fest, daß Christus vollkommen *in* und nicht *aus* der göttlichen und der menschlichen Natur sei.[10]

In Ägypten und den Nachbarländern war die monophysitische

Christologie inzwischen zu verbreitet, als daß die Konzilsentscheidung noch hätte Frucht bringen können. Bis heute wird behauptet, sie würden nur die Gottheit, nicht aber die Menschlichkeit Christi lehren.[11] Die seit dieser Zeit nicht mehr mit den anderen Ostkirchen verbundenen Kirchen – *die Koptisch-Orthodoxe Kirche, die Äthiopisch-Orthodoxe Kirche, die Syrisch-Orthodoxe Kirche von Antiochien, die Syrisch-Orthodoxe Kirche von Indien (Malabar) und die Armenische Apostolische Orthodoxe Kirche* – lehnen diese Behauptung jedoch ab.[12] Grundsätzlich verneint wird die Christologie des Eutyches (s. o.).

Im Juni 1989 kam es auf einer Versammlung von Vertretern aller orthodoxen Kirchen im Kloster Anba Bishoy im ägyptischen Wadi Natrun zu einer gemeinsamen Erklärung.[13] Darin wurden die Lehren des Nestorius ebenso wie des Eutyches als Irrlehren bezeichnet und verdammt.[14] Festgestellt wurde:

„Diejenigen unter uns, die von zwei Naturen in Christus sprechen, leugnen damit nicht ihre untrennbare Einheit; diejenigen unter uns, die von der einen vereinten göttlich-menschlichen Natur sprechen, leugnen damit nicht die andauernde, dynamische Präsenz der göttlichen und der menschlichen Natur in Christus ohne Trennung oder Verwechslung."[15]

Gemeinsam bekannten die Vertreter der altorientalischen und der übrigen orthodoxen Kirchen über Christus:

*„Er ist wahrer Gott und wahrer Mensch zur gleichen Zeit, vollkommen in Seinem Gottsein, vollkommen in SEINEM Menschsein.
Weil der eine, den sie in ihrem Leib getragen hatte, zugleich vollkommener Gott und genauso vollkommener Mensch war, nennen wir die Selige Jungfrau Theotokos."*[16]

Von den zwei Naturen wird ausgesagt, daß sie nur in der Betrachtung voneinander zu unterscheiden seien. Sie sind untrennbar miteinander vereint.[17]

Gemeinsamkeiten

In allen übrigen Lehrfragen wird eine Übereinstimmung mit den übrigen orthodoxen Kirchen bekundet. In der gemeinsamen Erklärung zur Christologie-Frage heißt es:

"Unsere gegenseitige Übereinstimmung ist nicht auf die Christologie beschränkt, sondern umfaßt den ganzen Glauben der einen ungeteilten Kirche der frühen Jahrhunderte. Wir stimmen auch in unserem Verständnis der Person und des Wirkens des Heiligen Geistes überein, der allein vom Vater kommt und immer mit dem Vater und dem Sohn angebetet wird."[18]

Die Lehrdarstellung der Orthodoxen Kirche (s.u.) ist somit grundsätzlich auch auf die altorientalischen Kirchen zutreffend.

Dialog mit der römisch-katholischen Kirche

Auch im Schlußprotokoll der Dialoge zwischen der römisch-katholischen Kirche und der koptisch-orthodoxen Kirche kam es zu einer gemeinsamen Christologieformel:

"Wir glauben, daß unser Herr, Gott und Erlöser Jesus Christus, das fleischgewordene Wort, vollkommen ist in SEINER Gottheit und vollkommen ist in SEINEM Menschsein. ER machte SEIN Menschsein eins mit SEINER Gottheit ohne Vermischung, Vermengung oder Verwechslung. SEINE Gottheit war von SEINEM Menschsein nicht getrennt, nicht für einen Augenblick oder das Blinzeln eines Auges. Gleichzeitig belegen wir die Lehren von Nestorius und Eutyches mit dem Bann."[19]

Die Koptisch-Orthodoxe Kirche

Das Wort *Koptisch* steht als Synonym für *Ägyptisch*. Damit ist bereits der ursprüngliche Lebensraum dieser Kirche wiedergegeben. Die Koptisch-Orthodoxe Kirche wird von Papst *Anba Shenouda III.* geleitet. Er ist der 117. Papst dieser Kirche.

Die Geschichte

Als Gründer der Kirche wird der Evangelist Markus verehrt,[20] in dessen direkter Nachfolge der (eigene) Papst gesehen wird.[21] Durch Papst Shenouda III. und seinen Vorgänger *Papst Kyrillos IV.*

wurde ein als „Erweckungsbewegung" bezeichneter Aufbruch in der Kirche eingeleitet, der in Zusammenhang mit Marienerscheinungen im Kairoer Stadtteil Zaitun im Jahre 1968 steht.[22] Ein Erstarken der Kirche hängt auch mit einer am Anfang des zwanzigsten Jahrhunderts begonnenen Sonntagsschulbewegung zusammen, durch die die Priesterausbildung neu gestaltet wurde und die die Einführung des christlichen Religionsunterrichtes an öffentlichen Schulen erkämpfte.[23]

Die Zahl der Kopten in Ägypten ist umstritten. Während die Regierung ihre Zahl mit sieben Prozent angibt, beansprucht die Kirche, dreiundzwanzig Prozent der Bevölkerung (12 Millionen) seien koptische Christen.[24]

Seit 1975 wird ein Dialog mit der römisch-katholischen Kirche geführt. 1988 wurde im Schlußprotokoll des Dialoges eine gemeinsame Christologieformel unterzeichnet (s.o.).[25]

In Ägypten existiert seit 1893 ein theologisches Seminar, seit 1961 als Theologische Fakultät.[26]

Neben Ägypten ist die Koptisch-Orthodoxe Kirche heute im Sudan vertreten, in Südafrika, in Frankreich, in Jerusalem[27] und auch in Deutschland. Hier wurde 1975 die erste Koptisch-Orthodoxe Kirche in Frankfurt durch *Vater Salib* gegründet. In Waldsolms bei Wetzlar (Hessen) wurde fünf Jahre später ein Koptisch-Orthodoxes Zentrum und das *St. Antonius Kloster* errichtet.[28] Am 8. März 1988 wurde im Schlußprotokoll einer zweiten Begegnung zwischen Theologen aus den altorientalischen Kirchen und der EKD in Waldsolms ebenfalls eine gemeinsame christologische Formel unterzeichnet.[29] Es handelte sich dabei seitens der EKD jedoch nicht um ein offizielles Treffen.

Die sieben Gemeinden der Koptisch-Orthodoxen Kirche in Deutschland werden von drei Priestern betreut.

Die Koptisch-Orthodoxe Kirche ist Mitglied im Ökumenischen Rat der Kirchen (ÖRK).

Die Lehre

In der Christologie-Frage bekennt sich die Koptisch-Orthodoxe Kirche zu zwei Naturen Christi, die jedoch in einer Natur miteinander verbunden sind.

„... glaubten sie immer an die zwei Naturen des Herrn in einer Natur: Er ist vollkommen in Seiner Gottheit; Er ist vollkommen in Seiner Menschheit, aber Seine Gottheit und Menschheit wurden miteinander verbunden in einer Natur, die man nennen kann: ‚Die Natur des fleischgewordenen Gottes' ..."[30]

Eine Vermischung oder Vermengung der Naturen wird dabei jedoch – ebenso wie in den nachchalcedonensischen Kirchen – abgelehnt. Papst Shenouda III. schreibt:

„... geschieht kein Wechsel bei der Vereinigung von göttlicher und menschlicher Natur. Auch ändert die Vereinigung die Naturen nicht. So wird weder die menschliche göttlich, noch die göttliche menschlich. Die göttliche Natur vermischt oder vermengt sich nicht mit der menschlichen, doch gibt es hier eine Einheit, die zum Einssein der Naturen führt."[31]

Die göttliche und die menschliche Natur wurden im Leib der Jungfrau Maria miteinander vereint.[32] Es kann nicht nur eine der beiden Naturen angebetet werden, deshalb gilt christliche Anbetung dem fleischgewordenen Gott.[33] Beide Naturen wirken in untrennbarer Einheit zusammen. Deswegen wird in den altorientalischen Kirchen von der einen Natur Christi gesprochen.[34] Papst Shenouda III. stellt fest:

„Wenn wir also von zwei Naturen sprechen und behaupten, die menschliche allein hätte die Erlösungstat vollbracht, wäre es unmöglich, von vollkommener Entsühnung zur Erlösung des Menschen zu sprechen. Daher ist es gefährlich, von zwei Naturen zu sprechen und jeder eigene Aufgaben zuzuweisen. Dann nämlich ist der Tod der menschlichen Natur allein ungenügend ..."[35]

Unterschiede zu anderen orthodoxen Kirchen

Im Unterschied zu den griechischen und slawischen orthodoxen Kirchen sind die Ikonostasen (mit Bildern geschmückte Trennwand zwischen Altarraum und übrigem Kirchenraum) der koptischen Kirche nicht so reich ausgestattet.[36] Bei der Taufe wird das Kind erst beim dritten Mal ganz eingetaucht.

Die Äthiopisch-Orthodoxe Kirche

Bis 1959 war die Äthiopisch-Orthodoxe Kirche eng mit der ägyptischen Kirche verbunden. In diesem Jahr weihte Papst Kyrillos IV. das Oberhaupt der äthiopischen Kirche, den *Abbuna Basileios,* zum Patriarchen. Bereits seit 1950 war es diesem gestattet, in seinem Land Bischöfe zu weihen, ohne nach Kairo reisen zu müssen.[37]

Ihre Mitgliederzahl beträgt etwa zweiunddreißig Millionen Menschen.[38] Die Äthiopisch-Orthodoxe Kirche ist seit 1948 Mitglied im ÖRK.

In Deutschland entstand die Äthiopisch-Orthodoxe Kirche im Jahre 1983, nachdem bedingt durch die marxistische Machtübernahme im Jahre 1974 zahlreiche Äthiopier ihre Heimat verlassen mußten und Zuflucht in verschiedenen westeuropäischen Ländern, unter anderem in Deutschland, gesucht hatten. Hier gehören der Kirche etwa 15000 Menschen an.[39] Sie werden von zwei Priestern und vier Diakonen betreut.

Die Syrisch-Orthodoxe Kirche von Antiochien

Die in Deutschland lebenden Mitglieder dieser Kirche stammen größtenteils aus der Türkei. Die siebzehn Priester und fünf Diakone (eine Diakonin) unterstehen dem Erzbischof *Julius Yeshu Cicek,* der als Metropolit der Syrisch-Orthodoxen Kirche von Antiochien in Mitteleuropa und den Benelux-Staaten seinen Sitz in den Niederlanden hat.

Die Orthodoxe Kirche Indiens

Die sogenannten *Thomas-Christen* sind möglicherweise bereits seit apostolischer Zeit[40] an der südwestindischen Malabarküste beheimatet. Äußerlich schlossen sie sich wohl im 3. Jahrhundert der nestorianischen Kirche Persiens an. 1665 gelang es dem jakobitischen Bischof von Jerusalem, die Thomaschristen zum Übertritt zu bewegen. Im Zuge einer Gegenmission brachte der nestorianische Gelehrte *Mar Gabriel* 1715 einen Teil der Kirche wieder unter seinen Einfluß.

Im deutschsprachigen Raum werden die Kirchenmitglieder von einem Priester betreut.

Die Armenisch-Apostolische Orthodoxe Kirche

Als Gründer der Armenisch-Apostolischen Kirche gilt *Gregor der Erleuchter*, durch dessen Missionstätigkeit sich im Jahre 301 der armenische König Tiridatis (216-317) bekehrte. Die armenische Kirche war die erste Nationalkirche. Heutiges Oberhaupt der Kirche ist *Katholikos Vasgen I*. Er hat seinen Sitz in *Etschmiadsin*, etwa 70 Kilometer von der armenischen Hauptstadt Jerewan (Eriwan) entfernt.

1992 wurde ein eigenes armenisches Bistum für Deutschland mit Sitz in Köln geschaffen. Der bisherige Priester *Karekin Bekdjian* wurde im Januar 1993 zum ersten armenischen Bischof in Deutschland geweiht. Der Kirche gehören vor allem aus der Türkei stammende Armenier an.

Nachchalcedonensische Orthodoxe Kirchen

Im Jahre 867 n. Chr. kam es zum Schisma des Photius.[41] Letztlich ging es hier um einen Machtkampf zwischen Rom und Konstantinopel. Mehrere Jahrhunderte gab es in Ost und West recht eigenständige Entwicklungen der Kirchen, die ihren Höhepunkt in der Exkommunikation des Patriarchen von Konstantinopel durch einen päpstlichen Gesandten, wohl aber nicht im Auftrag des Papstes, im Jahre 1054 fanden. Dem schloß sich eine Gegen-Exkommunikation seitens einer Synode in Konstantinopel an.[42] Endgültig zum Bruch zwischen Rom und Konstantinopel kam es jedoch im Jahre 1204 durch die Eroberung Konstantinopels und der damit verbundenen gewaltsamen Unterstellung der Stadt unter den römischen Papst während des vierten Kreuzzugs.[43] Erst 1965 wurden die gegenseitigen Exkommunikationen aufgehoben.[44]

Die einzelnen Bistümer der orthodoxen Kirchen sind autonom. Ein Bischof hat nicht das Recht, sich in die Angelegenheiten des anderen einzumischen. In einem Staat gibt es normalerweise Zusammenkünfte der in den politischen Grenzen liegenden Bistümer. Die Bischöfe einer solchen Ortskirche treffen sich unter dem Vorsitz des Bischofs der Landeshauptstadt, dessen Titel *Erzbischof, Metropolit, Patriarch* oder auch *Papst* lauten kann.[45]

Den Kern der orthodoxen Kirchen bilden vier Patriarchate: Konstantinopel, Alexandrien, Antiochien und Jerusalem. Eine Sonderstellung nimmt unter diesen vier altkirchlichen Patriarchaten das Patriarchat von Konstantinopel ein. Nach Kanon 28 des 4. Ökumenischen Konzils von Chalcedon (451 n. Chr.) sollte Konstantinopel die gleichen Rechte wie Rom erhalten. Der Patriarch von Konstantinopel erhielt als Ausdruck dieser Sonderstellung unter den ostkirchlichen Patriarchaten den Titel *Ökumenischer Patriarch*.[46] Er gilt als *„Erster unter Gleichgestellten"*.[47] Dies gibt ihm das Recht, in die gesamte Orthodoxie betreffende Angelegenheiten initiativ zu werden. Sein Ehrenprimat wird von allen orthodoxen Kirchen anerkannt.[48] Ökumenischer Patriarch von Konstantinopel ist seit dem 2. November 1991 *Bartolomaios I. (Archondonis)*.

Dem Patriarchat von Konstantinopel unterstehen heute alle orthodoxen Griechen, die außerhalb ihres Heimatlandes wohnen, so die Erzdiözesen von Amerika und Australien und die Orthodoxe Metropolie von Deutschland. Außerdem unterstehen ihm unter anderem die autonome Kirche von Finnland, die halbautonome Kirche von Kreta, die nordgriechischen Diözesen sowie die Mönchsrepublik Athos.[49] Eine gewisse Besonderheit bildet die *Finnische Orthodoxe Kirche*. Im Gegensatz zu den anderen orthodoxen Kirchen werden hier alle Feste, auch Ostern, nach westlichem Kalender begangen.[50] Auch hat die finnische Kirche, ähnlich wie die estnische orthodoxe Kirche, die Konfirmation eingeführt, wohl um ihrer Jugend ein Gegenstück zur Konfirmation der lutherischen Kirche zu bieten.[51]

Dem Patriarchat von Alexandrien unterstehen etwa 15 000 Gläubige in vier Diözesen in Ägypten sowie in weiteren Diözesen im Sudan, Äthiopien, Libyen, Tunesien, Algerien, Marokko und Zentralafrika.[52]

Dem antiochenischen Patriarchat unterstehen heute, neben Diözesen in Syrien, dem Libanon, in Kuwait, dem Irak und in der Türkei, durch Auswanderung von 250 000 Gläubigen im 19. Jahrhundert auch Diözesen in Buenos Aires, Sao Paulo und New York.[53] Auch in Australien und Neuseeland gibt es Gemeinden.[54] Insgesamt unterstehen etwa 1 Million Menschen diesem Patriarchat.

Wie im alexandrinischen Patriarchat sind auch die Bischöfe des Jerusalemer Patriarchates griechischer Herkunft. Etwa 200 000 Araber unterstehen diesem Patriarchat. Die Gottesdienste werden in arabischer Sprache gehalten.

Als weitere Patriarchate kamen später Moskau, das serbische, bulgarische und rumänische Patriarchat hinzu. Auch die hellenische und zyprische Kirche wurden orthodoxe Patriarchate. Nach der Beendigung der kommunistischen Diktatur konnte auch in Albanien die dortige orthodoxe Kirche unter Leitung von *Bischof Anastasios* wieder offiziell in Erscheinung treten.

In Rumänien gibt es neben der rumänisch-orthodoxen Kirche seit kurzem wieder offiziell eine mit Rom unierte rumänische Kirche, die ihre Messe nach byzantinischem Ritus feiert. 1948 wurde sie auf Veranlassung des kommunistischen Regimes zwangsweise in die rumänisch-orthodoxe Kirche integriert. Der Konflikt zwischen beiden Kirchen scheint inzwischen beigelegt zu sein.[55]

Orthodoxe Kirchen in Deutschland

Ökumenisches Patriarchat von Konstantinopel

Diesem Patriarchat (nicht der Orthodoxen Kirche von Griechenland) unterstehen die in Deutschland lebenden orthodoxen Griechen (s.o.). Bereits im 19. Jahrhundert gab es griechisch-orthodoxe Gemeinden in Deutschland. 1963 wurde die *Griechisch-Orthodoxe Metropolie von Deutschland* errichtet. Ihr Zuständigkeitsgebiet ist ganz Zentraleuropa.

32000 griechisch-orthodoxe Christen werden in zweiundvierzig Gemeinden von einundsechzig Geistlichen (einem Metropoliten, drei Vikarbischöfen, dreiundfünfzig Priestern und vier Diakonen) betreut.[56]

An den Universitäten München und Münster gibt es je einen Lehrstuhl für Orthodoxe Theologie.

Die Griechisch-Orthodoxe Metropolie von Deutschland ist Vollmitglied in der Arbeitsgemeinschaft christlicher Kirchen (AcK).[57]

Griechisch-Orthodoxes Patriarchat von Antiochien und dem gesamten Orient

Die Orthodoxe Kirche von Antiochien umfaßte früher das gesamte oströmische Reich. Gemeinden gibt es heute noch in Syrien, der Türkei, dem Libanon und dem Irak; in jüngerer Zeit auch in Westeuropa, Nord- und Südamerika und Australien. Durch die Arabisierung des Nahen Ostens bedingt, wurde die traditionelle griechische und aramäische Liturgie im 17. Jahrhundert durch die arabische Sprache ersetzt. Oberhaupt der Kirche ist *Patriarch Ignatius IV. (Hazim)*.

Die in Deutschland lebenden Kirchenmitglieder unterstehen dem *Exarchat von Westeuropa,* zu dem auch Großbritannien, Frankreich, die Schweiz, Österreich, Italien und Spanien gehören. Exarch für Westeuropa ist *Bischof Gabriel Saliby.* Der Bischofssitz ist in Paris. Zentrum der Kirche in Deutschland ist die *St. Dimitrios Kirche* in Köln. Die Mitglieder stammen größtenteils aus der Türkei.[58] Sie werden zur Zeit von drei Priestern betreut.

Russisch-Orthodoxe Kirche (Moskauer Patriarchat)

Die Russisch-Orthodoxe Kirche war bis vor kurzem in Deutschland in drei Diözesen aufgeteilt. Die Diözese von Wien/München umfaßte die Bundesländer Baden-Württemberg und Bayern sowie Österreich. Die Diözese von Berlin und Mitteleuropa umfaßte Gemeinden in den neuen Bundesländern und Berlin; die Diözese von Düsseldorf Gemeinden in den übrigen Bundesländern. Alle Diözesen gehörten zum *Exarchat von Mitteleuropa.* Der Sitz des Exarches ist Berlin. 1993 wurden die russisch orthodoxen Gemeinden neu geordnet. Das Moskauer Patriarchat errichtete die Diözese von Berlin und Deutschland. Die Gemeinden in Deutschland unterstehen *Bischof Feofan (Galinskij).*

1961 trat die Russisch-Orthodoxe Kirche dem Ökumenischen Rat der Kirchen (ÖRK) bei. Sie ist Mitglied der Arbeitsgemeinschaft Christlicher Kirchen in Deutschland. In Brandenburg ist sie Körperschaft des öffentlichen Rechts.

In Deutschland unterstanden dem Moskauer Patriarchat 1992 siebzehn Gemeinden, davon drei in Berlin.[59] 1993 waren es zwanzig Gemeinden, die von über zwanzig Priestern betreut werden.[60]

Russisch-Orthodoxe Kirche im Ausland

Bereits seit dem 18. Jahrhundert bestanden Gemeinden der Russisch-Orthodoxen Kirche in Deutschland. Sie befanden sich in Kurorten (Baden-Baden, Wiesbaden, Bad Homburg, Bad Ems) und Residenzstädten (Potsdam, Darmstadt, Stuttgart, Dresden, Weimar).

Während des russischen Bürgerkrieges veröffentlichte das Oberhaupt der Russisch-Orthodoxen Kirche, *Patriarch Tichon,* einen Erlaß, nach dem alle Teile der Kirche außerhalb des kommunistischen Machtbereiches sich selbständig unter der Leitung des jeweils rangältesten Hierarchen verwalten sollten. Die zuerst in Südrußland tätige Oberste Kirchenverwaltung gründete nach ihrer Evakuierung in Konstantinopel (Istanbul) die *Synode der Russischen Orthodoxen Kirche im Ausland,* der nun alle russisch-orthodoxen Gemeinden in den nichtsozialistischen Ländern unterstanden. 1924 wurde Sremski Karlovici in Serbien zum Sitz der Synode, die dann über Karlsbad und München schließlich nach New York verlegt wurde.[61] Die geistliche Gemeinschaft mit der Russisch-Orthodoxen Kirche wurde 1927 unterbrochen, als das damalige Oberhaupt der russisch-orthodoxen Kirche, *Metropolit Sergius,* von den Auslandsbischöfen eine Loyalitätserklärung gegenüber der sowjetischen Regierung verlangte.[62]

Ein Wachstum, das auch das Entstehen weiterer Gemeinden zur Folge hatte, erlebte die Kirche nach dem Zweiten Weltkrieg durch nach Deutschland verschleppte Zwangsarbeiter und durch Flüchtlinge. Die Diözesanverwaltung und die Priesterausbildungsstätte sind in München. Das Bistum wird von *Erzbischof Mark* (Dr. Arndt) geleitet.

Die Russisch-Orthodoxe Kirche im Ausland hat in Deutschland fünfzig Gemeinden, die von dreißig Priestern und Diakonen betreut werden. Die Zahl der Mitglieder wird von der Kirche selbst auf 27 000 geschätzt, wobei ihr nur 11 000 namentlich bekannt sind. Außerdem gibt es in München ein Kloster unter der Führung der Kirche.[63] Viele der Mitglieder wohnen bereits in dritter und vierter Generation in Deutschland. Darum werden die Gottesdienste in vielen Gemeinde teilweise in deutscher Sprache gehalten.

Mehrere der Gemeinden verfügen über eigene Kindergärten. Eine Gemeinde erteilt an einer russischen Schule samstags sowie an einigen Werktagen abends Religionsunterricht und Unterricht in russischer Sprache, Geschichte, Erdkunde etc.[64]

Serbisch-Orthodoxe Kirche

Das von *Bischof Lavrentije* geleitete Bistum von Westeuropa untersteht dem serbischen Patriarchen in Belgrad. Die etwa zweihunderttausend serbisch-orthodoxen Christen in Deutschland werden von elf Priestern betreut.

Seit 1965 ist die Serbisch-Orthodoxe Kirche Mitglied im ÖRK.[65]

Rumänische Orthodoxe Kirche (Patriarchat von Rumänien)

Bereits 1866 ließ der rumänische Fürst *Mihail Stourdza* in Baden-Baden eine Kapelle errichten. Sie untersteht der Moldauer Metropolie. Ein Priester betreut die Gemeindeglieder.

In den siebziger Jahren dieses Jahrhunderts wurden weitere Gemeinden in Hamburg, München, Nürnberg, Offenbach und Salzgitter gegründet. Die Mitglieder der letztgenannten Kirchen werden von vier Priestern betreut. Sie unterstehen dem *Rumänisch-Orthodoxen Erzbistum für Zentral- und Westeuropa*. Der Sitz ist in Paris. Beide, die Moldauer Metropolie und das Erzbistum, unterstehen der Rumänisch-Orthodoxen Kirche (Patriarchat von Rumänien).[66]

Die Rumänisch-Orthodoxen Gemeinden sind Mitglieder in den regionalen Arbeitsgemeinschaften christlicher Kirchen.

Bulgarische Orthodoxe Kirche (Patriarchat von Bulgarien)

Ein Priester betreut die Mitglieder.

Ukrainisch-Orthodoxe Kirche im Ausland

Die Ukrainische Autokephale Orthodoxe Kirche ist eine Exilkirche. Bedingt durch den Zweiten Weltkrieg befanden sich nach 1945 viele Ukrainer, darunter auch Priester und Bischöfe, in Westdeutschland. Sie wurden in Gemeinden, in denen nach und nach ein geordnetes kirchliches Leben entstand, gesammelt.[67] Die Kirche wird durch ein im Abstand von fünf Jahren tagendes Konzil geleitet. In der dazwischenliegenden Zeit ist der Metropolitenrat das höchste Organ. Dessen Vorsitzender ist das Oberhaupt der Kirche, zur Zeit *Metropolit Mstyslaw* mit Sitz New Jersey, USA.[68]

1990 konnte sich durch den Zerfall der Sowjetunion wieder eine selbständige Orthodoxe Kirche in der Ukraine bilden. Die bisherige Kiewer Metropolie wurde zum Patriarchat Kiew erhoben.[69]

Den etwa 6000 in Deutschland lebenden Kirchenmitgliedern und den Kirchenmitgliedern in anderen westeuropäischen Ländern steht *Erzbischof Anatolij Dublanskyj,* Neu-Ulm, vor.

♦ Orthodoxe Theologie

Schrift, Tradition und Kirche

Die Heilige Schrift und die Tradition werden allgemein als Quellen der Theologie eingeordnet. So stellt der griechische Theologe Androutsos (1869-1935) fest:

> *„‚Die geschriebene und ungeschriebene Überlieferung, d.h. die heilige Schrift und die heilige Überlieferung' sind ‚Normen und Quellen der Dogmatik.'"*[70]

Unterschiedlich ist jedoch die Ansicht über das Verhältnis von Schrift und Tradition zueinander. Es gibt zum einen die Ansicht, daß die Überlieferung die Schrift ergänzen kann. Zum anderen, und das ist die wohl weiter verbreitete Auffassung, gilt die Überzeugung, sie sei Auslegungstradition.[71]

> *„Die Tradition gibt sowohl die Heilige Schrift als auch deren authentische Interpretation weiter. Sie bildet das als Einheit anvertraute Gut ..."*[72]

Die Kirche legt von der Gültigkeit, Autorität und Inspiration der Bibel Zeugnis ab.[73] Eigentliche Quelle des Glaubens ist somit das Leben der Kirche.[74] Kirche, Tradition und Bibel werden als sich gegenseitig durchdringende Größen aufgefaßt.[75] Inspiration ist von daher nicht auf die Bibel beschränkt, sondern erstreckt sich auf die Tradition und das Leben der Kirche.[76]

Neben den neununddreißig Büchern des hebräischen Kanons des Alten Testamentes werden weitere zehn Bücher, die sogenannten *Anagignoskomena*, lesenswerte Bücher, als von der Kirche bestimmt und zum (alttestamentlichen) Kanon gehörig angesehen. Dabei wird in der Wertigkeit durchaus unterschieden. In einem Dialog mit der Altkatholischen Kirche wurde folgende Aussage gemacht:

> *„Die ‚kanonischen' Bücher zeichnen sich durch die besondere Autorität aus, welche die Kirche ihnen stets zuerkannt hat: Sie hält aber auch die ‚Anagignoskomena' in Ehren, die seit alters zu ihrem Kanon der Heiligen Schrift gehören."*[77]

Dogmenfestlegung
Die dogmatische Lehre der orthodoxen Kirche wird als mit dem 7. Ökumenischen Konzil im Jahre 787 n. Chr. abgeschlossen betrachtet.[78]

Um ein Dogma festzulegen, genügt nach orthodoxem Verständnis die Festlegung eines Ökumenischen Konzils auf dieses Dogma nicht. Es muß von allen vertretenen Kirchen, die durch Geistliche und Laien vertreten sein müssen, bejaht werden.[79]

Theologie und Erfahrung

Orthodoxe Theologie ist erfahrungsorientierte Theologie. Der Religionsphilosoph *Pavel Florenskij* (1882-1943) sieht als Besonderheit der Orthodoxie an, daß man sie nur auf dem Weg der Erfahrung begreifen könne.[80] Der griechische Religionssoziologe Demosthenes Savramis stellt fest:

> *„Meiner Meinung nach ist das liturgische Leben die eigentliche Eigenart der Orthodoxie. Einziges Ziel des orthodoxen Gottesdienstes bleibt die mystische Vereinigung der Gläubigen mit Christus und mit Gott, wobei andere Punkte, wie etwa die Erbauung und die Belehrung an die zweite Stelle rücken."*[81]

Eine besondere Rolle, insbesondere im mönchischen Leben, spielt hier das sogenannte „Jesusgebet", das etwa ab der Mitte des 6. Jahrhunderts in der heutigen Form Erwähnung findet. Es besteht aus einem einzigen Satz:

> „*Herr Jesus Christus, erbarme dich meiner, eines Sünders.*"[82]

Durch ständiges Wiederholen soll dieses Gebet vom Mund auf den Geist des Menschen übergehen. Dabei kann auch das Sprechen aufhören und nur im Geist gebetet werden.[83] In Verbindung mit diesem Gebet kann es auch zu Körper und Geist umfassenden Konzentrationsübungen kommen:

> „*Demnach sitzt der Mönch auf einem niedrigen Schemel, sein Kinn auf die Brust gestützt und seinen Blick auf seinen Nabel gerichtet, und er wiederholt andauernd das Jesusgebet, wobei er es mit seinem Atemrhythmus in Übereinstimmung bringt. Gleichzeitig versucht er, sich von jeder Ablenkung freizumachen und sich auf die Worte des Gebetes zu konzentrieren. Mit der häufigen Wiederholung und der intensiven Aufmerksamkeit wird das Gebet vom Mund und vom Geist in das Herz des Menschen übertragen. Auf diese Weise betet der ganze Mensch und erlebt das Beten.*"[84]

Dieses unablässige Gebet wird als „Frucht des Zusammenwirkens des Menschen mit der Gnade des Heiligen Geistes, die zu ihm kommt und in ihm auf geheimnisvolle Weise wirkt"[85] angesehen.

Offenbarung durch Ikonen

Die Darstellung der Ikonen vermittelt die gleiche Offenbarung wie das Wort der Bibel. Ikonen sollen die Gegenwärtigkeit der himmlischen Welt während des Gottesdienstes sichtbar zum Ausdruck bringen.[86]

Der Künstler, der eine Ikone malt, muß im kirchlichen Leben verwurzelt sein. Vor Beginn der Arbeit betet und fastet er. Pinsel, Holz und Farbe werden geweiht, bevor sie benutzt werden.[87] Die Bilder werden durch Gebet, Weihrauch und gelegentlich durch Salbung geweiht.[88]

Die zweidimensionalen Bilder sollen als Symbol auf eine dahinterliegende, tiefere Wirklichkeit hinweisen.[89] Offiziell wurde immer unterschieden zwischen dem Urbild und dem Bild – auch wenn die Praxis oft anders aussah.[90] In den Beschlüssen des 7. Ökumenischen Konzils, die als gültig angesehen werden, heißt es:

> *„Die Ehre, die man dem Bild erweist, geht auf das Urbild über, und wer ein Bild verehrt, verehrt die darin dargestellte Person."*[91]

Ikonen werden verehrt, nicht jedoch angebetet.[92] Die Verehrung der Ikonen geschieht, weil Gott sie als Gefäße seiner Energie benutzt.[93]

Die Lehre von der Dreieinigkeit

In den Ostkirchen wird die Unterscheidung der drei Personen der Dreieinigkeit nicht heilsökonomisch, sondern emanatistisch verstanden.

> *„Im Prozeß der Heilsgeschichte ‚teilen sich die drei Personen die Zeit, indem jede einzelne zum Vorschein kommt und mit ihr immer auch die übrigen zum Vorschein bringt.'*[94] *So erscheint zuerst der Vater, dann der Sohn und endlich der Heilige Geist."*[95]

Die Ostkirchen wehrten sich gegen die durch die Westkirchen vollzogene Einführung des „filioque" („und vom Sohn") in die Aussage des Nicänums, der Heilige Geist gehe vom Vater aus.

Die Debatte um diese Frage brach mit dem Entstehen der altkatholischen Kirche neu auf. Im Jahre 1892 wurde in der russischen orthodoxen Kirche eine Kommission für Gespräche mit den Altkatholiken gebildet. Die Kirchenhistoriker Bolotov und Katanskij wurden mit der Klärung der „filioque"-Frage beauftragt. Bolotov führte eine Dreiteilung theologischer Fragen ein. Dogma verlangt Übereinstimmung; Theologumenon ist stark von den Aussagen der Kirchenväter der ungeteilten Kirche gestützt, theologische Meinung ist subjektives Ergebnis theologischer Arbeit. Die Ablehnung des „filioque" ist Theologumenon. Bolotov begründete seine Entscheidung hauptsächlich damit, daß Augustinus das Filioque gelehrt hat, aber nie dafür von der orthodoxen Kirche verurteilt wurde.[96] Katanskij bezeichnete die Behauptung, der Heilige Geist gehe allein vom Vater aus, als Dogma.

Im Rahmen der Bewegung für „Glaube und Kirchenverfassung", die später im Ökumenischen Rat der Kirchen aufging, konnten Gespräche zwischen orthodoxer und altkatholischer Kirche weitergeführt werden.

Zu Beginn der sechziger Jahre fanden offizielle Gespräche zwischen Altkatholiken und der Panorthodoxie statt. Auf der dritten panorthodoxen Konferenz 1964 wurde beschlossen, den Dialog mit Anglikanern und Altkatholiken aufzunehmen.

Die altkatholischen Kirchen haben den Zusatz *filioque* aus dem nicänokonstantinopolitanischen Bekenntnis entfernt und damit zu einem Konsens mit den orthodoxen Kirchen gefunden. In den Dialogdokumenten wird unterschieden zwischen dem ewigen Ausgang des Heiligen Geistes aus dem Vater und der zeitlichen Sendung des Heiligen Geistes, die auch durch den Sohn geschehen kann:

„Über den Heiligen Geist im besonderen lehrt die Heilige Schrift (Joh. 15,26), das 2. Ökumenische Konzil im nizänokonstantinopolitanischen Glaubensbekenntnis und allgemein die Alte Kirche, daß er vom Vater, der Quelle und dem Ursprung der Gottheit, ausgeht. Dabei ist sein ewiger Ausgang allein aus dem Vater von seiner zeitlichen Offenbarung und Aussendung in die Welt, welche durch den Sohn geschieht, zu unterscheiden. Wenn wir also den Ausgang des Heiligen Geistes im Sinne seines ewigen und anfanglosen Seins und Ausgangs verstehen, dann bekennen wir den Ausgang aus dem Vater allein, nicht aber auch aus dem Sohn. Wenn wir ihn aber im Sinne des zeitlichen Ausganges des Heiligen Geistes und seiner Aussendung in die Welt verstehen, dann bekennen wir den Ausgang aus dem Vater durch den Sohn oder auch aus beiden."[97]

So kann festgestellt werden, daß der Heilige Geist vom Vater allein ausgeht. Der Sohn teilt ihn jedoch der Schöpfung mit, ohne daß dies bedeutet, er sei aus dem Sohn entstanden.[98] Die altkatholische Kirche erklärte sich als in dieser Frage mit den orthodoxen Kirchen eins.

„In diesem Sinn heißt es im Glaubensbrief der Internationalen Altkatholischen Bischofskonferenz aus dem Jahre 1969: ‚Wir lehnen ... den Zusatz des filioque, der im Westen während des elften Jahrhunderts ohne Anerkennung durch ein ökumenisches Konzil gemacht wurde, mit Entschiedenheit ab. Diese Ablehnung bezieht sich nicht

*nur auf die unkanonische Weise der Hinzufügung, trotzdem schon
diese Form ein Verstoß gegen die Liebe als das Band der Einheit darstellt. Wir weisen vielmehr auch jede theologische Lehre ab, die den
Sohn zur Mitursache des Geistes macht.'* In ähnlichem Sinne betont
die besondere Erklärung der gleichen Bischofskonferenz ‚Zur filioque-
Frage' aus demselben Jahre, ‚daß es in der allerheiligsten Dreifaltigkeit
nur ein Prinzip und eine Quelle gibt, nämlich den Vater'."[99]

Dreieinigkeit und Erlösung
Die Erlösung wird als Handeln der Dreieinigkeit verstanden. Sie
ist nicht das Ergebnis des Handelns Christi allein, sondern der
Dreieinigkeit.

Anthropologie

Betont wird mehr die Umwandlung und Verherrlichung des Menschen; mehr die Auferstehung als die Kreuzigung. In jedem Gottesdienst spricht der Diakon einen Hymnus auf die Auferstehung:

> *„Kommet, alle Gläubigen, lasset uns anbeten die heilige Auferstehung
> Christi! Denn siehe, durch das Kreuz ist Freude gekommen für die
> ganze Welt. Allezeit lobend den Herrn, besingen wir seine Auferste-
> hung, denn das Kreuz erduldend, hat er den Tod durch seinen Tod
> überwunden."*

Das entscheidende Fest im Kirchenjahr ist Ostern. Der Triumph
Christi über Leiden und Tod in der Auferstehung steht im Zentrum orthodoxer Theologie und Erfahrung.[100]

In der orthodoxen Lehre wird von einer „Gottwerdung des
Menschen" gesprochen. Damit ist jedoch nicht eine Vereinigung
des Menschen mit dem Wesen Gottes gemeint.[101] Der Mensch
kann da, wo er seine eigene Nichtigkeit erkennt und sich Gott
vollständig darbringt, die Gnade Gottes so erfahren, daß er zum
Spiegelbild Christi wird.[102] Dabei kann der Mensch mitwirken am
Empfang der göttlichen Gnade.

> *„In dem Maße, wie er seine Eigenliebe tötet, damit in ihm Gott und
> sein Nächster, der das Bild Gottes ist, leben können, wirkt er an seinem*

persönlichen Gottwerden mit. Diese wesentliche Verwandlung seiner Existenz wird im Leib Christi, der Kirche, durch die Gnade des Heiligen Geistes, verwirklicht. "[103]

Der Prozeß der Gottwerdung wird durch das Fasten, Wachen, Beten im Rahmen der Kirche gefördert und führt letztendlich zum ewigen Leben. Die Teilhabe am göttlichen Leben kann bereits in diesem Leben erreicht werden:

„Die höchste Stufe dieser Erfahrung bildet die Schau des unerschaffenen Lichtes, d.h. Gott selbst in seinen Energien. Das kann dem Menschen im Rahmen langer asketischer Übung zuteil werden. Ganz anders verhält es sich mit dem Versuch des Menschen, aus eigener Kraft wie Gott zu werden."[104]

Sakramentenlehre

Die Sakramente sind nach orthodoxer Auffassung Träger göttlicher Kraft und entwickeln das neue Sein im Menschen. Das Entscheidende ist jedoch die hinter dem Sakrament stehende Gnade.

„Das Wesentliche aber in den Sakramenten ist nicht der geschaffene Träger, sondern die unerschaffene Gnade. Deswegen darf sich derjenige, der an den Sakramenten teilnimmt, nicht auf die Betrachtung ihres geschaffenen Trägers beschränken, sondern muß die darin verborgene Gnade geistig erkennen."[105]

Die orthodoxen Kirchen kennen sieben Sakramente:

Die Taufe
Die Taufe wird an Kindern durch dreimaliges Untertauchen vollzogen. Sie gilt als Eingliederung in die Kirche und als Wiedergeburt.[106]

Die Salbung
Sie folgt unmittelbar auf die Taufe. Stirn, Augen, Nasenflügel, Mund, Ohren, Brust, Hände und Füße des Säuglings werden in Kreuzform mit dem geweihten Salböl (Myron) bestrichen. Der

Priester sagt dabei jeweils die Worte „Siegel der Gabe des Heiligen Geistes". Hierdurch soll dem Getauften die Kraft vermittelt werden, ein christliches Leben zu führen.[107] Bis auf die Patriarchate von Moskau, Belgrad und Bukarest wird Öl verwendet, das vom ökumenischen Patriarchen geweiht wurde.[108] Das Myron besteht aus Öl und zahlreichen aromatischen Substanzen, durch die die Vielfalt und Verschiedenheit der Gaben des Heiligen Geistes symbolisiert werden sollen.[109]

Eucharistiefeier
In den orthodoxen Kirchen sind hierzu alle Getauften, auch Kinder, zugelassen.[110] Kommunion und Firmung entfallen bzw. finden in der Salbung nach der Taufe statt. Das Abendmahl wird sonntäglich in beiderlei Gestalt ausgeteilt. Den Säuglingen wird allerdings nur vom Wein gegeben. Nach Lehre der orthodoxen Kirche ist die Wandlung eine pneumatische, nicht eine substantielle.[111]

Die „Heilige Liturgie" orthodoxer Gottesdienste, die immer auch die Eucharistiefeier beinhalten, wird in der Regel in der auf *Johannes Chrysostomos* († 407) zurückgehenden Form gefeiert.

Buße
Die Beichte soll normalerweise vor einem Priester abgelegt werden, kann aber in Ausnahmefällen durch die allgemeine Kirchenbeichte ersetzt werden, die jedoch kirchenrechtlich umstritten ist. Es gibt sogenannte Bußstrafen (*Epimitien*).[112]

Die Beichte geht der Eucharistie voraus.

„Die Beichte vollzieht sich in der orthodoxen Kirche in der Form eines Dialoges mit dem Beichtvater. Es gibt keinen Beichtstuhl und keinen bestimmten Raum, die Voraussetzung für das Sakrament wären. Im Gespräch werden vom Beichtenden Sünden, aber auch Schwierigkeiten oder bestimmte Probleme in seinem geistlichen Leben vorgetragen. Der Beichtvater hört zu, spricht mit ihm, gibt ihm Ratschläge und betet schließlich zu Gott auf Grund der ihm von Gott erteilten Vollmacht, daß er dem Sünder alle Sünden, die er bereut und bekannt hat, vergibt."[113]

Ordination
Auch in den orthodoxen Kirchen geht man von einer apostolischen Sukzession aus. Die Bischöfe verstehen sich als Nachfolger der Apostel.[114] Priesterinnen gibt es in den orthodoxen Kirchen nicht. Die Patriarchate von Konstantinopel, Rumänien und Äthiopien haben ein bis vor 500 Jahren bestehendes Amt der Diakonissen wieder eingeführt. Sie dienen, predigen, lehren und stehen dem Priester bei verschiedenen Handlungen bei. Auch in Griechenland war 1957 eine Diakonissenschule gegründet worden, die jedoch auf Druck des Mönchtums in eine kirchliche Sozialakademie umgewandelt wurde. Eine Weihe der Diakonissen wurde bisher in keiner Kirche durchgeführt.[115]

Anders ist die Situation in den orthodoxen Kirchen der Balkanstaaten, in denen Frauen noch nicht einmal in den Kirchenchören mitsingen dürfen.[116]

Ehe
Die orthodoxe Trauung besteht aus dem sogenannten Verlöbnis und der Krönung. Nach dem Sprechen einer Verlöbnisformel und dem Anziehen der Ringe wird das Paar unter dreifachem Segen und Verwendung der trinitarischen Formel gekrönt. Die orthodoxe Kirche will damit deutlich machen, daß Menschen sich in der Ehe einander schenken und den Partner mit allen Schwächen akzeptieren. Dies wird mit einem Hinweis auf das Martyrium verbunden, auf das die Kronen hinweisen sollen.[117]

Die orthodoxe Kirche gestattet eine zweite Eheschließung bei Ehebruch des Partners.[118]

Krankensalbung
Die heilige Ölung wird sowohl zur Stärkung in Todesnot als auch von Gesunden im Kampf gegen in der Beichte bekannte Sünden in Anspruch genommen, hat also einen heiligenden Charakter.[119] Sie dient auch zur Vorbereitung der Eucharistie. Am „Großen Mittwoch", dem Mittwoch vor Ostern, werden im Gottesdienst alle orthodoxen Gläubigen gesalbt. Am Gründonnerstag folgt die Feier der Einrichtung des Abendmahls.[120]

Die Kirche

Die Kirche wird als Leib Christi gesehen. Alle Bischöfe sind gleichberechtigt. Die Bischöfe einer autokephalen Kirche bilden zusammen die „Heilige Synode der Hierarchie".

Die Heiligen

Die Heiligen werden als Freunde und Helfer der Gläubigen verstanden. Es wird zwischen Anbetung und Verehrung deutlich unterschieden; die Heiligen werden verehrt.

Fegfeuer

Eine Lehre vom Fegfeuer ist der orthodoxen Kirche fremd.[121]

Kirchliche Gemeinschaft

Zu einer endgültigen kirchlichen Gemeinschaft zwischen orthodoxen Kirchen und altkatholischen Kirchen ist es bisher nicht gekommen. Schwierigkeiten macht vor allem die Abendmahlsgemeinschaft der Altkatholischen Kirche mit der Anglikanischen Kirche, insbesondere seit hier die Frauenordination zugelassen wurde.[122] Vermutlich verstärken wird sich der Konflikt durch die seit Mai 1994 mögliche Frauenordination auch in der Altkatholischen Kirche.

Literatur

Galitis, Georg. Mantzaridis, Georg. Wietz, Paul. *Glauben aus dem Herzen*. Eine Einführung in die Orthodoxie. 2., überarb. und ergänzte Aufl. München: TR-Verlagsunion, 1988.
Hämmerle, Eugen. Ohme, Heinz. Schwarz, Klaus. *Zugänge zur Orthodoxie*. Bensheimer Hefte 68. Göttingen: Vandenhoeck und Ruprecht, 1989.
Felmy, Karl Christian. *Orthodoxe Theologie. Eine Einführung*. Darmstadt: Wissenschaftliche Buchgesellschaft, 1990.

Dritter Teil
Die protestantischen Kirchen

Die Anglikanische Kirche

Die Struktur

In England ist der jeweilige König bzw. die Königin zugleich Oberhaupt der Anglikanischen Kirche, der *Church of England* (in den USA nennt sich die Anglikanische Kirche *Episcopal Church*). England hat zwei (Canterbury und York) der weltweit sechsundzwanzig Kirchenprovinzen. Die verschiedenen Kirchenprovinzen sind autonom. Den jeweiligen Provinzen steht ein Erzbischof vor, Bischöfe sind für kleinere Gebiete (Diözesen) zuständig. Die Anglikanische Kirche hat weltweit ca. 40 Millionen Mitglieder. In England gehören ihr etwa 30 Millionen Menschen bei einer Gesamtbevölkerung von knapp 48 Millionen Menschen an. Der Gottesdienstbesuch liegt bei ein bis zwei Millionen Menschen.[1]

Eine zwar nicht festgelegte, aber traditionell anerkannte Führungsrolle hat der Erzbischof von Canterbury inne.[2] Er wird, ohne Befragung der übrigen Erzbischöfe, vom britischen Premierminister nominiert.

Die Anglikanischen Kirchen gehören dem Ökumenischen Rat der Kirchen (ÖRK) an. Mit der Alt-Katholischen Kirche besteht volle Abendmahlsgemeinschaft.

Die Geschichte der Anglikanischen Kirche

1535 sagte sich der englische König Heinrich VIII. vom Papst und der katholischen Kirche los, als ihm die römische Kurie den Segen zur Ehescheidung verweigern wollte. Heinrich VIII. setzte sich selbst als Oberhaupt der englischen Kirche ein. Mit Hilfe des Erzbischofs Cramer von Canterbury wurde eine neue Kirchenverfassung ausgearbeitet, die in der Kirchenlehre katholisch blieb. Nach vergeblichen Versuchen der Gegenreformation unter Königin Maria (1553-58), festigte Königin Elisabeth (1558-1603) das Staatskirchentum durch eine Neuordnung des Gottesdienstes (Common Prayer Book, s.u.) und durch ein reformiertes Glaubensbekenntnis (Neununddreißig Artikel, s.u.).

Lehre in der Anglikanischen Kirche

Die Prägung der Anglikanischen Kirche

Sowohl Luther als auch Calvin und Zwingli haben die Theologie und die Bekenntnisschriften der Anglikanischen Kirche beeinflußt.[3] Da der Ursprung der Anglikanischen Kirche eher politische als theologische Ursachen hatte, ist auch teilweise eine stark katholisierende Tendenz zu beobachten.[4]

Die Richtungen innerhalb der Anglikanischen Kirche

Besonders in England sind drei verschiedene Strömungen der Anglikanischen Kirche zu beobachten. Eine der Richtungen ist katholisierend *(High Church)*, eine ist protestantisch orientiert und neigt oft zum Pietismus *(Low church)*[5] und eine dritte geht einen mittleren Weg *(Broad Church)*.

Die High Church (hochkirchliche Bewegung)
Ritus und Lehre sind der katholischen Kirche sehr ähnlich. Anhänger der Hochkirche bezeichnen sich nicht als Protestanten. Die apostolische Sukzession wird stark betont.[6] Liturgie und Sakramente spielen eine wesentliche Rolle. Eine Verehrung der Heiligen (nicht jedoch deren Anrufung) ist üblich, auch die Feiertage der Heiligen werden beachtet.

Die Broad Church (breitkirchliche Bewegung)
Sie ist theologisch eher liberal einzuordnen, Dogmen und Schriftauslegung werden freier aufgefaßt.[7]

Die Low Church (niederkirchliche Bewegung)
Sie ist häufig evangelikal und oft charismatisch geprägt.

Die Glaubensgrundlagen

Wesentliche Grundlage der Anglikanischen Kirche ist die Bibel:

„Die Heilige Schrift enthält alles, was zum Heil notwendig ist, so daß, was darin nicht zu lesen steht und daraus nicht bewiesen werden kann, niemandem als Glaubensartikel oder als etwas Heilsnotwendiges auferlegt werden darf."[8]

Die alttestamentlichen Apokryphen werden als wichtig, aber nicht als der Heiligen Schrift zugehörig angesehen.[9]

Die altkirchlichen Bekenntnisse und die alten ökumenischen Konzilien werden anerkannt. Weiterhin spielt das weltweit in leicht voneinander abweichenden Fassungen vorliegende *Book of Common Prayer* eine wichtige Rolle. Ein bedingt anerkanntes Glaubensbekenntnis sind die *39 Artikel*. In der heute gültigen Gestalt entstanden sie 1562/63 und wurden 1571 vom britischen Parlament gebilligt. Geistliche der Anglikanischen Kirche sind verpflichtet, den „39 Artikeln" zuzustimmen. Wie diese Zustimmung jedoch aufzufassen ist, ist umstritten. Die Frage ist, ob der Geistliche jedem Detail zuzustimmen hat, oder ob er Punkte, die er nicht für so wesentlich hält, anders sehen kann, ohne dies aber öffentlich zu diskutieren.

Heute wird die Zustimmung lediglich als ein Akt der Loyalität gegenüber der anglikanischen Tradition verstanden. Außerhalb Englands wird oft keine Zustimmung zu den Artikeln verlangt. Trotzdem drücken sie anglikanisches Denken am besten aus.

Das Amtsverständnis

Beim Entstehen der Anglikanischen Kirche wurde die „Apostolische Sukzession" beachtet.[10] In keinem anglikanischen Dokument wird jedoch gelehrt, daß die sakramentale Gnade nur durch die apostolische Sukzession vermittelt wird. Andererseits wird diese Lehre auch an keiner Stelle verworfen.

Mit der Ordination, die nur der Bischof vollziehen darf, wird eine lebenslängliche Vollmacht vermittelt. Auch die Konfirmation wird vom Bischof vollzogen.[11]

Auf der *Lambeth Konferenz* im Sommer 1988 wurde von 525 anglikanischen Bischöfen aus 164 Ländern mehrheitlich die Zulassung von Frauen zum Bischofsamt beschlossen. Im September desselben Jahres wurde in den USA die erste Bischöfin geweiht.[12] In England kam es 1993 zur ersten Ordination von Pfarrerinnen.

Die Kirche im anglikanischen Verständnis

Die Kirche gilt als der Bibel untergeordnet. Sie ist gleichzeitig auch Begrenzung dessen, was die Kirche festlegen kann. In den 39 Artikeln wird über die Kirche ausgesagt:

> „*Die Kirche hat das Recht, Riten festzusetzen, und hat Vollmacht in Glaubensstreitigkeiten. Doch ist es der Kirche nicht erlaubt, etwas anzuordnen, was dem geschriebenen Wort Gottes entgegen ist, und sie darf auch nicht eine Schriftstelle so erklären, daß sie einer anderen widerspricht. Obwohl daher die Kirche Zeugin und Bewahrerin der göttlichen Bücher ist, so darf sie doch nichts im Gegensatz zu ihnen beschließen und ebenso auch abgesehen von ihnen nichts als heilsnotwendigen Glaubenssatz aufdrängen.*"[13]

Die Bedeutung der Sakramente

Die Anglikanische Kirche kennt nur zwei Sakramente: Taufe und Abendmahl. Ihre Bedeutung wird in den 39 Artikeln folgendermaßen formuliert:

> *„Die von Christus eingesetzten Sakramente sind nicht nur Zeichen, an denen man äußerlich die Christen erkennen kann, sondern vielmehr sichere Zeugnisse und wirksame Zeichen der Gnade und des Wohlwollens Gottes gegen uns, wodurch er selbst unsichtbar in uns wirkt und unseren Glauben an ihn nicht nur erweckt, sondern auch stärkt."*[14]

Gott ist in jedem Sakrament aktiv. Er spendet durch die äußeren Zeichen der Sakramente, die die Gnadengabe symbolisieren, seine Gnade.[15] Heilswirksam werden die Sakramente erst durch den Glauben des Empfangenden.[16]

Taufe
Über die Taufe heißt es in den 39 Artikeln:

> *„Die Taufe ist nicht nur ein Zeichen des Bekenntnisses und ein Merkmal, wodurch sich die Christen von den Nichtchristen unterscheiden, sondern sie ist auch Zeichen der Wiedergeburt, wodurch, gleichsam wie durch eine Urkunde, diejenigen, welche die Taufe recht empfangen, der Kirche einverleibt werden, die Verheißungen der Vergebung der Sünden und unserer Annahme zu Kindern Gottes durch den Heiligen Geist sichtbar versiegelt werden, der Glaube gestärkt und die Gnade durch die Kraft der Anrufung Gottes vermehrt wird. Die Kindertaufe muß unter allen Umständen in der Kirche beibehalten werden, da sie mit der Einsetzung Christi aufs beste übereinstimmt."*[17]

Endgültiges Heil ist jedoch durch die Kindertaufe nicht vermittelt:

> *„Die Taufe, die am Anfang des christlichen Lebens steht, bezeichnet auf der einen Seite einen Zustand der Erlösung, der nur durch den gesamten Prozeß des Lebens vollständig erreicht wird, auf der anderen Seite verursacht sie das notwendige erste Stadium dieses Lebens."*[18]

Abendmahl
Beim Abendmahl wird die Wandlung abgelehnt. Brot und Wein werden jedoch als realer Leib Christi und wirkliches Blut Christi verstanden.

> *„Das heilige Abendmahl ist nicht nur ein Zeichen des gegenseitigen Wohlwollens der Christen untereinander, sondern es ist vielmehr das Sakrament unserer Erlösung durch den Tod Christi. Und so ist denn für die, welche es rechtmäßig, würdig und gläubig empfangen, das Brot, das wir brechen, die Gemeinschaft des Leibes Christi und ebenso der gesegnete Kelch die Gemeinschaft des Blutes Christi."*[19]

Literatur

Doctrine in the Church of England, 1938; repr. London: SPCK, 1982.

Die Evangelische Kirche in Deutschland

Vor der Darstellung der Lutherischen und der Reformierten Kirchen sowie der Evangelischen Kirchen der Union soll hier als Dach dieser Kirchen in Deutschland die *Evangelische Kirche in Deutschland* (EKD) dargestellt werden. Die Grundordnung der EKD wurde am 13. Juli 1948 in Eisenach verabschiedet. Sie ist ein Kirchenbund, nicht eine einheitliche Kirche. Dies ist hauptsächlich auf Vorbehalte der zum Teil in der Vereinigten Evangelisch-Lutherischen Kirche Deutschlands (VELKD, s.u.) zusammengeschlossenen lutherischen Kirchen zurückzuführen.[1] Nach den in Eisenach gefaßten Beschlüssen behalten alle Gliedkirchen der EKD weitgehende Selbständigkeit. Fragen der Kirchenordnung, aber auch Fragen des Bekenntnisses, der Verkündigung und der Gottesdienstordnung sind Sache der Gliedkirchen.[2]

Die EKD setzt sich zusammen aus vierundzwanzig Landeskirchen. Die Kirchenregionen sind dabei nicht mit den deutschen Bundesländern identisch. Auch gibt es in einem Fall geographische Überschneidungen. Die Gemeinden der Evangelisch reformierten Kirche sind im norddeutschen Raum, geographisch parallel zu den meist lutherischen anderen Landeskirchen, und in Bayern, ebenfalls parallel zu der lutherischen Landeskirche.

Leitungsorgane der EKD sind die Kirchenkonferenz, die Synode und der Rat. Die Landeskirchen entsenden 134 Mitglieder in die Synode, sechsundzwanzig Mitglieder werden vom Rat der EKD berufen. Die Kirchenkonferenz setzt sich aus den vierundzwanzig Landeskirchen sowie der in der Synode als Kirche nicht vertretenen EKU zusammen. Kirchenkonferenz und Synode wählen den Rat der EKD, der zur Zeit aus achtzehn gewählten Mitgliedern sowie dem Präses besteht. Die Amtsperiode beträgt jeweils sechs Jahre. Die Amtsstelle des Rates der EKD ist in Hannover.

Diakonische Aufgaben der EKD werden vom Diakonischen Werk der EKD e.V. mit Sitz in Stuttgart wahrgenommen. Das Diakonische Werk hat – vergleichbar mit der Caritas in der römisch-katholischen Kirche – ein bundesweites umfassendes soziales Netz aufgebaut.

Die EKD hat in den alten Bundesländern 25 023 000 Mitglieder.[3] 1991 verließen dort 237 481 Menschen die Gliedkirchen der EKD durch Austritt. 321 390 Bestattungen wurden durchgeführt. Dem steht die Zahl von 267 413 Taufen und 43 522 Aufnahmen, Übertritten oder Wiederaufnahmen gegenüber.[4] Die Zahl der Austritte nimmt rapide zu. 1991 war sie insgesamt 64,8 Prozent höher als 1990.[5] Für die gesamte Bundesrepublik liegen Zahlen aus dem Jahr 1990 vor. Danach hat die EKD bundesweit 29 442 000 Mitglieder, die in 10 774 Kirchengemeinden von 22 948 Theologen betreut werden.[6]

Die Struktur der EKD

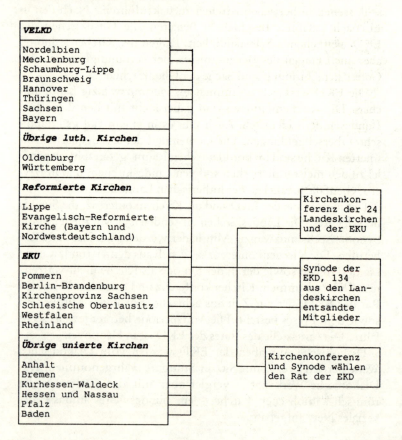

Zuordnung der Gliedkirchen der EKD

Das Deutsche Nationalkomitee des Lutherischen Weltbundes ist Teil eines internationalen Bundes. Der reformierte Bund ist keine damit vergleichbare Organisation. Auch die Arnoldshainer Konferenz hat andere Aufgaben und Strukturen. Es geht hier lediglich um eine Darstellung der Zuordnung der verschiedenen Landeskirchen zu den genannten Dachorganisationen.

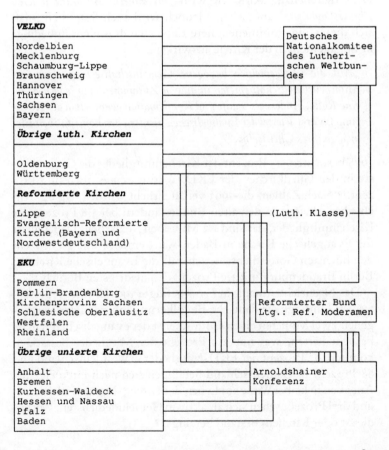

Die Württembergische Landeskirche ist in der Arnoldshainer Konferenz Gastmitglied.

Das Selbstverständnis der EKD als Volkskirche

In einer 1988 vom Rat der EKD herausgegebenen Schrift wird festgestellt:

> *„In der Volkskirche gibt es nur ein äußeres Kriterium, um festzustellen, wer zu ihr gehört: die Kirchenmitgliedschaft, die die Taufe voraussetzt."*[7]

Diese Kirchenzugehörigkeit wird *„als äußerer Ausdruck inneren Einverständnisses"* angesehen.[8] Jedoch wird auch festgestellt, daß sich dieses angenommene innere Einverständnis nicht unbedingt in Engagement in der Kirche auswirkt:

> *„Auf die Ortsgemeinde bezogene Gemeinschaftserwartungen und Mitarbeitsbereitschaft spielen in diesem Zusammenhang jedoch kaum eine Rolle. Anders als Taufe und Konfirmation gehört etwa der Kirchgang für drei Viertel der Evangelischen nicht zu den konstitutiven Elementen ihres Christseins."*[9]

1978 besuchten 5,5 Prozent der Kirchenmitglieder die Gottesdienste in den Gliedkirchen der EKD, 1989 waren es noch fünf Prozent.[10] Nach Zahlen, die 1993 veröffentlicht wurden, lag der Kirchenbesuch 1991 in den alten Bundesländern bei 4,8 Prozent der Kirchenmitglieder, das sind 1,2 Millionen Menschen. Dabei weist die Evangelische Kirche in Baden-Württemberg mit 7,6 Prozent den höchsten Gottesdienstbesuch auf, die Evangelische Kirche in Berlin Brandenburg mit 1,9 Prozent den niedrigsten Besuch.[11]

Das Nachrichtenmagazin *Focus* befragte 1993 in einer repräsentativen Umfrage die deutsche Bevölkerung, ob sie in den vergangenen zwei Monaten einen Gottesdienst der evangelischen Kirche besucht hätten, was nur 2,5 Prozent der Mitglieder bestätigen konnten. 72 Prozent der EKD-Mitglieder in Westdeutschland und 68 Prozent in Ostdeutschland beteiligen sich nach ihren eigenen Angaben in keiner Weise am Leben der Kirche. Nur zwischen zwei und drei Prozent sehen sich als aktiv in Gemeindediensten, Gottesdienst oder Kirchenvorstand beteiligt.[12]

Gute Beteiligung gibt es immer noch bei den Konfirmationen. 1989 wurden 29,1 Prozent aller bundesdeutschen Jugendlichen im Alter von 14-15 Jahre in einer evangelischen Kirche konfirmiert.[13] Allerdings dürfte hier bei vielen kommerzielles Interesse im Vordergrund stehen, so daß in vereinzelten Kirchengemeinden das Konfirmationsalter angehoben wurde, weil man davon ausgeht, daß bei älteren Jugendlichen (16 Jahre) das Bekenntnis nicht mehr in diesem Maße „abgekauft" werden könne.[14]

Es wird bestätigt, daß innerhalb der EKD viele Gruppen mit diesem als „konturlos" bezeichneten Zustand Probleme haben. Die Volkskirche wird als Spiegel der Gesellschaft, eben des Volkes, beschrieben:

> „An der Volkskirche zeigt sich wie auch an anderen Kirchengestalten, daß wir selten dem Bild entsprechen, das das Neue Testament von der Gemeinde zeichnet, wenn es sie als Volk Gottes, Leib Christi, Licht der Welt, Salz der Erde bezeichnet. Da im Grunde alle wichtigen politischen und geistigen Strömungen, die in der Gesellschaft vorkommen, sich in der Volkskirche wiederfinden, kann sie die geforderte Eindeutigkeit und Entschiedenheit kaum je erbringen.
>
> Andererseits hat diese Volkskirche eine große Weite und Offenheit, sie vermeidet dadurch eine Verengung auf bestimmte Frömmigkeitsformen und kulturelle wie soziale Gegebenheiten."[15]

In der 1986 herausgegebenen EKD-Studie „Christsein gestalten" wird festgestellt, daß evangelische Christen im Normalfall die Beziehung zur Kirche von ihrem Lebenskontext her sehen und gestalten, nicht umgekehrt die Lebenswelt von der Kirche her geformt wird.[16] Setzt man hier für „Kirche" „christlicher Glaube" ein, so wird das, was als christlicher Glaube aufgefaßt wird, nicht von seinen vorgegebenen Inhalten her bestimmt, sondern durch die individuelle Interpretation der Alltagserfahrungen des evangelischen Christen. Betont wird in dieser Studie in aller Deutlichkeit, daß christliche Gemeinde wirklich aus allen Getauften besteht:

> „Vielfach wird die ‚Kerngemeinde' der ‚Kirchentreuen' den ‚Taufscheinchristen' bzw. ‚Distanzierten' gegenübergestellt. Kriterium für diese Zuordnung ist, da ‚Glaube', ‚Verbindlichkeit' oder ‚Dienst' nicht meßbar sind, die Teilnahme an kirchlichen Veranstaltungen, insbesondere am Gottesdienst. Die Gottesdienstgemeinde ist personell

weitgehend mit der sogenannten ‚Vereinskirche' der Gruppen, Chöre und Kreise identisch. Luther hat die Gesamtheit der getauften Christen von der Teilmenge derer unterschieden, ‚die mit Ernst Christen sein wollen'. Aber dies muß letztlich eine theoretische Unterscheidung bleiben. Die Gottesdienstgemeinde, die Vereinskirche darf nicht gleichgesetzt werden mit der ‚Gemeinde der Bekehrten', die Schwarz/ Schwarz Ekklesia' nennen. ... Sie ist nicht die ‚eigentliche' gegenüber der Gemeinde jener, die nur dem Namen nach dazugehören. Die christliche Gemeinde ist die Gemeinschaft aller Getauften – soviel ist gewiß; jede nähere Bestimmung wird theologisch und faktisch fragwürdig."[17]

Hier werden eindeutige Positionen vertreten, die allerdings in namhaften innerkirchlichen Bewegungen auf teilweise immensen Widerspruch treffen.

Bei dem bewußt bejahten breiten Spektrum von Strömungen will die EKD auch ein breites Spektrum an Gestaltungsmöglichkeiten kirchlichen Lebens bieten:

„Die Volkskirche bietet eine Fülle von Chancen und Möglichkeiten kirchlicher Gestaltung. Soll sie nicht nur offen, sondern auch lebendig sein, braucht sie viele Menschen und Gruppen, die sich in unterschiedlicher, oft auch gegensätzlicher Weise engagieren. Deshalb gehört Auseinandersetzung zur Volkskirche. Die Gemeinschaft des Glaubens bewährt sich darin, daß dieser Streit nicht spaltet, sondern im gemeinsamen Rückbezug auf Jesus Christus, an dem der Glaube hängt, erfolgt."[18]

Hierbei sind unterschiedlichste Gruppen von der Kirche gewollt und sollen in der Kirche Ermutigung erfahren:

„Deshalb muß eine Volkskirche Gruppen, die sich in ihr mit unterschiedlicher Schwerpunktsetzung bilden, bewußt ermutigen: z.B. die Landeskirchliche Gemeinschaft, Bibelgruppen und Initiativgruppen, Gruppen von Männern, Frauen, Ehepaaren und Alleinstehenden, Alten, Jugendlichen und Kindern. In manchen Gruppen erwächst die Gemeinschaft aus dem gemeinsamen Hören auf die Bibel, in anderen entsteht sie aus gemeinsamen Aktionen und Konflikterfahrungen, die erst mit der Zeit zur Frage nach der christlichen und biblischen Grundlage des Handelns führen. Es gibt Kommunitäten und Nachfolgegruppen, die im gemeinsamen Leben zur Vertiefung des Glaubens kom-

men. Alle solchen Gruppen müssen von der Kirchengemeinde und der gesamten Kirche gewollt und gestützt und miteinander ins Gespräch gebracht werden."[19]

Dabei sind alle diese Menschen mit ihrer unterschiedlichen Stellung zum christlichen Glauben und seinen Inhalten als Getaufte bereits mit der Gnade Gottes beschenkt:

„Glaube ist immer Geschenk. Er ist Antwort auf die Botschaft der Bibel. Die Kirche gibt diese Botschaft in vielfältiger Weise weiter. Eines ist allen Gliedern der Kirche gemeinsam: Sie sind getauft auf den Namen Gottes des Vaters und des Sohnes und des Heiligen Geistes. In der Taufe ist ihnen Gottes Erwählung zugesprochen, sind alle in die Gemeinschaft der Kirche und in die Nachfolge gerufen. Getauft werden Menschen in jedem Lebensalter.
Mit der Entscheidung, auch Kinder zu taufen, will die Kirche zum Ausdruck bringen, daß Gott den Menschen annimmt, bevor dieser irgend etwas dazu beitragen kann."[20]

Durch diese Taufe übernehmen Eltern, Paten und Gemeinde eine Verpflichtung für den Täufling. Allerdings, so wird festgestellt, wird diese Verpflichtung oft nicht erfüllt. Es sei nicht in erster Linie Aufgabe der Pfarrerinnen und Pfarrer, Mitarbeiter und Mitarbeiterinnen, zum Glauben zu verhelfen, sondern die der nächsten Angehörigen. Diese müssen dafür gewonnen und befähigt werden.[21] Bei der Ermutigung zum Glauben können auch missionarische Aktionen eine entscheidende Rolle spielen. Ausdrücklich genannt wird hier das von dem evangelikalen Missionswerk „Campus für Christus" initiierte Projekt „Neu anfangen".

„Evangelisationen und besondere missionarische Aktionen wie beispielsweise die Stadtteil-Telefonaktion ‚Neu anfangen', Kirchliche Wochen oder Bibelwochen sind Mittel, für eine bestimmte Zeit mit konzentrierten Kräften auf die Menschen zuzugehen und sie einzuladen. Solche besonderen missionarischen Anstöße bringen viele neu in Kontakt mit dem Glauben und können ihnen dazu helfen, einen Schritt zum Christsein zu tun."[22]

Literatur

Synode der Evang. Kirche in Deutschland. (Im Auftrag des Rates der Evang. Kirche in Deutschland herausgegeben vom Kirchenamt der EKD.) *Glauben heute, Christ werden – Christ bleiben.* Gütersloh: Gütersloher Verl.-Haus Gerd Mohn, 1988.

Kirchenamt im Auftrag des Rates der Evangelischen Kirche in Deutschland (Hrsg.). *Christsein gestalten. Eine Studie zum Weg der Kirche.* Gütersloh: Gütersloher Verl.-Haus Gerd Mohn, 1988.

Die lutherischen Kirchen

Geschichte der lutherischen Kirchen

Der Augustinermönch *Martin Luther* (1483-1546) kam durch sein Bibelstudium, insbesondere durch die Auslegung von Römerbrief 1, 16 und 17 zu der Erkenntnis, daß Gott Menschen allein durch die Gnade errettet. Am 31. Oktober 1517 wurde eine Zusammenfassung seiner theologischen Erkenntnisse in 95 Thesen an die Tür der Wittenberger Schloßkirche geschlagen. Luther wandte sich hierin vor allem gegen die damalige Praxis des Ablasses.[1]

Aufgrund seiner Kritik, die Luther nicht zurücknahm, wurde er vom Papst gebannt. Auf politischer Ebene folgte diesem kirchlichen Bann die Reichsacht. Ab 1520 konnte er sich unter dem Schutz des sächsischen Landesfürsten auf der Eisenacher Wartburg verbergen. Dort entstand seine Übersetzung der Bibel, die bis dahin in erster Linie in der lateinischen Übersetzung gelesen wurde und dem Volk nicht zugänglich war. Gefördert durch die gerade erfundene Buchdruckerkunst konnte sich seine Wiederentdeckung der biblischen Heilslehre durch Flugblätter und Lieder schnell verbreiten. Mehrere Landesfürsten und viele andere Menschen schlossen sich dem „evangelischen" Glauben an.

1530 wurde im *Augsburger Bekenntnis (Confessio Augustana)* lutherischer Glaube zusammenfassend dargestellt. Federführend war dabei nicht Luther, sondern der Theologe *Philipp Melanchthon*. Neben diesem grundlegenden lutherischen Bekenntnistext entstanden einige andere Texte, die in lutherischen Kirchen heute die Bedeutung eines verbindlichen Bekenntnisses haben. 1540 entstand wiederum durch Philipp Melanchthon eine Neufassung des Augsburgischen Bekenntnisses, die *Confessio Augustana variata*, die allerdings nicht zur gültigen Fassung wurde.

Als Folge verschiedener interner Lehrstreitigkeiten formulierten 1580 lutherische Theologen eine Einigungserklärung, die *Konkordienformel*. In ihr fanden lutherische Bekenntnisse ihren Abschluß. Sie ist

„... das Ergebnis zahlreicher Bemühungen, angesichts diverser interner Lehrstreitigkeiten die doktrinale Einheit der aus der lutherischen Reformation hervorgegangenen Territorialkirchen herzustellen und zu sichern."[2]

1555 kam es zum sogenannten *Augsburger Religionsfrieden*. Der Grundsatz lautete, daß der jeweilige Landesherr das Bekenntnis seines Landes bestimmte. Dies führte zu der bis heute noch sichtbaren unterschiedlichen Verbreitung evangelischer und katholischer Kirchen, aber auch zur vorläufigen Beendigung der Ausbreitung des evangelischen Glaubens.

Im 17. Jahrhundert wurden die lutherischen Kirchen durch zwei eher gegensätzliche Strömungen erfaßt. Die *Orthodoxie* („Rechtgläubigkeit") hob die Beibehaltung der „wahren" lutherischen Lehre hervor. Der *Pietismus* („Frömmigkeit", siehe auch unter *Gnadauer Verband*) betonte die persönliche Glaubensentscheidung und an der Bibel orientierte Lebensgestaltung des einzelnen.

Die im 18. Jahrhundert aufbrechende *Aufklärung* konnte die lutherischen Kirchen nicht so sehr erfassen wie der Pietismus. So erlebten die lutherischen Kirchen in einigen Gebieten Deutschlands zu Beginn des 19. Jahrhunderts Erweckungen. Auch Teile der erweckten Kreise wandten sich gegen die staatlich erzwungene Union der lutherischen mit den reformierten Kirchen (s. u. Evangelische Kirche der Union), so daß es zur Bildung lutherischer Freikirchen kam.

Nach dem ersten Weltkrieg mußten sich alle Landeskirchen in Deutschland eine eigene Verfassung geben. 1935 schlossen sich einige lutherische Landeskirchen zum Lutherrat zusammen. 1948 ging daraus die in Eisenach gegründete *Vereinigte Evangelisch-Lutherische Kirche Deutschlands* (VELKD) hervor.

1973 nahmen auch die lutherischen Landeskirchen die *Leuenberger Konkordie* (s. u., Arnoldshainer Konferenz) an. Sie stehen somit mit den anderen Landeskirchen in Kanzel- und Abendmahlsgemeinschaft.

Die Vereinigte Evangelisch-Lutherische Kirche Deutschlands (VELKD)

Der VELKD gehören die Evangelischen Kirchen von *Bayern, Braunschweig, Hannover, Mecklenburg, Nordelbien,* dem *Land Sachsen, Schaumburg-Lippe* und *Thüringen* an. Die evangelische Kirche von Nordelbien ist ein 1977 vollzogener Zusammenschluß der Landeskirchen von Hamburg, Lübeck, Schleswig-Holstein und Eutin.[3]

Die Generalsynode der VELKD setzt sich aus achtzig Mitgliedern, von denen siebzig gewählt und zehn berufen sind, zusammen. Die Bischofskonferenz hat fünfzehn Mitglieder. Aus Generalsynode und Bischofskonferenz setzt sich die zur Zeit dreizehnköpfige Kirchenleitung der VELKD zusammen.[4]

Weitere lutherische Kirchen

Dem deutschen Nationalkomitee des Lutherischen Weltbundes gehören die acht Gliedkirchen der *Vereinigten Evangelisch-Lutherischen Kirche Deutschlands* (VELKD) mit 12 326 600 Gliedern sowie die Evangelisch-Lutherische Kirche in Oldenburg (493 000 Mitglieder), die Pommersche Evangelische Kirche (305 000 Mitglieder), die Evangelische Landeskirche in Württemberg (2 474 000 Mitglieder), die Lutherische Klasse der Lippischen Landeskirche (45 000 Mitglieder) und die Freikirche *Evangelisch-Lutherische Kirche in Baden* (4 000 Mitglieder) an.

Als Begründung der Nichtmitgliedschaft in der VELKD heißt es in einer Veröffentlichung der Württembergischen Kirche:

„Die Württ. Landeskirche hat sich an der Gründung der VELKD nicht beteiligt. Sie befürchtete eine Blockbildung in der EKD durch konfessionelle Gruppen und meinte, im Interesse der EKD als der größeren Gemeinschaft eher eine Brückenfunktion zwischen reformierten, unierten und lutherischen Kirchen wahrnehmen zu sollen. Aus demselben Grund hatten die württembergischen Vertreter vorgeschlagen, die EKD nicht als Bund selbständiger bekenntnisbestimmter Kirchen zu definieren, sondern als eine Gemeinschaft von Kirchen, in denen Kanzel- und Abendmahlsgemeinschaft besteht. Bis heute beteiligt sich

die Württ. Landeskirche, die auf Grund ihrer Geschichte in keine der bestehenden konfessionellen Gruppen leicht hineinpaßt, lediglich gastweise an der besonderen Arbeit gliedkirchlicher Zusammenschlüsse im Bereich der EKD. Sie ist Gast bei der Generalsynode und der Bischofskonferenz der VELKD und nimmt ebenso gastweise teil an der Arnoldshainer Konferenz."[5]

Lutherische Kirchen in Österreich und der Schweiz

Die lutherischen Kirchen in Österreich tragen dort den Namen *Evangelische Kirche A.B.* (Augsburgischen Bekenntnisses). Sie werden in dem Kapitel *Evangelische Kirche in Österreich* behandelt. In der Schweiz bilden die lutherischen Kirchen eine kleine Minderheit. Innerhalb der ansonsten reformierten evangelischen Kirche in Liechtenstein gibt es eine kleine lutherische Gruppe, daneben gibt es seit etwa dreißig Jahren auch eine lutherische Kirche.[6]

Struktur

Die Kirchen sind entweder bischöflich oder synodal strukturiert. In einigen Kirchen wird an der „apostolischen Sukzession" festgehalten. Es wird eine Unterscheidung zwischen sichtbarer und unsichtbarer Kirche getroffen.

Die weltweit etwa 80 Millionen Lutheraner haben kein gemeinsames Oberhaupt, auch keine gemeinsame Kirchenverfassung oder Liturgie. Die meisten der lutherischen Kirchen haben sich jedoch in diesem Jahrhundert zum *Lutherischen Weltbund* zusammengeschlossen. Ihm gehören fünfundfünfzig Millionen Lutheraner aus einhundertsieben Mitgliedskirchen und fünfzehn anerkannten lutherischen Gemeinschaften an. Die Zentrale des Lutherischen Weltbundes in Genf wird von einem Generalsekretär geleitet. Das Exekutivkomitee hat dreiundzwanzig Mitglieder. Präsident und Exekutivkomitee werden alle fünf bis sieben Jahre neu gewählt.

Lutherische Lehre

In den lutherischen Kirchen spielt das Bekenntnis eine wesentliche Rolle. Nicht eine bestimmte Struktur eint die lutherischen Kirchen, sondern die gemeinsamen Bekenntnisse. Gemeinsame Elemente aller lutherischen Kirchen sind der Vorrang des Wort- und Sakramentsdienstes vor aller Organisation, die Selbständigkeit der regionalen Kirchen und die Betonung der Bedeutung der Lokalgemeinde.

Grundlagen

Die lutherischen Kirchen betonen, daß allein die kanonischen Bücher der Bibel Richtschnur der christlichen Kirche sein können. Sie erkennen die drei altkirchlichen Glaubensbekenntnisse an (Apostolikum, Nizäno-Konstantinopolitanum, Athanasianum). Die lutherischen Bekenntnisschriften sind das *Augsburger Bekenntnis (Confessio Augustana)*, die *Apologie* (Verteidigungsschrift zum Augsburger Bekenntnis), die *Schmalkaldischen Artikel*, der *Traktat über die Vollmacht des Papstes*, der *Große* und der *Kleine Katechismus Luthers* und die *Konkordienformel*. Letztere bildet auch geschichtlich den Abschluß lutherischer Bekenntnisdokumente. In der Konkordienformel wird das Verhältnis von Bekenntnisaussagen zur Schrift formuliert:

„Wir glauben, lehren und bekennen, daß die einige Regel und Richtschnur, nach welcher zugleich alle Lehren und Lehrer gerichtet und geurteilet werden sollen, seind allein die prophetischen und apostolischen Schriften Altes und Neues Testament, wie geschrieben stehet: ‚Dein Wort ist meines Fußes Leuchte und ein Licht auf meinem Wege', Psal. 119. Und S. Paulus: ‚Wann ein Engel vom Himmel käme und predigte anders, der soll verflucht sein', Gal. 1,2.
Andere Schriften aber der alten oder neuen Lehrer, wie sie Namen haben, sollen der Heiligen Schrift nicht gleich gehalten, sondern alle zumal miteinander derselben unterworfen und anders oder weiter nicht angenommen werden, dann als Zeugen, welchergestalt nach der Apostel Zeit und an welchen Orten solche Lehre der Propheten und Apostel erhalten worden."[7]

Die lutherischen Bekenntnisse stehen nicht neben der Schrift. Sie gelten jedoch als geprüfte und damit autoritative Auslegung der Schrift. So sind sie Verkündigung des Wortes Gottes.[8] In einer Selbstdarstellung der VELKD heißt es zu den Bekenntnissen:

„Diese Bekenntnisse sind an der Heiligen Schrift als der maßgebenden Norm (norma normans) geprüft und gelten deshalb als abgeleitete Norm (norma normata) für die Verkündigung der Kirche."[9]

Amt und Kirche

Die Kirche wird verstanden als Versammlung um Evangelium und Sakramente. Der Gottesdienst ist somit die Mitte des Gemeindelebens. Jeder Gläubige hat seinen Teil am Gemeindeleben zu erfüllen. In ihrer Selbstdarstellung zitiert die VELKD die Aussage des *Evangelischen Gemeindekatechismus*[10] über das Verhältnis zwischen Laie und Pfarrer:

„So ist es die Aufgabe der ganzen Kirche, das Heil in Christus weiterzugeben. An diesem Auftrag hat jeder Christ teil entsprechend den Gaben (Charismen), die der Heilige Geist ihm gegeben hat ... Wort und Sakrament sind der Kirche als Ganzer anvertraut. In ihrem Auftrag nimmt der Pfarrer ihre öffentliche Verwaltung wahr. Als getaufter Christ steht er in der Gemeinde. Zugleich aber ist das Amt – der Dienst mit Wort und Sakrament – von Christus eingesetzt: ‚Wer euch hört, der hört mich' (Lukas 10, 16). Wenn also der Pfarrer Wort und Sakrament verwaltet, handelt er in Stellvertretung Christi. Insofern steht er der Gemeinde gegenüber."[11]

Da der Pfarrer durch die Ordination[12] in dieses Amt eingesetzt ist, steht es nur ihm und anderen zu diesen Diensten ordinierten Christen zu, die Amtshandlungen zu vollziehen.[13] Dadurch soll auch die Einheit der Gemeinde gewahrt werden.

So wie durch die Sakramente wirkt Gott durch das Predigtamt Glauben.

„Solchen Glauben zu erlangen, hat Gott das Predigtamt eingesetzt, Evangelium und Sakrament gegeben, wodurch er, als durch Mittel, den heiligen Geist gibt, welcher den Glauben, wo und wann er will, in denen wirkt, die das Evangelium hören, welches da lehrt, daß wir

durch Christi Verdienst, nicht durch unser Verdienst, einen gnädigen Gott haben, wenn wir solches glauben."[14]

Das Amt dient zum Austeilen des Evangeliums und der Sakramente.

Die Sakramente

Die Sakramente werden als Zuwendung Gottes an den Menschen verstanden. Gott schenkt durch die Sakramente seine Gnade. Auch der Glaube, der Bedingung zur Wirksamkeit der Sakramente ist, ist Gnadengeschenk Gottes. Die lutherischen Kirchen kennen zwei Sakramente: Taufe und Abendmahl. Die Apologie des Augsburgischen Bekenntnisses (1531) rechnet den Zuspruch der Sündenvergebung in der Beichte[15] (die nicht verpflichtend ist) und bedingt auch die Ordination[16] zu den Sakramenten.

Die Taufe

Die Taufe gilt als Handeln Gottes. Sie ist darum nicht an das verstandesmäßige Begreifen des Täuflings gebunden und kann demzufolge auch an Kindern vollzogen werden. Die zuvorkommende Gnade Gottes – seine Gnade, die er dem Menschen schenkt, bevor dieser sie versteht und annimmt – findet nach lutherischer Auffassung gerade in der Kindertaufe deutlichsten Ausdruck.[17]

Die Taufe ist unabhängig vom Glauben rechte Taufe.

„Darnach sagen wir weiter, daß uns nicht die größte Macht daran liegt, ob, der da getauft wird, gläube oder nicht gläube; denn darümb wird die Taufe nicht unrecht, sondern an Gottes Wort und Gepot liegt es alles."[18]

Taufe wird als Abwaschen der Sünde und als Wiedergeburt verstanden.[19] Dies wird nicht durch das Wasser bewirkt, sondern durch das Wort Gottes, das sich mit dem Wasser der Taufe verbindet. In Luthers Kleinem Katechismus wird dies erklärt:

„Wasser tut's freilich nicht, sondern das Wort Gottes, so mit und bei dem Wasser ist, und der Glaube, so solchem Worte Gottes im Wasser trauet. Denn ohne Wort Gottes ist das Wasser schlichtes, einfaches

Wasser und keine Taufe; aber mit dem Worte Gottes ist es eine Taufe, das ist ein gnadenreich Wasser des Lebens und ein Bad der neuen Geburt im Heiligen Geist, wie St. Paulus sagt zu Titus im 3. Kapitel ..."[20]

Die Taufe gilt als Eingliederung in die Gemeinschaft der Kirche.[21] Sie wird durch dreimaliges Begießen mit Wasser *„im Namen des Vaters und des Sohnes und des Heiligen Geistes"* vollzogen.[22] Eine unter dieser trinitarischen Formel vollzogene Taufe auch anderer Kirchen wird als gültig anerkannt.[23] Sofern die vollzogene Taufe eine Kindertaufe ist, sprechen Eltern und Taufpaten stellvertretend für den Täufling das Bekenntnis zum Glauben. In der Konfirmation bestätigt der Getaufte diesen Glauben.[24]

Das Abendmahl
Der Kleine Katechismus definiert Brot und Wein im Abendmahl folgendermaßen:

„Es ist der wahre Leib und Blut unseres Herrn Jesu Christi, unter dem Brot und Wein uns Christen zu essen und trinken von Christo selbst eingesetzt."[25]

Entscheidendes Element der lutherischen Abendmahlslehre ist die Betonung der objektiven Gegenwart Christi in Brot und Wein. Heilsmittel kann das Abendmahl nur sein, wenn Christus sich selbst im Sakrament übereignet.[26] Dabei wird – im Gegensatz zum reformierten Abendmahlsverständnis – hervorgehoben, daß auch der Ungläubige beim Empfang des Abendmahles Leib und Blut Christi empfängt.[27] Gerade weil Christus aber in Brot und Wein gegenwärtig ist, begeht derjenige, der Brot und Wein ungläubig empfängt, einen Frevel.[28] Wie bei der Taufe wird auch hier das Sakrament erst in Verbindung mit dem Glauben des Empfangenden heilswirksam.[29]

Die Rechtfertigung aus Glauben

Die Rechtfertigung allein durch den von Gott gewirkten Glauben ist wesentliches Element lutherischer Verkündigung. Auch als

Gerechtfertigter bleibt der Mensch unter dem Einfluß der Sünde und kann nur durch die Verkündigung des Wortes Gottes seinen Zustand erkennen. Der Heilige Geist muß den Menschen anrühren, der aus eigener Kraft unfähig zum Glauben ist.[30] Wie er das tut, wird im Kleinen Katechismus beschrieben:

> *„Er lädt durch die Taufe und die Predigt des Evangeliums uns, die wir nahe, und alle, die ferne sind, ernstlich und kräftig ein, die Welt zu verleugnen und zu Christo zu kommen."*[31]

Sowohl das Wort als auch die Sakramente sind folglich die Mittel, durch die der Heilige Geist Menschen zum Glauben führt.[32] Dabei liegt die Ursache der Rechtfertigung keinesfalls im Menschen begründet. Er hat lediglich eine Befähigung zur Annahme der Gnade ohne die Möglichkeit eigener Initiative.[33] Kennzeichen des wahren Glaubens sind gute Werke, die aus dem Glauben entstehen.[34]

Literatur

Reller, Horst. Voigt, Martin. Müller, Herrmann. (Hrsg. im Auftrag der Katechismuskommission der VELKD.) *Evangelischer Gemeindekatechismus.* 4. überarb. und erg. Aufl. Gütersloh: Gütersloher Verlagshaus Gerd Mohn.
Luth. Kirchenamt im Auftrag der VELKD (Hrsg.). *Unser Glaube. Die Bekenntnisschriften der ev. luth. Kirche. Ausgabe für die Gemeinde.* Gütersloh: GTB Siebenstern.

Die Reformierten Kirchen

Geschichte der Reformierten Kirchen

Ab 1520 führte der römisch-katholische Priester *Huldrych Zwingli* (1484-1531) in Zürich reformatorische Gedanken ein. 1525 wurde dort die römisch-katholische Messe abgeschafft und die Abendmahlsfeier an Ostern erstmalig in beiderlei Gestalt (Brot und Wein) durchgeführt. Von Zürich gelangte die Reformation auch nach Bern (1528) und Basel (1529).

Neben Zwingli wurde *Johannes Calvin* (1509-1564) zur führenden Persönlichkeit der frühen reformierten Kirche. Seine Bekehrung erlebte Calvin vermutlich in Frankreich, mußte 1534 jedoch aus Paris fliehen. In Basel formulierte er die erste Fassung seiner *Christianae Religionis Institutio*. In der Vorrede dieser 1536 in Frankreich veröffentlichen Darstellung evangelischer Lehre wurde der französische König Franz I. zur Tolerierung oder Annahme des Evangeliums aufgerufen.

Calvin war maßgeblich an der Durchführung der Reformation in Genf beteiligt. Dort legte er 1543 eine erweiterte Ausgabe der Institutio vor sowie 1545 einen Katechismus.

1549 führte Calvin eine Einigung zwischen der zwinglianischen Richtung der Reformation, die von *Heinrich Bullinger* geführt wurde, und der von ihm vertretenen Linie in der *Zürcher Einigung* herbei.

Eine endgültige Fassung der Institutio, die nun die gesamte Dogmatik der reformierten Kirche enthielt, legte Calvin 1559 vor. Stärker als bei anderen Reformatoren betonte Calvin Bekehrung und Glaubensgewißheit als eine sich innerlich vollziehende persönliche Glaubenserfahrung des einzelnen.[1]

Die auch als *Philippismus* bezeichnete versöhnliche Haltung Philipp Melanchthons (s.o., Luth. Kirchen), der 1540 eine in der Abendmahlsfrage auch für reformierte Christen akzeptablere Version des Augsburgischen Bekenntnisses veröffentlichte,[2] bildete in Deutschland den Ausgangspunkt für die Hinwendung einzelner Kirchengebiete von der lutherischen zur reformierten Prägung.

Dies geschah in den Gebieten der rheinischen Pfalz, in Nordnassau-Dillenburg, Bremen, Anhalt und Baden-Durlach. Die niederrheinischen Gebiete und Ostfriesland wandten sich durch Einflüsse aus den Niederlanden der reformierten Kirche zu, durch unterschiedliche Einflüsse wurde auch Oberschlesien reformiert.[3]

1875 wurde der Reformierte Weltbund gegründet, dem 160 reformierte Kirchen angeschlossen sind.

Struktur reformierter Kirchen

Der schweizerische Hintergrund schlug sich auch in der Struktur der reformierten Kirchen nieder. Sie werden durch Ältestenräte (Presbyterien) geleitet, die demokratisch gewählt wurden. Dies schlägt sich zum Beispiel im erweiterten Namen des reformierten Weltbundes *Alliance of Reformed Churches throughout the World holding the Presbyterian Order* (Bund reformierter Kirchen in der ganzen Welt, die die presbyteriale Ordnung halten) nieder. Reformierte Kirchen im englischsprachigen Raum heißen meist *Presbyterian Church* (Presbyterianische Kirche).

Der Reformierte Bund

Der Reformierte Bund wurde im August 1884 in Marburg gegründet. Die meisten reformierten Gebiete, bis auf das Fürstentum Lippe-Detmold, waren zu dieser Zeit in Unionskirchen (s.u.) aufgegangen.

Die *Evangelische Kirche von Lippe* und die *Evangelisch-reformierte Kirche* gehören dem Reformierten Bund an. Der Reformierte Bund ist keine der VELKD (s.o.) vergleichbare Kirche. Er behielt auch nach seiner Neuordnung im Jahre 1946 eine vereinsmäßige Struktur bei.[4] Ihm gehören Kirchen (Lippe und die Evangelisch-reformierte Kirche), Gemeinden (hauptsächlich auf dem Gebiet der Rheinischen-unierten-Kirche und der westfälischen Kirche), und ca. 500 Einzelpersonen an.[5]

In seiner Ordnung definiert der Reformierte Bund sich folgendermaßen:

> *"Der Reformierte Bund bekennt sich zu Jesus Christus als dem einen Wort Gottes, wie es in der Heiligen Schrift des Alten und Neuen Testaments gegeben und wie es bezeugt ist in den altkirchlichen Glaubensbekenntnissen, in den reformierten Bekenntnisschriften, insbesondere im Heidelberger Katechismus, und wie es bekannt ist in der Barmer Theologischen Erklärung von 1934."*[6]

Walter Herrenbrück beschreibt das Selbstverständnis des Reformierten Bundes in seiner Beziehung zu anderen konfessionellen Gruppierungen:

> *"Der Reformierte Bund will die reformierte Konfession und Tradition als Beitrag zur Frage nach dem Selbstverständnis und der Gestaltwerdung der Gemeinde Jesu Christi in das ökumenische Gespräch einbringen – und er tut dies im Glauben an die in Christus geschenkte Einheit der Kirche (hat also zu Trennungslinien und Spaltungen der Kirche keinen Anlaß!) und im Bemühen um die konziliare Gemeinschaft der Kirchen (hat also für Berührungsängste und Profillosigkeit keinen Grund!)."*[7]

Der Reformierte Bund hat zwei im zweijährigen Turnus tagende Organe, eine *Hauptversammlung* und das *Moderamen*. Bei der Zusammensetzung des Moderamens wird darauf geachtet, daß die Mitgliedskirchen (neben der Evangelisch-reformierten Kirche und der Lippischen Landeskirche auch die Freikirche *Evangelisch-altreformierte Kirche*) sowie die mit dem reformierten Bund verbundenen Kirchen (Evangelische Kirche im Rheinland, Evangelische Kirche von Westfalen, Evangelische Kirche in Hessen und Nassau, Evangelische Kirche von Kurhessen Waldeck, Bremische Evangelische Kirche) berücksichtigt werden.[8]

Reformierte Kirchen in Österreich, der Schweiz und in Liechtenstein

Die evangelische Kirche H.B. (Helvetischen Bekenntnisses) bildet in Österreich den kleineren Teil der ansonsten lutherischen Evangelischen Kirche in Österreich (siehe dort). In der Schweiz sind die evangelischen Landeskirchen reformiert. Von den 28 500 Einwohnern Liechtensteins sind 2 500 evangelisch, der größere Teil reformiert.

Reformierte Theologie

Eine Gemeinsamkeit ist bei den reformierten Kirchen schwieriger festzustellen als bei den lutherischen Kirchen. Gemeinsam ist ihnen sicherlich von ihren Ursprüngen her der Wille zum unmittelbaren Rückgriff auf die biblische Botschaft. Eine neben der Schrift gleichrangig zu achtende Tradition wird verworfen.[9] Anders als Luther, der den alttestamentlichen Apokryphen noch eine gewisse Bedeutung beimaß, wurden in offiziellen reformierten Bibelausgaben die Apokryphen ausgeschieden.[10]

Bei *Huldrych Zwingli* findet sich eine Betonung der beständigen Gegenwart Christi in allem Tun des Menschen, die ebenfalls prägend für die reformierte Theologie war. Prägende Gestalt für die Geschichte der reformierten Kirchen war jedoch *Jean Cauvin* (Calvin) in Genf (1509-1564). Bei ihm finden, im Gegensatz zu Luther, der eindeutig dem Neuen Testament eine stärkere Bedeutung beimaß, beide Testamente gleiche Betonung. Luther betonte stärker die Versöhnung, Calvin die Majestät Gottes. Während Luther von einem doppelten Amt Christi, dem Amt als Priester und König, sprach, findet bei Calvin das dreifache Amt Christi als *Prophet, Priester und König* Betonung.

Da die Gemeindelehre (Ekklesiologie) als Abbild der Christologie gesehen wird, sehen reformierte Kirchen auch einen prophetischen Auftrag in der Welt. Dies kam in Deutschland unter anderem in einer Erklärung des Reformierten Moderamens „*Das Bekenntnis zu Jesus Christus und die Friedensverantwortung der Kirche*" zum Ausdruck.[11]

Die reformierten Kirchen haben insgesamt etwa 60 Bekenntnisschriften. Bedeutendste sind der *Heidelberger Katechismus* (1563), das *2. Helvetische Bekenntnis* (1566) und die *Westminster Confession of Faith* (1647).

Reformierte Bekenntnisentwicklung

In seiner Darstellung der „Theologie reformierter Bekenntnisschriften" teilt Jan Rohls die altreformierte Bekenntnisentwicklung in sechs Phasen ein.[12] Bei dieser Einteilung stehen am Anfang die deutsch-schweizerischen Bekenntnisse unter dem Einfluß

Zwinglis. Die spezifisch zwinglianischen Auffassungen werden heute kaum noch vertreten, obwohl gerade Zwinglis Leugnung der Gegenwart Christi in den Sakramenten zur Trennung von den lutherischen Kirchen führte. In der *Leuenberger Konkordie* kam es 1973 jedoch zu einer Verständigung zwischen lutherischen und reformierten Kirchen, die auch damit zusammenhing, daß Calvins Auffassung einer geistlichen Realpräsenz (s. u.) das heutige Abendmahlsverständnis in reformierten Kirchen prägt.

Eine zweite Phase sieht Rohls mit der Ausbildung einer Genfer Tradition unter Calvin. Die dritte Phase bildet die Ausbreitung reformierter Theologie in West- und Osteuropa, ihr folgt viertens eine spezifisch deutsche reformierte Bekenntnistradition. Fünftens nennt Rohls die *Dordrechter Lehrentscheidungen* und sechstens den in England entstehenden *Puritanismus*. Letzterer fand seinen Ausdruck in der *Westminster Confession of Faith* (Westminster Glaubensbekenntnis), das jedoch im deutschsprachigen Raum nahezu bedeutungslos blieb.

Eine zweite Hauptphase bildet die Zeit der Änderung altreformierter Bekenntnisse sowie der Entstehung neuer Bekenntnisse. Hierbei spielt auch die Barmer Theologische Erklärung (1934) als gemeinsames Bekenntnis reformierter, lutherischer und unierter Kirchen eine wesentliche Rolle.

Die durch die Leuenberger Konkordie (s. u., Arnoldshainer Konferenz) deutlich gewordene Entwicklung, die in dieser Konkordie auch einen gewissen Abschluß fand, hatte in den Reformierten Kirchen zu der Änderung alter und Bildung neuer Bekenntnisse geführt.[13] Die „Barmer Theologische Erklärung" brachte diese Entwicklung zum Ausdruck und wurde zugleich Grundlage für die meisten der neueren Reformierten Bekenntnisse.[14] *Karl Barth*, der wohl bedeutendste reformierte Theologe der Neuzeit, definiert die Bedeutung reformierter Bekenntnisse folgendermaßen:

„*Ein reformiertes Glaubensbekenntnis ist die von einer örtlich umschriebenen christlichen Gemeinschaft spontan und öffentlich formulierte, für ihren Charakter nach außen bis auf weiteres maßgebende und für ihr eigenes Lehren und Leben bis auf weiteres richtungsgebende Darstellung der der allgemeinen christlichen Kirche vorläufig geschenkten Einsicht von der allein in der Heiligen Schrift bezeugten Offenbarung Gottes in Jesus Christus.*"[15]

Reformierte Bekenntnisse haben also bei weitem nicht die Bedeutung, wie dies in lutherischen Kirchen die Bekenntnisse des Luthertums haben.

Die Sakramente

Für Calvin war die Gegenwart Christi nicht auf die Sakramente zu reduzieren. Die presentia realis Christi (die wirkliche Gegenwart Christi) macht alles, was in der Gemeinde geschieht, zu einer Heilswirklichkeit.[16]

Sakramente werden als auf das Opfer Christi hinweisende und es bestätigende Zeichen betrachtet.[17]

Die Wichtigkeit des persönlichen Glaubens beim Empfang der Sakramente wird im Zweiten Helvetischen Bekenntnis betont:

„Hier wie dort sind die Sakramente gegeben als Zeichen und Pfänder der Gnade und der Verheißungen Gottes, die die herrlichen Wohltaten Gottes in Erinnerung rufen und erneuern, damit die Gläubigen durch sie von allen anderen Religionen des Erdkreises geschieden würden. Sie sollen sie auf geistliche Weise durch den Glauben empfangen, und die Empfänger sollen dadurch an die Kirche gebunden werden und sich selbst ihrer Pflicht erinnern."

Trotz der Betonung der Zeichenhaftigkeit der Sakramente sind sie doch nicht nur Wasser oder Brot und Wein:

„Denn Wasser, Brot und Wein sind nicht gewöhnliche, sondern heilige Zeichen. Und der Stifter der Wassertaufe hat sie nicht in der Absicht und Meinung eingesetzt, daß die Gläubigen nur mit Taufwasser begossen werden sollten; und der befohlen hat, beim Abendmahl Brot zu essen und Wein zu trinken, wollte nicht, daß die Gläubigen nur Brot und Wein empfingen, ohne Geheimnis, wie sie zu Hause Brot essen, sondern , daß sie in geistlicher Weise teil hätten an den bezeichneten Dingen und wirklich im Glauben von ihren Sünden rein gewaschen würden und an Christus Anteil bekämen ..."[18]

Insbesondere die Taufe, im Zweiten Helvetischen Bekenntnis aber auch das Abendmahl, haben den Charakter eines Bundeszeichens:

„Es gibt nun einerseits Sakramente des alten Bundesvolkes und andererseits Sakramente des neuen Bundesvolkes. Die Sakramente des

alten Bundesvolkes waren die Beschneidung und das Passahlamm, das geopfert wurde; deshalb wird es zu den Opfern gerechnet, die von Anfang der Welt gebracht wurden. Die Sakramente des neuen Bundesvolkes sind die Taufe und das Abendmahl des Herrn."[19]

Vergebung der Sünde geschieht dabei nicht durch die Sakramente, sondern wegen des Opfers Christi.

„Es sind sichtbare heilige Wahrzeichen und Siegel, von Gott dazu eingesetzt, daß er uns durch den Glauben derselben die Verheißung des Evangeliums desto besser zu verstehen gebe und versiegle: nämlich, daß er uns wegen des einigen Opfers Christi, am Kreuz vollbracht, Vergebung der Sünden und ewiges Leben aus Gnaden schenke."[20]

Die Sakramente sind ebenso auch Bestätigung des Glaubens, von dem es im Heidelberger Katechismus heißt:

„Der Heilige Geist wirkt denselben in unsern Herzen durch die Predigt des heiligen Evangeliums und bestätigt ihn durch den Gebrauch der heiligen Sakramente."

Nach Karl Barth ist Sakrament allein Jesus Christus, denn nur in ihm teilt sich die Gnade Gottes wirksam mit. Taufe und Abendmahl sind darauf antwortende Handlungen.[21]

Die Taufe

Der Heidelberger Katechismus betont, daß Reinigung von den Sünden nicht durch die Taufe, sondern durch das Blut Jesu Christi geschieht.[22] Die Taufe gilt als *„Pfand und Wahrzeichen"*, durch das Gott die Vergebung der Sünden zusichert.[23]

Die Kindertaufe wird mit der Beschneidung als Bundeszeichen des Alten Bundes begründet. So, wie hier die (männlichen) Kinder beschnitten wurden, sollen als Unterscheidungszeichen zu den Kindern Ungläubiger die Kinder der Christen getauft werden:

„... denn dieweil sie sowohl als die Alten in den Bund Gottes und seine Gemeinde gehören und ihnen in dem Blut Christi die Erlösung von Sünden und der Heilige Geist, welcher den Glauben wirket, nicht weniger denn den Alten zugesagt wird: so sollen sie auch durch die Taufe, als des Bundes Zeichen, der christlichen Kirche eingeleibt und von der Ungläubigen Kinder unterschieden werden, wie im Alten

Testament durch die Beschneidung geschehen ist, an welcher Statt im Neuen Testament die Taufe ist eingesetzt."[24]

Bis auf Zwingli wird die Taufe in allen reformierten Bekenntnisschriften als Zeichen eines Handelns Gottes am Menschen und somit Zeichen der göttlichen Gnade verstanden. Sie ist damit nicht nur Bekenntniszeichen und Unterscheidungsmerkmal gegenüber den Nichtchristen.[25] In den älteren reformierten Bekenntnisschriften wird das Recht zur Durchführung der Taufe nur ordinierten Amtsträgern zugestanden.[26]

Alle reformierten Bekenntnisschriften sind sich einig in der Verteidigung der Kindertaufe.[27] Dabei wird kein Glaube seitens des Täuflings angenommen.[28] Begründung der Taufe ist, daß dem Kind die Verheißung Gottes gilt, weil es von christlichen Eltern stammt.[29]

Das Abendmahl

Die calvinischen Bekenntnisse behaupten eine wirkliche Gegenwart des Leibes Christi im Brot des Abendmahles.[30] Christus speist uns durch den Heiligen Geist mit seinem Leib und Blut.[31] Entscheidend ist hier, daß der Heilige Geist der Handelnde ist. Der irdische Leib Christi ist nach calvinistischer Vorstellung im Himmel umschlossen und kann nicht im Abendmahl gegenwärtig sein.[32] Christus speist uns geistlich mit seinem Leib und Blut. In diesem Sinne kann von seiner Gegenwart gesprochen werden.[33] Eine Wandlung wird eindeutig abgelehnt.[34] Es handelt sich also um eine „geistliche Realpräsenz". Leib und Blut Christi werden nur genossen, wenn der Empfänger von Brot und Wein glaubt.[35]

Ungläubige sollten nach dem Heidelberger Katechismus (Frage 82) nicht am Abendmahl teilnehmen dürfen.

Die Erwählungslehre

Die auch von Luther vertretene Auffassung einer Erwählung des Menschen durch Gott, die menschliches Handeln bei der Erlösung ausschließt, fand bei Calvin eine besondere Ausprägung auch in die Richtung einer ewigen Verwerfung der Nichterwählten. Eine direkte doppelte Prädestination (also die direkte Bestimmung zur Verdammnis einzelner durch Gott) wird jedoch von keinem reformierten Bekenntnis gelehrt.[36] Vielmehr ist Verwerfung *„identisch damit, daß Gott einige Sünder bei der Erwählung übergeht".*[37] Der entscheidende Gedanke ist also, daß Gott nicht alle, sondern nur einen Teil der Menschheit gnädig erwählt hat.

> *„Daß Gott einige Sünder nicht erwählt, sondern bei der Gnadenwahl übergeht oder übersieht, hat zur Folge, daß sie der ewigen Verdammnis anheimgegeben bleiben, aus der die Erwählten gerettet werden. Der Grund ihrer Verdammnis, d.h. des ewigen Todes ist dabei nicht der abstrakte Wille Gottes, sondern die von Gott nicht bewirkte, sondern nur zugelassene Sünde des Menschen."*[38]

Eine Nichterwählung hat ihren Grund also im Menschen selbst. Erwählung dagegen ist allein auf Gottes Gnade zurückzuführen.[39] Während nach lutherischer Auffassung Erwählung damit zusammenhängt, daß Gott vorhergesehen hat, wer *„beharrlich und wahrhaftig an Christum glauben würde"*, ist in der reformierten Auffassung nichts an der Erwählung auf etwas im Menschen zurückzuführen.[40]

Logische Folge der Erwählungslehre ist auch, daß die Erwählten im Glauben verharren.

> *„Gott beruft seine Erwählten wirksam, rechtfertigt und heiligt sie so, daß sie nicht mehr endgültig aus der Gnade fallen können."*[41]

Bestritten wurde der Erwählungsgedanke in dieser Form durch den Leidener Theologieprofessor *Jakob Arminius*. Er vertrat die Überzeugung, daß der Mensch sich der Erkenntnis des Willens Gottes gegenüber sowohl öffnen als auch verschließen könne. Gott wisse im voraus, wer im Glauben beharrt.[42] Darin bestätige sich die Erwählung. Diese Lehre wurde im Dordrechter Bekenntnis verworfen.[43] Die als *Arminianismus* bezeichnete Lehre beeinflußte später auch *John Wesley*, den Begründer des Methodismus (s.u.).

Eine Neuinterpretation des Erwählungsgedankens findet sich bei Karl Barth. Er versteht Jesus Christus selbst als „den Erwählten". Er trug zugleich auch die Verwerfung der gottlosen Menschen. Darum sind „in ihm" alle Menschen als erwählt zu betrachten.

Rechtfertigung

In der reformierten Tradition wird die Heiligung als Folge der Rechtfertigung stark betont. Aus Dankbarkeit gegenüber der Gnade Gottes ist der Gerechtfertigte Christus gehorsam.

In Zusammenhang mit der Erwählungslehre trat hier auch der Gedanke von wirtschaftlichem Erfolg als Zeichen der Erwählung auf.[44]

Die Amtsträger

Eine apostolische Sukzession wird in den reformierten Kirchen abgelehnt. Ihre Apostolizität kann die Kirche auf die Gebundenheit an das Wort zurückführen. Eine Kontinuität besteht nicht im Apostelamt, sondern im Wirken des Heiligen Geistes in der Kirche.[45]

Die reformierten Kirchen erhielten – wohl auch durch die Schweizer Situation, in der sie entstanden waren, von Anfang an ein stärker demokratisches Gepräge. Die Ämter der Lehrer, Hirten, Diakone und Ältesten werden als gleichwertig verstanden, wenn auch als verschiedenartig.[46] Sie können auf zwei Ämter, Ältester (Presbyter) und Diakon reduziert werden.

Die ganze Gemeinde, nicht nur die Amtsträger, gilt als „Wächterin des Wortes".[47]

Literatur

Geburt, Joachim (Hrsg. im Auftrag des Moderamens des Reformierten Bundes). *100 Jahre Reformierter Bund*. Bad Bentheim: A. Hellendoorn, 1984.
Rohls, Jan. *Theologie reformierter Bekenntnisschriften*. Göttingen: Vandenhoeck und Ruprecht, 1987.
Mechels, Eberhard. Weinrich, Michael. (Hrsg.). *Die Kirche im Wort*. Arbeitsbuch zur Ekklesiologie. Neukirchen-Vluyn: Neukirchener, 1992.

Die Evangelische Kirche der Union (EKU)

Die Evangelische Kirche der Union hat ihre geschichtlichen Wurzeln im Jahre 1817. Am 27. September dieses Jahres erließ der preußische König Friedrich Wilhelm III. eine Kabinettsorder, in der er zur Vereinigung der Lutherischen und der Reformierten Kirche in Preußen aufrief.[1] Dieser Aufruf geschah ohne Zutun der Kirchen. Allerdings hatte es bereits seit dem Übertritt des Kurfürsten Johann Sigismund zum reformierten Glauben einen Trend zum Aufeinanderzugehen beider Konfessionen gegeben. Die Aufklärung und der Pietismus trugen ebenfalls das Ihre zu dieser Entwicklung bei.[2] So stellt die heutige *Evangelische Kirche der Union* fest:

> *„Die traditionell bestimmten konfessionellen Unterscheidungen innerhalb der Kirchen sind, historisch gesehen, durch Querentwicklungen wie z.B. Pietismus, Aufklärung, Erweckung, Liberalismus, dialektische, hermeneutische und andere Theologien relativiert worden."*[3]

Sicherlich waren die Ansätze dieser verschiedenen Strömungen sehr unterschiedlich. Einheitlich war jedoch, daß sie kaum zu Kirchenneubildungen führten, sondern kirchenübergreifend waren.

> *„Die ... genannten Bewegungen in der Geschichte der evangelischen Kirchen wie Pietismus usf. haben starke Kräfte entwickelt; aber sie haben so gut wie keine neuen Kirchenbildungen hervorgebracht. Dagegen blieben die Merkmale ‚lutherisch', ‚reformiert' und ‚uniert' für das Kirchesein in der preußischen Union, ja des ganzen deutschen Protestantismus bis heute, zumindest kirchenrechtlich, bestimmend. Das steht häufig in Spannung zur Wirklichkeit des ganzen."*[4]

Die Unionsbildung führte 1830 zur Abspaltung lutherischer Gruppierungen. Der preußische König sah sich herausgefordert, in einer erneuten Order die Sorgen um das Entstehen einer dritten Konfession zu beschwichtigen.[5] Nach dem Ersten Weltkrieg und der Beendigung des landesherrlichen Kirchenregiments mußte sich die Evangelische Landeskirche Preußens eine eigene Verfassung geben. Sie nannte sich nun *Evangelische Kirche der Altpreußischen Union* (APU).

Die heutige Evangelische Kirche der Union (EKU) konstituierte sich neu im Jahre 1951 und trägt seit 1953 ihren heutigen Namen.[6]

Der EKU gehören die evangelischen Kirchen von *Anhalt, Berlin-Brandenburg, Schlesien, Pommern, Rheinland,* der *Kirchenprovinz Sachsen* und von *Westfalen* an.

Oberstes Leitungsgremium der EKU ist die Synode. Mindestens drei Fünftel der Synodalen werden von den Gliedkirchen gewählt, zwei Fünftel werden berufen. Die Gliedkirchen bleiben selbständig in Leitung und Gesetzgebung. Zwischen den Synoden wird die EKU vom Rat der EKU geleitet, dem die Bischöfe und Präsides der Gliedkirchen sowie der Präses der Synode, der Präsident der Kirchenkanzlei und ein von der Synode gewähltes Mitglied reformierten Bekenntnisses angehören.[7]

Weitere unierte Kirchen, die der EKU nicht angehören, sind die Evangelischen Kirchen von *Baden, Bremen, Hessen und Nassau, Kurhessen-Waldeck* und die *Evangelische Kirche in der Pfalz.*

Die Glaubensgrundlagen

Die EKU bekennt sich zur Heiligen Schrift als alleiniger Richtschnur des Glaubens und bezeugt ihre Gemeinschaft mit der alten Kirche. Die *„Theologische Erklärung von Barmen als ein Glaubenszeugnis in seiner wegweisenden Bedeutung für die versuchte und angefochtene Kirche"*[8] spielt in ihr eine wesentliche Rolle.

Das Verhältnis der Konfessionen in der EKU

Eine Unionskirche bedeutet nicht zwangsläufig ein Aufheben des konfessionellen Verständnisses beider – der reformierten und der lutherischen – Kirchen.

„In den Gliedkirchen der EKU und ihrer Gemeinden wirkt sich das ‚doppelpolige' Verhältnis von Grundkonsens und Bekenntnisbindung in dreifacher Weise aus. Es besteht die Möglichkeit, das Evangelium von Jesus Christus

– im Lichte der lutherischen Bekenntnisse,
– im Lichte der reformierten Bekenntnisse oder
– unter Betonung der Gemeinsamkeit beider Bekenntnisse auszulegen.
Als eine unierte, d.h. vereinigte Kirche hält die EKU es für berechtigt, daß diese Traditionen in einer Kirche vereinigt leben, weil sie beide ein gemeinsames Grundverständnis vom biblischen Evangelium besitzen. Dieses Zusammenleben von unterschiedlichen Konfessionen in einer Kirche meint der Begriff ‚uniert' im weiteren Sinn."[9]

Bewußt wollen Unionskirchen keine dritte Konfession sein. Die Intention ist, das Einigende zwischen reformierten und lutherischen Bekenntnissen stärker zu betonen als das Trennende.

„Die theologische Grundbestimmung der EKU intendiert also keine ‚dritte' evangelische Konfession. Sie ist vielmehr am Gemeinsamen der reformatorischen Bekenntnisse orientiert, und was in ihr als Auslegung der Bekenntnisgrundlagen formuliert oder rezipiert wird, muß grundsätzlich so geartet sein, daß dem sowohl vom reformierten als auch vom lutherischen Bekenntnis her zugestimmt werden kann. Leitbild dafür ist die Barmer Theologische Erklärung."[10]

Innerhalb der EKU gibt es Gemeinden mit den drei genannten Ausprägungen. Oft ist allerdings ein deutlich konfessionelles Profil nicht erkennbar:

„Vielfach ist es allerdings nicht geklärt, welche konfessionelle Ausprägung eine Gemeinde hat, wenn sie sich ‚evangelisch' nennt."[11]

Innerhalb der Gemeinden sind Unterschiede in der Liturgie ebenfalls möglich. Eine Einheitsliturgie wie in der Altpreußischen Union existiert nicht mehr.[12] Festgestellt wird auch, daß Gemeindeglieder oft eine besondere lutherische oder reformierte Tradition nicht mehr identifizieren können.[13]

„Gemäß ihrer besonderen theologischen Verantwortung sind Mitarbeiter im Dienst der öffentlichen Wortverkündigung und der Sakramentsverwaltung gehalten, sich innerhalb der EKU je nach gliedkirchlicher Grundbindung entweder auf die lutherischen oder die reformierten oder auf die reformatorischen Bekenntnisschriften ordinieren zu lassen. Letztere Form schließt sowohl die Bindung an das gemeinsame reformatorische Zeugnis als auch die Bereitschaft ein, sich durch die unterschiedlichen Bekenntnisse befragen zu lassen."[14]

Diese Offenheit gegenüber den unterschiedlichen konfessionellen Strömungen zeigt sich auch in der Ordination der Geistlichen. Es steht ihnen oft frei, auf welche Bekenntnisse sie sich ordinieren lassen.

„In Rheinland und Westfalen läßt sich die überwiegende Mehrheit reformatorisch ordinieren. In Anhalt wird nur eine Ordination auf die reformatorischen Bekenntnisschriften praktiziert. In Berlin-Brandenburg und der Kirchenprovinz Sachsen dominiert in den letzten Jahren der Wunsch nach einer reformatorischen Ordinationsbindung (gut zwei Drittel der Pfarramtskandidaten), während die Zahl der Ordinationen auf die lutherischen Bekenntnisse zurückgegangen ist und die auf reformierte Bekenntnisse sich in der Minderheit gehalten hat. Görlitz ordiniert inzwischen auch auf das Gemeinsame der reformatorischen Bekenntnisse, die Pommersche Evangelische Kirche ordiniert nur lutherisch. Diese Beobachtung macht einen Trend zum ‚Evangelischen' in der Pfarrerschaft deutlich, der freilich in den Gliedkirchen, auch kirchenrechtlich, zurückhaltend beurteilt wird."[15]

Ein entscheidendes Dokument ist gerade auch für die EKU die Leuenberger Konkordie (s.u.: Die Arnoldshainer Konferenz).

„In der ‚Leuenberger Konkordie', die von den Gliedkirchen anerkannt wurde und in einigen ihrer Grundordnungen Aufnahme fand, sieht die EKD einen guten Ausdruck der ihr eigenen Wesenselemente: Das gemeinsame Verständnis des Evangeliums ist in der Konkordie in neuer Gestalt und ausführlicher als in der Ordnung der EKU ausformuliert worden. Beide treffen sich in der Intention, das Miteinander der lutherischen, reformierten und unierten Tradition zu ermöglichen."[16]

Übergreifende Organisationen in der EKD und ihr nahestehende Bewegungen

Die Arnoldshainer Konferenz

Die Arnoldshainer Konferenz ist nach dem Gründungsort, der Evangelischen Akademie Arnoldshain/Taunus, benannt. Sie ist ein Zusammenschluß der Kirchenleitungen[1] der meisten nicht der VELKD angehörenden Gliedkirchen der EKD. Ihr gehören die Kirchenleitungen von Anhalt, Baden, Berlin-Brandenburg, Bremen, des Görlitzer Kirchengebietes, Hessen und Nassau, Kurhessen-Waldeck, Lippe, Oldenburg, Pfalz, Pommern, der Ev. Reformierte Kirche, Rheinland, der Kirchenprovinz Sachsen, Westfalen und der Ev. Kirche der Union an. Die Württembergische Landeskirche und das reformierte Moderamen sind Gäste.

Leitungsorgan ist eine Vollkonferenz, in der jede Konferenzkirche zwei Stimmen hat. Beschlüsse und Voten der Vollkonferenz werden von dem Theologischen Ausschuß und dem Rechtsausschuß vorbereitet. Die Beschlüsse und Voten haben den Charakter von Empfehlungen.

Die Arnoldshainer Konferenz verfolgt nicht das Ziel, Leitungsfunktionen der Landeskirchen auf die Konferenz als „übergeordneten Verband" zu übertragen.[2] Es geht darum, daß die nicht der VELKD angeschlossenen Gliedkirchen der EKD eine *„Zwischenstufe zu schaffen gesucht haben, die einer Zusammenarbeit auf den Gebieten der spezifisch landeskirchlichen Probleme dienen soll".*[3]

Die Arnoldshainer Konferenz entstand aus den Bemühungen um Abendmahlsgemeinschaft zwischen lutherischen und reformierten Kirchen. Bereits 1957 wurden die sogenannten acht „Arnoldshainer Thesen" aufgestellt, in denen lutherische, reformierte und unierte Theologen ihre Gemeinsamkeiten in der Abendmahlsfrage bezeugten. Ein 1966 durch eine Kommission vorgelegter Vorschlag, die in der EKD-Grundordnung festgeschriebene Feststellung, innerhalb der EKD bestehe keine volle Übereinstimmung über die Zulassung zum Abendmahl[4], zu ändern, konnte ebensowenig verwirklicht werden wie ein 1968 von der Arnoldshainer Konferenz vorgelegter Vorschlag zur „Vereinbarung über Kanzel- und Abendmahlsgemeinschaft". Erst nach dem 1971 in Leuenberg bei Basel vorgelegten Entwurf einer „Konkordie reformatorischer Kirchen in Europa" wurde in einer Neufassung der EKD-Grundordnung 1974 die Feststellung getroffen, daß die Verschiedenheit der Bekenntnisse keine kirchentrennende Bedeutung für die Gliedkirchen der EKD hat und zwischen ihnen Abendmahlsgemeinschaft besteht.

Die Leuenberger Konkordie (Exkurs)

In Verbindung mit dem Lutherischen und dem Reformierten Weltbund gründete die Kommission für Glauben und Kirchenverfassung im Ökumenischen Rat der Kirchen (ÖRK) 1963 eine Arbeitsgemeinschaft, in der lutherisch-reformierte Lehrgespräche auf europäischer Ebene geführt werden sollten. Daraus ergab sich eine Vorversammlung zur Ausarbeitung einer Konkordie reformatorischer Kirchen in Europa, die 1971 und 1973 zusammentrat. Am 16. März 1973 wurde ein gemeinsamer Text verabschiedet, der das Ziel der Kirchengemeinschaft der unterzeichnenden Kirchen hatte. Diese sollte am 1. Oktober 1974 in Kraft treten. Zweiundsiebzig europäische Kirchen, darunter alle Landeskirchen der BRD und der DDR sowie die *Evangelische Kirche H.B.* (Helvetischen, also reformierten Bekenntnisses) in *Österreich*, unterzeichneten die Konkordie. Damit wurde die Gewährung von Kanzel- und Abendmahlsgemeinschaft sowie die gegenseitige Anerkennung der Ordination erklärt.[5]

In der Konkordie wurde von den beteiligten lutherischen und reformierten Kirchen sowie den *Kirchen der Böhmischen Brüder* und der *Waldenser* ein gemeinsames Verständnis des Evangeliums festgestellt, das eine Verwirklichung der Kirchengemeinschaft zur Folge haben kann.[6] Die Rechtfertigungsbotschaft „*als die Botschaft von der freien Gnade Gottes*" wird als erstes Element des gemeinsamen Verständnisses des Evangeliums genannt.

„*Gott ruft durch sein Wort im Heiligen Geist alle Menschen zu Umkehr und Glauben und spricht dem Sünder, der glaubt, seine Gerechtigkeit in Jesus Christus zu. Wer dem Evangelium vertraut, ist um Christi willen gerechtfertigt vor Gott und von der Anklage des Gesetzes befreit. Er lebt in täglicher Umkehr und Erneuerung zusammen mit der Gemeinde im Lobpreis Gottes und im Dienst am anderen, in der Gewißheit, daß Gott seine Herrschaft vollenden wird. So schafft Gott neues Leben und setzt inmitten der Welt den Anfang einer neuen Menschheit.*"[7]

Die Verwerfungen bezüglich der Abendmahlslehre, der Prädestination und der Christologie werden als nicht mehr dem gegenwärtigen Stand der Lehre in den Kirchen entsprechend bezeichnet.[8] Jan Rohls stellt dazu fest:

„Möglich wurde diese Aussage erst auf Grund der über den Altprotestantismus hinausgehenden dogmengeschichtlichen Entwicklung, in der die genannten theologischen Gehalte so transformiert wurden, daß nunmehr die Abendmahlslehre die Persongegenwart Christi ins Zentrum rückte, die Christologie ihren Ausgang beim Gedanken der Selbstoffenbarung Gottes nahm und die Prädestinationslehre zusammenfiel mit der Lehre von Gottes Gnadenwahl."[9]

Betont wird die ausschließliche Heilsmittlerschaft Christi.[10]

Als gemeinsame Erkenntnis der Sakramente wird festgehalten:

„In Verkündigung, Taufe und Abendmahl ist Jesus Christus durch den Heiligen Geist gegenwärtig. So wird den Menschen die Rechtfertigung in Christus zuteil, und so sammelt der Herr seine Gemeinde."[11]

Die Taufe wird als Aufnahme in die Heilsgemeinschaft mit Christus definiert. Durch die Taufe beruft Christus in die Gemeinde, er befähigt zum christlichen Leben.[12] Das Abendmahl wird folgendermaßen erklärt:

„Im Abendmahl schenkt sich der auferstandene Jesus Christus in seinem für uns alle dahingegebenen Leib und Blut durch sein verheißendes Wort mit Brot und Wein. Er gewährt uns dadurch Vergebung der Sünden und befreit uns zu einem neuen Leben aus Glauben."[13]

Gegenüber den Verwerfungsurteilen der Reformationszeit werden Gemeinsamkeiten der Kirchen betont.[14]

Arbeitsergebnisse der Arnoldshainer Konferenz

Die Arnoldshainer Konferenz äußerte sich zu vielen weiteren Fragen. So gab sie Arbeitsergebnisse über Ordination (1972, 1986), verschiedene Amtshandlungen wie Bestattung (1985), Trauung (1986), Taufe (1987) und Konfirmation (1987) heraus. Zu Fragen weiterer Amtshandlungen (1978), dem Abendmahl (1982), der Erneuerung von Gemeinde und Pfarrerschaft (1988) und der Frage nach Religionen und christlichem Glauben (1991) gab sie Voten ab.

Möglichkeiten der Schriftauslegung
1991 gab die Vollkonferenz der Arnoldshainer Konferenz die Ausarbeitung „11 Zugänge zur Bibel" als Votum heraus.[15]

Kirchenpräsident Werner Schramm, Vorsitzender der Arnoldshainer Konferenz, schreibt im Vorwort:

> *„Vielfach sind unsere Zugänge zur Bibel. Aber das Wort Gottes ist eins. Einheit in der Vielfalt, das nennt das Ziel eines wahrhaft evangelischen Suchens nach Gott in seinem Buch. Leiten bei dieser Suche wird uns der Heilige Geist, um den wir bitten."*[16]

In der Einleitung stellen die Autoren fest:

> *„Andererseits war es ein Grundsatz der Reformation, daß die Kirche in ihren Institutionen und Denkweisen stets von neuem reformiert werden muß (ecclesia semper reformanda). Dazu gehört auch der Schriftgebrauch. Von bisher ungewohnten Blickpunkten her kann die Kirche ihre Kenntnisse über die Botschaft der Schrift erweitern und das Wort Gottes in den vielfältigen Lebensbeziehungen, in denen Gott wirkt, tiefer und umfassender verstehen lernen."*[17]

Damit bekommt der Begriff Reformation einen neuen Bedeutungsinhalt nahegelegt. Bisher wurde Reformation als eine Reformation von der Schrift her verstanden, nicht als Reformation des Schriftgebrauchs.

Als Möglichkeiten der Schriftauslegung werden dann genannt: Die tiefenpsychologische Bibelauslegung (am Beispiel Eugen Drewermanns), Bibliodrama – biblisches Rollenspiel, Fundamentalistische Bibelauslegung, Sozialgeschichtliche und materialistische Bibelauslegung, Feministische Bibelauslegung, Bibelauslegung im jüdisch-christlichen Dialog, Narrative Bibelauslegung, Bibelgebrauch in ökumenischen Dokumenten, Bibelauslegung durch Musik, Bibelauslegung durch bildende Kunst, Historisch-kritische Bibelauslegung. Unter fundamentalistischer Bibelauslegung wird hier als ein Beispiel die Zeitschrift „Klar & Wahr" der Sekte „Weltweite Kirche Gottes" als Beispiel angeführt.[18] Neben sechs kritischen Veröffentlichungen über Fundamentalismus ist diese Zeitschrift auch der einzige als fundamentalistisch bezeichnete Literaturhinweis. Als Anliegen der Fundamentalisten wird die Bibelauslegung folgendermaßen definiert:

„Sie ... will als Gegengewicht zur historisch-kritischen Bibelwissenschaft ein Bibelstudium fördern, das streng an der göttlichen Inspiration und Unfehlbarkeit der Schrift orientiert ist. ... In der Regel wenden Sekten und in mancher Hinsicht auch protestantische Sondergemeinschaften ... fundamentalistische Methoden des Bibelgebrauchs an. Auch Teile der Gemeinden und Gemeinschaften in den evangelischen Landeskirchen Deutschlands sind seit längerer Zeit von fundamentalistischem Gedankengut beeinflußt."[19]

Nach einer Darstellung dessen, was die Autoren unter fundamentalistischer Bibelauslegung verstehen, wird festgestellt:

„Der Geist ist nicht ein für allemal identisch mit dem geschriebenen Wort, vielmehr ist dieses Wort der einzigartige Platzhalter des Geistes, der heute im Zeugnis der Verkündigung als lebendige Stimme des Evangeliums reden will."[20]

Zusammenfassend wird am Schluß des Buches festgestellt:

Alle Methoden der Bibelauslegung lassen bestimmte Aspekte des biblischen Zeugnisses besonders hervortreten. Sie führen zu unterschiedlichen Einsichten, die nicht selten in Spannung zueinander stehen. Die Vielfalt des biblischen Zeugnisses, die dadurch hervortritt, kann als Reichtum erfahren werden. Doch stellt sie auch vor die Frage der Einheit der Schrift und ihres Zeugnisses. Angesichts dieser Frage ist neuerdings die Notwendigkeit, zu einer im wirklichen Sinne biblischen Theologie zurückzufinden, stark empfunden worden. Ihre Aufgabe müßte es sein, neben der Vielfalt der biblisch begründeten Erkenntnisse und durch sie hindurch auch die Einheit des Zeugnisses der Bibel herauszuarbeiten, damit in dem vielstimmigen Chor das eine, was not ist, besser gehört werden kann."[21]

Literatur

Benn, Ernst Viktor. Söhngen, Oskar. "Auf dem Weg". In Burgsmüller, Alfred. Bürgel, Reiner (Hrsg. im Auftrag der Vollkonferenz). *Die Arnoldshainer Konferenz. Ihr Selbstverständnis.* Bielefeld: Luther Verlag, 1978.

Deutscher Evangelischer Kirchentag

Der Deutsche Evangelische Kirchentag ist eine Laienbewegung, die 1949 durch *Reinold von Thadden-Trieglaff* und seine Freunde gegründet wurde. Von 1961 bis 1989 existierten getrennte Kirchentage in der DDR und der BRD.

Als Zielsetzung wird in der nach der Vereinigung beider Kirchentage 1991 neu formulierten Ordnung angegeben:

"Der Deutsche Evangelische Kirchentag will Menschen zusammenführen, die nach dem christlichen Glauben fragen.
Er will evangelische Christen sammeln und im Glauben stärken.
Er will zur Verantwortung in der Kirche ermutigen,
zu Zeugnis und Dienst in der Welt befähigen
und zur Gemeinschaft der weltweiten Christenheit beitragen."[1]

In den Kirchentagen sollen Menschen *"auch über landeskirchliche Grenzen, über Unterschiede in Bekenntnis, Theologie und Ausdrucksformen der Frömmigkeit hinweg"* zusammenarbeiten.[2]

Der Rechtsträger des Kirchentages ist der *Verein zur Förderung des Deutschen Kirchentages e.V.* Der Kirchentag ist somit keine Veranstaltung der EKD im direkten Sinn, obwohl er durch die EKD gefördert und unterstützt wird.

Seit 1949 fanden fünfundzwanzig Kirchentage statt, im Juni 1993 in München unter Dauerteilnahme von 125 364 Menschen. Die über 23 000 Mitarbeiter des Münchner Kirchentages arbeiteten größtenteils ehrenamtlich.

Das Kirchentagsprogramm beinhaltet Gottesdienste und Bibelarbeiten, Arbeitsgruppen und Foren, sogenannte Liturgische Tage, Feste und Feiern, einen "Markt der Möglichkeiten", zahlreiche Gruppeninitiativen sowie Angebote für Beratung, Seelsorge und Meditationen.

In einer Selbstdarstellung wird über die Auswirkungen des Kirchentages festgestellt:

„Von den Deutschen Evangelischen Kirchentagen sind in den vergangenen Jahren viele Initiativen und Anregungen ausgegangen. 1961 wurde beim Berliner Kirchentag der öffentliche Dialog zwischen Juden und Christen eröffnet, 1965 das evangelisch-katholische Gespräch. Gottesdienste in neuer Gestalt, neue Musik und liturgische Abende erschlossen den Zugang zu einer neuen und bislang verkümmerten Dimension von Frömmigkeit innerhalb des Protestantismus. Friedens- und Ökologiediskussionen nahmen ihren Anfang bei Kirchentagen, 1981 fand zum erstenmal ein Frauenforum statt. Immer war der Kirchentag offen für die Belange der Benachteiligten: der Fremden unter uns, der Arbeitslosen, der Entrechteten hier und anderswo in der Welt."[3]

In evangelikalen Kreisen wird der Kirchentag seit längerer Zeit kritisiert. Evangelikale sind zwar ebenfalls auf dem Kirchentag zu finden, so im von Pfarrer *Klaus Teschner*, Düsseldorf, geleiteten *Ausschuß für missionarische Dienste*. Die *Geistliche Gemeindeerneuerung in der Evangelischen Kirche* bietet ihre Dienste in der Segnungskapelle an.

Größter Veranstalter eher pietistischer Prägung ist der CVJM (s.u.), an dessen zahlreichen Veranstaltungen oftmals zehntausende Kirchentagsbesucher teilnehmen.

Auch auf dem Markt der Möglichkeiten sind unter den Ausstellern viele Evangelikale zu finden.

Andere haben sich jedoch bewußt aus dem Kirchentag zurückgezogen. Harsche Kritik kommt hier vor allem aus den Reihen der Konferenz Bekennender Gemeinschaften (s.u.). So schreiben Pastor Burghard Affeld und Lutz von Padberg:

„Der Kirchentag von heute steht nicht mehr auf der Grundlage von Bibel und Bekenntnis, sondern versteht sich als Experimentierfeld der Kirche. Die gruppendynamischen Prozesse, die mit liturgischen Nächten, Feierabendmahl, Friedensfesten und dem Markt der Möglichkeiten in Gang gesetzt worden sind, haben sich verselbständigt und das Erscheinungsbild mancher Gemeinden nachhaltig verändert. Wenn

auch oftmals in alte Begriffe gekleidet, so werden inzwischen doch ganz andere Inhalte vermittelt. Es geht nicht mehr um die klare Botschaft von Jesus Christus als dem einzigen Weg, sondern um den Dialog verschiedener Wege, an deren Ende der neue Mensch stehen soll. Die Theologie hat sich zur Anthropologie gewandelt, die Heilsbotschaft ist dem Gemeinschaftsgefühl gewichen."[4]

Auch der Vorsitzende der Geistlichen Gemeindeerneuerung, *Pfarrer Friedrich Aschoff*, sah die „Frommen" auf dem Münchner Kirchentag *„in ein Ghetto gedrängt"*. Die Geistliche Gemeindeerneuerung muß seiner Meinung nach eine weitere Beteiligung neu bedenken.[5]

Auf wenig Verständnis stieß bei Evangelikalen vor allem, daß das Oberhaupt des Tibetischen Buddhismus, der *Dalai Lama,* als Referent eingeladen wurde. So stellte Pfarrer Klaus Teschner (s. o.) fest, daß die Forderung des Dalai Lama, der Mensch müsse sich auf sein inneres Potential besinnen, dem christlichen Ansatz, wonach jeder Mensch auf Jesus Christus angewiesen sei, widerspreche.[6]

Kontrovers diskutiert wurden auch die Auftritte der koreanischen Theologieprofessorin *Chung Hyun-Kyung,* die unter anderem ihre Zuhörer dazu anleitete, durch bestimmte Übungen die „Kraft der Sonne" zu empfangen sowie einen „Heilpfad des Atmens" zu beschreiben, durch den eine Verbindung zum Kosmos hergestellt werde.[7]

Gemeindetag unter dem Wort

Aus den Kreisen der Konferenz Bekennender Gemeinschaften kam die Anregung zur Veranstaltung der *Gemeindetage unter dem Wort*.

Der Gemeindetag unter dem Wort ist keine Einrichtung der Konferenz Bekennender Gemeinschaften, sondern hatte von Anfang an einen eigenen Trägerkreis.[1] Als Vorsitzender des Trägerkreises amtierte anfangs Pfarrer *Rudolf Bäumer*.

Der Gemeindetag war als Gegenüber zum Deutschen Evangelischen Kirchentag gedacht, in dem nach Auffassung pietistischer Kreise der Pietismus bereits in den sechziger Jahren ausgeschaltet worden war. Entsprechend beschlossen Rudolf Bäumer und andere die Durchführung des Gemeindetages.[2]

Besonders der Gemeindetag 1977 in Dortmund war geprägt von Apologetik und Polemik gegenüber einer „liberalen" Theologie. Nach einer Predigt von *Kurt Heimbucher*, dem damaligen Präses des *Gnadauer Verbandes*, kam es in einer „Stunde der Orientierung" zu äußerst scharfen Tönen.[3]

Heimbucher stellt in seiner Autobiographie fest:

„Ich bin heute noch der Überzeugung, daß der Gemeindetag 1977 uns manchen Schaden zugefügt hat."[4]

Es kam über die Frage der Beurteilung dieses Gemeindetages auch zu Auseinandersetzungen im Leitungskreis der Konferenz Bekennender Gemeinschaften.[5]

Die Organisation der Gemeindetage wurde, vor allem wenn sie in Württemberg stattfanden, der Ludwig Hofacker Vereinigung übertragen. Insbesondere durch die Wirksamkeit von *Rolf* und *Kurt Scheffbuch* wurden sie hier anders als bisher angelegt – nicht mehr kontroverse Auseinandersetzung mit evangelischen Zeitströmungen, sondern fröhliche und positive Bezeugung des Evangeliums sollten im Mittelpunkt stehen. Dabei wurde aber weiterhin durchaus auch die Auseinandersetzung mit Ideologien berücksichtigt. Pfarrer Paul Deitenbeck, einer der führenden evangelikalen Vertreter dieser Epoche, sprach vom „Weideamt und Wächteramt" des Gemeindetages.[6]

Ein Höhepunkt der Gemeindetagsbewegung war der Gemeindetag in Essen 1984, der von Kurt Heimbucher und *Ulrich Parzany*, damals noch Pfarrer im Essener *Weigle-Haus*, geleitet wurde. Diverse pietistische Gruppierungen, Vertreter der Landeskirchen, der volksmissionarischen Ämter, der Freikirchen, der freien Werke, der SMD und des EC nahmen daran teil. Insgesamt kamen über 50 000 Menschen zu diesem Gemeindetag.

„… beim Gemeindetag in Essen wurde dokumentiert: Der Pietismus gehört in allen seinen Varianten zusammen. Denn der Pietismus war nie eine einheitliche Größe. Kirchenhistoriker sagen mit Recht: Den Pietismus gibt es nicht. Es gibt ihn in vielerlei Spielarten. Und doch ist der Pietismus in seinem Grundanliegen einheitlich. Es geht um Jesus, um die Bibel, um die Errettung des Menschen, um Evangelisation und Mission, um Diakonie und Seelsorge."[7]

Die Gemeindetage unter dem Wort sind eine feste Institution geworden. Für zahlreiche evangelische Christen sind sie eine Alternative zum Deutschen Evangelischen Kirchentag. Deutlicher Schwerpunkt ist eine positive, evangelistische und motivierende Verkündigung.

Die Konferenz Bekennender Gemeinschaften

Vor der Entstehung der *Konferenz Bekennender Gemeinschaften* entstanden im Raum der EKD verschiedene Gruppierungen mit dem Ziel, die Reinheit der kirchlichen Verkündigung zu bewahren. Bereits 1951 war in Württemberg die *Ludwig Hofacker Vereinigung* entstanden.[1] Nach dem Zweiten Weltkrieg setzte sich in Deutschland das Gedankengut des Theologieprofessors Dr. Rudolf Bultmann mehr und mehr durch. Bultmann forderte eine „Entmythologisierung" der Bibel. *Julius Beck,* Mitglied der Landessynode der Württembergischen Kirche und Leiter der *Hahnschen Gemeinschaften,* schrieb im „Lehrerboten", einer Veröffentlichung der Evangelischen Lehrergemeinschaft in Württemberg, einen Artikel, in dem er auf die Problematik dieser Theologie hinwies. Der Artikel erfuhr als Flugblatt große Verbreitung.[2] Unter anderem wurde in dem Flugblatt festgestellt:

> *„An allen theologischen Fakultäten Deutschlands wird heute überwiegend die Meinung vertreten und gelehrt, daß das Wort der Bibel wohl Gottes Wort genannt, aber doch in dem Sinne verstanden wird, daß es Gottes Wort mit Menschenwort vermischt enthält. Wir halten es darum nicht mehr für tragbar, daß Männer in das Pfarramt kommen, die nicht auf dem Boden der vollen Inspiration stehen. ... Wenn die zukünftigen Pfarrer und Prediger auf das* apostolische Glaubensbekenntnis *unserer Väter verpflichtet werden, dann ist es unmöglich, daß sie gleichzeitig im Geiste der Bibelkritik das Amt führen."*[3]

Aus dem Kreis derer, die sich hinter den Inhalt dieses Flugblattes stellten, entstand die Ludwig Hofacker Vereinigung. Sie förderte auch die Eröffnung des *Albrecht Bengel-Hauses* in Tübingen 1970. Dort erhalten Theologiestudenten eine Studienbegleitung pietistischer Prägung. Der zweite Studienleiter des Bengel-Hauses, Gerhard Maier, stellte in seinem kontrovers diskutierten Buch *Das*

Ende der historisch-kritischen Methode[4] u.a. fest, daß es nicht gelungen sei, den Kanon im Kanon, also das wahre Wort Gottes im Gesamtinhalt der Bibel wirklich definitiv zu entdecken.

„Einen anerkannten ‚Kanon im Kanon' gab es wohl zeitweise in bestimmten theologischen Schulen, es hat sich keine Lösung für irgendeine Kirche oder auch nur eine Generation durchsetzen lassen."[5]

Maier führte aus, daß die Bibel nicht in eine göttliche und eine menschliche auseinanderzudividieren sei.[6] Die Schrift sei ein Ineinander von Gottes Wort und Menschenwort.[7]

„Dieses Ineinander vorwitzig auseinandergefädelt und endlich auf quantitativ bestimmbare Blöcke aufgeteilt zu haben, war der grobe Fehler der historisch-kritischen Methode. Der Vergleich mit den ‚zwei Naturen' im Offenbarer Jesus Christus liegt für das Offenbarte nahe. Das bedeutet die entschlossene und vollkommene Rückkehr zu einer Form der Verbalinspiration."[8]

Dabei wollte er Verbalinspiration, wörtliche Inspiration der Schrift, nicht im Sinne einer Irrtumslosigkeit verstanden wissen.[9]

Literatur

Bäumer, Rudolf. Beyerhaus, Peter. Grünzweig, Fritz. *Weg und Zeugnis. Bekennende Gemeinschaften im gegenwärtigen Kirchenkampf. 1965-1980*. Bad Liebenzell: Verlag der Liebenzeller Mission. Bielefeld: Missionsverlag der Evgl. Luth. Gebetsgemeinschaften, 1980.

Bekenntnisbewegung „Kein anderes Evangelium"

Die zweite sich neubildende Gruppierung war die Bekenntnisbewegung *„Kein anderes Evangelium"*. Über den Anlaß zu ihrer Entstehung berichtet Pfarrer Rudolf Bäumer († 1993):

„Den Anstoß zur Gründung der Bekenntnisbewegung gab die Berufung Professor W. Marxsens in die Examenskommission der Evange-

lischen Kirche von Westfalen. Nach Matth. 18, 15-17 versuchte Pastor R. Bäumer in einem Gespräch unter vier Augen, Marxsen zum freiwilligen Rücktritt von diesem Amt zu bewegen. Der aber lehnte das Ansinnen mit Entrüstung ab, obwohl er das Messiasbewußtsein Jesu und damit auch die Einsetzung des Heiligen Abendmahls in der Nacht des Verrates ebenso bestritt wie seine leibliche Auferstehung. Er beharrte in einem weiteren Gespräch, an dem auch Pastor P. Deitenbeck teilnahm, bei dem in seinen Schriften dargestellten Widerspruch gegen das kirchliche Bekenntnis."[10]

Es bildete sich der sogenannte *Bethel-Kreis*, aus dem am 26. April 1965 in einer Untergruppierung in Westfalen der Name *Bekenntnisbewegung „Kein anderes Evangelium"* angenommen wurde. Am 6. März des folgenden Jahres nahmen an einer Mitarbeiterkonferenz in der Dortmunder Westfalenhalle 24 000 Menschen teil. Professor D. Dr. W. Künneth DD hielt das zentrale Referat zum Thema „Kreuz und Auferstehung Jesu Christi".[11] Der gesamte Bethel-Kreis übernahm, ermutigt durch die Dortmunder Veranstaltung, den Namen „Bekenntnisbewegung ‚Kein anderes Evangelium'". Erster Vorsitzender wurde Pfarrer D. *Paul Tegtmeyer* († 1967). Sein Nachfolger wurde Pfarrer *Rudolf Bäumer*. 1967 gab sich die Bekenntnisbewegung eine Ordnung, deren Grundsatzerklärung lautete:

> *„Die Glieder der Bekenntnisbewegung ‚Kein anderes Evangelium' (Gal. 1,6) wissen sich von Jesus Christus gerufen, als einzelne und miteinander in ihren Kirchen um die schrift- und bekenntnisgebundene Verkündigung des Evangeliums zu beten und zu ringen, sich mit dem Evangelium zu ihrem Heiland und Herrn zu bekennen und nach ihrer Möglichkeit der Entstellung der Botschaft zu widerstehen."*[12]

Ziel der Bekenntnistreue soll entsprechend der Grundsatzerklärung eine durch den Heiligen Geist hervorgerufene Erweckung sein.[13]

Am 30. September 1966 wurde in Stuttgart die *Evangelische Notgemeinschaft in Deutschland* gegründet. Ihr Anliegen wird von Gründungsmitglied Pfarrer Alexander Evertz unter anderem mit folgenden Worten beschrieben:

> *„Heute wird das Wort Gottes nicht mehr überall rein und lauter verkündet. Die biblische Botschaft wird auf mancherlei Weise verändert,*

verunreinigt und verfälscht. Mancherorts hören unwillige Christen von der Kanzel mittelprächtige Soziologievorlesungen oder politische Parteireden. Zahlreiche Theologen haben eine negative Einstellung zu den Ordnungen von Volk und Staat. Viele haben ihre Vorliebe für die Revolution entdeckt. Sie huldigen dem Aberglauben, die Veränderung aller Strukturen bringe Heil.

Die ‚Evangelische Notgemeinschaft in Deutschland' sieht das Heilmittel für die Kirche in der entschiedenen Besinnung auf ihre eigentliche Aufgabe. Die Kirche soll das Wort Gottes verkünden, Seelsorge üben und für die Notleidenden mit der Tat der Liebe eintreten."[14]

Mit ähnlichen Anliegen wie denen der oben genannten Gruppen bildeten sich 1967 die *Evangelische Sammlung Berlin,* 1968 die *Kirchliche Sammlung um Bibel und Bekenntnis,* 1969 die *Evangelische Sammlung in Württemberg* und 1970 die *Evangelische Sammlung im Rheinland.*

Die *Kirchliche Sammlung um Bibel und Bekenntnis* ist dabei als Zusammenschluß lutherischer Theologen und Laien deutlich lutherisch geprägt. Ihr Ziel ist es, für „*eine geistliche Erneuerung ihrer Landeskirchen auf der Grundlage der Heiligen Schrift und ausgerichtet am Bekenntnis der Kirche*" zu beten und zu wirken.[15] Dabei sieht sie ihre Aufgabe auch darin, ihren Landeskirchen den Charakter lutherischer Bekenntniskirchen zu erhalten oder zurückzugewinnen.[16] So bezog sie in den sogenannten *Ratzeburger Thesen* in großer Schärfe Stellung gegen die Leuenberger Konkordie (s.o., Arnoldshainer Konferenz). Dabei wurde nicht das Ziel der Kirchengemeinschaft abgelehnt.[17] Die Problematik der Leuenberger Konkordie wurde in einer Auflösung der Geltung der Bekenntnisse gesehen sowie darin, daß sie das Evangelium nicht voll zur Geltung bringe, das Sakrament verbalisiere und das Verständnis der einen heiligen Kirche verfälsche.[18]

Konferenz Bekennender Gemeinschaften

Die *Konferenz Bekennender Gemeinschaften* ist ein Zusammenschluß verschiedener Gemeinschaften und Gruppen, die sich gegen eine sich von den Hauptinhalten christlichen Glaubens entfernende Theologie wenden. In ihrer Ordnung stellen sie fest, daß die Bekennenden Gemeinschaften sich von Jesus Christus gerufen wissen, *„als einzelne und miteinander in ihren Kirchen für die schrift- und bekenntnisgebundene Verkündigung des Evangeliums zu beten und zu arbeiten, sich mit dem Evangelium zu ihrem Heiland und Herrn zu bekennen und nach ihren Möglichkeiten der Entstellung der Botschaft zu widerstehen mit dem Ziel der inneren Erweckung und Erneuerung ihrer Kirchen".*[19]

Die Gruppierungen, die sich in der Konferenz Bekennender Gemeinschaften sammeln, kommen aus konfessionell verschiedenen Hintergründen. Es sind sowohl Gruppierungen aus lutherischem, wie auch aus reformiertem oder uniertem Hintergrund.[20] Im Geleitwort eines zum zehnjährigen Bestehen der Konferenz herausgegebenen Bandes wird über die Gemeinschaften, die sich 1970 zur Konferenz Bekennender Gemeinschaften zusammenfanden, festgestellt:

„Angesichts einer radikal antichristlichen Bedrohung ließ sie der notwendige Rückbezug auf das verpflichtende Zeugnis der Heiligen Schrift vieles gemeinsam bekennen, was sie andererseits trennte von Mitchristen der eigenen Tradition, die im heutigen Glaubenskampf leider einen entgegengesetzten Standpunkt einnehmen. Damit wollte und mußte niemand von uns seine eigene reformatorische Lehrtradition nivellieren; im Gegenteil, gerade so konnten wir auch deren besondere Anliegen in der Bezeugung biblischer Wahrheit gegen deren heutige Bestreitung und Umdeutung fruchtbar machen."[21]

Trotz oder gerade wegen dieses gemeinsamen Anliegens von Christen aus verschiedenen reformatorischen Kirchen distanzierte sich die Konferenz Bekennender Gemeinschaften insgesamt 1972 von der Leuenberger Konkordie. Als Gründe der Ablehnung werden unter anderem angegeben, daß sie den vorrangigen Auftrag der Kirche, den dreieinigen Gott anzubeten, verschweige, den Dienst *„an der erstrebten Einheit der kommenden Weltgemeinschaft ... zu einem Beweggrund für die Einigung der Kirchen"* mache und *„die wichtige Aufgabe der Abwehr heutiger bedrohlicher Irrlehren"* nicht erfülle. Daneben wird die in der Leuenberger Konkordie behauptete Bedeutung der historisch-kritischen Forschung für den Abbau der Lehrgegensätze verworfen.[22]

Die Konferenz Bekennender Gemeinschaften wurde am 7. Oktober 1970 in Form einer organisatorisch losen Arbeitsgemeinschaft gegründet.[23] Gründungsmitglieder waren die *Bekenntnisbewegung „Kein anderes Evangelium"*, die *Evangelische Sammlung Berlin*, die *Kirchliche Sammlung um Bibel und Bekenntnis* in verschiedenen Landeskirchen, die *Kirchliche Sammlung um Bibel und Bekenntnis in Bayern* sowie die *Ludwig Hofacker Vereinigung* (Württemberg). Später kam die *Evangelische Notgemeinschaft* dazu. Weitere Gemeinschaften befinden sich im Gaststatus, darunter auch die *Selbständig Evangelisch Lutherische Kirche* (SELK, s.u.).[24]

1974 schloß sich der Evangelische Gnadauer Gemeinschaftsverband e. V. der Konferenz Bekennender Gemeinschaften an, ließ ab 1987 seine Mitgliedschaft ruhen, um Ende 1991 die Konferenz wieder zu verlassen (s.u., Evangelischer Gnadauer Gemeinschaftsverband).

Die Konferenz wird von einem Leitungskreis geführt, dem jeweils zwei, bei Gruppierungen mit mehreren Landesverbänden bis zu sechs, Delegierte der verschiedenen Gruppierungen angehören. Vorsitzender ist Pfarrer Hans Georg Meerwein (Birkenau bei Heidelberg).

Sie ist mit anderen vergleichbaren Organisationen in der *Internationalen Konferenz Bekennender Gemeinschaften* verbunden. Dazu gehören beispielsweise die österreichische *Kirchliche Sammlung*, die *Biblische Sammlung um Christus und sein Wort* (Schweiz), die *Arbeitsgemeinschaft: Bibel und New Age* (Niederlande), der *Ungarische Bibelbund*, die *Freie Synode* (Schweden), die *Vereinigung für Bibel und Bekenntnis* (Norwegen), die *Liga zur Verteidigung des Evangeliums* (Südafrika) und *Christen für die Wahrheit* (Südafrika). Vorsitzender der Internationalen Konferenz Bekennender Gemeinschaften ist der Tübinger Missionswissenschaftler *Prof. Dr. Peter Beyerhaus*. Beyerhaus ist auch Vorsitzender des deutschen Theologischen Konventes der Konferenz.

Die Aufgabe der Konferenz wird vor allem in der Stellungnahme und Hilfestellung angesichts einer Bedrohung der christlichen Kirche durch eine teilweise antichristlich empfundene Theologie gesehen.

So war die erste Veröffentlichung die *Frankfurter Erklärung zur Grundlagenkrise der Mission*. Hier wurde im bewußten Gegensatz zur Ökumene eine biblische Sicht von Mission und Evangelisation entwickelt. Unter anderem grenzte man sich ab gegen eine Bestimmung der Mission *„aus den gesellschaftspolitischen Analysen* *unserer Zeit und den Anfragen der nichtchristlichen Menschheit"*.[25] Die Notwendigkeit einer zur Entscheidung rufenden Verkündigung wurde betont.[26] 1974 distanzierte man sich in der *Berliner Ökumene-Erklärung* endgültig vom ÖRK.[27]

Gespräche mit Kirchenleitungen und anderen Gremien wurden über Themen wie das Antirassismus-Programm des ÖRK oder über Gruppendynamik in der Kirche geführt.[28]

Auseinandersetzung mit charismatischen Bewegungen

Seitens der Internationalen Konferenz der Bekennenden Gemeinschaften wurde 1993 eine „Biblische Orientierungshilfe" zum Thema „Das neue Fragen nach dem Heiligen Geist" veröffentlicht.[29] Die Erklärung soll als *„Aufruf zu wahrer Erweckung und Erneuerung der Gemeinde aus dem Wirken des Heiligen Geistes"* ebenso verstanden werden wie als Aufruf *„zur Wachsamkeit gegenüber den Verführungen durch neue und alte Erscheinungsweisen des Schwarmgeistes"* und als Aufruf *„zum Ringen um wiederhergestellte Gemeinschaft unter getrennten Glaubensgeschwistern in der gemeinsamen Beugung unter das biblische Zeugnis vom Heiligen Geist."*[30]

Neben der Verurteilung einer ideologisch-politischen Umdeutung des Wirkens des Heiligen Geistes in den Reihen des ÖRK setzte man sich hier auch mit Entwicklungen innerhalb der Pfingstbewegung und der charismatischen Bewegung auseinander. Als gefährdend wird hier vor allem die *Power-Evangelisations-Bewegung*, die z. B. durch *John Wimber* und *Peter Wagner* vertreten wird, wie auch die Glaubensbewegung, deren international bekannteste Vertreter *Kenneth Hagin* und *Kenneth Copeland* sind, gesehen. Nicht mehr „theologia crucis, *Kreuzestheologie im Sinne des Apostels Paulus und Martin Luthers,* sondern theologia gloriae, *d.h. Herrlichkeitstheologie in dem Sinne, daß man schon in dieser Zwischenzeit die Herrlichkeit des kommenden Reiches Gottes vorwegnehmen will"*[31], wird als entscheidendes Element neuerer charismatischer Strömungen gesehen. Dabei werden jedoch Pfingstbewegung und charismatische Bewegung nicht undifferenziert pauschal verurteilt. Die abgelehnten theologischen Ansichten und kritisierten Erscheinungen werden, wie die Autoren feststellen, durchaus auch von Gruppen der Pfingstbewegung und charismatischen

Bewegung als Irrtümer erkannt und ausgeschieden.[32] Unter bestimmten Voraussetzungen wird eine Zusammenarbeit nicht ausgeschlossen.[33]

Breite des theologischen Spektrums im Schriftverständnis

Das theologische Spektrum innerhalb der Konferenz Bekennender Gemeinschaften ist trotz des gemeinsamen Kampfes gegen bestimmte Tendenzen innerhalb der EKD sehr breit geblieben. Dr. Stephan Holthaus stellt in seiner Arbeit über *Fundamentalismus in Deutschland* fest:

> *„Weder die Bekenntnisbewegung, noch der Theologische Konvent oder die Bekennenden Gemeinschaften haben zu einem fundamentalistischen Schriftverständnis gefunden. Einig war man sich allein über die Ablehnung der Entmythologisierung Rudolf Bultmanns. Eine Verbalinspiration hat man nicht vertreten, ebensowenig die Irrtumslosigkeit der Schrift. Deshalb muß man deutlich an dieser Stelle festhalten, daß die neueren Bekenntnisbewegungen nicht zum Lager der Fundamentalisten in Deutschland gehören."*[34]

Holthaus stellt fest, daß eine 1985 herausgegebene „*Orientierungshilfe zur Grundlagenkrise in der Bibelauslegung*" „*blass und ohne Konturen*"[35] blieb. Zwar werde Bibelkritik abgelehnt, gleichzeitig aber auch von der „*Schwachheit der Schrift*" gesprochen, historische und geographische Einzelheiten der Bibel der Vernunft entzogen. Im Schriftverständnis gibt es, soweit beurteilt werden kann, keinen breiten Konsens in der Konferenz Bekennender Gemeinschaften.

Der Evangelische Gnadauer Gemeinschaftsverband e.V.

Als Wegbereiter der im Gnadauer Verband zusammengeschlossenen Gemeinschaften gilt *Philipp Jacob Spener* (1635-1705). Mit Berufung auf Luthers Vorrede zur deutschen Messe forderte und begann er die Sammlung der Leute, die bewußte Christen sein wollten. Luther hatte geschrieben:

> *„Vielmehr müßten diejenigen, die mit Ernst Christen sein wollen und das Evangelium mit Taten und Worten bekennen, sich mit Namen eintragen und irgendwo in einem Haus versammeln, um zu beten, zu lesen, zu taufen, das Abendmahl zu empfangen und andere christliche Werke zu tun."*[1]

So begann Spener 1670 in Frankfurt/Main mit der Errichtung privater Erbauungsstunden, den sogenannten collegia pietatis. Sein Ziel war es, mit der Bildung dieser Konventikel das geistliche Leben der Gemeindeglieder zu stärken.[2] In Speners wohl bekanntester Schrift, der *Pia desideria*, ging es ihm bei allen Reformvorschlägen im Grunde um *„die Wiedergeburt des einzelnen"*.[3]

Nach Speners Tod hatte der Pietismus seinen Höhepunkt vorläufig überschritten. Die Aufklärung mit ihrer rationalistischen Theologie setzte sich immer mehr durch.[4]

Im 19. Jahrhundert brach wohl auch als Reaktion auf den Rationalismus eine Erweckungsbewegung in Deutschland auf. Der mit dem heutigen Pietismus eng verbundene Dieter Lange beschreibt ihr Anliegen:

> *„Sie stand im klaren Widerspruch zum Rationalismus und hat in ihrer Verkündigung allen Nachdruck auf den zentralen Inhalt der biblischen Botschaft gelegt. Sie betonte die Rechtfertigung des sündigen Menschen durch Gottes Heilshandeln am Kreuz und die Möglichkeit der Gotteskindschaft des Gläubigen durch Annahme der zugesprochenen Vergebung. Indem die Erweckungsbewegung dafür gesorgt hat, daß diese Botschaft wieder hörbar wurde, befähigte sie zahlreiche Menschen zur Ausübung eines christlichen Lebens."*[5]

Nicht alle Teile Deutschlands wurden von dieser Erweckungsbewegung erfaßt.[6] Eine deutliche Neubelebung erfuhren die altpietistischen Gemeinschaften, die auch durch die Zeit der Aufklärung hindurch erhalten geblieben waren.[7]

In der zweiten Hälfte des 19. Jahrhunderts entstanden zahlreiche Missionsvereine innerhalb der Landeskirchen, so 1848 in Elberfeld die *Evangelische Gesellschaft für Deutschland* (s.u.), der *Verein für Innere Mission Augsburgischen Bekenntnisses in Baden* (1849), der *Verein für Innere Mission in Holstein* (1857), der *Herborn-Dillenburger Verein* (1863), der *Verein für Innere Mission in Ostpreußen* (1864), der *Evangelische Verein für Innere Mission in der Pfalz* (1870).[8]

Die Heiligungsbewegung

In der Erweckungsbewegung waren verschiedene geistliche Strömungen wirksam, prägend war die amerikanische Heiligungsbewegung, in der Gläubige aus den verschiedensten Denominationen und Gruppen zusammen kamen.

Der Evangelist *Charles Grandison Finney* spielte in dieser Bewegung eine entscheidende Rolle.[9] Finney hatte am 10. Oktober 1821 seine Bekehrung erlebt[10] und in den Jahren 1834, 1838 und 1843 Erlebnisse, die er später als „Geistestaufe" bezeichnete.[11]

Beeinflußt durch die Vollkommenheitslehre *Wesleys* (s.u., Methodismus), entwickelte Finney eine Heiligungslehre, nach der die „Geistestaufe" auf die Bekehrung und Wiedergeburt als höhere Stufe zu folgen habe. Diese Geistestaufe ermögliche dem Gläubigen, in ununterbrochener Gemeinschaft mit Gott zu bleiben, wodurch schließlich seine sündige Natur ganz und gar ausgerottet wird.[12] Diese zum *Perfektionismus* tendierende Lehre wurde sowohl in der Heiligungsbewegung als auch in der deutschen Gemeinschaftsbewegung einflußreich.[13]

1873 begab sich *Robert Pearsall Smith* (1827-1898), ein Vertreter der Heiligungsbewegung, auf eine Erholungsreise nach Europa. Er begann hier eine evangelistische Tätigkeit, die wohl entscheidend zur Bildung der deutschen Gemeinschaftsbewegung beigetragen hat.[14] Smiths Haltung zum Perfektionismus war unklar. Lange stellt fest:

> „Aus seinen Reden und Schriften ließ sich nicht mit Sicherheit entnehmen, was mit der auch in einem Christen noch wohnenden Sünde wird, da Smith ziemlich wahllos schwankt zwischen der Notwendigkeit täglicher Sündenvergebung und einem Leben ohne bewußte Sünde sowie zwischen täglicher Hingabe und einem abgeschlossenen Akt der Heiligung."[15]

Smith und seine Mitarbeiter legten besonderen Nachdruck auf die Lehre von der fortschreitenden Heiligung; einer Heiligung, die nicht im krampfhaften Festhalten von Geboten besteht, sondern die völlige Hingabe in den Dienst Christi zur Voraussetzung hat.[16] Entscheidende Impulse für Europa kamen von einer durch Smith in Oxford 1874 veranstalteten Heiligungskonferenz („Segenstage von Oxford"). Lange berichtet:

„Am zehnten Tag der Versammlung erwartete Smith für die Teilnehmer die ‚Taufe mit dem Heiligen Geist'. Er ging davon aus, daß nach dem neutestamentlichen Vorbild die Jünger zehn Tage nach Himmelfahrt das Pfingstwunder und damit die Ausgießung des Heiligen Geistes erlebten. Ähnliches sollte sich nun an den Teilnehmern von Oxford wiederholen. Nach gründlicher Reinigung und völligerer (sic!) Hingabe sollten sie mit dem Geist Gottes erfüllt werden. Die Geistestaufe war für Smith nach Bekehrung und Wiedergeburt des Gläubigen die höchste Stufe des christlichen Daseins."[17]

In kleinerem Ausmaß führte Smith nach Oxford 1875 auch Konferenzen in Bern, Straßburg, Zürich, Mühlhausen, Korntal und Stuttgart durch.[18] Vorbereitet wurden diese Veranstaltungen von *Carl Heinrich Rappard, dem Leiter der Pilgermission St. Chrischona* (s.u.) und *Pastor Otto Stockmayer*.[19]

Immer wieder betonte Smith in seinen Vorträgen die Notwendigkeit der Geistestaufe.[20] Der Beginn der heutigen Gemeinschaftsbewegung wird mit der Smithschen Vortragsreise in Zusammenhang gebracht.[21] Durch den Erfolg seiner Reise bekamen die Privaterbauungszirkel, die neupietistischen Kreise und die seit 1848 gegründeten innerkirchlichen Vereine Mut zum öffentlichen Auftreten und zum Zusammenschluß.[22]

Die durch Smith angeregten Kreise und Gemeinschaften hielten einen engen Kontakt zur auch als *Oxfordbewegung* bezeichneten englischen Heiligungsbewegung.[23] Viele pietistische Kreise empfanden die Lehre von der Heiligung durch den Glauben auf Grund der in diesen Kreisen oft überzogenen Gesetzlichkeit als befreiend.[24] Teilweise wurden die perfektionistischen Ansätze deutlich zurückgewiesen.[25] Andere Kreise nahmen den Gedanken jedoch auf.

Zu den nun regelmäßig im nordenglischen Keswick durchgeführten Konferenzen, die Pearsall Smith angeregt hatte, kamen auch viele deutsche Teilnehmer. Dadurch drang das Gedankengut der Heiligungsbewegung immer stärker auch in die Gemeinschaftskreise ein.[26] Im August 1875 trafen sich in Stuttgart Anhänger der Heiligungsbewegung, unter anderem die Pastoren *Theodor Jellinghaus* und Otto Stockmayer sowie Carl Heinrich Rappard.[27] Sie berieten darüber, wie das Gedankengut der Heiligungsbewegung für die Württembergische Landeskirche fruchtbar gemacht werden könne. Ihre Stellung zu Rechtfertigung und Heiligung war dabei sehr unterschiedlich.

Jellinghaus vertrat einen zweistufigen Heilsweg. Das volle Heil, so lehrte er, erlange der bereits Gerechtfertigte erst nach dem Empfang der Heiligung als zweiter, selbständiger Gnadengabe.[28] Stockmayer war fest von der Möglichkeit eines Siegeslebens über die Sünde überzeugt, verwarf aber jeden Perfektionismus.[29] Er vertrat auch die Lehre von einer Eliteschar der Gläubigen, der Brautgemeinde.[30] Carl Heinrich Rappard lehnte die Lehre von der Sündlosigkeit und vom reinen Herzen grundsätzlich ab.[31]

Die Entstehung des Gnadauer Verbandes

Neben den Einflüssen der Erweckungsbewegung ist auch im Entstehen der Freikirchen in der ersten Hälfte des 19. Jahrhunderts ein Anlaß für die Bildung von Gemeinschaften innerhalb der evangelischen Kirchen zu sehen. Freikirchen wurden vielfach als Bedrohung empfunden. So stellte *Johann Hinrich Wichern*, der Gründer der Inneren Mission, fest:

„Unserer Kirche, die durch Gottes Wort und durch ihre Ordnungen so reich ist, fehlt eines: die Handhabung von Gemeinschaften engerer Art zu hegen und zu pflegen. Weil das nicht geschieht, ist in den Gemeinden viel Unzufriedenheit oder doch Ungenüge am Kirchlichen; daher namentlich ist es auch erklärlich, daß jetzt das Sektenwesen anfangen kann, mächtig um sich zu greifen. Ist es nicht auffallend, daß z. B. die Baptisten, deren Lehre für einen der tiefgehendsten Irrtümer gehalten werden muß, so oft gerade die lebendigen oder lebendig werdenden Glieder aus den Gemeinden am leichtesten an sich ziehen? Man findet bei ihnen ein größeres Genüge und Erbauung, die nicht in der vermeintlichen rechten Lehre, sondern in der Gemeinschaft, welche sich darbietet, gefunden wird. Dasselbe ist bei anderen Sekten ebenso der Fall. Darum sollen die Träger des Amtes an den lebendigen Gliedern der Gemeinden tun, was sich in denselben als unabweisliches Christenbedürfnis kundgibt, nämlich die Gemeinschaft in der Gemeinde zu pflegen und zu ordnen."[32]

Die Haltung Wicherns war kein Einzelfall, so daß die Förderung der Entstehung von Gemeinschaftskreisen von vielen als wichtig empfunden wurde.

Zu Beginn des 19. Jahrhunderts gab es allein in Württemberg fünf verschieden geprägte Gemeinschaftsströmungen, die ohne festgefügte Organisation lose nebeneinanderher arbeiteten. Zu ihnen gehörten: die *Altpietisten*[33], die *Herrnhuter*, die *Hahnschen Gemeinschaften*[34], die *Pregizerianer* und die *Kullenschen Kreise*.[35] Bereits seit 1859 hatten einige der Gemeinschaftskreise gemeinsam die *Erbaulichen Mitteilungen* herausgegeben.[36] 1881 kam es in Württemberg zur Gründung der *„Engeren Konferenz für Gemeinschaftspflege"*.[37] Auch die im übrigen Deutschland entstandenen Gemeinschaftskreise waren nur lose miteinander verbunden.[38]

In den Gemeinschaftskreisen entstand immer mehr der Wunsch nach einer festeren Organisation.[39] Den Anstoß gab dabei wohl auch der württembergische Pietist *Christian Dietrich der Jüngere*[40] mit seiner Schrift „Kirchliche Fragen der Gegenwart". Lange schreibt dazu:

„In dieser Schrift, die weit über Württemberg hinaus Verbreitung fand, bekannte sich der Verfasser zur bestehenden Landeskirche, unterzog sie aber zugleich einer scharfen Kritik. Er beklagt sich über die Mehrzahl der geistlich toten Gemeindeglieder und über die zunehmende Verweltlichung der Kirche. Als Hilfsmittel forderte er eine intensivere Seelsorge, die Verkündigung von Buße und Bekehrung bei Evangelisationen und die vermehrte Durchführung von Privaterbauungsgemeinschaften unter der Leitung eines erweckten Laienchristen."[41]

Ein erster Versuch zum Zusammenführen verschiedenster Gemeinschaftskreise geschah durch die *Einladung zu einer freien Konferenz christlicher Männer aus allen Landeskirchen Deutschlands im Mai 1887 in Berlin*.[42] Initiatoren waren *Jasper von Oertzen, Theodor Christlieb, Johannes Fabri* und *Graf von Pückler*.[43] Diese Konferenz kam jedoch nicht zustande.[44]

Verwirklicht werden konnte sie erst vom 22. bis 24. Mai 1888. In diesen Tagen trafen sich in der Kolonie der Brüdergemeine in Gnadau bei Magdeburg 142 Verantwortungsträger aus Kreisen der Erweckungsbewegung.

Auf der Konferenz war die Heiligung ein entscheidendes Thema. Dabei gab es sehr unterschiedliche Positionen, die nicht kompromißfähig waren.[45] Lange berichtet:

„Die Heiligungslehren der Oxfordbewegung wurden ebenso vertreten wie altpietistische und kirchliche Auffassungen. Eine Angleichung der

geradezu gegensätzlichen Standpunkte konnte nicht erreicht werden. Überhaupt mangelte es der Konferenz an einer tieferen theoretischen Durchdringung einiger Grundfragen. So fehlte eine genauere begriffliche Erläuterung des Wortes ‚Evangelist'."[46]

Mehrfach wurde auf dieser Konferenz der Wunsch nach engerem Zusammenschluß ausgesprochen.[47]

Zu einer weiteren Konferenz kam es 1890. Die Stellung der Gemeinschaften zur Kirche spielte eine wichtige Rolle. Entscheidend war hier für die Referenten und die Mehrheit der Teilnehmer nicht die Zugehörigkeit zu einer bestimmten Kirche, sondern die Glaubensgewißheit des einzelnen.[48] Trotzdem wurde die Stellung der Gemeinschaften in der Kirche hervorgehoben. Pastor Müller aus Barmen stellte fest:

„Ich glaube aber, wir müssen es bestimmt aussprechen: die Gnadauer Konferenz steht auf kirchlichem Boden, obschon wir wissen, wie viele Mängel der Kirche anhaften, und ich glaube, daß wir der Öffentlichkeit gegenüber diese Erklärung schuldig sind."[49]

Als Folge der Konferenz wurde am 30. Mai 1890 das „Deutsche Komitee für evangelische Gemeinschaftspflege" gegründet. Die Herausgabe eines Monatsblattes unter dem Namen „Philadelphia" wurde beschlossen.[50]

Zum dritten Mal traf man sich 1892 in Gnadau. Auch hier traten sehr unterschiedliche Positionen zutage, diesmal auch über die Bedeutung der Taufe und der Bekehrung. Die Wiedergeburt durch die Taufe wurde vertreten, vom größten Teil der Teilnehmer jedoch abgelehnt. Direktor *Theodor Haarbeck* von der damals in Bonn befindlichen *Evangelistenschule Johanneum* machte deutlich, daß Kindertaufe und biblische Taufe nicht ein und dasselbe seien. Zur biblischen Taufe gehörte seiner Auffassung nach der Glaube.

„‚Der Ausdruck', so sagte Haarbeck wörtlich, ‚das Bad der Wiedergeburt' bezieht sich auf diese Taufe der Bibel, nicht auf unsere Kindertaufe, aber sie kann nie eine Wiedergeburt sein. Erst der bewußte Mensch kann wiedergeboren werden."[51]

Die Thematik wurde letztlich nicht zu Ende diskutiert, ein einheitlicher Standpunkt wurde nicht erreicht.[52] Die „brüderliche Gemeinschaft" wurde höher geachtet als bestehende Lehrunterschiede.⁵³ Dies galt auch für die 1894 und 1896 stattfindenden Konferenzen, bei denen Themen wie Geistempfang, Geistestaufe und Vollkommenheit besprochen wurden.

1897 kam es dann zur Gründung des *Deutschen Verbandes für Gemeinschaftspflege und Evangelisation*.⁵⁴

Als Richtlinien wurden unter anderem folgende Punkte aufgestellt:

> *„1. Der Deutsche Verband für evangelische Gemeinschaftspflege und Evangelisation bezweckt, innerhalb der Landeskirche christliche Gemeinschaft zu fördern und religiöses Leben zu wecken.*
> *2. Er steht auf dem Boden der Heiligen Schrift und reformatorischer Bekenntnisse.*
> *3. Er besteht aus einem Komitee und mehreren Provinzialverbänden, welche selbständig, jedoch in Anlehnung an dasselbe arbeiten. Die Geschäfte eines jeden Provinzialverbandes werden je durch einen Brüderrat besorgt."*⁵⁵

Zu einer Spaltung kam es Anfang des zwanzigsten Jahrhunderts im Gemeinschaftsverband mit dem Auftreten der Pfingstbewegung (s.u.). Nachdem sich gerade Mitglieder des Gemeinschaftsverbandes dafür geöffnet hatten, waren es auch wieder Gemeinschaftsleute, die sich am deutlichsten gegen diese Bewegung stellten. (Diese Ereignisse werden in dem Kapitel über die Pfingstbewegung behandelt.)

In den folgenden Jahren war die Neufassung des Kirchenrechts nach dem Zusammenbruch des Kaiserreiches mit dem landesherrlichen Kirchenregiment wichtiges Thema für die Gemeinschaftsbewegung (s.u.). In der Zeit des Dritten Reiches behielt die Gemeinschaftsbewegung trotz staatlichen Drucks ihre bekenntnistreue Linie bei, hatte allerdings immer wieder damit zu kämpfen, daß Mitglieder oder gar ein ganzer Verband⁵⁶ den Übertritt in eine Freikirche erwogen.

Nach dem Zweiten Weltkrieg fand die erste Vorstandssitzung des Gnadauer Verbandes unter der Leitung des damals achtzigjährigen D. Walter Michaelis vom 19. bis 21. März 1946 statt. In den folgenden Jahren wurden die Ausbildungsstätten *Evangelistenschule Johanneum* in Wuppertal und die *Evangelische Missionsschule Unterweissach* in den Verband aufgenommen. 1953 und 1959 wurden mit dem *Christlichen Missionsverein für Österreich* und dem

Nederlandse Christelijke Gemeenschapsbond zwei ausländische Gemeinschaftsbünde in den Verband integriert.[57]

Konferenz Bekennender Gemeinschaften

1974 schloß sich der Gnadauer Verband der *Konferenz Bekennender Gemeinschaften* (s.o.) an. Dieser Schritt war von Anfang an umstritten. Die kämpferische Art einiger Gruppierungen innerhalb der Konferenz Bekennender Gemeinschaften hießen nicht alle gut. *Werner Paschko*, Mitglied des Theologischen Beirates des Gnadauer Verbandes, schreibt in seiner Geschichtsdarstellung:

> *„Auch wollte man die vielen Brüder, die in den Kirchen treu zum Evangelium standen, nicht durch Polarisation im Stich lassen. Besonders beschwerlich war, daß sich auch solche Gruppierungen in die Bekenntnisfront einreihten, die zwar in der Schriftfrage kompromißlos zur Sache standen, aber in wesentlichen Fragen dem Pietismus und der Erweckungsfrömmigkeit konträr gegenüberstanden. Vor allem konnte der Gnadauer Verband sich um des Auftrags willen auf die Dauer nicht auf die kontroverse Behandlung von Lehrfragen fixieren lassen."*[58]

Nachdem der Verband seit 1987 die Mitgliedschaft ruhen ließ, trat er Ende 1991 wieder aus der „Konferenz Bekennender Gemeinschaften" aus.

Geschäftsstelle in Dillenburg

1971 wurde *Kurt Heimbucher*, Pfarrer der evangelisch-lutherischen Kirche in Bayern, Präses des Gnadauer Verbandes. 1977 eröffnete der Verband seine Geschäftsstelle in Dillenburg. Im selben Jahr wurde *Theo Schneider* in sein Amt als Generalsekretär des Verbandes eingeführt.[59]

Die siebziger und achtziger Jahre waren eine Zeit der Gründung verschiedener Arbeitskreise, meist mit missionarischer Betonung. 1975 konstituierte sich der *Arbeitskreis der Verantwortlichen für die Kinderarbeit*, seit Anfang 1976 besteht der *Arbeitskreis für Evangelisation*. 1978 entstand der *Gnadauer Pädagogische Arbeitskreis*. Er bietet Wochenendtagungen für Pädagogen an und gibt mit *„Glauben* *und Leben"* eine eigene Schriftenreihe heraus. Das *Gnadauer Jugendforum* tagte zum erstenmal 1978, 1979 entstand der *Arbeitskreis für Äußere Mission*. 1984 begann der *Arbeitskreis für Gemeinschaftspflege und Diakonie*. 1986 gründete der Gnadauer Verband mit anderen Werken den *Arbeitskreis für Soldatenseelsorge*. Mit der *Johann-Tobias-Kießling-Gesellschaft* entstand ein Arbeitskreis zur Unterstützung der Gemeinschaftsarbeit in Österreich.[60]

Ab 1981 trug der frühere *Deutsche Verband für Gemeinschaftspflege und Evangelisation (Gnadauer Verband)* auf Beschluß der Mitgliederversammlung den Namen *Gnadauer Verband für Gemeinschaftspflege und Evangelisation,* der beim Zusammenschluß mit dem *Evangelisch-kirchlichen Gnadauer Gemeinschaftswerk in der DDR* 1991 in den heute gültigen Namen *Evangelischer Gnadauer Gemeinschaftsverband e.V.* umbenannt wurde.

Präses des Gnadauer Verbandes ist seit 1989 *Christoph Morgner.* Nicht zu Unrecht bezeichnete er im Februar 1993 den Gnadauer Verband als *„die größte missionarische Bewegung in Deutschland".*[61] Einen entscheidenden Auftrag des Verbandes sieht er in der Mission.

„Wir gehören zu Jesus Christus. Er ist zum Herrn unseres Lebens geworden. Ihm sind wir verpflichtet. Dazu stehen wir als Gemeinschaftsleute. Und weil wir zu Jesus Christus gehören, wissen wir uns den Menschen unserer Tage verbunden."[62]

Morgner beobachtet neben manchen positiven Entwicklungen und wachsenden Gemeinschaften[63] eine Tendenz zur Ghettoisierung der Gemeinschaften. Viele Mitglieder leiden, so Morgner, unter *„der defensiven, verkrusteten Lage".*[64] Die Mitgliederzahlen sind rückläufig.[65] Die Antwort sieht er in einer *„vergewissernden Verkündigung",* die klar das Heilsangebot ausspricht.[66] Neue, auf den Adressaten eingestellte Arbeitsformen sollen entwickelt werden.[67] Zur Gemeinschaftspflege muß die Evangelisation hinzukommen.[68] Morgner plädiert unter anderem für eine gesunde, die ganze biblische Bandbreite abdeckende Verkündigung, die Schulung der Mitarbeiter, gruppenspezifische missionarische Aktivitäten, diakonische Arbeit und familienfreundliche Gestaltung der Gemeinschaftsstunden.[69] Er stellt fest:

„Es fehlt unter uns nicht an missionarischem Willen, nicht an emsigem Gebet – wohl aber an einer dem missionarischen Anliegen gemäßen Praxis."[70]

In der Frage nach der Gewinnung eines missionarischen Profils sieht Morgner die Leitfrage für die neunziger Jahre.[71]

Zum Gnadauer Verband gehören dreiunddreißig Gemeinschaftsverbände, zehn Ausbildungsstätten, sieben Werke, die Äußere Mission betreiben, sechzehn Diakonissen-Mutterhäuser und zehn Werke mit besonderer Aufgabenstellung. Etwa 340 000 Menschen sind den Gemeinschaftsverbänden zuzurechnen.[72]

Bekenntnisgrundlagen

In der Satzung des Gnadauer Verbandes wird festgehalten:

> *„Grundlage und Richtschnur für die Arbeit des Verbandes ist die Heilige Schrift Alten und Neuen Testamentes. Der Verband weiß sich den reformatorischen Bekenntnissen und dem Anliegen des Pietismus verpflichtet."*[73]

Die Stellung zur Kirche

Satzungsgemäß ist der Gnadauer Verband *„ein freies missionarisches Werk innerhalb der evangelischen Landeskirchen"*.[74] Das Verhältnis zur Kirche war schon in der frühen Gemeinschaftsbewegung differenziert.

Entscheidende Impulse gab der Bonner Universitätstheologe Theodor Christlieb. Christlieb übte einerseits eine deutliche Kritik an der Kirche. 1882 sagte er:

> *„Aber leider gibt es in unseren Landeskirchen manche, sogar manche Geistliche, die es lieber sähen, daß tote Namenschristen tot, aber nur in der Kirche bleiben, als daß sie von Außerkirchlichen zum Glauben erweckt werden und sich dann diesen anschließen."*[75]

Für ihn war klar:

> *„In Wahrheit bleibt das göttliche Recht der Kirche nur so weit und so lange in Kraft und Geltung, als sie die ihr damit zugleich übertragene Hirtenpflicht an der Herde genügend erfüllt."*[76]

Freikirchen hatten für Christlieb eine wirkliche Berechtigung einzig da, wo die Kirche versagte.[77] Um die Kirche zu schützen, betrachtete er Evangelisation als notwendig.[78]

Auch im späteren Gemeinschaftsverband blieb die Frage nach der Stellung zur Kirche immer aktuell und umstritten. Bereits in der Einladung zu der Konferenz 1887, die dann nicht stattfand, wurde eine deutliche Kritik an der Kirche geübt und die Notwendigkeit der Gemeinschaftskreise betont, die im Grunde die von der Kirche vernachlässigten Pflichten der Evangelisationsarbeit erfüllen mußten.[79] Ähnliches wurde auch auf der Konferenz 1888 vorgetragen.[80] Trotzdem wurde immer wieder der innerkirchliche Standpunkt betont.[81]

Nach der Beendigung des landesherrlichen Kirchenregimentes im Jahre 1918 wurden von dem damaligen Präses des Verbandes, *D. Walter Michaelis,* und von *D. Theodor Haarbeck* mit dem Vorstand des Verbandes Richtlinien über den weiteren Weg in der Kirche erarbeitet. Kernpunkt war dabei die Forderung an die Landeskirchen nach Freigabe des Abendmahles. Bereits seit der Jahrhundertwende war es in Gemeinschaftskreisen üblich gewesen, das Abendmahl selbständig auszuteilen oder durch befreundete Pastoren austeilen zu lassen. Der Antrag der Gemeinschaften wurde jedoch bei den neuen Verfassungen der Landeskirchen nicht berücksichtigt. Die Gemeinschaften unterliefen daraufhin das kirchliche Recht und führten ihre Abendmahlsfeiern weiterhin durch.[82]

In den folgenden Jahren waren in der Gemeinschaftsbewegung immer wieder Stimmen zu hören, die eine Loslösung von der Kirche forderten.[83] Zu Beginn der dreißiger Jahre verließ mit *Friedrich Heitmüller* einer der Führer der Gemeinschaftsbewegung den Verband und schloß sich den Freien evangelischen Gemeinden (s.u.) an.

1938 erklärte der Vorstand des Gnadauer Verbandes:

„Der Deutsche Verband für Gemeinschaftspflege und Evangelisation erstrebt nicht Freikirche zu werden, sondern will Gemeinschaftspflege und Evangelisation innerhalb der Landeskirchen treiben."[84]

Auch nach dem Krieg nahm die Frage der Stellung zur Kirche einen breiten Raum in der Diskussion ein.[85] Ein Festhalten an der vollen organisatorischen Selbständigkeit des Gnadauer Verbandes wurde dabei beschlossen.[86]

Zum Leitsatz des Gemeinschaftsverbandes in seinem Verhältnis zu den Landeskirchen wurde der fälschlicherweise auf Theodor Christlieb zurückgeführte Satz:

> *„Wir stehen in der Kirche, arbeiten wenn möglich mit der Kirche, stehen aber nicht unter der Kirche."*[87]

Ein Grundsatzreferat zu diesem Leitwort hielt 1954 Erich von Eikken auf einer Gnadauer Vorstandssitzung.[88]

Einen entscheidenden Unterschied stellte von Eicken in dem Kirchenbegriff fest. Er sieht in ihm die tiefe Ursache aller Spannungen zwischen Gemeinschaftsbewegung und Kirche.

> *„Diese verschiedenen Gemeindegedanken müssen sich in allen Lebensäußerungen beider auswirken; z.B. in der Frage nach der Unterscheidung zwischen Bekehrten und Unbekehrten, in der Frage nach der Berechtigung der Teilnahme am Abendmahl, in der Frage nach dem Heiligen Geist, der Heiligung und der Heilsgewißheit. Weil nun viele Pfarrer nicht bekehrt sind, fehlen ihnen die geistlichen Voraussetzungen zum Verständnis unserer vom Neuen Testament her gegebenen Anliegen."*[89]

Von Eicken sah infolge des von ihm als *„eigentlich freikirchlich"* bezeichneten Gemeindeverständnisses einen Bruch wenigstens einzelner Gruppen mit der Kirche als jederzeit möglich an. Er stellte aber fest, daß dies auch einen Bruch mit Gnadau bedeute – und schloß damit einen Bruch des gesamten Verbandes mit der Kirche quasi aus. Entscheidend war für ihn die Definition dessen, was Gemeinde Jesu ist.

> *„Die Gemeinschaftsbewegung sucht sich in ihrem Gemeindeleben unmittelbar am Neuen Testament zu orientieren. Darum kann für sie die wahre Kirche Jesu Christi nur die neutestamentliche Gemeinde der Gläubigen, der Gerechtfertigten, der Bekehrten und Wiedergeborenen sein. Die Volkskirche ist aber in ihrer Vorstellung der Gemeinde weithin geprägt durch geschichtliche Gegebenheiten und Notwendigkeiten (Luthers ‚Notlösungen' beim Aufbau der reformatorischen Kirche). Echte Gemeinde Jesu ist aber in beiden vorhanden. Doch wird die Spannung zwischen Volkskirche und Gemeinschaftsbewegung fast*

unerträglich, wenn sich die organisierte Volkskirche mit der Gemeinde Jesu identisch erklärt, also sich selbst verabsolutiert."[90]

Eine Trennung von der Kirche hielt von Eicken dann für notwendig, wenn *„der Gemeinschaftsbewegung von der Kirche verwehrt würde, das Leben des Glaubens nach neutestamentlichen Grundsätzen zu führen".*[91]

Einen echten Vorteil erblickte er darin, daß die Kirche den Gemeinschaften ein gehöriges Maß an Verwaltung abnimmt.[92] Dies bedeutet gleichzeitig auch Verzicht auf kirchliche Amtshandlungen wie Taufe, Konfirmation, Trauung und Beerdigung; aber auch einen bewußten Verzicht auf kirchliche Ordination der Prediger, da dies den Gemeinschaftsprediger *„unter die Kirche"* stellen würde.[93] Von dieser Haltung unberührt soll das Abendmahl bleiben, das als notwendig empfunden wird.

„Wir können nicht verzichten auf das Gemeinschaftsabendmahl, denn auch hier liegt ein wohlbegründetes, neutestamentliches Anliegen vor. Wir können auch nicht verhehlen, daß die Handhabung des kirchlichen Abendmahls – auch wenn wir dasselbe wegen unseres Stehens ‚in der Kirche' nicht grundsätzlich ablehnen können – uns eine fast unerträgliche Not bereitet."[94]

In einem vom Theologischen Beirat Gnadaus 1987 erstellten Thesenpapier wurde festgestellt, daß in den Verbänden Einigkeit darüber bestehe, daß man nicht Freikirche werden will.[95] Zur Forderung nach biblischer Gemeinde wird festgestellt:

„Die neutestamentlichen Aussagen vom Leib Christi und seiner Gestalt lassen viele Formen zu, sofern sie dem Evangelium dienen und den Ordnungen entsprechen, die der Herr seiner Gemeinde gegeben hat."[96]

Im Februar 1987 referierte der damalige Präses Kurt Heimbucher in Siegen, die Gemeinschaft sei nicht im Vollsinn des Wortes Ecclesia, weil in ihr die Taufe fehle. An der Tauffrage entscheide sich die Frage nach der Kirchwerdung der Gemeinschaftsbewegung.[97] Er sagte u.a.:

„Wir sind als Gemeinschaftsbewegung nicht Ecclesia, und die verfaßte Volkskirche ist nicht identisch mit der Ecclesia, aber wir sind aufein-

ander angewiesen, um gemeinsam Ecclesia zu bauen in diesem weiten Raum, den Gott uns im Gefäß der Volkskirche gegeben hat."[98]

In einem 1988 veröffentlichen Grundsatzartikel stellt er fest:

"So trägt die Gemeinschaft zweifellos ‚ekklesiologische' Züge an sich. Ich gehe noch weiter und sage: Im Sinne von Apg. 2,42 verwirklicht sich in den Gemeinschaften Gemeinde Jesu."[99]

Er zitiert den früheren Präses D. Walter Michaelis:

"Ob wir die Kirche wirklich noch als Kirche anerkennen, entscheidet sich daran, ob wir unsere Kinder in ihr und in sie hineintaufen lassen."[100]

Heimbucher führt dann selbst weiter aus:

"Wenn wir in unseren Gemeinschaften Taufen vollziehen würden, dann würden wir zur eigenen Kirche werden und nicht mehr Bewegung in der Kirche sein ... Völlig ausgeschlossen, und mit dem Verständnis der Gnadauer Gemeinschaftsbewegung nicht zu vereinbaren, ist, wenn in Gemeinschaften eine zweite Taufe durchgeführt wird. Wir stehen als Gemeinschaftsleute auf dem Standpunkt: Wir akzeptieren die Kindertaufe und die Erwachsenentaufe, aber wir lehnen die Wiedertaufe ab."[101]

Der derzeitige Präses, Christoph Morgner, beobachtet, daß die kritisierten Praktiken durchaus vorkommen:

"Da finden Wiedertaufen und Taufen von Katholiken statt, teilweise öffentlich, aber auch heimlich im privaten Bereich. Da treten Prediger und andere Verantwortliche aus der Kirche aus. Vielerorts macht es auch Beschwer, daß in positiv arbeitenden Kirchengemeinden zeitgleiche Gottesdienste der Gemeinschaften stattfinden."[102]

Eingehend auf die Forderung, biblische Gemeinde zu bauen, stellt Morgner in Frage, daß es im Neuen Testament ein einheitliches Bild von Gemeinde gäbe.[103] Er stellt fest:

"Offensichtlich gibt es d i e biblische Gemeinde nicht. Ihre Gestalt kann deshalb weder bündig erhoben noch für die heutige Zeit eingefordert werden. Sondern jeder Generation obliegt die verantwortungsvolle Aufgabe, in jeweiliger Zeit Gemeinde zu strukturieren, die dem Wesen und dem Auftrag von Gemeinde im NT in der Vorläufigkeit

irdischer Existenz am ehesten gerecht zu werden vermag. Jede Gemeindegestalt stellt deshalb einen Versuch dar."[104]

Dementsprechend stellt er fest:

„*Wir nehmen die Geschichte an, die Gott mit seiner Welt und damit auch mit seiner Gemeinde gegangen ist. ... Wir können ... nicht wieder in eine biblische Ursprünglichkeit hineinfinden bzw. an diese anknüpfen. Ausgangspunkt unsres weiteren Weges kann nur sein, daß Gott uns hier und heute an einen bestimmten Punkt des geschichtlichen Weges gestellt hat. Von dem aus gilt es zu denken und zu handeln.*"[105]

Weder Volkskirche noch „*das, was sich jeweils als ‚biblische Gemeinde' darstellt*", hält Morgner für deckungsgleich mit der Gemeinde Jesu.[106] Eine mögliche Zukunft der Gemeinschaftsbewegung sieht er in der Bildung von Personalgemeinden:

„*Es gilt in den nächsten Jahren, die Form einer eigenständigen Innerkirchlichkeit so flexibel und geschmeidig wie möglich auf die jeweiligen Situationen einzustellen. Dazu kann auch die Bildung von Gemeinden bzw die Umformung von Gemeinschaften in Personalgemeinden gehören. Dabei muß unmißverständlich deutlich werden: Es kann sich in unsrem Gnadauer Raum lediglich um Gemeindebildungen handeln, nicht um Kirchenbildungen.*"[107]

Ähnlich der Argumentationsweise in der Geistlichen Gemeinde-Erneuerung (s.u.) äußert sich Morgner:

„*Weil und solange unsre Landeskirchen der Hl. Schrift und den reformatorischen Bekenntnissen verpflichtet sind, gehören wir zu ihnen. In ihr haben wir alle Freiheit, das Evangelium zu predigen und missionarische Arbeit zu gestalten. Wir sehen uns dabei zugleich verpflichtet, in der Kirche immer wieder auf das Beachten von Schrift und Bekenntnis hinzuwirken.*"[108]

Entwicklungen zu größerer Freiheit

Die Evangelische Kirche in Württemberg traf 1988 eine Übereinkunft mit den dortigen Gemeinschaften über die Abendmahlsfrage. Danach wurde Predigern der Gemeinschaftsverbände das Abhalten von Abendmahlsfeiern gestattet. In weiteren Gesprächen wurde über den Wunsch der Württembergischen Gemeinschaftsverbände verhandelt, die Prediger auch Amtshandlungen wie Trauungen, Taufen und Beerdigungen durchführen zu lassen.[109] Diesem Wunsch wurde von Teilen der Synode deutlich widersprochen.[110] Nach einer Überarbeitung des Textes stimmte die Synode jedoch im November 1993 dem *Pietistenreskript '93* zu. Es ist Predigern landeskirchlicher Gemeinschaften in Württemberg nunmehr gestattet, in Einzelfällen und unter Beachtung strenger Auflagen auch Amtshandlungen wie Taufen, Trauungen und Beerdigungen vorzunehmen. Gleichzeitig wird darin auch der Wille der etwa einhunderttausend württembergischen Pietisten zum Ausdruck gebracht, in der Kirche zu bleiben und in ihr mitzuarbeiten.[111] An der Vereinbarung beteiligten sich der Altpietistische Gemeinschaftsverband (s.u.), der Süddeutsche Gemeinschaftsverband (s.u.), der Liebenzeller Gemeinschaftsverband (s.u.), der Württembergische Brüderbund (s.u.), das Chrischona-Gemeinschaftswerk (s.u.), der Gemeinschaftsverband Nord-Süd, das Diakonissenmutterhaus Aidlingen und die Pregizer Gemeinschaft.[112]

Auch in der Evangelischen Kirche von Hessen und Nassau (EKHN) wird der Predigtdienst und die Leitung des Abendmahls durch Prediger der Landeskirchlichen Gemeinschaften seit 1993 voll anerkannt. In Ausnahmefällen sind sie auch berechtigt, Taufen zu vollziehen. Andererseits verpflichten sich die Gemeinschaften, ihre Mitglieder zur Kirchenmitgliedschaft anzuhalten.[113] Ähnliche Absprachen gibt es in den Landeskirchen von Berlin-Brandenburg, Nordelbien, im Rheinland, Kurhessen-Waldeck und Baden.[114] 1994 erneuerten und erweiterten die Evangelische Kirche von Berlin-Brandenburg und das *Gemeinschaftswerk Berlin-Brandenburg* eine 1981 getroffene Vereinbarung. Darin wird zugestanden, daß sich eine landeskirchliche Gemeinschaft „*unter besonderen örtlichen Gegebenheiten*" auch zu einer überparochialen Gemeinde hin entwickeln könne.[115] Dies bedeutet, daß die Gemeinschaft die vollen Aufgaben einer Kirchengemeinde übernehmen kann, ohne daß die Mitgliedschaft auf einen regionalen Gemeindebezirk („Parochie") beschränkt ist.

Die Lehre über die Heilige Schrift

Die Satzung des Gnadauer Verbandes betont die Autorität der Bibel, bindet sich aber auch an die reformatorischen Bekenntnisschriften.[116] Einheitlich bekennt man sich im Gnadauer Verband zur Heiligen Schrift als Wort Gottes. Ein gewisses, aber nicht sehr breites Spektrum von Meinungen wird jedoch zugegeben, wenn es um eine konkrete Inspirationslehre geht.[117] 1961 gab der Verband eine gemeinsame Erklärung zum Wort Gottes heraus. 1981 wurde anläßlich einer Tagung der Synode der EKD, auf der man sich mit der Bibel befaßte, diese Erklärung noch einmal bestätigt. In dieser Erklärung wird die ganze Bibel als Gottes Wort, vom Heiligen Geist durchweht, wahrhaftig und vertrauenswürdig bezeichnet.[118] Betont wird die für den Pietismus typische Haltung, daß die Heilige Schrift nicht durch menschliche Vernunft, sondern nur durch den Heiligen Geist verstanden werden kann.

> *„Menschliche Vernunft kann die göttliche Offenbarung nicht erfassen; nur dem geistgewirkten Glauben öffnet sich das göttliche Geheimnis der Schrift. Darum sagen wir ein Nein zu jeder Bibelkritik, welche die vernunftgemäße Erkenntnis über die Wahrheit der Schrift stellt und Teile der Schrift umdeutet oder sie als unglaubwürdige Mythen und Märchen abtut. Allem nur vernunftgemäßen Verstehen und aller zersetzenden Kritik gegenüber setzt sich die Bibel selbst durch als das Wort göttlicher Wahrheit. Wir brauchen die Schrift nicht zu verteidigen, aber wir wissen uns verpflichtet, in anhaltendem Gebet und in gewissenhafter theologischer Arbeit zu helfen, Gottes Wort immer besser und tiefer kennenzulernen und so zu verstehen, wie es dem Willen Gottes entspricht."*[119]

In seinem Präsesbericht ging Christoph Morgner 1993 wiederum auf die Schriftfrage ein. Bibeltreue bedeutet für ihn *„an der Schrift göttlich denken zu lernen"*.[120] Er fordert dazu auf, die Bibel in ihrer Gesamtheit ernst zu nehmen und nicht einen *„Bibelstellen-Fetischismus"* zu betreiben.[121] Bei sachlich-inhaltlichen Fragen ist auf das Gesamtzeugnis der Bibel zu achten und nicht eine jeweils einzelne Bibelstelle hervorzuholen. Ebenso wird eine *„pragmatische Engführung"* abgelehnt, *„wie zB die, daß maßgebend wird, was junge Leute heute erwarten."*[122]

Stellung zum Verkündigungsdienst durch Frauen

In den neuen deutschen Bundesländern gibt es vereinzelt hauptamtliche Predigerinnen. In fast allen Gemeinschaftsverbänden arbeiten Jugendreferentinnen, Diakonissen und Gemeinschaftsschwestern.[123] Im Februar 1993 plädierte Christoph Morgner, der Präses des Gnadauer Gemeinschaftsverbandes, für eine verstärkte Einbeziehung von Frauen in den Verkündigungs- und Leitungsdienst. Bisher sind die Positionen zu dieser Frage in den einzelnen Gemeinschaftsverbänden jedoch recht unterschiedlich.[124]

Einige bedeutende Gemeinschaftsverbände und Gnadau angeschlossene Werke

Altpietistischer Gemeinschaftsverband

Im Jahr 1857 kam es auf einer Landesbrüderkonferenz in Württemberg durch Initiative des Fellbacher Pfarrers K. F. Werner zu einem Zusammenschluß verschiedener Gemeinschaften. 1889 fand die formelle Gründung des Altpietistischen Gemeinschaftverbandes statt, theologisch durch den württembergischen Pietisten *Johann Albrecht Bengel* (1687-1752) geprägt. Er kennt keine feste Mitgliedschaft.

In einer Selbstdarstellung wird die geistliche Prägung des Altpietistischen Gemeinschaftsverbandes folgendermaßen beschrieben:

„Als Merkmale des Altpietismus sind die von Bengel geprägte Ehrfurcht vor der Heiligen Schrift und das intensive Arbeiten an und mit der Bibel anzusehen. Das besondere Interesse gilt der Heilsgeschichte, dem prophetischen Wort und der Erwartung des Reiches Gottes. Neben der gelebten Gemeinschaft wird Wert gelegt auf ein Leben in missionarischer und diakonischer Liebe, der Liebe zur Kirche und zu Israel."[125]

Die Leitung des Verbandes geschieht durch den Landesbrüderrat. Vorsitzender des Vorstandes dieses Brüderrates ist seit 1991 *Otto Schaude*, bis dahin Rektor der Freien Evangelischen Schule in Reutlingen. Der Verband umfaßt etwa 580 Gemeinschaften mit ca. 9000 Besuchern. Fünfundfünfzig hauptamtliche Mitarbeiter werden von etwa 1500 Laienmitarbeitern unterstützt.[126]

Der Gemeinschaftsverband unterhält zwei Erholungsheime. Es bestehen Verbindungen zu verschiedenen Missionswerken, insbesondere zur Gnadauer Brasilienmission (s.u.) und der Indianer-Pionier-Mission.

Berliner Stadtmission

Die Berliner Stadtmission wurde im Jahre 1877 unter dem Leitwort „*Suchet der Stadt Bestes und betet für sie zum Herrn*" (Jeremia 29,7) gegründet.[127] Neben missionarischen Stationen entstanden bald auch spezielle Arbeitsbereiche wie die Mitternachtsmission. Auch soziale Arbeiten wurden aufgebaut.

Nach der Teilung Berlins wurde die Arbeit im Osten der Stadt in zwölf Stationen weitergeführt. Auch sechs Heime konnten weiterhin von der Stadtmission geführt werden.

Im Westen geschah eine missionarische Arbeit unter anderem im Foyer der Gedächtniskirche.

1991 vereinten sich beide Teile der Stadtmission wieder.

Leiter der Berliner Stadtmission ist Pfarrer Hans-Georg Filker. 115 hauptamtliche Mitarbeiter sind in den 21 Missionsgemeinden, über 20 Bibelgruppen des *Evangelischen Blindendienstes,* fünf Altenheimen, zwei Einrichtungen für geistig Behinderte und weiteren Einrichtungen tätig. Besonders bekannt ist die City-Station, die unter anderem ein Restaurant enthält. Durch zwei hauptamtliche Mitarbeiter und ehrenamtliche Helfer wird hier Seelsorge und Sozialberatung ausgeübt.[128]

Ein Teil der Stadtmissionsarbeit ist auch die „*Neue Arbeit – Soziale Hilfe GmbH*", die schwervermittelbare ältere Arbeitnehmer und Jugendliche mit schlechten beruflichen Voraussetzungen in verschiedenen handwerklichen Tätigkeiten beschäftigt.

Sozial gefährdete Männer und Frauen werden in Wohngemeinschaften auf dem Weg in die Wiedereingliederung in die Gesellschaft begleitet.

Das Chrischona-Gemeinschaftswerk in Deutschland

Das Chrischona-Gemeinschaftswerk hat seine Wurzeln in der durch *Christian Friedrich Spittler* gegründeten und durch *Carl Heinrich Rappard* weitergeführten *Pilgermission St. Chrischona*, die heute in der Schweiz den Freikirchen zuzurechnen ist (s.u.).

In Süddeutschland waren insbesondere nahe der Schweizer Grenze bereits vor 1850 Gemeinschaften entstanden. Heute sind zehn sogenannte Gemeinschaftsbezirke an der Grenze Baden-Württembergs zur Chrischona-Gemeinschaft gehörig.[129]

1877 begann sich in Ost- und Westpreußen ein weiteres Aufgabenfeld zu öffnen. 1932 gab es in fünfzig Gemeinschaftsbezirken über 800 Versammlungen, die von rund neunzig Predigern betreut wurden.[130] 1944/45 wurde die Arbeit infolge der Kriegswirren beendet.[131]

1878 sandte man den Chrischonabruder *Georg Holdermann* nach Lich bei Gießen, mit ihm begann die Gemeinschaftsarbeit in Oberhessen. Christen aus der Region, die sich von ihren Pfarrern nicht angenommen fühlten, hatten darum gebeten.[132] Von Anfang an wurde diese Arbeit von den Pfarrern als Einmischung empfunden, so daß zum Teil ein freieres Verhältnis zur Kirche als bei den meisten anderen landeskirchlichen Gemeinschaften entstand.

Einzelne Bezirke in Ober- bzw. Nordhessen nehmen innerhalb des deutschen Chrischona-Gemeinschaftswerkes eine besondere Stellung ein. Sie haben sehr früh ein eher freigemeindliches Gepräge erhalten. Im Bezirk Heinebach traten um 1922 sowohl der damalige Prediger wie auch der größte Teil der Gemeinschaftsleute aus der Landeskirche aus.[133] Auch die Bezirke Bellnhausen und Mornshausen haben ein freigemeindliches Gepräge.

Seit 1889 arbeitet das Chrischona-Gemeinschaftswerk im heutigen Saarland, das in fünf Stadtmissionsbereiche gegliedert ist.

1976 schloß sich der 1850 gegründete *Evangelische Verein für innere Mission in Hessen, Worms*, mit sieben Gemeinschaftsbezirken in Rheinhessen, dem Ried und an der Bergstraße dem Chrischona-Gemeinschaftswerk an.[134]

In Deutschland gehören etwa 7000 Mitglieder und ständige Besucher zum Chrischona-Gemeinschaftswerk.[135] In der Kinder- und Jugendarbeit werden 2790 Menschen erreicht. Rund 80 Prediger und Gemeindehelferinnen sind in den in sieben sogenannte

Seniorate aufgeteilten 54 Stadtmissions- und Gemeinschaftsbezirken tätig.

Die Prediger der Gemeinschaften werden in der Regel im Prediger- und Missionsseminar St. Chrischona bei Basel/Schweiz ausgebildet, das dem Gnadauer Verband angehört.

Mit dem Chrischona-Gemeinschaftswerk sind neben dem Brunnen Verlag Gießen die derzeit siebzehn Filialen und zwei Versandbuchhandlungen betreibende Alpha-Buchhandelskette verbunden.[136]

Angegliedert sind ebenfalls ein Ferienheim, ein Alten- und Pflegeheim sowie ein Seniorenwohnheim, ein Freizeitdorf, ein Kinderheim und ein Kindergarten.

Die Kinder- und Jugendarbeit ist dem Deutschen Jugendverband „Entschieden für Christus" (EC) angeschlossen (s.u.).

Deutscher Gemeinschafts-Diakonieverband

Der Deutsche Gemeinschafts-Diakonieverband ist der Dachverband der sieben folgenden Gemeinschaftsverbände:

Der Evangelisch-Kirchliche Elbingeröder Gemeinschaftsverband

Dieser Verband entstand nach 1932 durch die missionarisch-diakonische Tätigkeit von Diakonissen, die nach 1921 das Mutterhaus in Vandsburg (heute: Wiecbork/Polen) verlassen mußten und in Elbingerode/Harz eine neue Heimat fanden. Es entstand das Diakonissen-Mutterhaus Neuvandsburg. Heute gibt es sechsundzwanzig Gemeinschaften, in denen zehn Diakonissen und fünf Prediger tätig sind.[137]

Gemeinschafts-Diakonie-Verband Berlin

Der Verband entstand im Jahre 1926 unter dem Namen *Mitteldeutscher Gemeinschafts-Verband*. Die neun Gemeinschaften in Berlin werden von zwei Predigern und sechs Diakonissen betreut. Ein Zentrum finden sie in der Konferenzhalle Berlin-Schlachtensee.[138]

Hessischer Gemeinschaftsverband
Offiziell gegründet wurde der Verband im Jahr 1928. Bereits vor dem ersten Weltkrieg waren jedoch Gemeinschaften durch die Tätigkeit von Diakonissen des Mutterhauses Hebron in Marburg-Wehrda oder durch Prediger der ebenfalls in Marburg angesiedelten theologischen Ausbildungsstätte Tabor entstanden.

1450 Mitglieder kommen in neunzig Gemeinschaften zusammen. Das Gebiet des Verbandes liegt zwischen Kassel und Frankfurt sowie Koblenz und der Rhön. Die Jugendarbeit in Verbindung mit den EC-Landesverbänden erreicht ca. 1800 Jugendliche in vierzig Kreisen.[139]

Ohofer Gemeinschaftsverband
Der dem Verband namensgebende Ort liegt zwischen Braunschweig und Celle. Seit 1908 durch die Arbeit von Diakonissen entstehende verschiedene Bibelkreise, später Gemeinschaften, schlossen sich 1925 zum Ohofer Gemeinschaftsverband zusammen. Das Hauptverbreitungsgebiet des Verbandes liegt zwischen Hannover und Wolfsburg. 700 Mitglieder und etwa weitere 700 Freunde gehören zu den fünfundzwanzig Gemeinschaften, die an siebzig Orten tätig sind. Hauptamtlich arbeiten elf Prediger und acht Diakonissen.[140]

Südwestdeutscher Gemeinschaftsverband
Auch der Südwestdeutsche Gemeinschaftsverband wurde durch Diakonissen ins Leben gerufen. Als man 1910 Vandsburger und Marburger Diakonissen in die Pfalz berief, entstanden Frauen- Kinder- und Jugendkreise. Die Arbeit wurde von Predigern des Brüderhauses Tabor fortgesetzt. Heute versammeln sich etwa 560 Mitglieder in sechsundzwanzig Gemeinschaften, die mit dem Mutterhaus Lachen bei Neustadt/Weinstraße verbunden sind.

Westdeutscher Gemeinschaftsverband
Die dem Deutschen Gemeinschafts-Diakonieverband im Ruhrgebiet angeschlossenen Gemeinschaften entstanden nach dem 1. Weltkrieg durch die missionarischen Aktivitäten von Diakonen

und Diakonissen, die in den Krankenhäusern tätig waren. Der Verband ist mit dem Mutterhaus Bleibergquelle in Velbert verbunden. Ihm gehören zwanzig Gemeinschaften an, in denen zehn Prediger und sieben Diakonissen tätig sind.

Hensoltshöher Gemeinschaftsverband
Um die Jahrhundertwende kam es in Gunzenhausen durch die Missionstätigkeit von Diakonissen des Mutterhauses Hensoltshöhe zu einer Erweckung. Durch Evangelisationen, Bibelwochen, Schriftenmission und Konferenzen wuchs die Bewegung so sehr, daß man 1921 einen eigenen Verband gründete.

Dreiundsechzig Gemeinden mit 200 Nebenstationen sind dem Verband angeschlossen. Hundert Diakonissen und zwanzig Prediger sind neben den etwa 250 ehrenamtlichen Mitarbeitern im Verband tätig. Ihm gehören 2500 Mitglieder an.[141]

Der Deutsche Gemeinschafts-Diakonie-Verband
Der Verband verfügt über eine eigene Ausbildungsstätte, das Seminar für Innere und Äußere Mission (Brüderhaus Tabor). Die Prediger und Missionare werden dort in einer vierjährigen Ausbildung auf ihren Dienst, meist als Prediger oder Missionar, vorbereitet.

Sieben Diakonissen-Mutterhäuser werden vom Deutschen Gemeinschafts-Diakonieverband unterhalten.

Ein weiterer Zweig des Deutschen Gemeinschafts-Diakonie-Verbandes ist die *Marburger Mission,* zu der rund achtzig Missionarinnen und Missionare sowie einheimische und deutsche Diakonissen und Pastoren gehören.

Die Marburger Brasilien-Mission arbeitet seit 1932 in dem südamerikanischen Land. Die entstandenen Gemeinden schlossen sich bereits 1947 in dem Gemeindeverband *Associacao das Igrejas de Cristianismo Decicidido* (Gemeindeverband für Entschiedenes Christentum) zusammen.

Weitere Arbeitsgebiete der Marburger Mission sind seit 1951 Japan, seit 1952 Taiwan und seit 1953 Thailand.

Evangelische Gesellschaft für Deutschland

1848 wurde durch Pfarrer Feldner in Elberfeld die *Evangelische Gesellschaft für Deutschland* gegründet.[142] Gläubige Laien und Pastoren wollten hier in Zusammenarbeit mit den kirchlichen Organen der Kirche entfremdete Menschen neu ansprechen, was insbesondere am Niederrhein und im Ruhrgebiet gelang.[143] Die EG hat sich zunächst nicht der Gemeinschaftsbewegung angeschlossen, mit ihr aber immer eng zusammengearbeitet.[144]

Heute steht die Evangelische Gesellschaft, was die Haltung zur Kirche angeht, eher am Rande des Gnadauer Verbandes. Manche Gemeinschaftsleute und Prediger sind nicht mehr Mitglied einer Landeskirche. In einigen Gemeinschaften wird Gläubigentaufe praktiziert. Die Veranstaltungen der Evangelischen Gesellschaft sollen wöchentlich von etwa 9000 Menschen besucht werden.[145]

1965 bekannte sich die Evangelische Gesellschaft im „Wuppertaler Bekenntnis", das auch Grundlage des eigenen Bibelseminars in Wuppertal ist, zur vollen Inspiration und Irrtumslosigkeit der Heiligen Schrift.

„Wo der in das Fleisch gekommene Sohn Gottes trotz seiner Menschwerdung sündlos und irrtumsfrei bleibt, bleiben die von Menschen in menschlicher Sprache und menschlicher Denkweise geschriebenen Heiligen Schriften, zwar nicht in ihren Abschriften und Übersetzungen, aber in ihrem ursprünglichen, unter der Leitung des Heiligen Geistes verfaßten Text irrtumslos und fehlerfrei."[146]

Evangelischer Gemeinschaftsverband Siegerland und Nachbargebiete

Im Siegerland wurde 1852 der *Verein für Reisepredigt,* der später in *Evangelischer Gemeinschaftsverband* umbenannt wurde, gegründet. Ins Leben gerufen wurde die Siegerländer Bewegung durch die Handwerker *Heinrich Weisgerber* und *Tillmann Siebel*.

Heute gehören dem Verband 105 Gemeinschaften an. Die Kinderarbeit geschieht in 69 Sonntagsschulen.[147] Die Zahl der Besucher wird mit 5000 angegeben.[148] Präses des Verbandes ist *Willi Quast*. Sein Austritt aus der EKD 1993 erregte großes Aufsehen, änderte aber nichts an seiner Position innerhalb des Gemeinschaftsverbandes. In Zusammenhang mit seinem Austritt äußerte Quast in einem Bericht über eine Mitgliederversammlung des Gemeinschaftsverbandes im August 1993:

> „Daß meine Frau und ich aus der Kirche ausgetreten sind, sehen wir als klare Führung Gottes an, der uns zu diesem Schritt gedrängt hat. In der Versammlung betonte ich, daß das kein Schritt sein muß, den nun jeder nachvollziehen muß; dieser Schritt kann nur als eine persönliche Glaubensentscheidung vollzogen werden."[149]

Hannoverscher Verband landeskirchlicher Gemeinschaften

Der *Hannoversche Verband landeskirchlicher Gemeinschaften* ging aus kleinen, um die Jahrhundertwende entstandenen Gemeinschaften hervor. Heute ist er in 28 Bezirke mit insgesamt 850 Gruppen aufgeteilt. 1150 ehrenamtliche Mitarbeiter und 30 hauptamtliche Prediger arbeiten in den Gemeinschaften.[150] Die Besucherzahl wird mit 7000 angegeben.[151]

Die hannoverschen Gemeinschaften wollen bewußt missionarisch ausgerichtet sein.[152] Wichtiges jährliches Ereignis ist die Gemeinschaftskonferenz im Congress-Centrum Hannover.

Landeskirchlicher Gemeinschaftsverband in Bayern

Ende des letzten Jahrhunderts entstanden in Bayern verschiedene Gemeinschaften in Form von Hauskreisen. Besonders die Evangelisten *Blaich* und *Seitz* waren am Entstehen der Kreise beteiligt. Der Ansbacher Pfarrer Herbst (1849-1934) faßte die in Franken entstandenen Kreise zusammen. Weitere Gemeinschaftskreise entstanden in Unterfranken. 1925 kam es zum Zusammenschluß der Gemeinschaften zum *Landeskirchlichen Gemeinschaftsverband in Bayern*. Der Verband ist in einundzwanzig Bezirke aufgeteilt und hat etwa 300 Ortsgemeinschaften.[153] Die Besucherzahl wird mit 10 000 Menschen angegeben.[154]

Ein dem Verband angeschlossenes Diakonissenmutterhaus befindet sich in *Puschendorf*. In den Gemeinschaften sind neben elf Diakonissen vier weitere Frauen hauptamtlich tätig, daneben sechsundzwanzig Prediger, davon zwei in der Jugendarbeit.[155]

Landesverband Landeskirchlicher Gemeinschaften in Sachsen

Ab 1892 fanden in Sachsen jährliche Gemeinschaftskonferenzen statt. Die Herkunft der beteiligten Gemeinschaften war unterschiedlich. Manche hatten ihre Wurzeln im Pietismus des 17. und 18. Jahrhunderts oder in der Diaspora-Arbeit der *Herrnhuter Brüdergemeine* (s. u.). Andere waren im Zuge der Erweckungsbewegung des 19. Jahrhunderts entstanden.

1899 kam es in Chemnitz zur Gründung des *Brüderrates für landeskirchliche Gemeinschaftspflege im Königreich Sachsen*. Heute gibt es innerhalb des Verbandes etwa 570 Gemeinschaften und Bibelstundenkreise mit etwa 120 vollzeitlichen Mitarbeitern. Die Besucherzahl wird mit 11 000 angegeben.[156] Vorsitzender des Verbandes ist *Lothar Albrecht*, Chemnitz.

Eine einjährige Ausbildung ehrenamtlicher Mitarbeiter wird seit 1989 im *Gemeinschafts-Diakonissenhaus Zion* in *Aue* angeboten.

Liebenzeller Gemeinschaftsverband

Die Liebenzeller Mission wurde 1899 als deutscher Zweig der China-Inland-Mission gegründet. 1902 zog deren Leiter, Pfarrer *Heinrich Coerper*, von Hamburg nach Bad Liebenzell um. Die Missionsanwärter wurden am Seminar der Liebenzeller Mission ausgebildet. Gemeinschaften aus dem Umkreis luden die Seminaristen als Gastredner in die Bibel- und Gemeinschaftsstunden ein. Durch diese Predigttätigkeit sowie durch Evangelisationen mit der Deutschen Zeltmission und dem Evangelisten Jakob Vetter entstanden mehrere Gemeinschafts- und Jugendkreise, die sich 1933 zur Gründung eines eigenen Gemeinschaftsverbandes durchrangen. Ihm schlossen sich Gemeinschaften an, die durch den Dienst Liebenzeller Prediger entstanden waren. Heute gehören ihm 430 Gemeinschaften in Bayern, Hessen, Rheinland-Pfalz und Baden-Württemberg an.[157] Die Besucherzahl soll bei etwa 9000 Menschen liegen.[158]

Süddeutsche Vereinigung für Evangelisation und Gemeinschaftspflege

In Württemberg entstanden Ende des vergangenen Jahrhunderts besonders unter dem Einfluß von *Jakob Vetter, Elias Schrenk, Otto Stockmayer, Gerd Giebeler* und *Ernst Modersohn* zahlreiche neue Gemeinschaftsgruppen, die eine andere Prägung aufwiesen als die älteren pietistischen Gemeinschaften. 1910 entstand durch diese Gemeinschaften in Calw/Schwarzwald die *Süddeutsche Vereinigung*. Heute kommen in den in 23 Bezirke aufgeteilten 300 Gemeinschaften etwa 6000 Menschen zusammen.[159] Zur jährlichen Hauptkonferenz des Verbandes kommen 3000 Besucher. 40 vollzeitliche Prediger, Diakonissen und Gemeindehelferinnen sind neben 1100 ehrenamtlichen Mitarbeitern in den Gemeinschaften tätig.

Württembergischer Brüderbund

Auf Anregung von *Johannes Seitz* schlossen sich Anfang des 20. Jahrhunderts freie Gemeinschaften zum Württembergischen Brüderbund zusammen. Er vereinigte sich 1933 mit der Württembergischen Landeskirchlichen Gemeinschaft. Hauptamtliche Mitarbeiter gibt es nur wenige, die meiste Arbeit geschieht durch ehrenamtlich tätige Mitarbeiter.[160]

Umfangreich ist die Freizeitarbeit des Württembergischen Brüderbundes. Er verfügt über fünf eigene Freizeitheime im In- und Ausland.

Deutscher Jugendverband „Entschieden für Christus" (EC) e.V.

Der *Jugendverband „Entschieden für Christus" (EC)* ist Teil der internationalen Bewegung *World's Christian Endeavour Union*. Die Bewegung entstand 1881 durch Pfarrer Dr. *Francis E. Clark* in Portland, USA. Heute gehören dem Weltverband fünfzig nationale Verbände an. Präsident des Weltverbandes ist *Konrad Brandt,* Deutschland.

1894 gründete *Pfarrer Blecher* in Bad Salzuflen den ersten Jugendbund. Die Arbeit weitete sich schnell aus, so daß 1903 bereits 222

Jugendbünde gezählt wurden.[161] In der Zeit des Nationalsozialismus erlebte der EC starke Einschränkungen bis hin zum Verbot. Nach dem Zweiten Weltkrieg konnte in der DDR die Arbeit in der bisherigen Struktur nicht weitergeführt werden, die Jugendbünde gliederten sich den örtlichen Landeskirchlichen Gemeinschaften als *Gnadauer Jugenddienst* ein. 1990 konnten in den fünf neuen Bundesländern EC-Landesverbände wiedergegründet werden und neu entstehen.

Heute zählt man bundesweit in sechzehn Landesverbänden 1000 Jugendbünde mit etwa 11 000 Mitgliedern. Erreicht werden durch die Arbeit in rund 4000 Kinder- und Jugendgruppen etwa 60 000 junge Menschen. Die Bundeszentrale des EC ist in Kassel. Ende 1993 wurde Pfarrer *Volker Steinhoff* durch den EC-Bundesvorstand zum EC-Bundespfarrer berufen.

Der EC verfügt über eine eigene Zeltmission. Zur Arbeit gehört auch ein Seelsorgezentrum für psychisch labile junge Menschen, eine sozial-missionarische Arbeit mit Projekten in Indien, Mikronesien und Brasilien sowie das Evangelische Krankenhaus Haus Gottesfriede in Woltersdorf bei Berlin. Ein umfangreiches Freizeitangebot geschieht durch die EC-Reisen GmbH. Zeitschriften, Bücher und Mitarbeitermaterial erscheinen über den EC-Born-Verlag.

Zu den Grundsätzen des EC gehört vor allem die Entschiedenheit für Christus, die durch eine persönliche Hingabe, offenes Bekenntnis und christusgemäße Lebensgestaltung ausgedrückt werden soll. Von den Mitarbeitern wird eine verbindliche Zugehörigkeit und aktive Beteiligung am Leben der Gemeinschaft oder Gemeinde erwartet. Ebenso gehören missionarischer, diakonischer und sozialer Dienst für Christus im täglichen Leben wie auch die Förderung lebendiger Gemeinschaft unter allen Christusgläubigen zu den EC-Grundsätzen.[162]

Das Bekenntnis der Mitglieder enthält neben dem Bekenntnis zu Jesus Christus als Sohn Gottes und persönlichem Erlöser und Herrn, der die Schuld vergeben hat und durch den Heiligen Geist neues Leben geschenkt hat, eine Selbstverpflichtung. Dazu gehört Treue im Bibellesen und Gebet sowie verantwortliche Mitarbeit in Jugendbund und Gemeinde.[163]

Literatur

Lange, Dieter. *Eine Bewegung bricht sich Bahn.* Die deutschen Gemeinschaften im ausgehenden 19. und beginnenden 20. Jahrhundert und ihre Stellung zu Kirche, Theologie und Pfingstbewegung. 3. Auflage. Brunnen Verlag Gießen, Woltersdorf/Berlin, Basel. Gnadauer Verlag Dillenburg, 1990.
Heimbucher, Kurt (Hrsg.). *Dem Auftrag verpflichtet.* Die Gnadauer Gemeinschaftsbewegung. Prägungen – Positionen – Perspektiven. Gießen/Basel: Brunnen Verlag. Dillenburg: Gnadauer Verlag, 1988.
Gemeinsam unterwegs. Evangelischer Gnadauer Gemeinschaftsverband e. V. Evangelischer Gnadauer Gemeinschaftsverband e. V., Dillenburg, 1993.
Heimbucher, Kurt. Schneider, Theo (Hrsg.). *Besinnung und Wegweisung. Gnadauer Dokument I und II.* Gießen: Brunnen. Dillenburg: Gnadauer Verlag, 1988.
Schmid Edgar (Hrsg.). *Wenn Gottes Liebe Kreise zieht. 150 Jahre Pilgermission St. Chrischona 1840-1990.* Gießen, Basel: Brunnen Verlag, 1990.

Die charismatische Erneuerung in den protestantischen Kirchen

1953 wurde in den USA die Laienbewegung *Geschäftsleute des vollen Evangeliums* gegründet. Wie die Pfingstbewegung (s. u.) wurde hier die *Geistestaufe* als eine zweite, der Bekehrung und Wiedergeburt folgende Erfahrung gelehrt, verbunden mit dem begleitenden Zeichen der „Zungenrede". Durch diese nicht mehr konfessionell im Raum der Pfingstkirchen arbeitende, sondern überkonfessionell ausgerichtete Organisation wurde die Erfahrung der Geistestaufe, ohne daß genaue geschichtliche Abläufe hier im einzelnen nachprüfbar sind, auch von Christen anderer Kirchen gemacht, die in ihren Kirchen verblieben.

Allgemein wird die Erfahrung der „Geistestaufe" durch den Pastor der Episkopalkirche im kalifornischen Van Nuys, *Dennis Bennett,* als Beginn der charismatischen Bewegung angesehen.

Angeregt durch einige Glieder seiner Gemeinde beschäftigte sich Bennett 1960 mit den biblischen Aussagen über Geistestaufe und Zungenrede. Bennett berichtet, daß er seine Freunde nach drei Monaten fragte, wie er ebenfalls zu einem solchen Erlebnis kommen könne.¹ Seine Freunde sagten ihm, sie hätten diese Erfahrung gemacht, weil sie darum gebetet hätten. Nach einem Gebet erlebte Bennett ebenfalls eine „Geistestaufe", verbunden mit der Gabe der Zungenrede. Er berichtet:

*„Augenblicklich erkannte ich mehrere Dinge: erstens, daß es keine Art psychologischer Trick oder Zwang war. Es war nichts Zwangsmäßiges dabei. Ich ließ ganz einfach diese neuen Worte über meine Lippen kommen und sprach sie aus freiem Willen aus, ohne dabei in irgendeiner Weise dazu gezwungen zu sein. Mir war in keiner Weise ‚der Boden unter den Füßen weggerissen', sondern ich befand mich im vollen Besitz meiner geistigen Fähigkeiten und Willenskraft. ... Zweitens erkannte ich, daß es sich um eine echte Sprache handelte, kein ‚Baby-Lallen'. Sie kannte grammatische Regeln und eine Syntax; sie besaß Intonation und Ausdrucksmöglichkeiten – und war zudem noch recht schön!"*²

Eine wunderbare Freude und ein Rechnen mit dem übernatürlichen Handeln Gottes erfüllte Dennis Bennett seit diesem Zeitpunkt. Bennett blieb in der Tradition seiner Kirche verwurzelt. So sieht er in der Konfirmation den Ritus, *„der beabsichtigt, die Erfahrung der Taufe im Heiligen Geist zu übertragen"*.³

Durch Bennett wurde die Erfahrung der Geistestaufe in die traditionellen Kirchen eingeführt. Von dieser Bewegung, die in den Kirchen der USA bald zu einer Massenbewegung anwuchs, wurde auch der lutherische Pfarrer *Larry Christenson* erfaßt. Ihn lernte 1962 Pfarrer *Arnold Bittlinger* kennen, damals Leiter des Volksmissionarischen Amtes der Pfälzischen Landeskirche. Im gleichen Jahr berichtet Christenson auf einer Tagung im pfälzischen Enkenbach von den Aufbrüchen in den USA. Ein Zentrum der deutschen charismatischen Bewegung entstand 1968, als Pfarrer Arnold Bittlinger, Pfarrer *Reiner Friedemann Edel,* der Katholik *Eugen Mederlet OFM* und die baptistischen Pastoren *Wilhard Becker* und *Siegfried Großmann* auf Schloß Craheim bei Schweinfurt das *Lebenszentrum für die Einheit der Christen* gründeten.

In der DDR war es bereits nach dem Zweiten Weltkrieg zur

Gründung verschiedener Bruderschaften und geistlichen Zentren gekommen, die das Ziel geistlicher Erneuerung hatten. Solche Kreise waren unter anderem der *Volksmissionskreis Sachsen,* die *Pommersche Bruderschaft,* die *Missionarischen Dienste Südharz,* das *Rüstzentrum Slate* in Mecklenburg, das *Julius Schniewind Haus* in Schönebeck-Salzelmen sowie der *Christusdienst Thüringen.*

Mitte der sechziger Jahre begannen diese Kreise, sich mit den Erfahrungen der charismatischen Bewegung zu befassen.[4] Hier spielten Bücher und Berichte, z.B. Veröffentlichungen von *Dr. Edel,* Lüdenscheid, und Pfr. Larry Christenson[5] (s.o.) sowie auch die Einflüsse von Evangelisten der niederländischen Pfingstbewegung eine wichtige Rolle.[6] 1973 ging aus einem Sommerlager junger charismatischer Christen eine heute selbständige Arbeit hervor, die *Ökumenischen Kirchenwochen.*

Die Geistliche Gemeinde-Erneuerung in der Evangelischen Kirche

Im März 1976 gründeten mehrere evangelische Pfarrer einen *Arbeitskreis für charismatische Erneuerung,* der später in *Arbeitskreis für Geistliche Gemeinde-Erneuerung* umbenannt wurde. Leiter dieses Ausschusses war von 1978-1988 *Wolfram Kopfermann.*

In der DDR fanden ab 1976 Gespräche mit dem *Gnadauer Gemeinschaftswerk* statt,[7] die sich 1981 in dem gemeinsamen Dokument *Heiliger Geist und Gaben. Ergebnisbericht theologischer Gespräche* niederschlugen.[8] Die Gespräche führten die charismatischen Kreise zu der Erkenntnis, daß es notwendig sei, sich selbst untereinander besser kennenzulernen.[9] So kam es ab 1977 zu regelmäßigen Begegnungen im sogenannten *Borsdorfer Konvent,* die später zur Gründung des Arbeitskreises für *Geistliche Gemeinde-Erneuerung* führten. Bereits ab 1976 fanden in Berlin-Weißensee jährliche überkonfessionelle Sommertagungen statt, die von einem Trägerkreis um den evangelischen Pfarrer *Dr. Paul Toaspern* veranstaltet wurden.

Ein erster gesamtdeutscher Vorstand der Geistlichen Gemeinde-Erneuerung wurde am 3. Oktober 1991 gewählt. 1. Vorsitzender ist Pfarrer *Friedrich Aschoff,* Kaufering bei Augsburg, 2. Vorsitzender ist Pfarrer *Wolfgang Breithaupt,* Weitenhagen bei Greifswald.

Die GGE ist heute in einundzwanzig regionale Arbeitskreise aufgeteilt.[10] Die Geschäftsstelle der GGE ist in Hamburg.
Es gibt fünf Arbeitsgruppen. Der theologische Arbeitskreis wird von Pfarrer *Wolfgang Hering*, Potsdam, geleitet. Pfr. *Christoph von Abendroth* zeichnet für die Arbeitsgruppe Ökumene verantwortlich und leitet das *Projekt Obernkirchen*. In dem fünfzig Kilometer von Hannover entfernten Ort wurde am 1. Februar 1994 ein Tagungszentrum eröffnet. Pastor *Dr. Reinhard Steffen* leitet die Arbeitsgruppe Öffentlichkeitsarbeit. Eine Theologiestudentenarbeit wird von Pfarrerin *Astrid Eichler* und Pfarrer *Sven Lethmathe* geleitet.

GGE und Kirche

Die Geistliche Gemeinde-Erneuerung sieht ihren Platz eindeutig in der Evangelischen Kirche.

„*Sie glaubt und bekennt, daß Gott dieser Kirche trotz ihrer Schuld und offensichtlichen Verfallserscheinungen bis heute die Treue hält; sie widersteht allen Versuchungen, diese Kirche innerlich oder gar äußerlich zu verlassen. Sie betet um eine Erneuerung dieser Kirche und setzt sich aktiv dafür ein.*"[11]

In einem Grundsatzartikel schrieb Dieter Müller 1990:

„*Die geistliche und theologische Oberflächlichkeit, die weitgehend die Volkskirche in ihrem Leben beherrscht, oder die gottlose Freiheit von der Heiligen Schrift selbst in kirchlichen Verlautbarungen sind solange kein Grund, die Kirche zu verlassen, wie sie ihre grundsätzliche Bindung an die Heilige Schrift und die Bekenntnisüberlieferungen nicht antastet, und geistliches Leben, wie Gott es der Charismatischen Bewegung geschenkt hat, in den Bekenntnis- und Organisationstraditionen der Kirche nicht verhindert wird.*"[12]

Trotz dieser positiven Einstellung zur EKD gestaltet sich das Verhältnis zueinander nicht immer einfach. Konflikte mit dem Vorstand einer Erlanger Kirchengemeinde[13] führten zum Beispiel zur Gründung der *Elia-Gemeinschaft*,[14] deren knapp einhundert Mitglieder sich in verschiedenen Hauskreisen treffen.[15] Die Gründung der Gemeinschaft geschah mit dem Einverständnis der regionalen

Kirchenleitung. Ein ähnliches Modell ist die *Philippus-Gemeinschaft* in Aachen, bei der jedoch eine Anerkennung der Kirchenleitung noch aussteht.[16] In der Gründung dieser Gemeinschaften zeigt sich auch eine innerkirchliche Problematik, die in Erlangen zum Tragen kam. Hier wollten charismatische Christen in eine andere Kirchengemeinde, in deren regionalem Gebiet sie wohnten, überwiesen werden. Der Kirchenvorstand, von dem eine solche Entscheidung nach dem bisherigen Kirchenrecht abhängig ist, lehnte diesen Wunsch jedoch ab.[17] Solche Vorfälle lassen immer wieder den Ruf nach sogenannten *Richtungsgemeinden* aufkommen.

Dieser Gedanke der Richtungsgemeinden wird in der GGE bereits seit längerer Zeit diskutiert. So erschien im Organ der GGE, der Zeitschrift *Gemeinde-Erneuerung,* im April 1990 ein Artikel von Pastor *Peter Gleiss* zum Thema *Gemeindegründung in und außerhalb der Kirche*.[18] Als Möglichkeit nannte Gleiss hier unter anderem:

„Ein Pfarrer bekommt das Recht, innerhalb einer Landeskirche eine ‚Personalgemeinde' aufzubauen. Die Mitglieder dieser Gemeinde können in einem größeren Umkreis wohnen. Sie beschränken sich nicht auf einen abgegrenzten Wohnbereich (‚Parochie').
Das wurde verwirklicht z.B. bei der sogenannten Kapellengemeinde in Hamburg oder der Gemeinde Nordost in Frankfurt."[19]

Die Elia-Gemeinschaft und die Philippus-Gemeinschaft sind bereits ein Schritt hin zu solchen Richtungsgemeinden. Auch andernorts bildeten sich Vereine, durch die charismatische Christen die Möglichkeit haben, ohne den oft komplizierten kirchlichen Amtsweg Mitarbeiter einzustellen und missionarisch tätig zu sein.

Gemeinsam mit der *Arbeitsgemeinschaft für Gemeindeaufbau* führte die Geistliche Gemeinde-Erneuerung im Oktober 1992 einen Kongreß zum Thema „Gemeinde gründen in der Volkskirche" durch. In einem Abschlußkommuniqué der Veranstalter werden die Kirchenleitungen gebeten, gemeinsam mit Mitarbeitern und Pastoren neue Modelle zur Gewinnung von der Kirche entfremdeten Menschen zu entwickeln. In diesem Zusammenhang wird die zunehmende Existenz von Modell- und Richtungsgemeinden in den Landeskirchen, die jedoch bisher noch nicht kirchlich legitimiert seien, festgestellt. Als Erwartung an die Kirchenleitungen wird folgendes ausgesprochen:

> „Modell- bzw. Richtungsgemeinden fangen an, sich zu multiplizieren. Diese neu entstandenen Gemeinden werden ganz unterschiedlich geformt sein. In Zusammenarbeit mit den Kirchenleitungen erwarten wir, daß diese Pilotprojekte mutig weiterentwickelt werden, damit sie in einer großen Breite praktikabel werden. Die Befähigung und Beauftragung der ehrenamtlichen Mitglieder zur Pflanzung neuer Gemeinden und Gemeinschaften muß im Mittelpunkt stehen. ... Gruppen wie Geistliche Gemeinde-Erneuerung und Arbeitsgemeinschaft für Gemeindeaufbau sind gern bereit, zusammen mit den Kirchenleitungen an solchen Modellen zu arbeiten und sie zu verwirklichen."[19a]

Das Schriftverständnis

1989 erschien ein von dem lutherischen Pfarrer Larry Christenson herausgegebenes Buch in deutscher Sprache, in dem vierzig lutherische Theologen aus neun Ländern, denen eine charismatische Orientierung gemeinsam ist, ihr Verständnis von der charismatischen Erneuerungsbewegung formulierten. Die GGE weist in ihrer Selbstdarstellung auf dieses Buch hin, es drückt auch das Selbstverständnis der GGE aus. Die Autoren machen die Bindung charismatischer Erneuerung an die Schrift deutlich:

> „Die charismatische Bewegung versteht sich selbst als Erneuerung des biblischen Glaubens und der geistlichen Erfahrung.
> Ihr Hauptmerkmal ist die tiefe Begegnung mit dem dreieinigen Gott, der sich selbst in der Heiligen Schrift – in seinem inspirierten Wort – offenbart hat. Deshalb haben charismatische Erfahrungen im eigentlichen Sinn ihre Wurzeln im Wort Gottes. Das Wort ist der grundlegende Impuls und auch die endgültige Norm. Nur in dieser Hinsicht können wir von charismatischer Erfahrung sprechen."[20]

Eine Beziehung zwischen dem Wort Gottes und dem Geist Gottes wird deutlich herausgestellt:

> „Die Verbindung zwischen dem Wort und dem Kommen des Geistes ist gleichwohl nahezu unauflöslich. Sie hat in der souveränen Strategie

des Geistes eine Schlüsselfunktion. Durch das Wort wirkt der Geist mit schöpferischer und erlösender Kraft."[21]

Bei der Betonung der Beziehung zwischen Wort und Geist setzen sich die Autoren sowohl von einer Betonung des Wortes, die das Wirken des Geistes Gottes ausklammert, als auch von der weitverbreiteten Bibelkritik ab.

„*Sowohl der die Lebenskraft des Geistes einfrierende radikale Fundamentalismus wie der die Kraft des Geistes zersetzende Historismus der historisch-kritischen Exegese erweisen sich als unzureichend für eine die Geisterfahrung einbeziehende charismatische Hermeneutik. Luthers Disputationsthese von 1535 gewinnt gegenwärtig neue Aktualität: ‚Wenn aber die Gegner die Schrift treiben gegen Christus, so treiben wir Christus gegen die Schrift'. Wenn die Ideologen der historisch-kritischen Methode durch die Analyse der Heiligen Schrift den ‚biblischen Christus' zersetzen, so zerreißt der lebendig erfahrene Christus das den Glauben fesselnde Netz der Methode.*"[22]

Trotz diesen deutlichen Abgrenzungen wird grundsätzlich die historisch-kritische Methode bejaht.

„*Die ‚Geistliche Gemeinde-Erneuerung' bekennt sich zur Notwendigkeit wissenschaftlicher Theologie für die Kirche. Sie bejaht damit auch die historische Betrachtungsweise der Heiligen Schrift, wie sie es auch für selbstverständlich hält, die Erfahrungen innerhalb der charismatischen Bewegung gegenüber unterschiedlichsten wissenschaftlichen Fragestellungen nicht auszugrenzen.*"[23]

Die historisch-kritische Methode zur Auslegung der Schrift definiert Peter Stuhlmacher:

„*Bei der historischen Methode handelt es sich um das im Zuge der Aufklärung entwickelte geschichtswissenschaftliche Verfahren, mit dessen Hilfe die in Form von Texten fixierte geschichtliche Überlieferung methodisch analysiert und dem modernen Vernunfturteil unterworfen wird.*"[24]

Die so definierte historische Forschung ist aber gerade das, wovon sich Charismatiker distanzieren.

„*Zur charismatischen Hermeneutik gehört die historisch-kritische Methode, soweit sie ideologiefrei gehandhabt wird. Die historische*

*Ideologie, die arbeitet, als ob Gott nicht gegeben wäre, also alles innerweltlich erklärt und zugleich alles relativiert und am Ende der Beliebigkeit des persönlich subjektiven Interesses ausliefert, lehnen Charismatiker ab. Die Notwendigkeit, die Bibel mit wissenschaftlich bewährten Methoden zu erforschen und zu interpretieren, folgt aus der Inkarnation (Menschwerdung) Jesu und der Treue Gottes zu seiner Schöpfung. Jesus hat auf dieser Erde unter den Bedingungen der Schöpfung gelebt; die Bibel ist unter ihren Bedingungen entstanden. Darum können auch charismatische Christen in der Schöpfung bewährte Methoden nicht außer acht lassen."*²⁵

Diese Haltung wird folgendermaßen erklärt:

*„Charismatiker bestehen hinsichtlich der historisch-kritischen Methode der Bibelauslegung sozusagen auf dem klassischen Verständnis ihrer Anwendung, nämlich die Schrift mit den Augen ihrer Schreiber zu lesen und mit den Ohren der ursprünglichen Hörer zu hören."*²⁶

In anderem Zusammenhang wird von der Bibel ausdrücklich als „*dem vom Geist inspirierten, ewig wahren und auch heute gültigen, machtvollen Wort Gottes*" gesprochen.²⁷ Andererseits will man sich aber nicht auf eine bestimmte Inspirationslehre festlegen und vermeidet meist Begriffe wie „unfehlbar", „wörtlich inspiriert" usw. In einer Beschreibung der innerkirchlichen charismatischen Bewegung in der ehemaligen DDR wird festgestellt:

*„... ist die ausdrückliche und stillschweigende Überzeugung, daß die Bibel Gottes Wort ist und nicht nur enthält. Sie ist die ‚Wortgestalt geschehener Offenbarung', die der Heilige Geist gebraucht, um die Sache Jesu präsent zu machen. So wird durchweg die Inspiration der Bibel bejaht und betont, aber die Verbalinspiration wird doch nur selten behauptet, obwohl die Grenze nicht immer deutlich wird. Im allgemeinen liest man die Bibel, ohne sich über solche Fragen viele Gedanken zu machen."*²⁸

Eine Frage, die viele Christen in Zusammenhang mit der Charismatischen Erneuerung beschäftigt, ist die Einordnung von Schrift und dem Reden Gottes durch Visionen o.ä. Die Autoren befassen sich auch mit dieser Frage:

„Die charismatische Erneuerung wirft nun aber die Frage auf, ob der biblische Text der alleinige Kanal ist, durch den Gott zu den Men-

schen spricht, oder ob göttliche Führung auch dann erfahren wird, wenn Menschen den Verheißungen der Bibel Vertrauen schenken und ihnen gemäß handeln. Gemeint sind Verheißungen, die sich auf das Gebet beziehen, den Austausch mit anderen Gläubigen oder auch den Gebrauch der Geistesgaben wie der Worte der Weisheit, der Erkenntnis, der Prophetie und der Unterscheidung der Geister. Wer sich der Charismatischen Erneuerung zurechnet, wird solche Gaben, die Gottes gegenwärtigen konkreten – also situationsbezogenen – Willen enthüllen, als Bestandteil der Verheißung von Pfingsten ansehen, die der ganzen Kirche für alle Zeiten gilt und nicht nur in deren Entstehungszeit von Bedeutung war."[29]

Etwaige Offenbarungen haben ein geringeres Gewicht als die Aussagen der Bibel. So heißt es einige Zeilen weiter über Visionen, Träume usw.:

„Falls sie erlebt werden, sind wir immer dazu verpflichtet, solche Erfahrungen anhand der Schrift zu prüfen (Apg. 17,11)."[30]

Erfahrungen mit dem Geist Gottes müssen dementsprechend im Wort Gottes gegründet sein. Pfarrer Dr. Paul Toaspern schreibt in einem 1994 erschienen Buch, das zukünftig als grundlegendes Werk der GGE gelten dürfte:

„Wo es in unserer Zeit echte Weissagungsworte gibt, drängen sie das biblische Wort niemals beiseite, sondern drängen uns zu ihm hin und aktualisieren es oft im Blick auf die konkrete Situation. Das biblische Wort aber bleibt der alleinige Maßstab und die für alle Christen verbindliche Quelle der Offenbarung Gottes in Jesus Christus."[31]

In der Diskussion dieses Themas wird der amerikanische Charismatiker Bob Mumford zitiert:

„Ich glaube vorbehaltlos an die wörtliche und ausnahmslose Inspiration der Schrift. Jede andere Form, mit der sich Gott seinem Volk mitteilt – seien es Träume, Visionen, Prophetien, Führungen oder sei es Seelsorge oder pastorale Leitung – ist der Schrift unterworfen und wird durch das geschriebene Wort Gottes beurteilt."[32]

Die Lehre

Die GGE will bewußt in der Tradition ihrer Kirche stehen.

„Die ‚Geistliche Gemeinde-Erneuerung' bejaht die Geschichte dieser Kirche als eine vom Heiligen Geist mitgeprägte; sie bejaht damit auch das Vorhandensein von Traditionen."[33]

Die kirchlichen Traditionen haben dabei zwar entscheidende Bedeutung, sind aber der Schrift untergeordnet.

„Die ‚Geistliche Gemeinde-Erneuerung' interpretiert neue geistliche Erfahrungen grundsätzlich von den vorgegebenen Lehrüberlieferungen her. Sie achtet umgekehrt darauf, daß die Berufung auf diese Traditionen die Gültigkeit des biblischen Zeugnisses als letztgültiger Norm der Kirche nicht in Frage stellt."[34]

Grundsätzlich ist festzuhalten, daß in der charismatischen Bewegung im ganzen wie auch in der Geistlichen Gemeinde-Erneuerung viele Lehrfragen, auch solche, die den Heiligen Geist und die Charismen betreffen, unterschiedlich gesehen werden.

„Unter denen, die sich zur Charismatischen Bewegung zählen, bestehen im Blick auf die Bibelauslegung immer noch beträchtliche Differenzen. Das gilt z.B. für das Verständnis von Taufe und Abendmahl, für die Eschatologie, die Gemeindeordnung und das Kirchenrecht sowie für die Rolle von Mann und Frau; das gilt aber auch für Themen, die für die Erneuerung von besonderem Interesse sind, wie beispielsweise die Taufe im Heiligen Geist, das Sprachengebet, der Befreiungsdienst oder die Prophetie. Bisher hat die Bibelauslegung in der Charismatischen Erneuerung noch zu keinem breiten dogmatischen Konsens geführt."[35]

Das Ziel der GGE

Als wünschenswerte Ziele der Geistlichen Gemeinde-Erneuerung formulierte Dr. Dr. Paul Toaspern, damals 1. Vorsitzender der Geistlichen Gemeinde-Erneuerung Ost und Mitglied des Hauptvorstandes der Deutschen Evangelischen Allianz:

„Erstens und vor allem, daß Menschen in einen lebendigen Lebenskontakt mit Jesus Christus als dem Herrn und Erlöser der Welt kommen.

Zweitens, daß wir den Gerufenen helfen, in der Gemeinschaft glaubensentschiedener Brüder und Schwestern Heimat, Halt, Herausforderung und Ermutigung zu finden. Drittens, daß diese geistlich auch weitergeführt und ausgerüstet werden, um ihrerseits Zeugen und Multiplikatoren des Evangeliums zu werden."[36]

In der aktuellen Selbstdarstellung der GGE wird als Ziel formuliert:

„Die ‚Geistliche Gemeinde-Erneuerung' versteht sich als Wegbereiterin einer Erweckung innerhalb der Kirche. Sie befindet sich darum in der unaufgebbaren Spannung zwischen dem Willen zur Integration in dieser Kirche und der Notwendigkeit, als geistliche Provokation empfunden zu werden."[37]

Eigentliches Ziel der GGE ist also eine geistliche Erweckung.

„Das Ziel der ‚Geistlichen Gemeinde-Erneuerung' ist eine im Heiligen Geist erneuerte Kirche, die eine eigene charismatische Bewegung überflüssig macht."[38]

Das Verhältnis zu anderen Christen formulierte Dieter Müller in dem oben genannten Artikel folgendermaßen:

„Christen, denen der Heilige Geist eine ‚charismatische' Spiritualität geschenkt hat, werden schuldig, wenn sie an Stelle Jesu Christi das Jüngste Gericht vorwegnehmen und Christen mit abweichenden spirituellen Erfahrungen richten. Jesu Warnung: ‚Richtet nicht, auf daß ihr nicht gerichtet werdet', gilt. Kein Christ kann den Glauben eines anderen Christen messen. Der andere steht und fällt seinem Herrn. Beurteilen lassen sich nur die Äußerungen des Glaubens oder Unglaubens; die Übereinstimmung mit der Heiligen Schrift. Seines Heils kann nur jeder selbst in Christus gewiß sein."[39]

An dieser Stelle ist zu fragen, welche Position die GGE zur sogenannten Geistestaufe einnimmt. In den traditionellen Pfingstkirchen (s.u.) wird dieses häufig mit der Gabe des Zungenredens[40] in Zusammenhang gebrachte Ereignis als ein einmaliges Geschehen aufgefaßt, das den Gläubigen weiterbringt als die Wiedergeburt.

Die Taufe mit dem Heiligen Geist

In der Publikation von Larry Christenson, auf die sich die GGE ausdrücklich beruft, wird die Geistestaufe nicht als eine „Höhere Stufe" des Christseins verstanden:

> „Dabei versteht es sich von selbst, daß eine besondere Ausgießung des Geistes mit der Erfahrung von Geistesgaben weder für die Erlösung noch für einen fruchtbaren Dienst ‚nötig' ist. Das ließe sich in systematischer Hinsicht sowohl von der Bibel als auch von der Geschichte her belegen."[41]

Die Gaben des Heiligen Geistes

Die Versammlungen der GGE sind von der Beteiligung vieler Christen geprägt, die ihre unterschiedlichen Gaben einbringen.

> „Diese charismatischen Gottesdienste leben davon, daß jeder, der will, seinen Beitrag leisten kann: mal spricht jemand ein kurzes Gebet, ein anderer berichtet über seine Erfahrungen mit dem Glauben, prophetische Eindrücke werden weitergegeben, und immer wieder werden neue Lieder gesungen, die leicht zu lernen sind."[42]

Es wird erwartet, daß Gott heute wie in der frühen Christenheit Gaben wirkt. Dabei wird nicht, wie häufig in Pfingstkirchen, die Zungenrede als das Kennzeichen der Geisterfüllung angesehen. Führende Theologen der charismatischen Bewegung weisen normalerweise die in Pfingstkirchen häufig vertretene Lehre zurück, Zungenreden sei sichtbares Zeichen der Geistestaufe und Kennzeichen geisterfüllten Christseins.[43]

> „Das Sprachengebet ist in der lutherischen Gemeinde-Erneuerung – anders als nach dem Verständnis vieler Pfingstler – nicht das Einlaßtor zur charismatischen Erfahrung. Es ist auch nicht der Erweis der Erfüllung mit dem Heiligen Geist. Es ist als Gabe weder Auszeichnung für ‚elitäre' Christen noch christliches Qualitätsmerkmal. Nicht jeder geisterfüllte Christ wird oder muß in Sprachen beten."[44]

Dr. Paul Toaspern stellt zur Zungenrede fest, daß diese Gabe nicht „*in einer exponierten Weise*" behandelt werden dürfe oder „*zum*

Maßstab für das Leben im Heiligen Geist" gemacht werden könne.[44a] Da die GGE jedoch keine vollkommen einheitliche Organisation ist mit festen, für alle verbindlichen Regeln, ist nicht auszuschließen, daß hier und dort andere Positionen in dieser Frage vertreten werden.

So wie bei der Zungenrede bedeutet in der GGE insgesamt der Besitz bestimmter Gaben nicht ein Qualitätsmerkmal des Christen.

> *„Auch charismatisch wirkende Christen bleiben die ‚Armen im Geist', die Jesus selig gepriesen hat, weil nur sie an der Macht der Gottesherrschaft teilhaben können (Matthäus 5,3). Sie werden nie mehr als gerechtfertigte Sünder, die als verlorene Söhne und Töchter heimgekommen sind. ... Jede charismatische Äußerung kann nur vom Kreuz herkommen; charismatische Theologie kann nicht anderes als Theologie des Kreuzes sein."*[45]

Besondere Erwähnung finden in der Selbstdarstellung der GGE neben der Zungenrede die Gabe der Heilung und die der Prophetie. Betont wird, daß Gebet für Kranke nicht grundsätzlich körperliche Heilung zur Folge haben muß.[46]

Zur Prophetie heißt es bei Christenson:

> *„Prophetischer Zuspruch als Ermahnung, Ermutigung oder Tröstung begegnet heute*
>
> * in Gestalt von Bibelworten, die sich unter dem Impuls des Heiligen Geistes für die konkrete Situation aufdrängen und die in der Regel ein hohes Maß an Betroffenheit hervorrufen.
> * als prophetisches Wort, häufig in der Ich-Form weitergegeben, gerichtet an einzelne oder an die Gemeinde;
> * als Bild, das beschrieben und durch den Sprecher selbst oder durch einen anderen gedeutet wird. Sprachlich bedienen sich die Träger des prophetischen Charisma in der Regel der vorsichtigen, Freiheit gewährenden Formel: ‚Ich habe den Eindruck, daß...'"*[47]

Die Notwendigkeit zur Prüfung der Prophetie wird betont.[48] Die Aufgabe zur Prüfung soll beim Gemeinde- oder Hauskreisleiter liegen. Der Gemeinde unbekannte Propheten sollen nicht das Recht erhalten, in der Öffentlichkeit des Gottesdienstes zu sprechen.[49]

Mit einer Prise Humor heißt es in der Selbstdarstellung der GGE zu der Bedeutung verschiedener Gaben:

„Zu den Gnadengaben gehört auch die Bereitschaft, die WC's der Gemeinde sauber zu halten. Vielleicht wird das in Zukunft ein Charisma besonders für Akademiker. Es könnte sein, daß diese Gnadengabe in den Augen Gottes höher steht als die Gabe, Krebskranke unter Gebet zu heilen."[50]

Die Unterscheidung der Geister

In der GGE geht man davon aus, daß Gaben auch durch Dämonie ausgelöst werden können.

„In der Erneuerung hat sich von Anfang an wieder gezeigt, daß in der unsichtbaren Welt Heiliger Geist von dämonischem Geist unterschieden werden muß. Weil Heiliger Geist sich selbst preisgebende Liebe ist, hat er kein prägnant konturiertes Gesicht. Weil er unter den Bedingungen der Schöpfung wirkt, sind seine Wirkungen an sich von dämonisch oder natürlich ausgelösten oft nicht zu unterscheiden.
Grundsätzlich gibt es zwei Wege der Geisterunterscheidung: die theologische und die charismatische. Die erste erfolgt methodisch; die zweite ist abhängig von der Eingebung des Geistes. Für beide gilt grundsätzlich, daß ihr Maßstab die Heilige Schrift ist und der Heilige Geist immer das Werk Jesu treibt."[51]

Geistliche Gemeinde-Erneuerung und Gnadauer Verband

Gemeinsame Erklärung in der DDR

Von 1976-1981 fanden in der DDR unter Leitung des Vorsitzenden der *Arbeitsgemeinschaft Missionarische Dienste*, Oberkirchenrat *Erhard Wonneberger*, Gespräche zwischen dem *Evangelisch-Kirchlichen Gnadauer Gemeinschaftswerk* und dem ehemaligen *Arbeitskreis für geistliche Gemeindeerneuerung* statt. Die Gesprächsergebnisse wurden in einem gemeinsame Erkenntnisse zusammenfassenden Dokument festgehalten. Der Ergebnisbericht wurde vom Gnadauer Gemeinschaftswerk in der BRD nicht übernommen.[52] Als gemeinsame Erkenntnis wird unter anderem festgestellt:

„Das Wirken des Heiligen Geistes wird heute genauso erfahren wie in der frühen Christenheit. Wir lehnen damit die Vorstellung ab, als seien die Gaben des Heiligen Geistes nur der ersten Christenheit gegeben."[53]

Beide Gemeinschaften wollen auch eine Überbetonung bestimmter Geistesgaben vermeiden. Gemeinsam wird festgestellt:

„Die Gemeinde wird im Neuen Testament aufgefordert, nach den Gnadengaben zu streben. Das bedeutet nicht, daß zu allen Zeiten in jeder Gemeinde alle Gaben vorhanden sein müssen. Wenn in unserer Zeit über einzelne Gnadengaben besonders viel gesprochen wird, so darf das keine Heraushebung oder Wertung bedeuten. Es gibt auch keine Gnadengabe, die ein notwendiges Erkennungszeichen für das Leben im Heiligen Geist wäre (1. Kor. 12,29 ff). Das Heil ist uns in der Gabe des ewigen Lebens gegeben. Es hängt nicht vom Besitz bestimmter Gnadengaben ab."[54]

Als „gemeinsame Beschwernisse und Anliegen" werden unter anderem ein Stufendenken im Blick auf den Geistempfang sowie die Überbetonung bestimmter Geistesgaben, insbesondere der Zungenrede genannt.[55] Unterschiedliche Meinungen wurden hinsichtlich der Stellung zur „Berliner Erklärung" von 1909 (s.u., Pfingstbewegung) und in der Stellung zur Prophetie ausgesprochen.[56]

Die Situation heute

In einer 1992 erschienenen Mitarbeiterhilfe nimmt der Gnadauer Präses Christoph Morgner Stellung zur Pfingstbewegung und zur charismatischen Bewegung. Morgner stellt darin fest, daß es heute nicht mehr möglich sei, den komplexen Bereich der Pfingstbewegung und der charismatischen Bewegung einheitlich zu beurteilen.[67] Ein gutes Miteinander auf theologischer und praktischer Ebene hält er in machen Fällen für durchaus möglich. Dies könne weniger an organisatorischen als vielmehr an inhaltlichen Maßstäben festgemacht werden.[58] Gefahren sieht er unter anderem da, wo zwar in der Theorie die Gleichwertigkeit aller Gaben betont wird, in der Praxis jedoch Gaben wie Krankenheilungen, Zungenreden und prophetische Rede doch in den Vordergrund gerückt werden.⁵⁹ Insgesamt beobachtet er noch *"entscheidende theologische Differenzen, die nicht ausgeräumt sind und die wir nicht vernebeln dürfen."*⁶⁰ Ein *"kontinuierliches und breit angelegtes Miteinander von pietistischen und charismatischen bzw. pfingstlerischen Gruppierungen"* wird als *"in der Regel nicht möglich"* angesehen. Andererseits könnte es, so Morgner, jedoch der Fall sein, *"daß wir für begrenzte Zeit und punktuelle Anliegen Kontakte nicht einfach abblocken, sondern um eines größeren Ziels willen einen Minimalkonsens mit solchen Gruppen suchen, mit denen ein gedeihliches Miteinander denkbar ist".*⁶¹

Literatur

Arbeitskreis für Geistliche Gemeinde Erneuerung in der Ev. Kirche (Hrsg.). *Gemeinde Erneuerung. Wer wir sind und was wir wollen.* Hamburg: GGE. 4., überarbeitete Aufl. 1992.
Christenson, Larry (Hrsg.). *Komm Heiliger Geist. Informationen, Leitlinien, Perspektiven zur Geistlichen Gemeindeerneuerung.* Metzingen: Ernst Franz Verlag. Neukirchen-Vluyn: Aussaat, 1989.
Kirchner, Hubert. Planer-Friedrich, Götz. Sens, Matthias, Ziemer, Christof. (Hrsg. im Auftrag der Theologischen Studienabteilung beim Bund der Evangelischen Kirchen in der DDR). *Charismatische Erneuerung und Kirche.* Berlin: Evangelische Verlagsanstalt, 1983.

Der Christliche Verein junger Menschen (CVJM)

Die Behandlung des CVJM an dieser Stelle ist vom Selbstverständnis des CVJM her gesehen nicht ganz korrekt. Der CVJM ist keine Einrichtung der EKD, sondern eine überkonfessionelle Jugendarbeit. Oft jedoch steht die Arbeit des CVJM vor Ort in enger Bindung zu einer evangelischen Kirchengemeinde. Aus diesem Grund wird der CVJM hier dargestellt.

Etwa zur gleichen Zeit wie die neueren landeskirchlichen Gemeinschaften entstanden in Deutschland zahlreiche sogenannte „Jünglingsvereine". Als erster dieser Vereine ging der *Bremer*

Hülfsverein für Jünglinge in die Geschichte des CVJM ein.[1] Nach dem Vorbild dieses Vereines entstanden bald weitere, zum Teil als Missionsvereine, zum Teil als Vereine, die auch diakonische Tätigkeit im Rahmen der von Hinrich Wichern gegründeten *Inneren Mission* (s. o.) übernehmen wollten.[2]

Am 6. Juni 1844 wurde in London durch *George Williams* der erste *Christliche Verein Junger Männer* gegründet. Dieser Vereinsgründung folgte eine Ausbreitung der Jungmännervereine im gesamten angelsächsischen Raum. Aber auch in Genf um *Henri Dunant* sowie in Paris und Straßburg entstanden Vereine. Der erste Verein mit dem Namen „Christlicher Verein junger Männer" in Deutschland entstand 1883 in Berlin.

In diese Vereine wurden ursprünglich nur junge Männer aufgenommen, die eine Entscheidung für Jesus Christus getroffen hatten. Erst später wurde eine doppelte Mitgliedschaft eingeführt. „Tätige Mitglieder" haben aktives und passives Wahlrecht, eingeschriebene Mitglieder können das gesamte Angebot in Anspruch nehmen, haben jedoch keinen Einfluß auf Grundsätze und Bildung der Vereinsleitung.[3]

Am 20. August 1855 kamen in der Pariser Methodistenkapelle neunundneunzig Vertreter von 338 Jünglingsvereinen und CVJMs aus aller Welt zusammen. Dabei waren auch vier Vertreter deutscher Jünglingsvereine. Sie gaben sich bei diesem Treffen die sogenannte Pariser Basis (s. u.).

Diese Basis wurde die Grundlage des CVJM-Weltbundes, dem sich auch deutsche Vereine anschlossen.

In der Zeit des Nationalsozialismus wurde der CVJM in Deutschland offiziell verboten. In der DDR blieb dieses Verbot bestehen. Faktisch arbeitete jedoch dort das *Evangelische Jungmännerwerk,* eingegliedert in die Evangelischen Kirchen in der DDR, in ähnlicher Art und Weise wie der CVJM.[4]

In den siebziger Jahren dieses Jahrhunderts weitete sich die Arbeit der CVJM in Deutschland immer mehr auf Mädchen und Frauen aus. Dementsprechend wurde der Name in *Christlicher Verein junger Menschen* geändert,[4] die populäre Abkürzung konnte bestehen bleiben.

Der CVJM hat in Deutschland dreizehn Mitgliedsverbände mit ca. 260 000 Mitgliedern[6] und regelmäßigen Teilnehmern. Der CVJM-Gesamtverband in Deutschland e. V. ist der Dachverband der Christlichen Vereine Junger Menschen (CVJM). Die Mitglieder des CVJM-Gesamtverbandes in Deutschland e.V. sind: der CVJM-Westbund (Wuppertal), das Evangelische Jugendwerk in Württemberg (Stuttgart), der CVJM-Landesverband Bayern e.V. (Nürnberg), der CVJM-Nordbund e.V. (Hamburg), der CVJM-Landesverband Baden e.V. (Karlsruhe), der CVJM-Pfalz e.V. – Evangelischer Jugendverband (Otterberg), das CVJM-Ostwerk – Landesverband Berlin-Brandenburg e.V. (Berlin), der CVJM-Landesverband Sachsen-Anhalt e.V. (Magdeburg), der CVJM-Landesverband Sachsen (Dresden), das Evangelische Jungmännerwerk/CVJM Thüringen e.V. (Erfurt), der CVJM-Landesverband Schlesische Oberlausitz e.V. (Görlitz), die Arbeitsgemeinschaft der CVJM Deutschlands (Kassel) und das Christliche Jugenddorfwerk Deutschlands (Göppingen).

Angeschlossene Mitglieder des CVJM sind die *Christliche Bäkker- und Konditorenvereinigung Deutschlands,* der *Deutsche Christliche Techniker-Bund e.V.,* der *Lettische Christliche Verein Junger Menschen* (Bremen), der *Übernationale YMCA-/YWCA-Bund in Deutschland e.V.* und das *Weiße Kreuz e.V. – Sexualethik und Seelsorge.* In London und New York gibt es deutsche Auslandsvereine des CVJM.

Der Präses des CVJM-Gesamtverbandes e.V. ist *Walter E. Sommer,* Stuttgart.

Der Generalsekretär des CVJM-Gesamtverbandes in Deutschland e.V. ist seit 1984 Pfarrer *Ulrich Parzany*.

Weltweit gibt es 118 nationale CVJM-Verbände mit insgesamt 30 Millionen Mitgliedern.[7] Präsident des CVJM ist *Garba Yaroson,* Nigeria. Vizepräsident ist *Bjorn Solberg* aus Norwegen, als Generalsekretär amtiert *John Casey* aus Chicago. Der Sitz des Weltbundes ist in Genf/Schweiz.

Struktur des CVJM in Deutschland

Elf Mitglieder des CVJM-Gesamtverbandes in Deutschland e.V. arbeiten regional, zwei (die Arbeitsgemeinschaft der CVJM Deutschlands und das Christliche Jugenddorfwerk Deutschlands) arbeiten bundesweit. Die CVJM, Jugendwerke und Jungen Gemeinden sind meist in direkter Zusammenarbeit mit einer Kirchengemeinde vor Ort aktiv. Sie arbeiten gleichermaßen in den ländlichen Gebieten wie in Stadtteilen.

Die *Arbeitsgemeinschaft der CVJM Deutschlands* ist vor allem Träger von Arbeiten in Stadtzentren, die in relativer Selbständigkeit, meist unabhängig von einer Kirchengemeinde, geschehen. Die zur AG gehörenden CVJMs gehören oft gleichzeitig auch zu dem jeweiligen regionalen Bund.[8]

Über das Verhältnis des CVJM zur Kirche stellte auf der Delegiertentagung des CVJM-Landesverbandes Bayern Landeskirchenrat *Herbert Demmer* 1976 fest:

"Wir stehen in der Volkskirche. Die Volkskirche bietet uns eine gute missionarische Möglichkeit.

Wir gehen mit der Kirche, soweit uns dies von unserem Arbeitsauftrag (Pariser Basis) her organisatorisch und geistlich möglich ist.

Wir arbeiten für die Kirche als modellhafte Darstellung des ‚allgemeinen Priestertums der Gläubigen'.

Wir können nicht unter der Kirche arbeiten, sonst geben wir unseren speziellen Auftrag auf."[9]

Eine umfangreiche soziale Arbeit leistet das *Christliche Jugenddorfwerk* (CJD). Die verschiedenen Jugenddörfer haben sehr unterschiedliche Aufgaben, von der Begabtenförderung, Eingliederung von Auslandsdeutschen, bis hin zum Dienst an lernschwachen Jugendlichen, die hier Schul- und berufsbegleitende Förderung erhalten.

Der CVJM betreibt und fördert Kinder- und Jugendarbeit, Arbeit mit jungen Erwachsenen, Familienkreise, soziale Einrichtungen, Musikgruppen, Sport-, Spiel- und Hobbygruppen, Bildungsarbeit, weltweite missionarische und diakonische Dienste und internationale Begegnungen.

Der CVJM-Gesamtverband in Deutschland e.V. unterhält die CVJM-Sekretärschule, eine private Fachschule für Sozialpädagogik in Kassel zur Ausbildung für CVJM-Sekretäre und CVJM-Sekretärinnen.

Der Gesamtverband unterhält außerdem sechs Erholungsheime und Tagungsstätten. Die einzelnen Mitgliedsverbände unterhalten daneben vierundzwanzig weitere Freizeitheime und Tagungsstätten.

Ein umfangreiches Reiseangebot geschieht durch die *CVJM-*

Reisen GmbH. Weitere CVJM-Einrichtungen sind die *Freizeit- und Fahrtenbedarf GmbH*, der *Mundorgel Verlag GmbH*, die *Schriftenniederlage des Evangelischen Jugendwerks in Württemberg GmbH* und das *Haus Maranatha – CVJM-Zentrum für Seelsorge und Lebenshilfe e.V.* in Königswinter bei Bonn.

Die Prägung des CVJM

Die Zielsetzung des CVJM wird in einer Selbstdarstellung folgendermaßen beschrieben:

> *„Der CVJM ... will junge Menschen mit dem Evangelium von Jesus Christus bekanntmachen, sie zum Glauben an ihn einladen und darin weiterführen. Er hat bei diesem Bemühen den ganzen Menschen vor Augen, hilft ihm, seine persönlichen Fähigkeiten zu entwickeln, Gemeinschaft zu finden und Verantwortung in unserer Gesellschaft wahrzunehmen."*[10]

Grundlage der Arbeit des CVJM ist die 1855 beschlossene Pariser Basis:

> *„Die Christlichen Vereine Junger Männer haben den Zweck, solche jungen Männer miteinander zu verbinden, welche Jesus Christus nach der Heiligen Schrift als ihren Gott und Heiland anerkennen, in ihrem Glauben und Leben seine Jünger sein und gemeinsam danach trachten wollen, das Reich ihres Meisters unter den jungen Männern auszubreiten."*[11]

In Zusammenhang mit der Umbenennung in *Christlicher Verein junger Menschen* wurde festgestellt, daß diese Basis weiterhin bestehen bleibt, jedoch nun *„für alle jungen Menschen"* gilt.[12] Trotz der Betonung der Bedeutung dieser Basis im deutschen CVJM stellt *Dr. Werner Jentsch* in einer zur Jahrhundertfeier herausgegebenen Schrift fest:

> *„In manchen Nationalverbänden ist die Basis auch nicht so bekannt, weil in ihren Verfassungen andere Präambeln stehen, die dasselbe sagen wollen, wenn sie auch nicht denselben Wortlaut haben."*[13]

Bei der Jahrhundertfeier dieser Erklärung bestätigten jedoch die Vertreter der CVJMs aus siebzig Ländern und Gebieten der Welt noch einmal diese Basis. Ergänzend wurde in der Erklärung unter anderem vermerkt:

> „Die höchste Aufgabe des CVJM, durch die alle seine Grundsätze und Arbeitsweisen bestimmt sein müssen, ist das Zeugnis, das in einer der Jugend verständlichen Sprache von der rettenden Macht Jesu Christi im Leben der einzelnen und in allen menschlichen Beziehungen abgelegt wird."[14]

Im deutschen CVJM ist die Verpflichtung auf das in der Pariser Basis vorgegebene Ziel und den Auftrag des CVJM Voraussetzung für verantwortliche Mitarbeit.[15] Neben einer Betonung der verbindlichen Einbindung des Mitarbeiters in den Mitarbeiterkreis, in dem „seelsorgerliche Begleitung, Korrektur und Ergänzung" für den Dienst erfahren werden können, wird in einer Mitarbeiter-Erklärung des Hauptausschusses des CVJM-Gesamtverbandes in Deutschland e.V. von 1978 festgestellt:

> „Grundlage seines Lebens ist die Heilige Schrift. Darum findet der Mitarbeiter im regelmäßigen Lesen der Bibel und im Gebet Orientierung und Hilfe."[16]

Neben der Pariser Basis wurde der Satz aus dem Johannesevangelium 17,20.21 „Auf daß sie alle eins seien" zur Losung der weltweiten CVJM-Arbeit. 1881 wurde sie bei der CVJM-Weltkonferenz in London auf die Fahnen des CVJM geschrieben und war auch Generalthema der Hundertjahrfeier 1955 in Paris.[17]

In der Jahrhundertfeier-Erklärung wurde auch dazu aufgefordert, die Mitglieder zu ermutigen, die Verantwortung ihrer jeweiligen Kirchenmitgliedschaft ernst zu nehmen.[18] Dabei geschieht keine Eingrenzung auf eine bestimmte Denomination. Deutlich wird in der Jahrhundertfeier-Erklärung festgehalten, daß neben der Pariser Basis „keine an sich noch so wichtige Meinungsverschiedenheit über Gegenstände, die diesem Zweck fremd sind, die Eintracht brüderlicher Beziehungen der verbundenen Vereine stören sollte".[19]

Nicht zuletzt durch Generalsekretär *Ulrich Parzany,* der für seine engagierten evangelistischen Predigten bekannt ist, hat der deutsche CVJM größtenteils eine missionarische Ausrichtung. Parzany war auch Koordinator und Moderator der über Europa hinaus wirksamen Satellitenevangelisation *Pro Christ '93* mit *Dr. Billy Graham.* Auch der Programmsekretär beim CVJM-Weltbund, *Gerald Clark,* stellte bei einem Treffen des bayrischen CVJM im März 1993 fest, der deutsche CVJM lege ein deutliches Gewicht auf evangelistische Verkündigung auf biblischer Grundlage.[20] CVJMs haben in der Regel eine deutlich evangelikale Ausrichtung, in manchen Fällen auch eine Öffnung gegenüber sogenannten „charismatischen" Strömungen.

Dies läßt sich vor allem über die CVJM-Bünde sagen. Die Arbeitsgemeinschaft der CVJM legt in einigen Städten eine deutlich stärkere Betonung auf sozialdiakonische Aufgaben, das evangelistische Moment steht in manchen Fällen eher am Rande der Arbeit.

Der weltweite Young Men's Christian Association (YMCA)

International betrachtet legt der CVJM durchaus unterschiedliche Schwerpunkte. So war bei der 12. Weltratstagung des CVJM 1991 in Seoul, Korea, einer der Referenten *Wesley Ariarajah,* der Leiter des Dialogreferates des Ökumenischen Rates der Kirchen (ÖRK, s.u.). In seinem Buch *The Bible and People of other Faiths* (Die Bibel und Menschen anderen Glaubens) bestreitet Ariarajah letztendlich die Einzigartigkeit Jesu. Er sprach zum Thema „Dialog und Partnerschaft mit Menschen anderen Glaubens". Das Referat führte jedoch zu einer intensiven Diskussion, in der Ablehnung zu überwiegen schien.[21]

So stellt auch Generalsekretär Ulrich Parzany in seinem Bericht über das Referat fest, daß die von Ariarajah vorgetragene Position eher die einer Minderheit in der Arbeitsgruppe darstellte.[22]

Zusammenfassend stellt *Pfarrer Ulrich Mack,* Vorsitzender des CVJM-Landesverbandes Württemberg, 1991 in seinem Bericht von der 12. Weltratstagung des CVJM über den weltweiten YMCA fest:

> *„In manchen Ländern ist er ein Sportverein oder Hotelbetrieb, der mit christlichem Engagement wenig am Hut hat. In anderen Gebieten und Städten versteht der YMCA sein ‚C' im Namen dahingehend, daß er sich sozial engagiert. Auch (sozial)politisch. Ich bin froh, daß bei uns, in einigen anderen europäischen und auch in afrikanischen sowie asiati-*

schen Ländern CVJM-Arbeit einen eindeutig evangelistischen Akzent hat."[23]

Die soziale Komponente wird von deutschen CVJM dabei nicht außer acht gelassen. Mack ordnet ein:

„*Phantasiereich evangelistische Jugendarbeit treiben, das bleibt die eine, wichtigste, Aufgabe; den heute ,unter die Räuber gefallenen' jungen Leuten barmherziger Samariter zu sein, die andere – und beide gehören zusammen.*"[24]

Literatur

Stursberg, Walter. *Glauben, wagen, handeln.* 3. Aufl. Kassel: CVJM-Gesamtverband in Deutschland e.V., 1987.

Schweizerischer Evangelischer Kirchenbund

Da in der Schweiz jeder Kanton über seine eigene Verfassung und eigene Gesetze in einem stärkeren Maße verfügt als die deutschen oder österreichischen Bundesländer, ist auch das Verhältnis zwischen Kirche und Staat unterschiedlich geregelt. Einige Landeskirchen sind öffentlich-rechtliche Körperschaften, andere, zum Beispiel in Basel, Genf und Waadt, haben einen den Freikirchen vergleichbaren Status.[1]

Der Schweizerische Evangelische Kirchenbund ist Dachorganisation von zweiundzwanzig protestantischen Kirchen der deutschen, französischen und italienischen Schweiz. Die zweiundzwanzig Kirchen setzen sich zusammen aus zwanzig kantonalen reformierten Kirchen, der Evangelisch-methodistischen Kirche und der *Eglise libre de Genève* (Freie Evangelische Kirche Genf). Zu den über 1400 Gemeinden gehörten 1990 2 747 821 Mitglieder. Etwa 2000 Pfarrer arbeiten in den Gemeinden des SEK.[2]

Zwischen 1980 und 1990 verloren die Landeskirchen 75 000 Mitglieder, während die Freikirchen in der Schweiz 55 000 neue Mitglieder dazugewonnen haben.[3] Der Bevölkerungsanteil ging damit von 43,5 Prozent auf 40 Prozent zurück.

Dem SEK gehören zusätzlich das Institut für Sozialethik in Bern und Lausanne, die Hilfsorganisation *Brot für alle* und das *Hilfswerk der Evangelischen Kirchen der Schweiz* an.

Das oberste Organ des Bundes ist die zweimal jährlich tagende Abgeordnetenversammlung, der zur Zeit 64 Abgeordnete angehören. Aus diesen werden sieben Vorstandsmitglieder und der Vorstandspräsident gewählt.

Die einzelnen Kirchengemeinden haben ein stärkeres Selbstbestimmungsrecht als die meisten Kirchengemeinden in Deutschland. So liegt die Steuerhoheit bei der Kirchengemeinde. Pfarrer und Pfarrerinnen sowie weitere Angestellte werden von den Gemeinden selbst gewählt.[4]

Lehre im Schweizerischen Evangelischen Kirchenbund

Anders als bei der EKD, deren Gliedkirchen sich auf die jeweiligen lutherischen oder reformierten Bekenntnisse oder auch auf lutherische und unierte Bekenntnisse verpflichten, ist die Glaubensgrundlage des SEK kurz gehalten:

> *"Der Kirchenbund bezeugt Jesum Christum als seinen alleinigen Herrn. Er erkennt in der Heiligen Schrift das Zeugnis der göttlichen Offenbarung. Er bekennt, dass wir errettet sind durch Gnade und gerechtfertigt durch den Glauben.*
> *Der Kirchenbund weiss sich aufgerufen, im Glauben an das kommende Reich Gottes die Forderung und Verheissung der Christusbotschaft in unserem Volk zu vertreten."*[5]

Auffällig ist, daß das Bekenntnis nicht von Jesus Christus als „Herr *und Gott*" spricht. Der innerkirchliche Pluralismus ist vergleichbar mit dem in der EKD. Unter anderem veranlaßt durch eine 1992 veröffentlichte Studie *Croire en Suisse/Jeder ein Sonderfall* wird neu die Frage nach dem Selbstverständnis des Protestantismus gestellt.[6] Es wird auch beobachtet, daß eine Abwanderung aus den Kirchen des Kirchenbundes zu Richtungsgemeinden geschieht.[7]

Evangelische Gesellschaft des Kantons Bern

Die *Evangelische Gesellschaft des Kantons Bern* wurde am 3. September 1831 gegründet.

1816 gelangten Auswirkungen einer Erweckung in Genf durch den Pfarrer der französischen Kirche Bern, *J. Louis Galland,* in den Kanton Bern. Führende Männer der Genfer Erweckung kamen immer wieder nach Bern.[1] Kennzeichnend für die Erweckungsbewegung war eine reformatorische Verkündigung, *„das alte Evangelium von der Rechtfertigung des Sünders aus Gnade allein, durch Busse und Wiedergeburt."*[2] Ein weiteres Kennzeichen war eine erlebte innige Gemeinschaft der Gläubigen.[3]

Unabhängig davon trafen sich in Wasen bei Sumiswald Menschen bei der blinden Elisabeth Kohler zum Bibelstudium, die trotz Blindheit einen umfangreichen Reisedienst absolvierte. Auf Anregung einer Frau *von Wattenwyl* zog sie nach Bern um, wo ihr Haus wiederum ein Treffpunkt Gläubiger wurde. Im Oktober 1830 faßte man in ihrem Haus den Beschluß, eine Vereinigung der Gläubigen innerhalb der Landeskirche zu gründen.[4] Am 3. September 1831 wurden die Statuten dieser Gesellschaft aufgestellt.

Die Leitung des Komitees wurde von einem geschäftsführenden Vorstand übernommen, dem neben *Karl Stettler-von-Rodt,* der 40 Jahre lang Leiter der Evangelischen Gesellschaft blieb, und einigen anderen auch *Karl von Rodt,* der spätere Gründer der Freien Evangelischen Gemeinden (s.u.), angehörte.[5]

Als Zweck der Gesellschaft wurde die Vereinigung der Gläubige in der Landeskirche, die Aufrechterhaltung der reinen Lehre gemäß des Helvetischen Bekenntnisses und des Heidelberger Bekenntnisses sowie die Ausbreitung des Reiches Gottes angegeben.[6]

Wie auch die in dieser Zeit entstehenden Gemeinschaften innerhalb der deutschen Landeskirchen wollte diese Gesellschaft die als solche empfundenen Versäumnisse der Landeskirche nachholen und einer den Bekenntnissen nicht entsprechenden Verkündigung eine Botschaft, in deren Mittelpunkt die Rechtfertigung durch den Glauben stand, entgegenhalten.[7]

Die Versammlungen wurden bald zu so öffentlichen Veranstaltungen, daß eine engere Gemeinschaft der Gläubigen untereinander so nicht möglich schien. Sehr zum Ärger mancher Pfarrer, die Mitglieder der Gesellschaft waren, gründete Karl Stettler-von-Rodt 1832 einen *Bruderverein,* dessen Sonntagabendveranstaltungen für einen engeren Kreis gedacht waren.

In der folgenden Zeit wurden Bibelkolporteure eingestellt und Evangelisten zur regelmäßigen Betreuung der Kreise eingesetzt. Es entstanden aber auch zahlreiche soziale Einrichtungen. Ein Diakonissenhaus gründete man bereits in den vierziger Jahren des letzten Jahrhunderts. 1888 konnte ein eigenes Krankenhaus eingeweiht werden, 1894 gehörten dem Werk vier Krankenhäuser in Bern sowie über 80 weitere Einrichtungen in Bern, der übrigen Schweiz und auch im Ausland.[8] Auch kam es in Bern zur Gründung einiger Schulen.

Nachdem 1877 in Genf der *Schweizerische Temperenzverein*, später unter dem Namen *Blaues Kreuz* bekannt, gegründet wurde, gründete in Bern des Ehepaar *Bovet*, beide bereits seit 1873 Mitglieder der Evangelischen Gesellschaft, 1879 einen Blaukreuzverein.[9]

Bovet hatte die Oxforder Heiligungskonferenzen besucht (s. o., Gnadauer Verband) und trug gemeinsam mit *Pfr. Otto Stockmayer*, der zu dieser Zeit Pfarrer in L' Auberson (Waadt) war, und *Carl Heinrich Rappard* (s. u., Chrischona) die dort empfangenen Impulse in die Berner Kreise.[10]

1874 war ein neues Kirchengesetz, das die Landeskirche nicht mehr an ein Bekenntnis band, eingeführt worden. Viele der Erweckten und früheren Freunde der Evangelischen Gesellschaft schlossen sich einer freikirchlichen Gruppierung an. Sie wollten nicht von einem „ungläubigen" Pfarrer das Abendmahl empfangen oder ihre Kinder von ihm taufen lassen.[11]

Es wurden selbständige Abendmahlsgemeinschaften organisiert und ein Unterweisungskurs für Kinder eingerichtet.[12]

1879 berief man den Evangelist *Elias Schrenk* in die Evangelische Gesellschaft. Er war dort bis 1886 tätig und wurde zum Mitauslöser einer Erweckung.

Wie in Deutschland wurde die Frage nach der Heiligung und der Sündlosigkeit immer mehr zu einem strittigen Thema. Die eher perfektionistische Richtung wurde durch *Fritz Berger* (s. u., Evangelischer Brüderverein), *Alfred Käser* und *Christian Portner* vertreten. 1908 wurde Alfred Käser durch das Komitee der Evangelischen Gesellschaft entlassen. Portner reichte daraufhin sein Entlassungsgesuch ein. So entstand eine neue Bewegung, die die völlige Erlösung betonte. Sie unterhielt eine Zeitlang auch Kontakte zur Pfingstbewegung.[13] Erst 1919 kam es jedoch zur offiziellen Gründung eines Vereins, des *Verbandes landeskirchlicher Gemeinschaften des Kantons Bern*. Bereits seit 1968 werden Gespräche über Möglichkeiten einer festeren Zusammenarbeit zwischen Evangelischer Gesellschaft und dem Verband landeskirchlicher Gemeinschaften geführt.[14] Es wird davon ausgegangen, daß die jahrzehntelange Trennung 1995 endgültig aufgehoben sein wird.

Die Evangelische Gesellschaft arbeitet in den Kantonen Bern, Luzern und Freiburg. Sie ist in 35 Bezirke aufgeteilt und hat etwa 220 Versammlungsplätze. Über 50 Mitarbeiter sind als Prediger,

Pfarrer, Gemeindehelfer, in der Kinder- und Jugendarbeit, in der Flüchtlingsarbeit und anderen Bereichen tätig. Sie unterhält fünf diakonische Einrichtungen, vier Erholungsheime, den Berchthold Haller Verlag in Bern und beteiligt sich an der Trägerschaft verschiedener christlicher Buchhandlungen sowie der Telefonseelsorge Bern. Präsident der Evangelischen Gesellschaft ist seit 1993 *Paul Graber.*

Die Evangelische Gesellschaft hat etwa 4200 Mitglieder. Mitglied kann jeder werden, der Jesus Christus als Herrn bekennt und über 16 Jahre alt ist.[15]

Selbstverständnis und Lehre

Die Evangelische Gesellschaft sieht die Evangelisation als wesentliche Aufgabe an.[16] Ihren Platz sieht sie in der reformierten Landeskirche. Fragen wie Taufe, Abendmahl und Gemeinde sind jedoch immer wieder diskutierte Themen.

Während die Landgemeinden ihre Versammlungen bewußt auf andere Zeiten als die kirchlichen Gottesdienste legen, arbeiten die Gemeinden in den Städten eher wie Freikirchen.

Verband landeskirchlicher Gemeinschaften des Kantons Bern (Schweiz)

Wie bereits in Zusammenhang mit der Evangelischen Gesellschaft des Kantons Bern (s.o.) erwähnt, kam es 1908 zu einer Trennung auf Grund unterschiedlicher Ansichten über die Frage der Heiligung. Die Evangelisten *Alfred Käser* und *Christian Portner* entwickelten weiterhin eine rege Evangelisationstätigkeit. So kamen zu den Gemeinschaften, die sich von der Evangelischen Gesellschaft getrennt hatten, bald eine Anzahl weiterer Kreise hinzu. 1909 fand die erste Glaubenskonferenz der neuen Gemeinschaften in Eigen bei Grünmatt statt. Die sogenannte „Eigenkonferenz" ist bis heute jährlicher Höhepunkt der Verbandstätigkeit.[1]

Erst 1919 kam es zur offiziellen Gründung des Verbandes Landeskirchlicher Gemeinschaften. Alfred Käser wurde erster Präsident des Verbandes.

Der Verband hat heute etwa 40 Versammlungsplätze im Kanton Bern sowie einen Versammlungsplatz im Kanton Aargau. Die Versammlungen werden von etwa 1000 Menschen besucht. Diese Zahl beruht auf Schätzungen, es werden keine Mitgliederlisten geführt. Der Verband hat sieben vollamtliche Prediger, eine Gemeindehelferin und etwa 20 freiwillige Helfer im Predigtdienst. Das oberste Leitungsorgan ist die Delegiertenversammlung, deren ausführendes Organ die Verbandsleitung ist. Auf örtlicher Ebene werden die Gemeinschaften durch die Ortsversammlung und deren Vorstände geleitet. In allen Leitungsgremien sind auch Frauen vertreten. Der Sitz des Verbandes ist Obernburg im Kanton Bern.[2] Es wird damit gerechnet, daß sich der Verband zum 1. Januar 1995 wieder der Evangelischen Gesellschaft anschließen wird.[3]

Der Verband ist Mitglied des Verbandes Evangelischer Freikirchen und Gemeinschaften in der Schweiz.

Selbstverständnis und Lehre

Der Verband versteht sich als Werk innerhalb der reformierten Landeskirche. Die Bibel wird als verbindliche Botschaft Gottes anerkannt und gilt als Grundlage in allen Glaubens- und Lebensfragen. Das apostolische Glaubensbekenntnis wird als wegweisend für die Schriftauslegung angenommen.[4]

Als Mitglieder können alle gelten, *„die Jesus Christus als ihren Herrn und Retter bekennen, sowie Grundlage und Aufgaben des Verbandes anerkennen und dessen Bestrebungen unterstützen".*[5]

Freie Kirche Uster

Aufgrund des theologischen Pluralismus wurde die Freie Kirche Uster 1863 als Minoritätsgemeinde innerhalb der Evangelisch-Reformierten Landeskirche des Kantons Zürich gegründet. Sie ist Mitglied des Verbandes Evangelischer Freikirchen und Gemeinschaften in der Schweiz.

Sie hat einen eigenen, durch die etwa 180 Mitglieder gewählten Pfarrer und finanziert sich durch Spenden.

Die Freie Kirche Uster will bewußt am Leben der Reformierten Landeskirche teilnehmen. Sie sieht sich verantwortlich

- *in der Verkündigung der frohen Botschaft von Jesus Christus*
- *im Ruf zur Busse, zum Glauben und Heiligung*
- *im Aufbau der Gemeinde*
- *in der Bezeugung des Wortes Gottes als gültig für Staat und Gesellschaft, Wirtschaft und Kultur*
- *in der Bekämpfung von Unrecht, Not und deren Ursachen."*[1]

Minoritätsgemeinde der Evangelischreformierten Landeskirche Aarau

Nach der Wahl eines als liberal angesehenen Pfarrers an die Aarauer Stadtkirche bildete sich um *Gottfried Hässig* ein Kreis von Christen, die teilweise der Herrnhuter Brüdergemeine (s.u.) nahestanden. Aufgrund des großen Zuspruchs zu den Bibelstunden mußten bald größere Räumlichkeiten gesucht werden. 1865 wurde der *Evangelische Verein,* unterstützt durch Mitarbeiter der Basler Mission, gegründet. 1865/66 wurde der Verein durch den Evangelisten *Elias Schrenk* geleitet.[1] 1874 weihte man eine eigene Kapelle ein.

Durch die Mitglieder des Vereins entstanden in Aarau unter anderem eine Diakonissenstation, ein Blaukreuzverein, ein Mädchenheim, ein Frauenaltersheim sowie die Schweizerische Evangelische Bibelschule Aarau.

Selbstverständnis und Lehre

Die Minoritätsgemeinde versteht sich als *„unabhängige, selbständige Gemeinde, die von einem landeskirchlichen Pfarrer betreut wird".*[2] Ihr kann jeder angehören, der sich als an Jesus Christus glaubend bezeichnet und den Grundlagen der Gemeinde zustimmt.

Evangelische Kirche in Österreich

In Österreich gibt es die Evangelische Kirche A. B. (Augsburgischen Bekenntnisses – lutherisch) und die Evangelische Kirche H. B. (Helvetischen Bekenntnisses – reformiert). Die Evangelische Kirche A. B. wird von einem Bischof geleitet, die Evangelische Kirche H. B. von einem Landessuperintendenten. Beide Kirchen haben eine gemeinsame Synode und einen gemeinsamen Oberkirchenrat.

Erst 1781 konnten evangelische Christen in Österreich durch das Toleranzpatent Kaiser Josefs II. sich ungestraft zu ihrem Glauben bekennen. Bis dahin mußten sie auswandern oder wieder katholisch werden. Manche, vor allem in Kärnten und Oberösterreich, behielten jedoch trotz ihres nominellen Übertritts in die katholische Kirche evangelische Predigtbücher und Bibeln, oft in Verstecken. Nach der Veröffentlichung des Toleranzpatentes meldeten sich 730 000 Menschen, die bekannten, evangelisch zu sein, davon 43 000 auf dem Gebiet des heutigen Österreich.[1] Evangelische Christen waren nun jedoch nur toleriert, in Tirol wurde der Aufbau einer evangelischen Gemeinde nicht erlaubt.[2]

1861 sicherte Kaiser Franz Josef I. den evangelischen Christen durch das Protestantenpatent Bekenntnisfreiheit und Freiheit der öffentlichen Ausübung der Religion zu. Sie konnten nun die Bezeichnung „evangelisch" führen, nicht wie bisher „Akatholiken".[3] Allerdings wurde die evangelische Kirche stark an den Staat gebunden. Oberste Aufsicht über die Kirche erhielt das Ministerium für Kultur und Unterricht. Kirchengesetze bedurften der kaiserlichen Bestätigung, der Vorsitzende und die Räte des Oberkirchenrates wurden vom Kaiser ernannt. Auch nach dem Ende der Donaumonarchie 1918 blieb der Oberkirchenrat eine staatliche Institution.

Erst 1961 wurde durch das *Bundesgesetz über äußere Rechtsverhältnisse der evangelischen Kirche in Österreich* („Protestantengesetz") die evangelische Kirche frei von staatlichen Einflüssen und den anderen Religionsgemeinschaften rechtlich gleichgestellt. Sie ist nun Körperschaft des öffentlichen Rechts.

Zur Evangelischen Kirche in Österreich gehören heute ungefähr 347 000 Menschen. Das sind etwa 5 Prozent der Gesamtbevölkerung.[4] Zur Evangelischen Kirche H.B. gehören davon 20 000 Menschen. Jährlich verlassen etwa 2000 Menschen die evangelischen Kirchen. Dies entspricht prozentual dem Rückgang der römisch-katholischen Kirche in Österreich.[5]

Es gibt 186 evangelische Kirchengemeinden mit 78 Tochtergemeinden. Die Gemeinden werden von 240 Pfarrern betreut, 18 Pfarrer sind im Schuldienst. 27 Theologen sind zur Zeit in der Ausbildung mit dem Ziel des Pfarramtes.

Die Evangelische Kirche in Österreich hat 200 diakonische Einrichtungen.

Landeskirchliche Gemeinschaften in Österreich

Die Arbeitsgemeinschaft österreichischer Gemeinschaftskreise ist ein loser Verband von Gemeinschaften innerhalb der Evangelischen Kirche in Österreich. Einige Gemeinschaften innerhalb der Evangelischen Kirche in Österreich gehören zum Gnadauer Verband.

Christlicher Missionsverein für Österreich

Der in Kärnten ansässige Christliche Missionsverein für Österreich ist auf die Arbeit der *Gräfin Elvine de la Tour* (1841-1916) zurückzuführen. Neben einer sozialen Stiftung, die durch sie ins Leben gerufen wurde, wollte sie auch einer seelsorgerlichen Not begegnen und holte 1893 den gebürtigen Kärntner *Alfred Galsterer,* einen Chrischona-Bruder, ins Land.

Die Arbeit wurde nach dem Tod der Gräfin unter der Verantwortung der Bahnauer Bruderschaft weitergeführt. Diese unterhält die zum Gnadauer Verband gehörige *Evangelische Missionsschule* in Unterweissach/Württemberg. 1924 wurde die Arbeit in Kärnten als Verein organisiert.

Ein wichtiger Teil der Arbeit ist die Kinder- und Jugendarbeit, die in Verbindung mit dem EC (s.o.) durchgeführt wird. Der Missionsverein führt des weiteren in den Kirchengemeinden seines Gebietes Bibelstunden, Mitarbeiterkonferenzen, Freizeiten und Evangelisationen durch. In Hermagor (Gailtal), Seeboden (Liesertal) und Villach sind Missionshäuser des Vereins.

Scharnsteiner Bibelkreis

In den Jahren 1928 bis 1938 organisierte der Stuttgarter *Georg Kragler* Freizeiten in Scharnstein im oberösterreichischen Almtal. Ab 1959 wurden diese Freizeiten, unter anderem unter Mitwirkung von Präses Kurt Heimbucher (s. o. Der Evangelische Gnadauer Gemeinschaftsverband e. V.), erneut durchgeführt. 1973 wurde der gemeinnützige Verein „Scharnsteiner Bibelkreis" gegründet. Der Verein hat 180 Mitglieder und wird von einem zwölfköpfigen Vorstand geleitet. Die Mitglieder und der Vorstand sind ausschließlich Laien.

Geistliche Gemeinde-Erneuerung

Die Geistliche Gemeinde-Erneuerung in der Evangelischen Kirche in Österreich steht in enger Verbindung zur Geistlichen Gemeinde-Erneuerung in Deutschland. Sie hat zwei Geschäftsstellen in Oberschützen und Attersee.

Die Volksmission

Die Volksmission ist in Österreich eine Gemeinschaft zwischen Landes- und Freikirche.

Sie entstand als Bewegung innerhalb der evangelischen Kirche. Im Jahre 1912 wurden durch den evangelistisch arbeitenden Pfarrer *Max Monsky* die Volksmissionen Wien, Graz, Linz und Salzburg gegründet.

Einige Volksmissionen lösten sich nach 1945 von der Evangelischen Kirche in Österreich und arbeiten seitdem als Freikirche. Sie stehen in enger Verbindung zu der *Vereinigung Freier Missionsgemeinden* in der Schweiz (s. u.).

VIERTER TEIL

Konfessionelle Freikirchen

Lutherische Freikirchen

Die geschichtliche Entwicklung

Ab 1830 entstanden in Deutschland verschiedene nichtlandeskirchliche lutherische Kirchen, meist aus Protest gegen eine staatlich verordnete Zusammenlegung (Union) mit den reformierten Kirchen.

Die Missouri-Synode

In Sachsen kam es Anfang des 19. Jahrhunderts zu einer lutherischen Erweckungsbewegung, deren führende Gestalt der in Dresden tätige Pfarrer *Martin Stephan* (1777-1846) wurde. Ungerechtfertigterweise wurden die entstehenden Gruppen des „sektiererischen Konventikelwesens" und der Verführung zu religiösem Wahnsinn bezichtigt.[1] Widerstand gegen die sächsische Landeskirche wurde als Widerstand gegen die politische Obrigkeit aufgefaßt, der wiederum Stephan als unvereinbar mit der Heiligen Schrift erschien. So blieb der Gruppe nur die Auswanderung. Im November 1838 machten sich 800 sächsische Lutheraner auf den Weg nach den USA und siedelten sich 1839 im US-Bundesstaat Missouri südlich von St. Louis an. In Missouri versuchte Stephan eine Kirchenverfassung durchzusetzen, in der er als Bischof fast unbeschränkte Macht genoß. Dies sowie die Aufdeckung finanzieller Unregelmäßigkeiten und starker moralischer Verfehlungen führten zum Ausschluß Stephans. Neuer Führer der Bewegung wurde *Carl Ferdinand Wilhelm Walther*. Bereits 1839 wurde in einer Blockhütte in Altenburg/Missouri ein Predigerseminar eröffnet, das 1848 unter dem Namen *Concordia-Seminar* nach St. Louis verlegt wurde. 1847 konstituierte sich die Kirche als *Deutsche Evangelisch-lutherische Synode von Missouri, Ohio und anderen Staaten* mit C. F. W. Walther als Präses.[2] Offizieller Name der Kirche in den USA ist heute *Lutheran Church – Missouri Synod*. Eine Union auch mit Lutheranern, die nicht in vollständiger lehrmäßiger Übereinstimmung mit der Synode stehen, wird bis heute abgelehnt. Im 20. Jahrhundert wurde die Irrtumslosigkeit der Bibel ein wesentliches dogmatisches Thema der Kirche.[3] 1986 betrug die Mitgliederzahl der Missouri-Synode 2,7 Millionen Menschen. Sie ist damit die zweitgrößte lutherische Kirche in den USA.[4]

Trotz anfänglicher Probleme wegen der auch in Sachsen bekanntgewordenen moralischen Verfehlungen Martin Stephans gewann die Missouri-Synode Einfluß auf Kreise konfessioneller Lutheraner in Sachsen.

Die Altlutherische Kirche

Um 1830 erhob sich in Preußen Widerstand gegen die Union. Der Breslauer Theologieprofessor *Johann Gottfried Scheibel* und mit ihm eine Reihe vor allem schlesischer Pastoren und Gemeinden lehnten die Union ab.[5] Folge war jedoch die Suspendierung Scheibels von seinem Amt, so daß er zwangsläufig preußisches Gebiet verlassen mußte und einige Jahre in Sachsen wirkte.[6] Auch hier wirkte Scheibel im Sinne eines konfessionellen Luthertums und wurde schließlich 1839 ausgewiesen. Er starb 1843 in Nürnberg.[7]

1841 konnte unter dem Breslauer Rechtsgelehrten *Georg Philipp Eduard Huschke* die Evangelisch-lutherische (altlutherische) Kirche offiziell gegründet werden.[8] In Breslau erhielt die Freikirche ihr theologisches Seminar.

Ab 1846 gründete Pfarrer *Friedrich Brunn* mehrere freie lutherische Gemeinden im Herzogtum Nassau. 1852 wurden die Gemeinden auf der Generalsynode der Freikirche offiziell in die Altlutherische Kirche aufgenommen.[9] Brunn unterhielt seit 1846 enge Beziehungen zur Missouri-Synode. Zwischen 1862 und 1886 wurden in Steeden, Brunns Wohnsitz, fast 250 junge Männer in einem Seminar auf den Beruf als Pfarrer oder Lehrer in den USA vorbereitet.[10]

Die Evangelisch-Lutherische Immanuelsynode

Um 1860 kam es in der Altlutherische Kirche zum Streit über die Frage, ob die Kirchenleitung unter die Obrigkeiten zu zählen sei, denen nach Römer 13 Gehorsam entgegengebracht werden muß. Die Pastoren *Dietrich* (Jabel bei Wittstock/Dosse), *Wolf* (Magdeburg) und *Räthjen* (Neuruppin) wurden im Zuge der Diskussion ihres Amtes enthoben und gründeten 1864 in Magdeburg die *Evangelisch-Lutherische Immanuelsynode*.[11]

Die Evangelisch-Lutherische Freikirche

Friedrich Brunn verließ im Verlauf der Streitigkeiten in der Altlutherischen Kirche die Freikirche ebenfalls, schloß sich jedoch der Immanuelsynode nicht an, weil er Dietrichs Positionen für überzogen hielt. 1865 traten die meisten Gemeinden in Hessen-Nassau aus der Altlutherischen Kirche wieder aus. Man wollte sich nun jedoch auf eine kirchliche Verbindung, in der keine volle Lehreinigkeit vorhanden war, nicht mehr einlassen. Hoffnungen auf eine Gemeinschaft mit den Gemeinden um den Pastor *M. Frommel* in Baden, der ebenfalls die Altlutherische Kirche verlassen hatte, zerschlugen sich, als dieser 1850 die *Evangelisch-Lutherische Kirche in Baden* gründete. Im gleichen Jahr war hier durch *Karl Eichhorn* in Ihringen am Kaiserstuhl bereits eine separierte Gemeinde entstanden.

In Sachsen hatten sich lutherische Vereine gebildet, denen jedoch vor dem im Juni 1870 in die Verfassung aufgenommenen Dissidentengesetz eine Separation nicht möglich war. Unter *Carl Friedrich Theodor Ruhland* (1836-1879) entstanden zuerst zwei separierte Gemeinden in Dresden und Planitz. 1877 schlossen sich sächsische Gemeinden und nassauische Gemeinden zur *Evangelisch-Lutherischen Freikirche in Sachsen und anderen Staaten* zusammen.[12] 1941 wurde der Zusatz „in Sachsen und anderen Staaten" endgültig gestrichen, da die Freikirche inzwischen in ganz Deutschland Verbreitung gefunden hatte.[13]

Weitere lutherische Freikirchen

Weitere lutherische Freikirchen, die in dieser Zeit entstanden, schlossen sich größtenteils einer der bestehenden Freikirchen an. In Niedersachsen schloß sich ein Teil der Gemeinden der Evangelisch-Lutherischen Freikirche an[14], andere bildeten die *Evangelischlutherische Herrmannsburg-Hamburger Freikirche* mit enger Verbindung zur Immanuelsynode.[15]

1873/74 wurden dreiundvierzig Pfarrer in Hessen-Kassel ihres Amtes enthoben, nachdem sie gegen die Einrichtung einer unierten Gesamtleitung protestiert hatten. Weder erkannten sie die Amtsenthebung an noch wollten sie formal aus der Kirche austreten. Sie bildeten die *„Renitente Kirche ungeänderter Augsburgischer Konfession".*[16]

1877 entstand die *Selbständig evangelisch lutherische Kirche* in Hessen (Darmstadt) unter Superintendent *Bingmann*.[17]

Die Zeit der Zusammenschlüsse

1904 schloß sich die Immanuelsynode wieder mit der Altlutherischen Kirche zusammen.[18] Bis auf die „Evangelisch-Lutherische Freikirche" schlossen sich 1907 alle lutherischen Freikirchen zu einem „Delegiertenkonvent" zusammen. 1919 entstand daraus die *„Vereinigung evangelisch-lutherischer Freikirchen".*[19] Dies war jedoch kein Zusammenschluß zu einer Kirche.

1948 traten in der Bundesrepublik die Altlutherische Kirche und die Evangelisch-Lutherische Freikirche in Kirchengemeinschaft, nachdem die Altlutherische Kirche die Abendmahlsgemeinschaft mit den Evangelisch-Lutherischen Landeskirchen aufgehoben hatte.[20] Die lutherischen Freikirchen in Hessen und Hannover schlossen sich 1947 zur *Selbständig evangelisch lutherischen Kirche* zusammen. Diese Kirche ist nicht mit der heutigen (s.u.) identisch.[21] 1949 trat die Lutherische Freikirche auch mit ihnen in

Abendmahlsgemeinschaft.[22] 1950 trat auch die Evangelisch Lutherische Kirche in Baden für einige Zeit (s. u.) der Selbständig Evangelisch Lutherischen Kirche bei.

1958 schlossen sich alle lutherischen Freikirchen in der Bundesrepublik zu einer *Arbeitsgemeinschaft freier ev.-luth. Kirchen in Deutschland* zusammen.

Der Zusammenschluß von 1972

1972 schlossen sich die Evangelisch-lutherische (altlutherische) Kirche, die Evangelisch-Lutherische Freikirche und die Selbständige evangelisch-lutherische Kirche zur *Selbständig Evangelisch-Lutherischen Kirche* (SELK) zusammen. Am 1. Dezember 1991 schloß sich auch die Evangelisch-lutherische (altlutherische) Kirche der ehemaligen DDR mit der Selbständig Evangelisch-Lutherische Kirche zusammen.

Die Leitung der SELK hat das Kollegium der Superintendenten, in dem der Bischof den Vorsitz führt. Die Selbständig Evangelisch-Lutherische Kirche hat etwa 185 Gemeinden mit 41 500 Mitgliedern. Sie werden von 148 Pfarrern betreut (1992). Sie ist in vier Sprengel mit insgesamt elf Kirchenbezirken gegliedert.

Die Selbständig Evangelisch-Lutherische Kirche gehört weder dem Lutherischen Weltbund noch dem Weltkirchenrat an. Mit anderen bekenntnistreuen lutherischen Kirchen ist sie in der *Internationalen Lutherischen Konferenz* verbunden.[23] Eine Gemeinschaft mit den lutherischen Landeskirchen wird abgelehnt.

„Mit den lutherischen Landeskirchen hat sie zwar dieselbe Bekenntnisgrundlage, kann aber an der Erkenntnis nicht vorbei, daß die Landeskirchen weitgehend nicht nach dieser Grundlage handeln: entgegen ihrem Bekenntnis üben sie Kanzel- und Abendmahlsgemeinschaft mit den reformierten und unierten Kirchen; sie gehören dem Ökumenischen Rat der Kirchen an; sie dulden in ihrer Mitte weithin eine moderne Theologie, die der Bibel und dem Bekenntnis widerspricht."[24]

Eine Theologische Hochschule befindet sich in Oberursel/Taunus. Die Studenten studieren hier am Anfang und Ende ihres meist sechsjährigen Studiums. Dazwischen studieren sie an einer Hochschule ihrer Wahl.

Die Selbständig Evangelisch-Lutherische Kirche betreibt die Radiomission ‚Lutherische Stunde' über Radio Luxemburg und die Mission Evangelisch lutherischer Freikirchen (Bleckmar üb. Soltau). Diakonische Einrichtungen sind zur Zeit drei Altenheime und ein Kinderheim.

Selbständig Evangelisch-Lutherische Kirche

Die Selbständig Evangelisch-Lutherische Kirche sieht sich als an die Bibel gebunden, die uneingeschränkt als Wort Gottes gilt. In der Grundordnung der Selbständig Evangelisch-Lutherischen Kirche (SELK) wird dies folgendermaßen formuliert:

> *„Die SELK ist gebunden an die Heilige Schrift Alten und Neuen Testamentes als an das unfehlbare Wort Gottes, nach dem alle Lehren und Lehrer der Kirche beurteilt werden sollen."*[25]

Der Text der Bibel wird als inspiriert verstanden. Die Schreiber handelten beim Verfassen der biblischen Bücher aus der Vollmacht Gottes.[26] Diese Auffassung bedeutet jedoch nicht, daß in der SELK generell die Verbalinspiration der Bibel vertreten wird. Bereits 1982 wandte sich der SELK-Theologe *Hans Lutz Poetsch* gegen die Ablehnung der Verbalinspiration innerhalb seiner Kirche.[27] Poetsch betonte dabei, nicht auf den Begriffen Verbalinspiration und Irrtumslosigkeit beharren zu wollen oder sie gar beweisen zu wollen. Die Sache sei jedoch entscheidend für die Auslegung der Bibel und werde im Neuen Testament bestätigt.[28]

Die Mitglieder der Selbständig Evangelisch-Lutherischen Kirche werden gehalten, die Bibel regelmäßig zu lesen und sie zu studieren.[29]

Die Lehre der Bibel sieht die SELK in den lutherischen Bekenntnisschriften zum Ausdruck gebracht. Neben den altkirchlichen Bekenntnissen (Apostolisches Glaubensbekenntnis, Nizänisches Glaubensbekenntnis und Athanasianisches Glaubensbekenntnis) werden das *Augsburgische Bekenntnis*, die *Apologie des Augsburgischen Bekenntnisses*, die *Schmalkaldischen Artikel*, der Traktat *Von der Gewalt und Obrigkeit des Papstes*, der *Kleine Katechismus*, der *Große*

Katechismus und die *Konkordienformel* als Grundlagen genannt.[30] Die Pastoren der SELK sind verpflichtet, in Übereinstimmung mit diesen Bekenntnissen zu verkündigen.[31] Ausdrücklich wird jedoch auch festgestellt, daß ein Bekenntnis *„Antwort auf das Evangelium"*, nicht aber *„Glaubenszwang"* ist.[32]

Die Stellung zum Amt

Die Sakramente dürfen nur von den ordinierten Amtsträgern verwaltet werden. Eine Frauenordination wird dabei ausgeschlossen.

> *„Seine Gnadenmittel zu verwalten, hat Christus seine Apostel berufen. Sie haben diesen Auftrag weitergegeben. So wird dieses Amt auch heute noch übertragen auf Männer, die Gott berufen und die die Kirche für ihre Aufgaben ausgebildet hat zur öffentlichen Wortverkündigung und zum Segen. Gemäß der Heiligen Schrift kann Frauen dieses Amt nicht übertragen werden."*[33]

Die Sakramente

Die Taufe

In der Taufe, die als Kindertaufe praktiziert wird, geschieht nach Auffassung der SELK die Wiedergeburt. Nicht der Mensch, sondern Gott ist in ihr der Handelnde.[34]

> *„In der heiligen Taufe gewinnt der Täufling Anteil am Sterben und Auferstehen Christi. Er wird dadurch ‚wiedergeboren' zu einem Gotteskind und als Glied dem Leib Christi, der Kirche eingefügt. ... In der Taufe ist Gott der eigentlich Handelnde und nicht der Mensch; darum ist die Kindertaufe berechtigt und nötig. Bei der Kindertaufe zeigt sich besonders deutlich, daß die Taufe wirklich ein Sakrament, also ein Handeln Gottes ist. Ohne Zutun und Wissen des Kindes schenkt ihm Gott seine Gnade."*[35]

Das Abendmahl

In aller Deutlichkeit wird in der SELK die Realpräsenz Christi in Brot und Wein gelehrt. Brot und Wein sind Leib und Blut Christi.

Heilswirksam sind sie, sofern der Empfänger im Glauben Brot und Wein entgegennimmt.

> *„Wenn Brot und Wein mit den Einsetzungsworten Christi gesegnet sind, sind sie Träger seines Leibes und Blutes (der Pastor ist dabei nur Mund und Handlanger des Herrn). Wer Leib und Blut Christi im Glauben empfängt, dem wird dadurch Vergebung der Sünde und Anteil am Leben des Auferstandenen, Heil und Seligkeit geschenkt."*[36]

Abendmahlsgemeinschaft wird nur mit Christen bzw. Kirchen gepflegt, mit denen eine Einheit in Lehre und Bekenntnis besteht. Diese Einheit kann nur dann bestehen, wenn *„in allen Stücken* des christlichen Glaubens und des kirchlichen Bekenntnisses" Übereinstimmung herrscht.[37]

Ausdrücklich abgelehnt wird eine Abendmahlsgemeinschaft mit der römisch-katholischen Kirche sowie mit reformierten Kirchen.

> *„So hat die SELK keine Abendmahlsgemeinschaft mit der römisch-katholischen Kirche, mit Kirchen, die aus der reformierten Tradition Zwinglis und Calvins kommen, mit den unierten Kirchen und auch mit denjenigen lutherischen Kirchen, die wesentliche Lehren der lutherischen Bekenntnisse praktisch aufgegeben haben. Aus diesem Grunde ist es in der SELK kirchliche Ordnung, daß jemand nur dann am Heiligen Abendmahl teilnehmen soll, der sich vorher beim Pastor persönlich angemeldet hat."*[38]

Evangelisch-Lutherische Freikirche

In den fünf neuen Bundesländern der BRD gab es zwei lutherische Freikirchen, die *Evangelisch-Lutherische Freikirche* und die *Evangelisch Lutherische (Altlutherische) Kirche*.

1972 gründeten die beiden Kirchen die *Vereinigung selbständiger evangelisch-lutherischer Kirchen*. 1984 hob die Lutherische Freikirche jedoch die Kanzel- und Abendmahlsgemeinschaft mit der Altlutherischen Kirche vorläufig auf.[39] In dem sogenannten „Hartensteiner Beschluß" stand die Frage nach dem Inspirationsverständnis im Vordergrund. Unterschiede in dieser Frage führten 1989 auch zur Auflösung der Kirchengemeinschaft zwischen der Evangelisch-Lutherischen Freikirche und der SELK. Die bis dahin zur SELK gehörende Gemeinde in Steeden schloß sich der Evangelisch-Lutherischen Freikirche an.[40]

Lehre der Evangelisch-Lutherischen Freikirche

Die Evangelisch-Lutherische Freikirche will drei Schwerpunkte setzen:

> *„1. die klare und unverfälschte Verkündigung des Wortes Gottes, 2. ein an diesem Wort ausgerichtetes christliches Leben und 3. die Ausbreitung dieses Wortes, verbunden mit der Abwehr aller Irrlehren."*[41]

Gemeindeprinzip
Die Evangelisch-Lutherische Freikirche betont die Bedeutung der einzelnen Gemeinde. Von der Missouri-Synode übernahm sie das Gemeindeprinzip, nach dem *„sowohl im Verhältnis von Gesamtkirche und Einzelgemeinde wie auch im Verhältnis von Amt und Gemeinde der Gemeinde ein grundsätzlicher Vorrang eingeräumt"* wird.[42]

Daneben gilt jedoch auch die Lehreinheit als wesentlicher Grundsatz. Pastoren und Gemeinden werden erst nach genauester Prüfung aufgenommen. Bei *„beharrlicher Abweichung"* in Lehre und Bekenntnis wird ein Lehrzuchtverfahren angestrengt.[43]

Verbalinspiration
Direkte lehrmäßige Unterschiede zur SELK bestehen nur im Schriftverständnis. Zwar gibt es innerhalb der SELK Theologen, die ebenfalls die Verbalinspiration vertreten, diese Lehre ist hier allerdings nicht bindend. In der lutherischen Freikirche ist die Lehre von der Verbalinspiration verbindliche Lehre –

*„...nicht aus konservativer Gesinnung, sondern aus dem Wunsch, den diesbezüglichen Aussagen der Heiligen Schrift gerecht zu werden."*⁴⁴

Innerhalb der Evangelisch-Lutherischen Freikirche wird die Lehre der Irrtumslosigkeit auch auf die lutherischen Bekenntnisschriften übertragen.

Bis heute besteht enge Verbindung zur Missouri-Synode. Entscheidendes dogmatisches Werk der Missouri-Synode ist die *Christliche Dogmatik* von *Franz Pieper*. Pieper war fünfzig Jahre lang Dozent für Systematische Theologie am Concordia Seminar. Die Dogmatik wurde 1945 von *J. T. Mueller*, ebenfalls Dozent am Concordia Seminar, verkürzt und überarbeitet. In dieser Dogmatik wird zur Inspiration festgestellt:

*„Die Inspiration ist nicht bloss sogenannte Realinspiration oder Inspiration der Sachen, auch nicht bloss sogenannte Personalinspiration, das heisst, Inspiration der Personen, sondern Verbalinspiration, Eingebung der Worte, weil, die Schrift, von der das Inspiriertsein ausgesagt wird, nicht aus Sachen oder Personen, sondern aus geschriebenen Worten besteht."*⁴⁵

Die Auffassung, Inspiration der Schrift erstrecke sich nur auf einen Teil der Schrift, wird verworfen.⁴⁶ Damit wird auch die Irrtumslosigkeit der Schrift begründet:

*„Weil nach der Aussage der Schrift ueber sich selbst die Inspiration sich nicht bloss auf einen Teil der Schrift, sondern auf die ganze Schrift erstreckt, so ist damit ausgesagt, dass die Schrift in allen ihren Worten und in allen ihren Teilen voellig irrtumslos ist."*⁴⁷

Evangelisch-Lutherische Kirche in Baden

1965 schied die Badische Kirche wieder aus der (alten) Selbständig evangelisch lutherischen Kirche aus und trat in Kirchengemeinschaft mit den lutherischen Landeskirchen. Seit 1983 besteht jedoch wieder eine Kirchengemeinschaft mit der SELK.⁴⁸

Die Evangelisch-Lutherische Kirche in Baden ist Mitgliedskirche des Lutherischen Weltbundes. Sie hat 4000 Mitglieder, die in sieben Gemeinden von sechs Pfarrern betreut werden. Die Mitgliedschaft im Lutherischen Weltbund und die Zusammenarbeit mit den lutherischen Landeskirchen zeigt eine größere ökumenische Offenheit dieser lutherischen Freikirche.

Literatur

Hauschild, Hartmut. Küttner, Winfried. *Auf festem Glaubensgrund. Fast alles über die Selbständige Evangelisch-Lutherische Kirche.* Groß Oesingen: Verlag der Lutherischen Buchhandlung Heinrich Harms, 1984.

Die Evangelisch-altreformierte Kirche

Die Evangelisch-altreformierte Kirche ist im westlichen Niedersachsen, und zwar in Ostfriesland und der Grafschaft Bentheim, anzutreffen.

Durch die Grenzlage zu den Niederlanden bestand immer eine enge Verbindung deutscher zu den dortigen reformierten Kirchen. Bis Mitte des vergangenen Jahrhunderts studierten reformierte Pastoren fast ausschließlich an der Theologischen Fakultät der niederländischen Universität Groningen.[1] In der niederländischen reformierten Kirche setzte sich immer mehr eine liberal geprägte Theologie durch, die die Dreieinigkeit, Sünde und Verlorenheit des Menschen sowie Heil und Erlösung neu interpretierten.

Viele Gemeindeglieder in den Niederlanden und in Deutschland widersetzten sich dieser theologischen Strömung. In den Niederlanden entstand unter Führung des Pastoren *Hendrik de Cock* eine Abspaltung von der niederländischen reformierten Kirche.[2]

In Deutschland bildete sich eine Laienbewegung heraus, die abends zu sogenannten „Katechisationen" zusammenkam. Die Leiter waren meist einfache Männer, so der Landwirt *H.H. Schoemaker* (Haftenkamp), *A. Diek* (Uelsen) und der Faßbinder und Holzhändler *J.B. Sundag* (Samern). Bei den Treffen legten sie vor allem den Heidelberger Katechismus aus.[3]

Es kam zu Auseinandersetzungen mit den ortsansässigen Pastoren, die schließlich zur Gründung von altreformierten Gemeinden in Uelsen (1838) und Bentheim (1840) führten. Die Gemeinden schlossen sich mit den in den Niederlanden entstandenen Gemeinden zusammen.

In Ostfriesland entstand 1858 eine erste altreformierte Gemeinde in Bunde. Hier war der Veenhusener Pastor *R.W. Duin* die führende Persönlichkeit.

Durch die Entstehungsgeschichte bedingt, bestand bis nach dem Zweiten Weltkrieg ein gespanntes Verhältnis zur reformierten Landeskirche. Seitdem sind jedoch gute Beziehungen aufgebaut worden. Teilweise gibt es schon seit Jahrzehnten gemeinsame Veranstaltungen mit der Evangelisch-reformierten Kirche in Nordwestdeutschland.

Die Evangelisch-altreformierte Kirche hat etwa 6 900 Mitglieder in Deutschland. Sie gehört als Teilkirche zur niederländischen *Gereformeerde Kerken in Nederland* (etwa 860 000 Mitglieder),[4] die dem ÖRK angehört. Die deutschen Gemeinden gehören dem Reformierten Bund, der Arbeitsgemeinschaft Christlicher Kirchen und dem Diakonischen Werk der EKD an.

Die Lehre

Die Evangelisch-altreformierte Kirche kennt drei Bekenntnisschriften als Richtschnur der Lehre und Verkündigung: die *Confessio Belgica* (1559), den *Heidelberger Katechismus* (1563) und die *Dordrechter Lehrsätze* (1618/19). Allerdings gab es bereits in den siebziger Jahren kritische Stimmen zum Beispiel gegenüber der relativ ausgeprägten Prädestinationslehre in den Dordrechter Lehrsätzen.

In der Schriftfrage waren die altreformierten Kirchen konservativ. In einer Selbstdarstellung hieß es noch 1953:

> *„Die Altreformierten Kirchen richten sich in Lehre und Leben ausschließlich nach dem irrtumslosen Wort Gottes der Heiligen Schrift Alten und Neuen Testaments."*[5]

Stephan Holthaus stellt dazu jedoch fest, daß sich große Teile der altreformierten Kirche vom Glauben an die Irrtumslosigkeit der Schrift in der Glaubenspraxis getrennt hätten.[6]

FÜNFTER TEIL

Freikirchen aus täuferischer, pietistischer und evangelikaler Tradition

Vereinigung Evangelischer Freikirchen

1926 schlossen sich verschiedene Freikirchen zu einer Arbeitsgemeinschaft, der *Vereinigung Evangelischer Freikirchen,* zusammen. Mitglieder der Vereinigung Evangelischer Freikirchen (VEF) sind heute die *Arbeitsgemeinschaft Mennonitischer Gemeinden* (seit 1990), der *Bund Evangelisch-Freikirchlicher Gemeinden,* der *Bund Freier evangelischer Gemeinden,* der *Christliche Gemeinschaftsverband Mülheim a. d. Ruhr GmbH* (seit 1991), die *Evangelisch-methodistische Kirche,* die *Heilsarmee in Deutschland* (seit 1988) und die *Kirche des Nazareners.* Einen Gaststatus hat der *Bund Freikirchlicher Pfingstgemeinden,* die *Europäisch-Festländische Brüder-Unität* und seit Mai 1993 auch die *Gemeinschaft der Siebenten-Tags-Adventisten.* Insgesamt repräsentiert die VEF Gemeinden mit etwa 300 000 Gottesdienstbesuchern.

Gemeinsamkeiten der Mitglieds- und Gastkirchen

Alle Mitgliedskirchen bekennen sich zu Jesus Christus als Herrn und Erlöser, dem lebendigen Sohn Gottes und Haupt seiner Gemeinde. Inhaltlich bejahen alle das Apostolische Glaubensbekenntnis.

Gemeinsam ist ihnen auch ein Bekenntnis zur Bibel als höchster Autorität. Es gibt zwar in den meisten Freikirchen Bekenntnisse, diese haben allerdings nur einen untergeordneten Stellenwert, sind oft auch in der Geschichte der jeweiligen Freikirche mehrfach geändert worden, um auf aktuelle Diskussionen einzugehen.

Ebenso ist den Freikirchen die Forderung nach dem persönlichen Glauben gemeinsam. In der Selbstdarstellung der VEF wird der Glaube als *„Geschenk Gottes, das persönlich angenommen werden muß"* bezeichnet.[1]

Dementsprechend wird zur Mitgliedschaft festgestellt:

„Der Aufnahme in eine Freikirche geht das persönliche Bekenntnis des Glaubens an Jesus Christus und die bewußte Entscheidung zur Gliedschaft in einer Gemeinde voraus. Sie erfolgt freiwillig und ist unabhängig von einem bestimmten Alter."[2]

Mit der Mitgliedschaft sollte üblicherweise auch die Bereitschaft zur Mitarbeit verbunden sein.

Mission, Evangelisation, Diakonie und Seelsorge sind Anliegen der Freikirchen, die aus der Hoffnung auf den wiederkommenden Herrn Jesus Christus Kraft schöpfen wollen, an der Verbesserung der Welt mitzuarbeiten.[3]

Zur Frage der Kanzel- und Abendmahlsgemeinschaft

Diese Thematik wurde in der VEF durch die 1987 beschlossene Kanzel- und Abendmahlsgemeinschaft der Evangelisch-methodistischen Kirche mit den Kirchen der EKD neu aufgeworfen. Von der Ordnung der meisten Freikirchen, die oft eine Autonomie der Ortsgemeinde betonen, ist eine förmliche Erklärung der Kanzel- und Abendmahlsgemeinschaft schwierig. Das Präsidium der VEF empfahl jedoch in einem Schreiben an die Leitungen der Kirchen und Bünde, die Gemeinschaft in Gottesdienst und Abendmahl zu suchen.[4]

Zielsetzung und Arbeitszweige der VEF

In der Vereinigung Evangelischer Freikirchen haben die Mitgliedskirchen eine Plattform für das Gespräch über gemeinsame Anliegen. Als Zweck der Arbeitsgemeinschaft wird die Förderung gemeinsamer Aufgaben, Vertiefung zwischenkirchlicher Beziehungen sowie die Vertretung gemeinsamer Belange nach außen angegeben.[5]

In verschiedenen Bereichen sind Arbeitsgruppen tätig, die sich bestimmten Sachaufgaben widmen, zum Beispiel der Soldatenbetreuung und der Betreuung der Wehrdienstverweigerer.

In manchen Bundesländern lassen sich die Mitgliedskirchen auch durch einen gemeinsamen Vertreter in Einrichtungen wie dem Landesjugendring vertreten.

Auch im Rundfunkbereich gibt es eine gemeinsame Arbeit auf der Grundlage der VEF. Die Freikirchen sind bei den öffentlich – rechtlichen Sendeanstalten durch einen Beauftragten der Arbeitsgemeinschaft Rundfunk und Fernsehen der VEF vertreten. Er koordiniert die Verteilung von Morgenandachten und Gottesdienstübertragungen in Zusammenarbeit mit dem evangelischen Rundfunkbeauftragten für den jeweiligen Sender.[6] Drei der Mitgliedskirchen (Evangelisch-methodistische Kirche, Bund Evangelisch-Freikirchlicher Gemeinden, Bund Freier Evangelischer Gemeinden) sind eigenständige Mitglieder im *Gemeinschaftswerk Evangelischer Publizistik* (GEP). Ein gemeinsamer Bevollmächtigter vertritt sie in den Mitgliederversammlungen. Daneben arbeiten verschiedene Vertreter der drei Freikirchen in einzelnen Gremien des GEP mit.[7]

Die Arbeitsgemeinschaft Soldatenbetreuung kümmert sich seelsorgerlich um Soldaten und sieht in dieser Arbeit auch eine missionarische Aufgabe.[8] Eine Zusammenarbeit besteht mit der *Arbeitsgemeinschaft Soldatenseelsorge* und der *Vereinigung von Christen in der Bundeswehr (Corneliusvereinigung)*, zwei überkonfessionellen Einrichtungen. Rüstzeiten werden auch gemeinsam mit dem Jugendverband „Entschieden für Christus" (s. o., Gnadauer Verband) und der evangelischen Militärseelsorge durchgeführt.[9]

Die Arbeitsgemeinschaft *Betreuung der Kriegsdienstverweigerer* ist in verschiedenen Organisationen wie der *Evangelischen Arbeitsgemeinschaft zur Betreuung der Kriegsdienstverweigerer* und der *Zentral-*

stelle für Recht und Schutz der Kriegsdienstverweigerer aus Gewissensgründen vertreten. Sie entsendet einen freikirchlichen Zivildienstleistenden in den Zivildienstbeirat des Familienministeriums.

Ein Vertreter der VEF ist als Freikirchlicher Referent in der *Arbeitsgemeinschaft Christlicher Kirchen in Deutschland (ACK)* tätig. Zwei Beauftragte arbeiten in der *Arbeitsgemeinschaft der Evangelischen Jugend (aej)* mit. Auch in neun weiteren zwischenkirchlichen Einrichtung sind Beauftragte der VEF tätig. In verschiedenen zwischenkirchlichen Gremien wie zum Beispiel dem *Hauptvorstand der Deutschen Evangelischen Allianz*, dem *Evangeliums-Rundfunk*, der *Arbeitsgemeinschaft Evangelikaler Missionen, Brot für die Welt* und anderen sind Vertreter der Freikirchen als Beauftragte ihrer jeweiligen Kirche tätig.

Verhältnis zur Pfingstbewegung

In Zusammenhang mit der Aufnahme des pfingstkirchlichen *Christlichen Gemeinschaftsverbandes Mülheim/Ruhr GmbH* im Jahre 1991 wurde eine *Erklärung der VEF zu ihrem Verhältnis zum CGV mit Blick auf die Berliner Erklärung* (s. u. Die Pfingstbewegung) veröffentlicht. Darin wurde festgestellt, daß die VEF den CGV nicht mehr als von dieser Erklärung betroffen ansieht.

Verband Evangelischer Freikirchen und Gemeinschaften in der Schweiz (VFG)

Der *Verband Evangelischer Freikirchen und Gemeinschaften in der Schweiz* wurde am 18. November 1919 in Aarau als *Verband unabhängiger evangelischer Korporationen (Kirchen, Gemeinschaften, Gesellschaften und Vereine) der Schweiz* gegründet. Vorausgegangen war ein im Zuge einer Grippe-Epidemie durch die Schweizer Behörden ausgesprochenes Versammlungs- und Gottesdienstverbot. Einer Eingabe der Schweizerischen Evangelischen Allianz wurde nicht stattgegeben, da die Evangelische Allianz als Bund von Einzelpersonen nicht rechtlicher Vertreter von Körperschaften sein konnte. So wurde durch die Evangelische Allianz die Gründung eines andersartigen Verbandes angeregt.[1]

Im Unterschied zu der *Vereinigung Evangelischer Freikirchen* in Deutschland gehören zu dem Schweizer Verband auch Gemeinschaften innerhalb der reformierten Kirche und sogenannte Minoritätsgemeinden. Derzeitige Mitglieder des Verbandes sind der *Bund der Baptistengemeinden in der Schweiz*, der *Bund der Gemeinden evangelisch Taufgesinnter (Evangelische Täufergemeinde)*, der *Bund Evangelischer Gemeinden*, der *Bund Freier Evangelischer Gemeinden (FEG)*, der *Bund pfingstlicher Freikirchen*, die *Evangelische Gemeinde Albisrieden*, die *Evangelische Gesellschaft des Kantons Bern*, die *Evangelisch-methodistische Kirche (EmK)*, die *Freie Kirche Uster* (eine Minoritätsgemeinde innerhalb der Evangelisch-Reformierten Landeskirche des Kantons Zürich), die *Gemeinde für Urchristentum*, die *Heilsarmee*, die *Konferenz der Mennoniten der Schweiz (Alttäufer)*, die *Minoritätsgemeinde der Evangelisch-Reformierten Landeskirche Aarau*, die *Pilgermission St. Chrischona*, die *Schweizerische Pfingstmission*, der *Verband Landeskirchlicher Gemeinschaften des Kantons Bern (LKG)*, die *Vereinigung Freier Missionsgemeinden*. Insgesamt vertritt der VFG etwa 80 000 Mitglieder der ihm angeschlossenen Freikirchen und Gemeinschaften.

Der VFG pflegt eine enge Verbindung zur Schweizerischen

Evangelischen Allianz. Die Vorstände beider Organisationen treffen sich jährlich zu einer gemeinsamen Sitzung.

Aufgabe des VFG ist die Vertretung der gemeinsamen Interessen der Mitglieder in der Öffentlichkeit. Die VFG bietet den Mitgliedern die Möglichkeit zum Gespräch über gemeinsame Anliegen und eventuelle Zusammenarbeit.

1991 bildete sich innerhalb des VFG eine *Leiterkonferenz der Freikirchen in der Schweiz* mit dem Ziel, den Leitungen der in dem VFG organisierten Verbände ein Begegnungsforum zu schaffen, das von den VFG – Strukturen unabhängig ist.

Lehre des VFG

Gemeinsame Grundlage der im VFG zusammengeschlossenen Gemeindeverbände ist das Apostolische Glaubensbekenntnis.[2] In einer eigenen Glaubensgrundlage bekennt sich der VFG zu der reformatorischen Aussage, *„dass der Mensch allein durch den Glauben an Jesus Christus Rettung erfährt".*[3] Die Bibel gilt als Offenbarung des Willens Gottes. Sie ist *„alleinige Autorität und Richtschnur in allen Fragen des Glaubens und der Lehre, des Dienstes und des persönlichen Handelns".*[4]

Hervorgehoben wird in der Glaubensgrundlage auch die Notwendigkeit des persönlichen Glaubens des einzelnen Christen:

> *„Gottes Heilsangebot in Vergebung und Erlösung durch Christus fordert die Antwort des Menschen. Diese Antwort muss jeder für sich selbst geben und im Glauben Gottes Geschenk persönlich annehmen."*[5]

Als freikirchliches Prinzip wird die Gemeinde der Glaubenden beschrieben. Der Missionsauftrag wird vor allem als *„Ruf zur Hinwendung zu Gott und in die Gemeinde"* und als teilender und helfender Dienst am Mitmenschen gesehen.

Literatur

Verband Evangelischer Freikirchen und Gemeinschaften in der Schweiz. Ausgabe 1990.

Arbeitsgemeinschaft evangelikaler Gemeinden in Österreich (ARGEGÖ)

Ende der sechziger Jahre begannen drei freikirchliche Bewegungen in Österreich, die Brüderversammlungen (evangelisch freikirchliche Gemeinden), der Bund der Baptistengemeinden und die Arbeitsgemeinschaft Mennonitischer Brüdergemeinden in Österreich, eine jährliche gemeinsame Schulungswoche durchzuführen. Als Folge dieser Kontakte entstand im November 1981 die *Arbeitsgemeinschaft evangelikaler Gemeinden in Österreich*. Die mit ihr verbundenen Gemeinden gehören als Vollmitglieder, Beobachter oder Freunde zu der Arbeitsgemeinschaft. Insgesamt sind es etwa 70 Gemeinden. Ein Teil der noch nicht in einen Gemeindebund integrierten Gemeinden schloß sich 1991 zum *Bund evangelikaler Gemeinden in Österreich* zusammen.

Ihre Zielsetzung ist, Impulsgeber für regionale Arbeitsgemeinschaften, Ortsgemeinden und Gemeindegründungsprojekte zu sein. Durch die Arbeitsgemeinschaft soll die Gemeinschaft der Freikirchen untereinander gefördert werden. Gemeinsame Schulungen und Einsätze werden durchgeführt. Zur Erleichterung der Arbeit wurde Österreich in sieben Regionen eingeteilt.

Jährlich wird ein Pfingstjugendtag durchgeführt. In unregelmäßigen Abständen fand eine Glaubenskonferenz statt.

Neben dem Ziel der gemeinsamen Arbeit wird auch die gegenseitige Anerkennung der Taufe, Abendmahlsgemeinschaft und seelsorgerliche Absprache bei Gemeindewechsel als Ziel gesehen.[1]

Die ARGEGÖ unterhält eine eigene Bibelschule, die *Bibelschule Wallsee* (früher *Bibelschule Ampflwang*).

Die Bemühungen, eine Anerkennung der Freikirchen als Religionsgemeinschaften zu erlangen, sind bisher fehlgeschlagen.

Lehre der ARGEGÖ

Die ARGEGÖ bekennt sich in ihrer Glaubensgrundlage zur

„... *göttlichen INSPIRATION DER GANZEN HEILIGEN*

SCHRIFT, *ihrer völligen Zuverlässigkeit, Irrtumslosigkeit (in den Urschriften) und einzigen Autorität in allen ihren Aussagen.*"[2]

Gemeinde setzt sich nach dem Verständnis der ARGEGÖ aus Menschen zusammen, *„die persönlich vor Gott ihre Schuld er- und bekannt und das Kreuzopfer Jesu Christi für sich persönlich in Anspruch genommen haben".*[3] Taufe wird als Bekenntnis bekehrter Menschen praktiziert.

Freikirchen in Österreich

Die Freikirchen haben in Österreich zur Zeit nur den Status eingetragener Vereine. Anerkannte Religionsgemeinschaften sind sie nicht. Den Namen evangelisch dürfen Freikirchen in Österreich offiziell nicht mehr führen. Die Evangelische Kirche in Österreich beansprucht einen Namensschutz auf die Bezeichnung evangelisch. Freikirchen nennen sich häufig *evangelikal*.

Die Zahl der Freikirchen ist in Österreich sehr klein. Die Baptisten (Bund der Baptistengemeinden in Österreich), Brüderversammlungen, Methodisten und Mennoniten-Brüdergemeinden (AMBÖ) stehen in enger Verbindung zu den entsprechenden Gemeinden in Deutschland. In der Lehre sind keine Unterschiede festzustellen. Statistische Angaben sind, soweit sie vorliegen, für Österreich in das Kapitel über die jeweilige Freikirche eingearbeitet worden. Ein Gemeinschaftsbund ohne „deutsches Gegenstück" ist der *Bund evangelikaler Gemeinden in Österreich* (BEGÖ) (s.u.).

Die Herrnhuter Brüdergemeine (Europäisch-Festländische Brüder-Unität)

Geschichte

Die Herrnhuter Brüdergemeine geht zurück auf die evangelische Kirche der *Böhmischen Brüder*, die 1457 aus der reformatorischen Bewegung des *Jan Hus* († 1415) entstand. Trotz einer Ähnlichkeit im Namen ist sie nicht mit den auf J. N. Darby zurückzuführenden Brüdergemeinden (s. u.) zu verwechseln.

Im Juni 1722 baten Glaubensflüchtlinge aus Mähren, die dieser Gemeinschaft angehörten, um Aufnahme auf den Gütern des Grafen *Nikolaus Ludwig von Zinzendorf* in Herrnhut in der sächsischen Oberlausitz.[1] Zinzendorf siedelte selbst nach Herrnhut über und erarbeitete eine Gemeindeordnung in Form von Ortsstatuten, die am 12. Mai 1727 von allen Bewohnern Herrnhuts angenommen wurden. Diese Ordnung war unter anderem notwendig geworden, weil die Kolonisten in Glaubensfragen untereinander zerstritten waren.[2] Entscheidend für die weitere Entwicklung Herrnhuts wurde eine Abendmahlsfeier am 13. August 1727 in Berthelsdorf, dem Ort, zu dem Herrnhut in kirchlicher Hinsicht gehörte. Es kam zu einer Bußbewegung. Peter Zimmerling faßt die Ergebnisse der Abendmahlsfeier zusammen:

„Die Brüder begreifen, daß ihr christliches Zeugnis nur als Gemeinschaft fruchtbar werden kann. Sie trennen sich darum sowohl vom Separatismus als auch von fehlender Kirchenzucht. Mitte ihrer Theologie soll nicht die eigene Heiligkeit sein, die man sich durch besondere fromme Leistungen erwerben könnte. Vielmehr steht die Erlösung durch das Blut Christi im Zentrum des Glaubens. Schließlich gedenken die Brüder in der Fürbitte der ihnen bekannten anderen Gläubigen."[3]

Dieses Ereignis ging als „ihr Pfingsttag" in die Geschichte der Herrnhuter ein.[4] Bis heute wird der 13. August als besonderer Festtag gehalten.[5]

Schnell wuchs die Gemeinschaft in Herrnhut auf mehrere hundert Menschen an. Die Existenz der Gemeinschaft sprach sich schnell herum und wurde von vielen als Alternative empfunden.

„Der in Herrnhut gelebte Glaube bildete damals ein Gegengewicht zur Gesetzlichkeit anderer Pietisten, zu der in mancher Hinsicht erstarrten Lehre der Lutheraner, aber auch zur philosophischen Strömung der Aufklärung, die den Menschen zu sehr als Maß aller Dinge bestimmte."[6]

Bereits in den dreißiger Jahren des 18. Jahrhunderts wurde die Brüdergemeine unter dem Druck der Obrigkeit gegen Zinzendorfs Willen zur Freikirche.[7] 1735 wurde der Mähre *David Nitschmann* durch den Berliner Oberhofprediger *Daniel Ernst Jablonsky* zum Bischof der „erneuerten Brüder-Unität" geweiht.[8] Zinzendorf studierte in Stralsund Theologie und trat in Tübingen in den geistlichen Stand ein. 1736 wurde er ebenfalls zum Bischof der Brüdergemeinen geweiht.[9]

1732 hatte Zinzendorf die ersten Außenmissionare ausgesandt. So fanden die Brüdergemeinen nicht nur in Westeuropa schnelle Verbreitung, sondern vor allem auch in der Karibik und in Afrika, aber auch in Nordeuropa.

Die Europäisch-Festländische Brüder-Unität hat in Deutschland sechzehn Gemeinden mit 7 502 Mitgliedern, in den Niederlanden sieben Gemeinden mit 15 148 Mitgliedern, in Dänemark und Schweden eine Gemeinde und zwei Sozietäten mit zweihundertsechsundsiebzig Mitgliedern sowie in der Schweiz drei Sozietäten mit zweihundertdreiundzwanzig Mitgliedern. Insgesamt gehören 23 149 Menschen zur Europäisch-Festländischen Brüder-Unität. Sie werden von dreiunddreißig sogenannten „Gemeindienern" (Pfarrern) betreut.

Die Europäisch-Festländische Brüder-Unität verfügt über dreiundzwanzig diakonische Einrichtungen. Dazu gehören acht Altenheime, eine Behindertenschule, ein Kinderheim sowie sieben Kindertagesstätten und Kindergärten. Insgesamt zählen sich in Europa 32 576 Menschen zur Brüder-Unität.

Weltweit hat die Brüder-Unität 579 345 Mitglieder, davon allein

356 247 in Afrika und 128 063 in der Karibik. 62 079 Menschen in Nordamerika gehören der Brüder-Unität an, in Tibet und Nordindien die kleine Zahl von dreihundertachtzig Menschen.[10]

Die Europäisch-Festländische Brüder-Unität vereinigte sich am 1. Juni 1992 aus den beiden bisherigen Distrikten Herrnhut und Bad Boll zu einer gemeinsamen Provinz.[11]

Die Herrnhuter Brüdergemeine ist weltweit in neunzehn Provinzen aufgeteilt. Die meisten der Provinzen sind Mitglieder im Ökumenischen Rat der Kirchen (ÖRK).

Beziehung zur EKD

Bereits 1924 wurde eine Sondervereinbarung mit der Deutschen Evangelischen Kirche getroffen. Die Brüder-Unität erkennt die Grundbestimmungen der Grundordnung der EKD von 1948 an. Es besteht volle Kirchengemeinschaft mit den Gliedkirchen der EKD. Dadurch ist auch Doppelmitgliedschaft und Kirchensteuererstattung möglich. Trotzdem ist die Brüder-Unität Freikirche. Sie gehört als Gastmitglied der Vereinigung Evangelischer Freikirchen an.[12]

Gemeindeleben

Eine Besonderheit im Leben der Brüdergemeine bildet das *Liebesmahl*. Es wird an besonderen Festtagen gehalten. In einer Selbstdarstellung wird das Liebesmahl beschrieben:

„Das Singen von Liedern wird unterbrochen von Berichten, Grußworten und kurzen Ansprachen, wobei allen Anwesenden Tee und ein süßes Brötchen gereicht werden: diese gemeinsame symbolische Mahlzeit unterstreicht die Gemeinschaft und erinnert an das Teilen miteinander – in der Gemeinde, aber auch in der Welt."[13]

Weit über die eigene Freikirche hinaus gewannen die Herrnhuter Losungen Einfluß. Dieses jährliche Andachtsbuch, in dem für jeden Tag ein alttestamentlicher und ein damit in inhaltlichem Zusammenhang stehender neutestamentlicher Bibelvers, ein Gebet und ein Lied enthalten sind, erscheint zur Zeit in neununddreißig Sprachen in Millionenauflage.[14]

Die Lehre

Die Brüdergemeine erkennt die drei altkirchlichen Glaubensbekenntnisse sowie die grundlegenden Bekenntnisschriften der Reformation an. Ausdrücklich wird die *Augsburgische Konfession* von 1530 genannt.[15] Daneben gilt die *Barmer Theologische Erklärung von 1934*[16] sowie die *Confessio Bohemica* (1575), der *Kleine Katechismus Luthers,* der *Berner Synodus* von 1532 und die *39 Artikel* der Kirche von England.[17] 1957 verabschiedete die Unitätssynode eine *Grund der Unität* genannte Erklärung. Ein systematisches Lehrsystem wird darin abgelehnt:

„Wie aber die Heilige Schrift kein Lehrsystem enthält, so hat auch die Brüdergemeine kein eigenes entwickelt, weil sie weiß, daß das in der Bibel bezeugte Geheimnis Jesu Christi von keiner menschlichen Aussage vollkommen erfaßt werden kann."[18]

Oft findet man die Aussage, die Lehre der Brüdergemeine werde in ihrem Gesangbuch deutlich.[19]

Als Hauptinhalt der Bibel und der Verkündigung des Evangeliums wird *„das Wort vom Kreuz"* bezeichnet. Die Verkündigung der frohen Botschaft wird als Hauptauftrag der Brüdergemeine gesehen.[20]

Die Sakramente

Die Beschlüsse der Leuenberger Konkordie werden von der Brüdergemeine bejaht.[21]

Taufe
Durch die Taufe werden Kinder zu Mitgliedern der Brüdergemeine. Zwischen 18 und 25 Jahren werden junge Erwachsene jedoch gebeten, ihre Mitgliedschaft zu bestätigen, wodurch eine bewußte Mitgliedschaft gewährt bleiben soll.[22]

Literatur

Zimmerling, Peter. *Nachfolge lernen – Zinzendorf und das Leben der Brüdergemeine*. Moers: Brendow, 1990.
Direktion der Evangelischen Brüder-Unität Herrnhut (Hrsg.). *Die Brüder-Unität*. Herrnhut: Brüder-Unität. o.J.

Die methodistischen Kirchen

Die Evangelisch-methodistische Kirche

Die geschichtliche Entwicklung

Ausgangspunkt der Methodistenkirche sind die Brüder *Charles* (1707-1788) und *John Wesley* (1703-1791). Beide waren ordinierte Pfarrer der Church of England (s. o., Anglikanische Kirche).[1]
1729 gründeten die Wesleys in Oxford einen Bibelkreis, der schnell den Spottnamen Methodisten erhielt. Grund war die methodische Strenge um Bibelstudium, liturgisches Gebet, Fasten und eine am Vorbild katholischer Mystiker (Thomas v. Kempen) orientierte persönliche Frömmigkeit. Das Kernthema der Wesleyschen Verkündigung war die Heiligung, an deren Ende in den ersten Jahren (vor 1738) für sie die Rechtfertigung stand.

Besonders John Wesley verzweifelte immer mehr an dem Unvermögen, sein Heiligungsziel zu erreichen. Von einer zweijährigen Zeit als Kolonialpfarrer in Nordamerika kehrte er deprimiert zurück.

Bereits auf der Hinreise war er Herrnhuter Brüdern begegnet. Zurück in England, wurde er durch den Herrnhuter Theologen *Peter Boehler* tiefer in die Herrnhuter Frömmigkeit eingeführt. 1738 hörte Wesley auf einer Versammlung in London durch das Lesen von Luthers Vorrede zum Römerbrief ein Bekehrungserlebnis, von dem er in seinem Tagebuch berichtet:

„Am Abend ging ich sehr ungern in eine Gemeinschaft in der Aldersgatestraße, wo Luthers Vorrede zu dem Brief an die Römer gelesen wurde. Ungefähr ein Viertel vor neun Uhr, als man an der Stelle war, wo er die Veränderung beschreibt, welche Gott durch den Glauben an Christus im Herzen wirkt, da wurde es mir seltsam warm ums Herz. Ich wurde inne, daß ich für das Heil meiner Seele wirklich auf Christus vertraute, auf Christus allein. Dazu wurde mir die Gewißheit geschenkt, daß er meine Sünden, ja gerade die meinigen, weggenommen und mich vom Gesetz der Sünde und des Todes erlöst habe. Ich

begann von ganzem Herzen für diejenigen zu beten, die mich in besonders häßlicher Weise beleidigt und verfolgt hatten. Dann bezeugte ich öffentlich vor der ganzen Versammlung, was ich zum ersten Mal in meiner Seele erlebte."[1]

John und Charles Wesley riefen von nun an als Wanderprediger zur Bekehrung auf. Die Leitung entstehender Kreise wurde häufig Laien übertragen. Trotz massiver Verfolgungen, Störungen der Versammlungen und Zerstörung der Versammlungsräume verstanden die Brüder Wesley die methodistische Bewegung immer als eine Reformbewegung innerhalb der Anglikanischen Staatskirche.

Nach Amerika kam der Methodismus um 1760. Auch hier war er ursprünglich eine Bewegung innerhalb der Anglikanischen Kirche.

Das Selbstverständnis, Bewegung innerhalb der Kirche zu sein, wurde jedoch von zahlreichen Mitgliedern der Bewegung heftig kritisiert. Sie wollten Taufe und Abendmahl nicht aus den Händen von ihrer Meinung nach ungläubigen Pfarrern empfangen müssen. Nach der amerikanischen Unabhängigkeitserklärung mußte Wesley dem Drängen der amerikanischen Methodisten nachgeben.

Entsprechend entstand im September 1784 in den USA die Bischöfliche Methodistenkirche (*Methodist Episcopal Church*), eine Kirchengründung, die in England erst 1795 nachvollzogen wurde. Im Trennungsprozeß von der Anglikanischen Kirche kam es jedoch zu verschiedenen Spaltungen. Stärkste Kraft wurde die *Wesleyanische Methodistenkirche*, die ihren Namen offiziell im Jahre 1891 annahm. Bischöfe sind hier nicht bekannt.

Im Zuge der „Großen Erweckung" entstanden in den USA zwei weitere methodistisch orientierte Kirchen. Die erste war die durch den reformierten Pfarrer *Philipp Wilhelm Otterbein* und den Mennonitenprediger *Martin Boehm* gegründete Kirche der Vereinigten Brüder. Eine weitere war die durch den deutschstämmigen *Jakob Albrecht* (1759-1808) gegründete Evangelische Gemeinschaft (in den USA seit 1922 *Evangelical Church*).

In den USA schlossen sich 1946 die Evangelische Gemeinschaft und die Kirche der Vereinigten Brüder zur *Evangelical United Brethren Church* zusammen. Diese wiederum schloß sich 1968 mit der

Bischöflichen Methodistenkirche zur *United Methodist Church* (in Deutschland: *Evangelisch-methodistische Kirche*) zusammen.

In Deutschland entstand 1830 durch den ursprünglich nach England ausgewanderten Fleischermeister Gottlob Müller (1785-1858) eine methodistisch geprägte Gemeinschaft in Winnenden/Württemberg. Der Kreis, der sich den Namen Wesleyanische Methodistengemeinschaft gab, löste sich fünfzehn Jahre nach dem Tod Müllers aus der Landeskirche.

Im Auftrag eines deutschsprachigen Zweiges der Bischöflichen Methodistenkirche in den USA etablierte Prediger *Ludwig S. Jacoby* 1849 eine Missionsarbeit in Bremen. Gleichzeitig begann in Thüringen *Erhard Wunderlich* nach einem kurzen Aufenthalt in den USA eine Missionsarbeit, die von seinem Bruder *Friedrich Wunderlich* (1823-1904) fortgesetzt wurde. Die Evangelische Gemeinschaft entsandte 1850 Prediger *Conrad Link* (1822-1883) als Missionar nach Stuttgart.

Christian Bischoff (1829-1885) begann 1869 eine Missionsarbeit in Naila bei Hof, deren Schwerpunkt bald Thüringen, das Vogtland und Pommern wurde.

Die Wesleyanische und die Bischöfliche Methodistenkirche vereinigten sich in Deutschland 1897. Bereits im Jahre 1905 schloß sich auch die *Kirche der Vereinigten Brüder* der Methodistenkirche an. Durch den internationalen Zusammenschluß 1968 wurde aus der Evangelischen Gemeinschaft und der Methodistenkirche die Evangelisch-methodistische Kirche (EmK).

Die Kirchenverfassung ist presbyterial ausgerichtet. Die Gemeinden gehören einem Verbund von Konferenzen an. Auf Ortsebene kennt man die Bezirkskonferenz. Die Zentralkonferenz faßt mehrere Bezirke zusammen. Sie weist den Pastoren die Gemeinde zu, in denen sie Dienst tun sollen. Die Konferenz gilt für den Pastor als lebenslange Arbeits- und Dienstgemeinschaft.

In Europa gibt es vier Zentralkonferenzen, denen jeweils ein Bischof vorsteht. Sie sind integriert in die weltweite *United Methodist Church*. Die United Methodist Church ist Mitglied des 1881 gegründeten *Weltrates Methodistischer Kirchen*. Ihm gehören mehr als neunzig Kirchen mit rund 50 Millionen Mitgliedern und Anhängern an.

Ein theologisches Seminar befindet sich in Reutlingen in Baden-Württemberg. Dem vierjährigen Studium geht ein Praktikumsjahr voraus. Die Evangelisch-methodistische Kirche betreibt in Deutschland sechzehn Krankenhäuser sowie mehrere Erholungs- und Altenheime. Ihr angeschlossen ist auch das Christliche Verlagshaus (CVH) in Stuttgart.

Die Zahl der Mitglieder und Angehörigen beläuft sich in Deutschland auf etwa 73 000 Menschen, Mitglieder sind etwa 40 000. Sie kommen in Deutschland in 660 Gemeinden und 372 Predigtplätzen zusammen und werden von 372 Pastoren und Pastorinnen betreut. Bischof der EmK ist *Dr. Walter Klaiber*. Die EmK ist Mitglied der Vereinigung Evangelischer Freikirchen und der Arbeitsgemeinschaft Christlicher Kirchen sowie dem Ökumenischen Rat der Kirchen (ÖRK, s.u.).

Die EmK steht in Deutschland in einer Kanzel- und Abendmahlsgemeinschaft mit den Gliedkirchen der EKD.[3] Die Gespräche wurden zwischen der Vereinigung Evangelisch-lutherischer Kirchen in Deutschland (VELKD, s.o.) und der Evangelischmethodistischen Kirche geführt. Die der Arnoldshainer Konferenz angehörenden Kirchen stimmten den Ergebnissen 1986 zu, ebenso auch die Württembergische Kirche.[4]

Schweiz und Österreich

Die Evangelisch-methodistische Kirche gehört in der Schweiz zum Schweizerischen Evangelischen Kirchenbund. Sie hatte 1991 ungefähr 13 000 Mitglieder. In ihr arbeiten etwa 100 Pfarrer, Vikare, Gemeindehelfer und Gemeindehelferinnen in den etwa 180 Gemeinden und 75 weiteren Gottesdienstorten. Sie gehört zum Verband Evangelischer Freikirchen und Gemeinschaften und ebenfalls zur Arbeitsgemeinschaft christlicher Kirchen.

In Österreich gehören etwa 1000 Menschen zur Evangelischmethodistischen Kirche. Als einzige Freikirche hat die Methodistenkirche rechtlich einen Kirchenstatus, während die übrigen Freikirchen als eingetragene Vereine arbeiten. Die österreichische Methodistenkirche ist mit der Schweizer Kirche verbunden.

Die Evangelisch-methodistische Kirche gehört in beiden Ländern zum ÖRK.

Die Lehre

Bekenntnisse in einer Bedeutung wie in den Lutherischen Kirchen gibt es im Methodismus nicht. Bekanntestes Bekenntnisdokument sind die 25 Artikel, entstanden im Jahre 1874 aus einer Bearbeitung der 39 Artikel der Anglikanischen Kirche durch Wesley. In Deutschland gelten außerdem die sechzehn Glaubensartikel der früheren Evangelischen Gemeinschaft als Bekenntnisschrift, ebenso Wesleys vierundvierzig Predigten zu verschiedenen Gelegenheiten, seine Erklärenden Notizen zum Neuen Testament und seine Allgemeinen Regeln, Ratschläge für den Umgang mit bestimmten Sünden.[5] 1908 wurden die Sozialen Grundsätze hinzugefügt, später ein Soziales Bekenntnis. Alle diese Schriften sind in der Verfassung und Ordnung der Evangelisch-methodistischen Kirche enthalten. Über die Bedeutung der Bekenntnisse heißt es in einer Geschichtsdarstellung der EmK:

> *„Die Texte sind Kinder ihrer Zeit, in einem historischen Prozeß gewachsen, insofern mit ihren Begriffen und Denkformen zeitgebunden. Ihre Aussagen und Ausdrucksgestalt sind darum auf ihre theologische Absicht ständig zu untersuchen und von daher zu aktualisieren. In der Aktualisierung haben die Lehrnormen für die Kirche unaufgebbare Bedeutung ... Das heißt jedoch, daß sie weder eine letzte Autorität beanspruchen noch als absolute Norm der Rechtgläubigkeit oder als kirchenrechtliche Bekenntnisdokumente zu verstehen sind, die von Pastoren, Lehrern und Gliedern der Kirche ‚uneingeschränkte Zustimmung unter Androhung des Ausschlusses' verlangen ... Sie dienen weder der strengen Abgrenzung von anderen kirchlichen Lehrformulierungen noch ihrer Verwerfung, sondern stecken den Rahmen ab, in dem ‚theologische Auseinandersetzung (auch im ökumenischen Umfeld) konstruktiv und produktiv' geführt werden kann."*[6]

Verstehen der Bibel

Als Hilfen zum Verständnis der Bibel nannte Wesley die Auslegung der frühen Kirche, Vernunft und Erfahrung.[7] Damit geschieht zum einen eine Bejahung der dogmatischen Erkenntnisse in der frühen Kirchengeschichte. Zum anderen ist Wesley der Überzeugung, ein Mensch könne auch ohne Glauben bestimmte Glaubensansichten nachvollziehen. Er argumentierte vom Verständnis der Menschen her für den Glauben. Die Betonung der Erfahrung richtete sich gegen theologische Spekulationen und war für eine praxisbezogene Verkündigung. Die Auslegung bestimmter Schriftstellen kann auch daran überprüft werden, ob sie durch entsprechende Erfahrung bestätigt wird. Auch kann die Erfahrung bei der praktischen Umsetzung einer biblischen Aussage in der heutigen Zeit eine wichtige Hilfe sein.[8]

Dieses Verständnis wird im heutigen Methodismus übernommen, wobei die „Auslegung der frühen Kirche" eine Erweiterung durch den Begriff „Tradition" erfuhr. Tradition gewinnt hier jedoch keine Eigendynamik, sondern kann nur von der Schrift abgeleitet und auf sie hinweisend sein.

Eine einheitliche Position zur Frage der Inspiration der Bibel gibt es nicht. Betont wird grundsätzlich die Autorität der Bibel. In einer Arbeit, die das Verhältnis der Evangelisch-methodistischen Kirche zu den Evangelikalen klären sollte, wird festgestellt:

„Wir sind der Überzeugung, daß die Bibel die von Gott gegebene Grundlage für Glaube und Leben sowie Lehre und Verkündigung ist."[9]

Im gleichen Zusammenhang wird aber auch festgestellt:

„Wir grenzen uns von der evangelikalen Position eines fundamentalistischen Bibelverständnisses und jeder starren ‚Festlegung einer Inspirationslehre ab'."[10]

Dabei gibt es durchaus auch unter den Pastoren solche, die diese Weite im Schriftverständnis nicht nachvollziehen.[11]

Bischof Walter Klaiber und Manfred Marquard, Rektor des Theologischen Seminares der EmK in Reutlingen, plädieren in ihrem grundlegenden theologischen Werk „Gelebte Gnade – Grundriß einer Theologie der Evangelisch-methodistischen Kirche"[12] für eine „kerygmatische[13] Auslegung" der Bibel. Diese beinhaltet einen Umgang mit der historisch-kritischen Methode (s.o., Arnoldshainer Konferenz). Es wird weniger Wert gelegt auf *„die Stimmigkeit von naturwissenschaftlichen oder historischen Einzelangaben"* als auf *„die innere Kraft der Botschaft von Gott, der die Welt erschaffen hat und die Menschheit durch Jesus Christus erlöst"*.[14] Dieses

Modell des Schriftverständnisses wird gegenüber dem „fundamentalistischen" Schriftverständnis, das von einer Irrtumslosigkeit der Schrift ausgeht, und dem „liberalen" Schriftverständnis, das die Bibel anderen religiösen Dokumenten in ihrer historischen Fragwürdigkeit gleichsetzt, bevorzugt.

Betonungen des Methodismus

Eine Besonderheit methodistischer Lehre wird abgelehnt. Die Methodisten betonen Rechtfertigung und Wiedergeburt. Ohne sie ist Gemeinschaft mit Gott nicht möglich. Bischof Walter Klaiber und Manfred Marquardt geben Wesleys Lehre von der Wiedergeburt folgendermaßen wieder:

„Weil es keine Gemeinschaft mit Gott geben kann ohne diese grundsätzliche Verwandlung und Erneuerung der eigenen Existenz hilft angesichts dieser Forderung des Evangeliums keine Berufung auf die Taufe oder auf Werke der Frömmigkeit und der Barmherzigkeit. Es gilt die klare Aufforderung: Du mußt dein Leben von Gott total erneuern lassen, du mußt wiedergeboren werden. Gerade dies aber kann der Mensch nicht aus sich selbst bewirken; was er tun kann, ist nichts anderes, als Gott voll Vertrauen um das Geschenk der Wiedergeburt zu bitten."[15]

Klaiber und Marquardt sehen im heutigen Methodismus die Gefahr, Wiedergeburt zu stark mit emotionalen Erfahrungen zu identifizieren. Sie stellen dazu fest:

„Der beste Beweis meiner Geburt ist nicht die Geburtsurkunde, sondern, daß ich lebe; der Erweis meiner Wiedergeburt liegt darin, daß ich weiß: Ich bin Gottes Kind. Daß wir im Unterschied zur leiblichen Geburt den Neuanfang des Lebens mit Gott bewußt erleben können, ist ein Geschenk Gottes, aber kein Objekt für geistliche Prüf- oder Meßinstrumente."[16]

Die Prädestination, insbesondere die doppelte Prädestination im Sinne Calvins, wird verneint. Ihr hält Wesley die Lehre von der vorlaufenden Gnadenwahl entgegen. Der natürliche Mensch ist für Wesley vollständig verdorben, das Bild Gottes ging in ihm verloren. Jedoch schenkt Gott jedem Menschen seine vorlaufende Gnade, also die Fähigkeit, zu glauben und das Heil zu erlangen.[17]

Heiligung im Methodismus

Im Methodismus wird die Notwendigkeit der Heiligung und der Vollkommenheit in der Liebe betont. Klaiber und Marquardt bezeichnen die Heiligungslehre als *„Zentrum einer evangelischmethodistischen Theologie, sofern diese ihrer ursprünglichen Berufung treu bleiben will"*.[18] Wesleys Heiligungslehre ist eher praxisorientiert als theologisch zu sehen. Für ihn war Heiligung nicht als individuelle Frömmigkeitsübung zu verstehen, sondern auf das Wohl des Nächsten ausgerichtet und sozial orientiert.[19]

Die Heiligungslehre Wesleys spielt heute im Bewußtsein vieler Gemeindeglieder der Evangelisch-methodistischen Kirche eine untergeordnete Rolle. Diese Entwicklung war offensichtlich bereits im vergangenen Jahrhundert zu beobachten und führte dazu, daß die Anhänger der amerikanischen Heiligungsbewegung zum Teil den Eindruck hatten, in den methodistischen Kirchen keine Heimat finden zu können. Erhalten hat sich die Betonung einer praxisorientierten Frömmigkeit.

Wenn im folgenden die Heiligungslehre Wesleys behandelt wird, so ist dies eher eine unter methodistischen Theologen immer wieder behandelte Thematik als eine in der Verkündigung betonte Lehre. Sie führte jedoch in Zusammenhang mit verschiedenen Erweckungsbewegungen zum Entstehen neuer Denominationen. Ob Wesley dabei immer richtig verstanden wurde, soll hier nicht diskutiert werden.

Bis zu seinem Bekehrungserlebnis 1738 betrachtete Wesley Vollkommenheit als etwas in diesem Leben nicht zu verwirklichendes. Nun aber betrachtete er sie wie die Rechtfertigung als etwas, was durch den Glauben geschieht. Sie ist Gabe Gottes und Werk des Heiligen Geistes.[20] Durch die Rechtfertigung und die Wiedergeburt wird der Christ von der Macht der Sünde und von ihrer Wurzel befreit. Ein Zwang zum Sündigen besteht nicht mehr.[21] Für Wesley war es deutlich, daß es möglich sei, nicht zu sündigen. Er ging aber nicht so weit, zu behaupten, daß es unmöglich sei, zu sündigen.²²

Dies manifestiert sich in einem neuen Lebensstil – die Rechtfertigung macht die Heiligung im praktischen Leben nicht überflüssig.²³ Nun folgt eine stufenweise Entwicklung in der fortschreitenden Heiligung, in der der Gläubige zu völliger Heiligung oder christlicher Vollkommenheit gelangen kann.²⁴ Dabei handelt es sich nun allerdings nicht um eine Entwicklung, sondern um ein Ereignis, das in einem Augenblick eintritt.²⁵ Trotz dieser Befreiung auch von der Wurzel der Sünde „*bleibt jedoch einige Unvollkommenheit zurück, die vom menschlichen Leben nicht zu trennen ist*".²⁶ Wesley erwartet auch nach der Erreichung der Vollkommenheit eine weitere Entwicklung.

„*‚Es gibt', sagt er, ‚keine Vollkommenheit, welche die höchste Stufe erreicht hätte.' Es gibt keine Vollkommenheit, die nicht ein beständiges Wachstum zuließe. Wie weit auch immer ein Christ in der Heiligung vorankommen mag, ‚so hat er es doch nötig, in der Gnade zu wachsen, und täglich zuzunehmen in der Erkenntnis und Liebe Gottes, seines Heilandes'. Die stufenweise Entwicklung geht also noch weiter. Man stellt sie sich hauptsächlich als ein weiteres Wachstum in der Liebe auf der Ebene der völligen Heiligung vor.*"²⁷

Die Vollkommenheit, die Wesley meint, ist keine engelgleiche Vollkommenheit und entspricht auch nicht dem Zustand Adams vor dem Sündenfall.²⁸ Wie definiert Wesley Vollkommenheit? Vollkommenheit bedeutete für ihn völlige Liebe. Vollkommen ist der, dessen ganze Gesinnung, Gedanken, Worte und Taten ihren Ursprung in der Liebe haben. Dies bedeutet jedoch keine Unfehlbarkeit. Der Mensch kann Irrtümer begehen.²⁹

Auf einer Konferenz in Bristol 1758 wurde ein Unterschied zwischen Sünde als willentlicher Übertretung eines bekannten Gebotes und Sünde als unabsichtlicher Übertretung eines Gebotes Gottes gemacht. Willentliche Sünde wurde als Sünde im eigentlichen Sinn bezeichnet, unabsichtlich begangene Sünde als Sünde im uneigentlichen Sinn. In der Vollkommenheitslehre wird der erste Sündenbegriff angewandt. Der völlig Geheiligte übertritt die Gebote Gottes nicht willentlich, er ist aber wohl noch zur unbeabsichtigten Sünde fähig.³⁰ So schreibt der methodistische Theologe Ernst Gassmann:

„Wesley unterscheidet zwischen eigentlicher und uneigentlicher Sünde. Die eigentliche Sünde des Menschen hat ihren Grund in der gestörten Gottesbeziehung und dem daraus fließenden Mangel (Verlust) an Gottes- und Nächstenliebe. Ist das Gottesverhältnis durch den Heiligen Geist wieder völlig hergestellt, ist der Gläubige ein ‚Geist mit Gott', ist er mit reiner Liebe zu Gott und den Menschen erfüllt, so ist er im evangelischen Sinn vollkommen und vollständig von der Sünde befreit. Das wird sich in seinem ganzen sittlichen Verhalten zeigen, kann dieses aber wegen des defekten Apparates der menschlichen Natur (die Irrungen, Täuschungen, Verstandesmängeln usw. unterworfen ist), nicht im absoluten Sinn vollkommen machen. Die uneigentlichen Sünden, die Wesley auch als Schwachheiten bezeichnet, haben ihre Ursache nicht im gestörten Gottesverhältnis, sondern in den erwähnten Unzulänglichkeiten der menschlichen Natur. Sie stellen in einem weiteren Sinn auch Sünde dar, weil sie eine Abweichung von der vollendeten göttlichen Vollkommenheit bedeuten und ihren Grund ebenfalls im Sündenfall des Menschen haben."[31]

Das, was sich von Wesleys Heiligungslehre heute in den Gemeinden wiederfinden läßt, ist ein Bewußtsein der Möglichkeit, mit der Kraft Gottes über sündige Verhaltensweisen zu siegen. Die heutige Betonung spiegelt sich wieder in einer Selbstdarstellung der Evangelisch-methodistischen Kirche:

„Die Heiligen sind keine Vollkommenen, ob sie Methodisten oder andere Christen sind! Sie werden in diesem Leben auch nicht den Zustand erreichen, ohne Sünde zu sein. Aber sie dürfen sich freuen, das Wirken Gottes in der Nachfolge Jesu Christi zu erfahren, manches zu schaffen und ihre Ziele zu erreichen."[32]

Die Sakramente

Durch die Gnadenmittel Taufe und Abendmahl gewährt Gott nach Wesley dem Menschen seine vorlaufende, rechtfertigende und heiligende Gnade. Dabei dürfen sie keinesfalls zum Selbstzweck verkehrt werden. In einem Aufsatz über die Gnadenmittel schrieb Wesley 1746, sie seien *„nicht um ihrer selbst willen verordnet, sondern zum Zweck der Erneuerung deiner Seele in Gerechtigkeit und wahrer Heiligkeit"*.[33]

Taufe
Die Taufe wird als *„wirksames Zeichen"* gesehen, in dem Gott das neue Leben in Christus zuspricht. Zur Wirklichkeit wird dieser Zuspruch jedoch erst da, wo der Getaufte glaubt und den Geist Gottes in sich wirken läßt.[34]

Methodisten praktizieren die Kindertaufe; sie wird als Vorbereitung der Mitgliedschaft verstanden.[35] Die eigentliche Aufnahme in die Kirchenmitgliedschaft geschieht jedoch erst durch eine persönliche Hingabe an Christus und das Bekenntnis des Glaubens im öffentlichen Gottesdienst. Über die Aufnahme entscheidet der Gemeindevorstand.

In einigen Ländern ist ein „Taufaufschub" möglich. Dies bedeutet, daß Eltern sich entschließen, ihre Kinder erst auf deren Wunsch taufen zu lassen. Normalerweise geschieht solch ein Aufschub im Blick auf die Wiedergeburt, auf die dann die Taufe folgen soll.[36]

Abendmahl
Das Abendmahl ist für alle, „welche die Gnade Gottes begehren", unabhängig von konfessioneller Zugehörigkeit, offen. Ein würdiger Empfang des Abendmahles ist nur Glaubenden möglich. Nur sie empfangen – durch das Wirken des Heiligen Geistes – Leib und Blut Christi.[37]

Kirchenverständnis

Kirche wird verstanden als *„die Gemeinschaft aller wahrhaft Gläubigen unter Christus, ihrem Herrn, in der das Wort Gottes durch berufene Menschen lauter und rein verkündigt wird und die Sakramente nach Christi Anweisung recht verwaltet werden"*.[38] Sie wird nicht als Mission treibend, sondern als Mission verstanden. Als Elemente der Mission werden hierbei das ständige *„Bemühen, mit der Botschaft von Gottes suchender Liebe an fernstehende Menschen heranzukommen"*, verstanden, die *„Kindertaufe als Zeichen der zuvorkommenden Gnade Gottes"* und die *„Feier des sogenannten Abendmahls, bei der nicht nur Bekehrte, Glaubende oder Glieder der eigenen Kirche zugelassen sind, sondern jeder, der die Vergebung sucht und das aufrichtige Verlangen hat, an der Tischgemeinschaft Jesu Christi teilzunehmen"*.[39]

Literatur

Steckel, Karl. Sommer, C. Ernst. *Geschichte der Evangelisch-methodistischen Kirche*. Stuttgart: Christliches Verlagshaus, 1982.
Stolze, Hans-Dieter. *Die Evangelisch-methodistische Kirche*. Stuttgart: Christliches Verlagshaus, 1979.

Heilsarmee

Die Heilsarmee ging aus dem Methodismus hervor. Gründer ist *William Booth* (1829-1912), der 1858 zum Pastor der Methodistenkirche ordiniert wurde. Schon als Hilfspastor hatte Booth sogenannte Erweckungsfeldzüge geleitet, während derer er und auch andere in der Evangelisation seine besondere Gabe entdeckten. Als er deswegen 1861 den Antrag stellte, als Evangelist freigestellt zu werden, wurde diesem Antrag jedoch nicht stattgegeben. Daraufhin trennte er sich vom Methodismus, ohne daß es bei dieser Trennung um irgendwelche Lehrfragen ging.

1865 hielt Booth eine Zeltevangelisation im Osten Londons ab. Aufgrund des Erfolges drängten ihn seine Mitarbeiter, sich dieser Arbeit gänzlich zu widmen.[1] Booth gab dem Verlangen nach und gründete die *Ostlondoner Mission,* die nach der Ausbreitung der Bewegung in *Christliche Mission* umbenannt wurde. Booth hatte ursprünglich das Ziel, Neubekehrte den bestehenden Gemeinden zuzuweisen. Oft gingen sie jedoch nicht in die Gemeinden; wenn sie es aber taten, waren sie dort nicht erwünscht. Außerdem erkannte Booth, daß er mit Hilfe der Neubekehrten in den Armenvierteln am besten evangelisieren konnte.[2]

1878 gab sich die Mission den Namen *Salvation Army* (Heilsarmee). Wohl auch auf Grund der Schwierigkeiten, die Neubekehrten zu einer disziplinierten Verhaltensweise zu führen, wurde eine straff militärisch anmutende Ordnung mit militärischen Titeln eingeführt. Man bildete eine sogenannte Kampftruppe.

William Booth und seine Frau *Catherine* (1829-1890) haben beide den Krieg mit Waffen verurteilt.[3] Durch die militärische

Struktur wurde jedoch ausgedrückt, daß sich die Heilsarmee in einem ständigen geistlichen Kampf befindet. Zudem wurde von dieser Struktur eine optimale Organisation erwartet.[4]

Schon bald ging man auch auf die sozialen Nöte der Menschen ein. In eigens eröffneten Läden wurden billigst Brot, Suppe, Fleisch und Tee verkauft. Heime wurden gegründet, Institutionen zur Hilfe für Alkoholkranke errichtet. Die Heilsarmee beeinflußte die Heraufsetzung des Schutzalters für Mädchen in England, die Aufhebung der „Teufelsinseln" als Strafkolonien in Frankreich und die Befreiung Tausender Prostituierter in Japan.[5]

Heute arbeitet die Heilsarmee in 94 Ländern, davon 54 in der Dritten Welt. Dort gibt es 50 Krankenhäuser, 90 Polikliniken und Entbindungsstationen, 3 Lepra-Heime, 11 Blindenschulen sowie verschiedene Schulen. Weltweit gibt es 15 000 Heilsarmeekorps mit 3 Millionen Soldaten und 25 000 Offizieren. General der Heilsarmee ist seit dem 23. Juli 1994 der damals 60jährige US-Amerikaner *Paul A. Rader,* der den direkten Nachfolger der Generalin Eva Burrows, Bramwell H. Tilley, nach nur elfmonatiger Amtszeit ablöste. Generalin Burrows war die erste Frau unter den bisher neun Generälen (den internationalen Leitern) der Heilsarmee.

Heilsarmee in Deutschland

Die 1886 in Stuttgart begonnene deutsche Arbeit der Heilsarmee wurde unter der nationalsozialistischen Diktatur verboten. In der DDR blieb dieses Verbot bis zur Wende 1989 bestehen. Seitdem hat die Heilsarmee Arbeiten in Ost-Berlin, Chemnitz und Dresden aufgebaut.

Das Nationale Hauptquartier der Heilsarmee in Deutschland ist in Köln. Hamburg, Berlin, Köln und Stuttgart sind „Divisionshauptquartiere". Rund 2000 Mitglieder treffen sich in sechsundvierzig sogenannten „Korps" (Gemeinden). Hinzu kommen über 6000 Freunde. Es gibt 130 aktive „Offiziere" (ordinierte Geistliche). Leiter der Heilsarmee in Deutschland ist der Schweizer *Oberst Paul Marti,* der am 1. März 1994 die Nachfolge von *Oberst Bramwell Booth* antrat.

Die Heilsarmee ist Mitglied im Diakonischen Werk der EKD. Sie unterhält etwa dreißig diakonische Einrichtungen, darunter zwölf Altenheime, ein Krankenhaus für chronisch Kranke, zehn Wohn- und Übernachtungsheime sowie ein Wohnheim für Über- und Aussiedler. In der Vereinigung Evangelischer Freikirchen und der Arbeitsgemeinschaft Christlicher Kirchen ist die Heilsarmee mit anderen Kirchen verbunden.

Heilsarmee in der Schweiz und in Österreich

Die Schweiz, Österreich und Ungarn bilden ein gemeinsames Territorium der Heilsarmee. 1882 fand in Genf die erste Heilsarmeeversammlung in der Schweiz statt. Schon nach kurzer Zeit wurde sie von den Schweizer Behörden verboten. Erst 1894 wurden durch das Bundesgericht alle Verbote aufgehoben.[6] Heute gibt es 98 Korps mit 5500 Soldaten und 600 Offizieren, 40 Schweizer Offiziere sind im Missionsdienst. 46 Sozialheime, zwei Ferienheime und sechs Jugendzentren werden von der Heilsarmee betrieben. Leiter der Heilsarmee ist *Kommissär Frank Fullarton*. Die Heilsarmee gehört zum Verband Evangelischer Freikirchen in der Schweiz.

Der Weg in die Heilsarmee

Menschen, die sich dafür interessieren, Heilsarmeesoldaten zu werden, absolvieren einen Glaubenskurs. Danach wird die Entscheidung getroffen, ob sie sich einer „Soldatenweihe" unterziehen.

Die Offiziere werden als hauptamtliche Mitarbeiter der Heilsarmee seit 1985 an der Offiziersschule in Basel ausgebildet. Diese Schule wird von der Heilsarmee auf dem europäischen Kontinent als Ausbildungsstätte genutzt. Männer und Frauen sind gleichberechtigt und können gleichermaßen Offiziere werden.

Nach den bisher geltenden Regelungen ist die Eheschließung einer Offizierin nur mit einem Partner, der ebenfalls den Offiziersrang hat, möglich. Andernfalls muß sie ihren Offiziersrang aufgeben. Diese Regelung wird jedoch zur Zeit überdacht, da sie eher Schwierigkeiten mit sich bringt.

Die Uniform

In einer Kurzinformation erklärt die Heilsarmee den Sinn ihrer Uniform:

„Die Uniform
- *ist ein öffentliches Bekenntnis zum Dienst für Gott und am Mitmenschen*
- *macht uns als Ansprechpartner für Menschen in seelischen, geistlichen und materiellen Nöten kenntlich,*
- *hat als Dienstkleidung eine Schutzfunktion,*
- *läßt bei den Mitgliedern keine gesellschaftlichen Unterschiede sichtbar werden."*[7]

Lehre

Die Schwerpunkte in der Lehre der Heilsarmee werden eindeutig auf Bekehrung und Heiligung gelegt. Im *Handbuch der Lehren* wird die Lehre der Heilsarmee zusammengefaßt:

„a) Alle Menschen sind Sünder und brauchen das Heil.
b) Das Sühnopfer Jesu gilt allen Menschen.
c) Bekehrung ist eine geistliche Veränderung des Menschen, bewirkt durch den Heiligen Geist.
d) Errettung von der Sünde sollte zu einem Leben in der Heiligung führen."[8]

Der zentrale Platz dieser Lehren findet seinen Ausdruck auch im Namen der Heilsarmee sowie in der Fahne und dem Wappen der Heilsarmee. Die Farben der Fahne sind blau, gelb und rot. Rot soll auf das Blut Christi hinweisen, gelb auf das Feuer des Heiligen Geistes und blau auf die Reinheit des Herzens. Das Wappen der Heilsarmee wird folgendermaßen erklärt:

„Im Heilsarmeewappen stellt die Sonne das Licht und das Feuer des Heiligen Geistes dar. Das Kreuz weist auf das Kreuz Jesu Christi hin. Der Buchstabe „H" ist der Anfangsbuchstabe des Wortes Heil, das für Erlösung steht. Die Schwerter sprechen vom Glaubenskampf und dem Kampf um die Seelen. Die Kugeln stellen die Wahrheitsaussagen des Evangeliums dar. Die Krone deutet auf die Krone des Lebens

hin, die die Christen am Ende ihres Lebens und Dienstes von Gott empfangen werden."⁹

Eine ausführliche Darstellung der Heilsarmee-Lehre findet sich im bereits oben genannten Handbuch der Lehren. Eine kurze Zusammenfassung ist das aus elf Artikeln bestehende Glaubensbekenntnis. Sind diese Artikel eher das gemeinsame Bekenntnis ausdrükkend in der Wir-Form formuliert, finden sich die elf Punkte in der Ich-Form als persönliches Bekenntnis gesprochen in den sogenannten „Kriegsartikeln" wieder. Sie sind in Form einer Selbstverpflichtung verfaßt und beginnen mit den Worten:

„Ich habe Jesus Christus als meinen Herrn und Heiland angenommen. Nun möchte ich meine Zugehörigkeit zu seiner Kirche auf Erden als Soldat der Heilsarmee bezeugen und durch die Gnade Gottes dieses Gelübde ablegen.
*Ich glaube an die Wahrheit des Wortes Gottes, wie sie die Heilsarmee in ihren elf Glaubensartikeln ausdrückt, und will mein Leben danach ausrichten."*¹⁰

Die Bibel als alleinige Richtschnur
Die Heilsarmee sieht die Bibel als ihre alleinige Richtschnur für Lehre und Dienst. Im Glaubensbekenntnis heißt es:

*„Wir glauben, daß die Schriften des Alten und des Neuen Testaments durch Inspiration von Gott gegeben wurden und daß sie allein die göttliche Richtschnur des christlichen Glaubens und Lebens bilden."*¹¹

Ausdrücklich abgelehnt wird die Vorstellung, Inspiration bedeute ein wörtliches Diktat.

*„Jeder der Botschafter Gottes behielt seine individuellen Eigenschaften und Wesenszüge. Dadurch wird deutlich, daß nicht alle Teile der Bibel in der gleichen Art und im gleichen Grade inspiriert sind."*¹²

Grundsätzlich werden Widersprüche in der Bibel für möglich gehalten. Häufig seien sie jedoch *„durch Irrtümer beim Abschreiben oder Übersetzen im Laufe der Jahrhunderte entstanden"*.¹³ Als entscheidend wird jedoch festgestellt:

*„In allem, was das Heil, ein geheiligtes Leben und die ewige Seligkeit betrifft, kann die Bibel als zuverlässig akzeptiert werden."*¹⁴

Heil und Heiligung
Bleibende Erfahrung des Heils wird als vom *„beständigen, gehorsamen Glauben an Jesus Christus"* abhängig gemacht.[15] Ein Erwählungsgedanke im calvinistischen Sinne und die damit verbundene Vorstellung, der Wiedergeborene könne auf Grund der Erwählung nicht mehr aus dem Stand der Gnade fallen, wird abgelehnt.[16] Zur Heiligung heißt es im Glaubensbekenntnis der Heilsarmee:

„Wir glauben, daß es das Vorrecht aller Gläubigen ist, durch und durch geheiligt zu werden, und daß ihr Geist ganz, samt Seele und Leib, auf das Kommen unseres Herrn Jesus Christus unsträflich bewahrt werden kann."[17]

Die Sakramente
Booth entschloß sich, da es in der Frühzeit der Heilsarmee Streitigkeiten über die Sakramente gegeben hatte, keine Sakramente auszuteilen. Allerdings gibt es *„anstelle der Wassertaufe"* die Kinderweihe.[18] Als die entscheidende Taufe wird die Geistestaufe angesehen. Sie wird normalerweise mit der Wiedergeburt gleichgesetzt. Die Ablehnung des Austeilens der Sakramente wird auch als hilfreich für die weltweite Einheit der Heilsarmee angesehen. So schreibt der Schweizer Heilsarmeeoffizier Gustave Isely:

„Die Heilsarmee sollte in London nicht anglikanisch, in Paris nicht reformiert, in Berlin nicht lutherisch, in Bukarest nicht orthodox sein. Sie sollte einheitlich und unteilbar bleiben und auf allen fünf Kontinenten ihre Einheit und ihre Eigenart behalten, die sie dank der Gnade Gottes auch durch die Schrecken zweier Weltkriege hindurch zu retten vermochte. Und ohne Zweifel gibt es viele, die es gerne sehen, wenn sie ... ihre eigene Ausdrucksweise und ihre besonderen Methoden beibehält."[19]

Taufe und Abendmahl können in anderen Kirchen empfangen werden. Dies wird zum Teil von Heilsarmeesoldaten auch bewußt praktiziert. Wenn die Kriegsartikel unterschrieben werden, ist die Aufnahme von Menschen, die auch noch anderen Denominationen angehören, möglich.

Das Gelöbnis als Ausdruck der Heilsarmee-Ethik
Die Kriegsartikel enthalten Selbstverpflichtungen, die jeder Heilsarmist zu unterschreiben hat. Ausdrücklich wird darin die Freiwilligkeit der Unterschrift erklärt. Der Heilsarmist verpflichtet sich:

> *„Ich will in meinem Leben offen sein für das Wirken des Heiligen Geistes, seiner Führung gehorchen und in der Gnade wachsen durch die Gemeinschaft mit den Gläubigen, Gebet, Bibellesen und Dienst."*[20]

„Die Werte des Reiches Gottes und nicht die Werte der Welt" werden zum Maßstab des Lebens erklärt.[21] Die Verpflichtung, sich von alkoholischen Getränken und Tabak zu enthalten, ebenso von *„nicht ärztlich verschriebenen Drogen, dem Glücksspiel, der Pornographie, dem Okkultismus und allem, was meinen Körper, meine Seele oder meinen Geist abhängig machen könnte"*[22] ist weiterer Bestandteil des Gelöbnisses, ebenso die Verpflichtung der Weitergabe des Evangeliums und der Hilfe an Notleidenden und Benachteiligten.

Literatur

Die Heilsarmee. *Handbuch der Lehren.* 2. Aufl. Köln: Heilsarmee-Verlag, 1992.
Kipphan, Günther. *Die andere Armee. Aus dem Alltag der Heilsarmee.* Wiesbaden: coprint, 1986.

Die Täuferbewegung als Vorläufer heutiger taufgesinnter Gemeinden

Neben der lutherischen und der reformierten Linie kristallisierte sich bereits in den zwanziger Jahren des 16. Jahrhunderts eine dritte reformatorische Bewegung mit dem Ziel der vollkommenen Wiederherstellung neutestamentlicher Lehre und Praxis heraus. Die sogenannte Täuferbewegung entstand zuerst in Kreisen um den Reformator Huldrych Zwingli. Eine alte geschichtliche Darstellung der Täufer berichtet:

„Es begab sich, daß Ulrich Zwingel und Konrad Grebel, einer vom Adel, und Felix Mantz, alle drei fast erfahrene und gelehrte Männer in deutscher, lateinischer, griechischer und auch hebräischer Sprache zusammen kamen, anfingen sich einander zu ersprechen in Glaubenssachen und haben erkennt, daß der Kindstauf unnötig sei, auch denselben für kein Tauf erkennt. Die zwei aber, Konrad und Felix, haben im Herren erkennt und glaubt, daß man müß und solle nach christlicher Ordnung und Einsatzung des Herren recht getauft werden, dieweil Christus selbst sagt: ‚Wer glaubt und getauft wird, der wird selig.'

Das hat Ulrich Zwingel, (welchem vor Christi Kreuz, Schmach und Verfolgung grauset), nicht gewöllt und fürgeben, es würde ein Aufruhr ausgeben. Die andren aber, Konrad und Felix, sprachen, man könne um deßwillen Gottes lautren Befehl und Angeben nicht unterwegen lassen. Indem begab es sich, daß einer von Chur zu ihnen kam, nämlich ein Pfaff mit Namen Geörg vom Haus Jakob, den man sonst hat genennt Blabrock; ... Der ist auch zum Zwingel erstlich kommen und von Glaubenssachen viel mit ihm gehandelt und geredt, aber nichts ausgerichtet.

Da ward ihm gesagt, daß anderer Männer da sein, die eifriger sein dann der Zwingel. Welchen Männern er fleißig nachgefragt und ist zu ihnen kommen, nämlich zum Konrad Grebel und Felix Mantzen, und hat mit ihnen geredt und sich ersprachet Glaubenssachen halb. Seind auch der Sachen eins wurden mit einander und haben in reiner Forcht Gottes erkennt und befunden, daß man aus göttlichem Wort und Predig ein rechten, in der Lieb tätigen Glauben müßt erlernen und auf dem

erkannten und bekannten Glauben den recht christlichen Tauf, in Verbindung mit Gott, eines guten Gewissens empfahen, in aller Gottseligkeit eines heiligen, christlichen Lebens hinfüran Gott zu dienen, auch in Trübsal beständig zu bleiben bis ans Ende.
Und es hat sich begeben, daß sie sein beieinander gewesen, bis die Angst anging und auf sie kam, ja in ihren Herzen gedrungen wurden; da haben sie angefangen, ihre Kniee zu biegen vor dem höchsten Gott im Himmel und ihn angerüft als ein Herzenskundigen und gebetet, daß er ihnen wollt geben, zu tun seinen göttlichen Willen und daß er ihnen Barmherzigkeit wollt beweisen. Denn Fleisch und Blut oder menschlicher Fürwitz hat sie gar nicht getrieben, weil sie wohl gewißt, was sie darüber werden dulden und leiden müssen.
Nach dem Gebet ist Geörg vom Haus Jakob aufgestanden und hat um Gottes Willen gebeten den Konrad Grebel, daß er ihn wöll taufen mit dem rechten christlichen Tauf auf seinen Glauben und Erkanntnis. Und da er niedergekniet mit solchem Bitt und Begehren, hat der Konrad ihn getauft, weil dazumal sonst kein verordneter Diener, solches Werk zu handeln, war.
Wie nun das beschehen, haben die andren gleicherweis an den Geörgen begehrt, daß er sie taufen soll. Welches er auf ihr Begehren auch also tät; und haben sich also in hoher Furcht Gottes mit einander an den Namen des Herren ergeben, einer den andren zum Dienst des Evangelii bestätet und angefangen, den Glauben zu lehren und zu halten. Damit ist die Absünderung von der Welt und von ihren bösen Werken anbrochen. Dernach haben sich bald andere mehr zu ihnen getan, als Balthasar Huebmör von Friedberg, Ludwig Hetzer und andere mehr, wohl gelehrte Männer in deutscher, lateinischer, griechischer und hebräischer Sprach, auch der Schrift wohl kundig und sonsten Praedikaten und andere Leut, die es bald mit ihrem Blut bezeugt haben. Den obgemeldeten Felix Mantz den hat man zu Zürich ertränkt um des wahren Glaubens und Tauf willen, hat also beständiglich mit seinem Leib und Leben die Wahrheit fein bezeugt.
... Also hat es sich durch Verfolgung und viel Trübsal ausgebreitet, die Gemein täglich gemehrt und des Herrn Volk bald zugenommen. Welches der Feind göttlicher Wahrheit nicht mocht leiden, brauchet Zwingel als ein Instrument, der dann auch mit Fleiß anfing zu schreiben und auf der Kanzel zu lehren, daß der Tauf der Gläubigen und der Alten unrecht wär und nicht sollt erduldet werden, wider sein eigene Bekanntnis, die er vorhin geschrieben und gelehrt hätt, daß der Kinds-

tauf mit keinem hellen Wort Gottes mög erwiesen und bezeugt werden."[1]

Der hier „Blabrock" genannte *Georg Blaurock* wirkte nach seiner Taufe am 21. Januar 1525 als Evangelist, ebenso wie auch *Felix Mantz* und *Konrad Grebel* in der kurzen Zeit bis zu ihrer Hinrichtung. Blaurock predigte und taufte in der Schweiz und in Tirol, wo er am 6. September 1529 verbrannt wurde.

Aus Staufen im Breisgau kam eine weitere prägende Persönlichkeit der Täuferbewegung. Unter dem Vorsitz von *Michael Sattler* wurde am 24. Februar 1527 in Schleitheim bei Schaffhausen ein erstes täuferisches Bekenntnis verfaßt. Grundlegende theologische Fragen wie die Dreieinigkeit werden in diesen sieben Artikeln nicht behandelt, da sie wohl als selbstverständlich vorausgesetzt werden.

Behandelt werden die Themen Taufe, Gemeindezucht (Bann), Abendmahl, Absonderung von der Welt, die Hirten in der Versammlung, Kriegsdienst und das Schwören. Die Taufe sollte nur an Gläubigen vollzogen werden. Kindertaufe wird grundsätzlich abgelehnt. Getaufte, die dem Irrtum verfallen und sündigen, sollen zweimal privat ermahnt werden, wenn nötig ein drittes Mal vor der Versammlung. Wenn sie dann nicht umkehren, sollen sie vom Brotbrechen ausgeschlossen werden, an dem nur getaufte Gläubige teilnehmen dürfen.

„Sie müssen vorher vereint sein in dem einen Leib Christi, das ist die Versammlung Gottes, deren Haupt Christus ist, und das durch die Taufe."[2]

Christen sollen sich von der Welt und von den Werken der Finsternis absondern. Besonders genannt werden *„papistische und neupapistische Werke und Götzendienst"*, Versammlungen, Kirchenbesuch, Weinhäuser, Bürgschaften und *„Verträge des Unglaubens"*. Der Hirte soll sein Leben am Vorbild des Apostels Paulus ausrichten und in seiner Arbeit von der Gemeinde unterstützt werden. Der Waffengebrauch wird für die Christen grundsätzlich abgelehnt, ebenso der Eid.

Sattler wurde am 21. Mai 1527 hingerichtet.

Sicherlich auch durch die Verfolgungssituation bedingt, breitete sich eine Erwartung der Wiederkunft Christi, verbunden mit der

Erwartung eines kommenden Tausendjährigen Reiches, unter den Täufern aus, deren Frömmigkeit teilweise von einem starken Enthusiasmus geprägt war. „Tanzen im Geist" und Zungenrede gehörten zum Alltag täuferischer Frömmigkeit.³

Hans Guderian sieht in der Zeit zwischen 1525 und 1540 vier Richtungen der Täufer, von denen jedoch nur zwei – die *Hutterischen Brüder* und die *Mennoniten* – die Verfolgung überlebten und heute noch eine Rolle spielen:

> „1. die ‚Schweizer Brüder' in der Schweiz, am Oberrhein und in der Pfalz, die ein pazifistisches Gemeindeideal vertraten,
> 2. die süddeutschen Täufer in Schwaben und Bayern, in Franken und Österreich, die beeinflußt waren durch die spiritualistische Lehre Hans Dencks und durch die Endzeitprophetien Hans Huts,
> 3. die ‚Hutterischen Brüder' in Mähren, die auf der Grundlage urchristlicher Gütergemeinschaft und in Absonderung von der Welt ihr Gemeindeleben entfalteten, und
> 4. die ‚Mennoniten' in den Niederlanden und am Niederrhein, die sich allerdings erst nach der Katastrophe von Münster 1534/35 als nördlicher Zweig der Täuferbewegung unter Führung von Menno Simons formierten."⁴

Nicht alle radikalen Gruppen der Reformationszeit können ohne weiteres den Täufern zugerechnet werden. So stellt auch F.H. Littell fest:

> „Der Ausdruck ‚Täufer' hat einen genauen Sinn nur dann, wenn man ihn auf die beschränkt, die zu den Schweizer Brüdern, den Hutterischen Brüdern, den Süddeutschen Brüdern und den Niederländischen Mennoniten gezählt werden. Der ‚Linke Flügel' dagegen umfaßt die verschiedenen Einzelpersonen und Gruppen, die anfänglich mit der Bewegung Verbindung hatten und später nur am Rande mit ihr zusammenhingen: die Gruppen, die Franck, Campanus, Denck, Bünderlin, Schwenckfeld, Joris und Pastor folgten. Gleichzeitig meint der Ausdruck aber auch die zentral bedeutenden Führer und Gemeinden."⁵

Littell unterscheidet innerhalb dieser radikalen Szene folgende Gruppierungen:

> „a) religiöse Revolutionäre (‚makkabäische' Christen);
> b) Spiritualisten;

c) die eigentlichen Täufer;
d) Anti-Trinitarier;
e) evangelische Rationalisten."[6]

Das *Täuferreich in Münster* ist das traurige Kapitel in der Geschichte der Täuferbewegung. Spiritualistische und endzeitlich-revolutionär ausgerichtete Täufer leiteten die Ereignisse ein. Eine Führergestalt war *Melchior Hoffmann*. Er wurde 1495 in Schwäbisch Hall geboren. Hoffmann stieß in Straßburg auf eine Gruppe stark apokalyptisch geprägter Täufer.[7] Er übernahm viel von ihnen, sammelte jedoch einen eigenen Kreis um sich. 1530 verließ er Straßburg, um einer Verhaftung zu entgehen, und predigte in Ostfriesland und den Niederlanden. Hoffmann zog schließlich nach Straßburg zurück, wo er das neue Jerusalem erwartete. Dort wurde Hoffmann 1533 für zehn Jahre inhaftiert.[8]

In Münster wirkte *Bernt Rothman* (1494-1535), der anfangs als Anhänger Luthers der führende Prediger in der 1532 für die Reformation gewonnenen Stadt Münster war. Bald jedoch übernahm er Zwinglis Auffassung vom Abendmahl und verwarf auch die Kindertaufe.[9] Ein Anhänger Hoffmanns, der Bäcker *Jan Matthys* aus Haarlem, kam bald darauf nach Münster. Der mit prophetischem Anspruch auftretende Matthys gewann immer stärkeren Einfluß, auch Rothmann schloß sich ihm schließlich an. Er hatte die Absicht, *de gelouigen in eine hillige gemeinte, affgesundert van den vngelouigen godtloßen*[10] (die Gläubigen in einer heiligen Gemeinde, abgesondert von den ungläubigen Gottlosen) zu versammeln.

Matthys ließ Münster 1534 zum Königreich Christi ausrufen. Während Hoffmann pazifistisch gesinnt war,[11] wurde hier nun täuferisches Gedankengut mit Waffengewalt durchgesetzt bis hin zu Zwangstaufen.[12] Der Absonderungsgedanke führte zur Ausweisung all derer, die sich nicht den Täufern anschließen wollten. Dies wurde als Reinigung angesehen:

> „... *dat Godt der Her hier wolde de Stede reynigen vnd de gotlosen dar vth tho verjagen.*"[13] (... daß Gott der Herr hier wollte die Stätte reinigen und die Gottlosen daraus verjagen.)

Littell stellt zu Recht fest, daß dies für den größten Teil der Bewegung, der Freiwilligkeitsgemeinden forderte, untypisch war.[14]

Münster wurde zu einer „Theokratie", die von zwölf Ältesten

regiert wurde. Nach Matthys' gewaltsamem Tod ließ sich *Jan van Leyden* zum König ausrufen.[15] Dieser Versuch, durch Menschen das Reich Gottes auf Erden zu errichten, endete in einer unmenschlichen Diktatur, die mit ebenso brutaler Gewalt von außen beendet wurde und zum Tod der meisten in Münster lebenden Täufer führte.

Durch die Ereignisse in Münster kam es auch zu staatlichen Maßnahmen gegen die friedlichen Täufergruppen. Allerdings bewirkten die Ereignisse auch einen Umdenkungsprozeß.[16] Eine entscheidende Rolle spielte dabei nach 1540 der ehemals römisch-katholische Priester *Menno Simons*.

In den Niederlanden waren Melchior Hoffmann und seine Nachfolger (Melchioriten) die bedeutendsten Vertreter der Reformation. Die Täufer waren hier keine reformatorische Splittergruppe, sondern die protestantische Gruppierung in dem ansonsten römisch-katholischen Land.[17] *Obbe Phillips*[18] und sein Bruder *Dirk* betreuten den gemäßigten Flügel der Täufer. Littell stellt über die Entwicklung in den Niederlanden fest:

„Selbst während der erregtesten Tage von Münster ist die Mehrzahl der protestantischen Gemeinden in den Niederlanden nicht ins Lager der Revolutionäre übergegangen. Sie blieben, was sie von Anfang gewesen waren, freiwillige Gemeinden getaufter Evangelischer in einem römisch-katholischen Land, entschlossen, die Ordnungen des Neuen Testaments in einer wiederhergestellten apostolischen Kirche zu verwirklichen."[19]

Federführend bei der Zusammenführung der täuferischen Gruppen war *Menno Simons,* der bei seinem Dienstantritt 1524 noch nie in der Bibel gelesen hatte. Im selben Jahr kam ihm bei der Messe der Gedanke, die Lehre von der Wandlung von Brot und Wein sei vielleicht nicht wahr. Er las dann im Neuen Testament und fand keine ihm einleuchtenden Argumente für die römische Lehre. So wurde Simons zu den Schriften Luthers geführt. Als Simons 1531 von der Hinrichtung eines „Wiedertäufers" hörte, studierte er die Bibel in bezug auf die Taufe und entdeckte auch hier nichts, was die römische Lehre unterstützte.[20]

Nach dem gewaltsamen Tod seines Bruders, der sich revolutionären Täufern angeschlossen hatte und 1535 bei einem Kloster in Bolsward ums Leben kam,[21] wandte sich Simons den friedlichen

Täufern zu. Obbe Phillips taufte ihn 1536 und ordinierte ihn zum Ältesten. Menno Simons wirkte dann in Holland, Nordwestdeutschland, insbesondere im Rheinland und in Holstein. In unermüdlicher Arbeit gelang es ihm, trotz der Widerstände von spiritualistischen Gruppen, den Täufern eine neue Identität zu geben und sie zu Gemeinden zu sammeln.[22]

> *„Menno Simons hat die Weichen für ein Täufertum gestellt, das seinen aggressiven Charakter allmählich ablegen, seine freikirchliche Alternative unter dem Schutz toleranter Obrigkeiten aber in aller Abgeschiedenheit ausleben konnte."*[23]

Seine Stellung zu Münster drückte Menno in seinem ersten Buch an Johannes a Lasco aus:

> *„... da wir doch von der greulichen Lehre, von Aufruhr, Meuterei, Blutgier, Vielweiberei und dergleichen Greuel vor unserem Gott, der alle Herzen kennt, rein und frei sind, ja dieselben aus dem Grund unserer Seele als offenbare Ketzereien, Gewissensfallstrick, Seelenverführungen, Betrug und pestilenzialische Lehren, die von allen göttlichen Schriften verflucht und mit dem Bann belegt werden, hassen und bekämpfen."*[24]

Am 31. Januar 1561 starb Simons.

Simons Lehrtätigkeit

Neben seiner missionarischen Tätigkeit schrieb er fünfundzwanzig Bücher und Kleinschriften. Sein wesentlichstes Werk ist *Das Fundament der christlichen Lehre*.

Simons und Dirk Phillips betonten die Bedeutung der Gemeinde. Für Simons war die Gemeinde eine Gemeinschaft von Menschen

> *„... welche recht bekehrt, von oben aus Gott geboren und in Herz und Sinnen erneuert sind, welche durch die Kraft des Heiligen Geistes, aus dem Anhören des göttlichen Wortes, Gottes Kinder und ihm gehorsam geworden sind, welche ihr Leben lang oder von der Zeit ihrer Berufung an unsträflich in seinen heiligen Geboten und nach seinem gebenedeiten Willen leben."*[25]

Die Wiedergeburt bezeichnete Menno Simons als eine inwendige Taufe, bei der die Menschen *„mit dem himmlischen fewr und dem heiligen Geist von Gott getäuffet werden"*.[26]

Über die Taufe stellt er fest:

> *„Dort, wo der erneuernde, wiedergebärende Glaube nicht ist, der uns zum Gehorsam leitet, da ist auch keine Taufe."*[27]

Ohne Wiedergeburt sieht Simons die Taufe als nutzlos an, selbst wenn der Täufling *„von Petro, Paulo oder von Christo selbst getäuffet were"*.[28] Für den Wiedergeborenen ist die Taufe vor allem ein Akt des Gehorsams, gleichzeitig auch ein Zeichen des Glaubens. Der Täufling zeigt, daß seine Sünde abgewaschen ist, er Vergebung erlangt hat, wiedergeborenes Kind Gottes ist. All das geschieht nicht durch die Taufe, sondern die Taufe ist äußeres Zeichen für diese bereits geschehenen Ereignisse.[29] Über die Kindertaufe stellt er fest:

> *„... daß die Kindertauff nichts ist dann ein Menschen gutduncken/ ein eigen Meinung / ein Zerstörung der Ordnung Christi / ja ein offenbar grewel / der da steht an der heiligen Stet / da er mit recht nit stehn solte."*[30]

Dabei ist Simons nicht der Meinung, daß Kindern durch die Taufverweigerung etwas verlorengehe:

> *„Den unschuldigen und unmündigen kind'n wird kein sünd zugerechnet / umb Jesus willen / Aber das Leben ist jnen zugesagt / nit durch ein einige Ceremonien / sond'n auß lauter gnaden / in der vergiessung des Herren Blut / Wie er selbs spricht / last die kind' zu mir kommen / und wehret jnen nit / dann solcher höret das Reich der Himmel zu / Mat. 19.Mar.10.Lu.18."*[31]

Als Besonderheit wurde von Simons die Fußwaschung in Verbindung mit dem Abendmahl ausgeübt. Er orientierte sich dabei an dem neutestamentlichen Bericht, nach dem Jesus seinen Jüngern die Füße wusch und sie aufforderte, sich an dieser Handlung ein Beispiel zu nehmen.[32]

Innerhalb der Mennonitengemeinden traten auch Probleme um Lehrfragen auf. So wurde der Älteste Adam Pastor, ein ehemaliger Priester, 1552 in Lübeck von Menno Simons aus der Gemeinde ausgeschlossen, weil er eine antitrinitarische Position vertrat.[33]

Zu einer ersten größeren Spaltung kam es 1556 über die Frage der Reinheit der Gemeinde. Die Waterländer Mennoniten[34] waren nicht mit der rigorosen Form des Bannes einverstanden, die jegliche sozialen Kontakte zu Gebannten verbot, selbst wenn es sich um den eigenen Ehepartner handelte.[35]

Die weitere Geschichte

Die Mennoniten litten fast überall Verfolgung. Allein in den Niederlanden starben im 16. Jahrhundert 2000 Menschen.[36] Zahlreiche Mennoniten flohen nach Westpreußen, wo sie zwar auch nicht überall willkommen waren, jedoch eine relative Freiheit genossen.[37]

Während des Dreißigjährigen Krieges verschwanden die Täufer in den übrigen Gebieten bis auf die Niederlande fast vollständig, lediglich in der Schweiz blieben kleinere Gruppen bestehen.[38]

In den Niederlanden kam es in der zweiten Hälfte des 17. Jahrhunderts zu einer weiteren Spaltung um die Frage des Stellenwertes des Bekenntnisses. Es bildeten sich zwei Gruppen, die eher konservativen und bekenntnisorientierten Zonisten, deren Gemeinden mehr auf dem Land waren, und die weltoffenen, eher liberalen, spiritualistisch und deistisch beeinflußten *Lamisten,* die eher in den Städten zu finden waren.[39] Die Lamisten verbanden sich häufig mit den Waterländern.[40]

Zu ähnlichen Auseinandersetzungen kam es auch in Nordwestdeutschland. Hier betonten die durch den Pietismus beeinflußten *Dunker/Dompelaars* die Treue zum Wortlaut der Bibel und damit die Fußwaschung, Taufe durch Untertauchen und das häufige Feiern des Abendmahles.[41] Ihnen standen die *Freisinnigen* gegenüber, die sich meist behaupteten. Insgesamt wurden die Gemeinden durch die Auseinandersetzungen, den Mangel an Mission und die Auswanderung der Dunkers nach Amerika stark geschwächt, so daß im 19. Jahrhundert in Nordwestdeutschland gerade noch 1900 Mennoniten in neun Gemeinden zusammenkamen.[42]

Über Rußland nach Kanada und in die USA
Viele der in Westpreußen lebenden Mennoniten zogen Ende des 18. Jahrhunderts und Anfang des 19. Jahrhunderts auf Einladung der Zarin Katharina II. in die Ukraine. In den Siedlungen *Chortitza* und *Molotschna* (s.u., Die Mennoniten) konnten sie in Freiheit leben, mußten sich allerdings verpflichten, keine Mission unter den orthodoxen Russen zu betreiben. Dagegen wurde unter den Moslems eine rege Missionstätigkeit entfaltet.

Als die russische Regierung 1874 auch für die Mennoniten die allgemeine Wehrpflicht einführen wollte, verließ etwa ein Drittel (18 000 Menschen) die Ukraine, um sich in Kanada und den USA anzusiedeln. Die russische Regierung schuf daraufhin die Möglichkeit eines Ersatzdienstes, des Forsteidienstes.[43]

Zwischen 1923 und 1929 verließen über 20 000 Mennoniten die Sowjetunion. 1938 hörte die Mennoniten-Gemeinde Rußlands offiziell auf zu existieren.[44] Die Deportation deutscher Siedler aus dem europäischen Rußland nach Sibirien und in die zentralasiatischen Teilrepubliken der Sowjetunion führte zu weiterer Zerstreuung der Mennoniten. Einige wenige Gemeinden der „kirchlichen" Mennoniten schlossen sich nach dem Zweiten Weltkrieg vorübergehend den Evangelisch-Lutherischen Gemeinden an. Die meisten blieben jedoch unregistriert. Eine Registrierung und die damit verbundene offizielle staatliche Anerkennung wurde erst 1967 möglich.[45]

Mennoniten-Brüdergemeinden, die bereits vor dem Zweiten Weltkrieg in Sibirien und dem Gebiet um Orenburg entstanden waren, blieben selbständig. Eine Reihe von ihnen ließ sich jedoch registrieren.[46]

1963 nahmen Mennoniten-Brüder aus den Reihen der deportierten Mennoniten Kontakte zum Bund der Evangeliumschristen-Baptisten auf. In dieser Zeit entschloß sich jedoch eine nicht unerhebliche Anzahl von Gemeinden, der staatlichen Kontrolle und der damit verbundenen Registrierung der Gemeinden und ihrer Glieder zu entgehen und als nichtregistrierte Gemeinden in den Untergrund zu gehen. Den „registrierten" Gemeinden wurde Kompromißbereitschaft vorgeworfen.[47] Ein Teil der Mennoniten-Brüdergemeinden schloß sich dem neu entstandenen *Bund unabhängiger Evangeliumschristen-Baptisten* an (s.u., *Vereinigung der Evangeliums-Christen-Baptisten in Deutschland e.V.*).

Zu einem offiziellen Anschluß von etwa 18 000 Mitgliedern der Mennoniten-Brüdergemeinden an den registrierten Allunionsrat der Evangeliumschristen-Baptisten kam es erst 1966. Die durch Besprengung getauften Gemeindeglieder mußten sich durch Untertauchen taufen lassen.[48] Wie auch die bereits seit 1945 in den Bund integrierten pfingstkirchlichen *Christen des evangelischen Glaubens* wurden die Mennoniten-Brüdergemeinden durch einen von ihnen benannten Vertreter im Allunionsrat des Bundes vertreten.

Literatur

Guderian, Hans. *Die Täufer in Augsburg. Ihre Geschichte und ihr Erbe.* Pfaffenhofen: W. Ludwig Verlag, 1984.
Goertz, Hans-Jürgen. Die Täufer. Geschichte und Deutung. Berlin: Evangelische Verlagsanstalt, 1987.
Wenger, J.C. *Die Täuferbewegung. Eine kurze Einführung in ihre Geschichte und Lehre.* Wuppertal, Kassel: Oncken, 1984.
Lichdi. *Über Zürich und Witmarsum nach Addis Abeba.* Maxdorf: Agape Verlag, 1983.

Die Hutterischen Bruderhöfer

Eine besondere Richtung der Täuferbewegung entstand durch *Jakob Hutter* (ca. 1500-1536). Der *Südtiroler* Hutmacher stieß 1529 im mährischen Austerlitz auf eine täuferische Gruppe, die auf Grund der Verfolgungssituation all ihren Besitz zusammengelegt hatte, um ihr Überleben zu sichern.[1] Jakob Hutter wurde 1533 zum Leiter der Bewegung und gab dieser Lebens- und Arbeitsgemeinschaft nach dem Leitbild der ersten Jerusalemer Gemeinde Gestalt und Form.[2] Das von ihm entwickelte Konzept der *Bruderhöfe* konnte er in der weiteren Entwicklung nicht mehr miterleben, da er am 25. Februar 1536 in Innsbruck verbrannt wurde.[3]

Adelige Grundbesitzer stellten den *Hutterern* in *Mähren* Land zur Errichtung von Bruderhöfen zur Verfügung. Durch eine intensive Missionsarbeit wurden viele Menschen aus *Tirol, Österreich* und *Südwestdeutschland* gewonnen, obwohl etwa vier Fünftel der Missionare auf dem Scheiterhaufen endeten.[4] 1598 gab es vierzig hutterische Siedlungen in Mähren.[5]

Aufgrund der Gegenreformation und des Dreißigjährigen Krieges mußten die überlebenden Hutterer Mähren verlassen, viele beendeten gleichzeitig die Gütergemeinschaft. Nur eine kleine Gruppe, die ebenfalls zwischenzeitlich die Gütergemeinschaft aufgegeben hatte, blieb im siebenbürgischen Alwinz zusammen. Dort trafen Kärntner Glaubensflüchtlinge auf sie, die durch das Studium älterer hutterischer Schriften beschlossen, einen Bruderhof zu gründen. Ihnen schloß sich eine Reihe der Hutterer an, so daß 1762 in Creutz wieder ein Bruderhof entstand. Um 1768 mußten sie Siebenbürgen verlassen und siedelten sich kurzzeitig in der Walachei,[6] und 1770 in der nördlichen Ukraine an. 1842 zogen sie nach *Molotschna,* einer mennonitischen Kolonie in der südlichen Ukraine. 1874 und 1875 wanderten die Hutterer in die USA aus und gründete drei Bruderhöfe in *Süd-Dakota*.[7]

Der 1883 geborene *Eberhard Arnold* hatte im Alter von sechzehn Jahren ein tiefes Bekehrungserlebnis. Danach pflegte er intensive Kontakte zur Heilsarmee. Später wurde er Herausgeber der Zeitschrift „Die Furche", ein Organ der christlichen Studentenbewegung. Arnold war schockiert von den Ereignissen des Ersten Weltkrieges und konnte nicht verstehen, daß die Kirchen sich nicht gegen den Krieg ausgesprochen hatten. Er sammelte Gesinnungsgenossen, die wie er einen an der Bergpredigt orientierten „urchristlichen" Lebensstil praktizieren wollten. Er gründete mit ihnen 1920 in Sannerz/Rhön eine Bruderschaft, die sich in der Tradition früherer Bewegungen sah. Ein erster Bruderhof entstand 1926 in der Nähe von Sannerz. 1925 schrieb Eberhard Arnold:

„Wir bekennen uns zu Christus, dem historischen Jesus, und damit zu der gesamten Nachricht, die seine Apostel vertreten haben, zu dem gemeinsamen Leben der ersten Christen. Deshalb stehen wir als Brüder zu den Bruderschaften der geist-bewegten enthusiastischen Lebensgemeinschaften, wie sie im ersten Jahrhundert im Urchristentum, im zweiten Jahrhundert in der allgemein-christlichen Gemeinde-Krisis des prophetischen sogenannten Montanismus, in den nächsten Jahrhunderten im ursprünglichen Mönchtum, dann weiter in den Revolutions-Bewegungen der Gerechtigkeit und der Liebe um Arnold von Brescia, in den Waldenser Bewegungen, in dem ursprünglichen Gemeinschafts-Wandertum des Franz von Assisi, in den böhmischen und mährischen Brüdern, in den Brüdern des gemeinsamen Lebens, in den Beghinen und Begharden, besonders in den sittenreinen Urtäufern des 15. und 16. Jahrhunderts, in ihrem Bruder-Kommunismus und in ihrer Waffendienst-Verweigerung, in ihrer bäuerlichen und bürgerlichen Arbeit auf ihren Bruderhöfen, wie sie in anderer Art bei den Quäkern, wie sie auch im 17. und 18. Jahrhundert bei den Labadisten, in der Brudergemeine Zinzendorfs und in anderen Benennungen auftreten. Wir müssen in Gemeinschaft leben, weil uns derselbe Geist dazu drängt, der vom Prophetismus und vom Urchristentum her immer wieder zum Gemeinschaftsleben geführt hat."[8]

1930 besuchte Arnold einige Kolonien der Hutterer in *Kanada*. Er wurde von ihnen als Bruder aufgenommen und zum Prediger gewählt. Es entstand eine Einheit zwischen den in Amerika lebenden *Alt-Hutterern* und den in Deutschland lebenden *Hutterischen Bruderhöfern*. Während der nationalsozialistischen Diktatur mußten die *Bruderhöfer* Deutschland verlassen. Ihr Weg führte sie über *Liechtenstein* nach *England, Paraguay* und schließlich 1954 in die *USA*.

1986 kamen erneut hutterische Bruderhöfer nach Deutschland. Nach einem kurzen Aufenthalt in dem Westerwälder Dorf *Hemmelzen* errichteten sie 1989 einen Bruderhof auf dem *Michaelshof* im nahegelegenen *Birnbach* im Landkreis *Altenkirchen/Westerwald*. Die Hutterer fielen nicht zuletzt durch ihre von den Alt-Hutterern übernommene Kleidung (die Männer tragen karierte Baumwollhemden und schwarze Hosen mit Hosenträgern, die Frauen lange Röcke und schwarze Kopftücher mit weißen Punkten) auf. Es kam zu Gerüchten, z.B. der Behauptung, fünfhundert Bruderhöfer mit durchschnittlich sechzehn Kindern pro Familie würden sich in Birnbach ansiedeln wollen. Bauanträge der Hutterer zur Erweiterung ihrer Einrichtungen wurden abgelehnt. Dem Gemeinderat lag die schriftliche Bestätigung der Hutterer vor, daß auf dem Hof nicht mehr als einhundertsiebzig Menschen leben würden. Offensichtlich schenkten jedoch einige der fünfhundert Dorfbewohner dieser Zusage keinen Glauben. Es bildete sich sogar eine Bürgerinitiative gegen die Hutterer.[9] Diese Provinzposse scheint inzwischen größtenteils beigelegt zu sein, wohl auch wegen des intensiven Bemühens der Bruderhöfer um ein gutes Verhältnis zur Bevölkerung, ihrer Teilnahme bei Festveranstaltungen und ihrer Gastfreundschaft, die jedem Interessierten angeboten wird.

Ihren Lebensunterhalt verdienen die Bruderhöfer mit der Herstellung von Kindergarten-Spielgeräten und Hilfsgeräten für Behinderte.[10]

Das theologische Gedankengut entspricht dem der frühen Täuferbewegung. Ein schriftlich fixiertes Glaubensbekenntnis existiert nicht, wohl aber eine umfangreichere Lehrdarstellung aus der Frühzeit der Geschichte der Hutterer, *die Rechenschaft unsrer Religion, Lehre und Glaubens* von *Peter Riedemann* († 1556).[11]

Als Grundlage der Gemeinschaft wird die Bibel verstanden:

„Das einzig tatsächlich Sichtbare, woran sie sich gebunden fühlen, sind die Worte der Bibel, insbesondere die des Neuen Testaments. Das heißt, sie fühlen sich von dem, was uns durch die Bibel von Gott, von dem Kommen seines Reiches, von der Aussendung seines Geistes, von dem Leben Jesu und von dem, was er von den Menschen fordert, verkündet wird, aufs tiefste ergriffen und verpflichtet. Es ist in einem solchen Maße zwingend für sie geworden, daß sie ihr bisheriges Leben,

das innerhalb der übrigen bürgerlichen Welt verlief, abbrechen mußten."[12]

In einer Selbstdarstellung berufen sich die Bruderhöfer auf die Kennzeichen der frühen Hutterer, die folgendermaßen zusammengefaßt werden:

„*In der Reformationszeit beschloß eine Gruppe der Täufer, ihren Besitz zusammenzulegen und in christlicher Gemeinschaft zu leben. Von 1533 an standen sie unter der Führung Jakob Hutters. Sie bekannten sich*
– *zum apostolischen Glaubensbekenntnis*
– *zum Abendmahl als Gedächtnismahl*
– *zur Gütergemeinschaft*
– *zur Gemeindeleitung*
– *zur Gemeindezucht*
– *zu lebenslänglicher Treue in der Ehe*
Sie weigerten sich
– *Militärdienst zu tun oder Gewalt anzuwenden*
– *öffentliche Ämter zu bekleiden*
– *zu schwören*
Heute, nach 450 Jahren, leben Menschen nach den gleichen Grundsätzen auf mehr als 350 Bruderhöfen in Kanada und den U.S.A."[13]

Taufe

Eine Kindertaufe wird abgelehnt. Peter Riedemann begründet dies damit, daß Kinder nicht wiedergeboren sind, eine Taufe dies aber voraussetze, da sie Aufnahme in die Gemeinde ist.

„*Dieweil die Kinder von Gott christlicher Weise, das ist durch das gepredigte Wort, Glauben und Heiligen Geist nicht geboren sind, mögen sie rechter Art nicht getauft werden, denn die Taufe ist eine Aufnahme in die Gemeine Christi, Jak. 1; 1. Pet. 1.*"[14]

Die Wiedergeburt ist für Riedemann ein Geschehen, das durch den Heiligen Geist gewirkt wird. Die Taufe ist hier praktisch ein Festmachen, ein Besiegeln der Verbindung mit Gott.

„*Diese Geburt aber geschieht also. Wenn das Wort gehöret und demselben Glauben gegeben wird, so wird der Glaube mit der Kraft Gottes, dem Heiligen Geist, versiegelt, der alsdann den Menschen erneuert und ihn lebendig macht, (nachdem er in Sünden tot war) in der Gerechtigkeit, die vor Gott gilt, daß der Mensch eine neue Kreatur, ein neuer Mensch nach Gottes Bildnis gestaltet oder wieder darein erneuert wird ... Der nun also geboren wird, dem gehöret alsdann die Taufe als ein Bad der Wiedergeburt, damit er in das Testament der Gnade und Erkenntnis Gottes gezeichnet wird.*"[15]

Abendmahl

Zum Abendmahl schrieb Eberhard Arnold:

„*Und wie wir das Trivialste der menschlichen Bedürfnisse, das tägliche Essen, zu einem geweihten Fest der Gemeinschaft gestalten müssen, vor dem wir Ehrfurcht haben, so gibt es eine letzte Steigerung und Sammlung dieses Gemeinschafts-Ausdruckes in dem Symbol der Tisch-Gemeinschaft: das Mahl des Weines und des Brotes, das Zeugnis der Aufnahme des Christus in uns, das Zeugnis seiner Todes-Katastrophe und seiner Wiederkunft, das Zeugnis seiner Gemeinde als der Einheit des Lebens.*"[16]

So wie Arnold hier die Zeichenhaftigkeit des Abendmahles betont, wurde auch bei Riedemann eine Präsenz Christi in Brot und Wein abgelehnt.

„*Daß er aber im Brot nicht ist; bezeugen die Worte: Gott will nicht wohnen in Tempeln, die mit Menschenhänden gemacht werden, 1. Kön. 8; Jes. 66; Apgesch. Kap. 7 und 17. Nun ist ja Brot von Menschenhänden gemacht; er ist darum nicht darinnen.*"[17]

Brot und Wein sind Darstellung des einen Leibes Christi. So wie viele zermahlene Körner erst das eine Brot ausmachen, ist der eine Leib aus vielen Gliedern zusammengesetzt.

„*... er lehret sie, daß sie seines Leibes Glieder seien und wie das Brot aus vielen Körnlein zusammen gefüget e i n Brot worden ist, Röm. 12; 1. Kor. kap. 11 und 12, also auch wir aus vielen Menschen, und die wir in viel zerstreuet und geteilt waren, mancherlei Sinn und Meinung* *hatten, durch den Glauben in eins geführet, eine Pflanze, Gewächs und Leib Christi geworden sind, Ihm in einem Geist anzuhangen ..."*[18]

Gemeindezucht

Im Bereich der Gemeindezucht wird der sogenannte „Ausschluß" praktiziert. Dieser gilt jedoch meist nur für einige Tage (wie auch häufig in Mennonitengemeinden), der Betreffende wird gerade in dieser Zeit besonders gut versorgt.

Literatur

Arnold, Eberhard. *Warum wir in Gemeinschaft leben*. Rifton, New York: Plough Publishing House, 1974.
Riedemann, Peter. *Rechenschaft unsrer Religion, Lehre und Glaubens*. Falher, Alberta, Canada: Twilight Hutterian Brethren, 1988.
Geschicht-Buch der Hutterischen Brüder, repr. Macmillan Colony, Cayley, Alberta, Canada, 1982.

Die Mennoniten

Die Mennoniten sind aus der Täuferbewegung um Menno Simons hervorgegangen. Heute findet man unter ihnen und den aus ihnen hervorgegangenen Gemeinschaften ein breites theologisches Spektrum, von streng konservativer (Amisch) bis zu liberaler Prägung, das auch Einfluß auf nichttheologische Dinge nimmt. Ein Zusammenschluß verschiedener, aber bei weitem nicht aller mennonitischer Gemeinschaften ist die *Mennonitische Weltkonferenz*. In Deutschland ist die *Arbeitsgemeinschaft der Mennonitengemeinden in Deutschland* mit der Weltkonferenz verbunden.

In den Richtlinien für die Mennonitische Weltkonferenz (1957) werden als Träger der Konferenz „*diejenigen autonomen mennonitischen Konferenzen oder Gemeindegruppen aus allen Ländern, die sich nach freiem Ermessen bereit erklären, an dem Werk der Weltkonferenz teilzunehmen*"[1] bezeichnet. Die Weltkonferenz hat nicht das Recht, bindende Beschlüsse zu fassen. Sie tagt alle fünf Jahre.

Mennonitische Gruppierungen im deutschsprachigen Raum

Arbeitsgemeinschaft Mennonitischer Gemeinden in Deutschland

1990 wurde die *Arbeitsgemeinschaft Mennonitischer Gemeinden in Deutschland K.d.ö.R.* gegründet. Sie ist ein Zusammenschluß aus drei regionalen mennonitischen Gruppierungen, der *Vereinigung der Deutschen Mennonitengemeinden (VDM)* (Norddeutschland), des *Verbandes deutscher Mennonitengemeinden (VdM)* (Baden Württemberg und Bayern) und der *Arbeitsgemeinschaft südwestdeutscher Mennonitengemeinden* (Pfalz und angrenzende Gebiete). Die beiden letztgenannten Verbände sind wiederum zusammengeschlossen in der *Konferenz süddeutscher Mennonitengemeinden*. Die VDM ist Träger der Mitgliedschaft im Ökumenischen Rat der Kirchen (ÖRK, s.u.).[2] Sie ist auch offen für Gemeinden außerhalb ihres regionalen Bereiches, welche die ökumenische Arbeit mittragen wollen. Mit dem VdM arbeitet die *Mennonitische Heimatmission* (s.u.).

Zur Arbeitsgemeinschaft Mennonitischer Gemeinden in Deutschland gehörten 1993 achtundvierzig Gemeinden mit 7 830 Gliedern, 1992 waren es 49 Gemeinden mit 8 456 Gliedern. 41 Prozent der Mitglieder besuchen regelmäßig den Gottesdienst. Es gibt 85 haupt- und ehrenamtliche Verkündiger. Im Gegensatz zu den anderen mennonitischen Verbänden und Gemeinden gibt es in diesen Gemeinden auch Predigerinnen, 1992 waren es insgesamt zwölf.[3]

Die Arbeitsgemeinschaft betreibt ein Altenheim, zwei Alten- und Pflegeheime sowie drei Freizeithäuser.

Ein Überblick

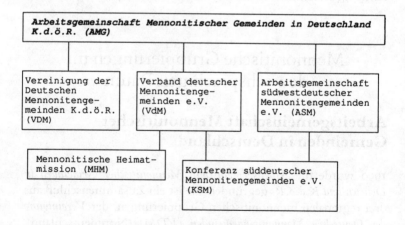

Weitere mennonitische Vereinigungen im deutschsprachigen Raum sind die *Arbeitsgemeinschaft zur geistlichen Unterstützung in Mennonitengemeinden (AGUM,* s.u.), zwei Arbeitsgemeinschaften *Mennonitischer Brüdergemeinden* in Deutschland und eine in Österreich (s.u.), sowie die *Bruderschaft Mennonitischer Brüdergemeinden* und etwa 50 selbständige Mennonitengemeinden, davon 5 Mennoniten-Brüdergemeinden.

Zur mennonitischen Konfessionsgruppe zu rechnen sind auch mehrere Gemeinden des *Bundes Taufgesinnter Gemeinden* (s.u.) und der *Vereinigung der Evangeliums-Christen-Baptisten-Gemeinden in Deutschland e.V.* (s.u.).

Gesamtstatistik

Alle oben aufgeführten Gruppierungen (AMG, Mennonitische Brüdergemeinden, die AGUM, der Bund Taufgesinnter Gemeinden – hier der Anteil der Mennoniten-Brüdergemeinden, die Vereinigung der Evangeliums-Christen-Baptisten-Gemeinden in Deutschland e.V. sowie die selbständigen Gemeinden) bildeten 1993 in Deutschland 115 Gemeinden mit insgesamt etwa 40 000 Gliedern (ohne die Vereinigung der Evangeliums-Christen-Baptisten-Gemeinden etwa 30 000 Glieder).[4]

Neben missionarischer Aktivität ist dieses Wachstum, das unter den deutschen Kirchen einmalig sein dürfte, in erster Linie auf den Zuzug von Deutschen aus den GUS-Staaten zurückzuführen. Allerdings ist hierbei zu berücksichtigen, das eine Vielzahl der Aussiedler erst in Deutschland Interesse am christlichen Glauben gefunden haben.

Weitere mennonitische Gemeinschaften in Europa

Schweiz

In der Schweiz zählen die Mennonitengemeinden etwa 3000 Mitglieder.[5] Neben ihnen existieren zwei Gruppen der ebenfalls in mennonitischer Tradition stehenden *Evangelisch Taufgesinnten* (s.u.).

Belgien, Luxemburg, Frankreich

In *Belgien* sank die Zahl der Mennoniten von einhundert (1978) auf vierzig (1990).

In *Luxemburg* gibt es in *Dudelange* und in *Scheidgen* bei *Echternach* zwei Mennonitengemeinden, die über viele Jahrzehnte hinweg fast die einzigen evangelikal geprägten Gemeinden des Herzogtums waren. Die Luxemburger Gemeinden haben in den achtziger Jahren die Mennonitische Weltkonferenz verlassen und nennen sich Freie evangelische Gemeinde (*Eglise evangelique Libre*). Sie haben bei wachsender Mitgliederzahl insgesamt etwa 140 Mitglieder und zwei hauptamtliche Mitarbeiter. Zur Zeit entsteht eine dritte Gemeinde in Luxemburg.

In *Frankreich* gibt es, hauptsächlich im *Elsaß* und in *Lothringen*, etwa 2000 Mennoniten.

Ausbildungsstätten

Im schweizerischen Bienenberg befindet sich die *Europäische Mennonitische Bibelschule Bienenberg (EMB)*. Sie wurde 1991 von der Europäischen Evangelischen Akkreditierungsvereinigung anerkannt und kann damit auf Bible College-Ebene international vergleichbare Diplome abgeben. Es gibt eine Kurzbibelschule, einen Grund- und einen Diplomkurs. Berufsbegleitende fünfjährige Kurse erfreuen sich ebenfalls großer Beliebtheit.[6]

USA

In den USA gibt es drei wesentliche mennonitische Gemeinschaften, die *Mennonite Church*, die *General Conference Mennonite Church* und die *Mennonite Brethren Church*.

Die Mennonite Church bildet die größte Gruppe amerikanischer Mennoniten. Sie sind missionarisch aktiv und in Fragen der Umwelt und Rüstung engagiert. Manche Gemeinden sind durch die Charismatische Bewegung beeinflußt.[7]

Die *General Conference* wurde 1860 gegründet. Ihnen schlossen sich die meisten der Ende des letzten Jahrhunderts aus Rußland ausgereisten Mennoniten an. Anfang des Jahrhunderts kam es zu Auseinandersetzungen zwischen „Fundamentalisten" und „Modernisten". Die General Conference betont, biblisch fundiert zu sein. Sie nimmt zu Zeitfragen, insbesondere gegen die Aufrüstung, Stellung.[8]

Die *Mennonite Brethren Church* ist verbunden mit den Mennoniten-Brüdergemeinden in Deutschland. Sie unterhält ein Theologisches Seminar in Fresno, Kalifornien, auf dem auch einige deutsche Mennoniten studiert haben.

Mennonitische Lehre

Die Mennonitenkirchen sind keine bekenntnisorientierten Kirchen, sondern betrachten die Bibel als alleinige Autorität. Dennoch gibt es zahlreiche Mennonitische Bekenntnisse, in denen bestimmte Elemente immer wieder auftauchen. Die älteste dieser Schriften ist das *Schleitheimer Bekenntnis von 1527*.

Befaßt man sich mit der Lehre der Mennoniten, sollte man beachten, was Dieter Götz Lichdi in seiner Darstellung der Mennoniten in Geschichte und Gegenwart festhält:

„Wie die Täufer sind die Mennoniten mehr an ethischen als an dogmatischen Fragen interessiert, mehr an der Praxis des christlichen Lebens als an seiner theoretischen Begründung."[9]

Die beschriebene Grundeinstellung schlägt sich auch in den Bekenntnissen nieder, die neben theologischen auch viele ethische Fragen behandeln, letztlich die wesentlichen Unterscheidungsmerkmale gegenüber den Bekenntnisschriften anderer christlicher Kirchen.

Gemeinsamkeiten mennonitischer Bekenntnisse

Fast alle mennonitischen Bekenntnisse, auch die beiden Bekenntnisse der im Anschluß dargestellten Mennonitischen Brüdergemeinden, behandeln Elemente, die in Bekenntnissen anderer christlicher Kirchen nicht vorkommen oder anders aufgefaßt werden: Taufe der Gläubigen (meist Begießen, bzw. Besprengen), Fußwaschung, Ehe (im Bekenntnis sonst selten enthalten; die Ehe wird als unauflöslich beschrieben, Scheidung ist nicht erlaubt), Gemeindezucht, Gewaltlosigkeit, Ablehnung des Eides. Die beiden letztgenannten Punkte sind entscheidende Elemente mennonitischer Lehre. In der Vergangenheit war die Möglichkeit, keinen Wehrdienst ableisten zu müssen, ein Grund verschiedener Auswanderungsbewegungen der Mennoniten (s.o. Täuferbewegung). Allerdings hatten in der Sowjetunion verbliebene Mennoniten wie auch andere pazifistisch orientierte christliche Bewegungen ihre Positionen in dieser Frage aufgeben müssen.[10]

Taufe und Abendmahl werden grundsätzlich als Zeichen verstanden. In der Taufe wird die Mitgliedschaft in der Gemeinde bekundet und die Bereitschaft erklärt, *„das Evangelium von seinen Brüdern zu hören und anzunehmen, sich ermahnen und trösten zu lassen".*[11]

Das Schriftverständnis

In der frühen Täuferbewegung herrschte die Überzeugung vor, daß die Bibel von jedem bewußt in der Nachfolge Christi lebenden Gläubigen verstanden werden kann.[12] Dies bedeutet nicht, daß die Bibelauslegung der Täufer naiv war, unter ihnen war im Gegenteil auch ein hoher Anteil gebildeter Menschen, darunter auch Theologen, zu finden.[13] Es bedeutet aber, daß die Bibelauslegung und der Weg zum Verstehen der Bibel nicht von bestimmten, geschulten Personen abhängig gemacht werden muß. Alle Gemeindeglieder können etwas zum Verstehen der Bibel beitragen.[14] Auf diesem Hintergrund ist die Formulierung zu sehen, die in der Präambel der Arbeitsgemeinschaft Mennonitischer Gemeinden in Deutschland gewählt wurde:

> *„Maßstab für ein Leben in der Nachfolge Jesu Christi ist die Heilige Schrift Alten und Neuen Testaments, wie sie im Gespräch untereinander ausgelegt wird."*[15]

Die Betonung, daß der Heilige Geist dem Gläubigen das richtige Bibelverständnis schenkt, spielte ebenfalls bereits bei den frühen Täufern eine wichtige Rolle. Von Ausnahmen abgesehen galt hier das äußere Wort der Bibel als maßgeblich und wohl auch als Maßstab zur Beurteilung des inneren Wortes des Geistes.[16]

Professor William M. Swartley, ein amerikanischer mennonitischer Theologe, nennt prägende Einflüsse für das heutige mennonitische Schriftverständnis:

> *„Auf das spätere Schriftverständnis der Mennoniten in Europa und Nordamerika hatten prägenden Einfluß: der Pietismus, die europäische Orthodoxie, die sich dann zum amerikanischen Fundamentalismus weiterentwickelte, und die historisch-kritische Methode der Bibelauslegung, die zum großen Teil an Universitäten entstanden ist, wo nicht der Glaube die Bibelauslegung bestimmte."*[17]

Im Bekenntnis der mennonitischen Brüdergemeinden aus dem Jahre 1980 findet sich ein deutlicher Hinweis auf die Schrift als das *„unfehlbare Wort Gottes und die autoritative Richtschnur für den Glauben und das Leben in der christlichen Jüngerschaft"*.[18] Generell läßt sich feststellen, daß die Mennoniten-Brüdergemeinden sowie Mennonitengemeinden deutscher Aussiedler ein dieser Bekenntnisaussage entsprechendes Schriftverständnis haben. In der AMG gibt es dagegen große Unterschiede im Schriftverständnis. So sind in der ASM eine nicht unerhebliche Anzahl der Pastoren Absolventen theologisch konservativer überkonfessioneller Ausbildungsstätten wie der *Freien Theologischen Akademie* in Gießen oder des *Neues Leben Seminars* in Wölmersen bei Altenkirchen/Westerwald und haben ein dementsprechend konservatives Schriftverständnis. Demgegenüber schrieb der mennonitische Prediger Paul Schowalter 1978 in den *Mennonitischen Blättern*:

"Da der Mensch der Irrtumsfähigkeit unterworfen ist, schließt es aus, irgendeinem Werk von Menschenhand, zumal einem solchen, an dem eine Vielzahl von Menschen beteiligt sind, das Prädikat ‚unfehlbar' zu geben. Ich glaube auch nicht, daß einer der Schreiber dieser Bücher, wenn wir sie heute danach fragen könnten, für seine Person Unfehlbarkeit beanspruchen würde ... Wir glauben nicht an eine irrtumslose Bibel, wohl aber an einen barmherzigen Gott, dem es gefallen hat, sich durch das fehlbare Menschenwort der Bibel zu offenbaren."[19]

Richtungen im Mennonitentum

Der mennonitische Autor *Ronald J. Sider* beschreibt in einem Aufsatz das Verhältnis zwischen Mennoniten und Evangelikalen. Dabei unterscheidet er zwischen „Orthodoxie", der rechten Lehre, und „Orthopraxie", der rechten Praxis.[20] Er kritisiert hier auf der einen Seite – sicherlich zu Recht – eine oft einseitige Betonung der rechten Lehre, ohne daß dabei auch konsequente Nachfolge gefordert wird.

Als Stärken des Mennonitentums nennt er dabei unter anderem *„die Betonung auf die Kosten der Jüngerschaft, auf das Leben des christlichen Lebens, auf die Gemeinde als neue Gesellschaft, die die Ethik des Reiches Gottes auslebt (und deshalb Werte, die radikal anders sind als die der Welt), auf den Weg des Kreuzes als christliche Position zur Gewalt".*[21] Er sieht bei Evangelikalen häufig einen Mangel an der Einsicht, daß die persönliche Beziehung zu Christus auch einschließt, in Christi sichtbaren Leib integriert zu sein.[22]

Auf der anderen Seite stellt er fest, daß diese Praxis oft mit einer Vernachlässigung der rechten biblischen Lehre Hand in Hand gehen kann, ja, daß es engagierte Mennoniten gäbe, die *„zu denken scheinen, daß die historische christliche Betonung auf die volle Gottheit Jesu Christi und seine leibliche Auferstehung von den Toten aufgebbare Lehren"* seien.[23] Kritisch stellt er zu dieser Entwicklung fest:

„Wenn Jesus von Nazareth nicht vom Grabe auferstanden ist, dann ist unser Glaube vergeblich und die Grundlage für unsere mutige Hingabe an den gewaltlosen Weg ist verloren."[24]

Kurt Kerber, Sekretär der VdM, stellt in einem Artikel über das Schriftverständnis im heutigen deutschen Mennonitentum fest:

„So nimmt es denn auch nicht Wunder, wenn eine Gemeinde aus einer bestimmten Stellung zur Schrift einen eher konservativen Lebensstil, die andere einen weltoffenen Lebensstil fördert, die eine Gemeinde Wiedergeburt und Bekehrung als Voraussetzung zur Taufe und Gliedschaft in der Gemeinde ansieht, während einer anderen die Unterweisung im christlichen Glauben und Leben genügt, einige Gemeinden aktiv in Mission und Evangelisation sind, während andere sich fast ausschließlich auf sozialem Gebiet engagieren."[25]

Als nicht unproblematisch erwies sich in *Deutschland* die Begegnung zwischen „alteingesessenen" Mennoniten und Mennoniten, die in den letzten Jahren aus den heutigen GUS-Ländern als Aussiedler zurück nach Deutschland kamen. Inzwischen bilden die Aussiedler eindeutig die Mehrheit der in Deutschland lebenden Mennoniten. Die wenigsten haben sich einem der hier bestehenden Verbände angeschlossen, es wurden eigene Verbände *(AGUM, BTG, Vereinigung der Evangeliums-Christen-Baptisten-Gemeinden)* gegründet.

Die Haltung insbesondere der älteren unter den mennonitischen Aussiedlern wurde in der *Sowjetunion* geprägt. Jakob Heidebrecht, Jugendpastor der Mennoniten-Brüdergemeinde in *Bielefeld*-Heepen, schreibt:

„Durch die dort herrschenden politischen Verhältnisse, die dem Christentum grundsätzlich feindlich gegenüberstanden und dessen Vernichtung anstrebten, wurde eine grundsätzlich negative Haltung gegenüber jeglicher Integration in eine Gesellschaft aufgebaut.[26]

Diese mangelnde Integrationsbereitschaft in die Gesellschaft hat eine fehlende Kommunikationsbereitschaft mit der Gesellschaft zur Folge und führt in der Praxis zu einer Ablehnung öffentlicher kultureller Angebote wie Theater, Kino, Konzerte und Fernsehen; aber auch zu Vorstellungen über das Aussehen eines Christen. Haartracht, Kleider usw. werden zum Maßstab für echtes Christsein erhoben.[27] Interessanterweise entwickelten sich hierbei auch Vorstellungen, die denen mancher pietistischer Kreise, die ebenfalls Äußerlichkeiten betonen, entgegengesetzt waren, so zum Beispiel eine Ablehnung der Krawatte als „weltlich".

Sicherlich hängen manche der aufgestellten Regeln mit den vormals oft begrenzten Möglichkeiten zusammen, die Bibel im Gesamtzusammenhang lesen zu können. So stellt Prediger Peter Epp fest:

„Die Prediger Rußlands arbeiteten mit Kalenderblättern, die hier und da in Briefen durchsickerten. Bei diesem großen Unterschied der Möglichkeiten, Gemeinde zu bauen, muß es dem Leser doch verständlich werden, daß wir Aussiedler aus Rußland eine ganz andere Prägung haben müssen."[28]

Andererseits gibt es, wohl unbewußt, auch deutliche Einflüsse der sowjetischen Gesellschaft:

„Der allgemein verbreitete Geist des Idealismus, der Autoritätsakzeptanz, der Kritiklosigkeit und der patriotischen Hingabe hatte auch Einfluß auf die Gemeinde; zumal diese Dinge sehr nahe bei den christlichen Tugenden angesiedelt und eben auch förderlich für das Gemeindeleben sind."[29]

Durch diese Einflüsse entwickelte sich oft eine Autoritätsgläubigkeit, die alle Bibelauslegung und auch Details der Lebensführung von Führungspersönlichkeiten abhängig machte.[30] Gerade den Jugendlichen, die oft schon in Deutschland die Schule besuchten, macht diese Haltung Schwierigkeiten.

„Der Gottesdienstablauf der Gemeinde, die Kleiderordnung der Gemeinde und vieles mehr wurden nach und nach zu einem Problem für Jugendliche. Und da sich vieles nicht eindeutig biblisch begründen ließ, wurde es abgelehnt."[31]

Trotzdem gehören die meisten Aussiedler aus mennonitischem Hintergrund freikirchlichen Gemeinden an.[32]

Gerhard Wölk, Ältester einer unabhängigen Mennoniten-Brüdergemeinde in *Frankenthal*, stellt kritisch fest:

„Mit großer Sorge stelle ich fest, daß das Mennonitentum in West-Europa immer mehr seiner Inhalte beraubt wird und zum ‚unabhängigen Zweig der Evangelischen Kirche' wird mit dem Unterschied, daß die Evangelische Kirche die Kinder tauft und die 14jährigen einsegnet (konfirmiert) und die Mennonitengemeinde die Kinder einsegnet und die 14jährigen tauft. Besorgniserregend ist es, daß die Mennoniten-

gemeinden massiv in die Mitarbeit in ökumenischen Gremien hineingelotst werden. In den mennonitischen Zeitschriften beschäftigt man sich mit der Problematik der Kernkraftwerke, Abrüstungsfragen, Rüstungssteuerverweigerung und dgl. Es werden Bibelwochen mit der Evangelischen Kirche durchgeführt, wobei die göttliche Inspiration der Heiligen Schrift angegriffen wird. Es werden ‚ökumenische' Hochzeiten in der katholischen Kirche gefeiert, zur Abendmahlsgemeinschaft wird ‚jedermann' eingeladen – Nein, das kann ich nicht ‚mennonitisch' nennen!
Die treffendste Antwort auf die Frage ‚Wer sind Mennoniten?' bleibt für mich doch diese: ‚Bibeltreue Christen, für die jede Aussage der Heiligen Schrift verbindlich ist.' Nur solche Menschen dürfen Glieder unserer Mennonitengemeinden sein."[33]

Ökumenische Beziehungen

Die Feierlichkeiten zum 450jährigen Jubiläum der Confessio Augustana im Jahre 1980 waren Ausgangspunkt ökumenischer Gespräche zwischen der VELKD (s.o.) und den heute in der AMG zusammengeschlossenen Mennoniten. In der Confessio Augustana werden die „Wiedertäufer", als deren historische Nachfolger die Mennoniten zu betrachten sind, als Irrlehrer verurteilt. Der Ökumenische Studienausschuß der VELKD stellte 1980 fest:

„*Da die Weise, in der die Confessio Augustana von den Wiedertäufern spricht und sie pauschal verwirft, darauf beruht, daß schon damals erforderliche und in der Gegenwart erst recht unverzichtbare Differenzierungen fehlen, sollten die lutherischen Kirchen heute – unabhängig von laufenden oder künftigen Lehrgesprächen – erklären, daß diese Verwerfungen in der vorliegenden Form nicht insgesamt auf Kirchen oder Gemeinschaften wie die Mennoniten und Baptisten nur deshalb zu beziehen sind, weil diese Gemeinschaften ausschließlich die als ‚Gläubigentaufe' verstandene Erwachsenentaufe praktizieren.*"[34]

1988 begonnene Kontaktgespräche ließen so viele Gemeinsamkeiten erkennen, daß die Empfehlung der Kanzel- und Abendmahlsgemeinschaft ausgesprochen wurde. Der Ergebnisbericht der ökumenischen Gespräche beinhaltet ein Schuldbekenntnis der Lutheraner:

„Wir betrachten die Verfolgung der Täufer im 16. Jahrhundert und auch noch darüber hinaus als ein schuldhaftes Geschehen, das unsere Beziehungen zu den mennonitischen Geschwistern belastet und für das wir um Vergebung bitten. Durch Aussprechen der fünften Bitte des Vaterunsers ‚Und vergib uns unsere Schuld, wie auch wir vergeben unsern Schuldigern' möchten wir unsere Beziehungen auf eine neue geistliche Grundlage stellen ... Wir erklären einmütig, daß nach unserer Einsicht in Leben und Lehre der mennonitischen Gemeinden der AMG die Verwerfungen der CA die heutigen Gesprächspartner nicht treffen."[35]

Zur Zeit begutachtet der Ökumenische Studienausschuß der VELKD diese Empfehlung. Da die Leitung der AMG nicht in die Belange der Einzelgemeinden hinein bestimmen kann, muß jede Gemeinde ihre eigene Entscheidung zu dieser Empfehlung treffen.

Ein wichtiges Thema der Gespräche war die Tauffrage. In vielen Gemeinden der AMG werden lutherische Christen beim Übertritt in eine mennonitische Gemeinde als Getaufte aufgenommen. Es wird lediglich ein Bekenntnis zu Jesus Christus erwartet. Andere Gemeinden empfehlen die Gläubigentaufe, die jedoch nicht Voraussetzung zur Mitgliedschaft ist.[36]

Mennonitische Heimatmission

Das Arbeitsgebiet der mit der VdM (s. o.) verbundenen Mennonitischen Heimatmission ist vor allem in Bayern, aber auch im hessischen und badischen Raum (Heidelberg, Mannheim) und in Sachsen (Chemnitz). Leiter der Heimatmission ist Pastor *Helmut Funck,* Eichstock.

Die durch Mitarbeiter der Heimatmission gegründeten Gemeinden nennen sich häufig *Freikirchliche Gemeinde.* In der Mennonitischen Heimatmission sind zehn Gemeinden mit 287 Gliedern zusammengeschlossen. Hier versehen fünfundzwanzig haupt- und ehrenamtliche Mitarbeiter den geistlichen Dienst.

Im Unterschied zu den älteren Gemeinden wird in den von der MHM gegründeten Gemeinden meist die Taufe durch Untertauchen, nicht durch Besprengung, praktiziert. Die Gemeinden haben eine charismatische Prägung.

1991 veröffentlichte die Mennonitische Heimatmission eine „Standortbestimmung". Als erster Punkt wird das reformatorische Prinzip „allein die Schrift – allein der Glaube" hervorgehoben.[1]

Stellung zur täuferischen Tradition

Die täuferische Tradition wird in zwei Punkten bestätigt. Die Mennonitische Heimatmission will *„selbständige und selbstverantwortliche Gemeinden nach biblischem Muster"* gründen. Getauft werden diejenigen, die *„durch Buße und Glauben zu einem persönlichen Verhältnis zu Jesus Christus gefunden"* haben.[2]

In die Entscheidung des einzelnen werden die ethischen Entscheidungen der frühen Täufer über Schwören und Wehrdienst gestellt.[3]

Gemeindeleben

In der Gemeinde können Männer und Frauen in eine Aufgabe berufen werden. Betont wird, daß die Betätigung von Geistesgaben erwünscht ist. Dabei wird hervorgehoben, daß die Mennonitische Heimatmission keine Ausklammerung von bestimmten Charismen kennt.[4] Gaben sollen gegebenenfalls durch *„qualifizierte Gemeindeleiter"* geprüft werden.[5]

Abgelehnt wird die Auffassung, daß Krankheit ein Zeichen mangelnden Glaubens oder Ungehorsams sei. Gleichzeitig wird auch die dispensationalistische Auffassung abgelehnt, nach der bestimmte Geistesgaben Element der frühen Kirche waren und seit Fertigstellung des neutestamentlichen Kanons aufgehört haben zu existieren.[6]

Diese Offenheit gegenüber „charismatischen" Elementen führte 1991 zum Austritt zweier Gemeinden aus der Heimatmission.

Arbeitsgemeinschaft zur geistlichen Unterstützung in Mennonitengemeinden (AGUM)

In dieser Arbeitsgemeinschaft sind Mennonitengemeinden miteinander verbunden, zu denen deutsche Aussiedler aus dem Gebiet der ehemaligen UdSSR gehören.

Die Arbeitsgemeinschaft ist ein loser Zusammenschluß, der vor allem helfen soll, kleinen oder auch neu entstandenen Gemeinden Unterstützung zu geben. Dies soll zum Beispiel durch Rüstzeiten für Verkündiger, Dirigenten oder Kindermitarbeiter geschehen. Aber auch ganz praktische Beratung beim Kirchbau sowie finanzielle Unterstützung sieht die Arbeitsgemeinschaft als Aufgabe an. Gemeinsam wird auch Missionsarbeit in der GUS betrieben.[1]

In der Arbeitsgemeinschaft waren 1992 in siebzehn Gemeinden 4209 Mitglieder verzeichnet, 1993 in bereits zweiundzwanzig Gemeinden 5431 Mitglieder bei einem mit 124 Prozent weit über der Mitgliederzahl liegenden Gottesdienstbesuch.

Die Gemeinden sind zu den theologisch konservativen Mennoniten zu zählen.

Schriftverständnis

Zum Schriftverständnis heißt es in einer Selbstdarstellung der Gemeinde in Bielefeld, die mit 1740 Mitgliedern die größte mit der Arbeitsgemeinschaft in Verbindung stehenden Gemeinden ist:

„Wir glauben...
daß die Schriften des Alten und Neuen Testaments von Gott inspiriert und deshalb fehlerlos sind. Sie sind höchste und endgültige Autorität im Bezug auf Glauben und Leben."[2]

In der Selbstdarstellung der Bielefelder Gemeinde wird die Wichtigkeit der missionarischen Arbeit betont.

Die Mennoniten-Brüdergemeinden

Unter den in Südrußland lebenden Deutschen herrschte eine große religiöse Offenheit. Die Schriften *Ludwig Hofackers* wurden nicht nur von vielen Predigern gelesen, sondern auch in öffentlichen Versammlungen vorgetragen.[1] Durch die Tätigkeit des reformierten Pastors *Bonekemper,* der in einem Dorf in der Nähe Odessas lebte, und Pastor *Eduard Wüst,* den Pastor einer separatistischen pietistisch-lutherischen Kirche in Neuhoffnung bei Berdjansk am Asowschen Meer, entstand eine religiöse Erweckung.[2]

Wüst wird als dynamischer Prediger beschrieben, der die freie Gnade und einen heiligen Lebensstil betonte.

In Gnadenfeld in der mennonitischen Molotschna-Kolonie machten viele Mennoniten eine Bekehrungserfahrung, als Wüst dort predigen durfte.

Folge des geistlichen Aufbruchs waren zahlreiche Laienevangelisationen. In Häusern fanden Bibelstunden statt, zu denen Nichtbekehrte eingeladen wurden. Größere Bibelstudien- und Gebetstreffen wurden an Samstag- und Sonntagnachmittagen veranstaltet, um nicht mit den offiziellen Gottesdiensten zu kollidieren.[3]

Am 10. November 1859, im Todesjahr Wüsts, hielten einige Mennoniten eine separate Abendmahlsfeier ab, die Konsequenzen haben sollte.[4] Einige der Teilnehmer wurden von den Ältesten, die zugleich Ortsvorsteher waren, mit Gefängnis bestraft und bei der höheren Obrigkeit verklagt.[5] Der Älteste Lenzmann und andere Geistliche in Gnadenfeld versuchten, Versöhnung herbeizuführen. Die Mehrheit der Mennoniten forderte jedoch eine Beendigung der privaten Versammlungen. Die Brüder kamen zu dem Ergebnis, daß mit der Mehrheit der Kirche eine Gemeinschaft nicht möglich sei.[6]

Am 6. Januar 1860 trafen sich mehrere Brüder in einem Privathaus, um die Möglichkeit einer Trennung zu beraten. Nach einer Gebetsgemeinschaft wurde ein von Abraham Cornelsen abgefaßtes Papier an die Ältesten der Kirche von achtzehn Anwesenden unterzeichnet, neun weitere unterschrieben zwei Tage später.[7]

Die Gruppe erklärte am 23. Januar 1860, daß sie gerne in der Kirche geblieben wäre, sich aber gezwungen sehe, sie zu verlassen, weil die Geistlichen dem Wort Gottes nicht gehorsam seien.

Ebenso erklärten sie ihr Anliegen, Mennoniten bleiben zu wollen.[8]

Etwa gleichzeitig kam es in der *Chortitza-Kolonie* zu einer Erweckung. Das Zentrum war *Kronsweide*. Hier soll es bei einem als „Fröhliche", „Springer" oder „Hüpfer" genannten Teil der Erweckten[9] emotionale „Exzesse", die zu falscher Freiheit und Unmoral führten, gegeben haben.[10] Außenstehende kritisierten den „extremen Emotionalismus" in den Versammlungen.[11]

> *„Im Anschluß an Bibellese, Gesänge und Gebete – die kniend oder stehend mit erhobenen Händen gesprochen wurden – brachen sie in Jubel und rhythmisches Jauchzen aus, das schließlich ins Tanzen überging. Sie beriefen sich auf den Reigentanz des Königs David und Israels vor der Bundeslade (2. Sam. 6,5) als auf ein biblisches Vorbild dafür."*[12]

In der Ortschaft Einlage blieb die hier durch deutsche Baptisten beeinflußte[13] Bewegung ruhiger.

Am 30. Mai 1860 wurde in der Molotschna-Kolonie die erste Mennonitische Brüdergemeinde gegründet.[14] Im September 1860 wurde dort die erste Taufe durch Untertauchen durchgeführt.[15] Die Frage nach der Taufe durch Untertauchen war für die erste Gruppe der Mennonitischen Brüder kein Thema gewesen. In den Erinnerungen *Jakob Beckers* vom September 1860 wird berichtet:

> *„Wir wußten nichts vom Untertauchen bis zum ersten Sonntag im September 1860, als zwei Schwestern, die in der Mennonitenkirche nicht getauft worden waren, um die Taufe baten. Nachdem die Kirche sie geprüft hatte, erhielt ich den Auftrag, sie zu taufen. Dann kam Bruder Johann Claassen zu mir und fragte mich: ‚Gemäß welcher Form möchtest du taufen?' Er fuhr fort: ‚Die Art, auf die die Kirche tauft, ist nicht schriftgemäß.' Dies waren fremde Worte für mich."*[16]

Offensichtlich spielten bei der Einführung der neuen Taufform auch Einflüsse des deutschen Baptismus eine entscheidende Rolle. *Johann Claassen* war auf einer Reise in Petersburg dem deutschen Baptisten *Christophorus Plonis* begegnet, der ihm eine Broschüre über die Tauffrage überreicht hatte.[17] Diese Schrift gab Claassen an Jakob Becker und den Ältesten *Heinrich Bartel* weiter, damit sie in der Tauffrage eine Entscheidung treffen könnten.[18]

Heinrich Löwen weist nach, daß auch der Älteste *Abraham*

Unger in Chortitza zu seiner Taufèrkenntnis in erster Linie aus dem Nachrichtenblatt der deutschen Baptisten angeregt wurde.[19]

In den Schriften Menno Simons entdeckten die Ältesten einen Hinweis auf häufige Änderung derTaufform in der Geschichte. Er verwies darauf, daß dieTaufe ursprünglich in fließendem Wasser durchgeführt wurde.[20] Sie beschlossen, daß sie darum auch dann Mennoniten bleiben könnten, wenn sie dieTaufe durch Untertauchen praktizierten.[21] DieTaufe durch Untertauchen wurde jedoch für diejenigen, die durch Besprengung oder Ausgießen getauft waren, nicht verpflichtend gemacht. Andere, wie Heinrich Huebert, einer der achtzehn Unterzeichner der Urkunde vom Januar 1860, wurden nun, nachdem sie bereits durch Besprengung getauft waren, durch Untertauchen getauft.

Im „Missionsblatt" der Baptisten war über dieses Ereignis zu lesen:

> „… ‚da es die Absicht des neuen Gemeindleins war, alles nach Gottes Wort einzuführen und zu handhaben, so sahen die Mitglieder die Verkehrtheit des Begießens als Symbol der Taufe bald ein. Da nun jedoch hier in der Nähe keine Gemeinde war, welche die biblische Taufe handhabte, so machten sie es ebenso wie die ersten Baptisten Nordamerikas. Ein Bruder taufte den andren und dieser wieder den ersten, und beide vollzogen dann wieder die Taufe an den andren.'"[22]

Daß baptistische Schriften zur Zeit dieserTaufe bereits unter den Mennoniten Eingang gefunden hatten, ist auch daran zu erkennen, daß die meisten Mitglieder der neuen Gemeinde das Gesangbuch der deutschen Baptisten, die „Glaubensstimme" besaßen.[23]

Die geistliche Bewegung unter den Deutschen erregte auch unter der russischen Bevölkerung Aufsehen. Hier hatte schon seit längerem eine unter Zar Alexander I. (1813-1823) begonnene Bibelverbreitung ihre Auswirkungen gezeigt. Viele an der Bibel interessierte Russen besuchten die sogenannte „Stunde" der Deutschen. 1858 kam es bei zwei Russen, die bei deutschen Kolonisten angestellt waren, zu einer Bekehrung.[24]

Die Bewegung der Bibelleser breitete sich aus. Sie wurden von der Bevölkerung *Stundisten* genannt, das den Russen eigentlich unverständliche Wort wurde nicht übersetzt.[25] In den Kreisen der russischen Stundisten blieb die Ausbreitung der mennonitischbaptistischen Bewegung nicht verborgen, und über die Tauffrage wurde kontrovers diskutiert.[26]

Am 11. Juni 1869 taufte der im gleichen Jahr von dem Begründer des deutschen Baptismus, *Johann Gerhard Oncken,* ordinierte Älteste *Abraham Unger*[27] fünfzig Deutsche in einem Fluß. Interessierte Beobachter waren einige Russen aus dem nahegelegenen Dorf, in dem von fünfzig Einwohnern vierzig zu den Stundisten gehörten.

„Einem von diesen ging die feierliche Handlung so nahe, daß er dem Drange seines Herzens nicht länger widerstehen konnte, sondern, ohne vorher geprüft und aufgenommen zu sein, ins Wasser stieg und halb aus Versehen mitgetauft wurde. Dieser taufte einige Wochen später drei andere gläubig gewordene Russen und später noch 21, so daß ihrer bald 24 Getaufte waren."[28]

Diese „halb aus Versehen" vollzogene Taufe an dem ukrainischen Bauern Efim Zimbal wurde zum entscheidenden Durchbruch für die Mission unter den Russen.[29] Es entstand eine russische Gemeinde, die sich von der orthodoxen Kirche lossagte.[30]

Zur Trennung von den Baptisten kam es über den Fragen des Eides, der Fußwaschung und der Wehrlosigkeit.[31] Diese grundsätzlichen mennonitischen Überzeugungen wurden von den Baptisten nicht geteilt.

Auch erschien die Moral der Baptisten den Mennoniten-Brüdern auf zu niedrigem Niveau. Den Baptisten wurde mangelhafte Gemeindezucht vorgeworfen, aber auch, daß sie Ehescheidung von Gemeindegliedern zuließen und Theater und Zirkusse besuchten. Hinzu kam, daß Johann Gerhard Oncken sich bei einem Besuch in Einlage als Gelegenheitsraucher entpuppte. Mennoniten, die (daraufhin) auch zum Tabak griffen, wurden aus der Gemeinde ausgeschlossen.[32]

Wie die übrigen Mennoniten verließen auch viele Mennoniten-Brüder in den beiden großen Auswanderungswellen Rußland und emigrierten nach Nord- und Südamerika.

Mennoniten-Brüdergemeinden in Deutschland und Österreich

In Westeuropa wurde die erste Mennoniten-Brüdergemeinde 1950 durch Flüchtlinge aus der ehemaligen Sowjetunion und Polen in Neuwied/Rhein gegründet. Zehn Jahre später entstand in Neustadt/Weinstraße eine durch Einheimische gegründete zweite Gemeinde. 1965 wurde durch zurückgekehrte Flüchtlinge eine Gemeinde in Lage/Lippe gegründet. Diese drei Gemeinden bilden den Kern der *Arbeitsgemeinschaft der Mennonitischen Brüdergemeinden in Deutschland (AMBD)*. Die heute vierzehn Gemeinden sind vor allem im Großraum Bielefeld, in Neuwied und in der Pfalz, neuerdings aber auch in Dresden. Die Zahl der Mitglieder wuchs von 1218 im Jahr 1991 auf 1315 Ende 1992.[33]

Eine weitere Gruppierung ist der *Verband mennonitischer Brüdergemeinden in Bayern (VMBB)*. Hier wurde die erste Gemeinde durch Missionsarbeit 1969 in Traunreut gegründet. Ursprünglich gehörten die bayrischen Gemeinden zur österreichischen Arbeitsgemeinschaft. In sieben Gemeinden waren Ende 1992 insgesamt 129 Mitglieder verzeichnet.[34]

Höher als die Mitgliederzahl ist die Zahl der regelmäßigen Gottesdienstbesucher. 1992 kamen in beiden Zusammenschlüssen der Brüdergemeinden sonntäglich fast 2100 Menschen zusammen.

In Österreich nennt sich der Zusammenschluß der Mennonitischen Brüder *Arbeitsgemeinschaft Mennonitischer Brüdergemeinden in Österreich (AMBÖ)*. Die acht Gemeinden haben insgesamt 320 Glieder.[35]

Die oben genannten Bünde sind zusammengeschlossen im *Bund der Europäisch Mennonitischen Brüdergemeinden (BEMB)*. Die jeweiligen Vorsitzenden der AMBD und der AMBÖ sind Vorsitzende des Bundes.[36] Derzeitiger Vorsitzender ist *Alexander Neufeld*, sein Stellvertreter *Franz Rathmair*. Rathmair ist Lehrer an der Bibelschule Wallsee, einer Ausbildungsstätte der *Arbeitsgemeinschaft evangelikaler Gemeinden in Österreich (ARGEGÖ)*.

Neben den in den Arbeitsgemeinschaften zusammengeschlossenen Mennoniten-Brüdergemeinden gibt es sechsundzwanzig Mennoniten-Brüdergemeinden mit 7500 Mitgliedern[37], die als Bruderschaft in Kontakt zueinander stehen. Es sind Gemeinden deutscher Aussiedler aus den GUS-Staaten. Sie weisen keine lehrmäßigen Unterschiede zu den übrigen Mennoniten-Brüdergemeinden auf.

Bekenntnistexte

Entscheidendes Bekenntnisdokument der Mennoniten-Brüdergemeinden ist die 1860 verfaßte *Ausgangs- oder Stiftungsschrift*. Sie wurde 1902 ins Englische übersetzt. Ein Unterschied zu anderen mennonitischen Bekenntnissen ist das Bekenntnis zur Taufe durch Untertauchen. Betont wird auch die Notwendigkeit der Bekehrung. 1975 wurde die „Mennonite Brethren Confession of Faith" veröffentlicht. In deutscher Sprache liegt sie in einer leicht überarbeiteten Fassung von 1991 vor.[38]

Gott und Wiedergeburt

Im ersten Teil des Bekenntnisses wird der Glaube an den dreieinigen Gott ausgedrückt. Darin heißt es über Gott den Vater unter anderem:

> *„In seiner Barmherzigkeit nimmt er alle als Kinder an, die sich in Buße von ihrer Sünde abkehren und ihm in Jesus Christus als persönlichem Retter und Herrn ihres Lebens vertrauen."*[39]

Der Heilige Geist wird als derjenige, der die Wiedergeburt bewirkt, bezeichnet.[40] Durch ihn werden Menschen, die sich Jesus Christus anvertrauen, in die Familie Gottes hineingeboren und erhalten Gewißheit ihrer Errettung.[41]

Stellung zur Bibel

Die Bibel wird als *„verbindliche Autorität in allen Fragen"* beschrieben. Sie gilt als *„unfehlbares Wort Gottes"*.

Christliche Gemeinde

Eine über die Grenzen der Denominationen hinausgehende Einheit der gläubigen Christen wird in der Bekenntnisschrift betont. Örtliche Gemeinde wird mit folgenden Worten beschrieben:

> *Die örtliche Gemeinde ist eine Vereinigung von Gläubigen, die getauft sind und sich organisiert haben zur Anbetung Gottes, zur Gemeinschaft, zur Auferbauung, zum christlichen Dienst und zum Zeugnis.*"[42]

Die Selbständigkeit der Ortsgemeinde wird hervorgehoben.

Gemeindezucht

Das Bekenntnis spricht von der Notwendigkeit der Gemeindezucht. Ziel soll dabei sein, daß der Ausgeschlossene wieder zurechtkommt. Deswegen ist es Aufgabe der Gläubigen, ihn durch Liebe und Barmherzigkeit zurückzugewinnen.[43]

Taufe

Voraussetzung zur Taufe ist der persönliche Glaube des Täuflings. Die Taufe wird im Unterschied zu den meisten anderen mennonitischen Gemeinschaften durch Untertauchen vollzogen.

> *„Die Taufe symbolisiert das Gestorbensein gegenüber der Sünde und die Auferstehung zu neuem Leben in Christus und den Empfang des Heiligen Geistes. Mit der Taufe bezeugt der Gläubige auch seine Bereitschaft zu umfassender Gemeinschaft und zur Mitarbeit in einer örtlichen Gemeinde.*"[44]

Ethik

Das Bekenntnis beinhaltet auch verschiedene ethische Themen. Dabei wird der Dienst an der Waffe durch Christen abgelehnt. Der Abschnitt über „Liebe und Verzicht auf Gewaltanwendung" beinhaltet aber zugleich auch eine Ablehnung der Abtreibung:

> *„... sind wir als Christen nicht berechtigt, Leben zu töten – auch nicht das werdende, noch nicht geborene, Leben.*"[45]

Christen werden aufgefordert, „... *alternative Dienste zu tun, um Streit zu verringern, Leid zu mildern und von der Liebe Christi zu zeugen*".[46]

Literatur

Löwen, Heinrich. *In Vergessenheit geratene Beziehungen*. Bielefeld: Logos, 1989.

Bund der Gemeinden Evangelisch Taufgesinnter

Die Gemeinden Evangelisch Taufgesinnter entstanden in den dreißiger Jahren des letzten Jahrhunderts in der Schweiz. Sie führen sich zurück auf den Vikar *Samuel Heinrich Fröhlich* (1803-1857). Sie werden auch als *Fröhlichianer* oder *Nazarener* bezeichnet.

Fröhlich wurde 1831 als Vikar der reformierten Landeskirche in Leutwil abgesetzt, wohl, weil seine Erweckungspredigten es an einer deutlichen Kirchenkritik nicht fehlen ließen. Unter anderem wandte er sich gegen die Kindertaufe.[1] Fröhlich fuhr mit der Verkündigung fort. Eine erste Gemeinde entstand im Emmental. Sie bestand aus etwa 120 Personen. Die Hälfte der Gemeindeglieder entstammten einer Gemeinde der Alttäufer (Mennoniten)[2], die neue Gruppe wurde auch als Neutäufer bezeichnet. Da die Alttäufer durch Besprengung tauften, forderte Fröhlich von ihnen eine Taufe durch Untertauchen.[3]

Es entstanden bald weitere neue Gemeinden. Mittelpunkt der Bewegung wurde Hauptwyl im Kanton Thurgau.

Wohl auch auf Grund des staatlichen Drucks siedelte Fröhlich 1840 nach Straßburg über. Nun entstanden auch im Elsaß und in Süddeutschland Gemeinden. Durch die in der Schweiz lebenden ungarischen Brüder *Hencsey* fand die Bewegung auch Eingang in Ungarn.[4] Um 1850 entstand durch Fröhlichs Missionsarbeit unter deutschsprachigen Einwanderern in den USA die *Apostolic*

Christian Church (Nazarene). Sie hat heute in über 60 Gemeinden etwa 4000 Mitglieder.[5] Der von Fröhlich geprägte Schweizer Benedikt Weyeneth gründete in den USA ab 1847 Gemeinden, die heute den Namen *Apostolic Christian Church of America* tragen. In etwa 80 Gemeinden gehören ihr 11000 Mitglieder an.[6] Um die Jahrhundertwende kam es in Europa zu einer Spaltung der Bewegung. Eine kleine Gruppe[7] trennte sich von der übrigen Bewegung wegen Fragen des Verhältnisses zur „Welt".[8] Die strengere Richtung forderte eine rigorose Absonderung von der Welt, stellte Kleidervorschriften und andere Regeln auf.[9] Beide Gruppen unterscheiden sich ansonsten lehrmäßig kaum.

Die Gemeinden Evangelisch Taufgesinnter blieben weithin unabhängig. Erst 1985 kam es zu einem Zusammenschluß der westeuropäischen Gemeinden zum *Bund der Gemeinden Evangelisch Taufgesinnter*. Als Aufgaben des Bundes werden unter anderem die Koordination der Zusammenarbeit der Gemeinden sowie die Förderung von Mission und Evangelisation gesehen.[10] In Überlingen/Bodensee und Wilderswil/Schweiz werden zwei Freizeitheime unterhalten. Mehrere Gemeinden führen eigene Alters- und Pflegeheime. Erst seit kurzem gibt es zwei hauptamtliche Mitarbeiter, bisher wurden die Gemeinden nur von Laien geführt. Die Prediger haben häufig eine Bibelschule (Bienenberg, s.o. oder Chrischona, s.u.) besucht.

Zu anderen Freikirchen und Missionswerken wird Kontakt gepflegt.[11]

Die Lehre

Die Bibel gilt als höchste Autorität in Lebens- und Glaubensfragen. Betont wird die Notwendigkeit der persönlichen Entscheidung für Jesus Christus zur Erlangung des Heils.

Voraussetzung für die Aufnahme in die Gemeinde ist der persönliche Glaube an Jesus Christus und die Bereitschaft, als bewußter Christ zu leben.[12] Die Taufe wird nur an gläubigen Christen durch Untertauchen durchgeführt.

Wehrdienst mit der Waffe und Eid werden abgelehnt.

Die Leitung der Gemeinden geschieht durch Älteste. Hauptamtliche Mitarbeiter sind selten.

Baptistisch-mennonitische Zusammenschlüsse

Der Bund Taufgesinnter Gemeinden

Der Bund Taufgesinnter Gemeinden (BTG) besteht aus Gemeinden, die entweder einen baptistischen Hintergrund haben oder die sich als Mennoniten-Brüdergemeinden verstehen. Er wurde 1989 gegründet[1] und wird von einem siebenköpfigen Vorstand geleitet. Sprecher des Bundes ist *Heinrich Löwen, Bonn*. In der Vorbereitungsphase stellten sich die Verantwortlichen vier Fragen:

> *„Zuerst ‚Was sagt uns die Bibel?' dann ‚Was sagt uns die Geschichte?', ‚Was sagt uns unsere gegenwärtige Situation?' und ‚Was sagt uns die Zukunft?'."*[2]

Dem Bund gehören zwölf Gemeinden mit etwa dreitausendsiebenhundert Mitgliedern an. Die Gottesdienste werden durchschnittlich von etwa 5 500 Menschen besucht. Allein 1992 wurden in den Gemeinden 217 Menschen auf das Bekenntnis ihres Glaubens hin getauft. Das Durchschnittswachstum der Gemeinden liegt bei jährlich acht Prozent.[3]

Im Herbst 1993 eröffnete der Bund das *Bibelseminar Bonn*. Die einjährige Ausbildung ist grundsätzlich an alle Gemeindeglieder gerichtet, eine zwei- bis dreijährige Ausbildung hat stärker die Zielgruppe der Mitarbeiter.

Neben der Schulung und Zurüstung von Mitarbeitern sowie gemeinsamen Evangelisationsprojekten und der Förderung der Kinder- und Jugendarbeit in den Gemeinden unterstützt der Bund ein Kinderheim und eine Kindertagesstätte in Brasilien und Gemeinden in der GUS.[4] Zum Zweck der Mission in der GUS wurde ein Missionskommitee gegründet, dem neben Vertretern des Bundes auch die in Bielefeld ansässige *Logos*-Arbeit sowie die AMBD (s.o.) und unabhängige Aussiedler-Gemeinden angeschlossen sind.[5]

Die Mehrzahl der Mitglieder des Bundes sind deutsche Aussiedler aus der GUS. Dieser andere kulturelle Hintergrund ist auch der entscheidende Unterschied zu den alteingesessenen mennonitischen Gruppen, den im Bund Evangelisch-Freikirchlicher Gemeinden zusammengeschlossenen Baptisten oder auch zu manchen Mennoniten-Brüdergemeinden.

Die Absicht der Separation besteht nicht. Andererseits ist bei der durchaus anderen kulturellen Prägung und der anderen geistlichen Geschichte deutscher Aussiedler eine schnelle Integration in bestehende Gemeindebünde anscheinend äußerst problematisch. Der gemeinsame Hintergrund in der GUS verbindet die Glieder des Bundes neben der Furcht, der Anschluß an einen anders geprägten Gemeindebund ließe sie nicht ihre eigene Identität finden. Die Entwicklung eines gesunden Selbstbewußtseins scheint ihnen am besten auf dem Weg der eigenen Bundesschließung möglich.

Durch ihren eindeutig geprägten Hintergrund gelingt es ihnen in starkem Maße, Menschen gleichen Hintergrundes, die noch keine bewußte Bekehrung zu Jesus Christus erlebt haben, zu gewinnen. Es wird allerdings auch unter der alteingesessenen Bevölkerung missionarisch gearbeitet, und Menschen werden gewonnen.

Die Gemeindeglieder fallen nicht unbedingt durch äußere Dinge wie Kleidung, Haartracht usw. auf. Auch ethische Fragen, die in der Bibel nicht direkt angesprochen werden, wie Fernsehen etc., werden unterschiedlich gesehen. Hier gibt es innerhalb des Bundes sehr verschiedene Schattierungen.

Mittlerweile ist es ein Ziel des Bundes, daß Neuankömmlinge aus den GUS-Staaten sich nicht nur in Regionen niederlassen, in denen bereits viele Aussiedler leben. Der Bund will bei der Gründung neuer Gemeinden Unterstützung geben.

Lehrgrundlagen

Grundlagen der Zusammenarbeit sind das Bekenntnis der Mennoniten-Brüdergemeinden von 1902 und die *Chicagoer Erklärung* zur Bibel und Hermeneutik.[6] Als Ziele hat sich der Bund gesetzt:

> *„1. Gott verherrlichen (Eph. 1,3-14); 2. Christen zurüsten (Eph. 4,11-16); 3. Verlorene für Christus gewinnen (Mt. 28,18-20)."*[7]

Bei der Erfüllung dieses Zieles will der Bund den Gemeinden behilflich sein.

Unabhängigkeit der Ortsgemeinde

Die Selbständigkeit der Mitgliedsgemeinden wird als der wichtigste Grundsatz des BTG angesehen.[8] Einige der beteiligten Gemeinden haben nach Aussage von Sprecher Heinrich Löwen mit anderen Formen der Kirchenorganisation negative Erfahrungen gemacht.[9]

Schriftverständnis

Der Bund hat neben dem Bekenntnis der Mennoniten-Brüdergemeinden von 1902 die ausführlich die Schriftfrage behandelnde Chicagoer Erklärung als Grundlage akzeptiert. In ihr wird *„die Schrift als Ganzes alle ihre Teile bis zu den Worten des Urtextes"* als von Gott inspiriert bezeichnet.[10] Sie gilt als höchste schriftliche Norm. Unfehlbarkeit und Irrtumslosigkeit werden als in der Lehre der Bibel begründet gesehen. Dabei wird jedoch auch eine Ausschaltung der Persönlichkeit der Schreiber verworfen.[11] Die Schriftlehre wird nicht, wie in einem überzogenen Fundamentalismus, als unabdingbar notwendig zur Erlösung angesehen. Die Ablehnung der Irrtumslosigkeit der Schrift soll jedoch ernste Konsequenzen für den einzelnen und die Gemeinde haben.[12]

Taufe und Abendmahl

Da die Gemeinden aus baptistischer Tradition oder der der Mennoniten-Brüdergemeinden kommen, wird die Taufe durch Untertauchen vollzogen. Üblicherweise gilt die Taufe als Aufnahme in die Gemeinde. Dabei spielt auch der Aspekt der Bundesschließung Gottes mit dem Menschen eine wichtige Rolle.

Das Abendmahl wird ebenso wie die Taufe als Zeichen, ohne sakramentalen Charakter, verstanden.[13]

Vereinigung der Evangeliums-Christen-Baptisten-Gemeinden e. V.

Der Bund unabhängiger Evangeliumschristen-Baptisten

1965 kam es innerhalb des damals aus baptistischen und pfingstkirchlichen Gemeinden bestehenden *Allunionsrates der Evangeliumschristen-Baptisten* in der Sowjetunion zu einer Spaltung in Zusammenhang mit Fragen der Stellung gegenüber dem Staat.

Dem Allunionsrat wurde von einer durch die Pastoren *Alexei Prokoviev*, *Georgi Vins* und *Gennadij Krjutschkow* gegründeten Initiativgruppe vorgeworfen, er habe unter dem Druck des Staates *„versagt und Sünde in den Gemeinden nicht nur geduldet, sondern auch das göttliche Prinzip zunichte gemacht, wonach alle lebenswichtigen Fragen der Gemeinde Jesu von der Gemeinde selbst gelöst werden müssen".*[1]

Hauptanlaß dürfte eine 1960 an die Ältesten der Gemeinden herausgegebene Instruktion der Leitung des Allunionsrates gewesen sein, in der aufgefordert wurde, Aktivitäten zu beenden, die durch ein 1929 herausgegebenes Gesetz verboten waren. Dazu gehörte die Taufe von Menschen unter 18 Jahren, Versammlungen, die nicht genehmigt waren und Ausflüge für Jugendliche.[2]

Die Initiativgruppe (*Initiatiwniki*) beschloß im September 1965 die Gründung eines Bundes unabhängiger Gemeinden der Evangeliumschristen-Baptisten unter Leitung eines *Rates der Gemeinden*. Die meisten Mennoniten-Brüdergemeinden, die vorher Kontakte zu dem offiziellen Bund gepflegt hatten, wandten sich nun diesem Bund zu, der den Namen *Bund unabhängiger Evangeliumschristen-Baptisten* (auch: *Bund der Gemeinden*) annahm.[3] Vorsitzender des Bundes war von Anfang an bis heute *Gennadij Krjutschkow*. Der wohl im Westen bekannteste Vertreter des Bundes ist der in die USA ausgewiesene *Georgi P. Vins*.

Auch als *Yakob Zhidkov*, der Leiter des Allunionsrates, wenige Tage vor seinem Tod um Vergebung für die von ihm 1960 unterzeichnete Instruktion bat und die Unabhängigkeit der örtlichen

Versammlungen wieder bestätigt wurde, stellte dies die Initiatiwniki nicht zufrieden.[4]

Nachdem durch den sowjetischen Rat für religiöse Angelegenheiten eine Möglichkeit geschaffen worden war, sich registrieren zu lassen, ohne die Autorität des Allunionsrates anzuerkennen, ließ sich ein Teil der Gemeinden autonom registrieren[5], es handelt sich also bei den im Bund der Gemeinden zusammengeschlossenen Gemeinden nicht generell um „nichtregistrierte" Gemeinden.

Heute gehören dem Bund in zwölf regionalen Vereinigungen und 1 350 Gemeinden etwa 50 000 Mitglieder an.[6] Allein in den Jahren 1989 – 1993 wurden 144 neue Gemeinden gegründet. 1993 fanden durch evangelistische Tätigkeit 4 800 Menschen zum Glauben, 60 neue Gruppen, die von Gemeinden betreut werden, entstanden.[7]

Die Gemeinden in Deutschland

1976 wurde in Paderborn ein Zusammenschluß verschiedener Gemeinden deutscher Aussiedler eingeleitet und ein gemeinsames Glaubensbekenntnis erarbeitet. Die Gemeinden schlossen sich unter dem Namen *Vereinigung der Evangeliums-Christen-Baptisten-Gemeinden e.V.* zusammen. Die Leitung der Gemeinden kommt aus den Reihen des Bundes unabhängiger Evangeliumschristen-Baptisten.[8] Mit dem Bund in den GUS-Staaten besteht eine enge Zusammenarbeit.[9]

Die „Vereinigung", wie sie umgangssprachlich in Aussiedlergemeinden meist genannt wird, ist in drei Bezirke – Süd, Mitte, Nord – untergliedert. In der südlichen Region sind vierzehn Gemeinden, in der mittleren dreiundzwanzig, und im Norden siebzehn Gemeinden. Insgesamt gehören zu diesen vierundfünfzig Gemeinden etwa 10 000 Menschen.[10] Die Eigenbezeichnungen der Gemeinden sind unterschiedlich.[11] Leiter der Vereinigung ist *Oskar Rivinius*.

Die Lehre der Evangeliumschristen-Baptisten

Lehrmäßig gibt es keine Unterschiede zu den Mennoniten-Brüdergemeinden (s.o.). Die Unterscheidungsmerkmale der Vereinigung liegen vor allem im ethischen Bereich.

Die Frage nach Wehrdienst oder Zivildienst wird in das Ermessen des einzelnen gestellt.

Die Biblische Gemeinderegel
Durch den Hintergrund der verfolgten Existenz nichtregistrierter Gemeinden wird viel Wert auf ein Leben ohne Kompromisse gelegt.

Die rigorose Ethik der Gemeinden schlägt sich in der sogenannten *Biblischen Gemeinderegel* nieder. Sie beschreibt die Pflichten der Gemeindeglieder, nennt zugleich aber auch „Laster" wie Rauchen, Alkoholgenuß, unsittliche und antichristliche Literatur und Fernsehen, von denen sich Gemeindeglieder fernzuhalten haben.[12] Hinzu kommen auch Richtlinien für die Kleidung, zum Beispiel das Verbot für Frauen, Hosen zu tragen. Die Prägung der Gemeinderegel durch den sowjetischen Hintergrund zeigt sich zum Beispiel in der Forderung, *„die Beschlüsse der Ortsgemeinde geheim und in Ehren zu halten, sie nicht in die Öffentlichkeit zu tragen"*.[13] Ein Nichtbeachten der Pflichten kann zum Ausschluß aus der Gemeinde führen.

Johannes Reimer stellt zu diesen auch in anderen Aussiedlergemeinden vorhandenen Gemeinderegeln fest:

„... die ‚Gemeinderegeln' manch einer Aussiedlergemeinde verbinden biblische Grundsätze mit mitgebrachten Gewohnheiten und Sitten. Die äußere Erscheinungsweise erhält oft eine immense Bedeutung. Bald schon wird akribisch auf die buchstabengetreue Erfüllung der Regel geachtet. Und dann passieren die merkwürdigsten Dinge. Da wird zum Beispiel in einer Gemeinde eine Verordnung eingeführt, die es allen Frauen und Mädchen ab dem 10. Lebensjahr gebietet, in der Öffentlichkeit ein Tuch zu tragen. Oder in einer anderen Gemeinde wird die Sitte der Schleierabnahme bei einer Hochzeit zur biblischen Regel. Gemeindeglieder werden der Zucht unterzogen, weil sie zu kurze, zu lange oder zu enge Kleider tragen, einen zu kurzen oder zu langen Haarschnitt gewählt haben usw."[14]

Reimer merkt zu diesen Aussagen an, daß sie keine generelle Beschreibung der Einstellung rußlanddeutscher Gemeinden sind. In der Vereinigung spielt die Gemeinderegel jedoch tatsächlich eine entscheidende Rolle. So wird im *Hoffnungsboten,* der unregelmäßig erscheinenden Zeitschrift der Vereinigung, von einer Bibelarbeit berichtet, die sich um Bileam drehte,

> *„... der es versucht, Gott und der Welt (Balak) zu gefallen. Er hat seitdem die Lehre geprägt, die Grenzen zwischen Gott und der Welt müssen verwischt werden. ... Aufgrund dieses Kompromisses zwischen Gott und der Welt wird von manchen auch die Gemeinderegel verworfen."*[15]

Andere Gemeindebünde werden häufig auf Grund ihrer vermeintlichen Kompromißbereitschaft als verweltlicht betrachtet.

Missionarische Aktivitäten

1978 entstand in Gummersbach das von den Gemeinden getragene *Missionswerk Friedensstimme*. Aufgabe dieses Werkes ist vor allem die Mission in den GUS-Staaten. Die Gründung des Werkes geschah in Absprache mit der Leitung des Bundes der Gemeinden in der damaligen Sowjetunion.[16] 1991 konnte eine Filiale des Werkes in Moskau eröffnet werden.

Zu den missionarischen Aktivitäten der Gemeinden vor Ort gehören zum Beispiel Freiveranstaltungen und Büchertische in Fußgängerzonen oder Teestubenarbeit.[17]

Der Baptismus

Seine Wurzeln hat der Baptismus in England. Im Jahre 1607 gründete der 1602 wegen independentischer Ideen (Forderung nach unabhängigen, selbstverwalteten Gemeinden) abgesetzte anglikanische Priester John Smyth eine Independentengemeinde, die bald geschlossen nach Amsterdam fliehen mußte. Dort gab es bereits eine Independentengemeinde, man kam aber auf Grund verschiedener Lehrfragen nicht zusammen. Die Gruppe um Smyth versammelte sich im Ostindischen Backhaus, Amstel 120. Der Hauswirt war Mennonit.[1]

1608 veröffentlichte John Smyth in Amsterdam eine Schrift mit dem Titel *The Differences of the Churches of the Separation (Die Unterschiede der Kirchen der Absonderung)*.[2] Er beschrieb darin das Entstehen der freikirchlichen Bewegung. Ein Wiedererstehen urchristlichen Gemeindelebens und der Geistesgaben, insbesondere der Gabe der Prophetie, war sein besonderes Anliegen.[3] In einer anderen, 1609 veröffentlichten Schrift, stellte Smyth fest, daß man keine Säuglinge taufen dürfe, weil Säuglingstaufe im Neuen Testament nicht erwähnt sei. Das Gebot Jesu laute, zu predigen, Jünger zu machen und dann erst zu taufen.[4]

Die Gruppe wollte diese Tauferkenntnis nun umsetzen. Weil man sich den Mennoniten wegen einiger Lehrunterschiede nicht anschließen wollte, beschloß man, daß Smyth sich selbst taufen sollte, um dann die anderen zu taufen. Zu den Getauften gehörte auch Thomas Helwys, der später zum Leiter der kleinen Gemeinschaft wurde.[5] Smyth starb im August 1612. Wie die Mennoniten und wie Smyth vertrat Helwys den Arminianismus (s.o., Reformierte Kirche), lehnte also eine calvinistische Prädestinationslehre ab. Im Unterschied zu den Mennoniten und den frühen Täufern hatte er jedoch eine positive Haltung zum Eid, zum „Schwert" und zur Übernahme öffentlicher Ämter.[6]

Thomas Helwys und acht weitere Personen zogen wieder nach England zurück und gründeten 1612 in Spitalfields bei London die erste Baptistengemeinde. Sie erhielten den Namen *Baptists*[7] von ihren Gegnern, weil die von ihnen vollzogene Gläubigentaufe durch Untertauchen der auffälligste Unterschied zu anderen Gemeinden war. In Schriften vertrat Helwys die Praxis der Glaubenstaufe als Weg in die Gemeinde.

Helwys wurde wenige Monate nach Gründung der Gemeinde inhaftiert und starb 1616 im Kerker. Zu dieser Zeit zählten die „Baptists" bereits elf Gemeinden.[8] Durch Helwys entstand die Linie der General Baptists, die die doppelte Prädestination ablehnten (s.o., Reformierte Kirche).[9] Eine Schrift aus dem Jahre 1613 bezeichnet das Untertauchen zwar als die richtige Art des Taufens. Üblich scheint aber noch das Begießen gewesen zu sein.[10]

Eine zweite baptistische Gruppe ging aus einer 1616 in Southwark bei London gegründeten unabhängigen Kongregationalistengemeinde hervor. 1633 trennten sich einige Mitglieder unter Führung von *Henry Jessey* von dieser Gemeinde. In der Diskussion über die Tauffrage dachte man ursprünglich an eine Taufe durch Besprengung, kam aber zu der Überzeugung, daß die Taufe *„durch Untertauchen des Körpers im Wasser, um dem Begrabenwerden und Wiederauferstehen ähnlich zu sein, geschehen solle"*.[11] Anders als Smyth wollte Jessey keine Selbsttaufe vollziehen.

Das Gemeindeglied Richard Blunt wurde deshalb zu einer den Täufern verwandten Gemeinde in Holland geschickt, die dort Taufe durch Untertauchen vollzog. Er ließ sich dort taufen, um nach seiner Rückkehr das Ritual an dem Lehrer der Gemeinde, Samuel Blacklock, vorzunehmen. Beide tauften dann die übrigen.[12] Aus dieser Gruppe gingen die die calvinistische Prädestinationslehre vertretenden *Particular Baptists* hervor. Die Tauform des Untertauchens setzte sich allgemein durch.[13] Die Particular Baptists stießen nicht, wie die General Baptists, auf so starken Widerstand der Puritaner. Sie konnten sich darum schneller ausbreiten.[14] Aus ihren Reihen kam auch *Roger Williams,* der zum Vater des amerikanischen Baptismus wurde (s.u.).[15]

Die Toleranzakte von 1689 erlaubte Freikirchlern eigene Gottesdienste und Gemeinden. Die Prediger mußten allerdings 34 der 39 Artikel der Anglikanischen Kirche (siehe dort) unterschreiben. Freigestellt waren sie nur von den Artikeln über Kirchenleitung und Zeremonien sowie bei den Baptisten über Kindertaufe.[16]

Im Todesjahr der Königin Anne (1714) sollte jedoch mit der *Schisma Akte* den Schulen und Seminaren der Freikirchen die Ausübung ihrer Aufgaben unmöglich gemacht werden. Als schärfster

Gegner der Freikirchler erwies sich hier der Vater der Brüder John und Charles Wesley (siehe Methodismus), ein Geistlicher der Anglikanischen Hochkirche.[17]

John Wesleys Einfluß trug später dazu bei, den strengen Einfluß des Calvinismus bei den Partikularbaptisten zu schwächen. *Andrew Fuller* († 1815), der Leiter der von dem Baptisten William Carey gegründeten ersten neuzeitlichen Missionsgesellschaft, wirkte in diese Richtung.

In Amerika entstanden die ersten Baptistengemeinden durch den ehemaligen anglikanischen Geistlichen *Roger Williams* und *Hesekiel Holliman* auf Rhode Island. Aufgrund der Sklavenfrage kam es in den USA 1844 zu einer Trennung zwischen den *Southern Baptists* und den *Northern* (heute: *American*) *Baptists*. Farbige Baptisten gründeten, insbesondere in den Südstaaten, eigene Gemeindebünde.

1794 wurde als erste höhere Bildungsstätte der Baptisten, denen bis zur zweiten Hälfte des 19. Jahrhunderts die Universitäten verwehrt waren, das Rhode Island College gegründet. Bedeutend wurde das Hamilton College in New York, das später nach Rochester verlegt und in Colgate College umbenannt wurde. Einer der Lehrer dieses Seminars, Barnas Sears, trat später mit dem deutschen Kreis um Johann Gerhard Oncken in Kontakt.

Ein Zusammenschluß vieler, jedoch nicht aller Baptistenbünde ist die *Baptist World Alliance (Baptistischer Weltbund)*. Zum Baptistischen Weltbund gehören heute etwa 147 000 Gemeinden mit etwa 38 Millionen Mitgliedern.

Der Baptismus in Deutschland

Am Beginn des deutschen Baptismus stand der Kaufmann Johann Gerhard Oncken (1800-1884). Oncken wurde am 26. Januar 1800 in Varel im Oldenburger Land als uneheliches Kind geboren. Als Kaufmannsgehilfe kam er 1814 nach Schottland. Dort besuchte er mehrere Jahre die Veranstaltungen der *Reformed Presbyterian Church,* einer calvinistischen Freikirche, die sich im Zuge einer Erweckungsbewegung von der schottischen Staatskirche gelöst hatte.[18]

Nach seinem Umzug nach London erlebte er dort in einem methodistischen Gottesdienst im Jahre 1820 eine Bekehrung. Oncken sah sich in die Mission gerufen. 1823 kam er als Mitarbeiter der *Continental Society,* einer überkonfessionellen Missionsgesellschaft, nach Deutschland zurück. Die hauptsächlich durch Schriften arbeitende Mission wollte durch die Verkündigung von Wiedergeburt und Heiligung der Gläubigen dem um sich greifenden Rationalismus entgegentreten.[19]

Oncken begann in Hamburg durch eine kleine Buchhandlung Bibeln und Traktate zu verbreiten. Er schloß sich der unabhängigen Englisch-reformierten Kirche an, die durch die Hamburger Behörden 1818 ihre Konzession erhalten hatte, da sie nur aus Ausländern bestand und deshalb nicht als Konkurrenz zur lutherischen Staatskirche angesehen wurde.[20] In Privatwohnungen und unter Seeleuten hielt Oncken in Hamburg Versammlungen ab. Waren zur ersten Versammlung am 27. Dezember 1823 zehn Personen erschienen, so kamen am 29. Februar bereits 280 Menschen zu der Versammlung, in der Oncken von *„Umkehr und Glaube, Erwählung in Jesus Christus und ewiger Verlorenheit"* predigte.[21] Im März 1824 wurden die Versammlungen als nicht erlaubte religiöse Versammlungen verboten.[22]

1825 gründete Oncken gemeinsam mit dem lutherischen Pastor *Johann Wilhelm Rautenberg* im Hamburger Stadtteil St. Georg, dem heutigen Bahnhofsviertel, die erste deutsche Sonntagsschule. Für die sich schnell ausweitende Arbeit schulte Oncken Lehrer auf monatlichen Zusammenkünften, mußte die Arbeit später allerdings verlassen, da er nicht Mitglied der Staatskirche war.[23]

Bald erkannte Oncken in der Kindertaufe die Ursache für von ihm gesehene Probleme der Volkskirche. Oncken berichtet:

„Durch unablässiges Forschen in der Heiligen Schrift und durch Beobachtung dieser Bekehrten gewann ich jedoch die Überzeugung, daß es nicht genug sei, bekehrt zu sein, sondern daß Gott ein Gott der Ordnung, wie in der Natur, so auch im Reich der Gnade sei. In einer Schuhmacherwerkstätte, zwei Treppen hoch, ... versammelten sich dann am Montag-Abend (sic!) die wenigen Gläubigen, die schon dem Herzen nach von der Staatskirche getrennt waren, um miteinander das heilige Gotteswort zu betrachten, besonders aber die Geschichte der Apostel, als die allein unfehlbare Kirchengeschichte. Hierdurch

erkannten wir bald, daß die Gemeinde Christi nur aus bekehrten Menschen bestehen müsse, die auf das Bekenntnis ihres Glaubens in seinen Tod getauft worden, und alsbald wurde auch der Wunsch in uns rege, der erkannten Wahrheit Folge zu leisten."[24]

Da er als Mitarbeiter der Continental Society nicht an einer „Sektengründung" beteiligt sein durfte, verließ er die Missionsgesellschaft und wurde Mitarbeiter der *Edinburgher Bibelgesellschaft*.[25] Sein erstes, 1829 geborenes, Kind ließ er nicht taufen.[26] Ein Kreis von sechs weiteren Gläubigen versammelte sich mit ihm regelmäßig. Zu einer Taufe kam es noch nicht, weil diese in enger Verbindung zur Gemeinde gesehen wurde. Diese sollte in der richtigen Ordnung entstehen.[27] Dem Rat eines ihm bekannten schottischen Baptisten, sich selbst zu taufen, kam Oncken nicht nach.[28] Eine Taufe durch den taufgesinnten Kreis um die Herren *von Lücken* und *von Bülow,* der in Hamburg ebenfalls existierte, lehnte Onkken jedoch ebenfalls ab, da in diesem Kreis Allversöhnung[29] gelehrt wurde.[30]

Durch einen Oncken bekannten amerikanischen Kapitän namens Tubbs gelangte die Nachricht von der Hamburger Gruppe in die USA.[31]

1833 kam der baptistische Theologe *Barnas Sears* zu einem Studienaufenthalt nach Deutschland und nahm Kontakt zu der Hamburger Gruppe auf. Am 22. April 1834 taufte er die sieben in der Elbe und gründete am 23. April in Onckens Wohnung die erste deutsche Baptistengemeinde als *„Gemeinde getaufter Christen".* Nachdem Sears Oncken zum Pastor der neuen Gemeinde ordiniert hatte, feierte man gemeinsam das Abendmahl. Bei der Gemeindegründung wurde nach dem amerikanischen Vorbild ein konstitutiver demokratischer Aufbau der Gemeinde beschlossen.[32]

1836 stieß *Julius Köbner* zu der Hamburger Gemeinde. Er war 1806 als Sohn eines Rabbiners in Odense/Dänemark geboren worden und hatte sich 1826 in Hamburg der Lutherischen Kirche angeschlossen. Köbner wurde zu einem der bekanntesten baptistischen Schriftsteller und Liederdichter. Neben *G. W. Lehmann* (s. u.) war er einer der engsten Mitarbeiter Onckens. Nach seiner Ordination im Jahre 1844 diente der konvertierte Jude als Prediger den Gemeinden in Barmen, Kopenhagen und Berlin.[33]

Bald tauchten die ersten Probleme für die junge Gemeinde auf. 1839 wurde den Baptisten vom Hamburger Senat *„jede Religionsausübung auf das ernstlichste unter Bedrohung mit den schärfsten Maßregeln"* untersagt.[34] Es kam zu Hausdurchsuchungen, Pfändungen, Inhaftierungen, Arreststrafen, zwangsweiser Besprengung der Kinder von Gemeindegliedern und Ausweisungen.[35]

In den folgenden Jahren entstanden, insbesondere durch Onkkens Tätigkeit, zahlreiche weitere Gemeinden in Deutschland und dem übrigen europäischen Ausland. Neben Hamburg entwickelte sich Berlin zum Schwerpunkt der Arbeit. 1837 taufte Oncken dort fünf Christen, unter ihnen den vom lutherischen Pietismus geprägten Gottfried Wilhelm Lehmann, der neben dem calvinistisch geprägten Oncken und Julius Köbner zu einer der prägendsten Gestalten am Beginn des deutschen Baptismus wurde. Die Berliner Gemeinde war die zweite Baptistengemeinde auf deutschem Boden und hatte 1848 bereits 320 Mitglieder.[36]

Durch Köbner, Lehmann und Oncken kamen am Anfang des deutschen Baptismus unterschiedliche Prägungen der Erweckungsbewegung zusammen. Dies führte zu einer theologischen Vielfalt, die eine Konsensbildung erforderlich machte.[37]

Andrea Strübind beschreibt die Prägungen treffend:

„Dem Neupietismus verdankt die baptistische Bewegung die Betonung der Bekehrung und der persönlichen Glaubenserfahrung sowie die biblizistische Schriftauslegung im Bereich der Hermeneutik. Das kongregationalistische Gemeindeprinzip, der Zusammenhang von Glaubenstaufe und Gemeindemitgliedschaft sowie die prinzipielle Forderung nach Trennung von Kirche und Staat gehen deutlich auf den Einfluß des angelsächsischen Freikirchentums zurück."[38]

Die meisten Baptisten entstammten der unteren und mittleren Bevölkerungsschicht. In Hamburg waren drei Viertel aller zwischen 1834 und 1849 getauften Männer Handwerker, darunter viele Wandergesellen.[39] Onckens Grundsatz war: *„Jeder Baptist ein Missionar."* Diese Haltung führte zu einer schnellen Ausbreitung der Gemeinden. 1848 gab es in Deutschland fünfundzwanzig selbständige Baptistengemeinden.

Nachdem mit den politischen Ereignissen des Jahres 1848 eine Zeit größerer Freiheit begonnen hatte, schlossen sie sich 1849 gemeinsam mit den dänischen Gemeinden zum *Bund der Vereinig-*

ten Gemeinden getaufter Christen zusammen. Man entschied sich dafür, die Ortsgemeinde autonom zu lassen. Der Bund sollte übergreifende Funktionen erledigen. Zu dem Bund gehörten zeitweilig auch Gemeinden in Holland, der Schweiz, Frankreich, Polen, Rußland, dem Baltikum, Österreich-Ungarn und dem Balkan. Meistens waren sie direkt oder indirekt durch die Tätigkeit Onkkens entstanden.[40]

1884, im Todesjahr Onckens, gab es in Deutschland 165 Gemeinden mit 32 000 Mitgliedern. 1849 hatte man erstmals mit sechsmonatigen Missionskursen begonnen. Daraus entstand 1880 ein Predigerseminar in Hamburg. Den von Oncken eingerichteten Schriftvertrieb übernahm 1878 der Gemeindebund. Daraus ging der heute in Wuppertal und Kassel ansässige Oncken-Verlag hervor.

Ein erstes Diakonissenmutterhaus entstand 1887 in Berlin durch *Eduard Scheve,* zwei weitere 1899 und 1907 in Hamburg. 1891 wurde eine Außenmissionsarbeit in Kamerun begonnen. Nachdem 1858 eine staatliche Anerkennung in Hamburg ausgesprochen war, kam es 1888 auch in den anderen deutschen Ländern zu einer Anerkennung des Bundes, der sich nun *Bund der Baptistengemeinden in Deutschland* nannte.[41]

Der Bund Evangelisch-Freikirchlicher Gemeinden

1942 schloß sich der Bund der Baptistengemeinden mit dem *Bund freikirchlicher Christen,* einem Zusammenschluß der meisten Brüderversammlungen (s.u.), zum *Bund Evangelisch-Freikirchlicher Gemeinden* zusammen. In der alten Bundesrepublik hat ein Teil der Brüderversammlungen nach dem Krieg den Bund wieder verlassen. Die im Bund verbliebenen Gemeinden bilden die *Arbeitsgemeinschaft der Brüdergemeinden* (s.u., Brüderversammlungen).

Durch den Zuzug vieler deutscher Aussiedler aus der GUS bildete sich 1990 die *Arbeitsgemeinschaft der Evangeliumschristen-Baptisten* (s.u.), die zur Zeit mehr im Sinne eines Arbeitskreises tätig ist.

Die einzelne Gemeinde innerhalb des Bundes Evangelisch Freikirchlicher Gemeinden ist autonom. Strukturen und manche Praktiken sowie Prägungen der Gemeinden sind daher sehr unterschiedlich.

In Deutschland gab es 1992 insgesamt 593 Gemeinden und 315 Zweiggemeinden. Die Mitgliederzahl betrug 1993 insgesamt 88 081 Menschen, etwa 1 000 mehr als im Vorjahr. Die Zahl der Pastoren liegt bei etwa 700. 2 673 Menschen ließen sich 1993 in einer Gemeinde des Bundes taufen.[42]

Die Struktur des Bundes Evangelisch-Freikirchlicher Gemeinden

Jede Gemeinde des Bundes gehört einer der dreizehn geographischen Vereinigungen an.[43] Weder die Vereinigung noch der Bund greifen in die Selbstbestimmungsrechte der Gemeinden ein. In der Verfassung wird über die Vereinigungen festgestellt:

„Sie unterstützen die Gemeinden, Gemeindeverbände, Einrichtungen und Werke in ihrem Bereich unter Wahrung von deren Selbstbestimmungsrecht."[44]

In der Selbstdarstellung des Bundes heißt es zu den Aufgaben und Möglichkeiten der Vereinigungen:

„Die Vereinigungen ermöglichen engeren Zusammenhalt, gezieltere Zusammenarbeit und die Wahrnehmung gemeinsamer Projekte im besser überschaubaren regionalen Bereich, sie sind ein Umschlagplatz von Erfahrungen und Informationen zwischen Gemeinden und Bund. Geistliche und praktische Anliegen aus den Ortsgemeinden können hier konkreter zur Sprache gebracht und bedacht werden als auf der entfernteren Bundesebene; umgekehrt werden über die Vereinigungen bestimmte Bundesanliegen konkreter an die Gemeinden herangetragen."[45]

Alle Gemeinden des Bundes entsenden je nach Größe der Gemeinde Abgeordnete in den sogenannten Bundesrat. Einmal im Jahr tritt der Bundesrat zusammen und berät und beschließt über gemeinsame Ausgaben und Aufgaben.[46]

Die Bundesleitung setzt sich aus etwa zwanzig Personen zusammen. Die Arbeitsgemeinschaft der Brüdergemeinden entsendet zwei Vertreter in die Bundesleitung. Aus der Bundesleitung werden ein Präsident und ein Vizepräsident gewählt. Präsident des Bundes ist *Walter Zeschky*. Aufgabe der Bundesleitung ist die Vertretung des Bundes nach außen hin und Ausführung der Beschlüsse und Aufträge des Bundesrates. Die Geschäftsstelle des Bundes ist das Bundesmissionshaus in Bad Homburg. Die Leitung der Geschäftsstelle haben die Bundesdirektoren inne. Der Bund ist eine Körperschaft des öffentlichen Rechts.

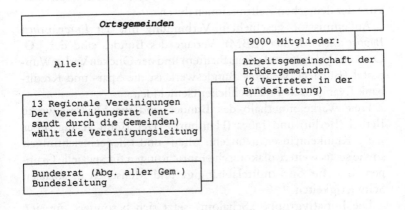

Bundeswerke

Die sogenannten Bundeswerke sind Werke, die in indirekter Verantwortung des Bundes stehen. Dazu gehören das Theologische Seminar in Hamburg (demnächst Berlin) und die Bibelschule Wiedenest, die mit der Arbeitsgemeinschaft der Brüdergemeinden in Verbindung steht. In Hamburg werden Pastoren des Bundes in einem fünfjährigen, alle theologische Disziplinen umfassenden, Studium ausgebildet. Die Studenten sollten in der Regel mindestens zwei Jahre Mitglied einer Gemeinde „gläubig getaufter Christen" sein. Für die Aufnahme ist unter anderem eine positive Beurteilung der Gemeinde erforderlich.

Für Kinder- und Jugendarbeit ist das *Gemeindejugendwerk* (GJW) verantwortlich. Für die Mission und Evangelisation ist die *Heimatmission* zuständig. Ihre Bereiche sind Schulung der Gemeinden, Zeltmission, Neulandmission, Singles-Arbeit und Gemeindebibelschule. Der jüngste Arbeitszweig ist der Arbeitskreis Ausländermission.[47] Die Neulandmission des Bundes ist mit einhundert Gemeindegründungsprojekten (1993) das führende gemeindegründende Werk in Deutschland. Allein 1992 wurden im Rahmen der Aktion *Gemeinden gründen Gemeinden* vierzig neue Gemeindegründungsprojekte in Angriff genommen.[48] Die Zeltmission verfügt über sieben Zelte mit insgesamt 2600 Sitzplätzen.[49] Mit vierzig Einsätzen führte sie 1993 die meisten Zelteinsätze der deutschen Zeltmissionen durch.[50]

Außenmission geschieht in Verbindung mit der *Europäischen Baptistischen Mission* (EBM). Verlage des Bundes sind der J.G. Oncken Verlag Kassel (Zeitschriften) und der Oncken Verlag Wuppertal (Bücher). Weiteres Bundeswerk ist die Spar- und Kreditbank Evangelisch-Freikirchlicher Gemeinden.

Freie Werke innerhalb des Bundes sind die Diakoniewerke Bethel (Berlin) und Tabea (Hamburg). Der Bund verfügt über sechs Krankenhäuser, neunzehn Alten- und Pflegeeinrichtungen sowie sechs weitere diakonische Einrichtungen für spezielle Gruppen, u.a. für Suchtmittelabhängige und Menschen in sozialen Schwierigkeiten.[51]

Die Initiativgruppe „Schalom" setzt sich besonders für eine biblische Friedenspolitik ein und versucht, unter den politisch oft kaum engagierten Baptisten ein politisches Bewußtsein zu schaffen.

Charismatische Bewegung

1975 wurde durch die Bundesleitung der *Arbeitskreis Charisma und Gemeinde* ins Leben gerufen. Der inzwischen in regionale Vereinigungen gegliederte und überregional organisierte Arbeitskreis formuliert in einer Selbstdarstellung:

„Der Arbeitskreis ‚Charisma und Gemeinde' im Bund Evangelisch-Freikirchlicher Gemeinden sieht seinen Auftrag darin, Impulse zur

geistlichen Erneuerung in unsere Gemeinden zu geben und die Herausforderungen und Erfahrungen der charismatischen Erneuerungsbewegung aufzunehmen und für unsere Bundesgemeinschaft fruchtbar zu machen. Dabei kann es sich nur um einen Weg handeln, der unserem Gemeindeverständnis, Gemeinde gläubig getaufter Christen zu sein, entspricht."[52]

Internationale Verbindungen

Der Bund Evangelisch Freikirchlicher Gemeinden ist Mitglied in der *Europäischen Baptistischen Föderation* und im Baptistischen Weltbund (*Baptist World Alliance*, BWA). Er gehört nicht zum Ökumenischen Rat der Kirchen. Der Europäisch Baptistischen Föderation untersteht ein Theologisches Seminar in Rüschlikon/ Schweiz, das auch von Studenten aus dem deutschsprachigen Raum besucht wird.

Baptistengemeinden in der Schweiz

In der Schweiz wurde die erste Baptistengemeinde 1849 durch Fr. Maier in Zürich gegründet. Einen Gemeindebund gibt es seit 1924. Der *Bund der Baptistengemeinden in der Schweiz* hat 16 Gemeinden mit insgesamt etwa 1 400 Mitgliedern, die von zehn hauptamtlichen Predigern betreut werden. Präsident des Schweizer Baptistenbundes ist seit Mai 1993 *Gabriel Marinello*, Zürich. Er ist Vorsteher des *Diakoniewerkes Salem* in Zürich. Der Gottesdienstbesuch liegt bei etwa 75 Prozent der Mitgliederzahl. 1992 standen vierunddreißig Taufen einundsechzig Austritten oder Streichungen gegenüber. 1994 soll ein eigenes Departement für Inlandmission geschaffen werden.[53]

Wie auch der Bund der Baptistengemeinden in Österreich war der schweizerische Bund an der Verfassung der „Rechenschaft vom Glauben" beteiligt. Er ist Mitglied der *Arbeitsgemeinschaft Christlicher Kirchen in der Schweiz (AGCK-CH)* und des *Verbandes evangelischer Freikirchen und Gemeinschaften in der Schweiz (VFG)*.

Der Bund hat ein Freizeitheim in der Ostschweiz. Einige Diakonissen sind in verschiedenen diakonischen und missionarischen

Einrichtungen tätig. Die französischsprachigen Baptistengemeinden haben etwa 500 Mitglieder. Sie sind einer der französischen baptistischen Vereinigungen angeschlossen.

Lehrmeinungen und Bekenntnisse

Die „Baptist Principals"

Weltweit werden sechs Punkte als die *Baptist Principals*, die baptistischen Grundsätze, anerkannt:

„1. Die Bibel als Gottes Wort, daher alleinige Richtschnur für Glauben und Leben
2. Die Gemeinde der Gläubigen, daher die Notwendigkeit von Mission und Evangelisation
3. Die Taufe auf das Bekenntnis des Glaubens, daher Verbindung von Taufe und Gemeindegliedschaft
4. Das allgemeine Priestertum aller Gläubigen, daher keine Ämterhierarchie (Rangordnung)
5. Die Selbständigkeit der Ortsgemeinde, daher kein mit besonderen Befugnissen ausgestatteter kirchlicher Überbau
6. Glaubens- und Gewissensfreiheit, daher Trennung von Kirche und Staat."[54]

An den Inhalten dieser Prinzipien zeigt sich bereits, daß der Baptismus nicht eine Taufbewegung ist, wie man aus dem Namen schließen könnte, sondern eine Gemeindebewegung. Die Gemeinde nimmt einen hohen Stellenwert in allen baptistischen Bekenntnissen ein.

Normative baptistische Bekenntnisse gibt es weder im deutschen noch im weltweiten Baptismus, da allein die Bibel als höchste Autorität anerkannt wird, die weit über allen Bekenntnistexten steht.[55]

„Es ist ja gerade typisch für den Baptismus, daß er einem Glaubensbekenntnis niemals einen normativen Rang zubilligen wird. Die Heilige Schrift allein gilt als die verbindliche Norm für den einzelnen Gläubigen ebenso wie für die Gemeinde. Diese einzigartige Stellung der Schrift darf durch die Lehrautorität einer Bekenntnisschrift nicht ange-

tastet werden. Der einzelne Christ steht in unmittelbarer Verantwortung vor seinem Herrn und ist in seinem Gewissen allein durch die Heilige Schrift, nicht aber durch ein formuliertes Bekenntnis gebunden. Ebenso wird eine Gemeinschaft nicht durch ein allgemein anerkanntes Glaubensbekenntnis vor Irrtümern und Irrlehren bewahrt, sondern allein durch das Lehramt des Heiligen Geistes." [56]

Die grundlegenden kirchlichen Bekenntnisse der ersten Jahrhunderte werden jedoch anerkannt. So ist das Apostolische Glaubensbekenntnis neben verschiedenen Psalmtexten in den „Gemeindeliedern", dem gemeinsam von Evangelisch-Freikirchlichen Gemeinden und Freien evangelischen Gemeinden genutzten Gesangbuch, enthalten und kann in den Gottesdiensten als gemeinsame Lesung gesprochen werden.

Edwin Brandt, derzeitiger Direktor des Theologischen Seminars in Hamburg, stellt in bezug auf die Voranstellung des Apostolischen Glaubensbekenntnisses vor das aktuelle Bekenntnis der deutschsprachigen Baptisten, „Rechenschaft vom Glauben" (s.u.), fest:

„Mit dieser theologischen Grundentscheidung bekennen wir Baptisten uns zur weltweiten Kirche Jesu Christi ebenso, wie wir uns zu dem Auftrag bekennen, den wir vom Herrn der Gemeinde in der Geschichte und für die Gegenwart empfangen haben. Beides gilt es zu betonen." [57]

Frühere Bekenntnisse des deutschen Baptismus

Das erste Bekenntnis des deutschen Baptismus stammt aus dem Jahre 1847. Vorausgegangen war ein 1837 von Julius Köbner in Hamburg verfaßtes und von Oncken eingereichtes Bekenntnis, das auf Grund einer politischen Aufforderung erstellt werden mußte. 1843 wurde dieses Bekenntnis Grundlage zu einem besonders in der Tauf- und Abendmahlslehre stark veränderten Bekenntnis, das von G.W. Lehmann verfaßt wurde. Das Bekenntnis von 1847 ist ein von allen gemeinsam verfaßtes Bekenntnis. Besonderheiten finden sich hier u.a. im 7. Artikel, in dem die Wiedergeburt als ausschließliches Werk des Heiligen Geistes bezeichnet wird. Er begleitet das Wort, das den Sünder zum Glauben führt. Der

12. Artikel beginnt mit der Feststellung, daß die Aufnahme in die Gemeinde durch die Taufe geschieht. In den Gemeindeversammlungen sollten alle gleiches Stimmrecht haben.[58] Über die Ämter in Kirche und Gemeinde wurde festgestellt:

> *„Nur der Herr Jesus Christus selbst ist das Oberhaupt derselben; sichtbare Oberhäupter auf Erden kennt sie nicht."*[59]

Rechenschaft vom Glauben

1977 wurde von einer internationalen Kommission, der Mitglieder des Bundes der Baptistengemeinden in Österreich, des Bundes der Baptistengemeinden in der Schweiz, des Bundes Evangelisch-Freikirchlicher Gemeinden in der DDR und des Bundes Evangelisch-Freikirchlicher Gemeinden in der BRD angehörten, ein Bekenntnis mit dem Namen *Rechenschaft vom Glauben* erarbeitet. Am Anfang dieses Bekenntnisses heißt es:

> *„Dieses Bekenntnis ist Ausdruck und Zeugnis der Übereinstimmung der Gemeinden im Glauben. Es kann also nicht selbst Gegenstand des Glaubens oder bindendes Glaubensgesetz sein. Als zusammenfassende Auslegung der Heiligen Schrift wird es durch diese begründet und begrenzt. Es setzt das Apostolische Glaubensbekenntnis als gemeinsames Bekenntnis der Christenheit voraus und bleibt offen für die künftige Bekundung der Wahrheit."*[60]

In den Gemeinden ist dieses Bekenntnis jedoch oft kaum bekannt und führt eher ein Schattendasein.[61]

Die „Rechenschaft vom Glauben" ist in zwei Hauptteile gegliedert. Teil I handelt von der Gemeinde Jesu Christi. Unter dem 1. Hauptabschnitt „Die Aufrichtung der Gottesherrschaft" ist zuerst von der „Offenbarung Gottes in Christus" die Rede. Ein zweiter Artikel handelt von der Sünde des Menschen und der Umkehr zu Gott. „Das neue Leben aus dem Heiligen Geist", „Gottes Schöpfung", „Gottes alter und neuer Bund" und „Gottes Wort – die Bibel" lauten die Überschriften weiterer Artikel.

Schriftverständnis

Der Baptismus versteht sich als Bibelbewegung.[62] Im deutschen und im internationalen Baptismus gibt es im Schriftverständnis jedoch keinen Konsens.[63]

Die konservativere Position

Ein Vertreter der in der Schriftfrage konservativeren Baptisten ist der Baptistenpastor *Dr. Helge Stadelmann*. Mit anderen Pastoren und Laien ist er aktiv in dem sich aus Mitgliedern der Gemeinden des Bundes zusammensetzenden *Gesprächsforum Bibel und Gemeinde*. Stadelmann ist zugleich auch Rektor der überkonfessionellen *Freien Theologischen Akademie Gießen* (FTA), in deren Glaubensgrundlage die wörtliche Inspiration und die Irrtumslosigkeit der Heiligen Schrift fest verankert ist. In seinem Buch *Grundlinien eines bibeltreuen Schriftverständnisses*[64] stellt Stadelmann fest:

> *„Der Glaube an den ganzen Christus und der Glaube an das inspirierte Wort gehören untrennbar zusammen und machen sich keine Konkurrenz. Wir haben Christus nicht ohne das Wort, denn nur hier wird er uns verkündigt, wie er war und ist."*[65]

Deutlich widerspricht Stadelmann der Auffassung, die Inspirationslehre sei eine nachträgliche Erfindung zur Absicherung der Bibel. Diese Position hatte 1983 der damalige Direktor des Theologischen Seminars Hamburg, *Dr. Eduard Schütz,* vertreten. Schütz hatte in dem Artikel zum *„Christuszeugnis auf dem Grund der Schrift"* zwar nicht grundsätzlich eine Inspiration der Schrift und das Wirken des Heiligen Geistes bei ihrer Entstehung verworfen,[66] jedoch ein Verbalinspirationsdogma abgelehnt, weil es seiner Meinung nach die Christusoffenbarung verdunkele und von ihr ablenke.[67]

Stadelmann sieht eindeutig *„das Zeugnis von der Gott-Gegebenheit der Heiligen Schriften bereits ausführlich im Alten wie im Neuen Testament."*[68] Eine einseitige Betonung der Göttlichkeit der Schrift lehnt er ebenfalls ab. Die Mitwirkung von Menschen beinhaltet für ihn jedoch nicht notwendigerweise eine Fehlerhaftigkeit der Schrift.

„Die Tatsache, daß Gott Menschen – wirkliche Menschen in ihrer individuellen Ganzheit! in geschichtlichen Situationen durch seinen Geist in Dienst nimmt, will nämlich keineswegs schon besagen, daß damit ipso facto Fehlbarkeit, Sünde und Irrtum Einzug gehalten hätten in das Offenbarungswort. Gewiß, irren ist menschlich. Aber zum Menschsein gehört nicht zwingend, daß man immer und überall irren muß. Und schon gar nicht gehört dazu, daß das, was Gott selbst durch den Menschen wirkt, sündhaft und fehlbar sein muß."[69]

Festzuhalten bleibt hier, daß „wörtliche Inspiration der Bibel" weder für Stadelmann – noch für einen anderen der Vertreter dieser Lehre in Deutschland – ein Ausschalten der Persönlichkeit des menschlichen Autors bedeutet, ebensowenig auch ein ungeschichtliches Verständnis der Bibel.

Schriftverständnis im Bekenntnistext

In der „Rechenschaft vom Glauben" wird zuerst das Handeln des Heiligen Geistes bei der Verfassung der Bibel betont:

„Die Verfasser des Neuen Testaments haben unter der Leitung des Heiligen Geistes Zeugnis abgelegt von dem in Christus erschienenen Heil Gottes. Darin besteht die Autorität und Normativität des Neuen Testaments für Leben und Lehre der Gemeinde. Es ist das geschriebene Wort Gottes." [70]

Neben der Göttlichkeit der Schrift wird auch ihre Menschlichkeit betont:

„Die Bibel ist Gottes Wort in Menschenmund. Deshalb tragen ihre Bücher die Kennzeichen der Zeiten, in denen sie entstanden sind. Ihre Sprachen, ihre Denkweisen und ihre literarischen Formen sind den Orten und Zeiten verhaftet, aus denen sie stammen. Deshalb ist der christlichen Gemeinde und ihrer Theologie im Hören auf Gottes Wort auch das geschichtliche Verständnis der Heiligen Schrift aufgetragen. Geschichtliche Deutung der Schrift rechnet mit der Wirksamkeit des Heiligen Geistes, wie bei der Entstehung so auch bei der Auslegung der Heiligen Schrift des Alten und Neuen Testaments. Die Bibel lebt, denn Gott redet durch sie."[71]

Die Aussagen des Bekenntnisses sind so formuliert, daß eine Weite im Schriftverständnis möglich bleibt.

Schriftverständnis allgemein

Ohne sich auf eine bestimmte Inspirationslehre festzulegen, wird allgemein von einer Inspiration der Bibel durch den Heiligen Geist ausgegangen.[72] Edwin Brandt, Rektor des Theologischen Seminars des Bundes Evangelisch-Freikirchlicher Gemeinden in Hamburg, kann somit vom Heiligen Geist als von dem ursprünglichen „Autor" der Heiligen Schrift sprechen.[73]

Eine in der letzten Zeit immer wieder betonte Ablehnung des Fundamentalismus ist vor allem Ablehnung einer Überbewertung einer bestimmten Inspirationslehre, in der diese praktisch zur entscheidenden christlichen Lehre gemacht wird.[74]

Bei der Auslegung der Bibel spielt nach baptistischer Auffassung die Leitung durch den Heiligen Geist eine wesentliche Rolle; ebenso ähnlich der Auffassung der Mennoniten (s.o) — die gemeinsame Arbeit an der Bibel in der Gemeinde.

> *„Das Gespräch über die Bibel, die Schrifterkenntnis der anderen gilt uns als Korrektur und Bereicherung. Denn jedem vom Geist Gottes Begabten kommt eine geistliche Kompetenz zu, die wir für das persönliche Wachstum wie für die Meinungsbildung in verschiedenen Fragen zu respektieren haben."*[75]

Dabei wird der Dienst von Theologen durchaus für ergänzend und wertvoll gehalten, sofern diese *„sich selber dem Prozeß der gemeinsamen Schriftauslegung nicht entziehen"*.[76]

Die Schrift ist Maßstab aller Wirkungen des Heiligen Geistes.

> *„So wenig die Bibel ohne das ‚Lehramt' des Heiligen Geistes recht zu verstehen ist, so wenig ist der Heilige Geist ohne die Heilige Schrift recht zu deuten. An der Mitte der Schrift vorbei oder über die Schrift hinaus haben wir das Wirken des Heiligen Geistes nicht zu erwarten."*[77]

Gemeindeverständnis

In den verschiedenen baptistischen Kirchen finden universale Gemeinde und Ortsgemeinde unterschiedliche Betonungen. John David Hughey nennt als das Konstante im Gemeindeverständnis in einer Darstellung der Baptisten:

> „*Orientierung an der neutestamentlichen Kirche; persönliche Glaubenserfahrung und Gläubigentaufe; Sichtbarkeit und Konkretheit der Kirche (deshalb die Betonung der Ortsgemeinde); christlicher Lebenswandel (Beziehung zur Ethik; daher auch Unterweisung und Gemeinde-‚Disziplin‘); Gemeinde als Gemeinschaft der Gleichen, obschon mit unterschiedlichen Gaben (Anteilnahme ist wichtig; ‚wohl eine Leitung, aber keine Herrschaft der Leiter‘); eine gewisse Organisation (auch im Sinne eines Bündnisses, covenant, der Gläubigen, im Unterschied von freien Gruppierungen); Autorität Christi (‚geistliche Theokratie‘); bei prinzipieller Selbständigkeit der Ortsgemeinde Verbundenheit mit anderen Gemeinden.*"[78]

Baptisten sind der Überzeugung, daß jedes Gemeindeglied wichtig ist. Leitung gibt es, sie wird aber eher als Erfüllung einer Aufgabenfunktion angesehen denn als Herrschaft.[79]

In einer Gemeindeentscheidung ist man bestrebt, Einmütigkeit zu erreichen. Ist dies nicht der Fall, entscheidet im Normalfall die Mehrheit der Gemeindeglieder.[80]

Es gibt allerdings auch Gemeindestrukturen, in denen Älteste über die Belange der Gemeinde entscheiden. Diese Ältesten sind von der Gemeinde in ihr(em) Amt bestätigt bzw. gewählt worden.

In der Unterschiedlichkeit der Strukturen zeigt sich im deutschsprachigen Raum die Betonung der Autonomie der Ortsgemeinde. Baptistengemeinden können von ihrer Prägung und ihrer Struktur her sehr unterschiedlich sein. Manche Gemeinden könnte man als „konservativ-evangelikal" bezeichnen, manche als „charismatisch", andere würden von konservativ-evangelikalen Kreisen als liberal angesehen werden.

Amtsträger

Pastoren sind meist diejenigen, die Taufen durchführen. Das Abendmahl wird dagegen an die Gemeinde von anderen Gemeindeglie-

der weitergegeben, nachdem diese Brot und Wein vom Pastor erhalten haben. Brot und Wein werden dabei durch die Reihen gereicht.
Seit 1992 gibt es bei den deutschen Baptisten auch Pastorinnen. Durch den heftig umstrittenen Beschluß des Bundesrates wurden die hauptamtlichen weiblichen Mitarbeiterinnen, die bisher den Titel „Theologische Mitarbeiterin" führten, berechtigt, Pastorinnen zu werden. Der Antrag der Bundesleitung auf der Bundesratstagung 1992 war folgendermaßen formuliert:

> *„Der Bundesrat nimmt zur Kenntnis, daß einige Gemeinden, Vereinigungen, Werke und Einrichtungen innerhalb unseres Bundes Theologische Mitarbeiterinnen in Übereinstimmung mit ihrem Berufs- und Dienstverständnis zu pastoralen Diensten berufen haben und für sie die Dienstbezeichnung ‚Pastorin' verwenden.*
> *Der Bundesrat beauftragt die Bundesleitung, dafür die dienstrechtlichen Voraussetzungen zu schaffen."*[81]

Dem Antrag wurde bei 231 Nein-Stimmen, 54 Stimm-Enthaltungen und einer ungültigen Stimme mit 449 Stimmen zugestimmt. Dies waren 61,1 Prozent der Stimmen.[82]

Dieser Beschluß wurde sehr stark von der Arbeitsgemeinschaft der Brüdergemeinden und der Arbeitsgemeinschaft der Evangeliumschristen-Baptisten kritisiert, aber fand auch Kritiker unter Baptistengemeinden. In Einzelfällen kam es zu Austritten bzw. zum Gemeindewechsel.

Die Gegner der Pastorinnenordination traten 1993 mit einer von sechzehn Erstunterzeichnern unterschriebenen Erklärung erneut an die Öffentlichkeit.[83] Sie brachten darin ihren erklärten Willen, in der Bundesgemeinschaft zu bleiben, zum Ausdruck. Gleichzeitig betonten sie, die Entscheidung der Ordination von Pastorinnen als nicht schriftgemäß empfinden zu können.

Bei der Diskussion um die Ordination von Pastorinnen muß berücksichtigt werden, daß das Ordinations- und Amtsverständnis ein anderes ist als z. B. in den evangelischen Volkskirchen. Zwar muß Edwin Peter Brandt in einem Referat zum Thema feststellen, *„daß wir in unseren eigenen Reihen hin und wieder ein Amtsverständnis vorfinden, dem es unter Berufung auf unser Gemeindeverständnis kräftig zu widerstehen gilt"*,[84] grundsätzlich ist damit jedoch weder die Vermittlung einer Amtsgnade noch eine Überordnung des Amtsträgers gedacht.[85]

Der Begriff des Pastors bzw. der Pastorin ist eine Dienstbezeichnung, die den bzw. die Ordinierte in einen speziellen Dienst, der neben vielen anderen in der Gemeinde geschieht, einordnet. Die Ordination ist zum einen eine Selbstverpflichtung des Pastors bzw. der Pastorin,[86] zum anderen auch öffentliche Beauftragung und Segnung zum Dienst, auch zum Dienst innerhalb der Bundesgemeinschaft.[87] Gleichzeitig wird hier aber auch einer öffentlich-rechtlichen Regelung Genüge getan, die der ordinierten Pastorin bzw. dem Pastor die gesetzlich geregelten Vorrechte eines Geistlichen zugestehen.[88]

Die Taufe

Baptisten taufen nur Menschen, die vorher eine bewußte Glaubensentscheidung getroffen haben. Die Altersfrage wird dabei sehr unterschiedlich gehandhabt. Es ist falsch, von einer Erwachsenentaufe zu sprechen.[89] In den meisten Ländern können sich auch Kinder oder Jugendliche taufen lassen, sofern sie in einem Alter sind, in dem das Verlangen nach der Taufe ausgedrückt werden kann. Dabei sind eventuelle Altersfestlegungen unterschiedlich gehandhabt. Manchmal entscheiden Gemeindevorstände, erst ab zwölf oder auch ab vierzehn Jahren eine Taufmeldung zuzulassen. In den USA werden dagegen zum Teil bereits fünfjährige Kinder getauft. Letztlich ist diese Frage der einzelnen Gemeinde überlassen.

Getauft wird durch Untertauchen. Baptisten gebrauchen zur Deutung der Taufe gerne den Text aus Römer 6, in dem die Taufe als ein mit Christus sterben und mit ihm auferstehen beschrieben wird. Dies kann nach baptistischer Auffassung nicht durch eine Besprengung dargestellt werden.[90]

Allgemein wird die Taufe eher als Zeichen verstanden.[91] In einer Selbstdarstellung des Bundes Evangelisch-Freikirchlicher Gemeinden heißt es über die Taufe:

„Die persönliche Antwort des Glaubens findet ihren sichtbaren Ausdruck in der Taufe auf den Namen des dreieinigen Gottes. Wir verstehen die Taufe als öffentliches Bekenntnis zu Jesus, dem Erlöser, als bewußte Übereignung des Lebens an ihn als Herrn, als Eingliederung in die Gemeinde sowie als Zeichen für das Ja Gottes."[92]

Der baptistische Theologe *Adolf Pohl* erklärte in einem Referat vor der *Arbeitsgemeinschaft Christlicher Kirchen in der DDR* in Potsdam 1984:

> *„Nach unserem Verständnis ist z.B. die Taufe im Neuen Testament als solche nie der Beginn des geistlichen Lebens. Nicht absoluter Anfangspunkt ist sie, sondern Wendepunkt. Und zwar markiert sie den Umschlag, wo Verborgenes an die Öffentlichkeit tritt, wo aus Erkenntnis Bekenntnis wird, wo Anfängliches verbindlich wird, wo Privates ins Miteinander führt und Gnadenempfang in den Dienst drängt.*
> *Was der Täufling im Herzen glaubt, bekennt er jetzt mit dem Mund vor vielen Zeugen. Er ratifiziert in aller Form, was Gott an ihm getan hat, und die Gemeinde attestiert es ihm. Unter gemeinsamer Anrufung des Namens des Herrn solidarisieren sich Täufling und Gemeinde. Daß dieses Geschehen den Geist Gottes zum tragenden Subjekt hat, ist uns selbstverständlich. Täufling und Gemeinde handeln in seiner Kraft.“*[93]

Bekehrung, Glaube und Taufe werden oft als ein gemeinsames geistliches Geschehen angesehen.[94] Gelegentlich wird die Taufe auch mit der Erfüllung mit dem Heiligen Geist in Verbindung gebracht, verstanden als eine zweite, auf die Wiedergeburt folgende Erfahrung. In einem Bekenntnis der britischen Baptisten aus dem Jahre 1948 heißt es:

> *„Das Neue Testament deutet klar eine Verbindung an zwischen der Gabe des Heiligen Geistes und dem Erlebnis der Taufe, ohne den Ritus zum notwendigen und unvermeidlichen Weg für diese Gabe zu machen, es macht ihn aber zu einer angemessenen Veranlassung eines neuen und tieferen Geistempfangs.“*[95]

In den letzten Jahrzehnten wird im deutschen Baptismus immer stärker auch ein Handeln Gottes in der Taufe betont. Im zweiten Teil des ersten Hauptteils der „Rechenschaft vom Glauben" – „Das Leben unter der Gottesherrschaft" – ist zuerst von der „Gemeinde Jesu Christi" die Rede. Nach den Artikeln über „Sammlung und Sendung der Gemeinde" und „Verkündigung und Unterweisung" folgt ein Artikel über „Glaube und Taufe". Waren die Texte der Bekenntnisschrift innerhalb des deutschsprachigen Baptismus ansonsten einheitlich, gab es in der DDR in dem Abschnitt über die Taufe eine andere Version. In der in der Bundesrepublik, der Schweiz und Österreich angenommenen Fassung wurde stärker das Handeln Gottes in der Taufe hervorgehoben, während die in der DDR angenommene Fassung stärker den Bekenntnischarakter der Taufe betonte. Aufgrund der Wiedervereinigung beider Bünde wurde in Deutschland eine Neufassung des Taufartikels notwendig, die voraussichtlich im Mai 1995 auf der Bundesratskonferenz beschlossen wird.[96] Hieß es in der früheren West-Fassung bezüglich des Verhältnisses zwischen Glaube und Taufe noch:

„Wer sich in Buße und Glauben zu Gott hinwendet, empfängt Vergebung seiner Schuld und ewiges Leben. Die Umkehr des Menschen zu Gott kommt zum Ausdruck in seinem Bekenntnis zu Jesus Christus, das er vor Gott und den Menschen in der von Jesus Christus eingesetzten Taufe ablegt"[97],

so wird in der vorläufigen Neufassung im ersten Abschnitt deutlicher die Errettung des Menschen durch Buße und Glauben hervorgehoben. Erst im zweiten Absatz ist von der Taufe die Rede, die als öffentliche Dokumentation der Umkehr des Menschen zu Gott verstanden wird. Dies gilt als Begründung der Gläubigentaufe:

„Deshalb können nur solche Menschen getauft werden, die auf Grund ihres Glaubens die Taufe für sich selbst begehren. Die Taufe wird einmal empfangen; nach der im Neuen Testament bezeugten Praxis wird der Täufling in Wasser untergetaucht. Die Taufe geschieht auf den Namen des Vaters und des Sohnes und des Heiligen Geistes: Der Täufling wird so der Herrschaft Gottes unterstellt."

In der alten West-Fassung wurde im dritten Absatz sehr stark das Handeln Gottes durch die Taufe hervorgehoben:

„In der im Glauben empfangenen Taufe erhält der Täufling Anteil am Sterben und Auferstehen Jesu Christi und wird ihm als seinem Herrn übereignet. In der Taufe wird der Täufling durch die Gabe des Heiligen Geistes zu einem neuen Leben des Lobes Gottes in der Nachfolge Jesu Christi zugerüstet."[98]

Die neue Fassung sieht die beschriebenen Ereignisse nicht als durch die Taufe geschehend, sondern als durch die Taufe sichtbar bestätigt an:

"Durch den Vollzug der Taufe wird dem Täufling die Zusage des Evangeliums bestätigt und ihm beglaubigt, was er glaubt und bekennt: Jesus Christus ist auch für mich gestorben und auferstanden. Mein altes Leben unter der Herrschaft der Sünde ist begraben, ich bin nun durch Christus ein neuer Mensch. Gott schenkt mir Anteil an der Wirkung des Sterbens Jesu. Er will auch die Kraft seiner Auferstehung an mir wirksam werden lassen, schon jetzt durch die Gabe des Heiligen Geistes und einst durch die Auferweckung zum ewigen Leben."

Taufe und Gemeindemitgliedschaft

Ein letzter Aspekt der Tauflehre ist der der Eingliederung in die Gemeinde. Der Täufling entscheidet sich für die Gemeinde, die Gemeinde entscheidet sich aber auch für ihn. Dies hat in vielen – nicht allen – Baptistengemeinden konkreten Ausdruck darin gefunden, daß im Rahmen einer Gemeindeversammlung über den Antrag zur Taufe abgestimmt wird. Üblicherweise spricht ein Gemeindeglied im positiven Falle eine Empfehlung zur Taufe aus, über die dann eventuell gesprochen wird, bevor es zu einer Abstimmung kommt. In einzelnen Gemeinden entscheiden die Ältesten über den Taufantrag.

Den Aspekt der Eingliederung in den Leib Christi durch die Taufe stellte Edwin Peter Brandt in seinem Referat vor der Vereinigungskonferenz Niedersachsen 1993 heraus:

"In seiner Taufe unterstellt sich der Glaubende der Herrschaft Jesu Christi und wird durch den Heiligen Geist in den Leib Jesu Christi eingegliedert. Die Eingliederung in den universalen Leib Jesu Christi wird sichtbar in der Mitgliedschaft in der Ortsgemeinde. Darum gehören nach unserem Verständnis Buße, Glaube, Taufe, Nachfolge und Gemeindegliedschaft untrennbar zusammen (Apostelgeschichte 2,37-41, 47; 1. Korinther 12,13)."[99]

In der „Rechenschaft vom Glauben" wird das Verhältnis zwischen Taufe und Eingliederung in die Gemeinde folgendermaßen ausgedrückt:

"Mit der Taufe läßt sich der Täufling in die Gemeinschaft einer Ortsgemeinde eingliedern, eine Gemeinschaft des Bekennens und Betens, Lernens und Dienens. Dort erkennt er seine geistlichen Gaben und

Aufgaben und übt sie zur Ehre Gottes und zum Wohl der Menschen aus, dort erfährt und gewährt er Hilfe und Korrektur und hat an der Feier des Abendmahls teil."

In einer Baptistengemeinde wird man – es sei denn, man ist bereits gläubig getauft – im Normalfalle erst durch die Taufe in die Ortsgemeinde aufgenommen. Wird auch meist der Eintritt in den unsichtbaren Leib mit der Wiedergeburt gleichgesetzt,[100] so ist, so wie die Beschneidung sichtbar die Zugehörigkeit zum alten Bundesvolk ausdrückte, die Taufe das sichtbare Siegel der Zugehörigkeit zur neutestamentlichen Ortsgemeinde. In manchen Gemeinden ist eine Mitarbeit erst nach der Taufe möglich.

Kindertaufe und Gläubigentaufe

Die verbreitetste und typische baptistische Auffassung versteht die Kinder- bzw. Säuglingstaufe nicht als Taufe, bestenfalls als Segnungshandlung. Da der Glaube der Taufe vorausgehen muß, fehlt der Kindertaufe ein entscheidendes Element, um als Taufe anerkannt zu werden. Bei der Taufe eines bereits als Kind „getauften" Menschen handelt es sich nach baptistischer Auffassung darum nicht um eine Wiedertaufe.

Durch die Autonomie der Ortsgemeinde sind jedoch auch von dieser Haltung Abweichungen möglich, die auch in seltenen Fällen vorgekommen sind.[101] Die zum Bund der Baptistengemeinden in Österreich gehörige Baptistengemeinde Innsbruck stellt in ihrer Gemeindeordnung fest:

„Über die Aufnahme entscheidet jeweils im Einzelfall die Gemeindeversammlung, wo stets die liebevolle Treue des Aufnahmebewerbers zum Herrn Jesus Christus, seinem Wort und seiner Gemeinde vorrangig zu bewerten ist. Demzufolge gibt es in der Gemeinde glaubensgetaufte und nicht glaubensgetaufte Glieder. Es ist erklärtes Ziel der Gemeinde, nicht getaufte Glieder zur Taufe zu führen. Ein Vollzug der Glaubenstaufe ist nicht Voraussetzung zur Aufnahme in die Gemeinde, wohl aber für das Ältestenamt."[102]

In Zusammenhang mit auf Weltebene geführten Gesprächen zwischen Baptisten und Lutheranern wurde im Abschlußdokument auch die sehr unterschiedliche Praxis in Baptistengemeinden bezüglich der Aufnahme von bereits als Kind getauften Christen festgestellt:

> *„Einige Baptisten nehmen keine Lutheraner als Kirchenmitglieder auf, die nicht als bekennende Gläubige getauft wurden, da diese Baptisten die Kindertaufe nicht anerkennen; andere nehmen sie als vollberechtigte Kirchenmitglieder auf, nachdem sie ihren Glauben bekannt haben, ohne daß damit jedoch ihre Kindertaufe anerkannt wird; andere respektieren eine persönliche Bekräftigung der eigenen Kindertaufe, ohne daß damit der Lehre von der Kindertaufe zugestimmt wird; andere nehmen Lutheraner als Mitglieder auf und erkennen auch deren Kindertaufe als ‚gültig, wenn auch unklar' an; wiederum andere versuchen, eine Zwischenlösung zu finden, indem sie den Status einer assoziierten Mitgliedschaft, Gastmitgliedschaft oder geschwisterlichen Mitgliedschaft gewähren und damit Gelegenheit zum gemeinsamen Gottesdienst und Dienst geben, aber auf diese Weise den Unterschied in der Tauflehre deutlich machen."*[103]

Taufe und das Verhältnis zu anderen Christen
Die Betonung der Gläubigentaufe führte in der Vergangenheit, gerade um die Frage der „Wiedertaufe", wiederholt zu Spannungen. Trotz einer grundsätzlichen Ablehnung der Kindertaufe als Taufe, wird in der Selbstdarstellung des Bundes Evangelisch-Freikirchlicher Gemeinden festgestellt:

> *„Ebenso betonen wir, daß uns als Christen nicht die eine Tauflehre, sondern der eine Herr Jesus Christus verbindet! Nicht die Taufe, sondern der Glaube an ihn macht uns zu Christen und verbindet uns zu geschwisterlicher Liebe. Um diese Liebe zu unseren Schwestern und Brüdern in den verschiedenen christlichen Kirchen geht es uns mehr als um unsere Tauflehre."*[104]

Abendmahl

In manchen, durchaus aber nicht in allen Gemeinden sind nur gläubig getaufte Christen zum Abendmahl zugelassen. Oft wird aber auch jeder zugelassen, der an Christus gläubig ist. Der Christ ist dabei zur Selbstprüfung aufgefordert.

In der Rechenschaft vom Glauben ist davon die Rede, daß im Abendmahl die „*Nähe und Gemeinschaft Jesu Christi*" erlebt wird. Annahme durch Christus und Gemeinschaft mit den Brüdern und Schwestern sind weitere Beschreibungen für Geschehen im Abendmahl.

Arbeitsgemeinschaft der Evangeliumschristen-Baptisten

Die *Arbeitsgemeinschaft der Evangeliumschristen-Baptisten im Bund Evangelisch-Freikirchlicher Gemeinden* wurde 1990 gegründet. Sie ist erwachsen aus einer bereits seit 1977 durchgeführten Arbeit des Bundes unter Aussiedlern. Ein wichtiger Teil der Arbeit sind die Brüdertreffen, in denen mit verantwortlichen Mitarbeitern der Aussiedlergemeinden theologisch gearbeitet wird.

Die Jugendarbeit der Arbeitsgemeinschaft wird überregional von einem Mitarbeiter betreut.

Eine enge Zusammenarbeit besteht mit der Zeltmission des Bundes Evangelisch Freikirchlicher Gemeinden, deren Zelte gerne von Aussiedlergemeinden eingesetzt werden.

Missionarische Einsätze im Gebiet der GUS werden gemeinsam mit einheimischen Christen besonders in den Sommermonaten durchgeführt.

Ein wichtiger Teil der Arbeit sind auch die Hilfstransporte. Die Verteilung vor Ort geschieht meist durch einheimische Baptistengemeinden, die so z.B. Alten-, Pflege- und Kinderheime unterstützen können.

1992 konnte Viktor Krell, der Bundesbeauftragte für die Aussiedlerarbeit, feststellen:

„Heute gehören sechs selbständige Gemeinden, zehn Teilgemeinden, die ihre Selbständigkeit anstreben, und über 20 Gemeindegruppen innerhalb und außerhalb unserer Gemeinden zu unserer Arbeitsgemeinschaft. Viele andere Gemeinden bejahen unsere AG und arbeiten zum Teil mit uns zusammen. Sie wollen uns erst einmal kennenlernen und sich dann vielleicht unserer AG anschließen. Insgesamt begleitet die Arbeitsgemeinschaft über 2800 Mitglieder und Freunde in über 40 Gemeinden und Gruppen."[105]

Über die Integrationsschwierigkeiten stellt Krell fest:

> „Nachdem sie nun viele Leidenswege hinter sich gebracht haben, bringt sie Gott wieder zurück in das Land ihrer Vorfahren. Nun kommen die vielen Rußlanddeutschen zu uns in unser Land, in unser Volk. Sie kommen auch in unsere Gemeinden und Gottesdienste. Manche beschweren sich: ‚Sie sind so anders und wir müssen uns total umstellen, weil wir Spätaussiedler unter uns haben.'"[106]

In die Zukunft blickend sieht er ein Zusammenwachsen vor allem auch durch gemeinsame missionarische Arbeit als möglich an:

> „In Rußland und in Deutschland gibt es viel zu tun: ‚Packen wir's doch an!' Johannes sagte: ‚Unser Glaube ist der Sieg, der die Welt überwunden hat.' Wir sind nicht beauftragt, uns gegenseitig zu überwinden. Manche Unterschiede werden wir auch nicht überwinden können. Es wird uns auch nicht gelingen, einer Meinung zu sein. Wir sollten uns aber nicht aufgeben und lernen, uns gegenseitig zu tolerieren."[107]

Ein ernstzunehmendes Problem, das den Verbleib vieler Aussiedler innerhalb des Bundes oder der Arbeitsgemeinschaft gefährdet, ist die Diskussion um die Ordination von Pastorinnen. Die Leiter der Arbeitsgemeinschaft stellen dazu fest:

> „Als Vertreter der Arbeitsgemeinschaft der Evangeliums-Christen Baptisten begrüßen wir sehr den Dienst der Frau im Gemeindebereich. Das Pastorenamt der Frau kommt jedoch für Aussiedlergemeinden nicht in Frage. Denn als Kenner der Sachlage beobachten wir eine äußerst ablehnende Haltung von Seiten der Aussiedlergemeinden."[108]

Literatur

Balders, Günter (Hrsg.). *Ein Herr, ein Glaube, eine Taufe, 150 Jahre Baptistengemeinden in Deutschland.* Wuppertal, Kassel: Oncken.
Bauer, Wolfgang. Eisenblätter, Harold, Jörgensen Herrmann. Schmidt, Hinrich (hrsg. im Auftrag des Bundes Evangelisch-Freikirchlicher Gemeinden in Deutschland KdöR). *Der Bund Evangelisch Freikirchlicher Gemeinden. Eine Selbstdarstellung.* Wuppertal, Kassel: Oncken Verlag, 1992.

Die Brüdergemeinden

Am Beginn dieser Bewegung steht der Name *John Nelson Darby* (1800-1882). Darby, am 18. November 1800 in Westminster geboren, besuchte nach der Schulzeit das Trinity College in Dublin, um anschließend Jura zu studieren. Während seiner Studienzeit durchlebte er eine tiefe innere Krise, die sich in eine Art Bekehrung auflöste, über die jedoch in seinen Veröffentlichungen nicht viel zu erfahren ist. Regelmäßig ging er nun zur Kirche, feierte das Abendmahl, fastete und führte einen strengen Lebensstil. Seine juristische Karriere gab er auf.

1825 wurde er zum Deacon, 1826 zum Priester der Anglikanischen Kirche ordiniert und nach Calary in der Grafschaft Wicklow berufen. 1826 verfaßte Darby eine Streitschrift, in der er sich gegen ein Abkommen zwischen der Kirche von Irland und dem britischen Unterhaus wandte. Ein Schwerpunkt seiner Arbeit waren verschiedene evangelistische Aktivitäten. Einmal sollen sich fünfhundert Katholiken innerhalb einer Woche bekehrt haben.[1]

Eine 1827 auf einer seiner Reisen zugezogene Verletzung zwang ihn für mehrere Monate wieder nach Dublin. In dieser Zeit las er intensiv in der Bibel, was ihn zu einer zweiten Bekehrung führte, in der ihm klar wurde, daß er der Erlösungstat Christi nicht eigene Werke hinzufügen mußte. Er wurde sich seines Heils gewiß und kam zu der Überzeugung, die Bibel müsse seine absolute Autorität sein.

Nach Hause zurückgekehrt, mußte er feststellen, daß die Evangelisationsarbeit durch einen Brief des Erzbischofs Maggee, in dem er die Bekehrten aufforderte, einen Loyalitätseid gegenüber dem britischen König zu leisten, schweren Schaden erlitten hatte. Darby protestierte scharf dagegen. Kurz darauf gab er seinen Beruf als Priester auf.

Als er gefragt wurde, welcher Kirche er denn nun angehöre, antwortete er:

> *„Keiner, ich habe nichts mit den Independentisten zu tun, und ich bin meine eigene Kirche."*[2]

Mit einigen Freunden, die Darby von seinem letzten Besuch in Dublin her kannte, kam er nun regelmäßig zum Bibelstudium zusammen. Sie alle empfanden ein Fehlen des geistlichen Lebens in den Denominationen, denen sie angehörten. Sie waren der Meinung, daß *„der Name des Herrn Jesus das ursprüngliche, bleibende und einzig wahre Zentrum der Seinen"* sei.[3]

Im Winter 1827/28 trafen sie sich zum ersten Mal an einem Sonntagmorgen, um miteinander „das Brot zu brechen". Diese Gruppe besuchte nicht die Gottesdienste irgendeiner anderen Denomination, es war also keine Ergänzungsveranstaltung.[4]

Darby war der Überzeugung, daß die ursprüngliche christliche Gemeinde verfallen war. An die Stelle des Heiligen Geistes trat Organisation. Etwas Verfallenes konnte Darbys Überzeugung nach nicht wiederhergestellt werden. Statt dessen werde etwas gänzlich Neues eingeführt.[5] Dieser Verfallsgedanke führte auch zur Ablehnung einiger Geistesgaben wie Zungenrede und Heilungen. Wegen der Untreue der Gemeinden hatte Gott die Gaben nach Darbys Auffassung zurückgezogen, die der Auferbauung dienenden Gaben wie Hirten, Lehrer, Evangelisten, jedoch erhalten.[6] Unzerstörbar sei die Einheit der Gemeinde. Überall, wo eine Einrichtung („Haushaltung") Gottes verfallen war, bleibt jedoch nach Darby ein Überrest. Dieser Überrest sondert sich von dem Verfallenen ab.[7]

Darby sah „die Denominationen", also die bestehenden Gemeinden und Kirchen, als Ausdruck des Verfalls an. Der Leib Christi solle sich „allein zu seinem Namen" versammeln. Damit soll die Einheit des Leibes ausgedrückt werden. Dies geschieht für Darby beim Mahl des Herrn.[8]

Die Versammlung in Dublin wuchs schnell. Einer der Teilnehmer, *Bellett,* berichtet:

„Die geregelte Ordnung des Gottesdienstes ... wich allmählich. Belehrung und Ermahnung kamen zuerst und waren allgemeine Aufgaben und Dienste, während das Gebet auf zwei oder drei beschränkt war, die man als Älteste betrachtete, aber allmählich verschwand all dies. Nach einer Weile verstanden wir uns als ohne eingesetzte oder anerkannte Ältestenschaft in unserer Mitte, und aller Dienst bekam einen freien Charakter, in dem die Gegenwart Gottes durch den Geist einfältiger geglaubt und in Anspruch genommen wurde."[9]

Schnell breitete sich der Gedanke freier Mahlfeiern und der Absonderung von „den Denominationen" aus. In Plymouth in England entstand eine große Gemeinde durch die Arbeit von *Wigram* und *Newton*. Darby hielt sich hier häufig auf. Die Versammlung in Plymouth wurde zeitweilig von über 700 Menschen besucht. Von hier aus wurden die Versammlungen, die in England auch *Plymouth Brethren* genannt werden, bekannt. 1831 begann Lady Powerscourt nach Kontakten mit den *Irvingianern* (später: *Katholischapostolische Gemeinde*) auf ihrem Landsitz Konferenzen über die Prophetie durchzuführen. Viele aus den inzwischen entstandenen Kreisen besuchten die jährlichen Konferenzen. 1832, bei der zweiten Konferenz, war bereits die Mehrheit aus den freien Versammlungen.

„... bei diesen Konferenzen wurde der wahre Zustand der Gemeinde in der heutigen Zeit und die Notwendigkeit der Absonderung deutlich herausgestellt. Ebenso wurde die Lehre des Kommens des Herrn für die Seinen, die Entrückung vor dem Beginn der Drangsal hier auf der Erde, erkannt. Diese Wahrheiten wurden besonders von Darby herausgearbeitet ..."[10]

Hier bildete sich die Endzeitlehre Darbys heraus, die später weite Kreise der Evangelikalen und Fundamentalisten beeinflussen sollte (s.u.).

1832 reiste Darby nach Bristol. Hier gab es zwei unabhängige Gemeinden, die in Struktur und Gottesdienstform den Baptisten ähnelten[11] – die Gemeinschaft in der Bethesda-Kapelle mit *Georg Müller* und in der Gideon Kapelle mit *Henry Craik*. Bald entstanden freundschaftliche Bande zwischen den Versammlungen in Plymouth und in Bristol. Die Gottesdienste in Bristol wurden nun nach der Art der freien „Brüder" gestaltet.[12] Darby reiste nicht nur in Großbritannien und Irland. Seine Reisen führten ihn nach Frankreich, Deutschland, Schweiz, Holland, Italien, Kanada, USA und Australien. Überall entstanden Versammlungen. 1845 kam es in Plymouth zwischen Newton und Darby zu einem Streit. Darby störte sich daran, daß Newton eine gewisse Leiterfunktion in der Versammlung innehatte, erhöht vor der Versammlung saß und auch den einen oder anderen unterbrach oder zum Schweigen brachte.[13]

„Darby kehrte am 18. Oktober nach Plymouth zurück und gab der Gemeinde am folgenden Sonntag bekannt, daß sein Gewissen es ihm nicht länger erlaube, die Gemeinschaft mit der Versammlung aufrechtzuerhalten. Als Begründung führte Darby an, daß man Gott als Souverän der Versammlung, der sie durch seinen Geist leitet, durch organisatorische Maßnahmen abgesetzt habe, daß die Grundlagen der Versammlung unterhöhlt seien und daß es in der Gemeinde Unrecht und ‚evil‘ gäbe, daß keiner zu bekennen bereit sei."[14]

Im Dezember 1845 gründete Darby eine zweite Versammlung in Plymouth. Zwei Jahre wurde eine angeblich falsche Lehre Newtons in bezug auf eine christologische Frage verbreitet. Grundlage war die Mitschrift einer Predigt, die Newton gehalten hatte. Danach habe Newton falsche Aussagen bezüglich des Leidens Christi gemacht.[15] Newton distanzierte sich im November 1847 von der in den Notizen wiedergegebenen Lehre, räumte jedoch ein, daß „er Ausdrücke gebraucht habe, aus denen durchaus falsche Schlüsse gezogen werden konnten."[16] Broadbent berichtet:

„Er gab daher ‚Eine Darstellung und Anerkennung bestimmte lehrmäßige Irrtümer betreffend‘ heraus, worin er seinen Irrtum bekannte, als Sünde anerkannte, alle gedruckten oder sonstigen Darstellungen, in denen er zu finden war, zurücknahm, seiner Trauer darüber Ausdruck gab, daß er irgend jemand Schaden zugefügt haben könnte und bat, der Herr möge ihm nicht nur vergeben, sondern auch allen bösen Wirkungen begegnen."[17]

Darby war jedoch der Überzeugung, Newton habe „nie angemessene Buße über die Sünde" getan.[18] Newton zog nach London und gründete dort eine eigene Gemeinde. Im April wurden in der Bethesda-Gemeinde in Bristol zwei Glieder der Newtonschen Versammlung in Plymouth nach eingehender Prüfung zum Brotbrechen zugelassen. Darby lehnte kurz darauf eine Einladung zur Predigt in der Bethesda-Kapelle ab. Als Grund gab er die Zulassung der beiden an.

Ein Anhänger Darbys verließ nach Bekanntwerden dieser Entscheidung die Gemeinde und verfaßte eine Streitschrift. Müller und andere antworteten mit einem Brief, in dem sie u.a. feststellten, daß die bloße Zugehörigkeit zu Newtons Gemeinde niemanden zum Irrlehrer mache.[19] Darby verbreitete daraufhin sein „Bethesda-Rundschreiben", in dem es u.a. heißt:

"Diejenigen, die Personen von Bethesda aufnehmen, identifizieren sich dadurch mit dem Bösen, denn die Gemeinschaft, die so handelt, ist als ganze verantwortlich für das Böse, das sie zuläßt."[20]

Nach dieser Erklärung gründeten an vielen Orten Mitglieder der Gemeinden neue Gemeinden, die sich nicht auf der Linie Darbys befanden. Sie werden als „offene Brüder" bezeichnet. Die Gemeinden unter Darbys Führung wurden oft als „exklusive Brüder" bekannt, ohne daß sie sich selbst eine Benennung gegeben haben. In England kam es nach dem Bethesda-Streit noch zu mehreren weiteren Spaltungen innerhalb der Brüderbewegung.[21]

Geschichte der deutschen Brüderbewegung

Deutschland besuchte Darby 1854 zum ersten Mal. Gemeinsam mit dem Lehrer *Carl Brockhaus* und dem Juristen *Julius Anton von Poseck* verfaßte er im Winter 1854/55 in Elberfeld eine Übersetzung des Neuen Testamentes. 1871 erschien die ganze Bibel. Neben der deutschen Übersetzung übersetzte Darby die Bibel auch ins Englische und Französische. Durch Brockhaus erhielten die „Brüder" in Deutschland eine andere Prägung, die allerdings auch nicht ganz ohne Konflikte verlief. So war z.B. *General von Viebahn* einer der prominentesten Vertreter der „Brüder", aber auch der Evangelischen Allianz.

Vor den zahlreichen Spaltungen der englischen „Brüder" blieben die deutschen einerseits vorläufig bewahrt, andererseits führte die Beziehung zu den englischen Gruppen zu Problemen.

Ein Grund für die Bewahrung der Einheit liegt in der Existenz der sogenannten „Reisebrüder", die nicht als ortsgebundene Prediger, sondern, wie der Name bereits aussagt, als reisende Prediger die Lehre in der Versammlung zu bewahren suchten.[22] Sie trafen sich regelmäßig zu Konferenzen, von denen wichtige Impulse ausgingen. Gerhard Jordy stellt fest:

"Von den Reisebrüderkonferenzen aus, die in der Regel vierteljährlich abgehalten wurden, konnte die Einheitlichkeit in der Lehre gewahrt

und auch jede einzelne Versammlung in Deutschland erreicht und beeinflußt werden. Die Reisebrüderkonferenzen bedeuteten also eine gewisse Zentralisierung der Brüderbewegung, die sonst jede Organisationsform bewußt vermeidet."²³

Entstehung der Offenen Brüder in Deutschland

Durch Georg Müller und *Dr. F.W. Baedeker* entstanden in Deutschland ebenfalls Kreise der *Offenen Brüder*. Eine durch den Einfluß Müllers 1843 in Stuttgart entstandene Brüderversammlung kam allerdings nach der Bethesda-Trennung von 1848 unter den Einfluß der Anhänger Darbys.²⁴

Dr. Friedrich Wilhelm von Baedeker hatte 1866 in England eine Bekehrung bei den Offenen Brüdern erlebt. 1875 fand in Berlin eine Evangelisation mit Baedeker und *Pearsall Smith* (s.o., Gnadauer Verband) statt, bei der sich *Toni von Blücher*, die Großnichte des Feldmarschalls von Blücher, bekehrte. Sie begann Kinderstunden in ihrer Wohnung abzuhalten. Zu ihren Sonntagsschulstunden kamen bald über 400 Kinder.²⁵ Zu Elternabenden lud sie Evangelisten ein. So entstand eine kleine Gemeinde, deren Versammlungsraum 1883 eingeweiht wurde. Diese Gemeinde war die erste Gemeinde der „Offenen Brüder" in Deutschland. Durch stetiges Wachstum wurden die Räume schnell zu klein. Bereits 1894 wurden die heute noch genutzten Räume in der Schöneberger Hohenstaufenstraße eingeweiht.²⁶ In den ersten Jahrzehnten des 20. Jahrhunderts entstanden über hundert Gemeinden der „Offenen Brüder". Zahlenmäßig blieben sie jedoch weit unter den Elberfelder Brüdern.

Ab 1905 fand in den Räumlichkeiten der Berliner Gemeinde in der Hohenstaufenstraße der Unterricht einer Allianz-Bibelschule statt.²⁷ Ziel war vor allem die Ausbildung freikirchlicher Christen aus Rußland und anderen osteuropäischen Ländern.²⁸ Die Schule arbeitete als unabhängige Bibelschule. Ihre Unabhängigkeit und das theologische Verständnis, insbesondere des Lehrer Johannes Warns, führten dazu, daß die Schule immer enger mit der Brüderbewegung zusammenwuchs.²⁹ 1919 wurde die Schule nach Wiedenest bei Bergneustadt (Oberbergisches Land) verlegt. Ihr wohl bekanntester Lehrer war der ab 1920 in Wiedenest tätige Theologe

Erich Sauer. Wiedenest wurde mit der Zeit in erster Linie von Brüdergemeinden getragen.

Entwicklung unter dem Nationalsozialismus

Die *Christliche Versammlung* oder *Elberfelder Brüder* (die geschlossenen Brüder) wurden unter dem Nationalsozialismus verboten. Dr. Hans Becker gelang es, die Genehmigung zur Gründung einer eigenständigen Organisation zu erhalten. Der *Bund freikirchlicher Christen* war kein Gemeindebund, sondern eine Personenvereinigung. Jedes Gemeindeglied mußte einzeln seinen Beitritt erklären.[30] Dem Staat gegenüber mußte jeweils ein Ortsbeauftragter benannt werden.

Die meisten der Offenen und geschlossenen Brüder traten dem neuen Bund bei. Gerhard Jordy stellt fest:

> *„Am 20. Oktober 1938 erklärte die Bundesleitung ‚die Bildung der Gemeinden im Rahmen des BfC', in dem mittlerweile auch die Offenen Brüder integriert waren, ‚im großen und ganzen' für abgeschlossen. Schon im Februar d. J. hatte lt. Dr. Becker der BfC mit 31 000 Mitgliedern (26 000 Elberfelder, 5 000 Offene Brüder) fast die Größe der ehemaligen ‚Christlichen Versammlung' (33 000) erreicht."*[31]

In diesem Bund war nun zum erstenmal die Bethesda-Trennung von 1848 überwunden.[32] Ein kleinerer Teil der „Christlichen Versammlung", Jordy gibt hier etwa 5-10 Prozent an, ging den Weg in den Bund jedoch nicht mit und mußte sich nun praktisch als Untergrundbewegung versammeln.[33] Nur etwa die Hälfte der „Reisebrüder" nahm im Rahmen des BfC seine Tätigkeit wieder auf.[34]

International hatte das Zusammengehen der Christlichen Versammlung mit den Offenen Brüdern zur Folge, daß auf einem internationalen Brüdertreffen in Den Haag beschlossen wurde, *„von BfC-Versammlungen keine Empfehlungsbriefe mehr anzunehmen, was einer Exkommunikation aller BfC-Mitglieder aus der weltweiten Gemeinschaft der Geschlossenen Brüder (= Close Brethren) gleichkam."*[35]

1941 kam es zum Zusammenschluß mit dem *Bund der Baptistengemeinden* im *Bund Evangelisch-Freikirchlicher Gemeinden in Deutsch-*

land. Anders als der Bund freikirchlicher Christen war dies jedoch ein Gemeindebund, eine Struktur, die dem Verständnis vieler „Brüder" entgegenstand.

Ein großer Teil der Brüdergemeinden verließ in der Bundesrepublik Deutschland den Bund nach dem Zweiten Weltkrieg wieder. In der DDR verblieben die Gemeinden im Bund. Nach der Wende 1989 traten jedoch auch dort etwa 50 Prozent der Brüdergemeinden aus dem Bund Evangelisch-Freikirchlicher Gemeinden aus.[36]

So gibt es in erster Linie drei Richtungen der Brüder in Deutschland: 1. Die „exklusiven Brüder", die sich selbst ungern mit einem Namen benennen. Begriffe wie *„Christliche Versammlung"* oder „Versammlungen der Brüder" werden gebraucht. Zu diesen Versammlungen halten sich etwa 12 000 Menschen. 2. Der *„Freie Brüderkreis"*. Etwa 26 000 Menschen sind diesen Gemeinden zuzuordnen. 3. Die *Arbeitsgemeinschaft der Brüdergemeinden im Bund Evangelisch-Freikirchlicher Gemeinden* ist mit 110 Gemeinden und maximal 9 000 Mitgliedern[37] die kleinste Gruppe der Brüderversammlungen.

Übersicht über die Entwicklung der Brüderversammlungen:

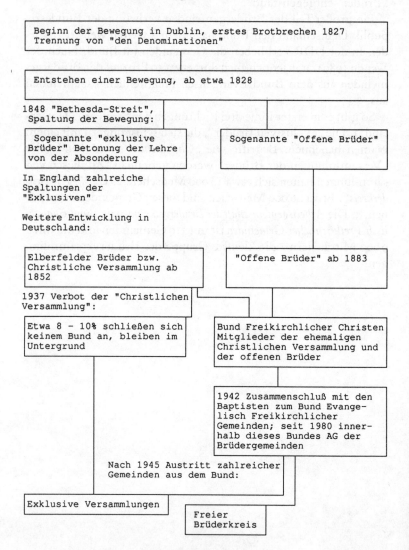

In der Schweiz gibt es die Geschlossenen Brüder (ca. 75 Versammlungen) sowie die *Vereinigung freier Brüderversammlungen* (Offene Brüder) mit ca. vierzig Versammlungen.

Gemeinsame Einrichtungen der Offenen Brüder innerhalb und außerhalb des Bundes

Verschiedene Einrichtungen werden von den Gemeinden der Offenen Brüder innerhalb und außerhalb des Bundes getragen. Dazu gehören unter anderem zwei Altenheime (*Friedenshort* in Wuppertal, und *Stiftung Christliches Altenheim Lützeln*, Westerwald), die *Kinderheimat Sonnenstrahlen* in Hückeswagen bei Gummersbach sowie die in der gleichen Gegend gelegene *Oberbergische Kinderheimat*, das *Christliche Erholungsheim Westerwald* in Rehe und das *Jugend- und Freizeitheim Besenfeld* im Schwarzwald.

Die Missionare des *Missionshauses Bibelschule Wiedenest* werden sowohl aus den Reihen der Gemeinden innerhalb wie außerhalb des Bundes unterstützt.

Die Lehre

Gemeinsame Betonungen der Brüderversammlungen

Anbetung Christi im Mittelpunkt
Im Mittelpunkt des Gemeindelebens der Brüderversammlungen steht die Anbetung Jesu Christi. Ihr Ort ist in erster Linie die „Mahlfeier", das Abendmahl. Um Brot und Wein versammelt sich die Gemeinde. In freien Beiträgen lesen „Brüder", also männliche Gemeindeglieder, Schriftworte, die das Kreuz und die Erlösung durch Christus im Mittelpunkt haben. Die in diesem Zusammenhang gesungenen Lieder stellen ebenfalls die Anbetung Gottes in den Mittelpunkt.

Auch wenn Außenstehende in manchen Gemeinden die Atmosphäre als eher steif empfinden, ist es den „Brüdern" ein Anliegen, hier in der Mahlfeier Jesus Christus, keine menschlichen Ideen und Leistungen, in den Mittelpunkt zu stellen.

Weite in der Enge
Trotz der Absonderungslehre der „Geschlossenen Brüder" haben die Brüder – vielleicht gerade weil konfessionelle Betonungen abgelehnt werden – eine offene Haltung, in anderen Kreisen Brüder und Schwestern zu entdecken. Dies ist auf die Betonung der Einheit des Leibes jenseits aller Denominationen zurückzuführen. Die „Enge" mancher Brüderversammlungen, die überall dort nicht den wahren Tisch des Herrn sieht, wo „menschliche" Strukturen mit im Spiel sind, ist zugleich eine große Weite – überall in den Denominationen sind Christen. So schreibt ein Vertreter der Christlichen Versammlung, abgedruckt in einem Heft zum Thema „Absonderung":

„Wenn unser Nachbar ein Methodist ist oder einer von irgendwoher, wir kennen ihn aber als Kind Gottes, und er bedarf unser und wir reichen ihm nicht helfende Hände, wie bleibt die Liebe Gottes in uns?"[38]

Allgemeines Priestertum
Betont wird auch das allgemeine Priestertum der Gläubigen. Es gibt zwar immer häufiger auch hauptamtliche Mitarbeiter in Brüderversammlungen. Es wird jedoch meist genauestens darauf geachtet, daß sie keine zu starke Position erlangen. So ist es oft zu beobachten, daß auch dort, wo Brüderversammlungen einen hauptamtlichen Mitarbeiter haben, dieser nur ein- bis zweimal im Monat sonntags predigt. Ansonsten wird der Predigtdienst von anderen „Brüdern" versehen.

Die Brüderversammlungen kennen das Ältestenamt. Gemeinde wird nach dem Verständnis der Brüderbewegung nicht durch demokratische Abstimmung, sondern durch Älteste geleitet. Die verschiedenen Richtungen der Brüderbewegung sind sich darin einig, daß eine Gemeinde nicht einen, sondern mehrere Älteste hat. Ebenso besteht darin Einigkeit, daß gemäß dem Neuen Testament nur Männer das Ältestenamt ausüben können. Unterschiedlich wird jedoch mit der Berufung der Ältesten umgegangen. In den Reihen der Christlichen Versammlung wird eine Ernennung oder gar Wahl von Ältesten grundsätzlich verneint. Älteste erkennt man an *„dem treuen Wandel, dem Eifer, Seelen für Christum zu gewinnen oder die für Jesum gewonnenen weiter zu führen,* *zu pflegen, zu nähren, zu weiden und zu hüten.*"[39] Eine vergleichbare Einstellung ist im Freien Brüderkreis zu beobachten.

Auch in den Gemeinden, die der Arbeitsgemeinschaft der Brüdergemeinden im Bund Evangelisch-Freikirchlicher Gemeinden angehören, vermeidet man den Begriff einer Wahl.[40] Älteste sollen – nach den biblischen Kriterien – erkannt werden. Dies kann dann aber in einer Befragung der Gemeinde zum Ausdruck gebracht werden:

> *„Wenn wir nach dem Wort Gottes überzeugt sind, daß die meisten Brüder und Schwestern diejenigen schon längst erkannt haben, die bereits Älteste sind, dann dürfen wir sie auch sicherlich – mündlich oder schriftlich – über diesen Tatbestand befragen."*[41]

Leitung durch den Heiligen Geist
In vielen Brüderversammlungen wird auch die uneingeschränkte Leitung der Versammlung durch den Heiligen Geist betont.[42] Äußerungen zum Beispiel bei der Mahlfeier, Bibelworte und Liedvorschläge, geschehen spontan. Hier gilt jedoch:

> *„Wir sind davon überzeugt, daß der öffentlich in der Gemeinde in Erscheinung tretende Dienst nach Gottes Grundsätzen den Brüdern vorbehalten ist. Dankbar sind wir dabei aber durchaus für alle stillen Dienste vielfältiger Art, die unsere Schwestern nach der Schrift aus der Liebe zum Herrn tun."*[43]

Autorität der Schrift
Eine Betonung der Autorität der Schrift ist den Brüderversammlungen ebenfalls gemeinsam. Normalerweise wird von ihrer wörtlichen Inspiration, ihrer Irrtumslosigkeit und Unfehlbarkeit, ausgegangen.

Wie in anderen christlichen Richtungen besteht auch hier die Neigung, daß neben einer Betonung der Schriftautorität die Aussagen der „Väter" für die unbedingt gültige Auslegung der Schrift gehalten werden.

Das Gedankengut der geschlossenen Brüder

Die Lehre von der Absonderung
Entscheidender Punkt für die geschlossenen Brüder ist die Lehre von der Einheit der Gemeinde und der Absonderung. Die Einheit des Leibes kann nur der mit zum Ausdruck bringen, der sich von den trennenden Denominationen abgesondert hat. Menschliche Namen, selbst solche Begriffe wie „Brüderversammlung", sind verpönt, weil sie ebenfalls nur Ausdruck der Trennung sind.

> *„... nur die Geschlossenen Brüder begreifen den Willen Jesu so radikal, daß sie nicht nur getrennt von allen ‚religiösen Systemen' (= Kirchen oder Freikirchen) ‚nur zum Namen Jesu hin' zusammenkommen, daß sie auch nicht nur selbst keine Denomination sein wollen – auch nicht als ‚Brüder', sondern nur als Brüder in Christus –, sondern sich auch dessen gewiß sind, daß ein Verharren in den religiösen ‚Systemen' Ungehorsam gegenüber dem Willen Gottes, also Sünde ist."*[44]

Damit entsteht ein gewisser Exklusivitätsanspruch, der den Versammlungen von Außenstehenden den Namen „Exklusive Brüder" eingebracht hat. In Zusammenhang mit dieser Lehre beschreibt Gerhard Jordy die Position von Rudolf Brockhaus (1856-1932), Sohn von Carl Brockhaus und die herausragende Persönlichkeit der Christlichen Versammlungen vor der Zeit des Dritten Reiches:

> *„Sicher hob Rudolf Brockhaus die Grenzen zu den anderen Gruppen nicht aus Zweckmäßigkeitsgründen hervor, die Lehre von der Einheit durch Trennung hatte für ihn ihr zentrales Eigengewicht. Und mit Überzeugung hat er diese Lehre zeitlebens vertreten. Es war unzweifelhaft für ihn, daß nur bei den ‚Brüdern' der Tisch des Herrn war, nur die ‚Brüder' durch die Gegenwart des Herrn in ihren Zusammenkünften erfreut wurden, es war ebenso unzweifelhaft für ihn, daß die Christen in den ‚Systemen' überhaupt nicht den Tisch des Herrn haben konnten, da sie sich nicht auf dem ‚Boden der Einheit (durch Trennung)' befanden. Sie konnten höchstens am Sektentisch das Abendmahl feiern und wurden der Gegenwart des Herrn nicht teilhaftig, wenn auch aus Gnaden gesegnet, obwohl seiner Meinung nach ‚vielleicht einzelne von ihnen mit tieferem Ernst' das Abendmahl feierten ‚als manche von denen, die auf dem Boden der Einheit zu stehen bekennen'."*[45]

Nicht in jeder Zusammenkunft von Christen ist nach Überzeugung der „Geschlossenen Brüder" Jesus in der Mitte.[46] Entscheidend ist, daß sie *„nur zu dem Namen des Herrn Jesus hin versammelt ist".*[47] Das bedeutet, daß er allein die Regelung des Ablaufs der Versammlung in der Hand haben darf, nicht Menschen bestimmen den Verlauf der Zusammenkunft.[48]

Diese Versammlung ist die *„eine"* Versammlung. An einem Ort gehören alle Gläubigen zu dieser Versammlung.

„Die Schrift kennt keine zwei oder drei Versammlungen. Da ist nur ein Leib des Christus. Darum ist es eine absolute Vorbedingung für die Anwesenheit des Herrn in der Mitte der zwei oder drei, daß sie auf der Grundlage der einen Versammlung zusammenkommen. Vielleicht kommen nicht alle, die zu der Versammlung gehören. ... Viele mögen wegbleiben, um sich auf einer anderen Grundlage als der der einen Versammlung zu versammeln. Sie finden die Grundlage zu allgemein und stellen neben der Zugehörigkeit zu der einen Versammlung noch andere Bedingungen. Aber die zwei oder drei sind versammelt an dem Platz, wohin alle Gläubigen gehören ..."[49]

Um am Abendmahl teilnehmen zu dürfen, ist ein Verständnis über die Beziehungen zwischen dem Tisch des Herrn, der Darstellung der Einheit und der Wahrheit der Absonderung erforderlich.[50]

Auch ist zur Teilnahme am Brotbrechen ein Empfehlungsschreiben erforderlich. Dies muß aus einer Versammlung sein, mit der die eigene „in Gemeinschaft" ist. Ansonsten ist eine Teilnahme am Brotbrechen nicht möglich. Dadurch soll verhindert werden, daß die Darstellung der Einheit des Leibes durch die Gemeinschaft mit Menschen, die in Sünde leben, befleckt wird.

„Indem wir die Einheit des Geistes bewahren, müssen wir gleichwohl die schriftgemäße Verantwortung akzeptieren, Sauerteig hinauszufegen."[51]

Diese Einheitsvorstellung ist das, was das eigentliche Sondergut der Christlichen Versammlung, auch gegenüber den Offenen Brüdern ist.

Dies bedeutet jedoch nicht eine Ablehnung des anderen als Christ. Rudolf Brockhaus betonte:

„Andererseits bedarf es kaum einer Erwähnung, daß es nicht nur eine große Anmaßung, sondern auch eine völlige Verdrehung der Wahrheit

sein würde, wenn irgendeine Gemeinschaft von Gläubigen, mag ihre Zahl groß oder klein sein, sich den Namen „die Versammlung" oder „die Gemeinde" beilegen wollte. Sie würde damit ja alle übrigen Gläubigen als nicht zur Versammlung oder Gemeinde gehörend ausschließen. Nein, die Versammlung im weiteren Sinne besteht aus allen wahren Gläubigen auf der ganzen Erde, und die Versammlung im begrenzten örtlichen Sinne aus allen wahren Gläubigen an dem betreffenden Orte, mögen sie stehen und sich nennen, wie sie wollen, ja mögen sie in noch so viele größere oder kleinere Körperschaften und Benennungen zerteilt sein."[52]

Gemeindeverständnis und Prophetie
Für Darby war Prophetie rein auf irdische Ereignisse bezogen, die Gemeinde jedoch himmlischen Ursprungs. Vor dem Kommen des Herrn für die Gemeinde müssen keine besonderen Ereignisse stattfinden, prophetische Aussagen beziehen sich auf die Drangsalszeit, vor der die Gemeinde entrückt wird („Dispensationalismus").

Einen gewissen Bruch erlebte dieses System durch Darbys Auslegung der sieben Sendschreiben, die als an historische Gemeinden gerichtet, aber auch als Beschreibungen kirchengeschichtlicher Abläufe verstanden werden. Begründung für diese prophetischen Aussagen zur Gemeinde ist, daß sie sich ja mit *„einem Zeugnis auf der Erde und dessen Entwicklung in Verbindung mit der Verantwortung des Menschen, und nicht mit dem eigentlichen Wesen der Gemeinde als solcher"* befassen.[53] Die Brüderbewegung wird als „Philadelphia" verstanden:

„Wenn die vorherigen Interpretationen korrekt sind, muß Philadelphia etwas sein, das sich in den Jahren seit der Reformation, außerhalb der geistlich toten Staatskirchen entwickelt hat."[54]

Weiter heißt es:

„Wenn ich nicht der Linie der Entwicklung, die in Thyatira (papistisches Rom) endet, angehöre, und ich auch nicht zu den Staatskirchen der Reformation gehöre, dann muß ich meinen Platz entweder in Philadelphia oder in Laodicäa (der siebten Gemeinde) finden."[55]

Manche meinen heute einen geistlichen Verfall bei den „Brüdern" zu entdecken, der sie zu Laodicäa werden läßt.[56]

Die endzeitlichen Abläufe erscheinen genau festgelegt. Prophetische Aussagen müssen sich auf eine Zeit beziehen, in der die Gemeinde nicht mehr da ist. Deswegen gelten prophetische Aussagen über die „Endzeit" für die siebenjährige „Trübsalszeit", vor der die Gemeinde „entrückt" wird.[57] So wird in einer Darstellung der Endzeit der Bibelvers aus Matthäus 24,6 zitiert: *„Ihr werdet von Kriegen und Kriegsgerüchten hören"*. Der Autor fragt dann:

> *„Ist das die Sprache des Herrn für uns Christen? Hören wir an irgendeiner Stelle in den Briefen des Neuen Testamentes, wo wir ja die christliche Lehre entfaltet finden, auch nur ein einziges Mal etwas Derartiges?"*[58]

Dieser Vers kann darum nach Auffassung dieses Autors nur auf die Juden bezogen werden. Ebenso kann seiner Auffassung nach der Begriff „*Und dieses* Evangelium des Reiches *wird gepredigt werden auf dem ganzen Erdkreis, allen Nationen zu einem Zeugnis*" (Matthäus 24,14) nur auf die Juden bezogen werden. Christen verkünden das Evangelium der Herrlichkeit (2. Kor. 4,4) oder der Gnade Gottes (Apg. 20,4).

> *„In der Zeit des Endes aber werden gläubige Juden das* Evangelium des Reiches *verkündigen; das heißt, sie werden kundmachen, daß niemand anderes als der Herr Jesus der wahre König Israels, ja der König der ganzen Erde ist und daß Seine Wiederkunft zur Errichtung seines Reiches nahe bevorsteht.*[59]

Taufverständnis

Als Folge seiner Auffassung von der Gemeinde als rein himmlischen Ursprungs blieb Darby Vertreter der Kindertaufe – im Gegensatz zu anderen einflußreichen Brüdern seiner Zeit wie *William Kelly*. Es kam über dieser Frage jedoch nicht zu einer Spaltung.

Die Taufe, auch die Gläubigentaufe in einer Versammlung der Brüder, gibt noch nicht unbedingt das Recht auf Abendmahlsgemeinschaft.

Der freie Brüderkreis

Die „Offenen Brüder" außerhalb des Bundes Evangelisch-Freikirchlicher Gemeinden bilden keinen Gemeindebund. Die einzelne Gemeinde ist autonom. Ein Teil der Gemeinden trägt den Namen „Evangelisch-Freikirchliche Gemeinde". Viele dieser Gemeinden sind eng mit dem Missionshaus Bibelschule Wiedenest verbunden. Oft bestehen gute und enge Beziehungen zu den Brüdergemeinden innerhalb des Bundes Evangelisch-Freikirchlicher Gemeinden. Es bestehen Überlegungen, einen eingetragenen Verein zu gründen, der die Brüdergemeinden innerhalb des Bundes Evangelisch-Freikirchlicher Gemeinden und Brüdergemeinden außerhalb des Bundes umfaßt.[60]

Andere Gemeinden bezeichnen sich in der Regel wie die sogenannten „exklusiven" Brüder als „Christliche Versammlung". Ihr Arbeitskreis hat seine Zentralstelle in Dillenburg. Seitens dieser Gemeinden wurde eine Darstellung der Brüderversammlungen herausgegeben.[61] Die Bibel wird darin als einzige Autorität und Richtschnur für Lehre und Leben des einzelnen und der Gemeinde bezeichnet. Sie gilt als voll inspiriert.

„Wir halten an der durch den Heiligen Geist gegebenen Vollinspiration des Urtextes der Bibel fest und lehnen jedwede liberale Kritik daran ab."[62]

Als alleinige Voraussetzung der Gemeindezugehörigkeit wird die Wiedergeburt bezeichnet. Damit geschieht eine Ablehnung des baptistischen Gedankens der Aufnahme in die Gemeinde durch die Taufe. Dies findet auch in den Aussagen über die Taufe seinen Ausdruck:

„Wir glauben, daß die neutestamentliche Taufe nur an Gläubigen vollzogen werden soll. Sie ist nach unserer Erkenntnis nicht Sakrament – heilsvermittelnde Handlung – oder eine Art der Eingliederung in die Gemeinde, sondern Zeichen: Sie gilt als Bekenntnis des Verbundenseins des Täuflings mit dem gestorbenen, auferstandenen und verherrlichten Herrn und als Versprechen, in Neuheit des Lebens zu wandeln. Im allgemeinen soll sie zeitlich der Teilnahme am Mahl des Herrn vorausgehen."[63]

Absonderung wird als Absonderung von weltlichem Lebensstil verstanden. Der Gedanke der „Absonderung von den Denominationen" wird in diesem Zusammenhang nicht erwähnt.[64] Die Einheit der Wiedergeborenen wird als bestehend bezeichnet. Die Unabhängigkeit der Ortsgemeinde wird betont, gleichzeitig aber auch die Zusammengehörigkeit der Gemeinden als ein Leib:

> *„Der Unabhängigkeit der örtlichen Versammlung sind Grenzen gezogen durch die Tatsache, daß da ist ‚ein Leib und ein Geist'. Infolgedessen wird eine örtliche Versammlung sich nicht ohne triftigen Grund weigern, die Beschlüsse einer anderen Versammlung z.B. im Blick auf die Teilnahme am Mahl des Herrn oder die Zucht wegen bösen Wandels oder fremder Lehren anzuerkennen. Wenn eine Versammlung anders handelte, würde sie damit das Vorhandensein des einen Leibes und die Wirksamkeit des einen Geistes praktisch leugnen."*[65]

Als Hauptaufgaben jedes Gläubigen und der örtlichen Gemeinde werden Anbetung und Verkündigung genannt. Rangunterschiede unter Gläubigen werden abgelehnt, ebenso die diese ausdrückenden geistliche Titel.

> *„Aufgrund einer von Gott geschenkten Gabe kennen wir selbstverständlich Prediger des Wortes, nicht aber ‚Prediger' im Sinne eines bevorrechtigten Gemeinde- und Versammlungsleiters, der oft faktisch die Zusammenkünfte einer Gemeinde bestimmt und/oder gestaltet."*[66]

Leitung der Versammlung soll allein der Heilige Geist haben.

Offene und „geschlossene" Brüder im Gespräch

1992 kam es zu einer ersten Begegnung nach dem Zweiten Weltkrieg zwischen „offenen" und „geschlossenen" Brüdern in Gladbeck. Je ein Vertreter beider Gruppierungen hielt ein Referat. Dabei war vor allem seitens des Vertreters der „geschlossenen" Brüder, *W.J. Ouweneel*, sehr viel Selbstkritik zu hören. Unter anderem stellte er die Frage:

Ist es nicht oft so, daß wir nur annehmen, daß der Herr in unserer Mitte ist, auf Grund gewisser logischer Argumente unserer ‚Brüdertheologie'?"[67]

Er forderte ein „Zurück zur Schrift", ein Eindringen in die Bibel „*ohne Voreingenommenheit und auswendiges Dahersagen"* der „Lehre der Brüder".[68]

Arbeitsgemeinschaft der Brüdergemeinden

Als der Bund Freikirchlicher Christen 1941 dem bestehenden Bund der Baptistengemeinden beitrat, gab sich der Bund mit *Bund Evangelisch-Freikirchlicher Gemeinden* einen neuen Namen. Prägend blieben in dem Bund jedoch die Strukturen und Verbindungen der Baptistengemeinden. Die Brüdergemeinden, die auch nach dem Zweiten Weltkrieg im Bund verblieben, verloren immer mehr die Verbindungen zu den übrigen Brüdergemeinden, auch auf internationaler Ebene.

Nachdem das Anliegen der Brüdergemeinden vorher von einem *Brüderbeirat* vertreten worden war, der sich aus den Mitgliedern aus Brüdergemeinden in der Bundesleitung und in den Vereinigungsleitungen zusammensetzte, wurde 1974 auf einer Delegiertenkonferenz in Köln ein *Bruderrat* berufen. Seine Aufgaben bestanden in der Vertretung der Brüdergemeinden im Bund Evangelisch-Freikirchlicher Gemeinden, der Förderung der Kontakte unter den Brüdergemeinden und der Förderung des Selbstverständnisses dieser Gemeinden.

1980 kam es zur Gründung der *Arbeitsgemeinschaft der Brüdergemeinden im BEFG*. Der Bruderrat gibt jährlich einen Bericht über seine Arbeit auf einer Delegiertentagung. Dem Bruderrat verantwortlich ist der *Bundesbeauftragte,* der auch an den Sitzungen der Bundesleitung teilnimmt. Derzeitiger Bundesbeauftragter ist *Wolfgang Ruß*, Leipzig.

Nach der Vereinigung des Ost- und Westbundes der Evangelisch-Freikirchlichen Gemeinden wurde die Arbeitsgemeinschaft der Brüdergemeinden in der Verfassung des Bundes neu verankert. Sie hat eine Verwaltungsstelle in Leipzig. Zum Verhältnis der Gemeinden innerhalb des Bundes wird in der Präambel der Geschäftsordnung festgestellt:

> *„Durch das Zusammenleben und -arbeiten in einem Bund sind die Brüder- und die Baptistengemeinden bis heute wechselseitig geistlich bereichert worden, insbesondere im Blick auf ihre Gottesdienste, auf Taufe und Mahlfeier, Mission und Diakonie."*[69]

Die Arbeitsgemeinschaft hat eine eigene Jugend- und Kinderarbeit und eine eigene Neulandmission, die zur Zeit vierunddreißig Gemeindegründungen betreibt, teilweise in Zusammenarbeit mit der *Deutschen Inland Mission* (DIM). Ebenso besteht eine eigene Verbindung der hauptberuflichen Mitarbeiter. Die *Christliche Pflegeanstalt* in Schmalkalden-Aue/Thüringen ist 1949 vom BEFG übernommen worden und ebenfalls aus der Brüderbewegung hervorgegangen. Ausbildungsstätte der Brüdergemeinden sind die Bibelschulen Wiedenest und Burgstädt.

Lehre

Im Bund Evangelisch-Freikirchlicher Gemeinden waren auch Vertreter der Brüderversammlungen an der Bekenntnisschrift „Rechenschaft vom Glauben"[70] beteiligt.

Als Merkmale der Brüdergemeinden werden in einer Selbstdarstellung des Bundes Evangelisch-Freikirchlicher Gemeinden hervorgehoben:

> *„...– die göttliche Eingebung der ganzen Heiligen Schrift, ihre völlige Zuverlässigkeit und einzige Autorität in allen ihren Aussagen,*
> *– die Gemeinde Jesu Christi nach dem Neuen Testament als Gemeinschaft der Wiedergeborenen und auf ihren persönlichen Glauben hin Getauften,*
> *– die baldige Wiederkunft Jesu Christi für die Gemeinde, Israel und die Völkerwelt,*
> *– den vordringlichen Auftrag, die Rettung durch Jesus Christus allen Menschen auf allen möglichen Wegen zu verkündigen,*
> *– die bruderschaftliche sonntägliche Sammlung der Gemeinde am Tisch des Herrn,*

– *die bruderschaftliche Leitung der Gemeinde durch einen Verantwortlichenkreis bzw. die Ältestenschaft unter weitgehendem Verzicht auf festgeschriebene Satzungen.*"[71]

Zur Arbeitsgemeinschaft Christlicher Kirchen (ACK) besteht in den Brüdergemeinden meist ein distanzierteres Verhältnis als in den Baptistengemeinden.

Die Brüderversammlungen im Bund Evangelisch-Freikirchlicher Gemeinden sprachen sich im März 1992 deutlich gegen die im Baptismus diskutierte Frauenordination aus. Die bereits oben im Zusammenhang mit der Arbeitsgemeinschaft der Evangeliumschristen-Baptisten erwähnte Erklärung gegen die Ordination von Pastorinnen wurde auch vom Leitungskreis der Arbeitsgemeinschaft der Brüdergemeinden unterzeichnet.

Literatur

Weremchuk, Max S. *John Nelson Darby und die Anfänge einer Bewegung.* Bielefeld: Christliche Literatur-Verbreitung, 1988.
Jordy, Gerhard. *Die Brüderbewegung in Deutschland.* 3 Bände. Wuppertal: Brockhaus, 1979-1986.
Versammlungen der Brüder, Geschichtliche Entwicklung, Bibelverständnis und Lehre, Dillenburg: Christliche Verlagsgesellschaft.

Freie evangelische Gemeinden

Die Geschichte

In der ersten Hälfte des 19. Jahrhunderts entstanden im französischsprachigen Teil der Schweiz Freikirchen als Reaktion auf den theologischen Liberalismus. 190 Geistliche verließen 1845 die Landeskirchen und gründeten die *Église Libre* (Freie Kirche). Unter dem Namen *Le Réveil* wurde diese Bewegung von *Fréderic* und *Adolphe Monod* nach Frankreich gebracht.[1] In der Schweiz vereinigte sich die Église Libre 1965 wieder mit der Staatskirche.[2]

Schon vorher war in Genf die *Église de Dieu* 1828 entstanden. Anlaß war hier vor allem die Erkenntnis einiger Gläubigen, nicht mit Ungläubigen das Abendmahl feiern zu können. Die Tauffrage spielte zunächst keine Rolle. Die neugegründete Gemeinde wurde staatlicherseits nicht geduldet, führende Mitglieder ausgewiesen. So auch *Karl von Rodt*, der Gründer der deutschsprachigen FeG in der Schweiz.

Rodt hatte in Frankreich Theologie studiert und dort auch zu der von Adolphe Monod gegründeten *Église évangélique libre* in Lyon Kontakte. In England ließ er sich in einer Baptistengemeinde taufen.[3] Zum Abschluß seines Englandaufenthaltes wurde er in London von Predigern verschiedener freikirchlicher Gemeinden ordiniert.[4] Von dort aus ging er zurück nach Bern, wo man ihn 1833 zum Pastor einer sich seit Mitte des Jahres 1832 versammelnden Dissidentengemeinde berief. Über die Zugehörigkeit zur Gemeinde schrieb Rodt damals:

> *„Ich bekenne, dass das Volk Gottes an den Heiland glaubt und dass jeder, der diesen Glauben bekennt, und mit seinem Wandel nicht verleugnet, als Bruder soll aufgenommen werden mit all der Liebe, die Christus uns bewiesen hat. Ich hege darum auch die Überzeugung, dass es genügt, ein Kind Gottes zu sein, um auf die Aufnahme in Gemeinden Gottes Anspruch machen zu können."*[5]

Rodt schloß sich mit anderen Dissidentengemeinden aus der Schweiz, Frankreich und dem Piemont zusammen. 1851 ist zum erstenmal von den „verbundenen freien evangelischen Gemeinden des Kantons Bern" die Rede.[6] 1877 schlossen sich die Gemeinden in der Schweiz vorübergehend zu einem Bund zusammen. 1910 wurde dort der heutige Schweizerische *Bund Freier Evangelischer Gemeinden* gegründet.

Beginn der Freien evangelischen Gemeinden in Deutschland

Begründer der Freien evangelischen Gemeinden in Deutschland war Herrmann Heinrich Grafe. Grafe, 1818 in der Nähe von Osnabrück geboren, hatte, ausgelöst unter anderem durch Gespräche mit einem Freund, während seiner Lehrzeit 1834 in Duisburg ein Bekehrungserlebnis.[7] 1838 trat Grafe in Mettmann als Kaufmannsgehilfe seinen Dienst in der Firma Neviandt und Pfleiderer an. 1841 zum Studium der Seidenweberei nach Lyon geschickt, lernte er dort ebenfalls die 1832 von Adolphe Monod gegründete „Église évangélique libre" kennen. Diese Gemeinde hinterließ bei Grafe einen bleibenden Eindruck.

Zurück in Deutschland, eröffnete Grafe 1843 mit Eduard Neviandt in Elberfeld einen Betrieb, in dem Seidenstoffe hergestellt wurden. 1850 war er Gründungsmitglied des Elberfelder *„Evangelischen Brüdervereins"*, der durch Laienprediger Nichtchristen erreichen wollte. 1852 wandten sich acht Vereinsmitglieder unter Leitung von *Carl Brockhaus* der Brüderbewegung (s.o., Die Brüderversammlungen) zu.[8] Von Grafe heißt es:

„Er suchte eine Gemeinde, die als Voraussetzung für die Mitgliedschaft lediglich den Glauben an Jesus Christus forderte und nicht noch irgendeine Erkenntnis seinen Gliedern als verbindlich vorsetzte. Die Freiheit des einzelnen sollte nur durch die Unterordnung unter das Wort Gottes eingeschränkt werden. Weil es diese Gemeindeform noch nicht gab, gründete Grafe am 22. November 1854 mit zwei Brüdern aus Elberfeld und drei aus Barmen die Freie evangelische Gemeinde Elberfeld-Barmen. Als Grundlage für das Glaubensbekenntnis und die Gemeindeverfassung dienten die Satzungen der Freien evangelischen Gemeinden in der Schweiz, besonders derjenigen in Genf."[9]

Erster Prediger wurde Heinrich Neviandt, ein Schwager Grafes. Neviandt hatte Theologie studiert, wollte aber nicht in der Kirche arbeiten. Grundlage der Gemeindeverfassung wurde die Satzung der Église évangélique libre in Genf, einer 1848 als Zusammenschluß dreier freier Gemeinden entstandenen Gemeinde in Genf.[10] Die Genfer Gemeinde, die den Freien evangelischen Gemeinden in der Schweiz nicht angehörte, betonte die Einheit der Christen. So wollte man bewußt *„alle Glieder der Familie Gottes"* zum Abendmahl empfangen.[11]

Grafe gründete auch die Wuppertaler Stadtmission, eine Arbeitsgemeinschaft von Christen aus Landes- und Freikirchen. Er starb am 25. November 1869.

Gegenwärtige Entwicklung des Bundes Freier evangelischer Gemeinden in Deutschland

In Deutschland gibt es zur Zeit insgesamt 345 Ortsgemeinden und 300 Zweiggemeinden, die von 275 Pastoren betreut werden. Fünfzig weitere Pastoren sind im Ruhestand. Präses des Bundes ist *Peter Strauch*. Die FeGs betreiben eine rege Inland-Mission, die stetiges Wachstum zu verzeichnen hat. Zur Zeit haben die FeGs 27 500 Mitglieder,[12] bei ständig steigender Zahl. Hinzu kommen etwa 12 000 Kinder, 5 600 Teenager und 6 000 junge Erwachsene aus dem Gemeindeumfeld. Der Gottesdienstbesuch in den Freien evangelischen Gemeinden liegt bei annähernd 56 000 Menschen, etwa das Doppelte der Mitgliederzahl.

In der Äußeren Mission (Allianz-Mission) arbeiten ca. 140 Missionare auf verschiedenen Kontinenten. Schwerpunkte sind Brasilien, Japan, die Philippinen und Mali.

Zwei große diakonische Werke sind den FeGs angeschlossen: Bethanien in Solingen und Elim in Hamburg. Sie führen mehrere Altenheime. In Solingen ist auch ein Fachseminar für Altenpflege. Außerdem gehören das Krankenhaus Elim in Hamburg und die Fachklinik für Lungen- und Bronchialheilkunde in Solingen-Aufderhöhe den Diakoniewerken an. In Dessau befindet sich das Therapiezentrum Bethanien für alkoholabhängige Männer, daneben gibt es drei weitere Therapie- und Seelsorgezentren.

Vier Tagungs- und Begegnungsstätten sind dem Bund ebenfalls

angeschlossen, ebenso drei Jugendfreizeitheime. Zwei Gemeinden unterhalten eigene Kindergärten.

Ein eigenes Theologisches Seminar der FeG befindet sich in Ewersbach bei Dillenburg (Hessen). Das Seminar wurde 1912 in Vohwinkel, einem heutigen Stadtteil von Wuppertal, gegründet. In dem fünfjährigen Studium werden Grundlagen und Spezialwissen in der biblischen, historischen, systematischen und praktischen Theologie vermittelt. Wichtiger Bestandteil der Ausbildung ist auch die Vermittlung der biblischen Sprachen Griechisch und Hebräisch. Im vierten Studienjahr ist ein siebenmonatiges Gemeindepraktikum vorgesehen. Ausbildungsziel ist der Dienst als Pastor oder Missionar. Neben einem mittleren Bildungsabschluß und abgeschlossener Berufsausbildung oder Abitur werden als Voraussetzung für die Aufnahme *„Bekehrung, Berufung, Begabung und Bewährung"* genannt.[13] Bewerber für das Studium sollten in der Regel Mitglied einer FeG sein und auch in ihr gelebt und mitgearbeitet haben. Als Gaststudenten können jedoch auch Mitglieder von Gemeinden anderer freikirchlicher Gemeindebünde aufgenommen werden. Die Studenten leben normalerweise im Internat, Ehepaaren wird empfohlen, in der Nähe des Seminars zu wohnen.

Publikationen des Bundes Freier evangelischer Gemeinden wie die Zeitschrift „Christsein heute", aber auch überkonfessionell angelegte Zeitschriften wie die Jugendzeitschrift „dran" oder das Familienmagazin „Family" erscheinen im kircheneigenen Bundes Verlag in Witten.

Der Bund Freier evangelischer Gemeinden ist Mitglied in der Vereinigung evangelischer Freikirchen (s.o.) und Gastmitglied der Arbeitsgemeinschaft Christlicher Kirchen in Deutschland (s.u., Überkonfessionelle Zusammenschlüsse). Er unterhält enge Beziehungen zur Evangelischen Allianz. Der Präses des Bundes, *Peter Strauch,* ist stellvertretender Vorsitzender der Deutschen Evangelischen Allianz.

Freie evangelische Gemeinden in der Schweiz

Der Schweizer Bund in der deutschsprachigen Schweiz hat etwa 6600 Mitglieder in rund 100 Ortsgemeinden und Zweiggemeinden. Das jährliche Wachstum der Gemeinden liegt bei 6 Prozent.[14] Die Gottesdienste werden von etwa 12 000 Menschen besucht. Hier gibt es kein eigenes Seminar. Theologiestudenten aus dem Schweizer Bund besuchen in der Regel schweizerische Ausbildungsstätten wie das Theologische Seminar der Pilgermission St. Chrischona (s.u.). Ein Kinderheim, ein Jugendheim und ein Altersheim sind Werke des Bundes. Die dem Bund angeschlossene Europamission arbeitet in Frankreich, Italien, Österreich und Spanien. Man arbeitet eng mit der Schweizer Allianz Mission (SAE) zusammen. Der Bund ist Mitglied im Verband Evangelischer Freikirchen und Gemeinschaften der Schweiz. Zur Ökumenischen Bewegung besteht wie in Deutschland eine distanzierte Haltung.

1986 wurde auch die *Fédération des Églises Évangéliques Libres de Suisse,* der Bund der Freien evangelischen Gemeinden der französischsprachigen Schweiz in den Internationalen Bund aufgenommen.

Freie evangelische Gemeinden international

Dem Internationalen Bund Freier Evangelischer Gemeinden gehören 21 Gemeindebünde in sechzehn Ländern in Europa und Amerika an, außerdem die Freie evangelische Gemeinde Beirut als assoziiertes Mitglied. Insgesamt gibt es etwa 3 500 Ortsgemeinden mit 315 000 Mitgliedern. 3 600 vollzeitliche Pastoren und 850 Missionare sind innerhalb des Bundes tätig.

> *„Der Internationale Bund Freier evangelischer Gemeinden wurde im Jahre 1948 in Bern (Schweiz) gegründet. Aber schon 1834 vereinigte sich die älteste Freie evangelische Gemeinde in Bern (seit 1829) mit 45 anderen Gemeinden aus der Schweiz, Frankreich und einer in Nord-Italien zu einem internationalen Zusammenschluß. In dessen Verfassung von 1860 war das Bekenntnis verankert, daß die Heilige Schrift Alten und Neuen Testamentes von Gott inspiriert ist und unbedingte Geltung hat für Glauben und Leben."*[15]

Mitglied des Ökumenischen Rates der Kirchen (ÖRK, s.u.) ist nur der *Schwedische Missionsbund.* Die *Evangelical Covenant Church of America* arbeitet mit dem ÖRK zusammen, ist jedoch nicht Mitglied.

Lehre

Zunächst gegen ein schriftlich formuliertes Glaubensbekenntnis eingestellt, ließ sich Grafe schließlich von dessen Nützlichkeit, insbesondere auch gegenüber Außenstehenden, überzeugen. Zur Gemeinde heißt es dort:

„Wir glauben, daß die b e s o n d e r e n Gemeinen (gemeint sind ‚Ortsgemeinden', Anm. d. Verf.), welche an verschiedenen Orten bestehen, sich der Welt kund thun sollen durch das Bekenntniß ihrer Hoffnung, durch ihre Gottesdienste und die Arbeit ihrer Liebe. Wir glauben aber auch, daß über allen diesen besondern Gemeinen, die gewesen sind, die sind und die sein werden, vor Gott eine heilige allgemeine Kirche besteht, die aus allen Wiedergebornen gebildet ist und einen einzigen Leib ausmacht, dessen Haupt Jesus Christus ist, und dessen Glieder erst an seinem Tage vollständig offenbar werden."[16]

Zu Taufe und Abendmahl heißt es:

„Wir glauben, daß der Herr die Taufe und das Abendmahl als Zeichen und Unterpfänder des Heils eingesetzt hat, das er uns erworben: die Taufe, welche das Zeichen der Reinigung durch das Blut und den Geist Jesu ist, das Abendmahl, in welchem wir, als Glieder Eines Leibes, die Gemeinschaft des Blutes und Leibes Christi feiern und seinen Tod verkündigen, bis daß er kommt."[17]

Der eigentliche Grund für die Trennung von der Staatskirche war ein unterschiedliches Gemeindeverständnis, zum Anlaß wurde wie in der Schweiz das Abendmahlsverständnis. Man betonte die Unmöglichkeit, mit „Ungläubigen" das Abendmahl einzunehmen. In der Verfassung hieß es in Artikel 17:

„Die Gemeine erkennt, daß, nach dem Gebrauch der ersten christlichen Zeit, wie ihn die Apostelgeschichte darstellt, erst dann jemand zur Taufe zugelassen werden soll, wenn er vorher gläubig geworden ist und seinen Glauben bekannt hat. Die Gemeine hält deshalb die Kindertaufe und ebenso die Wiedertaufe für eine Ausnahme von der apostolischen Regel. Sie erachtet indessen den Gegenstand für nicht so wichtig, um deshalb eine Trennung unter den Brüdern hervorzurufen und um eine solche Ausnahme nicht dem Gewissen des einzelnen über-

lassen zu dürfen, vorausgesetzt, daß dadurch die brüderliche Gemeinschaft nicht gestört wird."[18]

Über die hier deutlich werdende Gleichstellung von Kinder- und Wiedertaufe kam es zu einem Streit, der 1863 zu einer Änderung des Artikels führte:

„Bei den unter den Gläubigen herrschenden verschiedenen Auffassungen über den Zeitpunkt und die Form der Taufe, überläßt die Gemeine, dem Geist der evangelischen Freiheit gemäß, es dem Gewissen des einzelnen, hierin nach seiner persönlichen Überzeugung zu handeln, vorausgesetzt, daß dadurch die brüderliche Gemeinschaft nicht gestört wird."[19]

Bekenntnis und Lehre in den Freien evangelischen Gemeinden heute

Grundsätzlich wird heute ein bindendes Bekenntnis abgelehnt. Wilhelm Wöhrle schrieb bereits 1921 in einer offiziellen Verlautbarung:

„Satzungen, welche neben äußeren Gemeinde-Ordnungen auch Glaubensfragen festlegen, haben die Gemeinden grundsätzlich nicht, da für diese allein Gottes Wort die Richtschnur ist. Doch stehen alle Gemeinden auf dem Boden des apostolischen Glaubensbekenntnisses."[20]

Die Verfassung des Bundes von 1976 enthält jedoch eine Präambel, in der die theologische Grundlage des Bundes in Kürze beschrieben wird. Zum Selbstverständnis des Bundes heißt es darin:

„Der Bund Freier evangelischer Gemeinden ist eine geistliche Lebens- und Dienstgemeinschaft selbständiger Gemeinden. Verbindliche Grundlage für Glauben, Lehre und Leben in Gemeinde und Bund ist die Bibel, das Wort Gottes."[21]

In der Präambel wird auch die Übereinstimmung mit dem Apostolikum erklärt. Zur Gemeindemitgliedschaft heißt es dort:

„Die Gemeinden wollen sich in ihrem Aufbau und Dienst nach der im Neuen Testament erkennbaren Lebensweise der Gemeinden ausrich-

ten. *In ihnen kann Mitglied werden, wer an Jesus Christus glaubt und bekennt, durch ihn Vergebung seiner Sünden empfangen zu haben, und wer bereit ist, seine Lebensführung von ihm bestimmen zu lassen. Die Gemeinde ist vor Gott für ihre Glieder verantwortlich. Fragen biblischer Auslegung und praktischer Anwendung bleiben dem an Gottes Wort gebundenen Gewissen des einzelnen überlassen. Der einzelne fügt sich mit seinen Gaben verbindlich in den Organismus der Gemeinde ein.*"[22]

Heutige Taufpraxis in Deutschland

Gelehrt und praktiziert wird nur die Gläubigentaufe durch Untertauchen. Kindertaufe wird als biblisch nicht begründbar angesehen.[23] Taufe auf Grund des Glaubens wird auch dort nicht als Wiedertaufe aufgefaßt, wo der Täufling bereits als Kind getauft wurde.[24]

Gläubigentaufe ist jedoch nicht Bedingung zur Aufnahme in die Gemeinde.[25] Es wird allerdings betont, daß *„im NT vorausgesetzt wird, daß zum Christsein die Taufe gehört"* und *„jedes Gemeindeglied in der Tauffrage eine vor Gott verantwortete Entscheidung"* im Sinne der Leitsätze, die die FeGs zur Taufe herausgegeben haben, trifft.[26] Konrad Bussemer schreibt zu dieser Problematik:

„Hier gilt es im Geist der Heiligen Schrift zu handeln. Die apostolische Zeit kannte keine Tauffrage, sie ist eine Frage unserer Zeit, darum kann hier nicht der Buchstabe der Schrift entscheidend sein; die Frage muß im Geist der Schrift gelöst werden. Darum gilt es nicht, eine bestimmte Lehre der Schrift als richtig durchzusetzen, sondern die richtige Auffassung im Geist Jesu und der Apostel anzuwenden."[27]

So heißt es in den Leitsätzen zur Taufe:

„Wenn jemand bereits als Säugling getauft wurde und auf Grund einer vor Gott getroffenen Gewissensüberzeugung darin seine Taufe sieht, wird diese Überzeugung geachtet."[28]

Taufe gilt nicht als heilsnotwendig,[29] die Gliedschaft am Leibe Christi geschieht *„durch das von Gott empfangene neue Leben"*, nicht durch die Taufe.[30] In den Erläuterungen zu den „Leitsätzen zur Taufe" schreiben Kurt Seidel und Gerhard Hörster:

„*Darum muß in den Gemeinden ohne Gewissensdruck volle Mitgliedschaft für solche möglich sein, die die Säuglingstaufe nicht als Nicht-Taufe ansehen können.*"[31]

Taufpraxis und Gemeindemitgliedschaft im Internationalen Bund Freier Evangelischer Gemeinden

In der Verfassung heißt es zur Gemeindemitgliedschaft:

„*Der persönliche Glaube an Jesus Christus im Gehorsam gegenüber dem Wort und Willen Gottes ist die einzige Bedingung für die Mitgliedschaft in der Christusgemeinde.*"[32]

In der Taufpraxis gibt es Unterschiede. Allgemein wird der Zusammenhang von Glaube und Taufe betont.[33] In den meisten Bünden wird die Taufe auf Grund der persönlichen Glaubensentscheidung durch Untertauchen, gelegentlich auch durch Besprengung, vollzogen. In den Niederlanden, der Tschechei, der Slowakei, Schweden und den USA werden auch Kinder von Gemeindegliedern durch Besprengung getauft.[34] Die Taufe ist in keinem der Bünde Bedingung für die Mitgliedschaft in der Gemeinde.

Die Bedeutung der Taufe im Verständnis Freier evangelischer Gemeinden in Deutschland

Die „Leitsätze zur Taufe in Freien evangelischen Gemeinden" heben hervor, daß Taufe im Neuen Testament „*nicht als eigenständiges Thema behandelt, sondern in Zusammenhang mit Tod und Auferstehung Jesu Christi, dem Wirken des Heiligen Geistes, der Wiedergeburt, der Mission, der Gemeinde und dem Leben in der Nachfolge*" behandelt wird.[35] In den Erläuterungen zu den Leitsätzen wird darauf hingewiesen, daß dort Schwierigkeiten entstehen, „*wo die Taufe aus diesen Zusammenhängen gelöst wird und zum Beispiel einseitig als Tür zur Gemeinde, als Vergebung der Erbsünde, als Eingliederung in den Leib Christi oder als reiner Gehorsamsakt angesehen wird*".[36]

Durch die Taufe wird sichtbar das Ende des alten Lebens und der Beginn eines neuen Lebens des Täuflings mit Christus markiert.37 Der Glaubende drückt in der Taufe sein Verlangen aus, der Herrschaft Gottes unterstellt zu werden, Gott bestätigt ihn als sein Eigentum, das er durch den Glauben bereits geworden ist, und vergewissert ihn des Heils.38 Er wird damit auch in die Gemeinschaft der Glaubenden gestellt.39

Abendmahl

Gerade die Frage des Abendmahles spielte in der Entstehungsgeschichte der Freien evangelischen Gemeinde eine wichtige Rolle. Es ist eng verbunden mit dem Gemeindeverständnis. Grafe sah eine enge Beziehung zwischen dem Leib Christi als unsichtbare Gemeinde der Gläubigen und der symbolischen Darstellung von Leib und Blut Christi durch Brot und Wein.40 Gemeinschaft im Abendmahl geschah nach seiner Sicht *„mit dem gekreuzigten und auferstandenen Christus, zugleich aber Gemeinschaft mit dem unsichtbaren Leib Christi, der Gemeinde der Erwählten".*41 Dabei war für ihn die Gemeinschaft mit Christus unbedingte Voraussetzung der Gemeinschaft mit der unsichtbaren Kirche.42

So wird auch heute in den Freien evangelischen Gemeinden das Abendmahl als Mahl für Gläubige betont, über den gelebten Glauben hinaus aber normalerweise keine Einschränkung gemacht. Zum Abendmahl in einer Freien evangelischen Gemeinde sind in der Regel alle zugelassen, die an Jesus Christus glauben, Vergebung ihrer Sünde empfangen haben und in der Nachfolge Jesu leben, vollkommen unabhängig von ihrer Gemeindezugehörigkeit und ihrem Verständnis von Taufe. Die Entscheidung, wer am Mahl teilnehmen kann und wer nicht, liegt jedoch letztlich in der einzelnen Gemeinde.43

Die deutschsprachigen Freien evangelischen Gemeinden sind, wie weltweit die meisten Freien evangelischen Gemeinden, in ihrem Verständnis von Brot und Wein im Abendmahl in einer Nähe zu der reformierten Tradition. Die Gemeinden in den skandinavischen Ländern sowie die durch sie beeinflußten Gemeindebünde in den USA und Kanada orientieren sich eher am lutherischen Verständnis.44

Schriftverständnis

Die Freien evangelischen Gemeinden haben sich in ihrer Geschichte bis heute immer zur Inspiration der Heiligen Schrift bekannt. Es gab jedoch keine Festlegung auf ein bestimmtes Verständnis der Inspiration.

Das Schriftverständnis der Freien evangelischen Gemeinden in der Schweiz ist heute am ehesten durch die Chicagoer Erklärung (s. u., Überkonfessionelle Strömungen, Fundamentalismus und Evangelikale) ausgedrückt,[45] in der die Autoren sich zur wörtlichen und vollständigen Inspiration der Bibel bekennen.[46] Irrtumslosigkeit wird als in der biblischen Lehre über die Inspiration gegründet angesehen.[47]

In Deutschland gibt es innerhalb der durch das deutliche Bekenntnis zur Inspiration der Bibel gesetzten Grenzen eine gewisse Bandbreite. Die Inhalte der Chicagoer Erklärung werden hier durchaus ebenfalls vertreten.[48]

Diskussionen über die Schriftfrage in der Vergangenheit befaßten sich eher mit dem „Wie" der Inspiration. Gerhard Hörster, Rektor des Theologischen Seminars der FeG in Ewersbach, schildert in einem Referat eine literarische Diskussion zur Schriftfrage in den sechziger Jahren zwischen den Theologen *Friedrich Heitmüller, Konrad Bussemer* und *Heinrich Wiesemann*. Die Schilderung zeigt, daß diskutierte Fragen die Lehre von der Verbalinspiration und der Irrtumslosigkeit der Schrift waren,[49] nicht jedoch grundsätzliche Anfragen an die Autorität und die Inspiration der Bibel überhaupt.

Gerhard Hörster selbst äußert Zurückhaltung gegenüber einer ausformulierten Inspirationslehre.[50] Die Qualität der Bibel ergibt sich für ihn aus der zeitlichen und sachlichen Nähe der Schriften zur geschehenen Offenbarung. Der Heilige Geist gab den Impuls zum Schreiben – Gott sorgte für diese zeitliche und sachliche Nähe – dies bedeutet Inspiration.[51]

Hörster bekräftigt die Aussage der „Lausanner Verpflichtung" von 1974, die Bibel sei ohne Irrtum in allem, was sie verkündigt.[52] Mit dem Begriff „Irrtumslosigkeit" will er sich jedoch nicht anfreunden. Er zitiert die Chicagoer Erklärung (s. u., Überkonfessionelle Strömungen, Fundamentalismus), in der die Irrtumslosigkeit bekannt wird:

„*Wir verwerfen die Meinung, daß es richtig ist, die Schrift nach Wahrheits- und Irrtumsmaßstäben zu bewerten, die ihrem Gebrauch oder Zweck fremd sind. Wir verwerfen ferner die Meinung, daß die Irrtumslosigkeit beseitigt wird durch biblische Gegebenheiten wie Mangel an moderner technischer Genauigkeit, Unregelmäßigkeiten von Grammatik und Schreibweise, optische Beschreibungen der Natur, Berichte von Unwahrheiten, Verwendung von Übertreibungen und runden Zahlen, Sachanordnungen nach Gesichtspunkten, unterschiedliche Sachauswahl in Parallelbericht oder der Gebrauch freier Zitate.*"[53]

Hörster stellt hier die Frage:

„*Wenn dies alles mit Irrtumslosigkeit nicht gemeint ist, was sagt dann der Begriff irrtumslos? Ich halte ihn gerade auf Grund dieser Ausgrenzungen, die bei einem ernsthaften Studium der Schrift unvermeidlich sind, für ungenau und darum verwirrend und schließlich für nicht biblisch.*

Darum stimme ich den Verfassern der Chicago-Erklärung Statement on Biblical Inerrancy in der Intention, nicht aber in der gewählten Begrifflichkeit zu."[54]

Eine historische Kritik, die Gottes- und Menschenwort in der Bibel voneinander trennen will, wird abgelehnt.[55] Die Bibel bildet eine untrennbare Einheit von Gottes Wort und Menschenwort, so wie in Christus göttliche und menschliche Natur eine Einheit bildeten.[56]

Literatur

Mauerhofer, Armin. *Eine Erweckungsbewegung im 19. Jahrhundert.* Gießen, Basel: Brunnen Verlag, 1987.

Dietrich, Wolfgang (Hrsg.). *Ein Act des Gewissens, Dokumente zur Frühgeschichte der Freien evangelischen Gemeinden.* Witten: Bundes-Verlag, 1988.

Lenhard, Hartmut. *Die Einheit der Kinder Gottes.* Witten: Bundes-Verlag. Wuppertal: Theologischer Verlag R. Brockhaus, 1977.

Pilgermission St. Chrischona

Die Geschichte

Ihre Wurzeln hat die Pilgermission St. Chrischona in der Erwekkungsbewegung und im Wirken der *Deutschen Gesellschaft zur Beförderung reiner Lehre und wahrer Gottseligkeit („Christentumsgesellschaft")*, die 1780 durch *Dr. Johann August Urlsperger* in Basel gegründet wurde. Das Ziel des Vereines bestand in erster Linie in der Ermutigung Gläubiger.[1] 1801 wurde *Christian Friedrich Spittler*, ein württembergischer Pfarrerssohn und Verwaltungsangestellter, zum Sekretär der Gesellschaft berufen.

Am 25. September 1815 kam es durch Spittlers Initiative zur Gründung der Basler Mission, deren Leiter Pfarrer *Johann Christoph Blumhardt* wurde.[2]

Ausbildungsstätten

Spittler war die Mission unter europäischen Namenschristen ein wichtiges Anliegen. Entsprechend regte er ab 1827 junge Handwerker aus dem *Basler Jünglingsverein* an, als Missionare nach Österreich, Frankreich und Belgien zu gehen.[3] 1840 begann er mit der Ausbildung junger Männer für diesen Dienst in der Kirche St. Chrischona bei Basel. Gedacht war dabei weniger an eine Ausbildung zu Theologen als vielmehr an eine Zurüstung zum Zeugendienst auf der Wanderschaft.[4] St. Chrischona war die erste Ausbildungsstätte für Evangelisten im deutschsprachigen Raum.

1909 entstand ebenfalls in St. Chrischona eine *Bibelschule für Frauen*. Auch hier wird für die Innere und Äußere Mission ausgebildet.

1868 wurde *Carl Heinrich Rappard* zum Inspektor des Pilgermissionswerkes berufen. Er betonte Evangelisation und Sammlung der Bekehrten in Gemeinschaften.[5] 1874 nahm Rappard an der Heiligungskonferenz in Oxford (s.o.) teil, von der er wichtige

Impulse empfing. Nach einer persönlichen Buß- und Heiligungserfahrung führte er im November des selben Jahres eine geistliche Besinnungswoche durch, die unter den Chrischona-Brüdern und in der Umgebung eine Erweckung auslöste[6] und Impulsgeber war für die Ausbreitung der Gemeinschaftsarbeit.

Gemeinschafts- und Gemeindebildung

In der Schweiz begann die Gründung von Gemeinschaften im Jahr 1869. Mit dem Auftrag der Evangelisation gingen die Chrischonabrüder *Baumbach* und *Gutleben* in die Kantone Thurgau und Graubünden. Weitere Chrischonabrüder folgten. In Mattwil im Kanton Thurgau kam es auf Grund unterschiedlicher theologischer Auffassungen zwischen der Pilgermission und dem örtlichen Pfarrer zur Einrichtung eines eigenen Vereinshauses.[7]

Das Entstehen der Chrischona-Gemeinden in der Schweiz

In den dreißiger Jahren stand die Pilgermission in der Schweiz vor der Herausforderung, Freikirche zu werden.

„Die Versammlungen fanden mit Rücksicht auf die Kirche entweder am Sonntagnachmittag oder am Sonntagabend statt. Von der Familie her gedacht, sind beide Zeiten nicht ideal. Die Forderung, den Gottesdienst auf den Sonntagmorgen zu verlegen, wurde immer stärker hörbar. Einzelne Versuche zeigten bald positive Ergebnisse. Benachbarte Gemeinden zogen nach. Diese Änderung hatte weitreichendere Folgen, als man anfänglich gedacht hatte. Die Verankerung in der Landeskirche wurde sukzessive gelöst. Nicht geplant, sondern aus der Situation herausgewachsen, sind wir Freikirche geworden."[8]

Heute sind die Chrischona-Gemeinden in der Schweiz zwar Freikirche, dennoch ist eine gleichzeitige Mitgliedschaft der Gemeindeglieder in der Reformierten Kirche möglich und kommt auch häufig vor. 10 500 Menschen sind Mitglieder oder ständige Besucher der Schweizer Chrischona-Gemeinden. In den 94 Gemeinden, die in acht Bezirke aufgeteilt sind, sind 5 500 Kinder und

Jugendliche in die entsprechenden Kreise integriert. 113 Prediger und Gemeindehelferinnen sind in den Gemeinden beschäftigt. Die freikirchliche Situation in der Schweiz erläuterte der Direktor der Pilgermission St. Chrischona 1992 in einem Interview mit der Nachrichten-Agentur der Evangelischen Allianz (idea):

„Der Schweizer ist seit jeher nicht so stark mit der Kirche verbunden wie der Deutsche. Die Landeskirche ist in der Schweiz auch nicht so straff organisiert wie in Deutschland. Andererseits kann ein Schweizer durchaus einer Landeskirche und gleichzeitig einer Freikirche angehören. In Deutschland denkt man in allen Fragen grundsätzlicher: entweder-oder."[9]

In einer „Arbeitsgruppe Missionarischer Dienst" kümmert sich die Pilgermission um Gebiete in der Schweiz, in der keine bibeltreuen Gemeinden sind, führt missionarische Ferieneinsätze durch und schult Gemeinden, um einen missionarischen Lebensstil zu bewirken. Pioniergemeinden entstanden so z.B. im Tessin, im Wallis und im Welschland.

Heute kann in einer geschichtlichen Darstellung der Chrischona-Gemeinden gesagt werden:

„Der über Jahrzehnte andauernde Prozeß der Wandlung von der innerkirchlichen Versammlung zur Freikirche ist in der ganzen Schweiz zum Abschluß gekommen – ein Prozeß, der viel Kraft und Einsatz gekostet hat. Aber es hat sich gelohnt!"[10]

Selbstkritisch merkt der Autor Fritz Aeschlimann jedoch auch an:

„Gegenwärtig droht uns nun als Folge davon die Gefahr einer Institutionalisierung, die leicht zu einer gewissen Erstarrung führen kann. Man gibt sich zufrieden mit dem gut ‚funktionierenden Gemeindebetrieb'."[11]

Églises Evangelique Chrischona – Die Gemeinden in Frankreich

In Frankreich waren im Oberelsaß um 1820 zwei Gemeinden entstanden. Bald nach der Gründung der Pilgermission wandten sich die Gemeinden mit der Bitte um Prediger an das Chrischonawerk.

1921 erfolgte ein Anschluß an die Pilgermission. Die Gemeinden führen den Namen *Eglises Evangeliques Chrischona*. Inspektor der Chrischona-Gemeinden in Frankreich ist seit 1991 *Roland Hauswald*. Heute gibt es in Frankreich vierzehn Gemeinden mit 835 Mitgliedern und ständigen Besuchern. 425 Jugendliche werden durch die dortige Arbeit erreicht.

Eine Chrischona-Gemeinde gibt es auch im angrenzenden Luxemburg.

Chrischona International

Direktor des gesamten Chrischonawerkes ist *Karl Albietz*. Inspektor für Deutschland und Südafrika (fünf Stadtmissionen mit 410 Mitgliedern, die von sieben Predigern betreut werden) ist *Klaus Haag,* Inspektor für die Schweiz *Jakob Sturzenegger*.

Obwohl die Außenmission nicht zum ursprünglichen Konzept Christian Friedrich Spittlers gehörte, fanden ab 1844 erste Chrischonabrüder ihre Aufgaben in Palästina, Ägypten und Äthiopien oder unter deutschsprachigen Einwanderern in Nordamerika. Ab 1895 kam es zu einer Zusammenarbeit mit der *China-Inland Mission* (heute: Überseeische Missionsgemeinschaft, ÜMG). St. Chrischona ist heute die Schweizer Zentrale der Mission. Zusätzlich arbeiten heute Missionare der Chrischona Mission in Zusammenarbeit mit der Deutschen Missionsgemeinschaft in Äthiopien, Benin, Chile, Kenia und Peru.

Im Prediger- und Missionsseminar, das dem Gnadauer Verband angeschlossen ist (s.o.), werden heute junge Männer in vier, demnächst fünf, Jahren für die Innere und Äußere Mission ausgebildet. Studienleiter des Seminars in St. Chrischona ist *Reinhard Frische,* ein Absolvent der Ausbildungsstätte, der diese Aufgabe nach weiteren Studien und einer Zeit als Pfarrer im Kanton Bern 1991 übernahm.

Der Pilgermission St. Chrischona gehören sechs Ferienhotels oder Freizeitheime sowie zwei Alten- und Pflegeheime in der Schweiz.

Auch im Medienbereich ist die Pilgermission St. Chrischona aktiv. Im Aufsichtsrat des ältesten deutschen privaten Rundfunksenders, des Evangeliums-Rundfunks in Wetzlar, sowie in seinem Schweizer Zweig sind Mitglieder der Pilgermission vertreten.

Der Basler Brunnen-Verlag, dem in der Schweiz fünfzehn *Buchhandlungen* angeschlossen sind, gehört seit seiner Gründung im Jahr 1921 zur Pilgermission. 1909 bereits wurde in Gießen die heute mit 16 Filialen arbeitende alpha-Buchhandlung gegründet, 1919 der Brunnen Verlag Gießen.[12]

Das Diakonissen-Mutterhaus

226 Diakonissen und 102 im Ruhestand lebende Schwestern gehören zu dem 1925 gegründeten, rechtlich selbständigen Werk. Das Diakonissen-Mutterhaus betreibt ein Erholungsheim, eine Pension für Berufstätige und Schülerinnen sowie ein Alters- und Pflegeheim und das Pflegeheim St. Chrischona in der Schweiz, zwei Alten- und Pflegeheime in Deutschland und eine Haushaltungsschule in St. Chrischona sowie eine Altenpflegeschule in Deutschland (Lörrach).

Die Lehre

Das Schriftverständnis

In der Gemeindeordnung bekennt sich die Pilgermission zur Bibel *„als dem vom Heiligen Geist inspirierten Wort Gottes"*.[13] Das Prediger- und Missionsseminar St. Chrischona gibt als Grundlage an:

> *„Wir glauben an das vom Heiligen Geist inspirierte Wort Gottes, Alten und Neuen Testaments. Die Heilige Schrift wird ohne Bibelkritik als göttliche Wahrheit und Autorität in Lehre und Leben gelehrt."*[14]

Geistliche Prägung

Das Chrischonawerk sieht seinen Auftrag in der Gemeindebildung und in der Evangelisation. Der frühere Direktor Edgar Schmid formulierte dies so:

> *„Der Dienst der Glieder darf sich aber nicht beschränken auf die Selbsterbauung der Gemeinde. Der Dienst in der Anbetung und in dem sich einordnenden Gehorsam soll nach außen hin befähigen zu einer in die Öffentlichkeit hinausdringenden Verkündigung der göttlichen Gnadenherrlichkeit ihres Herrn, die überzeugend den Dank für das erfahrene Erbarmen Gottes ausspricht.*
> *Das Neue Testament läßt keinen Zweifel daran, daß der Verkündigungsauftrag nicht nur den Aposteln, sondern der ganzen Gemeinde gilt mit dem Blick auf die Erlösung und Rettung der Welt durch den Herrn, der das Haupt des Kosmos wie der Gemeinde ist. Damit sind Schwerpunkte und Aufgaben unseres Werkes in der Zukunft gewiesen."*[15]

Bekehrung und Wiedergeburt sind darum wesentliche Elemente der Verkündigung. Jeder Mensch muß wiedergeboren werden, um in den Himmel zu kommen. Wiedergeburt und Bekehrung sind letztlich Gnadenhandeln Gottes.[16]

> *„Die Wiedergeburt ist das Werk Gottes. Der Sünder empfängt neues Leben aus Gott, wie es in Jesus Christus selber ist. Ins erneuerte Herz zieht der Heilige Geist ein. Wir sind nun Kinder Gottes und Erben des ewigen Lebens."*[17]

Seitens des Sünders ist die Bekehrung jedoch auch ein Akt seines Willens:

> *„... er ist mit seinem ganzen Willen beteiligt in der Bekehrung. Sie ist eine entschlossene Richtungsänderung, indem sich der Sünder von der Sünde ab- und Jesus zukehrt."*[18]

Praktische Heiligung

Unter diesem Thema stellte 1978 Edgar Schmid fest:

„Die biblische Heiligungsbewegung führt den Menschen zum Kreuz Christi. Sie zeigt ihm seine Verlorenheit und sündige Natur. Durch den Tod Jesu am Kreuz tilgt Gott aber nicht nur die Sündenschuld und hebt die Trennung von Gott auf. Die Rechtfertigung ist zugleich Zurechtbringung und Gerechtmachung, indem mit der Rechtsprechung der Heilige Geist im Menschen wirksam wird, der das Leben, das gottlos und gottfeindlich war, in ein gottgemäßes und gottwohlgefälliges umwandelt. ... Jede Heiligungsbewegung aber, die nicht vom Kreuz Christi ausgeht, ist Irrlicht und endet entweder in geistlichem Hochmut oder in Schwermut."[19]

Ohne dabei eine perfektionistische Haltung zu vertreten, wird mit einer wirklichen Lebensveränderung durch die Kraft des Heiligen Geistes bewußt gerechnet.

„Die Heiligung ist ein Werk der Gnade. Darum sollen wir sie begehren und mit Eifer und Ausdauer nach ihr streben. Durch Glaubensgehorsam bleiben wir mit Jesus, der Heiligungsquelle, verbunden."[20]

Abendmahl

Am Abendmahl sollen nur Gläubige teilnehmen. Der Teilnahme sollte eine Selbstprüfung vorausgehen. Bei eindeutiger Sünde kann jemand auch vom Abendmahl ausgeschlossen werden.[21]

„Das Abendmahl ist Gedächtnismahl, Bekenntnismahl, Gemeinschaftsmahl, in dem die Gläubigen in der Beziehung zu ihrem Herrn und untereinander gefestigt werden, und Hoffnungsmahl."[22]

Taufpraxis in den Chrischona-Gemeinden

Die Chrischona-Gemeinden praktizieren in der Schweiz Kindertaufe und Gläubigentaufe. Bei der Gläubigentaufe ist Taufe durch *„Tauchbad und Besprengung"* möglich.[23] Die Taufe soll in diesem Fall vor der Gemeinde, der der Täufling sich anschließen will, geschehen.[24] Eine grundsätzliche Festlegung in der Tauffrage besteht nicht. In den 1988 herausgegebenen Leitlinien zur Taufpraxis wird festgestellt:

> *„Bis heute ist ungeklärt, ob zur Zeit der Urgemeinde Kinder getauft worden sind. Über Kinder- oder Erwachsenentaufe macht die Bibel keine Lehraussagen."*[25]

Im Falle einer Kindertaufe besteht die Voraussetzung, daß die Eltern sich zur Gemeinde halten und sich verpflichten, ihr Kind im christlichen Glauben zu erziehen.[26] Verneint wird eine „Wiedertaufe":

> *„Eine Wiederholung der Taufe kennt die Bibel nicht. Wiederholung der Taufhandlung ist nur möglich, wenn nach sorgfältiger Prüfung die bereits vollzogene Taufhandlung nicht als wirklich christliche Taufe anerkannt werden kann. An Stelle der Wiedertaufe besteht die Möglichkeit, seine Kindertaufe mit einem öffentlichen Bekenntnis zu bestätigen und sich unter Handauflegung segnen zu lassen."*[27]

Eine Taufwiedergeburtslehre wird ausdrücklich abgelehnt.[28]

Die Taufe wird als Zeichen angesehen. Sie stellt das dar, was im Glauben angenommen werden soll.

Literatur

Schmid, Edgar (Hrsg). *Wenn Gottes Liebe Kreise zieht. 150 Jahre Pilgermission St. Chrischona 1840-1990*. Gießen, Basel: Brunnen Verlag, 1990.

Bund Evangelischer Gemeinden

Der *Bund Evangelischer Gemeinden* entstand durch die Arbeit des Missionswerkes *New Life*. Die Arbeit dieses Werkes begann *Heinz Strupler* mit seiner Frau Annelies und einem kleinen Team von Absolventen der *Bibelschule Brake* Anfang der siebziger Jahre unter Jugendlichen in Zürich. Vorausgegangen war die Initiative einer Diakonisse des *Diakonissenmutterhauses Ländli,* die unter den Hippies eine missionarische Arbeit begonnen hatte. Diese Arbeit wurde fortgeführt. Das Team richtete 1970 eine Teestube ein und führte missionarische Veranstaltungen in Form von Freiversammlungen durch.[1] Für die Teestube wurde der Name „New Life" (Neues Leben) gewählt.[2]

Jugendliche, insbesondere aus der Drogenszene, begannen, an Christus zu glauben. Es wurde versucht, sie in bestehende freikirchliche Gemeinden zu integrieren. Max Isler schreibt über diese Versuche:

> *„Jetzt zeigte es sich, dass viele Christen zwar Freude hatten an echten Bekehrungen, weniger aber an den ungepflegten Haaren und der Kleidung, die aus dem gewohnten Rahmen fiel. Ein weiteres Problem bildete die fehlende Nacharbeit und Schulung der Neubekehrten in verschiedenen Gemeinden."*[3]

Es wurde bald mit vereinzelten Gottesdiensten in der Teestube begonnen. Nach dem Umzug in ein anderes Gebäude eröffnete man 1973 eine Kurzbibelschule. Nach einem erneuten Umzug im Herbst 1974 wurde eine dreijährige Bibelschulausbildung angeboten. 1975 zog die Newlife-Jüngerschule nach Walzenhausen im Nordosten der Schweiz um.[4]

In Zürich wurde die Arbeit von *Wilfried Hoffmann,* später von *Fredi Mani* weitergeführt. 1975 entstand dort eine erste Gemeinde.

Bereits 1971 waren zwei Mitarbeiterinnen des Zürcher Teams nach Bern ausgesandt worden und hatten dort eine ähnliche Arbeit wie in Zürich begonnen. Später übernahm *Paul Amacker* die Leitung der dortigen Arbeit. Die Zugehörigkeit zu einer der bestehenden Gemeinden und die gleichzeitige Mitarbeit in der zeitintensiven Missionsarbeit wurde mehr und mehr zum Problem für die wachsende Mitarbeiterschar. So entstand nach einer Evangelisation mit Wilhelm Pahls auch in Bern 1980 eine Gemeinde,[5] die inzwischen mehrere Tochtergemeinden gründen konnte.

Durch einen Sommereinsatz der Bibelschule Walzenhausen wurde 1976 eine Missionsarbeit in Meran begonnen, durch die ebenfalls eine Gemeinde entstand.[6]

Weitere Gemeinden entstanden in verschiedenen Orten der Schweiz und auch in Deutschland durch die Arbeit von Absolventen der Bibelschule Walzenhausen. Die Gemeinden schlossen sich zum Bund Evangelischer Gemeinden zusammen. Allerdings haben die Gemeinden in Deutschland sich inzwischen dem Bund Freier Evangelischer Genmeinden angeschlossen, da es sich aus naheliegenden Gründen als besser erwies, in einem Bund mit juristischem Sitz in Deutschland integriert zu sein.

Dem Bund Evangelischer Gemeinden gehören acht Gemeinden an. Die Mitgliederfrage wird in den Gemeinden unterschiedlich gehandhabt. Etwa 1000 Menschen besuchen und unterstützen die Gemeinden.

Der Bund Evangelischer Gemeinden gehört zum Verband Evangelischer Freikirchen und Gemeinschaften in der Schweiz.

Die Lehre

Die Evangelischen Gemeinden haben kein eigenes Glaubensbekenntnis. Einzelne Gemeinden haben jedoch ein „theologisches Leitbild", so zum Beispiel die Evangelische Gemeinde Bern. Sie orientieren sich an der Glaubensgrundlage der Evangelischen Allianz und an der Lausanner Verpflichtung. In beiden Bekenntnistexten gilt die Bibel als Autorität. Die Bibelschule Walzenhausen, mit der die Gemeinden verbunden sind, hält konsequent an der Inspiration und Irrtumslosigkeit der Bibel fest.[7] In den Erläuterungen zum theologischen Leitbild der Evangelischen Gemeinde Bern wird das Schriftverständnis folgendermaßen formuliert:

„Unser Glaube ist nicht ein unabhängiges religiöses Gefühl, sondern er beruht auf den Aussagen der Bibel (2. Petr. 1,16ff). Die Bibel ist nach unserer festen Überzeugung das geoffenbarte Wort Gottes. Der lebendige Gott hat es gewollt, dass Menschen seine Botschaft an die Welt in genau dieser Form niederschrieben (2. Tim. 3,16; 2. Petr. 1,19-21)."[8]

Die Gläubigentaufe ist auf freiwilliger Basis möglich. Sie ist nicht Voraussetzung zur Mitgliedschaft in den Gemeinden, wird aber als die bibelgemäße Form der Taufe gelehrt.

Die Leitung der Gemeinde geschieht vor Ort durch Älteste und den jeweiligen Vorstand.[9] In den Erläuterungen zum theologischen Leitbild der Evangelischen Gemeinde Bern wird festgestellt:

„Nach Gottes eigenem Willen soll seine Gemeinde nicht nach demokratischen Formen geleitet werden, sondern eine klar definierte Leiterschaft haben (Eph. 4,11; Apg. 20,28; 1. Petr. 5,1-3; Hebr. 13,17)."[10]

Betont wird in diesem Zusammenhang eine Verantwortung der Leiter gegenüber Gott.[11]

Im theologischen Leitbild der Evangelischen Gemeinde Bern wird eine zweite Erfahrung als höhere Stufe des Christseins ausdrücklich abgelehnt. Zu den Geistesgaben heißt es:

„...dass es alle im Neuen Testament genannten Geistesgaben heute noch gibt und praktizieren sie in biblischer Ordnung mit der richtigen Motivation."[12]

Der Bund Evangelikaler Gemeinden in Österreich

Der Bund Evangelikaler Gemeinden in Österreich wurde im März 1992 gegründet. Siebzehn Gemeinden waren an der Gründung des Bundes beteiligt. Dabei waren unter anderem Gemeinden der *Volksmission,* Freie Baptistengemeinden und *Freie evangelikale Gemeinden* (in Deutschland und der Schweiz *Freie evangelische Gemeinden),* sowie sechs Gemeinden, die durch Missionare der TEAM-Mission gegründet wurden. Es wurde nicht erwartet, daß sich grundsätzlich alle Gemeinden der jeweiligen Benennung diesem Bund anschließen. Heute gehören dem Bund über 20 Gemeinden an.

Der Bund hat ein Glaubensbekenntnis, das durch eine Glaubensgrundlage ergänzt wird. Jede Gemeinde des Bundes ist auf dieses Glaubensbekenntnis verpflichtet, kann jedoch daneben ein eigenes Glaubensbekenntnis haben, das enger, jedoch nicht weiter als das gemeinsame Bekenntnis und die gemeinsame Grundlage sein darf.

Die Stellung zur Bibel

Im Bekenntnis des Bundes wird die ganze Heilige Schrift als von Gott inspiriertes Wort bezeichnet. Ausdrücklich wird dabei vermerkt, daß dies für das Alte Testament ohne Apokryphen gilt.[1] Erklärend heißt es in der Glaubensgrundlage dazu:

„Wir bekennen, daß der Heilige Geist die Autoren der Originaltexte – unter Beibehaltung ihrer persönlichen und stilistischen Eigenarten – vollinhaltlich bis hin zur Ausdruckswahl geleitet hat. Von daher ist die Bibel in allen ihren Aussagen absolut wahr, zuverlässig und irrtumsfrei, ohne irgendeinen Widerspruch in sich selbst.
Die Heilige Schrift ist unsere oberste Autorität in allen Fragen des Glaubens, des Denkens und der Lebensgestaltung."[2]

Stellung zu allgemein-christlichen Lehren

Der Bund bekennt sich deutlich zur Dreieinigkeitslehre. Der Heilige Geist wird als vom Vater und vom Sohn gesandt bezeichnet. Christus wird als durch den Heiligen Geist gezeugt und von der Jungfrau Maria geboren bekannt. Betont wird das stellvertretende Opfer Jesu.

Wiedergeburt

Wiedergeburt und Taufe mit dem Heiligen Geist werden gleichgesetzt. Durch die Taufe mit dem Heiligen Geist geschieht die Integration in den Leib Christi.

„Er überführt von Sünde, gemahnt an Gerechtigkeit und Gericht, ruft zur Buße und bewirkt im reuigen Sünder, der sein Vertrauen auf den Herrn Jesus setzt, die geistliche Wiedergeburt (Taufe mit dem Heiligen Geist). Dabei wird der Bekehrte mit allen anderen Christusgläubigen im Leib Jesu vereint; der Heilige Geist wohnt in ihm, versiegelt ihn auf den Tag der Wiederkunft Christi, stärkt, führt und lehrt ihn, befähigt ihn zu einem Leben der Heiligung (Frucht des Geistes) und schenkt ihm geistliche Gaben zum Dienst in der Gemeinde."[3]

Die Erlösung

Unter dem Abschnitt über die Erlösung verdeutlicht die Glaubensgrundlage, daß der Christ vom Zwang zur Sünde befreit ist:

„Obwohl der Christ weiterhin sündigt, ist er grundsätzlich vom Zwang des Bösen befreit und darf täglich neu die Vergebung in Jesus Christus beanspruchen. Auch körperlichen und seelischen Nöten bleibt er unterworfen; in Gottes Hand liegt es, auf Gebet hin Heilung oder Stärkung im Leid zu schenken."[4]

Die Lehre von der Gemeinde

Die Ortsgemeinde wird als sichtbare Manifestation des universellen Leibes Christi bezeichnet. Der einzelne Gerettete soll sich darum verbindlich einer Gemeinde anschließen.

Jedes Gemeindeglied sollte sich gemäß der Lehre vom allgemeinen Priestertum der Gläubigen in die Ortsgemeinde einbringen.

Die Leitung der Gemeinden geschieht durch Älteste. Lehr- und Leitungsaufgaben, damit auch die Ämter der Ältesten und Diakone, werden wegen der Verschiedenartigkeit von Mann und Frau als den Männern anvertraut bezeichnet.[5] Bei Entscheidungsfindungen soll sich die Gemeinde nicht an Mehrheitsbeschlüssen, sondern *„an dem in der Heiligen Schrift verankerten Willen Gottes"*[6] orientieren.

Die einzelne Gemeinde wird als selbständig und eigenverantwortlich bezeichnet. Dabei wird jedoch festgestellt:

> *„Die Zusammenarbeit mit gleichgesinnten bibeltreuen Gemeinden kann zur besseren Bewältigung des göttlichen Auftrages sowie innergemeindlicher Schwierigkeiten von Vorteil sein."*[7]

Taufe und Abendmahl

Taufe und Abendmahl werden in der Glaubensgrundlage folgendermaßen dargestellt:

> *„Die Ortsgemeinde hat die Verpflichtung, die Glaubenstaufe und das Mahl des Herrn (Abendmahl, Brotbrechen) zu feiern. Jeder Gläubige soll als Ausdruck seines Glaubens die Wassertaufe durch Untertauchen erleben; dies errettet nicht, aber ist ein Gehorsamsschritt gegenüber Gott und seinem Wort. Das Mahl des Herrn erinnert an die umfassende Erlösung durch das Blut Jesu Christi und ist zugleich ein Fest der Gemeinschaft mit dem Herrn Jesus und der Verkündigung seiner Wiederkunft."*[8]

Die Eschatologie

Eine bestimmte Lehre über die genauen Abläufe und Reihenfolgen endzeitlicher Ereignisse findet sich in dem Bekenntnis und in der Glaubensgrundlage nicht. Es heißt in der Glaubensgrundlage:

„Jesus Christus wird zu einem Zeitpunkt, den wir nicht wissen können, in unumschränkter Gewalt und Herrlichkeit sichtbar wiederkommen, die Lebenden und die Toten zu richten und sein ewiges Reich in Vollendung hinzustellen.
Gott wird einen neuen Himmel und eine neue Erde schaffen, in denen absolute Gerechtigkeit wohnt. Die Erlösten werden in seiner Gegenwart die Ewigkeit in ungetrübter Freude und Vollkommenheit verbringen: die Unerlösten bleiben davon auf immer ausgeschlossen."[9]

Arbeitsgemeinschaft für bibeltreue Gemeinden

Als Reaktion auf die sich in vielen Gemeinden ausbreitende liberale Theologie bildete sich in den USA Ende der zwanziger Jahre eine Anzahl neuer Gemeinden. Ein Teil dieser Gemeinden schloß sich zu der Arbeitsgemeinschaft *Independent Fundamental Churches of America* zusammen. In dieser Arbeitsgemeinschaft sind heute etwa 1500 Pastoren und 800 Gemeinden zusammengeschlossen.[1] Hatte die Glaubensgrundlage 1930 noch fünf Punkte, wurde sie 1945 wesentlich erweitert. Hinzu kam unter anderem ein zweiter Hauptteil mit der Überschrift „Bewegungen, die gegen den Glauben stehen". Hier abgelehnte Strömungen werden mit Begriffen wie *„Ökumenismus, ökumenische Evangelisation, Neulegalismus und Neuevangelikalismus, d.h. eine Tendenz der Evangelikalen der Anpassung an den Liberalismus"* beschrieben.[2] Durch die neue erweiterte Glaubensgrundlage konnten offensichtlich auch pfingstlich orientierte Gemeinden nicht mehr in der Arbeitsgemeinschaft verbleiben.[3]

Inhalte der 16 Punkte umfassenden Glaubensgrundlage sind unter anderem die wörtliche und volle Inspiration der Bibel, die Jungfrauengeburt und die Wiederkunft Christi vor dem Tausendjährigen Reich und vor der Trübsalszeit.[4] Die Glaubensgrundlage wurde im Bereich der „kontroversen Angelegenheiten" mehrfach ergänzt.[5] Die Arbeitsgemeinschaft steht mit zwölf Gemeindegründungsorganisationen in Verbindung. 1992 gründeten sie in den USA 54 neue Gemeinden.[6] Außerdem tragen die IFCA mehrere Schulen, Außenmissionen, ein Freizeitheim, Ferienlager und Konferenzen. Das Zentrum der IFCA ist in Westchester, Illinois.[7]

Gemeinden, die der Arbeitsgemeinschaft angehören wollen, müssen mindestens zwei Jahre bestehen. Die Glaubensgrundlage muß mit der der Arbeitsgemeinschaft übereinstimmen und sie müssen eine geordnete Leitung haben. Eine Arbeitsgruppe entscheidet über die Aufnahme der Antragsteller.[8]

Als Zweck der Arbeitsgemeinschaft beschrieb Pastor Alex Montoya, der Leiter des südkalifornischen Zweiges der Arbeitsgemeinschaft in einem Referat 1992:

„*Diese Gemeinden wollten eine Arbeitsgemeinschaft, zu der die Pastoren und die Gemeinden dazugehören. Der Zweck war die Bewahrung der Lehre, die Gemeinschaft und die gemeinsame Arbeit. Aber jede Gemeinde blieb unabhängig. Die Organisation sagt der Gemeinde nicht, was sie zu tun hat. Die Organisation stellt keine Pastoren an und setzt auch keine Pastoren ab.*"[9]

Es gibt eine Liste von Pastoren, die der IFCA angehören und als „bibeltreu" empfunden werden. Auf Anfrage wird diese Liste den Gemeinden ausgehändigt.[10] Bejaht ein Pastor oder eine Gemeinde die Glaubensgrundlage nicht mehr, wird der Name dem Verwaltungsrat zur Überprüfung vorgelegt. Die Mitgliedschaft kann daraufhin gekündigt werden.[11] Mitgliedsgemeinden werden aufgefordert, eine jährliche Spende an das nationale Büro zu senden, deren Höhe den Gemeinden überlassen bleibt.[12]

Im Frühjahr 1993 wurden in der Zeitschrift „Gemeindegründung", dem Mitteilungsorgan der *Konferenz für Gemeindegründung* (s.u.), die IFCA als Vorbild „*für eine ähnliche Arbeitsgemeinschaft für bibeltreue Gemeinden in Deutschland*"[13] vorgestellt.

Im Herbst 1993 wurde an diesem Vorbild orientiert eine *Arbeitsgemeinschaft für bibeltreue Gemeinden (AfbG)* mit drei Gemeinden und dreizehn Einzelmitgliedern gegründet.[14] Im Februar 1994 hatte sich diese Zahl nicht geändert.

Für Gemeinden, die in die Arbeitsgemeinschaft aufgenommen werden möchten, wurde ein Prüfungsausschuß gebildet.[15] Als einzige Kontrollmöglichkeit der AfbG wird die Möglichkeit der Verweigerung der Zugehörigkeit zur AfbG genannt.[16] Für Einzelpersonen wird ein fester Mitgliedsbeitrag erhoben.[17]

Voraussetzung zur Mitgliedschaft ist eine vorbehaltlose Übereinstimmung mit der Glaubensgrundlage der AfbG sowie mit ihren Stellungnahmen. Diese Übereinstimmung muß jährlich neu bekundet werden.[18]

Lehre

Es wird erklärt, warum freie Gemeinden sich nicht zu einem Beitritt in bestehende Gemeindebünde entschließen konnten. Als Gründe für eine neue Arbeitsgemeinschaft außerhalb bereits bestehender freikirchlicher Gemeindebünde werden unter anderem eine Offenheit für die Mitarbeit in der Arbeitsgemeinschaft christlicher Kirchen (ACK, s.u.) sowie eine Offenheit für die charismatische Bewegung in manchen Bünden angegeben. In einigen Bünden wird auch eine Offenheit oder Toleranz gegenüber der historisch-kritischen Methode der Schriftauslegung beobachtet, die ebenfalls als problematisch empfunden wird.[19]

Die Arbeitsgemeinschaft hat ein eigenes Glaubensbekenntnis.

Die Glaubensgrundlage der AfbG umfaßt über fünf Seiten, hinzu kommen Stellungnahmen zur Pfingstbewegung, zur charismatischen Bewegung und zur „Dritten Welle", zur „geistlichen Kampfführung", zur Allversöhnungslehre, zur ökumenischen Bewegung, zur „Okkultseelsorge", zur historisch-kritischen Methode, zur dialektischen Theologie, zur Befreiungstheologie, zur feministischen Theologie und zu politischen Theologien.

Die Glaubensgrundlage beginnt mit dem Schriftverständnis. Altes und Neues Testament werden als *„in der Urschrift unfehlbar"* bezeichnet. Die Prinzipien der Schriftauslegung werden folgendermaßen dargestellt:

„Die menschlichen Schreiber der Heiligen Schrift wurden vom Heiligen Geist getrieben (2. Petr. 1, 20-21), so daß die Worte, die sie schrieben, Gottes unfehlbares Wort in menschlicher Sprache sind, das grammatisch (Matth. 22,29-32; 22,41-46), historisch (Matth. 12,1-8+40), dem Zusammenhang entsprechend (Matth. 4,3-11) und unter der Leitung des Heiligen Geistes ausgelegt werden muß (1.Kor. 2,10-14; Joh. 16,12-13)."[20]

Taufe und Abendmahl
Taufe und Abendmahl werden als *„symbolische Handlungen"* beschrieben.[21]

Die Taufe wird an Gläubigen durch Untertauchen vollzogen. Sie gilt als bildhafte Darstellung der Erlösung. Der Täufling bekennt durch die Taufe, *„daß er seiner Vergangenheit abgesagt hat, daß er ein neuer Mensch geworden ist, und daß er zur Gemeinde Jesu Christi gehört".*[22]

Eschatologie
Einen verhältnismäßig breiten Raum nehmen in der Glaubensgrundlage die zukünftigen Ereignisse ein. Nach einer Sammlung der Wiedergeborenen aus allen Völkern wird sich Gott nach den Aussagen der Glaubensgrundlage wieder Israel zuwenden. Die ganze Gemeinde wird zu Christus hin „entrückt" werden. Mit den Gläubigen kommt Christus wieder und wird ein tausendjähriges Friedensreich auf dieser Erde errichten, zu dem auch die Gläubigen des Alten Testamentes auferweckt werden. Nach Vollendung des Tausendjährigen Reiches werden ein neuer Himmel und eine neue Erde geschaffen.[23]

Geistesgaben
Die AfbG dürfte die erste Gemeindebewegung in Deutschland sein, in deren Bekenntnis sich eine eindeutige Absage an den Gebrauch bestimmter Geistesgaben findet. Der Abschnitt über die Geistesgaben folgt als fünfter Abschnitt auf die Abschnitte über die Bibel, die Dreieinigkeit, Christus und den Heiligen Geist. Es wird bejaht, daß jedem Gläubigen Gnadengaben zum Dienst in der Gemeinde durch den Heiligen Geist geschenkt werden.

„Wir glauben, daß mit der Bildung des neutestamentlichen Kanons Gott seine Offenbarung an uns abgeschlossen hat. Wir glauben daher, daß die Gaben, die Gott zur Mitteilung und zur Bestätigung der Offenbarung gebraucht hat, aufgehört haben (2. Kor. 12,12; Heb. 2, 3-4). Dies schließt nicht aus, daß der Herr in übernatürlicher Weise in das Leben des Gläubigen eingreift. Dieses souveräne Eingreifen Gottes ist jedoch nicht an Charismen gebunden."[24]

In der Stellungnahme *„zur Pfingstbewegung, zur charismatischen Bewegung und zur ‚Dritten Welle'"* bekennt die AfbG:

„daß sie die Praxis der (außerordentlichen) Charismen in der Pfingstbewegung, in der Charismatischen Bewegung und in der sogenannten ‚Dritten Welle' bemängelt und wegen ihres Widerspruchs zu der normativen Offenbarung in der Bibel ablehnt."[25]

Trotz der deutlich ausgesprochenen Distanz zur Pfingstbewegung und zur charismatischen Bewegung wird nicht bestritten, daß auch in diesen Bewegungen echter Glaube und aufrichtiger Eifer von „Glaubensgeschwistern" zu finden ist.[26]

Sechster Teil
Aus der Heiligungsbewegung hervorgegangene Freikirchen

Die Gemeinden Gottes (evangelisch-freikirchlich)

Von ihrem Selbstverständnis her verstehen sich die Gemeinden Gottes, die sich in Deutschland zur Unterscheidung von den pfingstkirchlichen Gemeinden Gottes (s.u.) mit dem Zusatz „evangelisch-freikirchlich" kennzeichnen, nicht als Denomination, sondern als Reformbewegung.

Sie entstanden in den USA. In einer Zeit, in der theologischer Liberalismus und extremer Denominationalismus dort vorherrschend waren, entstand als starke Gegenreaktion gegen diese Trends die Heiligungsbewegung. 1867 wurde in Vineland, New Jersey, die *National Association for the Promotion of Holiness* (Nationale Vereinigung zur Förderung von Heiligkeit) gegründet. Sie führte Heiligungskonferenzen durch und rief in Schriften zu einem heiligen Leben auf. Es wurde dabei sehr darauf geachtet, nicht gegen bestehende Denominationen anzutreten. Wer Mitglied der Vereinigung war, mußte normalerweise auch einer der bestehenden Denominationen angehören.

Mit führenden Männern dieser Bewegung kam *D.S. Warner* (1842-1895) in Verbindung. Er hatte sich 1862 bekehrt und schloß sich *General Eldership of the Church of God in North America,* einer 1825 von *John Winebrenner* in Pennsylvania gegründeten kleinen Denomination an. Warner wurde Prediger dieser Denomination. Durch die Begegnung mit der Heiligungsbewegung wurde Warner mit Wesleys Lehre von der Vollkommenheit konfrontiert. Er begann, für diese Lehre stark einzutreten, woraufhin ihm in seiner

Denomination die Predigterlaubnis wieder entzogen wurde. Er schloß sich daraufhin einer kleinen Gruppe an, die sich von seiner Denomination gelöst hatte. Seine Suche nach der wahren Gemeinde wurde dadurch jedoch nicht zufriedengestellt. Er kam zu der Überzeugung, die „schwere Sünde" des Protestantismus sei seine „sektenhafte Zersplitterung".

1881 trennte er sich darum von der Heiligungsbewegung und von seiner Denomination, um „von allen menschlichen Glaubenssätzen und Parteinamen" frei zu sein. Er stellte daraufhin fest, daß viele andere bereits ähnliche Schritte vollzogen hatten. Aus diesen Menschen sammelte sich eine Bewegung, die sich als Reformbewegung verstand, aber auch eigene Gottesdienste und Prediger hatte.

„Sie alle kamen aus verschiedenen Denominationen. Aber diese Männer vereinte die gemeinsame Erkenntnis: Das Zeugnis und der Auftrag des Christentums werde durch das spalterische und konkurrenzhafte Sektentum geschwächt. Außerdem werde es weitgehend versäumt, innerhalb der Denominationen ein heiliges Leben zu predigen und zu fordern."[1]

Ein Sieben-Punkte-Programm macht die Besonderheiten in Denken und Lehre der Gründer klar. Im ersten Punkt wurde eine grundsätzliche Offenheit gegenüber allen biblischen Wahrheiten bekundet. Der zweite Punkt lautete:

„Der Gott des Friedens heilige euch durch und durch (1. Thess. 5, 23)."[2]

Heiligung war einer der Hauptgrundsätze der Gründer der Gemeinde Gottes. Ihre Auffassung von einem heiligen Leben wird in einer Geschichtsdarstellung der Gemeinde Gottes folgendermaßen beschrieben:

„Freiheit von jeder äußeren Sünde und Freiheit von jeder Absicht zur Sünde. Um diesen Stand zu erreichen und ausleben zu können, ist eine zweite Erfahrung nach der Wiedergeburt nötig, das sogenannte ‚zweite Gnadenwerk'. In diese Punkte wurden folgende Punkte eingeschlossen:
– Durch die Rechtfertigung wird der Mensch von jeder begangenen Sünde befreit. – Durch die innewohnende ‚Erbsünde' (Erbübel) ist der Mensch aber nicht bleibend in der Lage, ein Leben im Sieg über die

Sünde zu führen. – Durch Hingabe und Bitte empfängt der Mensch die Fülle des Heiligen Geistes als Gabe zu einem Gott wohlgefälligen Leben. – Durch den gleichen Akt erfährt der Mensch ebenfalls die ‚Reinigung des Herzens' und verliert den Hang zur Sünde. – Durch dieses Werk der Gnade ist es möglich, ein Leben in ‚völliger Heiligung' zu führen. Der Mensch kann zwar in Sünde fallen, aber er braucht es nicht mehr."[3]

Diese Auffassung der Gründer zeigte einen perfektionistischen Ansatz, der jedoch in der heutigen Bewegung nicht mehr festzustellen ist (s.u.).

In weiteren Punkten wird der Schwerpunkt auf die Leitung des Gläubigen durch den Heiligen Geist (Punkt 3), das Verlassen menschlicher Denominationen (Punkt 4), die Wiedergeburt als einzige Voraussetzung der Zugehörigkeit zur Gemeinde (Punkt 5), eine Ablehnung menschlicher Organisationsformen (Punkt 6) sowie die Einheit wiedergeborener Christen gelegt (Punkt 7).[4]

Zum Redakteur einer gemeinsam herausgegebenen Zeitschrift, der „Gospel Trumpet" (Evangeliumsposaune), wurde D. S. Warner ernannt. Das Verlagswerk hatte in den ersten zwanzig Jahren als einziger Teil der Bewegung eine organisatorische Struktur. Es gab Predigerversammlungen, jedoch ohne feste Redner. Dann begann man aus praktischen Erwägungen heraus auch Predigerverzeichnisse zu erstellen und ein Jahrbuch herauszugeben. Namen wurden normalerweise auf Grund von Empfehlungen anderer Prediger aufgenommen. Es entstand die *General Ministerial Assembly* (Allgemeine Predigerversammlung). Außerdem bildete man einen Missionsrat. Der Missionsrat und die Gospel Trumpet Company wurden der Predigerversammlung untergeordnet.

1920 entstand der *Board of Church Extension and Home Missions* (Ausschuß für Gemeindeentwicklung und Heimatmission), 1923 der *Board of Christian Education* (Ausschuß für christliche Erziehung) und 1925 das *Anderson College*. Die Predigerversammlung wurde 1952 auf Grund der Hinzuziehung von Laien in *General Assembly* (Allgemeine Versammlung) umbenannt.

Eine deutsche Ausgabe der „Gospel Trumpet" („Evangeliums-Posaune", heute: „Perspektiven") erschien erstmals 1885. Ab 1901 bildeten sich besonders im Ruhrgebiet nach Veranstaltungen des Farmers und Predigers *George Vielguth* Gemeinden. 1907 wurde in Essen ein Missionsheim errichtet, in dem auch Prediger ausgebildet wurden. Es entstanden Gemeinden bis nach West- und Ostpreußen. Durch Vielguths Wirken kam es außerdem zu Gemeindegründungen in Rußland, Lettland, Polen, Ungarn, Bulgarien, Griechenland und der Schweiz. Die Evangeliumsposaune wurde ab 1922 in Deutschland gedruckt.

1932 wurde das Missionshaus nach Kassel verlegt und eine Bibelschule eingerichtet. Nach dem Zweiten Weltkrieg nahm man die Arbeit in Fritzlar wieder auf. Seit 1948 werden dort die Pastoren der Gemeinde Gottes an der Bibelschule Fritzlar ausgebildet.

Die geschäftlichen und juristischen Belange führt das *Missionswerk der Gemeinde Gottes e.V.* Prediger und Vertreter von über vierzig Gemeinden gehören ihm an. Das Leitungsgremium besteht aus einem Vorstand und einem Brüderrat. Sekretär des Missionswerkes ist Pastor *Georg Bürgin* (Hannover), 1. Vorsitzender ist Pastor *Klaus Kröger* (Braunschweig).

Soziale Aufgaben, die Führung der Alten- und Pflegeheime Gudensberg und Wietzendorf, des Kinderhilfswerks Bergen sowie des Jugend- und Freizeitheimes in Bad Segeberg unterliegen dem *Sozialdienst des Missionswerkes der Gemeinde Gottes e.V.* Bundesweit sind außerdem eine Jugendarbeit, Kinderarbeit und Frauenarbeit organisiert. Jährlich findet eine Bundeskonferenz statt. Eine formelle Mitgliedschaft gibt es in den Gemeinden Gottes nicht. Die Zahl der regelmäßigen Besucher liegt bei etwa 3500 Personen.[5]

Die Gemeinden Gottes sind heute in mehr als 85 Staaten vertreten. In verschiedenen Ländern gibt es Hochschulen, Schulen, Krankenhäuser, Heime usw.

Die Ortsgemeinden verstehen sich als Teil der weltweiten Gemeinde Jesu. Sie arbeiten mit anderen Gemeinden zusammen, in Deutschland z.B. im Rahmen der Evangelischen Allianz (s.u.).

Die Lehre

Die Gemeinden Gottes lehnen ein Glaubensbekenntnis ab. Die ganze Bibel soll ihre Grundlage sein. In einer Selbstdarstellung wird festgestellt:

„Die Bibel ist der Maßstab für Glauben, Lehre und Leben. Daher kann jeder ein Glied der Gemeinde werden, der bekennt, daß Jesus Christus sein Herr ist und dessen Leben mit diesem Bekenntnis übereinstimmt."[6]

Die Bibel gilt als „vom Heiligen Geist inspiriert und deshalb Gottes zuverlässiges Wort".[7]

Gemeindeverständnis

Eine Unterscheidung zwischen der universalen Gemeinde und der Ortsgemeinde wird eher verneint.[8] Ein Christ ist durch die Wiedergeburt Mitglied der universalen Gemeinde und damit auch der Ortsgemeinde. Da die Gemeinden Gottes keine Listen führen, gibt es nur eine indirekte Mitgliedschaft. Aufgrund eines persönlichen Zeugnisses werden Menschen als Gemeindeglieder anerkannt.

In der Vergangenheit war man sehr vorsichtig gegenüber Organisationsformen, hinter denen man eine Herabwürdigung des Heiligen Geistes als eigentlichem Regenten der Gemeinde befürchtete.[9] Zur Zeit geht man allerdings stärker dazu über, neben dem Pastor, der eine wesentliche Rolle spielt, Älteste einzusetzen.

Taufe

Taufe wird in den Gemeinden Gottes an Gläubigen durch Untertauchen vollzogen. Sie gilt als Bezeugen der vorher vollzogenen bewußten Umkehr zu Gott.[10] Der Gedanke, daß erst durch die Taufe die Mitgliedschaft in der Gemeinde bestehe, wird jedoch abgelehnt.[11]

Abendmahl und Fußwaschung

Neben dem Abendmahl wird in den Gemeinden Gottes die Fußwaschung praktiziert. Die Gemeinden können sich dabei auf das Johannesevangelium 13,15 berufen. Wie auch die Taufe werden Abendmahl und Fußwaschung als Zeichen verstanden:

„Wir glauben, daß der Herr Jesus Christus seiner Gemeinde drei Verordnungen gegeben hat: die Taufe, das Abendmahl und die Fuß-

waschung. Wir feiern diese Verordnungen nicht im sakramentalistischen Verständnis, sondern als zeichenhaften Ausdruck einiger Wahrheiten, die für den einzelnen Gläubigen und die Gemeinde von fundamentaler Bedeutung sind."[12]

Heiligung

Die Heiligung fand in der Frühgeschichte der Gemeinden Gottes eine starke Betonung. Auch heute übergeht man Heiligung in der Verkündigung nicht, setzt sich aber von einer einseitigen Betonung dieses Themas ab. Die Gemeinde Gottes steht zu ihrer Wurzel in der Heiligungsbewegung, sieht aber deutliche Gefahren in dem teilweise perfektionistischen Ansatz der Gründerväter. Heute geht man davon aus, daß durch die Betonung der Heiligung der Bereich der Evangelisation oft zu kurz kam. Nach dem Zweiten Weltkrieg, insbesondere ab dem Ende der sechziger Jahre, entwickelte sich die Gemeinde Gottes hin zu einer evangelikalen Freikirche und bemüht sich, ein deutlich missionarisches Profil zu gewinnen.

In einer deutlichen Abgrenzung gegenüber perfektionistischen Auffassungen schreibt Pastor Klaus Kröger zur Heiligung:

„Worin besteht Heiligung?
In der Fähigkeit, nicht zu sündigen,
... nicht in der Unfähigkeit zu sündigen.
In der Überwindung der Versuchung,
... nicht in der Freiheit von Versuchung.
Im ernsthaften Verlangen nach Weisheit von oben,
... nicht im unfehlbaren Urteil.
Im Sieg über alle leibliche Anfechtung
... nicht in der Befreiung von allen Schwächen des Leibes.
In der Fähigkeit, den Fall zu vermeiden,
... nicht in der Freiheit von der Anfälligkeit zum Fallen.
In der Befreiung vom Stillstand,
... nicht im Ende des Wachstums."[13]

Heiligung wird nicht mehr von der Erfahrung eines „zweiten Gnadenwerkes" (s.o.) abhängig gemacht. Sie geschieht als Handeln Gottes durch den Glauben:

*„Kinder Gottes sind geheiligt durch den Glauben, durch das Wort, durch Jesu vollkommene Versöhnung. Wir sind ganz und gar Gottes Kinder, wir gehören ihm zu 100 Prozent. Wir sind teuer erkauft. Wir sind in Christus, und Christus wohnt in uns. So sind wir in IHM vollkommen geheiligt."*14

Diese durch Christus geschehene Heiligung sollte jedoch auch eine praktische, fortschreitende Heiligung des Gläubigen zur Folge haben.

*„Der Heilige Geist befähigt den Gläubigen zu einem sieghaften und zeugnishaften Leben zur Ehre Gottes."*15

Der Gläubige kann weiterhin sündigen, untersteht aber durch die Kraft des Heiligen Geistes, der in ihm wohnt, nicht mehr dem Zwang, dies zu tun.

Eschatologie

In der Gemeinde Gottes wird an die buchstäbliche Wiederkunft Christi geglaubt, die zur Vollendung von Heil und Gericht geschehen wird. Ohne daß es ausdrücklich betont wird, findet man im Gegensatz zu manch anderen freikirchlichen und pietistischen Kreisen (siehe z.B. Brüderversammlungen) bei den Gemeinden Gottes meist ein amilleniaristisches Verständnis, ein buchstäbliches, tausendjähriges zukünftiges Reich auf der Erde wird also – wie bei den Reformatoren – abgelehnt.

Missions-Allianz-Kirche

1887 gründet Dr. Albert B. Simpson die *Christian and Missionary Alliance* als der Heiligungsbewegung nahestehendes überkonfessionelles Missionswerk.

Albert Simpsons persönliche geistliche Entwicklung spiegelt die vier Grundbetonungen der Christian and Missionary Alliance wieder – *Christus, unsere Erlösung; Christus unsere Heiligung; Christus unsere Heilung; Christus der wiederkommende Herr.* Als junger Mann erlebte Simpson seine Bekehrung und *„nahm Christus als seinen Erlöser"* an.[1]

Nach seinem Theologiestudium und einer Zeit als presbyterianischer Pastor erkannte Simpson, daß seinem Dienst an Vollmacht fehlte, und er begann sich nach einer stärkeren Erfüllung mit dem Heiligen Geist zu sehnen.[2] Einige Tage nach Evangelisationsversammlungen mit dem Redner Major Whittle hatte er ein Erlebnis, als dessen Folge er seinen „alten Adam" als gestorben betrachtete.

Einige Zeit später erlebte Simpson in einem Traum eine Berufung in die Mission.[3] Zur Verwirklichung seiner Pläne hielt er es für notwendig, in der Nähe eines Missionszentrums zu leben, von dem aus Missionare ausreisten. Entsprechend nahm er 1879 eine Berufung nach New York an.[4] Die „gutbürgerliche Gemeinde" befürwortete zwar grundsätzlich die intensive evangelistische Arbeit Simpsons, zu ersten Problemen kam es jedoch, als Simpson mehr als hundert Neubekehrte aus dem sozialen Brennpunktgebiet des italienischen Viertels in die Gemeinde integrieren wollte.[5]

Simpson, schon immer ein kränklicher Mann gewesen, litt auf Grund seiner hohen Arbeitsbelastung zunehmend unter gesundheitlichen Problemen.

Im Sommer 1881 besuchte Simpson die Veranstaltungen eines *Dr. Cullis*. Hier hörte er Berichte von Menschen, die Heilungen durch Jesus Christus erfahren hatten. Er setzte sich mit diesem Thema auseinander, vertraute Christus seine gesundheitlichen Probleme an und erlebte körperliche Heilung.

„Wie seine innere Entwicklung später zeigte, änderte es die ganze Richtung seines Dienstes und machte ihn zu einem der größten Verfechter der Heilung durch den Glauben, den die Kirche gekannt hat."[6]

Simpson begann nun, in seinen Predigten über Glaubensheilung zu sprechen.[7] Er trennte sich von seiner Gemeinde und der Presbyterianischen Kirche insgesamt. Dabei waren sicherlich die vor seiner Heilungserfahrung bereits entstandenen unterschiedlichen Vorstellungen über missionarische Gemeindearbeit ein Anlaß. Hauptgründe waren jedoch zum einen seine Haltung zur Glaubensheilung, zum anderen die in ihm gewachsene Erkenntnis, die Gläubigentaufe durch Untertauchen als schriftgemäß anzusehen.[8] Simpsons Austritt bedeutete keine Spaltung, lediglich zwei Gemeindeglieder verließen die Gemeinde mit ihm.[9]

Simpson begann mit Gottesdiensten in einem kleinen Raum, zu dem anfangs gerade sieben Besucher kamen. Doch er führte nun regelmäßige Mitarbeiterschulungen durch, veranstaltete drei Gottesdienste am Sonntag, regelmäßige Straßenversammlungen und Veranstaltungen in der Woche. Bald mußten größere Räumlichkeiten gemietet werden. 1882 wurde eine Gemeinde mit fünfunddreißig eingeschriebenen Mitgliedern gegründet. Die Zahl wuchs bis 1883 auf zweihundertsiebzehn, die Besucherzahl auf siebenhundert.[10]

1882 eröffnete Simpson eine Ausbildungsstätte für Missionare. Anfangs war sie in die Gemeinderäume integriert, wurde aber 1887 nach Nyack, N. Y. verlegt.[11]

Im selben Jahr wurde *The Evangelical Missionary Alliance* mit dem Ziel gegründet, Menschen in der nicht-evangelisierten Welt zu erreichen.[12]

Missionsfeld waren insbesondere die ostasiatischen Länder, heute arbeitet die Christian and Missionary Alliance weltweit. Gründungsmitglieder waren neben Dr. Simpson Rektor *Henry Wilson* (Episkopalkirche), *Kelso Carter* (Heilsarmee) und *Albert Funk* (Mennoniten).

Gleichzeitig mit der Missionsgesellschaft wurde *„The Christian Alliance"* mit der Zielrichtung der Evangelisation und Schulung gegründet und 1889 mit der Missionsgesellschaft zur *Christian and Missionary Alliance* vereinigt,[13] was Simpson sehr entgegen kam, der nie einen großen Unterschied zwischen Heimat- und Außenmission gemacht hatte.

Sein Anliegen war von Anfang an Mission und Evangelisation und dies war auch das eigentliche Ziel seiner Arbeit in New York. Das Entstehen einer neuen Denomination lag dabei nicht in seiner Absicht. 1899 schrieb er:

> *„Laßt uns nie die besondere Berufung unserer Allianz vergessen. Es geht nicht um die Bildung einer neuen Denomination, es soll kein bereits bestehendes Werk kopiert werden, es sollen keine Sonderlehren vertreten werden. Auch geht es nicht um die Verherrlichung von Menschen. An erster Stelle steht die Erhöhung Jesu in seiner Fülle, derselbe gestern, heute und in Ewigkeit ..."*[14]

Auch 1912 betonte Simpson in einem Artikel, daß die Christian and Missionary Alliance einen interdenominationellen Auftrag habe, der *„nicht durch enge, sektiererische Tendenzen vernebelt werden darf"*.[15] Heilung und andere Lehrbetonungen sollten nicht in den Vordergrund gerückt werden.[16]

Missionsarbeit in Deutschland

In Deutschland begann die Missionsarbeit der Christian and Missionary Alliance im Jahre 1971 mit Pastor *Richard Schaefer*. Eine durch seine Mitarbeit gegründete Gemeinde in Heusenstamm/ Offenburg schloß sich dem Bund Freier evangelischer Gemeinden an. Unter dem Namen *Allianz-Kirche* wurde 1975 eine Gemeindegründungsarbeit in Seeheim-Jugenheim an der Hessischen Bergstraße begonnen. Einige Schüler und Lehrer der Bibelschule Bergstraße und der Freien Theologischen Akademie, zwei damals in Seeheim ansässige evangelikale Ausbildungsstätten, unterstützen Pastor Schaefer in der Gründungsarbeit. Ein erster Gottesdienst im alten Seeheimer Rathaus hatte zehn Besucher. Bald wurde der Name in *Missions-Allianz-Kirche* (MAK) umgeändert.

1979 war die Zahl der Gottesdienstbesucher bereits auf über achtzig Personen angewachsen. Inzwischen waren weitere Gemeindegründungsprojekte in Angriff genommen worden. Nachdem sich die Seeheimer Gemeinde 1990 dem Bund Freier evangelischer Gemeinden anschloß, gibt es vier „Missions-Allianz-Kirchen" in Deutschland. Sie befinden sich in Erbach (Odenwald), Viernheim, Mannheim und Lippstadt. Insgesamt haben die Gemeinden etwa vierzig Mitglieder, aber durchschnittlich etwas über einhundert Gottesdienstbesucher.

Einziger hauptamtlicher deutscher Mitarbeiter ist Pastor *Ernst Guggolz*, Erbach. Neben ihm ist ein weiterer Deutscher nebenamtlich in der Missions-Allianz-Kirche tätig. Vier Ehepaare und eine Erziehungsmitarbeiterin aus Kanada und den USA arbeiten mit einer Ausnahme als Gemeindegründungsteam und in der Forschungsarbeit.

Die Missions-Allianz-Kirche unterstützt ein einheimisches Ehepaar in Polen, das mit den dortigen Freien evangelischen Gemeinden zusammenarbeitet.

Auf örtlicher Ebene ist die Missions-Allianz-Kirche mit der Evangelischen Allianz verbunden. Der Verband gehört der *AfeM* (Arbeitsgemeinschaft für evangelikale Missiologie) an.[17]

Die Lehre

Schriftverständnis
In einem Glaubensbekenntnis des internationalen Verbandes der Christian and Missionary Alliance wird ein deutliches Bekenntnis zur vollen Inspiration der Bibel ausgesprochen:

> *„Altes und Neues Testament sind im Urtext irrtumslos, wurden wörtlich durch Gott inspiriert und sind eine vollständige Offenbarung seines Willens für die Erlösung der Menschen. Sie bilden die göttliche und einzige Richtlinie christlichen Glaubens und Lehre."*[18]

Betonungen
Die Missions-Allianz-Kirche sieht sich in Deutschland in ihrer Gesamtprägung mit den Freien evangelischen Gemeinden verwandt.[19] Besondere Betonung findet die persönliche Verantwortung des einzelnen in Glaubensleben und Heiligung, entsprechend den geschichtlichen Wurzeln der Kirche.

Die vier durch Simpson geprägten Grundbegriffe der Lehre der Christian and Missionary Alliance sind:

1. Christus, unser Erretter
2. Christus, der uns heiligt
3. Christus, der uns heilt
4. Christus, unser wiederkommender Herr.

Christus, unser Erretter
Simpson betonte die Universalität des Heils.[20] Das Angebot des Heils gilt jedem Menschen. Über Sündenerkenntnis, das Begreifen, daß Jesus Erretter ist, und Umkehr, die eine echte Abkehr von der Sünde und Hinwendung zu Gott bedeutet, sowie Annahme Jesu als Erretter gelangt der Mensch zum Heil. Dies ist ein einmaliger Schritt.[21] Wer die Liebe Gottes verachtet und verwirft, geht verloren.[22]

Christus, der uns heiligt
Im internationalen Bekenntnis heißt es:

„Es ist der Wille Gottes, daß jeder Gläubige mit dem Heiligen Geist erfüllt sein sollte und gänzlich geheiligt wird, getrennt ist von der Sünde und der Welt und vollständig dem Willen Gottes hingegeben ist, dabei die Kraft für heiliges Leben und effektiven Dienst empfangend. Dies ist sowohl eine einmalige als auch eine fortschreitende Erfahrung, die im Leben des Gläubigen nach der Bekehrung geschieht."[23]

Das hier ebenfalls erwähnte punktuelle Erlebnis der Heiligung als zweiter Erfahrung findet in den deutschen Missions-Allianz-Kirchen keine Betonung. Heiligung als Prozeß im Leben des Gläubigen spielt dagegen in der Verkündigung der Kirche durchaus eine Rolle.

Christus, der uns heilt
Hier bezieht sich die MAK in erster Linie auf die in Jakobus 5 genannte Praxis, in Zusammenhang mit einer Salbung mit Öl über einem Kranken zu beten.[24] Damit ist nicht die Vorstellung verbunden, daß Kranke grundsätzlich geheilt werden. Man rechnet mit göttlichem Eingreifen. Es wird jedoch Gottes souveräner Entscheidung überlassen, nicht zu heilen. Simpson schrieb:

„*Göttliche Heilung anerkennt den Willen Gottes. Völlige Unterwerfung unter seinen Willen. Ein Christ, der nach göttlicher Heilung Ausschau hält, wird so lange warten, bis er den Willen Gottes kennt. Dann wird er ihn aber ohne Zögern beanspruchen. Wenn jemand, der leidet, überzeugt ist, daß das Werk, das Gott ihm aufgetragen hat, getan ist, dann sollte er ganz still bleiben. Er soll sich in diesen Willen fügen und sich ganz getrost Gottes Armen anvertrauen.*"[25]

Christus, unser wiederkommender Herr
Im Bekenntnis wird die Wiederkunft Christi als „persönlich, sichtbar und vor dem Tausendjährigen Reich" stattfindend bezeichnet.[26]

Taufe und Abendmahl
In der Missions-Allianz-Kirche wird Glaubenstaufe praktiziert. Das Abendmahl wird symbolisch aufgefaßt.[27]

Literatur

Tozer, A. W. *Albert B. Simpson, ein Berufener Gottes.* Lahr-Dinglingen: Verlag der St. Johannis Druckerei C. Schweickhardt, 1987.

Die Kirche des Nazareners

Die Kirche des Nazareners hat ihre Wurzeln in der Heiligungsbewegung, die im letzten Jahrhundert in den USA entstand. Sie sieht sich als *„geistliches Kind der methodistischen Erweckung in Großbritannien im 18. Jahrhundert".*[1] In der Lehre sieht man nur geringe Unterschiede zur Methodistenkirche, war jedoch zur Gründungszeit der Kirche des Nazareners der Auffassung, daß in dieser die Erfahrung der Heiligung in der Praxis weitgehend ignoriert wurde. Viele der frühen Führer der Kirche des Nazareners verließen die Methodistenkirche aus diesem Grund.[2]

Die amerikanische Heiligungsbewegung

Die Initiatorin der Heiligungsbewegung war eine Frau namens *Phoebe Palmer*. Sie veranstaltete und leitete vierzig Jahre lang das *Tuesday Meeting for the Promotion of Holiness (Dienstagtreffen zur Förderung der Heiligung)*.[3] Die Bewegung breitete sich aus und ab 1867 wurden jährliche große Zusammenkünfte in Vineland/New Jersey durchgeführt. Sie trugen den Namen *National Camp Meetings for the Promotion of Holiness (Nationale Lagertreffen zur Förderung der Heiligung)*. Prominenteste Vertreter der Bewegung waren der Evangelist *Charles G. Finney* (s.o., Gnadauer Verband), *Asa Mahan* und *William Boardman*.

Zahlreiche die Heiligung betonende Kirchen entstanden in dieser Zeit. Ihre Entstehung geschah völlig unabhängig voneinander, aber bald wurde der Ruf nach einem Zusammenschluß laut. So entstand in den neunziger Jahren des 19. Jahrhunderts im Osten der USA die *Association of Pentecostal Churches of America* (Gesellschaft amerikanischer Pfingstkirchen) und im Jahre 1905 im Süden der USA die *Holiness Church of Christ* (Heiligkeitskirche Christi). Im Westen entstand unter Führung des Methodistenpastors *Phineas F. Breese* die *Church of the Nazarene* (Kirche des Nazareners).[4] Breese war Pastor der methodistischen Stadtmission von Los

Angeles. Er engagierte sich für die Betonung der methodistischen Heiligungslehre, die er für vernachlässigt hielt. 1895 wurde Breese aus der Verantwortung für die Stadtmission entlassen und gründete daraufhin eine Kirche, die er Kirche des Nazareners nannte. Eine Selbstdarstellung der Kirche erklärt den Namen:

> *„Damit wollte sich die neue Kirche mit der niedrigen Sendung des verachteten Nazareners, Jesus Christus, identifizieren. Ähnlich wie die Heilsarmee wollte man die Randgruppen der Gesellschaft erreichen und die Heiligung auf die Straße bringen."*[5]

1906 vereinigte sich die Kirche mit der Association of Pentecostal Churches of America zur *Pentecostal Church of the Nazarene (Pfingstkirche des Nazareners)*.[6]

Als eigentliches Geburtsdatum der heutigen Kirche des Nazareners wird die Vereinigung der *Pentecostal Church of the Nazarene* und der *Holiness Church of Christ* am 13. Oktober 1908 angesehen.[7] Die Kirche trug weiterhin den Namen *Pentecostal Church of the Nazarene (Pfingstkirche des Nazareners)*. 1919 wurde die Bezeichnung „Pentecostal" (pfingstlich) offiziell abgelegt, um nicht mit *„den in Zungen redenden Kirchen"* verwechselt zu werden.[8]

Kirche des Nazareners in Deutschland

Im März 1958 begann Pastor *Jerald Johnson* eine Missionsarbeit in Frankfurt. Er eröffnete einen Hausbibelkreis, der 1962 bereits ein eigenes Gemeindezentrum einweihen konnte.

Ihre größte Verbreitung hat die Kirche des Nazareners bis heute im Rhein-Main-Taunus-Gebiet. Gemeinden sind jedoch auch in anderen Teilen Deutschlands, z.B. in Berlin. Eine eigene theologische Ausbildungsstätte, das Europäische Bibelseminar der Kirche des Nazareners, befindet sich im Städtchen Büsingen in einer deutschen Exklave nahe der Schweizer Grenzstadt Schaffhausen.

Der Kirche des Nazareners gehören in Deutschland etwa 1 600 Menschen an. Es gibt sechzehn deutschsprachige Gemeinden mit fünfzehn Pastorinnen und Pastoren sowie vier englischsprachige Gemeinden, die von vier Pastorinnen und Pastoren betreut werden.[9]

Lehrbetonungen der Kirche des Nazareners

Die Kirche des Nazareners definiert sich selbst als konservative, evangelikale Kirche in Wesleyanisch-Arminianischer[10] Tradition.[11] In der Selbstdarstellung ihres Glaubens wird Gott als dreieiniger Gott vorgestellt, der sich in erster Linie durch seinen Sohn Jesus Christus und durch die Bibel offenbart.[12]

Die Kirchenordnung der Kirche des Nazareners, die die entscheidenden Bekenntnissätze enthält, wird auf einem Weltkirchentag alle vier Jahre überprüft und gegebenenfalls *„an die neuesten Entwicklungen angeglichen".*[13]

Die Lehre von der Heiligen Schrift

Die Kirche des Nazareners glaubt an die volle Inspiration der Bibel. Der Begriff „Irrtumslosigkeit" wird jedoch abgelehnt.[14] In den Glaubensartikeln der Kirche des Nazareners wird im vierten Artikel, der von der Heiligen Schrift handelt, ausgesagt:

> *„Wir glauben an die volle Inspiration der Heiligen Schrift, die aus den 66 Büchern des Alten und Neuen Testamentes besteht. Sie sind durch göttliche Inspiration gegeben und offenbaren unfehlbar den Willen Gottes in allem, was zu unserer Rettung notwendig ist. Daher darf nichts, was in der Heiligen Schrift nicht enthalten ist, zum Glaubensartikel erklärt werden."*[15]

Die Bezeichnung „voll" in Zusammenhang mit der Inspiration und der Begriff „unfehlbar" wurden dem ursprünglichen Bekenntnis der Kirche des Nazareners durch die Generalversammlung im Jahr 1928 hinzugefügt. Autor des revidierten Textes war der damals führende systematische Theologe der Kirche, *Dr. H. Orton Wiley*. Über die gewählte Formulierung stellte er fest:

> *„Ich wollte es so formulieren, daß ein wenig Ellbogenfreiheit darin wäre."*[16]

Die Unfehlbarkeit betrifft das, was zur Rettung des Menschen notwendig ist. Der Autor *A.M. Hills* stellte 1931 über die Bibel fest, daß sie unfehlbar *„alle ehrlichen, willigen und suchenden Seelen zu Christus, zur Heiligkeit und zum Himmel"* führt.[17]

Die völlige Heiligung
Während Rechtfertigung, Wiedergeburt und Annahme als Kind Gottes als ein gleichzeitiges Geschehen angesehen wird, wird Heiligung als ein nach der Wiedergeburt stattfindendes Ereignis dargestellt.[18] Wie bei Wesley (s.o.) ist auch hier von der durch die Heiligung entstehenden *völligen Liebe* die Rede.[19] Das Geschehen der Heiligung wird folgendermaßen beschrieben:

> *„Völlig geheiligt wird man, indem man mit dem Heiligen Geist erfüllt wird. Dadurch wird das Herz des Gläubigen von Sünde gereinigt und der Heilige Geist ist ständig in ihm gegenwärtig. Zugleich wird der Gläubige für Leben und Dienst befähigt.*
> *Das Blut Jesu Christi ist Grundlage der völligen Heiligung. Sie setzt eine völlige Hingabe voraus und wird augenblicklich in dem bewirkt, der glaubt. Der Heilige Geist bezeugt (dem Gläubigen) diesen Gnadenstand."*[20]

Durch diese Erfahrung der Heiligung erlangt der Gläubige ein reines Herz.[21] Dies bedeutet jedoch keinen Perfektionismus. Der Gläubige, der geheiligt ist, kann trotzdem in ungeplante Sünde fallen. Wird er sich ihrer bewußt, wird er jedoch Vergebung und Reinigung suchen.[22] Wenn seine Sünde ungeplant war, ist er in Christus sicher.[23]

Es wird jedoch auch ausdrücklich für möglich gehalten, daß ein völlig geheiligter Christ abfällt. Sollte er nicht umkehren, ist er für immer verloren.[24]

Die Taufe
Die Taufe gilt als Symbol des neuen Bundes und wird als Sakrament bezeichnet. Normalerweise werden Gläubige getauft, die Taufe kann aber auf Wunsch der Eltern oder Paten auch an Kindern vollzogen werden. Dies setzt allerdings die Zusicherung einer christlichen Erziehung voraus.[25]

Taufe soll sichtbar machen, daß der Täufling die Sühne in Jesus Christus angenommen hat. Der Wunsch des Täuflings, Jesus Christus in Heiligkeit und Gerechtigkeit zu gehorchen, wird dadurch zum Ausdruck gebracht. Die äußere Form der Taufe wird freigestellt, als Möglichkeiten werden Besprengen, Begießen oder Untertauchen genannt.[26]

Abendmahl
Wie die Taufe gilt auch das Abendmahl als Symbol des neuen Bundes. Es wird Traubensaft (*„ungegorener Wein"*) verwendet.[27] Zur Teilnahme am Abendmahl heißt es in der Kirchenordnung:

> *„Es ist ausdrücklich für die bestimmt, die bereit sind, seine Bedeutung ehrfurchtsvoll zu würdigen und damit des Herrn Tod zu verkünden, bis er wiederkommt. Da es ein Gemeinschaftsmahl ist, sollen nur diejenigen teilnehmen, die an Jesus Christus glauben und ihre Mitchristen lieben."*[28]

Ethik
Die Kirchenordnung enthält zu einem großen Teil auch ethische Richtlinien. Zu Beginn der „Allgemeinen Richtlinien" wird festgestellt:

> *„Von allen, die sich der Kirche des Nazareners eingliedern und so mit uns Gemeinschaft haben möchten, wird erwartet, daß sie gottesfürchtig leben und handeln. So wird deutlich, daß sie von Sünden gerettet und von aller innewohnenden Sünde gereinigt sind bzw. ernstlich danach streben."*[29]

Zu den aufgeführten Verhaltensweisen gehören Liebe zu Gott, die Forderung, den Glauben in persönlichen Kontakten weiterzugeben sowie auch die Aufforderung zu diakonischer Tätigkeit. Ebenso wird auch das Abgeben des Zehnten, Gottesdienstbesuch, Sonntagsheiligung, persönliches Bibelstudium und die Durchführung von Familienandachten erwartet.[30]

In einem Abschnitt über besondere Richtlinien wird neben der Meidung von *„Vergnügungsstätten und Medienproduktionen (außer christlichen Filmen) inklusive des Kinos sowie Fernsehprogramme, Videocassetten und Schauspiele, die Gewalt, Sinnlichkeit, Pornographie, Gotteslästerung und Okkultismus herstellen, darstellen oder verbreiten und damit Gottes Maßstab für ein heiliges Herz und Leben untergraben"* auch die Meidung von Lotterien und Gesellschaftstanz sowie der Genuß von Alkohol und Tabak von Kirchenmitgliedern erwartet.[31]

Ehescheidung und Wiederheirat wird dann für möglich gehalten, wenn der Partner Ehebruch begangen hat.[32]

Stellung der Frau
Frauen können und sollen ihre Gaben in der Kirche einsetzen. Sie können auch in leitende Positionen der Kirche, zum Beispiel als Pastorinnen, gewählt werden bzw. ernannt werden.[33]

Eschatologie
Eine spezielle eschatologische Sicht wird nicht vertreten. Bezüglich des Tausendjährigen Reiches legt sich die Kirche des Nazareners nicht auf eine bestimmte Ansicht fest.[34]

Verhältnis zu der Pfingstbewegung

Die Kirche des Nazareners erkennt die Bemühungen der Pfingstbewegung um die Evangelisation der Welt an, lehnt aber die Gabe der Zungenrede als Kennzeichen der Geistestaufe und auch als Gebetssprache ab.[35]

Literatur

Kirche des Nazareners (Hrsg.). *Was wir glauben und leben*. Hanau: Kirche des Nazareners, 1990.

Evangelischer Brüderverein

Der Evangelische Brüderverein entstand im Zuge der Heiligungsbewegung zu Beginn dieses Jahrhunderts. Der Gründer des Vereins, *Fritz Berger,* gehörte zur Evangelischen Gesellschaft des Kantons Bern/Schweiz. Er schloß sich nach seiner Bekehrung im Jahre 1902 auch dem Blauen Kreuz an, einer evangelikalen Organisation, die sich insbesondere um alkoholabhängige Menschen bemüht. In beiden Bewegungen wurde Berger bald zu einem gefragten Evangelisten.

In einer inneren Krise kam Berger durch eine Bibelarbeit über Römer 8 im Juli 1907 zu einer Befreiungserfahrung, die er auch als seine *„zweite Wiedergeburt"* bezeichnete.[1] Mit einer Reihe anderer Evangelisten vertrat Berger nun Ansichten, die ihm seitens der Leitung der Evangelischen Gesellschaft den Vorwurf des Perfektionismus einbrachten.[2] Anfangs tat sich Berger mit Alfred Portner zusammen, dem späteren Mitbegründer des Verbandes Landeskirchlicher Gemeinschaften des Kantons Bern (s.o), auch hier kam es jedoch zur Trennung.

1908 wurde Berger aus der Hauptversammlung der Evangelischen Gesellschaft ausgeschlossen, 1909 auch aus dem Blauen Kreuz.[3] Am 4. Juli 1909 trat der Blaukreuzverein Dürrgraben aus dem Blaukreuzverband aus. Mit Fritz Berger wurde der *Verein Dürrgraben des freien Blauen Kreuzes vom Kanton Bern* gegründet, der 1914 in *Evangelischer Brüderverein* umbenannt wurde.

1967 kam es zu einer Trennung innerhalb des Brüdervereins, die zur Gründung der *Vereinigung freier Missionsgemeinden* führte. In der Darstellung der Ereignisse aus Sicht des Brüdervereins werden Aussagen der Kritiker *„Es kommt nicht so sehr auf die äußere Erscheinung und Aufmachung des einzelnen Gläubigen an; wichtig ist, dass es in den Herzen stimmt"* als *„verfängliche Formulierung",* die eine *„gefährliche Entwicklung"* einleitete, bezeichnet.[4] Ein weiterer Kritikpunkt wird folgendermaßen wiedergegeben:

> *„Nebst diesen Punkten wurde auch stark die Forderung nach einer autonomen Gemeindeführung erhoben, anstelle der bestehenden zentralen Gemeindeordnung."*[5]

In Deutschland entstand bereits 1932 eine erste Versammlung in Pforzheim unter dem Namen Evangelischer Brüderverein. Ab 1934 traf sich eine weitere Versammlung in Stuttgart-Vaihingen.

Eine Missionsarbeit wird seit 1954 auf Papua-Neuguinea betrieben. 1974 wurde die *Evangelical Brotherhood Church* dort offiziell gegründet.[6] Eine Missionsschule, in der die Missionare unter anderem in der englischen Sprache unterwiesen werden, besteht in London.

Der Evangelische Brüderverein betreibt mehrere Alters- und Pflegeheime.

Eine Zusammenarbeit mit anderen Christen außerhalb des Brüdervereins kommt nur selten vor.

Die Lehre

Taufe
Im Brüderverein wurden über längere Zeit keine Taufen durchgeführt. Seit 1964 wird auf Wunsch eine Gläubigentaufe praktiziert.[7]

Christliche Vollkommenheit
Der wohl umstrittendste Punkt in der Lehre des Brüdervereins ist das Verständnis von der christlichen Vollkommenheit. Manche Äußerungen erwecken den Eindruck, hier werde ein Zustand der absoluten Sündlosigkeit gelehrt.

Der Brüderverein weist jedoch auf die Feststellung Bergers hin, daß der erlöste Mensch nicht mehr sündigen muß, den Versuchungen widerstehen kann und über sündige Anfechtungen siegen kann, aber auch, wenn er die Beziehung zu Christus löst, wieder sündigen kann.[8] Es ging ihm darum, daß der Christ, solange er „in Christus" ist, mit Christus verbunden bleibt, zur Sünde unfähig ist.

Betonung des Lebenswandels nach als biblisch empfundenen Maßstäben

Der Brüderverein ist geprägt von dem Wunsch, das ganze Leben an der Bibel zu orientieren. Eine Absonderung von „der Welt" wird gefordert. Mit dem Bibelvers aus 2. Korinther 6, 14.15

„Ziehet nicht am fremden Joch mit den Ungläubigen"

will man die Mitinhaberschaft eines Betriebes, der ansonsten Nichtchristen gehört, als nicht schriftgemäß erklären:

„Kinder Gottes sollen nicht zusammengejocht sein mit den Ungläubigen. Dabei sind hier auch die juristischen Gegebenheiten wegleitend. Es ist zum Beispiel im geschäftlichen Bereich zwischen einer Anstellung und einer Mitgliedschaft zu unterscheiden. Als Mitarbeiter eines Geschäftes sind wir nur für den Bereich der uns übertragenen Arbeit verantwortlich. Ganz anders verhält sich die Sache, wenn wir Mitinhaber einer GmbH oder Aktiengesellschaft sind. Das Gesagte gilt auch für Berufsverbände, Gewerkschaften und Genossenschaften verschiedenster Art. Hier sind wir nach dem Ausdruck der Bibel zusammengejocht."[9]

Diese Haltung führt aber auch zu einer Reglementierung der Kleidung, der Haartracht und anderer Dinge. *„Make-up, Schmuck, Modetrends, weltliche Vergnügungen aller Art"* werden abgelehnt.[10] Abgelehnt werden aber auch zum Beispiel Jeans, die als antichristlich gelten:

„So sind auch die ‚ausgewaschenen Jeans' Ausdruck einer gottlosen Weltanschauung und der Anarchie, nämlich sich gegen die Gesetze der Obrigkeit und ihre Ordnungen in jeder Form aufzulehnen. Dessen sind sich leider viele Träger auch in frommen Kreisen nicht bewusst, dass sie damit dem antichristlichen Reich direkte Schützenhilfe leisten."[11]

Daß in dieser Lebenseinstellung der Fernseher keinen Platz hat, liegt auf der Hand.

„Radio, fromme Aufführungen, Film- und Lichtbildervorträge lehnten die Brüder zum Aufbau des Reiches Gottes ab. Heute ist es ebenso notwendig, vor dem Fernsehen zu warnen. Dieses Medium besitzt einen gewaltigen suggestiven Einfluß auf die Massen, dessen sich der Antichrist bestimmt bedienen wird."[12]

Literatur

Evangelischer Brüderverein. *Mein Wort behalten. 75 Jahre Evangelischer Brüderverein*. Herbligen: Verlag des Evangelischen Brüdervereins Wydibühl, 1984.

Vereinigung Freier Missionsgemeinden

Die Vereinigung Freier Missionsgemeinden versteht sich als *„ein Zusammenschluß von örtlich selbständigen, evangelischen Gemeinden. Sie ist zuständig für die Wahrnehmung gemeinsamer Aufgaben, wie Mission und Anstellung von Wortverkündigern etc."*[1] Sie hat ca. 3 500 Mitglieder in 65 Gemeinden. In der Schweiz sind 35 hauptamtliche Verkündiger tätig, außerhalb der Schweiz 25. Zwanzig nebenamtliche Verkündiger werden angegeben.[2]

Mission wird in Frankreich (Somme und Haute Loire), Italien (Süditalien und Sizilien) und Österreich betrieben. Dort arbeiten die Freien Missionsgemeinden zusammen mit den Gemeinden der *Volksmission*.

Die geschichtliche Entwicklung

Die Vereinigung Freier Missionsgemeinden entstand 1967 aus einer Abspaltung vom *Evangelischen Brüderverein*. Der Evangelist *Peter Zürcher* reichte in diesem Jahr seine Kündigung beim Evangelischen Brüderverein ein. Eine Einigung kam trotz entsprechender Versuche nicht zustande. Einzelpersonen und ganze Gruppen trennten sich vom Brüderverein und sammelten sich um Zürcher.

Als Gründe für die Trennung nennt der heutige Vorsteher Samuel Moser:

„– die Uniformierung der Verkündigung und des Wandels, die sich mehr an der Tradition als am Gotteswort orientierte;
– die zunehmende Absonderung von andern Gläubigen, verbunden mit einem schwer definierbaren ‚Überheblichkeitsgefühl', das jede Korrektur von aussen verhinderte;
– die Ahnungslosigkeit und Verständnislosigkeit der Verkündiger für Fragen der jungen Generation;

– die zentralistischen Vereinsstrukturen ohne echte Korrekturmöglichkeiten von der Basis her, verbunden mit einem fast absoluten Gehorsam den verantwortlichen Brüdern gegenüber."[3]

Am 9. Dezember 1967 trafen sich 45 Männer in Dietikon zum ersten Ältestenrat, darunter 20 aus sich neu konstuierenden Gemeinden.[4] In der zweiten Ältestenratssitzung erhielt der Gemeindeverband seinen Namen. Vorsteher des Vereinigung wurde Peter Zürcher, Sekretär *Erich Mauerhofer*. 1986 wurde Peter Zürcher durch Samuel Moser abgelöst.

Struktur

Die einzelne Gemeinde innerhalb der Vereinigung ist selbständig und hat ihre eigenen, mit den Statuten der VFMG in Einklang stehenden Richtlinien. Älteste werden von der Gemeinde berufen, ebenfalls im Einvernehmen mit der VFMG.[5]

Die Vereinigung wird von einem Ältestenrat, der Abgeordnetenversammlung aus den der VFMG angeschlossenen Gemeinden geleitet. Aufgabe des Ältestenrates ist neben der Organisation und Leitung der Veranstaltungen der VFMG und der Berufung nebenamtlicher Verkündiger unter anderem die Überwachung der Verkündigung gemeinsam mit den Gemeindeältesten.[6]

Die Lehre

Die Bibel wird als inspiriert und als alleinige Richtschnur für Glaube und Lebenswandel betrachtet.[7]

Es wird die Glaubenstaufe praktiziert. Sie ist jedoch nicht Voraussetzung für die Aufnahme in die Gemeinde.[8]

Das Abendmahl ist offen für alle „bewußten" Christen.

Im ethischen Bereich wird ein Leben der Heiligung betont. Von der Nähe zum Perfektionismus, die im Brüderverein sichtbar wird, haben sich die Freien Missionsgemeinden gelöst.

Siebter Teil
Evangelikal-Charismatische Freikirchen

Die Gemeinde der Christen e. V. Ecclesia

Geschichte

Die noch relativ junge Gemeindebewegung *Gemeinde der Christen Ecclesia* entstand Mitte des zwanzigsten Jahrhunderts durch Herrmann Zaiss (3.9.1889 – 14.11.1958). Zaiss, dem schwäbischen Pietismus verbunden, arbeitete vor dem 1. Weltkrieg in der Basler Mission.

1944 gründete er in *Solingen-Ohligs* einen schnell wachsenden Hauskreis, der bald in den Vortragsraum einer Freikirche ausweichen mußte. Nach dem Krieg fanden Versammlungen in Kirchen in Haan, Ohligs und Hilden statt. In Solingen-Ohligs wurde schließlich eine Baubaracke zum Versammlungsraum umgebaut. 350 Zuhörer konnten dort Platz finden.

Unter der Verkündigung von Zaiss kamen nicht nur zahlreiche Menschen zum Glauben an Christus. Praktiziert wurden Krankenheilungen und Befreiungen von Besessenen. Das Gebet über Kranken wurde zum festen Bestandteil des Dienstes von Zaiss.

Zaiss verstand sich ursprünglich als Impulsgeber für die bereits bestehenden Denominationen. Durch viele nicht in bestehende Kirchen integrierte Christen sah er sich veranlaßt, den Versammlungskreisen Organisationsform und einen Namen zu geben, *Gemeinde der Christen Ecclesia*.

Noch mitten in der Aufbauarbeit begriffen, verunglückte Herrmann Zaiss am 14. November 1958 bei einem Autounfall tödlich.

Die Bewegung wird getragen von dem eingetragenen Verein *Gemeinde der Christen Ecclesia* mit Sitz in Solingen-Ohligs. Dem Verein gehören etwa dreißig Mitglieder an. Hauptamtliche Mitarbeiter sind Angestellte des Vereins. Die Gemeinden sind nicht autonom, sondern in den Gesamtverband eingebunden.[1] Es gibt keine direkte Mitgliedschaft in den einzelnen Gemeinden. Bundesweit besuchen etwa 4000 Menschen die Gottesdienste der Gemeinden.

Außerhalb Deutschlands gibt es keine Gemeinden der Bewegung.

Struktur

Die Leitung der Gemeinden geschieht durch Älteste.

„Sie werden von Ältesten geleitet, die sich nach der Heiligen Schrift nicht als Vorgesetzte, sondern als Diener verstehen. Jeder Älteste sollte sich geistlich berufen wissen, weil ohne Berufung eine geistliche Ausübung dieses Amtes nicht möglich ist."[2]

Der in acht Bezirke aufgeteilten Gesamtgemeinde stehen jeweils mehrere sogenannte Bezirksälteste vor. Sie bilden den Gesamtvorstand. Der eingetragene Verein besteht aus diesen Bezirksältesten sowie einem Vorstand, der Exekutivbefugnisse besitzt und den Verein nach innen und außen vertritt. Die meisten Ämter sind ehrenamtlich, es gibt wenige hauptamtliche Verkündiger, darunter zwei Evangelisten und einige Gemeindepastoren.

Überörtlich organisiert sind die Jugend- und Jungscharabeit, hier gibt es jeweils einen hauptamtlichen Mitarbeiter. Ein Kinderfreizeitheim der Ecclesia Jugendarbeit (EJA) befindet sich in *Neunkirchen-Seelscheid* bei *Siegburg*. Außerdem gehören der Bewegung zwei Erholungsheime in Schömberg/Schwarzwald und in Wiehl-Bielstein im Oberbergischen Land.

Außenmission geschieht zum Teil in Verbindung mit den *„Vereinigten Missionsfreunden"* (VMF). Zwei Missionsehepaare, die in

Verbindung mit den VMF ausgesandt wurden, arbeiten in Kamerun. Direkt von der Ecclesia ausgesandt wurde ein Ehepaar, das in Süditalien und Albanien missionarisch arbeitet.

Beziehungen zu anderen Gemeinden

Bezüglich der Beziehungen zu anderen Gemeinden heißt es in der Selbstdarstellung:

> *„Die Gemeinde der Christen ‚Ecclesia' erhebt keinen Ausschließlichkeitsanspruch; vielmehr ist sie mit allen wiedergeborenen Christen weltweit verbunden. Nicht die Zugehörigkeit zu einer Gemeinde bedeutet Rettung, sondern allein die Neuwerdung des Menschen durch die Wiedergeburt im Glauben an Jesus Christus. Eine Zugehörigkeit zur Ökumene wird nicht angestrebt."*[3]

Die Lehre

Die Stellung zur Bibel
Die Gemeinden der Christen Ecclesia gehören zu den Freikirchen, die ein deutlich fundamentalistisch geprägtes Schriftverständnis haben. In ihrem Bekenntnis wird die Haltung zur Bibel folgendermaßen formuliert:

> *„Wir glauben an ...*
> *1. die Heilige Schrift AT + NT – die Bibel – als das inspirierte (geistgehauchte) WORT GOTTES, das wir ohne jeden Abstrich anerkennen und weitergeben, denn sie ist es, die von JESUS CHRISTUS zeugt."*[4]

In diesem Sinne werden auch ausdrückliche Heilstatsachen wie die Jungfrauengeburt, Kreuzigung Christi für unsere Sünden und Auferstehung in dem Bekenntnis genannt.

Wiedergeburt und Heiligung
Die Gemeinden der Christen betonen die Notwendigkeit der Wiedergeburt durch den Glauben und eine Lebensführung, in der Christus durch seine Gnade den Gläubigen heiligt.

> *"... die Notwendigkeit von Buße, Bekehrung und Wiedergeburt. Ferner an Heiligung zur Vollkommenheit in Christo und Vollendung durch Glaubensgehorsam."*[5]

Die Erlösung wird als Erlösung *"für Geist, Seele, Leib"*[6] bezeichnet. Bei Krankheit wird damit gerechnet, daß Gott auf Grund der Erlösungstat Jesu auch von der Krankheit befreien kann. Erfolgt keine Heilung, führt man dies jedoch nicht notwendigerweise auf Unglauben des Kranken zurück.

Gefordert wird *"die Notwendigkeit der Erfüllung mit dem Heiligen Geist, der Geistesfrüchte und Gnadengaben wirkt und uns zum Dienst bevollmächtigt."*[7] Eine Geistestaufe als zweite Erfahrung wie in den meisten Pfingstkirchen wird im Bekenntnis nicht genannt und auch nicht verbindlich gelehrt. Ebensowenig gibt es in der Gemeinde der Christen eine Betonung einer bestimmten Geistesgabe wie der Zungenrede. Man sieht sich selbst heute wohl am ehesten mit den Begriffen evangelikal-charismatisch beschrieben.

Taufe und Abendmahl
Es wird die Glaubenstaufe durch Untertauchen praktiziert.[8]

Kleine Kinder werden gesegnet.[9] Das Abendmahl gilt als Gedächtnismahl für die Gemeinde.[10]

Die Eschatologie
Die Gemeinden der Christen Ecclesia haben ein prämilleniaristisches Verständnis,[11] das heißt, es wird mit einem auf die Wiederkunft Christi folgenden tausendjährigen Reich auf der Erde gerechnet, dem ein neuer Himmel und eine neue Erde folgen. Israel wird als Gottes Bundesvolk bezeichnet.[12]

Theologische Ausbildung

Die Gemeinde der Christen Ecclesia verfügt nicht über eine eigene theologische Ausbildungsstätte. Gemeindeglieder besuchen unterschiedlichste evangelikal geprägte, pfingstlerische oder charismatische Ausbildungsstätten.

Literatur

Gemeinde der Christen „Ecclesia" (Hrsg.). *Wir stellen uns vor.* o.O., o.J.

Anskar Kirche International (Evangelische Freie Gemeinde)

Die Geschichte

Die Anskar-Kirche gründete Pfarrer *Wolfram Kopfermann* 1988 in Hamburg. Bis kurz vor diesem Zeitpunkt war Kopfermann Leiter des Koordinierungsausschusses der Geistlichen Gemeindeerneuerung in der Evangelischen Kirche (s.o.) und Pfarrer an der Hamburger Hauptkirche St. Petri. Nachdem er jahrelang theologische Kompromisse mit seiner Landeskirche hatte schließen müssen, war er schließlich dazu nicht mehr bereit. Seine grundlegende Kritik an dem volkskirchlichen System machte er in seinem 1990 erstmals erschienenen Buch „*Abschied von einer Illusion*"[1] deutlich. Ein Teil Kopfermanns ehemaliger Gemeindeglieder verließen mit ihm die Volkskirche. Ursprünglich trug die neue Gemeinde den Namen *Freie evangelisch lutherische Anskar Kirche*. Mit einer Änderung in der Tauflehre (s.u.) änderte sich auch der Name.

Heute gibt es in Hamburg drei Gemeinden der Anskar Kirche. Die Anskar-Kirche Hamburg hat neunhundertzweiundfünfzig Mitglieder.[2] Die Gottesdienste werden von durchschnittlich etwa achthundertfünfzehn Menschen besucht. Neben den drei Hamburger Gemeinden gibt es in Deutschland je eine Gemeinde in Hochheim bei Mainz, Pinneberg und Wetzlar, sowie zwei Projektgruppen in Norderstedt und Berlin. Insgesamt hat die deutsche Anskar-Kirche 1 500 Mitglieder. Sie werden von acht Pastoren betreut.

Die Gesamtkirche ist die *Anskar-Kirche International*.

Der Name *Anskar* wird auf den Missionar Anskar zurückgeführt, der das Christentum auch nach Norddeutschland brachte.

„*Der Name Anskars (801-865), des ‚Apostel des Nordens', gilt uns als Symbol einer wagemutigen, geistgeleiteten, ganz und gar missionarisch ausgerichteten, bewußt europäischen kirchlichen Existenz.*"[3]

Als prägend für das Profil der Anskar-Kirche werden vier Bewegungen angegeben: die evangelikale Bewegung, der charismatische Aufbruch, das Luthertum und die Gemeindewachstumsbewegung.[4] Prägend aus dem Luthertum ist für sie das Verstehen der Bibel von der Mitte, *„dem Rechtfertigungsartikel, d.h. von Jesus Christus, her"*, außerdem die Betonung der Gnade, die Sicht von der Verlorenheit des Menschen, die Wertschätzung der Tradition und die Zwei-Reiche-Lehre. Von einem Konfessionalismus setzt sich die Anskar-Kirche jedoch ab.[5]

Das missionarische Konzept der Kirche ist durch die Gemeindewachstumsbewegung geprägt. Ausrichtung auf Zielgruppen, Analysen, Effizienzkontrollen und die Untersuchung auch geistlicher Phänomene durch wissenschaftliche Fragestellung werden bejaht und eingesetzt.[6]

Die Freikirche versteht sich grundsätzlich als evangelikal und charismatisch. In der Gemeindeordnung der Anskar-Kirche in Hamburg-Mitte kann man über das Selbstverständnis nachlesen:

„Die Anskar-Kirche Hamburg-Mitte bekennt als ihre Grundlage das Evangelium von Jesus Christus, wie es im Zeugnis der Heiligen Schrift des Alten und Neuen Testaments gegeben und in den altkirchlichen Bekenntnissen ausgelegt und bezeugt ist. Sie versteht sich als eine evangelikal-charismatische Gemeinde, die es als ihre oberste Priorität betrachtet, dem Evangelisationsauftrag Jesu Christi Folge zu leisten. Sie weiß sich den durch die Anskar Kirche International festgelegten theologischen, seelsorgerlichen und praktischen Richtlinien (Kirchenordnung) verpflichtet."[7]

In Zusammenhang mit dem Begriff „evangelikal" bekennt sich die Anskar-Kirche zur Basis der Evangelischen Allianz von 1972 und sieht sich der Lausanner Erklärung von 1974 und dem Manila Manifest von 1989 verpflichtet.[8]

Zum Begriff „charismatisch" heißt es in der Präambel:

„Indem die Anskar-Kirche sich als ‚charismatisch' bezeichnet, drückt sie ihre Überzeugung aus, daß alle im Neuen Testament bezeugten und verheißenen Geisteswirkungen auch von der gegenwärtigen Christenheit erbeten und erfahren werden können und sollen. Die in der Frühkirche erkennbare geistliche Lebendigkeit ist für uns nicht nur historischer Ausgangspunkt, sondern zugleich Maßstab kirchlicher Entwicklung."[9]

Dabei wird auch deutlich gemacht, daß nicht alle mit dem Begriff charismatisch etikettierten Erscheinungen bejaht werden.

„Die AKI wäre undenkbar ohne den Einfluß der Charismatischen Bewegung. Das bedeutet nicht, daß sie die zahlreichen ‚charismatischen' Moden unkritisch mitmachen möchte, die in gewissen Abständen die Christenheit heimsuchen. Gemeint ist vielmehr ein radikaleres Vertrauen auf den Heiligen Geist und das Erbitten und Erwarten seiner neutestamentlichen Wirkungen und Gaben."[10]

Eine Gemeinde, die innerhalb dieser evangelikal-charismatischen Ausrichtung leben will, kann zusätzlich einen traditionell reformatorischen Namen führen. Beispielhaft werden hier „Freie evangelisch lutherische Gemeinde" oder „Freie evangelisch reformierte Gemeinde" genannt. Die Anskar-Kirche versteht sich somit als „Unionskirche".[11]

Dabei will die Anskar-Kirche kein Bund relativ autonomer Gemeinden, sondern bewußt Kirche sein. Dies beinhaltet auch die Unterordnung der einzelnen Gemeinde unter eine Kirchenleitung.[12]

Seit September 1991 betreibt die Anskar-Kirche eine eigene theologische Ausbildungsstätte, das *Anskar-Kolleg*. Nach zehn Monaten endet die erste Ausbildungsphase, und eine Einsegnung zum Pastor oder zum hauptamtlichen Mitarbeiter ist möglich. Die zweite Ausbildungsphase besteht aus einem dreijährigen berufsbegleitenden Studium, das mit einer Prüfung abgeschlossen wird. Dabei finden Blockseminare in Hamburg statt.[13] Auch Frauen können am Anskar Kolleg studieren und in der Anskar-Kirche hauptamtlich geistliche Leitungsaufgaben wahrnehmen, jedoch nicht leitende Pastorinnen werden. 1993 befanden sich im ersten Jahrgang (1991/92) zehn Teilnehmer, im zweiten Jahrgang (1992/93) achtzehn Teilnehmer. Ein dritter Jahrgang begann im September 1993 mit sechzehn Teilnehmern.

„Wir erkennen im Neuen Testament neben kulturell bedingten Anweisungen zum Verhalten der Frau allerdings auch Aussagen mit dem Anspruch auf zeitlose Gültigkeit (1. Kor. 11,3; Eph. 5,21-33). So sehr wir es begrüßen, daß Frauen in unserer Gesellschaft nach und nach Zugang zu allen beruflichen, gesellschaftlichen und staatlichen Funktionen erhalten, möchten wir doch die menschliche Letztverant-

wortung in den örtlichen Gemeinden Männern vorbehalten. Das heißt: Wir möchten den Dienst der leitenden Pastoren in unseren Gemeinden nur Männern übertragen, fühlen uns aber von der Heiligen Schrift her frei, Frauen zu anderen Leitungsämtern, einschließlich der pastoralen Dienste, zu berufen."[14]

Die Lehre

Neben der bereits genannten Basis der Evangelischen Allianz von 1972 sieht sich die Anskar-Kirche an die Lehrentscheidungen, die im Apostolischen, Nicänischen und Athanasianischen Glaubensbekenntnis zum Ausdruck kommen, gebunden.[15] Die Prägung ist reformatorisch:

„*Sie ist gewiß, daß die reformatorische Grunderkenntnis von der Rechtfertigung des Sünders allein aus Gnade um Christi willen durch den Glauben unaufgebbar und unüberholbar bleibt.*"[16]

Das Schriftverständnis
Die Bibel gilt als letzte Norm aller kirchlichen Lehre und Lebensgestaltung. Traditionen müssen von der Bibel her beurteilt werden.[17]
Das Schriftverständnis kommt in der Informationsschrift zum Anskar-Kolleg zum Ausdruck.

„*Die Anskar-Kirche versteht die Bibel als ein gegliedertes Ganzes, dessen Mitte und heilsgeschichtlicher Gipfelpunkt die Erlösungstat Gottes in Tod und Auferstehung Jesu Christi ist. Nicht alle Teile der Bibel sind daher von gleichem Gewicht. ‚Wir bekennen uns zur göttlichen Inspiration der Heiligen Schrift, ihrer völligen Zuverlässigkeit und höchsten Autorität in allen Fragen des Glaubens und der Lebensführung.' (Basis der Evangelischen Allianz von 1972). Für uns bedeutet dies nicht, daß die Bibel auch in ihren Detailaussagen über historische oder naturwissenschaftliche Tatbestände notwendigerweise irrtumslos sein müßte.*"[18]

Die historisch-kritische Exegese wird nicht grundsätzlich abgelehnt, obwohl mit ihr zusammenhängende Probleme gesehen werden.

> *„Die Anskar-Kirche macht dankbar von den Instrumenten und Informationen Gebrauch, die die wissenschaftliche Bibelauslegung der letzten Jahrhunderte bereitgestellt hat. Sie will auf die bekannten Probleme der sogenannten historisch-kritischen Exegese nicht in der Weise reagieren, daß sie diese generell ablehnt, um dann selber eine fundamentalistische Auslegung der Bibel zu praktizieren. Sie möchte vielmehr die Voraussetzungen, die Handhabung und die Ergebnisse der etablierten Bibelwissenschaft immer neu diskutieren. Das heißt positiv: Sie bejaht grundsätzlich und praktisch eine historisch-philologische Schriftauslegung. Sie ist bereit, sich geistlich theologisch auf die damit gegebenen Probleme einzulassen."*[19]

Das Verständnis von Taufe und Abendmahl
In der Anfangszeit der Anskar-Kirche wurde ein lutherisches Sakramentsverständnis vertreten. In der Erstinformation zum Anskar Kolleg 1990 hieß es noch, daß die lutherische Kirche unter anderem auch hier prägend gewesen sei. Als Akzente, *„die der Christenheit nicht verlorengehen dürfen"*, wurde dabei genannt:

> *„... das Verständnis von* Taufe und Abendmahl *(z. T. auch der Beichte) als* Sakramente, *d.h. kirchlicher Handlungen, in, mit und unter denen Gott den Menschen seine Gnade schenkt. Dieser Akzent behält sein Recht gegenüber einer weitverbreiteten modernen Auffassung, die Taufe und Abendmahl lediglich als Bekenntnishandlungen zum Glauben gekommener Menschen versteht, wie überhaupt gegenüber allem modernen Subjektivismus und aller Erlebnisfrömmigkeit."*[20]

Schon bald kam Kopfermann jedoch von einem lutherischen Taufverständnis ab. Bereits seit September 1988 verzichtete man auf eine Säuglingstaufe in der Anskar-Kirche. Praktiziert wurde nur Ganztaufe in Verbindung mit der Glaubenstaufe.[21] 1991 schrieb er in einer Erklärung *Unterwegs zur urchristlichen Taufe:*

> *„Das Neue Testament liegt nicht allein (historisch) hinter uns; es liegt als Zielbestimmung (geistlich) zugleich vor uns. Wir sind dankbar für*

jede Ermutigung und alle Umsetzungshilfen, die uns näher an die urchristliche Lebenswirklichkeit heranführen. ... Wir müssen uns zur Last der Kirchengeschichte auch in dem Sinne bekennen, daß wir erst nach und nach aus alten Bindungen und traditionellen Gefangenschaften heraustreten können – trotz ehrlicher Bereitschaft. ... Diese Einsichten gelten auch für das Thema ‚Taufe'. Was die apostolische Taufe war, kann heute auf Grund jahrzehntelanger Forschungsarbeit vieler Gelehrter zunehmend klarer formuliert werden. Das Ergebnis läßt sich in Kürze so zusammenfassen: Die apostolische Taufe wurde, was ihre Form angeht, in der Regel als Ganztaufe vollzogen; was ihren Zeitpunkt betrifft, so empfing man sie nach der persönlichen Bekehrung; von ihrem Wesen gilt: sie ist ein zweipoliges Geschehen. Sie stellt ein Bekenntnis des Täuflings zu Jesus Christus und ein Bekenntnis Jesu Christi zum Täufling dar; in ihr drückt der Täufling seine Umwendung zu Gott und Gott seine Hinwendung zum Täufling aus; sie ist ein Gehorsamsschritt des Täuflings und ein Sakrament, in dem Gott ihm die Fülle des Heils schenkt usw."[22]

Kopfermann stellt in seiner Veröffentlichung fest, daß diese apostolische Taufe in großen Teilen der Christenheit verlorengegangen ist. Er fordert:

„Es ist auch für uns an der Zeit, neue Schritte in Richtung der Rückgewinnung der apostolischen Taufe zu tun."[23]

Nachdem eine Säuglingstaufe bereits nicht mehr praktiziert worden war, sollte nun ein weiterer Schritt hin zu der als apostolisch erkannten Taufform geschehen. Auch bereits als Säuglinge getaufte Gemeindeglieder können sich nun taufen lassen. Kopfermann stellt dazu fest:

„Wir wollen also in einen Vorgang einwilligen, der in der großkirchlichen Sprachregelung als ‚Wiedertaufe' bezeichnet und verdammt wurde."[24]

Diese neue Praxis bedeutet jedoch keine Verpflichtung für Mitglieder der Anskar-Kirche. Auch den einzelnen Gemeinden der Kirche ist ihre Taufpraxis freigestellt. Kopfermann hält ein Spektrum von *„gewissenhaft gehandhabter"* Säuglingstaufe bis zu *„unsakramental verstandener"* Glaubenstaufe für möglich. Das Sakramentsverständnis muß in jedem Leitungskreis einer Gemeinde in der Gründungsphase erarbeitet werden und kann dann nur noch in Einmütigkeit mit dem gesamten Leitungskreis modifiziert werden.²⁵

Geistesgaben
Die Prägung durch die charismatische Bewegung beinhaltet eine Offenheit für alle Gaben des Heiligen Geistes. Kopfermann bemüht sich dabei um eine fundierte theologische Erarbeitung der biblischen Grundlagen für den Gebrauch der Gaben.

Calvary Chapel

Pastor *Chuck Smith* begann seine Arbeit in der *Calvary Chapel*, einer kleinen Gemeinde in Costa Mensa, einer Vorstadt von Los Angeles im Jahre 1965. Die Gemeinde hatte damals 25 Gottesdienstbesucher.[1] Nachdem Pastor Smith zweieinhalb Jahre lang über Agape, die Liebe Gottes, gepredigt hatte,[2] kamen er und seine Frau gegen Ende der sechziger Jahre in Kontakt mit jungen Leuten aus der Hippie-Szene. Sie nahmen sie in ihr Haus auf. Innerhalb einer Woche nahmen 21 Hippies Christus in ihr Leben auf, nach zwei Wochen waren es 35.[3] In wenigen Wochen wuchs der Gottesdienstbesuch der Gemeinde auf Hunderte von Menschen, meist ebenfalls aus der Hippieszene, an. Die drei Sonntagsgottesdienste wurden von jeweils fünfhundert Menschen besucht.[4] Die Gemeinde, von der aus ihr hervorgegangenen Rockgruppe „Love Song" Anfang der siebziger Jahre als „Little Country Church" in einem Lied besungen, entwickelte sich zu einem der Hauptzentren der „Jesus People – Bewegung", einer Erweckungsbewegung, die Anfang der siebziger Jahre vor allem junge Menschen erreichte. In dem Lied heißt es unter anderem:

> *„Die Menschen kommen täglich meilenweit angereist zu den Versammlungen und der Sonntagsschule.*
> *Und es ist sehr deutlich zu sehen, es ist ist nicht mehr so wie es einmal war.*
> *Der Prediger spricht nicht mehr über Religion; er möchte einfach den Herrn preisen.*
> *Die Menschen sind nicht mehr so verklemmt wie früher; sie möchten einfach den Herrn preisen.*
> *Sie sprechen über Erweckung und die Notwendigkeit der Liebe; diese kleine Gemeinde ist lebendig geworden. ...*
> *Langes Haar, kurzes Haar, einige Mäntel und Krawatten, diese Menschen kommen her.*
> *Sie sehen an den Haaren vorbei und geradewegs in die Augen."*[5]

1972 konnte in einem Bericht über die Jesus-Bewegung und die Calvary Chapel geschrieben werden:

„Die fünf Prediger der Calvary-Gemeinde haben vor kurzem 700 junge Leute an einem Tag getauft; in einem früheren Gottesdienst waren es mehr als 1000."[6]

1991 trafen wöchentlich 50 – 100 Menschen in der Gemeinde in Costa Mesa eine Entscheidung für ein Leben mit Jesus Christus.[7] Anfänglich wurden die Neubekehrten durch ein Schulungsprogramm der überkonfessionellen Missionsgesellschaft „Die Navigatoren" tiefer in den christlichen Glauben eingeführt. Inzwischen wurde ein eigenes Programm entwickelt.[8]

Zur Muttergemeinde in Costa Mesa gehören heute etwa 35 000 Menschen. Die Calvary Chapel hat inzwischen vierhundert Tochtergemeinden, darunter drei Gemeinden in Moskau. 1992 entstand auch eine Gemeinde in St. Petersburg. Calvary Chapel sieht sich als eine eigenständige Denomination.

Der bekannte amerikanische Evangelist *Dr. Billy Graham* läßt sich von jedem Gottesdienst in der Calvary Chapel Video-Bänder zusenden und bespricht sich häufig mit Chuck Smith.

Calvary Chapel in Deutschland

Pastor Nick Long bereiste ab 1984 mit einer Band Europa. Bei einem Konzert in Siegen begannen etwa 200 junge Leute, Jesus Christus zu vertrauen. Viele von ihnen hatten keine Beziehung zu einer örtlichen Gemeinde. Ihnen wurde nahegelegt, sich örtlichen Gemeinden anzuschließen.

Etwa ein halbes Jahr später erhielt Nick Long von vielen der jungen Leute Post, in der ihm mitgeteilt wurde, daß sie sich in den Gemeinden nicht wohl fühlten und sich nicht angenommen sahen. Ihm wurde vorgeworfen, „geistliche Kinder" zu zeugen und sie dann sich selbst zu überlassen. Long nahm die Herausforderung an und zog 1988 mit seiner Frau und zwei Töchtern nach Siegen. Er begann in Siegen-Buchen mit einem Hauskreis. 1991 konnten im Siegener Hauptbahnhof Räume angemietet werden, in denen zur Zeit sonntäglich zwei Gottesdienste mit 250 – 300 Besuchern stattfinden. Von dienstags bis samstags unterhält die Gemeinde im Siegener Hauptbahnhof auch eine Coffee-Bar, in der sich immer wieder die Gelegenheit zu missionarischen Gesprächen ergibt.

Seit Januar 1994 gehört die Calvary Chapel zur Evangelischen Allianz Siegen.

Lehre

Die Calvary Chapel stellt ihrer Glaubensgrundlage die Feststellung voran, daß ihr höchstes Ziel sei, *„Christus zu kennen und in sein Bild durch die Kraft des Heiligen Geistes umgestaltet zu werden".*[9] In der Glaubensgrundlage werden zwar bekenntnismäßige Aussagen gemacht, die Elemente, die sie möglicherweise von anderen christlichen Kirchen unterscheiden, sollen jedoch nicht überbewertet werden. So heißt es einleitend:

> *„Wir sind keine denominationelle Kirche, noch stehen wir im Gegensatz zu Denominationen als solche, nur entgegen ihrer Überbetonung lehrmäßiger Unterschiede, die zur Teilung des Leibes Christi geführt haben.*
> *Wir glauben, daß die einzige wirkliche Basis christlicher Gemeinschaft Seine Agape-Liebe ist, die größer als alle Unterschiede zwischen uns ist und ohne die wir kein Recht haben, uns Christen zu nennen."*[10]

Ein Berichterstatter kommentierte die letzte Aussage 1972 folgendermaßen:

> *„Diese Worte sind mehr als reine Rhetorik eines Kirchenblattes. In der Calvary Chapel sind sie der Hauptbestandteil gemeinsamer christlicher Erfahrung. Wenn ein Wort die Mystik der Calvary Chapel charakterisieren könnte, wäre es „Liebe", christliche Liebe."*[11]

Vor einem lehrmäßigen Bekenntnisteil wird die Anbetung Gottes in ihrer Zielsetzung und in der Praxis der Calvary Chapel beschrieben.

> *„WIR GLAUBEN Anbetung Gottes soll geistlich sein.*
> *Deswegen: Wir bleiben flexibel und offen gegenüber der Führung des Heiligen Geistes, der unsere Anbetung leiten soll.*
> *WIR GLAUBEN Anbetung Gottes soll inspirierend sein.*

Deswegen: Wir räumen der Musik einen großen Raum in unserer Anbetung ein.
WIR GLAUBEN Anbetung Gottes soll intelligent sein.
Deswegen: Wir legen ein großes Gewicht auf auslegende Lehre des Wortes Gottes, so daß wir den Charakter und die Natur Gottes verstehen und ihn, den wir anbeten, erkennen.
WIR GLAUBEN Anbetung Gottes ist fruchtbringend.
Deswegen: Wir suchen nach Seiner Liebe in unserem Leben als die höchste Manifestation der Tatsache, daß wir wirklich Ihn angebetet haben."[12]

Die Bibel

Die Bibel gilt in der Calvary Chapel als höchste Autorität. In jeder Gemeinde wird in Gottesdiensten und Bibelstunden in einem Zeitraum von zwei bis drei Jahren die ganze Bibel durchgearbeitet. Damit soll auch die einseitige Betonung bestimmter Themen vermieden werden.

In ihrer Glaubensgrundlage bekennt sich die Calvary Chapel zur Inspiration und Irrtumslosigkeit der Heiligen Schrift.

Geistesgaben

In der Glaubensgrundlage wird die Stellung zu den Geistesgaben folgendermaßen wiedergegeben:

*„Wir glauben an ...
die Wichtigkeit der Gaben des Heiligen Geistes in der heutigen Kirche, wenn sie innerhalb der geistlichen Grenzen ausgeübt werden."*[13]

Eine Betonung bestimmter Geistesgaben wird bei einer Offenheit für alle Gaben abgelehnt. Zungenrede gilt als Geistesgabe, nicht jedoch als das Kennzeichen der Geisterfüllung oder Geistestaufe. Die Calvary Chapel ist den „evangelikal-charismatischen" Gemeinden zuzuordnen.

Eschatologie

In endzeitlichen Fragen legt sich der Bekenntnistext fest auf die Wiederkunft Christi *„für seine wartende Gemeinde"* vor dem Tausendjährigen Reich und vor der „Großen Trübsal".[14]

Freikirchliches Evangelisches Gemeindewerk

Das *Freikirchliche Evangelische Gemeindewerk (fegw)*[1] entstand als Initiative von Christen mit unterschiedlichen landes- und freikirchlichen Hintergründen als selbständiges deutsches Mitgliedswerk der *International Church of the Foursquare Gospel,* einer in den USA entstandenen Gemeindebewegung, die in der Regel den Pfingstkirchen zugeordnet wird.

Die International Church of the Foursquare Gospel wurde durch die Evangelistin *Aimee Semple McPherson* ins Leben gerufen. Sie bekehrte sich mit 17 Jahren durch den Prediger *Robert Semple,* den sie auch heiratete. Nach seinem frühen Tod baute sie 1922 in Los Angeles mit dem *Angelus Temple* eine Kirche mit 5 300 Sitzplätzen. Die neu entstandene Denomination fand eine schnelle Verbreitung und ist heute weltweit tätig. Vertreter der Foursquare Gospel Church arbeiten außerhalb Deutschlands häufig in der Evangelischen Allianz mit, so ist zum Beispiel der Leiter der griechischen Evangelischen Allianz Mitglied der Kirche. Der verstorbene Pastor Odunaike war Präsident der Evangelischen Allianz von Afrika und Madagaskar. Eine Mitarbeit in der Lausanner Bewegung (s.u. Überkonfessionelle Zusammenschlüsse) geschieht durch *Jack Hayford.* Die International Church of the Foursquare Gospel hat weltweit 27 000 Gemeinden, davon 100 in Europa. Statistisch betrachtet entsteht jede zweite Stunde eine neue Gemeinde der Bewegung.

Leiter des Gemeindewerkes in Deutschland ist *Jörg Schmidt.* Er war bereits Leiter einer freikirchlichen Gemeinde im Harz. Der Kontakt zur Foursquare Gospel Church entstand in den USA. Mit dem primären Anliegen der Gemeindegründung und Gemeindeaufnahme begann Jörg Schmidt 1985 seine Arbeit in Deutschland. Es bildete sich ein Team geistlicher Leiter. Begonnen wurde mit einem Hauskreis. Inerhalb eines halben Jahres umfaßte die Arbeit in drei Kleinstädten 60 Personen.[2] Es war nicht die erste Arbeit der Foursquare Gospel Church in Deutschland. Bereits 1937 hatte es in Berlin eine Foursquare Gemeinde gegeben. Sie konnte wegen des Krieges jedoch nicht weitergeführt werden.³ Der Trägerverein des „fegw" wurde im Februar 1986 in Bad Wildungen gegründet.

Im Sommer 1993 gehörten 720 Menschen dem Gemeindewerk an, im Dezember 1993 waren es in acht Gemeinden bereits 920 Menschen.⁴ Außenmission mit dem Schwerpunkt Osteuropa wird durch die *Internationale Missionsarbeit des fegw* getragen.⁵

Die Vollmitgliedschaft in der ACK (s.u.) ist beantragt. Eine Verbindung zur Evangelischen Allianz (s.u.) wird angestrebt.

Die Lehre

Der Gründungskreis des Gemeindewerkes setzte sich aus Christen unterschiedlicher theologischer Prägungen zusammen. Viele Leiter und Mitglieder sehen sich theologisch in vielen Fragen in einer Nähe zur Geistlichen Gemeindeerneuerung in der Evangelischen Kirche (s.o.).

Als Teil einer internationalen Kirche betont das Freikirchliche Evangelische Gemeindewerk eine eigenständige Identität als deutsche Freikirche. Wird die „International Church of the Foursquare Gospel" international zur Pfingstbewegung gezählt, sehen sich viele Leiter und Mitglieder des „fegw" eher als evangelikale Freikirche mit einer moderaten charismatischen Prägung. Das Wort „Evangelisch" im Namen der Freikirche soll bewußt die Nähe zum Erbe der Reformation ausdrücken.

In dem dreiunddreißig Seiten umfassenden Glaubensbekenntnis der Freikirche werden Aussagen jeweils durch Bibelstellen untermauert. Als tragendes Element der Bewegung wird die Liebe zu verlorenen Menschen bezeichnet und der Wille, Menschen für Jesus zu gewinnen. Als die vier wichtigen „Eckpfeiler" der Evangeliumsverkündigung wurden von der internationalen Kirche übernommen:

*„JESUS als RETTER, als HEILAND, als TÄUFER MIT DEM HEILIGEN GEIST, und als wiederkommender KÖNIG."*⁶

Der Begriff „Foursquare" hat im Amerikanischen auch die Bedeutung einer „Ausgewogenheit". Mit der Namensgebung sollte in der internationalen Freikirche auch deutlich gemacht werden, daß man keine einseitigen Betonungen in der Lehre machen will. Der im Deutschen mit „Heiland" wiedergegebene Begriff soll Jesus als denjenigen beschreiben, der Menschen „heil" macht. Darin kann körperliche Heilung eingeschlossen sein, jedoch nicht zwangsläufig und auch nicht ausschließlich.

Schriftverständnis
Die Bibel gilt als Buch göttlichen Ursprungs, dessen Autoren vom Geist Gottes inspiriert waren. Ihre unbedingte Gültigkeit bleibt ewig bestehen,[7] sie gilt als insgesamt nicht widersprüchlich.
Hervorgehoben wird auch die geistliche Wirksamkeit der Bibel.

„Die Bibel spiegelt Geist, Gesinnung und Persönlichkeit unseres Herrn Jesu wider. Wer sich in Liebe dem geschriebenen Wort des Sohnes hingibt, liefert sich dem Wesen und der Gesinnung Gottes aus. Wenn wir das tun, antwortet Gott mit der Gegenwart des Geistes in unserem Herzen."[8]

Die Bibel „lenkt den Reumütigen zu Jesus Christus".[9]

Wiedergeburt und Heiligung
Bei der Bekehrung empfängt der Gläubige den Heiligen Geist. Ein Leben der täglichen Heiligung soll darauf folgen.[10] Durch die Annahme Jesu als Retter und Herr wird der Gläubige in den unsichtbaren Leib Christi einverleibt. Es ist nun seine Aufgabe, sich auch der sichtbaren Gemeinde anzuschließen.[11]

Die Sakramente
Im „fegw" wird zur Zeit die Frage diskutiert, inwieweit Taufe und Abendmahl als Sakramente bezeichnet werden sollten. Eine Eigenwirksamkeit von Taufe und Abendmahl wird abgelehnt. Da, wo sie glaubend empfangen werden, schenkt Gott dem Empfangenden seinen Segen. Die Reinigung von der Sünde geschieht nicht in der Taufe, sondern durch das Blut Jesu.[12] In der Taufe

geschieht die verbindliche Hingabe an Gott, ein Bund wird mit ihm geschlossen.[13] Im Glaubensbekenntnis wird dies so ausgedrückt:

> *„Durch den Tod meines Herrn am Kreuz bin ich nun tatsächlich der Sünde abgestorben. Meine alte Natur ist mit ihm ans Kreuz geschlagen. So wie er vom Holz heruntergenommen und begraben worden ist, so ist mein altes Wesen durch die Taufe in den Tod mit ihm begraben worden. Wie Jesus Christus durch die Herrlichkeit des Vaters von den Toten auferweckt wurde, darf ich mich vom Herrn in ein neues Leben rufen lassen, damit auch ich ein neues Leben in Jesus führe."*[14]

Das Abendmahl weist auf das Opfer Jesu hin. Ihm sollte eine Selbstprüfung vorausgehen.[15]

Taufe mit dem Heiligen Geist
Die Taufe mit dem Heiligen Geist wird als Erfüllung mit dem Geist Gottes verstanden, der die Gläubigen mit Kraft ausrüstet. Ziel ist es, Jesus zu verherrlichen und durch das Wirken des Geistes Gottes von ihm weitersagen zu können.[16] Geistestaufe wird nicht als „höhere Stufe" des Christseins verstanden. Ein graduelles Erfülltwerden mit dem Heiligen Geist ohne Hervorhebung einer „zweiten Erfahrung" ist eine in der Freikirche durchaus vertretene Position zur „Geistestaufe".

In Zusammenhang mit der Geisterfüllung wird auf Apostelgeschichte 2,4[17] Bezug genommen. Hier wird von der Geisterfüllung der Jünger Jesu an Pfingsten gesprochen, die von Zungenrede begleitet war. Im „fegw" wird jedoch Zungenrede nicht als unbedingtes Kennzeichen der Geistestaufe verstanden.

Gemeindemitgliedschaft
Voraussetzung für die Mitgliedschaft ist eine bewußte Lebensentscheidung und Hinwendung zu Christus und die Bereitschaft, Jesus nachzufolgen. Der Bewerber verpflichtet sich zur Loyalität gegenüber den Richtlinien des Gemeindewerkes. Dazu gehört auch eine entsprechende Haltung gegenüber den Leitern.[18]

Literatur

Freikirchliches Evangelisches Gemeindewerk e.V. *Glaubensbekenntnis*. Salzgitter, o.J.
Schmidt, Jörg. Mankel, Thomas. *Biblische Glaubenstaufe*. Reihe FEG-Schriften. o.O.: Freikirchliches Evangelisches Gemeindewerk in Deutschland e.V., 1991.

ACHTER TEIL
Aus der Pfingstbewegung hervorgegangene Freikirchen

Die Pfingstbewegung

Die Geschichte

Die Pfingstbewegung hat ihre Wurzeln in der Heiligungsbewegung (s.o., Gemeinde Gottes, Missions-Allianz-Kirche, Kirche des Nazareners). An verschiedenen Stellen trat in den Kreisen der Heiligungsbewegung ein Verlangen nach neutestamentlichen Geistesgaben auf. In der Bewegung, aus der die pfingstkirchliche Gemeinde Gottes (s.u.) entstand, wurde das „Zungenreden", das im Neuen Testament zum ersten Mal an Pfingsten auftrat, bereits Ende der achtziger Jahre des 19. Jahrhunderts erlebt. Diese Bewegung blieb jedoch vorläufig relativ klein.

Der von A.B. Simpson (s.o., Missions-Allianz-Kirche) beeinflußte Methodistenprediger *Charles F. Parkham* gründete eine Bibelschule in Topeka im US-Bundesstaat Kansas. Während einer Evangelisationsreise trug Parkham seinen Bibelschülern auf, das Neue Testament nach den darin berichteten Beweisen für die „Geistestaufe" zu durchforschen. Resultat ihrer Forschung war, *„daß der biblische Beweis für die Taufe mit dem Heiligen Geist das Reden in Zungen ‚sei, nach dem der Geist ihnen gab auszusprechen' (Apg. 2,4)"*.[1]

Die Bibelschüler suchten nun nach dieser Erfahrung. Am 1. Januar 1901 begann die Schülerin Agnes N. Ozman um elf Uhr nachts, in Zungen zu beten. In den nächsten Tagen machten

Parkham und die meisten anderen Schüler die gleiche Erfahrung.² Parkham bereiste in den folgenden Jahren mit seinen Schülern die USA und berichtete von diesen Erfahrungen. Die Bewegung wuchs in kurzer Zeit auf 25 000 Menschen an.³ Der endgültige Durchbruch der Pfingstbewegung kam jedoch durch Ereignisse in Los Angeles.

Die Zungenrede trat hier zuerst in einer kleinen Hausversammlung auf. In den christlichen Kreisen von Los Angeles erregte dies jedoch viel Aufsehen, und die Zusammenkünfte wurden in ein altes Gebäude in der *Azusa Street* verlegt.⁴ Über die Frühzeit der Ereignisse berichtet der Journalist *Frank Bartleman*:

> *"Wir hatten einen ,Warteraum' im oberen Stock eingerichtet für solche, die die Geistestaufe erleben wollten, obwohl dies bei vielen auch im großen Versammlungsraum geschah, ja, häufig sogar, während sie auf ihren Plätzen saßen. An der Wand des Warteraumes hing ein Schild mit der Aufschrift: ,Nicht lauter als im Flüsterton sprechen.' Wir kannten damals kein ,Aufpeitschen'. Der Heilige Geist wirkte in die Tiefe."*⁵

Bald jedoch traten Probleme auf. Bartleman berichtet:

> *"Die Verfolgung von außen schadete dem Werk nicht im geringsten. Vielmehr mußten wir vor dem Wirken von bösen Geistern in unserer Mitte auf der Hut sein. Sogar Spiritisten und Hypnotiseure kamen, um uns auszukundschaften und suchten ihren Einfluß unter uns geltend zu machen."*⁶

Äußeres Kennzeichen der Bewegung war die Zungenrede. Bartleman stellt fest:

> *"Alle, die geistgetauft wurden, sprachen in Zungen."*⁷

Die Geistestaufe wurde vor allem so verstanden, daß der Heilige Geist nun den Menschen voll in Besitz nahm.

> *"Die pfingstliche Geistestaufe bedeutet im wesentlichen eine völlige Hingabe, eine Inbesitznahme des ganzen Menschen durch den Heiligen Geist und die Bereitschaft zu unbedingtem Gehorsam."*⁸

Die Ereignisse wurden schnell weltweit bekannt, Christen aus aller Welt begaben sich nach Los Angeles. Der Leiter der Osloer Stadtmission, T. B. Barratt, erfuhr 1906 auf dem Weg nach Los

Angeles in New York die „Geistestaufe" und führte anschließend die Pfingstbewegung in Europa ein.[9]

Die Pfingstbewegung in Deutschland

Auch in Deutschland war der Boden für die Pfingstbewegung in gewissem Sinn durch die Heiligungsbewegung vorbereitet worden. Am stärksten fand sie Eingang in die Kreise des Gnadauer Verbandes (s. o.).

Jonathan Paul

Im Frühjahr 1907 reiste Pastor Jonathan Paul nach Norwegen, um dort die durch Pastor Barrat ins Leben gerufene Pfingstbewegung kennenzulernen. Bereits 1896 hatte Paul ein Buch mit dem Titel *„Ihr werdet die Kraft des Heiligen Geistes empfangen"* veröffentlicht. Darin hatte er – zehn Jahre vor den Ereignissen in der Azusa Street – festgestellt:

„Weil es der heutigen Zeit so sehr an Geistesfülle fehlt, so fehlt es auch an Geistesmacht und damit auch an den Gnadengaben des Geistes."[10]

Der Besitz von Gaben war für ihn nicht Zeichen der Geistesfülle. Die Geistestaufe ist für alle bestimmt, nicht jedoch die Gaben. Sie teilt der Geist Gottes nach seinem Willen zu. Sie werden zu besonderen Aufgaben verliehen.[11]

Heiligung betrachtete Paul als Gnadengeschenk Gottes, das nur dann zu empfangen ist, wenn der Mensch sich von eigenen Heiligungsversuchen abwendet.

„Nicht anders ist es mit der Heiligung. Christus kann von uns nicht eher als unsere Heiligung angenommen werden, als bis unsere Selbstheiligkeit und Selbstheiligung uns völlig zusammengebrochen ist. Wer noch nicht mit der eigenen Heiligung bankrott geworden ist, kann Christus als seine Heiligung überhaupt noch gar nicht annehmen. *Die Heiligung Christi findet ja keinen Raum bei ihm, weil sich seine eigene Heiligung noch im Herzen breit macht. Wir müssen also den einfachen Lehrsatz aussprechen: ‚Wie dem Empfang der*

> *Rechtfertigungsgnade der Rechtfertigungsbankerott voraufgeht, so geht dem Empfang der Heiligungsgnade der Heiligungsbankerott vorauf.' Dieser Satz ist so klar und in seiner Wahrheit so leicht faßbar, daß wohl jeder eingestehen muß: Es kann gar nicht anders sein."*[12]

Sein eigenes Eintrittserlebnis in die Heiligung hatte Paul nach eigenen Angaben am 17. Juni 1890. Er beschäftigte sich mit der Frage, ob er weiter rauchen könne und gelobte Gott, das Rauchen aufzugeben.

> *„Kaum hatte ich dies gethan, so geschah etwas Wunderbares mit mir, wovon ich mir nicht das Geringste vermutet hatte. Ich empfing eine Durchströmung mit dem Heiligen Geist, und zugleich schaute ich mit wachen Sinnen ein wunderbares Gesicht."*[13]

Die Vision, die Paul beschreibt, erinnert an die himmlische Stadt Jerusalem. Das Erlebnis läßt ihn mit Lob, Dank und Anbetung einschlafen.[14]

Im Jahre 1904 berichtet Paul von einer weiteren besonderen Erfahrung. Er schreibt:

> *„Schon seit einer Reihe von Jahren hatte ich in der Erfahrung gelebt und sie auch bezeugt, daß man nicht sündigt, wenn man in Jesus bleibt (1. Joh. 3,6). Bei alledem jedoch fehlte mir noch das ununterbrochene Bleiben im Herrn ..."*[15]

Paul erwartete nun auch die „Befreiung vom Sündengesetz". Er schreibt:

> *„Ich begehrte, nie mehr zu sündigen, auch nicht einmal im leisesten Gedanken."*[16]

Er wollte, wie er berichtet, seinen alten Adam vollständig abgeben und sich Jesus, *„seinem neuen Adam"*, vollständig überlassen. Ihm wurde deutlich, daß sein „alter Adam" mit dem Sündengesetz *„am Kreuz hingerichtet"* wurde. Das bedeutete für Paul, daß ihm der Hang zur Sünde genommen wurde.

> *„Der sündliche Hang ist von mir genommen, und statt dessen bin ich, wie es in 2. Petr. 1,4 bezeugt wird, der göttlichen Natur teilhaftig geworden. Das entspricht genau dem, was Paulus in 2. Kor. 5, 17 sagt: ‚Ist jemand in Christo, so ist er eine neue Kreatur – eine neue Schöpfung. Das Alte ist vergangen, siehe, es ist alles neu geworden'."*[17]

Diese von Paul bereits vor seiner Begegnung mit der Pfingstbewegung vertretene Lehre war letztlich in der späteren Auseinandersetzung eines der größten Probleme. So hieß es, darauf eingehend, in der gegen die Pfingstbewegung gerichteten *Berliner Erklärung* (s. u.):

> *„Insonderheit aber ist die unbiblische Lehre vom sogen. ‚reinen Herzen' für viele Kreise verhängnisvoll und für die sogen. Pfingstbewegung förderlich geworden."*[18]

Paul schrieb, zurückgekehrt aus Norwegen, über seine dortigen Erfahrungen mit der Pfingstbewegung:

> *„Ich fand in den Pfingstversammlungen in Christiania eine Erweckungsbewegung, in welcher es sich um tiefere Reinigung durch das Blut Jesu und um das Trachten nach stärkerer Geistesausrüstung und Geistesgaben handelte. Ich fand in dieser Bewegung den Zug der Liebe zu Jesus und die Sehnsucht nach tieferer Erfüllung von ihm, wie ich dies in anderen schönen Erweckungen, die ich früher mitgemacht hatte, gleichfalls gesehen hatte. Ich empfing in Norwegen nichts Neues. Ich war lediglich hingegangen, um die Bewegung dort kennen zu lernen. Ich kam daher in demselben geistlichen Zustand nach Deutschland zurück, in welchem ich nach Norwegen gegangen war, und das war der Zustand des tiefen inneren Glückes, daß mir Jesus alles war. Mit der Freude im Herzen zog ich nach Christiania, und so kam ich auch wieder nach Deutschland."*[19]

Kassel

Neben Paul reiste auch der Leiter der Hamburger Stadtmission, Emil Meyer, 1907 nach Norwegen. Er brachte von dort zwei Norwegerinnen mit, die die Gabe der Zungenrede empfangen hatten. In Hamburg hörte sie *Heinrich Dallmeyer* aus Kassel. Er lud die beiden nach Kassel ein und begann am 7. Juli 1907 im Kasseler Blaukreuzheim mit Veranstaltungen.

Auch nach Berichten späterer Gegner verliefen die Veranstaltungen anfangs ruhig und harmonisch. So zitiert Christian Krust *Otto Kaiser*:

> *„Am Mittwochnachmittag besuchte ich die von Br. D. gehaltene Bibelstunde, in der ganz plötzlich und von allen unerwartet eine der Norwegerinnen in Zungen redete. Ihre Botschaften wurden übersetzt. Es waren fast durchweg Zeugnisse der Heiligen Schrift, die in erschütterndem Ernst zu der Versammlung sprachen. Die Atmosphäre in der Versammlung war trotz der ernsten Botschaften so, daß man glaubte, man sei im Himmel und werde von Gott selbst angesprochen. ... Innerlich aufs tiefste berührt, gingen die Teilnehmer still auseinander."*[20]

Später nahmen die Versammlungen allerdings einen lauten und unruhigen Verlauf. Die Presse berichtete über die Veranstaltungen, oft versammelten sich Menschen vor dem Blaukreuzheim, um sich von draußen grölend über die Teilnehmer lustig zu machen. In den Veranstaltungen begannen andererseits Menschen, Christus zu vertrauen und Kranke wurden geheilt.[21]

In dieser Zeit hatte Dallmeyer ein Erlebnis, dessen Beginn Fleisch wie folgt schildert:

> *„Am 19. dachte ein Bruder während eines Gebets um Christi Wiederkunft: Der Herr kommt so bald noch nicht. Da kam der Geist über ihn, er fiel wie tot zu Boden und fühlte einen heftigen Schmerz in der Brust. Als die Versammlung nach Hause ging, bekam er Offenbarungen, von 10.30 Uhr bis 1 Uhr nachts etwa 32. Nach jeder schloß der Geist: ‚Abwarten.' Dann vergingen 2-3 Minuten bis zur nächsten."*[22]

Ernst Giese schreibt zu den Vorfällen:

> *„Hier muß nun gefragt werden: Hatte H. Dallmeyer das Gotteswort vergessen 1. Kor. 14,32: ‚Die Geister der Propheten sind den Propheten untertan.'? Mußte nicht der merkwürdige Zwiespalt, in dem sich dieser Mann befand, die eigenartige und medial-okkulte Weise, in der der Liegende die Wahrsagungen aussprach und vor allem die Mahnung Schrenks, er solle sich hüten vor falscher Prophetie, ihn darauf aufmerksam werden lassen, daß er in dieser Nacht, wo er eine Privatoffenbarung suchte, der Wahrsagerei zum Opfer gefallen war? Gottes Geist hatte ihn immer wieder durch die interpretierten Sprachenreden der Norwegerinnen gemahnt, ‚daß man das Echte vom Unechten scheiden soll'."*[23]

Von diesem Zeitpunkt an entgleiste die Bewegung in Kassel. Die Haltung der Norwegerinnen zu den Vorfällen wird bei Fleisch und

Giese unterschiedlich geschildert.[24] Offensichtlich hatten sie gewarnt, so dann auch Fleisch, daß auch anderes als der Heilige Geist in den Versammlungen mitmischte.[25] Die Norwegerinnen verließen Kassel und folgten einer Einladung in die Schweiz.[26]

Immer mehr muß es in den Kasseler Versammlungen zu Entgleisungen gekommen sein. So soll ein Mann in Ekstase mit der Bibel auf eine sitzende Frau eingeschlagen haben, jemand anderes wand sich wie eine Schlange zwischen den Stühlen durch.[27] Christian Krust stellt fest:

> *„Wer das, was in Kassel geschah, sachlich beurteilt, wird vor allem feststellen, daß es den für die Leitung verantwortlichen Brüdern an der nötigen Besonnenheit mangelte. Man läßt eine Veranstaltung zum Zwecke der Evangeliumsverkündigung nicht so ausarten, wie es hier geschah.*
> *Zum anderen wird offenbar, daß es der Leitung auch an der Fähigkeit und Nüchternheit fehlte, das, was vom Geist Gottes gewirkt war, und das, was aus der menschlichen Seele heraus gemacht wurde, also das ganze Gemisch von Fleischlich-Seelischem und Geistlichem, wie es sich mehr und mehr entfaltete – klar von einander zu unterscheiden und entsprechend korrigierend einzugreifen."*[28]

Nun waren in Kassel zahlreiche Besucher aus ganz Deutschland gewesen. So breitete sich die Erfahrung der Geistestaufe aus. Am 1. September 1907 empfing Pastor Paul (s.o.) die Geistestaufe verbunden mit dem Zungenreden.[29] Paul berichtete auf einer Konferenz in Breslau Ende September von seiner Erfahrung. Hier wurden die Prediger Edel und Regehly später zu Führern der Pfingstbewegung.[30]

Während sich so die Bewegung ausbreitete, kam es gleichzeitig zu Auseinandersetzungen innerhalb der Gemeinschaftsbewegung. Heinrich Dallmeyer setzte sich von der Bewegung ab und schrieb nun in der Zeitschrift *Reichgottesarbeiter*:

> *„Die Gaben ... in dieser Bewegung sind nicht echt, sie sind ohne Ausnahme alle vom Feind gewirkt. Durch sie ist Satan unter die Heiligen gekommen."*[31]

Die Barmer Konferenz

Im Dezember 1907 trafen sich Führer der Gemeinschaftsbewegung, unter anderem Dallmeyer und Paul. Dallmeyer begründete seine Entscheidung. Die Meinungen waren unterschiedlich, und es kam zu einer Erklärung, die eine Kompromißbereitschaft zeigte. Festgestellt wurde:

> „Wir bekennen, daß Gott auch in unseren Tagen alle biblischen Geistesgaben geben kann. Vor allem gilt, daß sich die Gemeinde zubereiten läßt."[32]

Andererseits wird festgestellt:

> „Wir stellen die ernste Tatsache fest, daß in der Bewegung unserer Tage in Kassel und an anderen Orten manche, die als gläubig anerkannt werden, ein Zungenreden und Weissagen bekommen haben, das nicht vom Heiligen Geist war."[33]

Formierung der Pfingstbewegung

Im Dezember 1908 trafen sich nun erstmals in Hamburg Vertreter der neuen Bewegung. Die Herausgabe der Zeitschrift „Pfingstgrüße" wurde beschlossen, deren Schriftleitung Pastor Paul übernahm. Paul, Prediger Edel (Brieg) und *Emil Humburg* (Mülheim) kristallisierten sich als die Führer der Bewegung heraus.[34]

Inzwischen breitete sich die Bewegung in ganz Deutschland aus.[35] In Mülheim/Ruhr fand im August 1909 die erste *Mülheimer Pfingstkonferenz* statt. Etwa 1700 Menschen nahmen daran teil. Zahlreiche Heilungen fanden statt.[36]

Die Berliner Erklärung

Am 15. September 1909 kamen fünfzig Männer aus den Reihen der Gemeinschaftsbewegung und verschiedenen Freikirchen in Berlin zusammen. Nach einer neunzehnstündigen Sitzung wurde die sogenannte *Berliner Erklärung* verabschiedet. Darin hieß es unter anderem:

„Die sogenannte Pfingstbewegung ist nicht von oben, sondern von unten; sie hat viele Erscheinungen mit dem Spiritismus gemein. Es wirken in ihr Dämonen, welche, vom Satan mit List geleitet, Lüge und Wahrheit vermengen, um die Kinder Gottes zu verführen.“[37]

Die Berliner Erklärung wurde in erster Linie von Christen aus dem Gnadauer Verband, aber auch von Vertretern verschiedener Freikirchen verantwortet. In jüngster Zeit gibt es auch innerhalb des Gnadauer Verbandes deutliche Tendenzen, die Berliner Erklärung nicht mehr unbedingt auf die heutige Pfingstbewegung anzuwenden. In einer 1992 veröffentlichten Schrift definiert der derzeitige Präses des Gnadauer Verbandes, *Christoph Morgner*, die Bezeichnung „von unten" als „seelisch", nicht unbedingt als dämonisch.[38] Allgemein wird die Berliner Erklärung auch im Gnadauer Verband eher als ein historisches Dokument gesehen, nicht als eine Grundsatzerklärung, die in jedem Fall auf alle pfingstkirchlichen Gruppen anzuwenden ist. Ebenso machte Morgner deutlich, daß Pfingstlern und Charismatikern nicht das Christsein abgesprochen wird.[39]

Die Mülheimer Erklärung

Die Anhänger der Pfingstbewegung antworteten auf die Berliner Erklärung mit der Mülheimer Erklärung. Als Zweck der Pfingstbewegung wurde erklärt,

„… daß das Blut Jesu durch völlige Erlösung seine Kraft beweisen und daß der Heilige Geist Raum und Herrschaft gewinne, um uns zuzubereiten für das Kommen des Herrn."[40]

Zu den Vorwürfen der Berliner Erklärung wurde festgestellt:

„Im einzelnen möchten wir hervorheben, daß selbstverständlich auch in dieser Bewegung sich nicht nur Göttliches, sondern auch Seelisches, bzw. Menschliches und unter Umständen auch Dämonisches geltend macht."[41]

Trotz verschiedener weiterer Treffen und Erklärungen war die Pfingstbewegung ab 1910 mehr oder weniger isoliert.[42] Am 2. Februar 1914 wurde die *Christliche Kolportage-Gesellschaft mit beschränkter Haftung zu Mülheim-Ruhr* gegründet. Geschäftsführer wurde *Emil Humburg,* Mülheim.

Nach dem Ersten Weltkrieg widerrief Jonathan Paul seine Lehre vom reinen Herzen. Bereits in der Mülheimer Erklärung von 1909 war festgestellt worden:

> *„In Wirklichkeit hat aber P. Paul, wie jeder, der ihn näher kennt, wohl weiß, in Wort und Schrift immer wieder stark betont, daß man nur in Christo und nicht in sich von der Sünde gereinigt sei, und hat sich ausdrücklich gegen den ihm unterschobenen Ausdruck ‚Sündlosigkeit' verwahrt, und zwar aus dem Grunde, weil er gerade den Gedanken ablehnen wollte, als könne jemand, losgelöst von Christo, von der Sünde frei sein und als sei man nicht mehr fähig, in eine Sünde hineinzugeraten."*[43]

Nun gab Paul es als falsch zu, ein Lehrsystem aufgebaut zu haben.[44] Er distanzierte sich nicht von dem, was er als persönliche Erfahrung weitergegeben hatte, wohl aber von daraus entwickelten Lehrsätzen, die – bei aller Abgrenzung gegen den Begriff Sündlosigkeit – deutlich perfektionistische Ansätze aufwiesen.

Der Gnadauer Vorstand reagierte auf die Bußerklärung ablehnend.[45] Da Paul an seiner Erfahrung von 1904 festhalte und die Bewegung an den *„angeblichen Geistesgaben"* festhalte, gebe es *„weder Grund noch Recht",* die Stellung gegenüber der Pfingstbewegung zu ändern.[46]

Während des Dritten Reiches wurde der Name der Bewegung in *Christlicher Gemeinschaftsverband G.m.b.H. Mülheim-Ruhr* umgenannt.[47] Der Verband blieb – trotz der Überlegungen eines Zusammenschlusses mit anderen Freikirchen – selbständig.

In der DDR wurde 1951 die Pfingstbewegung verboten, der *Christliche Gemeinschaftsverband der deutschen Pfingstbewegung* (Erfurt) wurde aufgelöst.

Weitere Pfingstbewegungen

Bereits 1907 entstanden freie Pfingstgemeinden u.a. in Velbert und Duisburg. Diese Gemeinden arbeiteten seit 1908 in der Freien Pfingstmission zusammen. In Hamburg gründeten sich durch *Heinrich Vietheer* 1922 die Elim-Gemeinden. Durch den Zeltevangelisten Vietheer entstanden bis 1935 zahlreiche, in der *Zeltmission Berlin-Lichterfelde* zusammengeschlossene Gemeinden. Während des Dritten Reiches wurden sie verboten und schlossen sich zwischenzeitlich – in der DDR bis nach der Wende 1989 – dem Bund Evangelisch Freikirchlicher Gemeinden an.

1928 wurde mit Hilfe der *Assemblies of God* eine Bibelschule in Danzig gegründet. Von 1928 bis 1938 entstanden hier zahlreiche Gemeinden unter Deutschen, Weißrussen und Polen. Der deutschsprachige Teil formierte sich als „*Freie Christengemeinden*".

Diese Gruppen sowie die *Internationale Volksmission,* die *Vereinigten Missionsfreunde Velbert,* die *Freie Pfingstmission Berlin* und andere schlossen sich 1954 in den alten Bundesländern zur Arbeitsgemeinschaft der Christengemeinden in Deutschland (ACD) zusammen.[48] Daraus ging 1982 der *Bund Freikirchlicher Pfingstgemeinden KdöR* (BFP) hervor. Eine Zusammenarbeit des BFP, des Christlichen Gemeinschaftsverbandes, der Apostolischen Kirche, der *Vereinigten Missionsfreunde,* des *Jugend-, Missions- und Sozialwerks Altensteig* und der pfingstkirchlichen Gemeinde Gottes besteht im *Forum Freikirchlicher Pfingstgemeinden.*

Pfingstbewegung in der Schweiz

Wohl durch Beziehungen nach Kassel hatte sich auch in Zürich ein Kreis gebildet, der die beiden Norwegerinnen einlud, vor ihrer Rückkehr nach Norwegen auch die Schweiz aufzusuchen.[49] Auch bei den in Zürich durchgeführten Veranstaltungen kam es zu Geistestaufen. Da auch hier, ähnlich wie in Kassel, die Situation den Verantwortlichen zu entgleisen drohte, wurde T. B. Barratt nach Zürich gerufen, wo er ein halbes Jahr blieb. In dieser Zeit konnte die Bewegung organisiert werden. Damit war der Grundstein zur *Schweizerischen Pfingstmission (SPM)* gelegt.[50]

1927 begann der landeskirchliche Pfarrer *Robert Willenegger,* der durch den ehemaligen methodistischen Laienprediger *Johann Widmer* für die Pfingstbewegung gewonnen worden war, mit evangelistischer Verkündigung im Kanton Bern.[51] Hierdurch entstanden Hauskreise, die sich 1933 unter dem Namen *Gemeinde für Urchristentum* (GfU) zusammenschlossen.[52] 1949 konstituierte sich die GfU als rechtliche Körperschaft.

1958 kaufte die Bewegung das Parkhotel Gunten, in dem Bibelkurse begonnen wurden. Seit 1964 wird die Bibelschule gemeinsam mit der Schweizerischen Pfingstmission geführt.

1974 entstand mit dem *Bund Pfingstlicher Freikirchen der Schweiz* ein dem Forum Freikirchlicher Pfingstgemeinden vergleichbarer Zusammenschluß. Mitglieder sind die *Schweizerische Pfingstmission*, die *Gemeinde für Urchristentum*, die *Schweizerische Zigeunermission* und die französischsprachigen *Eglises Evangéliques de Réveil*, die *Assemblées de Dieu* und das Missionswerk Bethel in Orvin. Bis 1993 gehörten auch die *Freien Christengemeinden* dem BPF an. Sie lösten sich als Verband 1993 auf und schlossen sich für ein Jahr der Schweizerischen Pfingstmission an. Nach diesem Jahr wollen sie über einen weiteren Verbleib in diesem Gemeindebund entscheiden. Alle Kirchen und Organisationen blieben innerhalb des BPF selbständig. Der BPF ist Mitglied in der Vereinigung Evangelischer Freikirchen und Gemeinschaften in der Schweiz.

Im Rahmen des BPF wurde 1988 eine weitere Bibelschule in *Orvin* im französischsprachigen Teil der Schweiz gegründet.

Pfingstbewegung weltweit

Weltweit ist die Pfingstbewegung die derzeit schnellstwachsende christliche Bewegung. Ihr sind etwa 200 Millionen Menschen zuzurechnen.[53] Sie sind damit die größte nichtkatholische christliche Gemeinschaft.

Literatur

Krust, Christian. *50 Jahre deutsche Pfingstbewegung*. Altdorf: Missionsbuchhandlung, o.J.
Jopfi, Jakob. *... auf alles Fleisch. Geschichte und Auftrag der Pfingstbewegung*. Kreuzlingen: Dynamis, 1985.
Bartleman, Frank. *Feuer fällt in Los Angeles*. Hamburg: C.M. Fliß, 1983.

Christlicher Gemeinschaftsverband Mülheim/Ruhr

Der Christliche Gemeinschaftsverband Mülheim/Ruhr hat heute ca. 3500 Mitglieder. Der Gottesdienstbesuch ist, wie in den meisten Pfingstkirchen, höher als die Zahl der Mitglieder. Die Mitglieder kommen in etwa einhundert Gemeinden bzw. in Hauskreisen mit dem Ziel der Gemeindegründung zusammen. Sie werden von dreißig Pastoren und Diakonen betreut.

Der Gemeinschaftsverband verfügt über eine Verbandsheimstätte mit achtzig Betten sowie über ein Bibelseminar in Niedenstein.

Aus dem Christlichen Gemeinschaftsverband ging die missionarische Medienarbeit Neusehland TV hervor, die inzwischen auf überkonfessioneller Ebene arbeitet. Zum Teil in Zusammenarbeit mit anderen Organisationen werden in erster Linie Sendungen für „Offene Kanäle" produziert.

Die Lehre im Christlichen Gemeinschaftsverband

In der Schrift *Was wir glauben, lehren und bekennen*[1] wird die Lehre dargestellt. Die Bibel wird als Wort Gottes und als absolut glaubwürdig bezeichnet. Eine über die Bibel hinausgehende Gottesoffenbarung wird abgelehnt. Die Taufe wird als im Neuen Testament an Gläubigen vollzogen bezeichnet. Einschränkend wird jedoch festgestellt:

> *„Hinsichtlich der Ausübung der Taufhandlung respektieren wir die Führung Gottes und die Gewissensüberzeugung des Einzelnen* (sic!) *und legen Nachdruck und Wert besonders auf den Glauben und die daraus folgende Lebenserneuerung."*[2]

In dem Abschnitt über den Heiligen Geist wird unterschieden zwischen der Gabe des Heiligen Geistes und den Gaben des Heiligen Geistes.[3] Als Wirkungen des Geistes werden Erneuerung des

Lebens, Heiligung des Lebens, Frucht des Geistes und Gaben des Geistes genannt. Ausdrücklich wird darauf hingewiesen, daß die Frucht in der Bewertung vor den Gaben den Vorrang hat.[4] Taufe mit dem Heiligen Geist wird in diesem Zusammenhang offensichtlich auf die Wiedergeburt bezogen:

„... der Heilige Geist tauft und verbindet die Gotteskinder und Brüder zu Gliedern der Gemeinde Jesu Christi, welche da ist sein Leib (1.Kor. 12,13; Eph. 1,23)."[5]

In einer Kurzfassung der Schrift heißt es am Ende:

„Unser Auftrag liegt nicht in der Herausstellung irgend eines besonderen pfingstlichen Erlebnisses (Geistestaufe, nur erkennbar durch das Reden in Zungen – unterschieden von der Wiedergeburt), sondern: im Gehorsam gegen das Wort Gottes und die Leitung seines Heiligen Geistes bezeugen wir die Notwendigkeit einer tieferen Erfüllung mit dem Heiligen Geist für Leben und Dienst in der Nachfolge Jesu Christi."[6]

In der Lehre über die Geistestaufe und die Gabe der Zungenrede unterscheidet sich der Christliche Gemeinschaftsverband somit deutlich von den meisten übrigen Pfingstgemeinden. Dies wird auch ausdrücklich festgestellt:

„Um Mißverständnissen vorzubeugen, machen wir auf Grund des bisher Dargelegten darauf aufmerksam, daß wir unter dem Begriff ‚Geistestaufe' etwas anderes verstehen als die durchschnittliche Pfingsttheologie. In diesem Punkt unterscheiden wir uns lehrmäßig von den anderen zur Pfingstbewegung zählenden Gruppen."[7]

Geistestaufe wird lehrmäßig grundsätzlich mit der Wiedergeburt gleichgesetzt.[8] Eine Unterscheidung von Zungenrede bei der Geistestaufe und Zungenrede als Gabe wird abgelehnt.[9] Ebenso wird die Notwendigkeit, in Zungen zu reden, verneint.

„Dies würde, weil nach der Schrift die Geistestaufe die notwendige Voraussetzung für die Entrückung ist, bedeuten, daß nur diejenigen entrückt werden können, die wenigstens einmal in Zungen geredet haben – eine ungeheuerliche Lehrkonsequenz, für die wohl niemand die Verantwortung übernehmen kann."[10]

Das, was in anderen Richtungen der Pfingstbewegung eventuell als „Geistestaufe" definiert würde, kann, obwohl der Mülheimer Verband die Definition der Geistestaufe als „zweite Erfahrung" nach der Wiedergeburt ablehnt, doch echtes geistliches Erleben sein.

„Wir haben die Pflicht, bezeugten echten Geisteserlebnissen der modernen Erweckungsbewegung gerecht zu werden. Wie sind sie einzuordnen? Wir sprechen wohlgemerkt nur von echten geistlichen Erlebnissen, die etwa von ihren Trägern als ‚Geistestaufe' bezeichnet werden, die auch mit Zungenrede auf dem Boden eines falschen Dogmas von der Geistestaufe psychisch-technisch einfach rein seelisch herbeigezwungen werden können. – Wirklich echte Erlebnisse, die von ihren Trägern als die ‚Geistestaufe' bezeichnet werden, gehören tatsächlich zur ‚Geistestaufe', aber sie sind nicht die ‚Geistestaufe'. Sie sind
1) entweder überhaupt erst das echte Wiedergeburtserlebnis des Betreffenden in biblischer Weise,
2) oder es ist ein klareres Ausdrücklichwerden des Wiedergeburtserlebnisses in einem besonderen Durchbruch zur Heiligung hin.
Sowohl 1) wie 2) können mit einer Salbung zum Zeugendienst und einer Gabenmitteilung verbunden sein.
3) Oder es ist der zusätzliche Empfang einer Geistesgabe, etwa des Zungenredens oder der Weissagung.
4) Oder es handelt sich um ein geistliches Erlebnis besonderer Art, durch das der Herr in einer Sonderführung seiner Knechte oder Mägde diesen etwas Besonderes anvertrauen will (das aber nicht zum geistlichen Gesetz für alle Jünger gemacht werden darf),
vgl. das ‚Taborerlebnis' der drei ‚Lieblingsjünger' und die außerordentlichen Erlebnisse des Paulus, die für ihn selbst und seinen Dienst von großer Bedeutung gewesen sein müssen, die er aber nur am Rande erwähnt, weil sie als solcher nicht den Normalstand eines Christen kennzeichnen (2. Kor. 12,1–10).
In allen Fällen 1) bis 4) können besondere Umstände ekstatischer Art oder körperliche Bewegtheit in Erscheinung treten, müssen es aber nicht."[11]

Literatur

Krust, Christian. *50 Jahre deutsche Pfingstbewegung*. Altdorf: Missionsbuchhandlung, o.J.
Krust, Christian. *Was wir glauben, lehren und bekennen*. 2. Aufl. Altdorf: Missionsbuchhandlung und Verlag.

Bund freikirchlicher Pfingstgemeinden

Der *Bund freikirchlicher Pfingstgemeinden* ist ein Zusammenschluß verschiedener Pfingstgruppen, unter anderem auch der Elim-Gemeinden. Mit 23 000 getauften Mitgliedern[1] ist der Bund der größte pfingstkirchliche Zusammenschluß in Deutschland. Ihm gehören ca. 420 Gemeinden und Zweiggemeinden an, einschließlich einiger Ausländergemeinden. Der Bund beschäftigt über dreihundert ordinierte Pastoren sowie ebenfalls etwa dreihundert Pastoralassistenten und Pastoralassistentinnen. Er ist in elf Regionen unterteilt. Der Hauptsitz des BFP ist in Erzhausen bei Darmstadt. Dort befindet sich auch die Ausbildungsstätte des Bundes, die *Bibelschule Beröa* sowie der *Leuchter Verlag*. Präses des BFP ist Pastor *Reinhold Ulonska*.

Als jüngstes Mitglied schloß sich dem Bund die *Volksmission entschiedener Christen* an. Sie wird neben den elf Regionalkonferenzen des Bundes selbständig geführt. Sie entstand 1934 in Berlin und fand nach dem Zweiten Weltkrieg hauptsächlich in Süddeutschland, zuerst in Stuttgart, Verbreitung. Heute gehören zu ihr einundsechzig Gemeinden mit 3622 Mitgliedern. Die Zahl der Gottesdienstbesucher ist doppelt so hoch. Die Volksmission beschäftigt einundvierzig Pastoren im Inland und fünf Pastoren, die zur Zeit als Missionare im Ausland tätig sind. Achtzehn Missionare arbeiten außerdem in Afrika, den Philippinen und auf Sri Lanka. In Freudenstadt betreibt die Volksmission zwei Alten- und Pflegeheime sowie einen Kindergarten.[2] Der Vorsitzende der Volksmission, Pastor *Gottlob Ling,* ist stellvertretender Präses des Bundes Freikirchlicher Pfingstgemeinden.

Lehre

Der Bund Freikirchlicher Pfingstgemeinden ist, wie die geschichtliche Darstellung zeigt, ein Bund von Gemeinden mit unterschiedlichen Hintergründen. Verschiedene Aspekte in der Lehre können deswegen auch unterschiedlich gesehen werden. Eine umfangreichere Darstellung der Lehre existiert aus diesem Grund nicht. Darin würde die Gefahr einer zu starken dogmatischen Festlegung gesehen. Anders als bei anderen hier behandelten pfingstkirchlichen Gruppen muß dieser Abschnitt aus diesem Grund relativ kurz ausfallen.

Eine kurze Darstellung des Glaubens findet sich in der Traktatschrift *Wer wir sind, was wir wollen*.[3] Zur Bibel heißt es dort:

> *„Wir glauben, daß die Bibel das von Gott inspirierte und allein unfehlbare Wort Gottes ist."*

Die Aussagen über Gott, Jesus und die Erlösung entsprechen den Darstellungen in anderen evangelikalen Bekenntnissen.

Taufe
Die Taufe wird an Gläubigen durch Untertauchen vollzogen.[4]

Gemeinde
Alle wahrhaft Gläubigen werden als zur Gemeinde gehörig bezeichnet. Verantwortung jedes Christen ist, zu einer örtlichen „biblischen" Gemeinde zu gehören.[5]

Geistestaufe
Zur Geistestaufe wird festgestellt:

> *„Wir glauben an die Taufe in den Heiligen Geist nach Apostelgeschichte 2,4."*[6]

In Apostelgeschichte 2,4 war der Empfang des Heiligen Geistes von Zungenrede begleitet. Normalerweise wird die Geistestaufe in den Gemeinden des Bundes Freikirchlicher Pfingstgemeinden als eine auf die Wiedergeburt folgende, zweite Erfahrung, die durch Zungenrede gekennzeichnet ist, gelehrt. Die Formulierung in der Selbstdarstellung wurde jedoch lange diskutiert, da es auch durchaus abweichende Auffassungen gibt.

Die amerikanischen *Assemblies of God,* mit denen der Bund verbunden ist, auch durch in Deutschland arbeitende Prediger dieser Pfingstkirche, sehen Zungenrede als das Kennzeichen der Geistestaufe. Die schwedischen Pfingstgemeinden, zu denen ebenfalls enge Kontakte bestehen, sehen sie als ein mögliches Kennzeichen der Geistestaufe neben anderen. Der Vorgänger des derzeitigen Präses Reinhold Ulonska, *Präses Lorenz,* ließ sich in Schweden ausbilden und brachte die Prägung der dortigen Pfingstgemeinden in den Bund mit ein.

Heiligung
Vor der Behandlung der Gaben steht in der Bekenntnisschrift die Behandlung der Frucht des Heiligen Geistes und der Heiligung. Ein wahrer Christ ist demnach *„an der Frucht des Geistes nach Gal. 5, 22 erkennbar".*[7]

Geistesgaben
Geistesgaben und Ämter werden als der Gemeinde dienend beschrieben. Über Heilung wird ausgesagt:

> *„Wir glauben, daß die Erlösung die Heilung von Krankheit durch göttliches Eingreifen einschließt (Markus 16,17-18; Jakobus 5,14-15)."*[8]

Die Auffassungen über die Frage, ob Gott, wenn Glaube beim Kranken vorhanden ist, grundsätzlich Heilung schenkt, gehen auseinander.

Bund Pfingstlicher Freikirchen (Schweiz)

Der *Bund Pfingstlicher Freikirchen* ist ein Gesprächsforum verschiedener schweizerischer Pfingstbewegungen.

Schweizerische Pfingstmission

Die Schweizerische Pfingstmission (SPM) ging 1935 aus der 1921 gegründeten *Schweizerischen Pfingstmissionsgesellschaft* und einigen nach 1907 entstandenen Gruppen hervor. Der Pfingstmission stehen ein Ältestenrat, dem auch die Prediger angehören, und die Generalversammlung vor. Hieraus wird der Vorstand und der Leiter gewählt. Leiter ist zur Zeit *Jakob Zopfi*.[1]

Lehre

Taufe
Die Taufe wird an Gläubigen durch Untertauchen vollzogen. Bei einer Gemeindemitgliedschaft ist in der Regel die Taufe üblich.

Geistestaufe und Zungenrede
Die Geistestaufe wird in der Regel als zweite, auf die Wiedergeburt folgende, Erfahrung gelehrt. Zungenrede gilt nicht unbedingt als Beweis der Erfahrung der Geistestaufe.[2]

Frauen in der Verkündigung
Es gibt in der SPM keine Pastorinnen. Frauen können jedoch in den Gemeindevorständen sein. Sie dürfen lehren, *„nicht aber theologisch neu formulieren"*.[3]

Gemeinde für Urchristentum

Bereits seit der Gründung der Gemeinde für Urchristentum (GfU) bestand ein enger Kontakt zu der Bewegung der Apostolischen Kirchen (in Deutschland: Apostolische Kirche/Urchristliche Mission, s.u.). Die GfU ist zwar nicht durch eine Missionsarbeit der Apostolischen Kirche entstanden, sieht sich aber in diese Bewegung eingebunden.

In der französischen Schweiz gibt es acht Gemeinden dieser sich dort *Église apostolique* (Apostolische Kirche) nennenden Bewegung, zwei der Bewegung angeschlossene Gemeinden sind im grenznahen Frankreich. In der deutschsprachigen Schweiz gibt es 32 Gemeinden. Insgesamt werden die Gemeinden von etwa vierzig Pastoren betreut. Die Gemeinden für Urchristentum haben mindestens 6000 Mitglieder, eher mehr. Eine genaue Zahl läßt sich zur Zeit noch nicht feststellen, da viele Gemeinden erst jetzt dazu übergehen, Mitgliederlisten zu führen.

Lehre

Schriftverständnis
Die Gemeinde für Urchristentum lehrt eine wörtliche Inspiration des biblischen Grundtextes, unter Berücksichtigung der Persönlichkeit des Schreibers. Eine mechanische Inspirationslehre wird abgelehnt. Die Bibel gilt als „unfehlbar, autoritativ und massgebend für Lehre und Praxis".[4]

Apostel, Propheten, Evangelisten und Lehrer
Wie in der Apostolischen Kirche sieht auch die Schweizer Schwesterkirche die Wiederherstellung der fünf im Epheserbrief genannten Ämter als ein Ziel. In der Vergangenheit wurden die Ämter der Hirten und Lehrer besonders betont, auch Evangelisten spielten eine Rolle. Mit der Bedeutung der Apostel und Propheten setzt

man sich erst in jüngster Zeit intensiver auseinander. Wie in der Apostolischen Kirche wird eine klare Unterscheidung zwischen den zwölf Aposteln Jesu und einem späteren Apostelamt getroffen. Das Amt wird vor allem als Dienst in der Gemeindegründung verstanden. Männer mit einer in diesem Sinne als apostolisch erkannten Begabung können von einer Gemeinde in ihre Aufgabe berufen werden. Sie können nicht durch die Leitung der Bewegung ohne die Entscheidung der Gemeinde eingesetzt werden.

Taufe und Abendmahl
In der Regel sind die Glieder der Gemeinden gläubig getauft. Die Taufe wird durch Untertauchen praktiziert.
Taufe und Abendmahl werden eher als zeichenhaft verstanden.

Geistestaufe
Über die Geistestaufe gibt es unterschiedliche Auffassungen in den Gemeinden. In der Vergangenheit wurde Geistestaufe als eine zweite, der Wiedergeburt folgende Erfahrung, die durch die Zungenrede gekennzeichnet ist, gesehen. Dies ist jedoch nicht als Dogma anzusehen. Heute gibt es sowohl über die Geistestaufe als auch über die Zungenrede unterschiedliche Auffassungen.

Gemeindeleitung
Die Gemeinden werden durch ein Leitungsgremium und Älteste geleitet. Bei der Entscheidungsfindung spielt auch die Vereinsversammlung eine wichtige Rolle.

Dienst der Frauen
Frauen beteiligen sich an den Gottesdiensten und predigen in den Gemeinden. Eine vollzeitliche Pastorin gibt es jedoch nicht.

Apostolische Kirche/ Urchristliche Mission

Die Apostolische Kirche ging aus einer Erweckungs-Bewegung in Wales Anfang des 20. Jahrhunderts hervor. Es war vor allem eine Bußbewegung. Sündenerkenntnis stand im Zentrum der Bewegung, die sich, ausgehend von den Kohlenbergbaurevieren, schnell in ganz Wales ausbreitete.[1] Es entstanden Hauskreise und Gemeinschaften, in denen bald auch verschiedene Geistesgaben, unter anderem Prophetie, praktiziert wurden. Die Gesamtheit der biblischen Ämter nach Epheserbrief 4,11 (Apostel, Propheten, Evangelisten, Hirten und Lehrer) wurde in der Bewegung als besonders wichtig angesehen. Da die bestehenden Kirchen auf dieses Bedürfnis nicht eingingen, entstand 1916 die Apostolische Kirche in Wales.[2]

Unabhängig von dieser Entwicklung entstanden auch Gemeinschaften mit ähnlichem Anliegen in Schottland, England und Wales. Bis 1922 schlossen sich die vier Bewegungen zusammen.

In Deutschland begann die Missionsarbeit der Apostolischen Kirche im Jahr 1950. Durch Dänen und Engländer wurden in Berlin und Hamburg Gemeinden gegründet. 1953 konstituierte sich die Apostolische Kirche in Deutschland. Wohl auch in Abgrenzung gegen die „Neuapostolische Kirche"[3] erhielt die Apostolische Kirche in Deutschland den Zusatznamen *Urchristliche Mission*.

Den sieben Gemeinden in Deutschland, die von sechs Pastoren betreut werden, gehören insgesamt etwa 700 Mitglieder an. Weltweit hat die Apostolische Kirche drei Millionen Mitglieder.

Lehre

Die biblischen Ämter spielen in ihr eine wesentliche Rolle. In ihrer Lehrdarstellung *Was wir glauben und lehren*[4] findet sich ein

Bekenntnis zur Irrtumslosigkeit der Bibel. Die Taufe wird an Gläubigen durch Untertauchen vollzogen. Die Taufe oder Erfüllung mit dem Heiligen Geist wird als anderes Ereignis als die Wiedergeburt bezeichnet.⁵

Der Gläubige soll nach den vom Heiligen Geist geschenkten Gnadengaben streben. Betont wird die Leitung der Gemeinde durch alle in Epheser 4 genannten Ämter. Die Rolle der Apostel wird an anderer Stelle beschrieben:

*„Die Verbindung zwischen den Lokalgemeinden wird hauptsächlich von Brüdern gehalten, die im apostolischen Dienst stehen. Sie sind für die geistliche Betreuung der Gemeinden mitverantwortlich. Ihre Aufgaben bestehen u.a. in der Mitarbeiterschulung, Einsetzung der Diener, in der Durchführung von Konferenzen, Bibelwochen, Evangelisationen und übergemeindlicher Jugendarbeit."*⁶

Die Apostel besitzen keine absolut verbindliche Lehrautorität. Zum Dienst der Propheten wird festgestellt, daß der Maßstab zur Prüfung der Prophetie in der Heiligen Schrift liegt.

Gemeinden Gottes

Die Geschichte

1886, parallel zu vielen Gemeindegründungen auf dem Boden der Heiligungsbewegung, entstand in Barney Creek im US-Bundesstaat Tennessee eine Gruppe namens *Christian Union*. Leiter der Gemeinschaft war der Baptist *Richard G. Spurling,* nach dessen Auffassung die christlichen Kirchen versagt hatten und in die Gottlosigkeit zurückgefallen waren.[1]

Den Zeitströmungen entsprechend wollte die Christian Union keine neue Denomination, sondern, wie der Name bereits zum Ausdruck bringt, eine die Denominationen überspannende Union erweckter Christen sein.[2] Gefordert wurde die Aufgabe aller von Menschen gemachter Glaubensbekenntnisse und Traditionen.[3]

1896 erlebte die kleine Gemeinschaft eine Erweckung in Camp Creek.

„Viele erlebten die überwältigende Gegenwart Gottes und begannen wie die Jünger an Pfingsten in Jerusalem in einer vom Geist Gottes gewirkten neuen Sprache zu beten. Rasch breitete sich die Erweckung über das arme, bergige Gebiet Tennessees und Nordkarolinas aus. Viele Menschen erlebten eine tiefgreifende geistliche Verwandlung."[4]

Die Erweckung von Camp Creek hatte nur sehr regionale Auswirkungen und blieb weithin vorläufig unbeachtet. Doch begann sie vor jenen Ereignissen in Topeka und in San Francisco, die üblicherweise als Beginn der Pfingstbewegung angesehen werden (s.o.).

Die Christian Union hatte unter erheblichen Widerständen zu leiden, die teilweise in offene Gewalt mündeten. Häuser wurden eingeäschert und der Ku-Klux-Klan fiel über Mitglieder der Bewegung her.[5]

Doch auch intern hatte die Gemeinde Probleme. Es kam zu überzogenen Gesetzlichkeiten und zu fanatischen Auswüchsen – es sollte neben der bereits praktizierten Geistestaufe noch eine Dynamittaufe, Sauerstofftaufe und anderes hinzugefügt werden.[6] Wohl auch dadurch blieb die Gemeinde recht klein.

Die Gemeinde wurde im Jahre 1902 mit zwanzig Mitgliedern neu organisiert[7] und in *The Holiness Church* umbenannt.[8] R.G. Spurling war zu dieser Zeit ihr Pastor.[9] 1903 schloß sich der Bibelhändler *Ambrose Jessup Tomlinson* der Gemeinde an. Er verstand die Gemeinde als Gemeinde des Gottes der Bibel, nicht als eine Denomination.[10] Bald wurde Tomlinson zum Pastor der Gemeinde, die unter seiner Leitung zu einer sich rasch ausbreitenden Bewegung wurde.

1906 fand eine erste Generalversammlung statt. In das Protokoll wurde eine von Tomlinson verfaßte Präambel aufgenommen:

„Wir hoffen und vertrauen darauf, daß weder eine Einzelperson, noch eine Körperschaft je dieses Protokoll oder einen Teil davon als Glaubensartikel benutzen wird, um darauf eine Sekte oder eine Denomination zu gründen. Unsere Glaubensartikel sind inspiriert und wurden uns durch die Heiligen Apostel im Neuen Testament überliefert. Das ist unsere Glaubenslehre."[11]

1907 verlegte die Bewegung ihren Hauptsitz nach Cleveland und änderte ihren Namen in *Church of God* (Gemeinde Gottes). Im Jahr 1908 lud Tomlinson den Prediger *Gaston Barnabas Cashwell* zur Hauptversammlung in Cleveland ein. Cashwell hatte in der Azusa Street die Geistestaufe empfangen (s.o., Die Pfingstbewegung). Wohl noch vor der Ankunft Cashwells hatten bereits zahlreiche Pastoren der Bewegung die Geistestaufe empfangen und sprachen in anderen Zungen.[12] Im Verlauf einer Evangelisation in Cleveland erlebten etwa 250 Personen die Geistestaufe,[13] rasch breitete sich die Bewegung aus. Am Anfang des Jahres 1910 gab es bereits einunddreißig Gemeinden mit 1 000 Mitgliedern, am Ende des Jahres achtundfünfzig Gemeinden. 1920 war die Zahl auf 470 Versammlungen mit 14 606 Mitgliedern angewachsen.[14]

Nach der ersten Wachstumsphase kam es zur Kirchenspaltung. Tomlinson hatte seine starke Führungsfähigkeit offensichtlich mißbraucht und wurde 1923 vom Ältestenrat seines Amtes enthoben,[15] woraufhin er die *Church of God of Prophecy* gründete.

1918 gründete die Church of God die erste Bibelschule einer Pfingstkirche, das spätere *Lee College,*[16] benannt nach Tomlinsons Nachfolger *F.J. Lee.*

In den dreißiger Jahren entstand eine außenmissionarische Arbeit, die bald zahlreiche Länder in aller Welt umfassen sollte.

In Deutschland wurde die Missionsarbeit der Gemeinde Gottes 1936 durch *Herrmann Lauster* begonnen. Der Deutsche war mit seiner Braut in die USA ausgewandert, wo sie die Geistestaufe erlebten. So vom Geist Gottes berührt, sah sich Lauster berufen, in Maryland eine Gemeinde zu gründen, der er selbst ein Jahr lang als Pastor diente. Seinen eigentlichen Auftrag sah er jedoch in der Missionierung Deutschlands.

Nicht lange nach seiner Rückkehr nach Deutschland taufte Lauster die ersten Gläubigen in der Rems, es entstand eine Gemeinde in Stuttgart-Münster.[17]

Lauster wurde jedoch von der Gestapo beobachtet und schließlich in das KZ Welzheim eingesperrt. Nach einem Gebetsaufruf, den die amerikanische Zeitschrift der Churches of God veröffentlichte, wurde Lauster überraschend freigelassen.[18] Allerdings wurde er bald darauf zum Militär eingezogen. Erst nach dem Krieg und seiner Entlassung aus der Kriegsgefangenschaft konnte Lauster seine Arbeit fortsetzen. Ab 1949 unterstützte ihn dabei der Lehrer *Robert Seyda*. 1951 gab es bereits zwanzig Gemeinden mit etwa 450 Mitgliedern.

1958 begann der Missionar *Lamar McDaniel* mit dem Aufbau einer Bibelschule, da ein Mangel an Predigern den Gemeinden zu schaffen machte.[19] Heute befindet sich das *Europäische Bibelseminar* in Rudersberg/Baden Württemberg und bietet nach einem neunmonatigen Grundkurs jeweils spezialisierte Ausbildungen für Jugend- und Kinderarbeit (4 Semester und ein Anerkennungsjahr), Gemeindehilfsdienste, Gemeinde-Musikdienst, Pastoraler/ Missionarischer Dienst (jeweils sechs Semester und ein Anerkennungsjahr) an.

Neben der theologischen Ausbildungsstätte entstanden zeitgleich Gemeinden im Saarland, in der Pfalz, aber auch in Norddeutschland, später auch in Bayern. 1988 wurde eine Gemeinde in Berlin gegründet. Nach der Wende entstanden auch in den neuen Bundesländern Gemeinden. 1993 gab es je eine Gemeinde in Schwerin, in Magdeburg und in Göhen (Mecklenburg-Vorpommern).

Von Deutschland aus wurden missionarische Arbeiten in Europa begonnen, die zur Gründung von Gemeinden in Frankreich (Elsaß), Belgien und England führten. In den sechziger Jahren schlossen sich Gemeinden in Griechenland, Portugal, Italien,

Spanien und dem ehemaligen Jugoslawien den Gemeinden Gottes an.[20]

Zu Beginn der neunziger Jahre gründeten die Gemeinden Gottes das *Hilfswerk Samariterdienst*. Auf der Basis ehrenamtlicher Mitarbeit konnte hier ein umfangreicher sozialer Hilfsdienst durchgeführt werden. Das Hilfswerk ist vor allem in Osteuropa tätig. Dadurch ergaben sich auch Kontakte zu Gemeinden in den GUS-Staaten, die sich den Gemeinden Gottes anschlossen. In Afrika wirkt das Hilfswerk vor allem in Zimbabwe, Malawi und Mocambique.

Struktur

Die Gemeinden Gottes haben eine internationale Struktur. Der jeweilige Generalvorsteher wird von der Generalpredigerversammlung benannt und von der Internationalen Generalversammlung gewählt,[21] in der alle männlichen Gemeindemitglieder und Prediger wahlberechtigt sind.[22] Einem Europavorsteher sind wiederum Gebietsvorsteher untergeordnet. In Deutschland amtiert *Dieter Knospe* als Vorsitzender und setzt in dieser Funktion die Prediger der Gemeinden ein, die Vorschläge unterbreiten können.[23]

Die Einzelgemeinde wird durch Älteste geleitet, denen Diakone zur Seite stehen. Diese seit zwanzig Jahren eingeführte Struktur ist anscheinend noch nicht überall verwirklicht.[24]

Weltweit gehörten 1988 etwa 1 813 000 Menschen zu den Gemeinden Gottes.[25] 1992 war die Zahl bereits auf 2,7 Millionen angewachsen. Bezieht man Angehörige, Gottesdienstbesucher usw. mit ein, ergibt sich ein Umfeld von 6 Millionen Menschen.[26]

In Deutschland gibt es 1993 sechzig Gemeinden mit 2 500 Mitgliedern. Zum Umfeld der Gemeinden gehören rund 7 000 Menschen.

Die Gemeinden Gottes gehören dem *Forum Freikirchlicher Pfingstgemeinden* an. Eine Beziehung zum Ökumenischen Rat der Kirchen wird ausdrücklich ausgeschlossen.[27]

Die Lehre in den Gemeinden Gottes

Selbstverständnis
Die Gemeinden Gottes betonen, daß mit der Bezeichnung „Gemeinde Gottes" kein Absolutheitsanspruch gestellt werden soll.

> *„Vielmehr glauben wir, daß zur wahren Gemeinde Jesu wiedergeborene Menschen aus allen bibelgläubigen Gemeinden und Kirchen gehören."*[28]

Bei aller Offenheit zur Zusammenarbeit ist die Gemeinde Gottes um die Wahrung ihrer Identität bemüht, die sie vor allem darin sieht, Heiligungsbewegung zu sein. In Zusammenhang mit der Frage der Beziehungen zu anderen Gemeinden wird festgestellt:

> *„Die Gemeinde Gottes ist ihrer Entstehung nach eine Heiligungsbewegung. In dieser Zeit schlimmster Sündenverdorbenheit und für die Gemeinde Jesu nicht zu unterschätzender Gefahren der Verführung, Verflachung und Verweltlichung, bekennen wir uns erneut zu der Verpflichtung, an der Lehre der Heiligkeit unvermindert festzuhalten."*[29]

Schriftverständnis
Die Bibel wird als wörtlich inspiriert betrachtet.[30] Sie gilt als absolute Autorität, an der sich andere Autoritäten auszurichten haben. Das relativ kurze Bekenntnis der Gemeinde Gottes ist damit nicht Gesetz, sondern gibt die Lehren wieder, die man als mit der Bibel übereinstimmend erkannt hat.[31] Es besteht eine Offenheit, aus der Schrift neue Erkenntnisse zu beziehen. Dies zeigt sich unter anderem an der Änderung der Gemeindestruktur auf Grund biblischer Erkenntnisse (s.o.). Im Jahre 1984 stellte die Predigergeschäftsversammlung der Gemeinden Gottes fest:

> *„Wir wollen uns nicht von all den spirituellen Erscheinungen und Trends unserer Zeit hin und her bewegen lassen. Das würde nur dem Profil der Gemeinde und ihrer geistlichen Identität schaden. Um so*

mehr aber wollen wir offen sein vor unserem Herrn Jesus Christus, um unser Verständnis der biblischen Lehre und des neutestamentlichen Glaubens in seinem Lichte immer wieder neu zu prüfen."[32]

Heiligung
Die Gemeinden Gottes lehren eine dreistufige Entwicklung des Glaubenslebens. Der Wiedergeburt folgt die Erfahrung der Heiligung. Heiligung geschieht durch den Glauben.

„Die Heiligung folgt der Wiedergeburt und geschieht durch den Glauben an Christus und sein Blut, durch das Wort Gottes und durch den Heiligen Geist."[33]

Die ethischen Lehrgrundsätze, in denen ein christlicher Lebensstil beschrieben werden soll, nehmen in der grundlegenden Schrift *Lehre, Bekenntnis, Aufbau der Freikirche Gemeinde Gottes* einen breiten Raum ein. Der ethische Teil der Veröffentlichung beinhaltet sechs Hauptabschnitte mit den Titeln *Entschiedenheit, Lauterkeit, Würde, Selbstbeherrschung, Verantwortung für Ehe und Familie* und *Verpflichtung gegenüber Gesellschaft und Staat*.

Das Kapitel *Entschiedenheit* fordert neben geistlicher Disziplin auch eine Treue zur Gemeinde. Betont wird, daß das Neue Testament ein Christsein ohne Gemeinde nicht kennt. Die Verantwortung des einzelnen, seine Gaben als guter Verwalter in das Leben der Gemeinde einzubringen, wird ebenfalls hervorgehoben.[34]

Unter dem Kapitel *Lauterkeit* wird vor allem die Sexualität behandelt. Nach biblischen Maßstäben gehört sexueller Verkehr in den Rahmen einer rechtsgültigen Ehe.[35]

Unter dem Abschnitt *Selbstbeherrschung* werden unter anderem unkontrolliertes Konsumverhalten, Glücksspiele, alkoholische Getränke, Tabak, Drogen (es sei denn ärztlich verordnete Medikamente) und okkulte Praktiken aller Art als Gefährdung bezeichnet, von denen ein Christ sich aus christlicher Freiheit heraus enthalten sollte.[36]

Im Abschnitt über *Familie* wird Scheidung nur in dem Fall für vom Wort Gottes her berechtigt erklärt, wenn der Partner Ehebruch begangen hat. Eine Wiederverheiratung wird nicht grundsätzlich ausgeschlossen.[37]

Des weiteren wird unter den ethischen Lehrgrundsätzen die

soziale Verantwortung des Christen betont und gesondert erwähnt, daß alle Menschen, gleich welcher Rasse, vor Gott gleich wertvoll sind.[38]

Geistestaufe

Der Reinigung des Herzens durch die Erfahrung der Heiligung folgt die Taufe mit dem Heiligen Geist. Das erste Zeichen für sie ist das Reden in anderen Sprachen.[39] Beachtenswert ist hier, daß diese „Gabe des Zungenredens" bei der Taufe mit dem Heiligen Geist auftritt (hier aber wohl als ein „Muß"), der Gläubige damit aber nicht die beständige Gabe der Zungenrede hat oder behält. Die Zungenrede gilt als zusätzlich verliehene Gabe.

Taufe

Die Taufe wird an Gläubigen durch Untertauchen vollzogen.

Abendmahl und Fußwaschung

Das Abendmahl wird als Gedächtnismahl verstanden. Neben dem Abendmahl wird auch die Fußwaschung gefeiert.

Heilung

Über die göttliche Heilung heißt es, sie sei *„für alle bereitgestellt"*.[40] In den Gemeinden Gottes geht man jedoch nicht davon aus, daß bei nicht erfolgter Heilung auf Gebet hin beim Kranken der Glaube nicht ausgereicht habe.[41]

Abgrenzungen

Die Gemeinden Gottes distanzieren sich von dem Gedankengut der sogenannten „Glaubensbewegung" (s. u.).[42] Da zu den Regeln der Gemeinde Gottes auch gehört, daß in den Publikationen *„nicht die Ansichten einzelner Personen oder irgendwelcher Gruppierungen wiedergegeben werden"*[43], sind entsprechende Artikel in der Zeitschrift „Stimme der Wahrheit" als zumindest halboffizielle Stellungnahme zu bewerten.

Literatur

Gemeinde Gottes, Bundessekretariat (Hrsg.). *Lehre, Bekenntnis, Aufbau der Freikirche Gemeinde Gottes*. Urbach: Stiwa, 1989.
Conn, Charles W. *Like A Mighty Army. A History of the Church of God*. Cleveland, Tennessee: Pathway Press, 1977.

Neunter Teil
Wort- und Glaubensgemeinden

Eine besondere Richtung der charismatischen Gemeinden bilden die sogenannten Glaubensgemeinden. Als „Vater" dieser Bewegung gilt *Kenneth Hagin* (geb. 1917). Eine von ihm begründete Ausbildungsstätte, das *Rhema Bible Training Center,* befindet sich in Tulsa, Oklahoma und hat Zweigschulen in Südafrika und Australien.

Zu den bekanntesten der Glaubensgemeinden gehören im deutschsprachigen Raum die *Gemeinde auf dem Weg* mit Pastor *Wolfhard Margies* in Berlin und das *Wort des Glaubens-Zentrum* in München. Insgesamt sollen in einem Netzwerk über 350 Gemeinden miteinander verbunden sein.[1]

Die *Gemeinde auf dem Weg* (früher: Philadelphia-Gemeinde) in Berlin ist mit über 2 000 Gottesdienstbesuchern vermutlich die am besten besuchte Gemeinde Deutschlands.[2] Sie wurde 1981 gegründet. Pastoren sind *Wolfhard Margies* und *Hartwig Henkel*. Margies war vor seiner Tätigkeit als Pastor Internist und Psychotherapeut.

Es besteht eine Offenheit für Kontakte und Zusammenarbeit mit anderen Freikirchen. Die Gemeinde auf dem Weg unterhält eine eigene Bibelschule.

Lehre der Wort- und Glaubensbewegung

Beanspruchender Glaube – Positives Bekennen

Bei dieser Lehre handelt es sich um die besondere Betonung, die den Wort- und Glaubensgemeinden ihren Namen gegeben hat.

Andere Lehren, wie die weiter unten behandelte „Jesus starb geistlich" – Lehre werden nicht überall vertreten und auch nicht überall in gleicher Weise gelehrt.[3] Als Voraussetzung für „erfolgreiche" Veränderung des Christen und damit auch für das Positive Bekennen gilt in der Wort- und Glaubensbewegung die Wiedergeburt und die Geistestaufe,[4] die grundsätzlich als durch die Zungenrede erkennbar gilt.[5]

Die *Wort- und Glaubensgemeinden* betonen die Bedeutung des biblischen Wortes. Dies gilt nicht nur in dem Sinne, daß dieses Wort als absolut wahr und zuverlässig angesehen wird. Entscheidend ist das Sprechen dieses Wortes, um geistliche Erfolge zu erringen. Wolfhard Margies stellt fest:

„Bestimmte Worte tun Gott so gut, daß er ihretwegen Erhörung und Erlösung sendet. Solche Worte drücken Glauben und Abhängigkeit von ihm aus und ehren ihn dadurch."[6]

Dabei kommt es durchaus auf die Genauigkeit der Worte an:

„Unser Glaube kann nur durch genaue Worte exakte Konturen bekommen. Wortloser Glaube ist vage und verschwommen oder gar kein Glaube. Weil Gott am Glauben Gefallen hat – eigentlich nur daran –, deswegen hat er an präzisen Glaubensworten Gefallen."[7]

Pastor Dr. Paul Yonggi Cho ist der Überzeugung, daß das gesprochene, der Bibel entnommene Wort das Material ist, durch das der Heilige Geist etwas schaffen kann.[8] Das gesprochene Wort löst die Gegenwart und das Handeln Christi aus.

„Jesus wird gebunden an das, was sie aussprechen. Ebenso, wie Sie die Kraft Jesu durch Ihr gesprochenes Wort freisetzen können, so können Sie auch die Gegenwart Christi dadurch bewirken. Wenn Sie nicht das Wort des Glaubens klar aussprechen, kann Christus niemals freigesetzt werden. In der Bibel steht: ‚Was ihr auf Erden binden werdet, soll auch im Himmel gebunden sein, und was ihr auf Erden lösen werdet, soll auch im Himmel gelöst sein!' Sie haben also die Verantwortung, die Gegenwart Christi herbeizuführen."[9]

Dies kann in der Vorstellung der Wort- und Glaubensbewegung im umgekehrten Sinne auch auf Unglauben angewandt werden. Margies schreibt:

> *„Wer sein Herz ausschüttet und das mit Worten, Weinen und Seufzen tut, sollte wissen, daß er mit Klagen der Proklamation von Unglauben, Not und Verzweiflung nichts erreicht, sondern die Not nur festschreibt."*[10]

Letztlich sind die im Glauben oder Unglauben ausgesprochenen Worte entscheidend über unser Schicksal:

> *„Was wir aussprechen, verbindet sich immer mit unserem eigenen Schicksal, weil die Worte nie etwas Zufälliges darstellen. Sie kommen aus der Tiefe des Herzens und sind insofern Glaubensäußerungen. Irgendwann kehren sie zurück, befrachtet mit dem, was sie enthielten, als wir sie aus dem Munde ließen."*[11]

Cho unterscheidet zwischen den beiden griechischen Begriffen für „Wort", *„logos"* und *„rhema"*. Rhema definiert er als das aktuelle, in eine Situation hinein wirksame Wort Gottes. Logos ist die allgemeingültige Wahrheit. Sie muß durch den Heiligen Geist in rhema verwandelt werden, um wirksam zu sein.[12] So ist es möglich, daß nicht in jedem Falle Heilung geschieht, weil Gott einen anderen Plan hat und kein rhema schenkt.[13]

Grundsätzlich wird rhema erhalten, wo Denken erneuert wird. So schreibt Yonggi Cho:

> *„Darum erneuern Sie Ihren Sinn und denken Sie ständig in Begriffen von Erfolg, von Sieg und von Überfluß. Wenn Sie Ihren Denkprozeß völlig neu orientiert haben, dann werden Sie das rhema Gottes erhalten."*[14]

Behindert wird das Wirken Gottes durch falsches, nicht sieg- und erfolgsorientiertes Denken:

> *„... wenn Sie Unterlegenheits- oder Minderwertigkeitsgefühle haben, wenn Sie Armuts-, Krankheits- oder Versagensbewußtsein in sich haben, dann kann Gott niemals wirken."*[15]

Eine „Aktivierung" des Bibelwortes durch den Heiligen Geist lehrt auch Wolfhard Margies:

> *„Der beanspruchende Glaube indessen geht schnurstracks zurück zu dem geschriebenen Wort, dessen Integrität nicht in Frage gestellt, sondern durch den Heiligen Geist aktiviert wird."*[16]

Glaube ist für Margies eine Inanspruchnahme der von Gott bereitgestellten Gnadengeschenke:

„... daß Glaube immer das Ergreifen einer bestimmten Kategorie von Angeboten bedeutet."[17]

Er betont dabei, daß alles, was der Gläubige empfängt, nicht auf seine Leistung zurückzuführen ist.

„Wir können nicht mehr tun, als die Gnade annehmen. Wenn wir auf unserer Seite eine eigene Leistung Gott vorhalten oder gegenrechnen, kann uns Gottes Gnade nicht zuteil werden. Sie würde in einem Augenblick ihre Natur als Gnade verlieren, und das Geschenk der Gerechtigkeit wäre eine erworbene Gerechtigkeit."[18]

Aus diesem Grund sollte das Wort Gottes befehlend gebraucht werden:

„Wir bekommen also, was wir im Glauben befehlend aussprechen. Bei diesem Vorgang ist immer das Reden mit eingeschlossen. So geschah es auch bei der Schöpfung dieser Welt. Als Gott beispielsweise sprach, daß Licht werden sollte, schuf der Heilige Geist, der über den Wassern brütete, auf diesen Befehl hin Licht."[19]

Wohlstandsevangelium

Ein wichtiger Aspekt des Positiven Bekennens ist, daß nicht nur Gesundheit, wie auch in manchen Kreisen der Pfingstbewegung und der charismatischen Bewegung, als Ergebnis göttlichen Erlösungshandelns gesehen wird, sondern auch materieller Reichtum. Kenneth Hagin schreibt:

„Ein anderer Mann sagte mir einmal: ‚Jesus und die Apostel sind niemals in einem Mercedes herumgefahren.' Nun, zu dieser Zeit gab es keinen Mercedes. Aber Jesus ritt auf einem Esel, und das war der Mercedes seiner Zeit. Es war die beste Art der Fortbewegung, die es gab. Manche Leute lassen sich vom Teufel um jede Segnung bringen, die sie haben könnten. Gott hat es niemals beabsichtigt, daß wir am Bettelstab gehen sollen. Er sagte, daß wir im Leben herrschen sollen."[20]

Wolfhard Margies bezeichnet die *„Verkündigung, daß der Herr auch die Armut, den Mangel und die materiellen Defizite auf sich genommen* *hat"*, als *„eine neue Offenbarung"*.[21] Weil Jesus Sünde, Krankheit, seelische Qual, Mangel und Armut erlebte, braucht der Gläubige dies nicht mehr zu erleben.[22]

In einem 1994 vom Verlag der Berliner „Gemeinde auf dem Weg" herausgegebenen Buch schreibt *Norvel Hayes:*

„Ich glaube, was ich bekannt habe. Was ich auch tue und was ich auch anfange: ich werde niemals irgendeinen Mangel haben. Ich werde immer Erfolg haben. Meine Konten sind gefüllt mit Tausenden von Dollar, in dem heiligen Namen Jesus. Meine Konten kommen nicht in die roten Zahlen."[23]

Im selben Buch behauptet er:

„Es ist unsere Aufgabe, verkrüppelten Beinen, kranken Herzen und Körpern zu sagen, daß sie wieder in Ordnung kommen sollen und leeren Brieftaschen zu befehlen, daß sie sich wieder füllen!"[24]

Geistliche Kampfführung

Hier wird an eine ständige Auseinandersetzung geistlicher Mächte in der unsichtbaren Welt geglaubt. Wolfhard Margies sieht Krankheit als entweder direkt dämonisch beeinflußt oder zumindest als durch dämonischen Einfluß ausgelöst.[25] Durch bewußten Glauben, der vermittelt werden muß, geschieht Heilung.

In diesen Bereich fällt auch die Diskussion um die mögliche „Besessenheit" gläubiger Christen. Wolfhard Margies beobachtet richtig, wenn er feststellt:

„Viele geisterfüllte Christen können sich einfach nicht mit dem Gedanken befreunden, daß durch Jesus erneuerte Personen, in denen der Herr und der Heilige Geist wohnen, fremde dämonische Kräfte in sich tragen können. Ihre Aussage lautet: Der Geist Gottes verträgt sich einfach nicht mit fremden Geistern. Deswegen könne es keine Innewohnung von dämonischen Kräften in Personen geben, in denen der Heilige Geist wohnt."[26]

Die von Margies vertretene Lehre der möglichen Besessenheit gläubiger Christen wird damit begründet, daß *„wir mit Jesus unsere Identität nicht mehr aus unserer Seele, sondern aus unserem Geist bezie-*

hen".[27] Christen können aber *„im seelischen und körperlichen Bereich dämonisiert"* sein.[28]

Die Lehre von den territorialen Mächten
In der Glaubensbewegung, aber auch in anderen charismatischen Kreisen, setzt sich in der letzten Zeit eine ausgeprägte Dämonenlehre durch. Danach herrschen über bestimmte Gebiete jeweils bestimmte Dämonen. In einem geistlichen Gebetskampf muß die Herrschaft Jesu über eine Region ausgerufen werden, z. B. eine Stadt „in Besitz genommen" werden.

Jesus starb geistlich

Sind in vielen Fragen die Grenzen zwischen charismatischer Bewegung und Glaubensgemeinden fließend, trennt einen Teil der Glaubensgemeinden eine Lehre von der übrigen Christenheit. Diese Lehre ist unter dem Schlagwort „Jesus starb geistlich (Jesus died spiritually)" bekanntgeworden. In Deutschland wird sie vor allem von der Berliner „Gemeinde auf dem Weg" und „Wort des Glaubens" in München vertreten.

Im anthropologischen Bereich wird gelehrt, daß Adam, nachdem er der Versuchung Satans nachgegeben hatte, geistlich starb. Dadurch, daß er nicht mehr das Wort Gottes, sondern das Wort Satans annahm, erhielt er die Natur Satans und gab diese Natur an seine Nachkommen weiter.[29] Da dies vor allem ein geistliches, nicht ein körperliches Sterben war, kann die Erlösung von diesem Zustand auch nicht durch körperliches Sterben vollbracht werden.

Vor seinem physischen Tod starb Jesus nach dieser Vorstellung einen geistlichen Tod. Am Kreuz übergab er dem Vater seinen Geist, der von diesem *„zur Sünde gemacht"* wurde. Er nahm die Natur der gefallenen Menschheit – also die satanische Natur – an.[30] Sein physischer Tod allein bewirkte nicht die vollkommene Erlösung. *Hartwig Henkel,* neben Wolfhard Margies Pastor der Berliner „Gemeinde auf dem Weg", schreibt:

"Wenn bisher vielfach angenommen wurde, daß mit dem körperlichen Tod Jesu das Erlösungswerk vollbracht war und er sofort danach siegreich in die Unterwelt einzog, stimmt das einfach nicht mit den biblischen Aussagen überein."[31]

Ein wichtiger Teil des Erlösungshandelns Jesu geschah in der Hölle. Hartwig Henkel schreibt:

"Nach dem physischen Tod, der ja erst nach dem geistlichen Tod eintreten konnte, ging Jesus im Geist als Gefangener Satans in die untersten Örter der Erde und erlitt die Qual der totalen Gemeinschaft mit Satan."[32]

Da Jesus zwar die Natur des Sünders angenommen, jedoch nicht gesündigt hatte, hatte Gott ein Recht, einzugreifen. Er gab Jesus einen neuen Geist, so daß er der erste war, der *"aus geistlichem Tod zu Leben aus Gott kam"*.[33]

"Jesus mußte gerechtfertigt werden. Hier ist der Beleg dafür, daß er demnach zuvor außerhalb der Gerechtigkeit war. Nur der kann gerechtfertigt werden, der Rechtfertigung braucht, sie also nicht hat. Gott tat das durch den Heiligen Geist, als Jesus in den Tiefen der Erde unter der Herrschaft des Teufels litt und damit dem Gerechtigkeitsbedürfnis seines eigenen Vaters Genüge tat."[34]

Die Überwindung Satans geschah somit im Totenreich:

"So hat Jesus Satan erst im Totenreich ‚überwunden, entmachtet und entwaffnet'."[35]

So wie bei Jesus Geist, Seele und Leib getrennt gesehen werden, ist dies auch beim Menschen der Fall. Die Wiedergeburt ist eine neue Geburt des Geistes. Hartwig Henkel schreibt:

"Die Seele (Gedanken, Gefühle) ist zunächst unverändert. Sie wird in einem Prozeß von Gehorsamsschritten verändert."[36]

Die Seele verliert jedoch die Vorherrschaft über die Gesamtpersönlichkeit des Menschen. Der Geist muß sich gegen die Seele durchsetzen, damit die Zwanghaftigkeit der Sünde nicht Herrschaft über den Menschen erhält.[37]

Dadurch, daß Jesus unter die Macht des Satans kam, hat der wiedergeborene Gläubige Macht über Satan.

„Weil wir bisher vom Teufel beherrscht wurden, uns aber nun nicht nur Freiheit gegeben wurde, sondern sogar Macht über den bisherigen Unterdrücker, muß Jesus gemäß dem Inhalt der Stellvertretung seines Leidens zu einer bestimmten Zeit unter die Macht des Teufels gekommen sein."[38]

Glaubensbewegung und Pfingstbewegung

Zwischen Vertretern der Glaubensbewegung, den charismatischen Bewegungen und der Pfingstbewegung gibt es auf verschiedenen Ebenen Begegnungen und Zusammenarbeit. So gehörten zu den Mitträgern des im Mai 1992 und Juni 1994 durchgeführten *„Marsch für Jesus"* in Berlin Personen und Gruppierungen all dieser Richtungen, in diesem Falle auch vereinzelt Vertreter aus evangelikalen Kreisen.

Im April 1993 wurde bei einem internen Treffen von Leitern aus den drei genannten Gruppen beschlossen, Differenzen verstärkt im persönlichen Gespräch auszutragen.

Insbesondere aus den Reihen der Pfingstbewegung kam es in der Vergangenheit aber auch immer wieder zu Kritik an der Wort- und Glaubensbewegung.[39] Die pfingstkirchlichen „Gemeinden Gottes" (s. o.) gaben eine umfangreiche Mitarbeiterhilfe zum Thema heraus. Auf einer Tagung des *Forums Freikirchlicher Pfingstgemeinden* in Erzhausen bei Darmstadt setzte sich im Oktober 1992 *Pastor Richard Krüger* in einem Referat kritisch mit der „Jesus starb geistlich" – Lehre auseinander.[40] Eine sehr kritische Stellungnahme wurde von der schwedischen Pfingstbewegung in deren Zeitschrift *„Dagen"* veröffentlicht. Auch hier wird insbesondere die „Jesus starb geistlich" – Lehre kritisiert. Es wird zu einer Überprüfung der Lehre durch ihre Vertreter aufgefordert und festgestellt:

„Wenn eine solche Überprüfung jetzt nicht geschieht, muß man feststellen, daß die Botschaft des ‚WdG' ein anderes Evangelium ist. Das ‚WdG' gibt dem Wort Gottes nicht recht, nämlich, daß das ‚Wort vom Kreuz eine Kraft ist zur Errettung derer, die daran glauben'. Nach

ihrer Lehre ist Jesu Opfertod nicht ausreichend für unseren Heilsgrund."[41]

Eine umfangreiche Stellungnahme wurde auch von der *Volksmission entschiedener Christen* (s.o., im Bund Freikirchlicher Pfingstgemeinden) veröffentlicht. Die Stellungnahme bezieht sich in erster Linie auf Veröffentlichungen von Kenneth Hagin. Unter anderem wird darin die Lehre des „Positiven Bekennens" kritisiert. Ungeschehenes (gemeint ist hier z.B. eine nicht geschehene Heilung usw.) kann nach dieser Stellungnahme nicht mit Unglauben gleichgesetzt werden.[42] Abgelehnt wird auch die „Wohlstandslehre".[43]

Intensiv mit der Lehre des „Positiven Bekennens" setzt sich ein namentlich nicht gekennzeichneter Artikel in der Mitarbeiterhilfe der Gemeinden Gottes auseinander. Anhand einzelner Beispiele wird aufgezeigt, daß Gott trotz „negativen Bekennens" (eines Hinweises auf Schwachheit, Unfähigkeit usw.) die Situation wendete.[44] Festgehalten wird:

„*Zu glauben, daß alles Leid durch negatives Bekennen erzeugt wird und ein Kennzeichen von Mangel an Glauben ist, steht im Widerspruch zur Heiligen Schrift.*"[45]

Die in der Glaubensbewegung getroffene Unterscheidung zwischen „logos" und „rhema" (s.o.) wird als falsch bezeichnet, was mittels einiger sprachwissenschaftlicher Hinweise begründet wird. Hier wird zusammenfassend gesagt:

„*Einen Unterschied zwischen den Worten ‚Logos' und ‚Rhema' kennt die Bibel nicht. Das Wort Gottes in Bezug auf diese Worte ist inspiriert, ewig, dynamisch und übernatürlich. Ob das Wort Gottes geschrieben oder gesprochen ist, ist in der Substanz dasselbe. Es verändert sich nicht.*"[46]

ZEHNTER TEIL
Die Sieben-Tags-Adventisten

Die Freikirche *Gemeinschaft der Siebenten-Tags-Adventisten* (in Deutschland Körperschaft des öffentlichen Rechts) geht zurück auf eine Bewegung um den früheren Baptistenpastor *William Miller,* der für das Jahr 1844 die Wiederkunft Christi erwartet hatte. Nach dem Ausbleiben des erwarteten Ereignisses zerfiel die Bewegung, 1863 jedoch formierte sich eine der Splittergruppen unter Führung der als Prophetin bezeichneten *Ellen G. White* zur *Gemeinschaft der Siebenten-Tags-Adventisten.* Die Adventisten lehnten die Berechnung eines Datums für die Wiederkunft Christi ab, behielten aber eine Naherwartung seines Kommens bei.

Die Adventisten wurden in der Vergangenheit häufig als Sekte bezeichnet. Das im Auftrag der VELKD (s.o.) herausgegebene „Handbuch Religiöse Gemeinschaften" rechnet sie den „Sondergemeinschaften" zu. Dies wird mit einer Entwicklung begründet, die dazu führte, daß die Adventisten mit den Reformationskirchen wichtige Glaubensüberzeugungen teilen. Adventisten betonen demgegenüber, daß sie diese Überzeugungen seit ihrer Gründung im Jahre 1863 vertreten haben.[1] Die Einordnung als Sondergemeinschaft entspricht dem Selbstverständnis der Adventisten als Freikirche nicht. Auch von Nicht-Adventisten werden sie heute in der Regel den Freikirchen zugeordnet.[2]

Seit Juni 1993 sind die Adventisten dieser Einordnung entsprechend Gastmitglied der *Vereinigung Evangelischer Freikirchen* (s.u.). Bereits seit längerem haben die Adventisten in verschiedenen Orten und Bundesländern auch einen Gaststatus in der *Arbeitsgemeinschaft christlicher Kirchen* (ACK, s.u.). Am 27./28. Oktober 1993 erhielten sie einen Gaststatus in der ACK in Deutschland.

Weltweit gibt es ungefähr 8 Millionen getaufte Gemeindeglieder in über 35 000 Gemeinden, die von 16 800 Pastoren betreut werden.³ Die Auslandsmission arbeitet in 206 Ländern. Eine ärztliche Mission mit 1 536 Ärzten und 57 411 im Pflegedienst tätigen Mitarbeitern arbeitet in fast 500 Sanatorien, Krankenhäusern oder Sanitätsstationen. Daneben existieren zahlreiche Bildungseinrichtungen und ein umfangreiches Wohlfahrtswerk.⁴

In Deutschland gibt es zwei Verbände, den Norddeutschen Verband (zusammengesetzt aus dem früheren ostdeutschen und dem früheren westdeutschen Verband) und den Süddeutschen Verband. Insgesamt gehörten Ende 1993 etwa 34 500 Menschen zur Gemeinschaft der Siebenten-Tags-Adventisten. Gegenüber 1992 nahm die Mitgliederzahl um etwa hundert Menschen zu. Die Zahl der Gemeinden sank von 606 auf 597 Gemeinden. Grund für die zurückgehende Zahl der Gemeinden war vor allem die Kündigung von Gottesdiensträumen und die Mieterhöhungen in Ostdeutschland. Dadurch waren einige Gemeinden gezwungen, sich Nachbargemeinden anzuschließen.⁵ Der Gottesdienstbesuch in Deutschland insgesamt liegt bei durchschnittlich 80–100 Prozent.⁶

Zum Norddeutschen Verband gehören rund 400 Gemeinden, in denen 20 400 Gemeindeglieder von 212 ordinierten und 49 nichtordinierten Pastoren betreut werden. Im Bereich des Norddeutschen Verbandes gibt es vier Altenheime.

Zum Süddeutschen Verband gehören etwa 14 000 Mitglieder, die in 206 Gemeinden zusammenkommen.⁷ 98 eingesegnete (ordinierte) Pastoren sowie 25 nicht eingesegnete Prediger betreuen die Gemeinden.⁸

Österreich und Schweiz

Die Siebenten-Tags-Adventisten tragen in Österreich und der Schweiz einen anderen Namen als in Deutschland, wo die offizielle Bezeichnung *Gemeinschaft der Siebenten-Tags-Adventisten* lautet. In Österreich ist der Name *Kirche der Siebenten-Tags-Adventisten*, in der Schweiz *Freikirche der Siebenten-Tags-Adventisten*. In beiden Ländern gehören sie keinem der überkonfessionellen Verbände an.

Lehren der Sieben-Tags-Adventisten

Verhältnis zur Heiligen Schrift

In der Präambel der Glaubensüberzeugungen der Siebenten-Tags-Adventisten heißt es:

> *„Siebenten-Tags-Adventisten anerkennen die Bibel als die alleinige Grundlage ihres Glaubens und sind überzeugt, daß die Heilige Schrift fundamentale Glaubenslehren enthält."*[9]

Die Adventisten sehen sich in reformatorischer Tradition. Der Grundsatz „Allein die Schrift" führte in ihrer Gemeinschaft sowohl zum Ausscheiden von Lehren, die aus nichtchristlicher Quelle in die Kirche eingedrungen sein sollen, wie auch zur Wiederentdeckung biblischer Lehren, *„die in der langen und verworrenen Kirchengeschichte vergessen worden waren"*.[10]

Die hier getroffene Aussage legt nahe, nach der Einordnung der durch Ellen White gegebenen Prophetien zu fragen. In der Bekenntnisschrift wird hierzu festgestellt:

> *„Eine der Gaben des Heiligen Geistes ist die Weissagung. Diese Gabe ist ein Kennzeichen der Gemeinde der Übrigen und hat sich im Dienst von Ellen G. White erwiesen. Die Schriften dieser Botin des Herrn sind eine fortwirkende, bevollmächtigte Stimme der Wahrheit und geben der Gemeinde Trost, Führung, Unterweisung und Zurechtweisung. Sie heben auch deutlich hervor, daß die Bibel das Maß ist, an dem alle Lehre und Erfahrung geprüft werden muß."*[11]

Die Siebenten-Tags-Adventisten bekennen sich zur Inspiration der Bibel. Dabei wird der Begriff „unfehlbar" auf die Offenbarung des Willens Gottes in der Schrift angewandt.[12] Eine Verbalinspirationslehre wird nicht vertreten.

Rechtfertigung und Wiedergeburt

Adventisten glauben an die Rechtfertigung durch das Sühnopfer Jesu am Kreuz. Sie geschieht auf Grund des Glaubens.

> *„In seiner unendlichen Liebe und Barmherzigkeit hat Gott Christus, der von keiner Sünde wußte, für uns zur Sünde gemacht, damit wir in ihm vor Gott gerecht würden. Durch den Heiligen Geist verspüren wir unsere Not, erkennen wir unsere Sündhaftigkeit, bereuen wir unsere Verfehlungen und glauben an Jesus als Herrn und Erretter, der sich stellvertretend für uns hingab und unser Vorbild ist. Dieser Glaube, der zum Heil führt, entsteht durch die Kraft des Wortes Gottes und ist die Gabe seiner Gnade. Durch Christus sind wir gerechtfertigt, von Gott als Söhne und Töchter angenommen und von der Herrschaft der Sünde befreit. Durch den Geist sind wir wiedergeboren und geheiligt. Der Geist erneuert unser Denken und Sinnen, schreibt Gottes Gesetz der Liebe in unser Herz und gibt uns die Kraft zu einem heiligen Leben. Wer in Christus bleibt, wird Teilhaber der göttlichen Natur und hat die Gewißheit des Heils jetzt und im Gericht."*[13]

Oft wird den Adventisten „Werkgerechtigkeit" in der Lehre vorgeworfen. Der adventistische Autor Otto Gmehling schreibt dazu:

> *„Viele Christen wollen oder können nicht glauben, daß wir uns bemühen, die Gebote Gottes wirklich nur aus Liebe zu ihm zu halten und nicht, um damit die Seligkeit zu schaffen, die uns doch nur im Glauben aus lauter Gnade zugesprochen ist. ... Gerade weil Jesus Christus unsere leeren Hände mit seiner Gnade des ewigen Lebens füllt, schenkt er uns auch die Gnade des Gehorsams als eine Frucht, die sich vermehren soll."*[14]

In einem bereits 1955 herausgegebenen Gemeindehandbuch hieß es zu dieser Frage:

> *„Die Rechtfertigung geschieht nicht durch Gehorsam gegen das Gesetz, sondern durch Gnade, die in Christus Jesus ist."*[15]

Die Taufe

Durch die Taufe, die an Gläubigen durch Untertauchen vollzogen wird, geschieht die Aufnahme in die Gemeinde. Sie gilt vor allem auch als Bekenntnis.

> *„Durch die Taufe bekennen wir unseren Glauben an den Tod und die Auferstehung Jesu Christi und geben Zeugnis, daß wir für die Sünde*

tot sind und entschlossen, ein neues Leben zu führen. Damit anerkennen wir Christus als Herrn und Erlöser, werden seinem Volk hinzugefügt und als Glieder seiner Gemeinde angenommen. Die Taufe ist ein Sinnbild für unsere Gemeinschaft mit Christus, für die Vergebung unserer Sünden und für den Empfang des Heiligen Geistes. Sie ist eine Bestätigung des Glaubens an Jesus Christus sowie ein Zeichen der Reue über die Sünde und wird vollzogen durch Untertauchen im Wasser. Ihr geht Unterweisung in der Heiligen Schrift und die Annahme ihrer Lehren voraus."[16]

Wie bei den Baptisten (s.o.) spielt auch bei den Adventisten der Tauftext aus Römer 6 eine wichtige Rolle.[17]

Abendmahl und Fußwaschung

Brot und Wein werden als Zeichen für den Leib und das Blut Christi verstanden. Die Teilnehmer des Abendmahls bringen dadurch ihren Glauben an Christus als Herrn und Erlöser zum Ausdruck. Christus handelt im Abendmahl, indem er in dem Gemeinschaftserlebnis sein Volk stärkt. Alle gläubigen Christen können daran teilnehmen.[18]

Mit dem Abendmahl wird auch die Fußwaschung ausgeübt.

„Die Fußwaschung weist auf die Notwendigkeit erneuter Reinigung hin, ist Ausdruck der Bereitschaft, einander in Demut zu dienen, wie Christus es tat, und soll unsere Herzen in Liebe verbinden."[19]

Der Sabbat

Eine Besonderheit bildet bei den Adventisten das Halten des Sabbats (Samstag). Sie sind der Überzeugung, daß das vierte Gebot sich nur auf diesen Tag beziehen kann und er im Sinne der alttestamentlichen Gesetzgebung zu halten ist.

„Das vierte Gebot in Gottes unwandelbarem Gesetz gebietet die Heiligung des Sabbats – des siebenten Tages der Woche – als Tag der Ruhe, der Anbetung und des Dienens, so wie es uns Jesus Christus, der Herr des Sabbats, vorgelebt hat. Der Sabbat ist ein Tag froher

Gemeinschaft mit Gott und untereinander. Er ist ein Sinnbild unserer Erlösung durch Christus, ein Zeichen unserer Heiligung, ein Zeugnis unseres Gehorsams und ein Vorgeschmack des ewigen Lebens im Reiche Gottes. Der Sabbat ist Gottes bleibendes Zeichen seines ewigen Bundes mit seinem Volk. Wer diese Zeit begeht, von Abend bis Abend, von Sonnenuntergang bis Sonnenuntergang, feiert Gottes schöpferisches und erlösendes Handeln."[20]

Auch wenn für Adventisten das Halten des Sabbats ein wichtiger Aspekt ihres Lebens als Christen ist, bedeutet dies nicht eine Verurteilung andersdenkender Christen. In einem Interview mit der Evangelischen Zentralstelle für Weltanschauungsfragen stellte Pastor *Holger Teubert,* Leiter der „Zentralstelle für Apologetik" der Gemeinschaft der Siebenten-Tags-Adventisten, fest:

„Wenn ein Christ aufrichtig davon überzeugt ist, daß der Sonntag der von Gott gewollte Ruhetag ist, und er die Erkenntnis vom Sabbat nicht hat, dann wird er deswegen von Gott nicht verurteilt."[21]

Die Gemeinde der Übrigen

Die Adventisten sehen sich in einer gewissen Sonderposition. Dies hängt damit zusammen, daß die Verkündigung des Sabbats in dieser Form nur in ihren Kreisen geschieht. Darin sehen sie einen speziellen Auftrag.

„Die weltweite Gemeinde setzt sich zusammen aus allen, die wahrhaft an Christus glauben. Doch in der letzten Zeit, einer Zeit weitverbreiteten Abfalls, ist eine Schar der Übrigen herausgerufen, um an den Geboten Gottes festzuhalten und den Glauben an Jesus zu bewahren. Diese Übrigen weisen darauf hin, daß die Stunde des Gerichts gekommen ist, predigen, daß es Erlösung allein durch Christus gibt und verkündigen seine Wiederkunft. Die drei Engel in Offenbarung 14 sind Sinnbild dieser Verkündigung. Sie geht einher mit dem Gerichtsgeschehen im Himmel und führt auf Erden zu einer Bewegung der Buße und Erneuerung. Jeder Gläubige ist aufgefordert, sich an diesem weltweiten Zeugnis persönlich zu beteiligen."[22]

Die Endzeit und die Zukunft der Gläubigen und der Ungläubigen
Adventisten glauben, daß Menschen nach dem Tod in einem Zustand ohne Bewußtsein existieren.[23] Die Gläubigen werden bei der Wiederkunft Jesu auferstehen, die übrigen Verstorbenen nach dem Tausendjährigen Reich, daß als buchstäbliches Reich erwartet wird. Im Tausendjährigen Reich herrscht Christus mit seinen Heiligen im Himmel, während über die gottlosen Toten Gericht gehalten wird. Die Erde befindet sich in dieser Zeit *„in einem verwüsteten Zustand; kein Mensch lebt darauf, nur Satan und seine Engel".*[24] Am Ende des Tausendjährigen Reiches kommt Christus mit der himmlischen Stadt Jerusalem zur Erde herab. Er und die Christen werden von Satan und seinen Engeln bekämpft werden, die bis dahin die Erde bewohnten. Mit ihnen werden auch die anderen Toten sein, die bei diesem Erscheinen Christi auferweckt werden. Gottes Feuer vernichtet Satan, seine Engel und die ungläubigen Toten, wodurch eine ewige Befreiung des Universums von Sünde und Sünden geschieht. Die neue Erde ist Gottes ewige Heimat für die Erlösten.[25]

Gesunder Lebensstil

Großen Wert legen die Adventisten auf eine gesunde Lebensführung. Eigene Firmen (in Deutschland: De-Vau-Ge-Gesundkostwerk, Grano-Vita-Produkte) zeugen von der Wichtigkeit, die dies im Leben der Adventisten spielt.

„Weil wir dieses wissen, daß der Vater und der Sohn durch den Heiligen Geist in uns wohnen wollen, darum achten wir auf unsern Leib, den uns der Schöpfer gegeben hat. Weil wir weiter wissen, wie uns Paulus lehrt, daß wir Menschen unsern Leib als Tempel Gottes selbst ‚verderben' können, Gott aber den verderben will, der den eigenen Leib ‚verdirbt', sind wir fest entschlossen, die Regeln gesunder Lebensweise ernst und willig zu beachten. Wir wollen gesund leben, um zur Ehre Gottes für seinen Dienst gesund zu sein. So meiden wir in Christenfreiheit alles, was nach unserer Kenntnis der Gesundheit schaden könnte, besonders Alkohol und Nikotin und auch die Speisen und Getränke, die mehr dem Genuß als der Ernährung dienen und darum schädlich sind."[26]

Literatur

Gmehling, Otto. *Christus der Herr im Glauben und Leben der Siebenten-Tags-Adventisten*. Hamburg: Advent-Verlag, o.J.
Bacchiocchi, Samuele. *From Sabbath to Sunday*. Rom: The Pontifical Gregorian University Press, 1977.

ELFTER TEIL
Religiöse Gesllschaft der Freunde – Quäker

Der Gründer der *Religiösen Gesellschaft der Freunde (Quäker)* ist *George Fox* (1624-1691). Als religiöser Sucher hatte Fox ein Erlebnis, das in seinem Tagebuch folgendermaßen beschrieben wird:

> *„Und als alle Hoffnungen auf sie (gemeint sind die religiösen Führer seiner Zeit, Anm. des Verf.) und alle Menschen dahin waren, so daß ich nichts von außen kommendes mehr hatte, das mir helfen konnte, da – oh! – da hörte ich eine Stimme, die zu mir sagte: ‚Es gibt einen, nämlich Christus Jesus, der zu deinem Zustand sprechen kann'."* [1]

Dieses Erlebnis wird von Fox nicht genau datiert, fand aber wahrscheinlich im Jahre 1647 statt. Es führte Fox zu der Auffassung, daß in jedem Menschen ein „inneres Licht" sei. Aus den Kreisen mystischer Gruppen und religiöser Sucher gewann Fox schnell Freunde. Im Jahre 1652 wurden die entstandenen Gruppen in der *Gesellschaft der Freunde* (nach Johannes 15,15) zusammengefaßt. Sie wurden von Außenstehenden als *Quakers („Zitterer")* bezeichnet, ein Spottname, der – ähnlich wie bei den Methodisten – heute als Selbstbezeichnung gebraucht wird.

Die „Freunde" redeten grundsätzlich jeden mit „Du" an, nannten niemanden bei seinem Titel, nahmen vor niemandem den Hut ab und verweigerten den Eid sowie Wehr- und Kriegsdienst.

Die Freunde litten unter schwersten Verfolgungen. Fox selbst wurde von 1661-1667 eingekerkert. In dieser Zeit waren weitere 13 562 Freunde inhaftiert, von denen 338 in der Gefangenschaft verstarben.[2]

Auf zahlreichen Missionsreisen, unter anderem in die Karibik und nach Nordamerika, verbreitete Fox den Quäker-Glauben.

Der Quäker *William Penn* (1644-1718) war der größte Grundbesitzer seiner Zeit.[3] Nachdem er aus einer Schuldforderung seines Vaters das Gebiet des heutigen US-Bundesstaates Pennsylvanien erhielt, machte er dieses Gebiet zur Zufluchtsstätte der Quäker und anderer verfolgter religiöser Gruppen, darunter Mennoniten, Baptisten und auch deutsche Lutheraner und Reformierte, die ihr Land verließen, weil der Landesherr eine andere Religion wählte als die ihre.[4]

In den folgenden Jahrzehnten taten sich Quäker insbesondere durch eine bewundernswerte soziale Tätigkeit hervor. Namen wie *John Woolmann* (1720-1772), der sich für die Befreiung der Sklaven einsetzte, oder *Elizabeth Fry* (1780-1845), dem „Engel der Gefängnisse", gingen in die Geschichte ein.

Insbesondere unter Einfluß der Erweckungsbewegung im vergangenen Jahrhundert kam es in den USA zur Bildung unterschiedlich geprägter Quäkergruppen. Insbesondere im mittleren Westen der USA gingen Quäkerversammlungen dazu über, Pastoren einzustellen. Die Predigten wurden vorbereitet, Bibellesung und Chorgesang in den Gottesdiensten eingeführt. Heute unterscheidet man zwischen sogenannten „programmierten" und „unprogrammierten" Andachtsgruppen.[5] Der größere Teil der amerikanischen Quäker ist den „programmierten" Freunden zuzurechnen. Ihr größter Zusammenschluß ist die *Vereinigte Jahresversammlung der Freunde* mit Sitz in Richmond, Indiana. Der Missionsauftrag wurde insbesondere von der *Allianz der evangelikalen Freunde* gesehen. Der größte Zusammenschluß „unprogrammierter" Quäker bildet die *Generalkonferenz der Quäker,* Philadelphia. Letztere arbeitet mit der Vereinigten Jahresversammlung der Freunde inzwischen wieder eng zusammen.[6]

Die meisten Jahresversammlungen der Quäker gehören dem 1937 gegründeten *Beratenden Weltkomitee der Freunde* an. Alle drei Jahre findet auf Weltebene ein Treffen statt.

Quäker im deutschsprachigen Raum

Im 17. Jahrhundert entstanden kleine Quäkergruppen im hessischen Griesheim, in Hamburg, Danzig, Ostfriesland und Holstein. Die deutschen Quäker wanderten 1683 nach Pennsylvania aus.

Gegen Ende des 18. Jahrhunderts kam es in Bad Pyrmont und Minden erneut zu Gemeindegründungen. Da die Verweigerung des Kriegsdienstes zu Spannungen mit der Obrigkeit führte, wanderten auch diese Quäker wieder nach Pennsylvania aus.

In Zusammenhang mit einem Hilfsprogramm der Quäker nach dem 1. Weltkrieg („Quäkerspeisung") konnte am 23. Juli 1925 in Eisenach die Deutsche Jahresversammlung der Quäker gegründet werden. Ein 1800 erbautes Quäkerhaus wurde zurückgekauft und ist heute das Zentrum der deutschen Quäker.

Auch nach der Zeit der nationalsozialistischen Diktatur, die für die Quäker eine Leidenszeit war, wurden die Hilfspakete der Quäker aus den USA eine große Hilfe für die deutsche Bevölkerung.

1969 mußte in der DDR eine selbständige Jahresversammlung entstehen. Beide deutschen Jahresversammlungen schlossen sich 1991 wieder zusammen.

In Deutschland und Österreich gibt es heute etwa 350 Freunde. In sieben Bezirken (Nordwest, Rhein/Ruhr, Hessen, Südwest, Bayern, Ost und Österreich) gibt es 35 Gruppen oder Andachtsplätze. Die Häufigkeit der Andachten ist unterschiedlich. An einigen Orten finden sie wöchentlich statt (z.B. in Bad Pyrmont, Hamburg, Köln/Bonn, Heidelberg/Mannheim), in anderen Regionen nur zweimal oder einmal monatlich. Eine selbständige Jahresversammlung gibt es in der Schweiz. Dort leben etwa 120 Freunde.

Richtungen im deutschsprachigen Quäkertum

Die Andachten im deutschsprachigen Quäkertum, das nicht wie in den USA in verschiedene Organisationen gespalten ist, entsprechen denen der „unprogrammierten" Quäker in den USA. Auch hier gibt es jedoch unterschiedliche theologische Prägungen. Die „Jesuaner" betrachten Jesus als Vorbild. Der Gedanke einer Versöhnung durch die Kreuzigung wird jedoch verneint. Auf der anderen Seite gibt es auch Quäker, denen es ein Anliegen ist, die Auffassungen der frühen Quäker beizubehalten. So hieß es 1993 in einem in der Zeitschrift „Der Quäker" veröffentlichten Brief:

„Demnach hätte sich George Fox entweder geirrt, oder wir verleugnen ihn, wenn wir Jesus einen guten, inzwischen toten Mann sein lassen und nicht mehr als lebendigen Christus verehren. Dürfen wir also den Glauben der ersten Freunde ablehnen und uns immer noch Quäker nennen? Dürfen wir nach und nach alle religiösen Glaubenssätze als Gemeinschaft aufgeben und dem Individuum überlassen? ...
Ich meine, daß wir uns nicht mehr länger davor scheuen sollten, unsere gemeinsamen Glaubensinhalte zu erarbeiten und diese für uns alle erneut verbindlich zu machen, solange wir noch eine Gemeinschaft sind und von außen relativ wenig beachtet werden. Die Frage nach dem Christus in uns wird dann sicherlich ganz von alleine an erster Stelle stehen."[7]

Die Quäker und ihre Stellung zum Christentum

Die Quäker sehen sich als eine im Christentum wurzelnde Bewegung, die das Ziel der Erneuerung des Christentums hatte. Nichtchristliche Religionen werden jedoch auch als Wege zu religiöser Erfahrung angesehen. Für viele Quäker würde die Beteiligung eines Moslems oder eines Buddhisten an einer Quäkerandacht kein Problem darstellen.

George Fox stellte sich, auch wenn er ein Glaubensbekenntnis ablehnte, nicht prinzipiell gegen den Glauben der anderen Kirchen. Das trennende Moment war die Betonung der unmittelbaren Gotteserfahrung. Fox schrieb:

„Denn obwohl ich die Schrift las, die von Gott und Christus sprach, so begriff ich ihn doch nicht durch sie, sondern allein *durch Offenbarung, als den, der den Schlüssel hat, der auftut, und als den Vater des Lebens, der mich durch seinen Geist zu seinem Sohn zog."*[8]

Durch die unterschiedlichen Richtungen innerhalb der Quäker bleiben Aussagen über die christlichen Grundlehren relativ. Entscheidend und allen gemeinsam ist der Gedanke des „inneren Lichtes " in allen Menschen. Die Einstellung zu theologischen Lehrdefinitionen wird an einer Aussage aus einer Selbstdarstellung der Quäker deutlich:

> „Quäker diskutieren nicht viel darüber, ob Jesus Gottes Sohn sei. Sie sagen, daß es das Wichtigste ist, aus Jesu Leben und Lehre zu lernen und danach zu handeln."[9]

Die Quäkerandacht

Die Andachten können schweigend verbracht werden. Wortbeiträge sollten nicht vorbereitet sein, dies wird als Hinderung des Geistes verstanden. In der Regel liegt auf einem Tisch in der Mitte des Versammlungsraumes eine Bibel aus, deren sich die Freunde in der Andacht bedienen können.[10] Die Form der Andacht beschreibt *Duncan Wood*:

> „An den Sonntagen – oder ‚ersten Tagen' wie sie in alter Quäkersprache heißen, – werden die Stühle quadratisch oder kreisförmig aufgestellt, wobei in die Mitte ein Tisch kommt, auf dem gewöhnlich Blumen stehen. Die Freunde betreten den Raum und setzen sich still hin. Sie meditieren nicht einfach schweigend, sondern suchen gemeinsam die Gegenwart Gottes. Zuweilen vergeht eine ganze Stunde ohne ein gesprochenes Wort. Hin und wieder wird jedoch ein Freund/eine Freundin das Schweigen brechen, wenn er/sie fühlt, daß sie eine Botschaft weitergeben müssen, andere Beiträge, etwa ein Gebet, können folgen. Jeder Beitrag ist in sich selbst abgeschlossen, führt jedoch alle anwesenden Freunde zu einem Gefühl der Einheit mit Gott und untereinander."[11]

Älteste wachen über den Ablauf der Versammlung. Ihre Aufgabe besteht unter anderem darin, die Versammlung davor zu bewahren, daß sie zu einem Diskussionsforum oder zu einer Plattform für selbsternannte Prediger wird.[12]

Lehre der Quäker

Ein Bekenntnis wird abgelehnt. Wichtig ist das spirituelle Erleben des einzelnen. In einer Quäkerschrift heißt es:

"Wir sagen Dir nicht, was Du glauben solltest. Wir wissen es nicht besser als Du.
Du magst uns vorhalten, dies oder das habe immerhin Jesus gesagt, und jenes haben die Apostel gesagt.
Wir hören Dich an.
Und fragen Dich: Was sagst denn Du selbst?"[13]

Die Bibel nimmt im Leben der Quäker eine durchaus wichtige Stellung ein. In den Andachten wird das Schweigen auch durch das Zitieren biblischer Texte unterbrochen. Sie gilt jedoch nicht als höchste Autorität. In einer Selbstdarstellung der Quäker wird folgendes über die Haltung der Quäker zur Bibel ausgesagt:

"Sie betrachten die Bibel als eine Sammlung religiöser Erfahrungen aber lassen auch andere Texte gelten, die uns im Leben führen können. Sie meinen also nicht, daß die Bibel Satz für Satz das ‚Wort Gottes' ist."[14]

Das innere Licht

Quäker glauben an die Existenz eines inneren, göttlichen Lichtes in allen Menschen.

"Die Freunde glauben, daß das göttliche Licht, in welchem, wie Barclay sagt, ‚Vater, Sohn und Heiliger Geist wohnt', d. h. Gott selbst und nicht eine Person der Dreieinigkeit, seit Beginn der Welt in jedem Menschen von jeder Rasse und Religion geschienen hat, obgleich es gewöhnlich durch Sünde, Unwissenheit und Schwäche verdunkelt war, so wie ein Licht, das durch ein Glas scheint, durch Schmutz oder Sprünge im Glas verdunkelt werden kann."[15]

Die Quäker standen mit dieser Auffassung von Anfang an im Gegensatz zu der Auffassung, daß der Heilige Geist nur in bekehrten Christen wohne. Ihrer Überzeugung nach wohnt er in jedem

Menschen, unabhängig von seiner Überzeugung oder seinem Lebenswandel.[16]

Sakramente

Sakramente sind den Quäkern fremd. Das Leben wird als Sakrament empfunden, die Andacht als eine Form der „Kommunion" gesehen.[17]

Zwölfter Teil
Unabhängige Gemeinden

Neben den hier dargestellten Kirchen und Freikirchen gibt es seit einigen Jahren in Deutschland einen Trend zu Gemeinden, die sich als unabhängig bezeichnen. Damit sind Gemeinden gemeint, die aus verschiedenen Gründen keinen Anschluß an eine Kirche oder einen Gemeindebund haben. Oft besteht eine Angst vor einer Vereinnahmung oder auch vor einer Verkirchlichung, ein Erstarren in Strukturen und Traditionen. Die Praxis zeigt allerdings, daß auch solche Gemeinden untereinander Kontakt suchen. Oft schließen sie sich mit vergleichbar geprägten Gemeinden zu einem Netzwerk oder einer Arbeitsgemeinschaft zusammen, in dem zwar die Unabhängigkeit und Autonomie der einzelnen Gemeinde erhalten bleibt, jedoch auch gemeinsame Anliegen, Probleme und Entwicklungen untereinander besprochen werden können.

Diese Gemeinden lassen sich größtenteils in folgende Kategorien einordnen:

Unabhängige mennonitische und baptistische Gemeinden sind größtenteils Gemeinden, die durch deutsche Aussiedler gegründet wurden. Sie wurden bereits behandelt (s.o.). *Evangelikale Gemeinden* mit fundamentalistischem Schriftverständnis ohne Einbindung in einen Gemeindebund stehen meist in Verbindung zur *Konferenz für Gemeindegründung*. Mit ihr sind jedoch auch Christen aus verschiedenen Gemeindebünden verbunden.

Charismatische Gemeinden bilden einen erheblichen Anteil der unabhängigen Gemeinden. Eine besondere Gruppe, die zukünftig wohl als eine eigene Konfessionsfamilie zu betrachten sein wird, bilden dabei die *Wort- und Glaubensgemeinden* (s.o.).

Konferenz für Gemeindegründung

Die 1983 gegründete Konferenz für Gemeindegründung ist ein Zusammenschluß von Gemeinden aus konservativ-evangelikalem Hintergrund. Sie sind deutlich evangelistisch ausgerichtet. Zur Zeit ist die Konferenz für Gemeindegründung lediglich ein Netzwerk, in dem neugegründete Gemeinden und gemeindegründende Missionare miteinander verbunden sind. Jährlich wird im November eine zweitägige Konferenz für Gemeindegründer durchgeführt. Daneben werden verschiedene Seminare angeboten. Der 1. Vorsitzende, *Ekkehard Strickert*, Gernsheim, erklärte in einem Bericht 1989:

> *„Die KFG ist kein Dachverband, auch kein neuer Gemeindebund. Deshalb müssen wir auch alle enttäuschen, die bei uns statistische Informationen über Gemeinden anfragen.*
> *Die KFG ist eine lose Vereinigung von Brüdern und Schwestern aus verschiedenen Verbänden, Heimatmissionen, Missionswerken, Freikirchen und freien Gemeinden."* [1]

Namen der Gemeinden sind zum Beispiel *Missionsgemeinde, Biblische Missionsgemeinde, Freikirchliche Gemeinde* und andere. Einige der Gemeinden sowie mehrere Gemeindegründer haben sich inzwischen zur *Arbeitsgemeinschaft für bibeltreue Gemeinden (AfbG)* (s.o.) zusammengeschlossen.

Da die Gemeinden unabhängig sind, kann nicht generell von einer gemeinsamen Lehre der mit der Konferenz für Gemeindegründung verbundenen Gemeinden gesprochen werden. Trotzdem gibt es bestimmte gleichartige Prägungen. Es gibt insgesamt eine Nähe zu den „Offenen Brüdern" (s.o.), die sich auch in einigen Gemeinden in der Abendmahlspraxis niederschlägt.[2] Missionare der *Deutschen Inland Mission,* einer gemeindegründenden Mission der Brüdergemeinden, beteiligen sich an den Konferenzen für Gemeindegründung. Auch darüber hinaus sind Vertreter der Brüderbewegung in der Konferenz engagiert.

Da sich die Gemeinden häufig noch in einer Gründungsphase befinden, in der die Sache eine starke Stellung des Gemeindegründers oder des Gemeindegründungsteams erfordert, ist nicht überall eine feste, geregelte Struktur sichtbar. Langfristig geschieht die Leitung der Gemeinden in der Regel durch Älteste.

Stellung zu Taufe und Abendmahl

Taufe und Abendmahl werden allgemein als symbolisch aufgefaßt. Eine sakramentale Bedeutung der Taufe wird abgelehnt.[3] Die Taufe gilt nicht als zur Aufnahme in die Gemeinde unbedingt notwendig. Sie wird nur an Gläubigen vollzogen. Die Taufpraxis ist nicht überall gleich. So wird zum Beispiel in der *Biblischen Missionsgemeinde* in Aalen die Taufe durch dreimaliges Untertauchen praktiziert, während ansonsten einmaliges Untertauchen eher üblich zu sein scheint.

Verhältnis zu anderen Gemeinden und Kirchen

Grundsätzlich wird eine Einheit der Christen gesehen. Abgelehnt wird jedoch eine organisatorische Einheit.

„Die KFG bekennt sich zur geistlichen, biblischen Einheit aller wahren Christen, ungeachtet der Konfession. Sie distanziert sich aber von Versuchen, organisatorische Einheit christlicher Gruppierungen auf Kosten der biblischen Wahrheit zu produzieren."[4]

Die Gemeinden, die in der Konferenz für Gemeindegründung zusammenarbeiten, haben ein distanziertes Verhältnis zur römisch-katholischen Kirche wie auch zu den evangelischen Landeskirchen und den landeskirchlichen Gemeinschaften.[5]

Zur Pfingstbewegung und zur charismatischen Bewegung wird ebenfalls eine distanzierte Haltung eingenommen.[6] Übernatürliches Handeln Gottes wird nicht ausgeschlossen, „Zeichen und Wunder" werden jedoch in der Regel als Bestandteil des als abgeschlossen betrachteten apostolischen Dienstes gesehen.[7] Der charismatischen Bewegung wird ein im Widerspruch zur Schrift stehendes Verhalten vorgeworfen.

Charismatische Gemeinden

Auch bei charismatischen Gemeindegründungen ist ein Trend zur Unabhängigkeit von Verbänden zu beobachten. Der Religionsstatistiker *David Barrett* gab 1990 den weltweiten Anteil der Charismatiker in unabhängigen Gemeinden mit vierzehn Prozent der Gesamtheit der Charismatiker an.[8] Die theologische Ausprägung, die Definition der Geistestaufe und die Einordnung der Zungenrede oder der Prophetie sind unterschiedlich.

Eine der bekanntesten Gemeinden ist das *Christliche Zentrum Berlin*, 1978 als Zusammenschluß zweier freier Pfingstgemeinden, der *Christlichen Missionsgemeinschaft e.V.* und der *Christlichen Gemeinschaft Charlottenburg e.V.* entstanden. 1982 kaufte die bis dahin am Berliner Nollendorfplatz ansässige Gemeinde eine ehemalige Garnisonskirche, die *Kirche am Südstern* in Kreuzberg. Die Gemeinde hat 654 Mitglieder. Der Gottesdienst wird von etwa 800 Erwachsenen sowie 150 Kindern sonntäglich besucht. Außerdem gibt es Ausländergottesdienste mit 250 Besuchern. Hauptpastor der Gemeinde ist *Peter Dippl*.

In ihrer Selbstdarstellung bekennt sich die Gemeinde zu den altkirchlichen Glaubensbekenntnissen. Alleinige Lehrgrundlage ist die Bibel, die als von Gott eingegeben gilt. Charismata werden als gottgewollt angesehen, sie müssen anhand der Schrift überprüft werden.

Im Christlichen Zentrum Berlin wird Glaubenstaufe praktiziert. Sie ist nicht verpflichtend zur Gemeindemitgliedschaft. Beim Abendmahl wird an eine geistliche Realpräsenz Jesu geglaubt.[9] Nach einer vorgegebenen Form finden Abendmahlsfeiern auch in den Hauskreisen der Gemeinde statt. Die Hauskreisleiter, die die biblischen Einsetzungsworte sprechen, werden zur Feier des Mahles durch den Hauptpastor der Gemeinde beauftragt. Dem Abendmahl kann als Vorbereitung eine Fußwaschung vorausgehen.[10]

Im Gemeindeleben spielt auch Prophetie eine Rolle. Propheten gelten nicht als Leiter, sondern als den Hirten der Gemeinde untergeordnet.[11] Für prophetische Aussagen gilt:

„Da beide, Propheten und Prophezeiungen, niemals vollkommen und unfehlbar sind, dürfen sie niemals mit dem geschriebenen Wort Gottes gleichgesetzt oder gar gegenübergestellt werden. Ganz im Gegenteil! Das ewige Wort Gottes ist der alleinige prüfende Maßstab für die fehlbaren Propheten und Prophezeiungen."[12]

Dreizehnter Teil
Überkonfessionelle Zusammenschlüsse

Ökumenischer Rat der Kirchen

Vom 4. – 10. Juni 1910 fand in Edinburgh die erste Weltmissionskonferenz statt. 1200 Delegierte, von 120 protestantischen Missionsgesellschaften entsandt, kamen hier zusammen. Der weitaus größte Anteil der Teilnehmer stammte aus Europa und Nordamerika.[1] Diese Weltmissionskonferenz in Edinburgh führte zur Gründung des *Internationalen Missionsrates* im Jahre 1921 in Lake Mohonk. Weitere Weltmissionskonferenzen folgten, bis der Internationale Missionsrat 1961 in den Ökumenischen Rat der Kirchen (ÖRK, s.u.) integriert wurde.

1925 wurde in Stockholm die *1. Weltkonferenz für Praktisches Christentum* veranstaltet, 1927 in Lausanne die *1. Weltkonferenz für Glaube und Kirchenverfassung (Faith and Order)*. Die beiden letztgenannten Weltkonferenzen fanden 1948 in Amsterdam zum *Ökumenischen Rat der Kirchen* (ÖRK) zusammen. Delegationen aus 146 Kirchen einigten sich auf eine Verfassung, deren erster Satz lautet:

> *„Der Ökumenische Rat der Kirchen ist eine Gemeinschaft von Kirchen, die unseren Herrn Jesus Christus als Gott und Heiland anerkennen."*[2]

Bei der 1. Vollversammlung 1961 in New Delhi wurde der Internationale Missionsrat in den ÖRK als *Kommission für Weltmission und Evangelisation* integriert. 23 neue Mitgliedskirchen nahm man bei dieser Konferenz in den ÖRK auf, darunter mehrere orthodoxe

Kirchen. In einer nun notwendig gewordenen neuen Verfassung formulierte man als Basis des ÖRK:

> *"Der Ökumenische Rat der Kirchen ist eine Gemeinschaft von Kirchen, die den Herrn Jesus Christus gemäß der Heiligen Schrift als Gott und Heiland bekennen und darum gemeinsam zu erfüllen trachten, wozu sie berufen sind, zur Ehre Gottes, des Vaters, des Sohnes und des Heiligen Geistes."*[3]

Die Entwicklung bis zum Ökumenischen Rat der Kirchen

Weltmissionskonferenz
Edinburgh 1910

Weltmissionsrat
Lake Mohonk 1921
Oxford 1923
Jerusalem 1928
Madras 1938
Whitby 1947
Willingen 1952
Accra 1958

Weltkonferenz für Glaube und Kirchenverfassung

Lausanne 1927
Edinburgh 1937

Amsterdam 1948
1. ÖRK-Konferenz

Neu Delhi 1961
1. Vollversammlung

Bewegung für praktisches Christentum

Evanston 1954

Stockholm 1925
Oxford 1937
Utrecht 1938

Der Bruch mit der evangelikalen Bewegung

1973 fand als Veranstaltung der Kommission für Weltmission und Evangelisation im ÖRK die Weltmissionskonferenz in Bangkok statt. Philipp Potter, bis 1972 Direktor der Kommission für Weltmission und Evangelisation, rief zu einem Bruch mit der Vergangenheit und zu einer Änderung des Missionsverständnisses auf. Statt Konfrontation und Verkündigung sei nun Dialog angesagt.

M.M. Thomas, Vorsitzender des Kontrollausschusses des ÖRK vertrat die Position, bei der christlichen Mission gehe es darum,

„*menschliche Spiritualität zu erlösen, Menschen im Bereich ihrer Fähigkeit zur Selbsttranszendierung zur richtigen Wahl zu verhelfen und letztgültige sinnhafte und geheiligte Strukturen aufzuzeigen. Die christliche Mission interessiert sich für menschliche Spiritualität nicht in ihrer pietistischen oder individualistischen Isolation, sondern in ihrer Beziehung zu und als Ausdruck von den materiellen, sozialen und kulturellen Revolutionen unserer Zeit*".[4]

Nach Bangkok kam es insbesondere auf Grund dieses geänderten Missionsverständnisses zum teilweisen Bruch zwischen Ökumene und Evangelikalen. Nicht zuletzt als Reaktion auf Bangkok kam 1974 das Lausanner Komitee für Weltevangelisation zusammen. Es wurde immer deutlicher, daß es zwischen Ökumene und Evangelikalen entscheidende Unterschiede gibt. Auf einer Pressekonferenz, die am 27. Mai 1989 gemeinsam von der Genfer Abteilung für Weltmission und dem Lausanner Komitee für Weltevangelisation abgehalten wurde, nannte der Delegierte des Lausanner Komitees, Pastor *Cyril Horak* (CFR) deutliche Gegensätze zwischen ÖRK und Evangelikalen beim Namen:

„,*Wir sind uns*', *führte Horak sinngemäß aus*, ,*nicht einig im Blick auf die Autorität der Heiligen Schrift für die Bestimmung unseres missionarischen Auftrages; wir haben eine verschiedene Sicht des Heils, das es in der Evangelisation zu verkünden gilt; wir sind uns nicht eins im Blick auf das Wesen und die Aufgabe der Kirche in der Welt und wir haben eine unterschiedliche Schau vom Ende der Geschichte, von welchem her die Zielsetzung der Mission bestimmt wird.*'"[5]

Eugene Stockwell, als scheidender Direktor der Abteilung für Evangelisation und Weltmission des ÖRK anwesend, stimmte diesen Aussagen zu.

Ein Anlaß der Pressekonferenz waren die beiden 1989 stattfindenden Missionskonferenzen – die Weltmissionskonferenz des ÖRK in San Antonio/Texas und die „Lausanner Konferenz für Weltmission und Evangelisation" in Manila/Philippinen. In San Antonio waren erstmalig auch 20 Vertreter anderer Religionen offiziell eingeladen worden. Eines der Hauptreferate hielt Eugene Stockwell, damals noch Generalsekretär des Weltmissionsrates. Die Auffassung, daß nur durch Jesus Christus die Möglichkeit zum Heil gegeben sei, wurde von ihm in diesem Referat abgelehnt.[6]

Deutliche Differenzen traten auch bei der bisher letzten Vollversammlung des ÖRK vom 07.-20. Februar 1991 in Canberra, Australien, zutage. Die koreanische Theologin *Prof. Chung Hyun Kyung* von der Presbyterianischen Kirche in Südkorea hielt dort eines der Hauptreferate. Unter anderem verglich sie den Heiligen Geist, von ihr immer in der weiblichen Form benannt, mit einer koreanischen Göttin.[7] Die Ansprache begann sie mit einer Anrufung von Geistern verschiedener Märtyrer, angefangen mit Hagar bis zu den Studenten vom Platz des Himmlischen Friedens, von *„den Geistern von Erde, Luft und Wasser"* zu *„unserem Bruder Jesus, gepeinigt und getötet am Kreuz".*[8] Dies wurde als praktische Religionsvermischung verstanden und insbesondere von orthodoxen und evangelikalen Teilnehmern kritisiert.

Die Konvergenzerklärung der Kommission für Glauben und Kirchenverfassung des Ökumenischen Rates der Kirchen („Lima Dokument")

Ein Ergebnis der jahrzehntelangen Bemühungen der 1927 gegründeten Bewegung für Glaube und Kirchenverfassung (s.o.) war die 1982 in Lima/Peru beschlossene Konvergenzerklärung zu *Taufe –*

Eucharistie – Amt. Begonnen wurde die Arbeit an dem Dokument 1967 von *Max Thurian* (Taizé, Frankreich). Bei den Konferenzen der Kommission für Glauben und Kirchenverfassung in Accra (1974), Bangalore (1978) und Lima wurden die Texte diskutiert. In Accra leitete man Entwürfe an die Mitgliedskirchen weiter, auf die rund hundert der Kirchen reagierten. Diese Stellungnahmen wurden bei der Neufassung berücksichtigt.[9]

In Lima wurde 1982 dann eine vorläufige Endfassung vorgelegt.

Die Texte haben nicht das Ziel einer vollständigen dogmatischen Darlegung der Themen. Der Text

„möchte Teil einer treuen und adäquaten Widerspiegelung der gemeinsamen christlichen Tradition in wesentlichen Elementen der christlichen Gemeinschaft werden. Bei dem Prozeß des Zusammenwachsens in gegenseitigem Vertrauen müssen die Kirchen diese lehrmäßigen Konvergenzen Schritt für Schritt entwickeln, bis sie schließlich in der Lage sind, gemeinsam zu erklären, daß sie in Gemeinschaft miteinander und in der Kontinuität mit den Aposteln und den Lehren der universalen Kirche leben."[10]

Deswegen wird festgestellt:

„Der angenommene Text konzentriert sich absichtlich auf diejenigen Aspekte des Themas, die sich unmittelbar oder mittelbar auf Probleme der gegenseitigen Anerkennung, die zur Einheit führt, beziehen."[11]

Der Text wurde und wird nicht als abgeschlossen betrachtet, sondern soll zu Reaktionen herausfordern. Er ist nicht in irgendeiner Form bindend für die Mitgliedskirchen. Letztlich bleibt er also ein Arbeitstext, wenn auch in fortgeschrittenem Stadium. Die Kommission für Glaube und Kirchenverfassung überschreitet in ihrer Zusammensetzung die Grenzen der ÖRK-Mitgliedskirchen. So gehören der 120köpfigen Kommission zur Zeit zwölf Theologen an, die vom Einheitssekretariat der römisch-katholischen Kirche in Rom entsandt wurden sowie einige adventistische Theologen.[12]

Auf der Basis des Textes wurde eine Liturgie entwickelt, die am 15. Januar 1982 erstmals zu einer gemeinsamen Abendmahlsfeier in Lima gebraucht wurde. Im Juli 1982 wurde sie bei einem Treffen des Zentralkomitees des ÖRK verwandt. 1983 war sie einer der Höhepunkte der ÖRK-Vollkonferenz in Vancouver/Kanada.

Das Lima-Dokument zur Taufe

Taufe wird als Eingliederung in Christus und seinen Leib verstanden.[13] Über ihre Bedeutung wird erklärt:

> *„Taufe ist Teilhabe an Christi Tod und Auferstehung (Röm. 6,3-5; Kol. 2,12); Reinwaschung von Sünde (1. Kor. 6,11); eine neue Geburt (Joh. 3,5); Erleuchtung durch Christus (Eph. 5,14); Anziehen Christi (Gal. 3,27); Erneuerung durch den Geist (Tit. 3,5); die Erfahrung der Rettung aus dem Wasser (1. Petr. 3,20-21); Exodus aus der Knechtschaft (1. Kor. 10,1-2) und Befreiung zu einer neuen Menschheit, in der die trennenden Mauern der Geschlechter, der Rassen und des sozialen Standes überwunden werden (Gal. 3,27-28; 1. Kor. 12,13)."*[14]

Es wird festgestellt, daß Taufe *„Sündenbekenntnis und Bekehrung des Herzens in sich"* schließt.[15] Durch sie geschieht Reinigung von der Sünde und Rechtfertigung.[16] Die gemeinsame christliche Taufe gilt als *„Band der Einheit"*.[17]

> *„Wenn die Einheit der Taufe in einer, heiligen, katholischen und apostolischen Kirche realisiert wird, kann ein echtes christliches Zeugnis abgelegt werden für die heilende und versöhnende Liebe Gottes. Daher ist unsere Taufe in Christus ein Ruf an die Kirchen, ihre Trennungen zu überwinden und ihre Gemeinschaft sichtbar zu manifestieren."*[18]

Der Taufe wird auch ein eschatologischer Aspekt zugesprochen. Sie *„führt in die Wirklichkeit des neuen Lebens ein"* und *„gewährt Teilhabe an der Gemeinschaft des Heiligen Geistes"*.[19]

Für die Diskussion bedeutsam ist auch der Abschnitt über die Taufpraxis. Erst hier, nicht im theologischen Teil, wird die Frage nach dem Ort der Taufe und ihrem auch zeitlichen Verhältnis zu Bekehrung und Glaube gestellt. Taufe *„nach einem persönlichen Glaubensbekenntnis"* wird als *„die in den neutestamentlichen Schriften am eindeutigsten belegte Praxis"* gesehen.[20] In der Frage nach Kinder- oder Gläubigentaufe wird jedoch versucht, bestehende Unterschiede zu relativieren:

> *„Der Unterschied zwischen Säuglings- und Gläubigentaufe wird weniger scharf, wenn man anerkennt, daß beide Formen der Taufe*

Gottes eigene Initiative in Christus verkörpern und eine Antwort des Glaubens, die innerhalb der Gemeinschaft der Glaubenden gegeben wird, zum Ausdruck bringen."[21]

Es wird aufgefordert, jegliche „*Praxis, die als ‚Wieder-Taufe' ausgelegt werden könnte*" zu vermeiden. Dies trifft wohl vor allem Freikirchen, die in den meisten Fällen eine Kindertaufe aus theologischen und praktischen Gründen nicht als Taufe anerkennen. Diese Praxis wird als Infragestellung der „*sakramentalen Integrität*" der Volkskirchen aufgefaßt.[22]

Eucharistie im Lima-Dokument

Das Abendmahl wird als Sakrament beschrieben. Christus gewährt in ihm Gemeinschaft mit sich selbst, Gott handelt an denen, die das Mahl empfangen. Ähnlich wie in dem Abschnitt über die Taufe gewinnt auch hier die Handlung selbst ein großes Gewicht. Die Teilnahme an der Eucharistie bewirkt das Einssein mit Christus und untereinander,[23] durch die Eucharistie „*durchdringt die alles erneuernde Gnade Gottes die menschliche Person und Würde und stellt sie wieder her*".[24] Zu Protesten und Gegenrede führt diese Abendmahlsauffassung vor allem bei nichtsakramentalistischen Freikirchen[25] und auch bei weiten Teilen der evangelikalen Bewegung.

Das Amt im Lima-Dokument

Da hier in den Mitgliedskirchen des ÖRK ein weites Spektrum an Positionen existiert, wird dieser Abschnitt sehr differenziert behandelt. Der Abschnitt ist der längste des Dokumentes und beschreibt die Vielfalt des Amtsverständnisses ausführlich, greift dabei auch Fragen wie die Ordination von Frauen auf. Eine apostolische Sukzession wird als gegeben betrachtet,[26] Kirchen, in denen sie nicht praktiziert wird, werden ermutigt, „*die bischöfliche Sukzession als ein Zeichen der Apostolizität des Lebens der ganzen Kirche zu akzeptieren*".[27]

ÖRK weltweit und in Deutschland

1991 hatte der ÖRK 317 Mitgliedskirchen in über 100 Ländern. Ihnen gehören 400 Millionen Menschen an. Neben diesen 400 Millionen Menschen gehören weitere 260 Millionen Protestanten keinem vergleichbaren Dachverband an, 40 Millionen gehören zu Kirchen, die mit dem theologisch konservativ geprägten Internationalen Rat Christlicher Kirchen (ICCC, s.u., Überkonfessionelle Strömungen, Fundamentalismus) verbunden sind. 100 Millionen Protestanten gehören zur *Weltweiten Evangelischen Allianz*.[28]

In Deutschland gehören die einzelnen Mitgliedskirchen der EKD, die Herrnhuter Brüdergemeine, das Katholische Bistum der Altkatholiken, die Vereinigung der Deutschen Mennonitengemeinden und die Evangelisch-methodistische Kirche dem ÖRK an.

Arbeitsgemeinschaft Christlicher Kirchen in Deutschland

Die Arbeitsgemeinschaft Christlicher Kirchen in Deutschland (ACK) wurde 1948 in der BRD gegründet. Die Gründungsmitglieder waren die EKD, die Altkatholische Kirche sowie fünf Freikirchen. In der DDR entstand 1969 die „Arbeitsgemeinschaft christlicher Kirchen in der DDR". 1991 kam es zu einer Vereinigung und einer neuen Satzung. Gemäß der Satzung bekennen die in der ACK zusammengeschlossenen Kirchen

> „... den Herrn Jesus Christus gemäß der Heiligen Schrift als Gott und Heiland und trachten darum, gemeinsam zu erfüllen, wozu sie berufen sind, zur Ehre Gottes, des Vaters, des Sohnes und des Heiligen Geistes".[29]

Zu den Aufgaben der ACK gehört unter anderem die Förderung des theologischen Gespräches, um die Beziehungen der Kirchen zu vertiefen. Sie ist aber auch eine Ebene, auf der sich Kirchen bei Meinungsverschiedenheiten treffen können.

Die ACK gehört nicht dem ÖRK (s.o.) an. Die Mitgliedskirchen haben die Stellung zum ÖRK unterschiedlich geregelt. Ohne finanzielle Verpflichtungen dem ÖRK gegenüber entsendet die ACK jedoch einen Berater in den Zentralausschuß und die Vollversammlung des ÖRK.[30]

Der ACK gehören folgende Mitgliedskirchen an:
Evangelische Kirche in Deutschland, Römisch-katholische Kirche (Deutsche Bischofskonferenz – Verband der deutschen Diözesen), Griechisch-Orthodoxe Metropolie von Deutschland, Russische Orthodoxe Kirche in Deutschland (Moskauer Patriarchat), Syrisch-Orthodoxe Kirche von Antiochien, Katholisches Bistum der Altkatholiken, Bund Evangelisch-Freikirchlicher Gemeinden, Evangelisch-methodistische Kirche, Arbeitsgemeinschaft Mennonitischer Gemeinden in Deutschland, Europäisch-Festländische Brüder-Unität, Evangelisch-altreformierte Kirche in Niedersachsen, Heilsarmee in Deutschland.

Einen Antrag auf Vollmitgliedschaft haben außerdem die Selbständig Evangelisch-Lutherische Kirche und die Koptische Orthodoxe Kirche in Deutschland gestellt.

Gastmitglieder sind der Bund Freier Evangelischer Gemeinden, der Christliche Gemeinschaftsverband Mülheim/Ruhr, die Gemeinschaft der Siebenten-Tags-Adventisten und das Apostelamt Jesu Christi.

Die Gesellschaft der Freunde (Quäker) beantragte einen Status als Beobachter.

Arbeitsgemeinschaft Christlicher Kirchen in der Schweiz (ACK)

In der Schweiz gehören der ACK die römisch-katholische Kirche, der Schweizerische Evangelische Kirchenbund, die Heilsarmee, der Bund der Baptistengemeinden und die Evangelisch-methodistische Kirche an.

Evangelische Allianz

Die Evangelische Allianz wurde 1846 in London gegründet. Über 800 Vertreter aus den USA, Kanada, England, Wales, Schottland, Irland, Frankreich, der Schweiz, den Niederlanden, aus Deutschland und den skandinavischen Ländern kamen hier zusammen. Sie waren nicht offizielle Vertreter ihrer Kirchen, sondern Menschen, die in den 52 Gruppen, Kirchen und Gemeinschaften, aus denen sie kamen, einen Einfluß ausübten.[31] Aus Deutschland kamen unter anderem *Chr. Gottl. Barth* vom *Calwer Verlagsverein*, *Professor Tholuck* aus Halle, *Pastor Friedrich Wilhelm Krummacher* aus Elberfeld und *Johann Gerhard Oncken* (s. o., Baptisten).

Ein weltweiter Zusammenschluß wurde in London angedacht. In den in der Basis der Evangelischen Allianz dargestellten Lehrfragen herrschte von vornherein Einmütigkeit. Die britischen Vertreter forderten jedoch einen Passus in der Satzung, nach dem ein Sklavenhalter nicht Mitglied der Evangelischen Allianz werden konnte. Angesichts der tiefgehenden Uneinigkeit über diese Frage im eigenen Land wollten die amerikanischen Vertreter dies jedoch nicht bejahen. Es blieb darum bei der Empfehlung, nationale Allianzen zu gründen und miteinander Kontakte zu pflegen.[32]

Heute gibt es in Deutschland, Österreich und der Schweiz und zahlreichen weiteren europäischen Staaten Evangelische Allianzen. Die nationalen Allianzen sind zusammengeschlossen in der *Europäischen Evangelischen Allianz*. Zu Recht bezeichnet sich die Evangelische Allianz selbst als *„der am längsten bestehende Zusammenschluß evangelisch gesinnter Christen verschiedener Gruppen- und Gemeindezugehörigkeiten".*[33] In ihrem Glaubensbekenntnis bekennt sich die Evangelische Allianz zur

> *„... göttlichen Inspiration der Heiligen Schrift, ihrer völligen Zuverlässigkeit und höchsten Autorität in allen Fragen des Glaubens und der Lebensführung."*

Die Betonung der evangelikalen Bewegung liegt auf der persönlichen Hingabe des einzelnen an Christus und die durch Gott bewirkte Wiedergeburt. So heißt es in dem Bekenntnistext der Evangelischen Allianz:

„Wir bekennen uns zum Werk des Heiligen Geistes, welcher Bekehrung und Wiedergeburt des Menschen bewirkt, im Gläubigen wohnt und ihn zur Heiligung befähigt."

Evangelische Allianz in Deutschland

Auf Anregung von *Gottfried Wilhelm Lehmann* (s.o. Baptismus) wurde 1851 als erster deutscher Zweig der norddeutsche Zweig der Evangelischen Allianz in Berlin gegründet. 1857 tagte in Berlin die internationale Allianz-Konferenz unter Schirmherrschaft des preußischen Königs. Danach bildeten sich 1858 und 1859 Allianz-Zweige im Rheinland und in Württemberg. Unter Vorsitz von *Theodor Christlieb* (s.o., Gnadauer Verband) wurde 1880 das westdeutsche Allianz-Komitee ins Leben gerufen.34 Die einzelnen Zweige blieben vorerst selbständig. Nach der Welt-Allianz-Versammlung im Jahre 1891 kam es 1893 auf Initiative der Berliner Allianz zu einem Zusammenschluß.

1898 entstanden zwei weitere Zweige der Allianz in Süd- und Norddeutschland. Eine erste gesamtdeutsche Allianz-Konferenz fand 1898 in Essen statt.

Bereits 1886 hatte es in *Bad Blankenburg* eine erste überregionale Allianz-Konferenz mit allerdings nur 28 Teilnehmern auf Initiative von *Anna Thekla von Weling* gegeben.35 Ab 1895 wuchs die Teilnehmerzahl rapide an. 1898 wurde eine eigene Konferenzhalle in Bad Blankenburg errichtet, 1906 eine neue, größere Halle, die mehrere Tausend Menschen faßte. Trotz der Teilung Deutschlands blieb die Teilnehmerzahl der Bad Blankenburger Allianzkonferenzen bei der 1936 erreichten Zahl von 5000 Teilnehmern. In der Bundesrepublik fanden nach der Teilung Deutschlands Allianzkonferenzen in der Siegener Hammerhütte statt.

1991 trat die westdeutsche Evangelische Allianz dem ostdeutschen Dachverband wieder bei.

Nach Öffnung der Grenzen hatten auch die Christen aus der ehemaligen DDR die Möglichkeit, am großen Angebot evangelikaler Konferenzen und evangelistischer Veranstaltungen in den alten Bundesländern und an den vielfältigen Bibelfreizeitangeboten aus den alten Bundesländern, in anderen Ländern Europas und darüber hinaus teilzunehmen. Dies führte auch dazu, daß die Bad Blankenburger Konferenzen nicht mehr die einzigartige Stellung wie früher hatten – zu Zeiten der DDR war die Bad Blankenburger Allianzkonferenz die am stärksten besuchte regelmäßig stattfindende kirchliche Konferenz – mit dem Erfolg, daß die Teilnehmerzahl auf etwa 3 500 Menschen sank.[36]

Die Deutsche Evangelische Allianz ist kein Kirchenbund, sondern eine Vereinigung einzelner Personen.

In Deutschland gibt es 1500 Ortsallianzen. Durch sie werden etwa 1,3 Millionen evangelikale Christen repräsentiert.[37] Die Deutsche Evangelische Allianz wird von einem 45köpfigen Hauptvorstand geleitet. Vorsitzender der Evangelischen Allianz ist *Dr. Rolf Hille,* Tübingen.

In Verbindung mit der Evangelischen Allianz gibt es 226 Werke[38] mit unterschiedlich enger Anbindung zur Evangelischen Allianz. Zum einen gibt es verschiedene Werke, die auf die Initiative des Hauptvorstandes der Evangelischen Allianz gegründet wurden. Dazu gehören unter anderem die *Arbeitsgemeinschaft evangelikaler Missionen,* ein Zusammenschluß von 51 evangelikalen Missionen und Ausbildungsstätten; die *Arbeitsgemeinschaft für Ausländermission;* der *Arbeitskreis für evangelikale Missiologie* und der *Arbeitskreis für evangelikale Theologie e.V.; Hilfe für Brüder e.V.,* ein Hilfswerk, das in Ländern der Dritten Welt soziale und diakonische Arbeit, vor allem aber auch theologische Ausbildung, Gemeindebau und missionarische Aktionen unterstützt; der *Informationsdienst der Evangelischen Allianz e.V. (IDEA);* die *Konferenz Evangelikaler Publizisten (KEP);* der *Ring missionarischer Jugendbewegungen,* ein Zusammenschluß von über dreißig freien Missionswerken; der *Christus für alle-Filmdienst (CFA); Christliche Fachkräfte International (CFI);* die *Christliche Medien-Akademie (cma);* der *Evangeliums-Rundfunk* und die *Arbeitsgemeinschaft Soldatenseelsorge e.V.*

Neben diesen Werken gibt es Werke, die eine bewußte Zusammenarbeit mit der Evangelischen Allianz wünschen und deren Glaubensbasis bejahen; die *Werke auf der Basis der Evangelischen Allianz.* Eine dritte Gruppe sind Werke und Verbände, die nicht die theologische Basis der Evangelischen Allianz haben, aber eine ähnliche Zielsetzung verfolgen.[39]

In der Vergangenheit nahm die deutsche evangelische Allianz eine relativ distanzierte Haltung gegenüber der Pfingstbewegung ein. Inzwischen gibt es jedoch auch in verschiedenen deutschen Ortsallianzen eine Zusammenarbeit mit pfingstkirchlichen oder charismatischen Gruppierungen. 1992 veröffentlichte die DEA eine offizielle Stellungnahme zu den pfingstkirchlichen Gruppen und zur charismatischen Bewegung. Darin wird eine Bereitschaft zum Miteinander signalisiert:

„Weil der Heilige Geist uns im Leib Jesu Christi verbindet und die geschwisterliche Liebe in uns weckt, suchen wir in der Evangelischen Allianz die Gemeinschaft mit allen, die sich zu Jesus als ihrem Herrn bekennen und die die Verbundenheit in ihm wichtiger nehmen als die besonderen Ausprägungen ihrer Lehre und Frömmigkeit."[40]

Eine Bindung des Heiligen Geistes an die Bibel wird betont. Eine Begrenzung mancher Geistesgaben auf eine frühchristliche Zeit wird im Grunde mit folgender Formulierung verneint:

„Der ganze Reichtum der Gaben, die der Heilige Geist uns zum Dienst in der Gemeinde schenkt, soll gelehrt und gelebt werden. Die Heilige Schrift weist uns auf rechten Gebrauch und auf Mißbrauch hin."[41]

Einige Erscheinungen und Lehren, die in manchen pfingstkirchlichen und charismatischen Kreisen auftreten und auch dort zum Teil scharfe Kritik erfahren, werden deutlich abgelehnt:

„Von der Bibel her lehnen wir ab:
– das ‚Lachen im Geist';
– das Umfallen unter angeblicher Einwirkung des Heiligen Geistes;
– die Lehre, daß die Zungenrede für jeden Gläubigen der Erweis der Erfüllung mit dem Heiligen Geist sei;
– die Lehre, daß jeder geheilt werden soll, wenn er nur richtig glaubt;
– die Lehre, daß der Heilige Geist in jedem Fall Leben im Wohlstand bewirkt."[42]

Schweizerische Evangelische Allianz

Die erste Allianzsektion in der Schweiz wurde 1847 gegründet. Ihr erster Sekretär war Henri Dunant, durch den auch das Rote Kreuz gegründet wurde. In der Schweiz ist die Evangelische Allianz (SEA) in 99 deutsch- und französischsprachige Sektionen geteilt.[43] Über 75 Sektionen sind in der deutschsprachigen Schweiz. Die SEA hat ebenfalls verschiedene Arbeitsgemeinschaften, zum Beispiel eine *Arbeitsgemeinschaft Diakonie,* die *Arbeitsgemeinschaft für biblisch erneuerte Theologie* und die *Arbeitsgemeinschaft Glaube und Behinderung.*

Die Schweizerische Evangelische Allianz kennt als Glaubensbasis des Bekenntnis der Europäischen Evangelischen Allianz und die Lausanner Verpflichtung von 1974. Die Pfingstkirchen sind in der Schweiz mit der Evangelischen Allianz verbunden.

Evangelische Allianz in Österreich

Die österreichische Evangelische Allianz repräsentiert etwa 30 000 Christen. Sie hat den Status eines eingetragenen Vereins.

Europäische Evangelische Allianz

Die *Europäische Evangelische Allianz (EEA)* wurde 1952 gebildet. Ihr sind 22 Länderallianzen angeschlossen, darunter seit 1993 auch die rumänische und die albanische Evangelische Allianz. Präsident der Europäischen Evangelischen Allianz ist *Willi Sartorius,* Klosters/Schweiz. Generalsekretär der Europäischen Evangelischen Allianz ist *Stuart McAllister.*

Anlaß zur Gründung der Europäischen Evangelischen Allianz war das Scheitern der Mitgliedschaft verschiedener Europäischer Nationalverbände in der *World Evangelical Fellowship* (WEF, s.u.).

Sie sahen sich nicht in der Lage, das Glaubensbekenntnis der WEF zu unterschreiben, und zwar wegen des Wortes „infallible" (unfehlbar) in der Bekenntnisaussage zur Bibel.[44] Die Allianzen, die dem WEF nicht beigetreten waren, darunter auch die Deutsche Evangelische Allianz, trafen sich 1952 in Siegen zur Gründung der Europäischen Evangelischen Allianz als einer von der WEF vollkommen unabhängigen Organisation.

1965 veröffentlichte die EEA, veranlaßt durch die zunehmende liberale Theologie, ein Bekenntnis zur Heiligen Schrift, in dem zwar nicht von einer Irrtumslosigkeit und Unfehlbarkeit der Heiligen Schrift die Rede war, jedoch eine deutliche Abgrenzung gegenüber liberalen Wegen der Schriftauslegung, insbesondere dem existentialen Ansatz Rudolf Bultmanns, geschah.[45] Dieses Bekenntnis wurde der WEF 1968 in Lausanne vorgelegt. Die WEF erkannte daraufhin die Glaubensgrundlage der EEA an. Gleichzeitig wurde deutlich gemacht, daß der Begriff „Unfehlbarkeit" keine Diktatinspiration bedeutet.[46] So wurde die EEA 1968 schließlich doch Mitglied der WEF.[47]

Schwerpunkte der Evangelischen Allianz

Einheit der Christen
Eine wichtige Aufgabe der Evangelischen Allianz ist die Betonung der Einheit der Christen aus unterschiedlichen Denominationen und Gruppen.[48] Die Allianz sieht die Einheit wiedergeborener Christen als bestehend an. Die Gläubigen insgesamt sind der Leib Christi. Dies bedeutet nicht eine Aufhebung der Konfessionen. Der Generalsekretär der Deutschen Evangelischen Allianz, *Hartmut Steeb*, stellt fest:

> *„Der Evangelischen Allianz liegt nicht in erster Linie an einer Überwindung der Konfessionen. Jeder darf seine Glaubensheimat nach seinen Erkenntnissen gestalten. Es gibt aber eine innere Überwindung konfessioneller Grenzen, die die Einheit der Kinder Gottes über alle Grenzen hinaus erkennt und schätzt."*[49]

In der Glaubensbasis der Evangelischen Allianz heißt es:

"Wir bekennen uns zum Priestertum aller Gläubigen, die die weltweite Gemeinde bilden, den Leib, dessen Haupt Christus ist, und die durch seinen Befehl zur Verkündigung des Evangeliums in aller Welt verpflichtet ist."

Hartmut Steeb beschreibt die äußeren Erscheinungsformen, in denen diese Einheit zum Ausdruck kommt:

"Die Einheit der Christen in der Bewegung der Evangelischen Allianz richtet sich von Anfang an darauf, daß sich Christen gemeinsam vor Jesus im Gebet einfinden (Allianzgebetswoche), gemeinsam den Glauben an Jesus Christus bezeugen (Allianzevangelisationen) und das Leben in der Nachfolge Jesu Christi proklamieren (Glaubenskonferenzen)."[50]

Die Allianz-Gebetswoche

Die bedeutendste Veranstaltung der Evangelischen Allianz ist die sogenannte Allianz-Gebetswoche. Sie wurde zum erstenmal 1847 durchgeführt. Ziel war es, Gott um Führung und Weisheit in Fragen wie der Sklaverei zu bitten. Aus dieser Gebetswoche wurde ein alljährliches Ereignis. 1858 wurde zum erstenmal ein weltweiter Aufruf zum Gebet gemacht.[51]

1994 nahmen in Deutschland 700 000 Christen an der Allianz-Gebetswoche teil. Die Zahl der Teilnehmer aus pfingstkirchlichen und charismatischen Gemeinden wächst in den letzten Jahren. Vereinzelt beteiligen sich auch Katholiken und Adventisten. In Mainz predigte 1994 der römisch-katholische Weihbischof *Franziskus Eisenbach* im Abschlußgottesdienst der Allianz-Gebetswoche.

In der Schweiz nahmen 1994 50 000 Menschen an der Gebetswoche teil, in Österreich waren es 2 500.

Mission

Die Allianz hebt die Notwendigkeit der Weltmission hervor.[52]

Schriftverständnis

Die Allianz bekennt sich in der 1970 in englischer und 1972 in deutscher Sprache neu formulierten Glaubensgrundlage *"zur göttlichen*

Inspiration der Heiligen Schrift, ihrer völligen Zuverlässigkeit und höchsten Autorität in allen Fragen des Glaubens und der Lebensführung".[53] Sie möchte sich dabei *"nicht an eine bestimmte Inspirationslehre binden".*[54]

Rechtfertigung, Heiligung und Wiedergeburt
Rechtfertigung geschieht allein durch die Gnade Gottes. Gott rechtfertigt auf Grund *"des Glaubens an Jesus Christus, der gekreuzigt wurde und von den Toten auferstanden ist".*[55] Der Heilige Geist bewirkt in dem Gläubigen Bekehrung und Wiedergeburt und befähigt ihn zur Heiligung.[56]

Weltweite Evangelische Allianz

Die *World Evangelical Fellowship,* die in Deutschland den Namen *Weltweite Evangelische Allianz* trägt, wurde 1951 in Woudschoten in den Niederlanden gegründet. Das Hauptquartier befindet sich in Singapur. Nationale Evangelische Allianzen sind nicht automatisch unter dem Dach der World Evangelical Fellowship. Sie ist eine den evangelischen Allianzen vergleichbare, jedoch weltweite Organisation Evangelikaler.

In der *Weltweiten Evangelischen Allianz* arbeiten heute über 90 Länderallianzen zusammen.

Das seit 1951 unverändert bestehende Glaubensbekenntnis der Weltweiten Evangelischen Allianz beschreibt die Inspiration der Bibel anders als die Glaubensbasis der Evangelischen Allianz (s. o., Europäische Evangelische Allianz). Der entsprechende Abschnitt lautet:

"Wir glauben an die Heiligen Schriften wie sie ursprünglich von Gott gegeben wurden, göttlich inspiriert, unfehlbar, in ihrer Gesamtheit vertrauenswürdig; und die höchste Autorität in allen Fragen des Glaubens und der Lebensführung ..."[57]

Inhaltlich unterscheidet sich diese Bekenntnisaussage von dem älteren Bekenntnis der Evangelischen Allianz durch das Wort

„unfehlbar". Die Inspiration der Bibel wird hier also enger definiert als in dem Bekenntnis der Deutschen Evangelischen Allianz und auch dem Bekenntnis der Evangelischen Allianz von 1846. Es ist jedoch davon auszugehen, daß auch 1846 die meisten Delegierten von einer Verbalinspiration ausgingen.[58]

Lausanner Komitee für Weltevangelisation

1974 kamen in Lausanne/Schweiz 3700 evangelikale Leiter zusammen, um über eine intensivere Zusammenarbeit im Bereich der Mission und Weltevangelisation zu diskutieren. Initiator des Treffens war der Evangelist *Billy Graham*. Als Folge des Kongresses entstand das *Lausanner Komitee für Weltevangelisation*.

In einer Zeit, in der aus den Reihen des ÖRK ein Missionsstop gefordert wurde mit dem Ziel, den einheimischen Kirchen eine stärkere Selbständigkeit zu vermitteln, wurden in Lausanne Tausende ethnischer Gruppen identifiziert, die noch keinen Kontakt zum Christentum hatten. Der Auftrag der Kirche, unerreichten Völkern das Evangelium zu bringen, wurde neu definiert.[59] Als Folge des Kongresses entstanden zahlreiche Nationale Komitees, in der Regel in Verbindung mit den nationalen Evangelischen Allianzen.

Am Ende der Konferenz wurde eine Erklärung („Lausanner Verpflichtung") veröffentlicht, die die Priorität der Evangelisation hervorhob. Wesentlich an dem Entwurf der Verpflichtung beteiligt war der britische Theologe *Dr. John Stott*. Die Lausanner Verpflichtung wird mit folgendem Bekenntnis, das eine deutliche Bejahung der Evangelisation enthält, eröffnet:

„Wir, die Glieder der Gemeinde Jesu Christi aus mehr als 150 Nationen, Teilnehmer am Internationalen Kongreß für Weltevangelisation in Lausanne, loben Gott, weil er sein Heil geschenkt hat, und freuen uns an der Gemeinschaft, die Er uns mit Ihm und untereinander schenkt. Gottes Wirken in unserer Zeit bewegt uns tief. Unser Versagen führt uns zur Buße. Die unvollendete Aufgabe der Evangelisation fordert uns heraus. Wir glauben, daß das Evangelium Gottes gute Nachricht für die ganze Welt ist. Durch seine Gnade sind wir entschlossen, dem Auftrag Jesu Christi zu gehorchen, indem wir Sein Heil der ganzen Menschheit verkündigen, um alle Völker zu Jüngern zu machen. Darum wollen wir unseren Glauben und unseren Entschluß bekräftigen und unserer Verpflichtung öffentlich Ausdruck geben."[60]

Die Bibel in der Lausanner Verpflichtung
Die Lausanner Verpflichtung enthält ein deutliches Bekenntnis zur Inspiration und zur Autorität der Bibel. Darin heißt es unter anderem:

> *„Wir bekräftigen die göttliche Inspiration, die gewißmachende Wahrheit und Autorität der alt- und neutestamentlichen Schriften in ihrer Gesamtheit als das einzige geschriebene Wort Gottes. Es ist ohne Irrtum in allem, was es verkündigt, und ist der einzige unfehlbare Maßstab des Glaubens und Lebens."*[61]

Die Definition der Evangelisation
Evangelisation wird in der Verpflichtung folgendermaßen definiert:

> *„Evangelisieren heißt, die gute Nachricht zu verbreiten, daß Jesus Christus für unsere Sünden starb und von den Toten auferstanden ist nach der Schrift und daß Er jetzt die Vergebung der Sünden und die befreiende Gabe des Geistes all denen anbietet, die Buße tun und glauben. ... Das Ergebnis der Evangelisation schließt Gehorsam gegenüber Jesus Christus, Eingliederung in Seine Gemeinde und verantwortlichen Dienst in der Welt ein."*[62]

Als Werkzeug zur Durchführung der Evangelisation wird die Gemeinde gesehen.[63] Dabei wird als Ziel Gottes die sichtbare Einheit der Gemeinde erklärt.[64]

Soziale Verantwortung
Die Lausanner Verpflichtung beinhaltet neben der Verpflichtung zur Evangelisation auch die Verpflichtung, den sozialen Auftrag der christlichen Kirche zu erfüllen. Unter anderem heißt es in diesem Teil der Verpflichtung:

> *„Da die Menschen nach dem Ebenbild Gottes geschaffen sind, besitzt jedermann, ungeachtet seiner Rasse, Religion, Farbe, Kultur, Klasse, seines Geschlechts oder Alters, eine angeborene Würde. Darum soll er nicht ausgebeutet, sondern anerkannt und gefördert werden. Wir tun Buße für dieses unser Versäumnis und dafür, daß wir manchmal Evangelisation und soziale Verantwortung als gegenseitig sich ausschlie-*

ßend angesehen haben. Versöhnung zwischen Menschen ist nicht gleichzeitig Versöhnung mit Gott, soziale Aktion ist nicht Evangelisation, politische Befreiung ist nicht Heil. Dennoch bekräftigen wir, daß Evangelisation und soziale wie politische Betätigung gleichermaßen zu unserer Pflicht als Christen gehören."[65]

Manila

Ein zweiter Kongreß fand 1989 in Manila auf den Philippinen statt. In Deutschland fand die hier sichtbare größere Öffnung gegenüber der charismatischen Bewegung auch Kritiker.

In dem *Manifest von Manila* wurde die Lausanner Verpflichtung erneut als Grundlage der Zusammenarbeit in der Lausanner Bewegung bekräftigt.[66]

Literatur

Taufe, Eucharistie und Amt. Konvergenzerklärung der Kommission für Glauben und Kirchenverfassung des Ökumenischen Rates der Kirchen. Frankfurt: Otto Lembeck. Paderborn: Bonifatius Druckerei, 1982.

Meyer, Harding. Papandreou, Damaskinos. Urban, Hans Jörg. Vischer, Lukas (Hrsg.). *Dokumente wachsender Übereinstimmung.* Band 1. 2. neubearb. Aufl. Paderborn: Bonifatius Druck Buch Verlag. Frankfurt/Main: Verlag Otto Lembeck. 1991.

Howard, David M. *The dream that would not die. The birth and growth of the World Evangelical Fellowship 1846-1986.* Grand Rapids: Baker Book House, 1986.

Deutsche Evangelische Allianz. *Die Deutsche Evangelische Allianz stellt sich vor.* Stuttgart: o.J.

VIERZEHNTER TEIL
Überkonfessionelle Strömungen

Es gibt neben den dargestellten Denominationen verschiedene Strömungen, die nicht allein durch die Darstellung einer Denomination oder einer konfessionsübergreifenden Organisation zu beschreiben sind. Drei dieser Strömungen, die in den vorangegangenen Kapiteln bereits mehrfach erwähnt wurden, sollen hier nun kurz angesprochen werden.

Fundamentalisten und Evangelikale

Evangelikale vertreten eine traditionelle Theologie. Die christlichen Bekenntnisaussagen, wie sie zum Beispiel im Apostolischen Glaubensbekenntnis zum Ausdruck kommen, sind selbstverständlicher Bestandteil ihres Glaubens. Sie werden in dem Sinne verstanden, wie es die Christenheit von Anbeginn an verstanden hat – als tatsächliche historisch und sachlich wahre Aussagen. Evangelikale erkennen die Bibel als ihre höchste und letzte Autorität in allen Fragen des Glaubens und der Lebensführung an. Wer sich als „evangelikal" bezeichnet, hat in der Regel eine religiöse Bekehrung („Wiedergeburt") erlebt und hat grundsätzlich Interesse daran, andere ebenfalls zu dieser Bekehrung zu führen.[1] Der Begriff „evangelikal" selbst ist die Eindeutschung des englischen

Wortes „evangelical", das in englischsprachigen Ländern eine Bedeutung hatte wie im deutschsprachigen Raum ursprünglich das Wort „evangelisch". Es steht nicht für eine bestimmte Kirche, sondern beschreibt den Wunsch, den ursprünglichen, orthodoxen Glauben der christlichen Kirche auszuleben und zu lehren.[2] Dies war das Anliegen des Pietismus in Deutschland (s.o., Gnadauer Verband; Herrnhuter Brüdergemeine), der Täuferbewegung und der daraus direkt und indirekt hervorgegangenen Freikirchen, des Methodismus und verschiedener Erweckungsbewegungen in den USA – der „Großen Erweckung" um 1740 und der zweiten, Ende des 18. Jahrhunderts entstandenen und bis in das 19. Jahrhundert reichenden Erweckung wie auch der als „Heiligungsbewegung" in die Geschichte eingegangenen Erweckung in der zweiten Hälfte des 19. Jahrhunderts (s.o., Gnadauer Verband, Kirche des Nazareners, Missions-Allianz-Kirche, Gemeinde Gottes – evangelisch-freikirchlich). Letztendlich sind hier auch die Wurzeln der Pfingstbewegung und der charismatischen Bewegung zu sehen.

Entstehung des Fundamentalismus

Der Begriff „Fundamentalismus" wurde zum erstenmal in den USA gebraucht. In der sogenannten „Aufklärung" im 18. Jahrhundert und einer daraus resultierenden „liberalen" Theologie, die fundamentale christliche Glaubensaussagen in Frage stellte, sahen sich vor allem konservative Theologen zur Reaktion herausgefordert. In den USA verfaßten zwischen 1890 und 1920 namhafte Theologen wie *James Orr,* ein schottischer Theologe, und *Benjamin Warfield, R. Dick Wilson, J. Gresham Machen,* alle drei Professoren des Princeton Theological Seminary Bücher und Artikel, die sich mit liberaler Theologie auseinandersetzten. Zwischen 1910 und 1915 erschien eine Serie von zwölf kleinen Büchern mit dem Titel *The Fundamentals* (Die Fundamente). Als die fünf essentiellen christlichen Lehren wurden darin die wörtliche und irrtumslose Inspiration der Bibel, die Gottheit Jesu Christi, die Jungfrauengeburt, die stellvertretende Erlösung Jesu Christi, die leibliche Auferstehung Jesus Christi und die sichtbare Wiederkunft

Christi gelehrt. Weitere entscheidende Lehren waren die sündige menschliche Natur, die Errettung und Rechtfertigung durch den Glauben auf Grund der Gnade Gottes und die leibliche Auferstehung gläubiger und wiedergeborener Christen.[3] Die Artikel ließen durchaus verschiedene theologische Standpunkte der Autoren sichtbar werden, bewegten sich aber alle im Rahmen des konservativen Protestantismus.[4]

Konservative Protestanten bezeichneten sich nun selbstbewußt als *„Fundamentalists"* (Fundamentalisten). Ihrer Überzeugung nach konnte das Christentum ohne die Beibehaltung fundamentaler christlicher Lehren nicht überleben.[5] In den folgenden Jahrzehnten bildeten sich in den USA jedoch drei unterschiedliche Richtungen des Fundamentalismus – ein separatistischer Fundamentalismus, die „Neo-Evangelikalen" und ein sogenannter „neuer" Fundamentalismus.

Der separatistische Fundamentalismus

In ihrem frühen Stadium trat die fundamentalistische Bewegung vor allem durch wissenschaftlich-theologische Arbeit an die Öffentlichkeit. Die Argumente der Gegner wurden schlüssig widerlegt. Männer wie J. Gresham Machen waren von hoher Bildung. Er weigerte sich jedoch, an einer Debatte über Evolution teilzunehmen, nicht, weil er darin keinen Standpunkt hatte, sondern weil er wußte, daß er als Theologe nicht die wissenschaftliche Qualifikation für dieses Thema besaß.[6] Männer wie Machen waren selten in der Bewegung. Es fehlten Naturwissenschaftler, die in der Lage gewesen wären, auf wissenschaftlicher Ebene eine Auseinandersetzung zu führen. Man arbeitete mit Polemik und griff zum Mittel der Strafverfolgung, um eigene Positionen durchzusetzen.[7]

In der amerikanischen Öffentlichkeit wurde das Bild der Fundamentalisten durch den sogenannten „Affen-Prozeß" im Jahre 1925 zunehmend negativ beeinflußt. In Tennessee wurde der Biologielehrer *John T. Scopes* vor Gericht gestellt, weil er gegen ein Gesetz verstoßen hatte, das verbot, die Evolutionstheorie in Schulen zu lehren. Obwohl er den Prozeß verlor, gelang es ihm, seinen Gegner, den dreimaligen Präsidentschaftskandidaten *William Jennings*

Bryan, als antiintellektuell und wissenschaftsfeindlich darzustellen. Die Presse tat das ihre dazu, um die Fundamentalisten in eben diesem Licht erscheinen zu lassen.[8]

Bereits in diesem Prozeß wurde eine letztendlich für die Bewegung schädliche Entwicklung sichtbar. Fritz Laubach stellt fest:

„Überall fühlte man sich angegriffen und ging in Abwehrstellung. Ein schroffer, liebloser Geist wurde typisch für die Haltung der amerikanischen Fundamentalisten. Auch in den eigenen Reihen wucherten Argwohn und Zänkereien über unbedeutende Punkte der Lehre."[9]

Fundamentalisten waren im Bild der Öffentlichkeit militante Anti-Intellektuelle, die mit moderner Wissenschaft nicht Schritt halten wollten und kulturfeindlich waren.[10]

Der „Große Exodus" der Fundamentalisten

Während der zwanziger Jahre wurden Konservative verstärkt aus den Kirchenleitungen verdrängt. Mehr und mehr entwickelte sich in fundamentalistischen Kreisen aus einer Abwehrhaltung heraus eine separatistische Einstellung gegenüber den bestehenden Denominationen. In den dreißiger Jahren zogen viele Fundamentalisten aus ihren Kirchen aus, um eigene Gemeindebewegungen zu gründen. So entstand 1931 die *World Baptist Fellowship* als Abspaltung von der *Southern Baptist Convention,* der größten baptistischen Denomination der USA. 1936 trennte sich eine Gruppe unter J. Gresham Machen von der calvinistischen *Presbyterian Church in the USA* und gründete die *Presbyterian Church of America*. Innerhalb dieser Kirche kam es wiederum zu einer Spaltung über Fragen endzeitlicher Geschehnisse. Die aus dieser Spaltung hervorgehende *Bible Presbyterian Church* unter Leitung von *Carl McIntire* betonte die Wiederkunft Christi vor dem Tausendjährigen Reich, während die *Orthodox Presbyterian Church* im Sinne des reformierten Westminster Bekenntnisses ein buchstäbliches zukünftiges Tausendjähriges Reich ablehnte.[11] Weitere Abspaltungen waren die aus dem Methodismus hervorgegangene *Bible Protestant Church* und die *Independent Fundamental Churches of America*[12] (s.o., Arbeitsgemeinschaft für bibeltreue Gemeinden).

Die Ergänzung der Fundamente
Wie an der Spaltung innerhalb der Presbyterian Church of America sichtbar wird, blieb die Ablehnung einer liberalen Theologie und die Betonung der fünf „Fundamentals" nicht das einzige Thema der Fundamentalisten. Stephan Holthaus faßt die Entwicklung folgendermaßen zusammen:

> *„Immer neue Fragen wurden zu Fundamenten des Glaubens erhoben und zum ‚status confessionis' erklärt. ... Damit war das gemeinsame Feindbild aus den Augen verloren und die grundsätzlichen Unterschiede rissen auf. Und damit begann folgerichtig auch der Einfluß des Fundamentalismus zu schwinden."*[13]

Zu den Fragen, die oft entscheidend für eine Zusammenarbeit waren, gehörten vor allem auch die endzeitliche Ereignisse betreffenden Fragen. Nicht mehr der Glaube an die Wiederkunft Christi allein galt als fundamentaler Glaubenssatz. Ein detaillierter Ablauf der endzeitlichen Ereignisse in einer genauen Reihenfolge mußte oft akzeptiert werden.[14] Nicht in jedem Fall, aber häufig wurde die Endzeitdeutung des Dispensationalismus[15] als die allein richtige Auffassung angesehen.

Kennzeichnend für den Fundamentalismus ist, daß auch in solchen Fragen wie dem Dispensationalismus nicht mehrere Möglichkeiten als legitime Sichtweisen akzeptiert werden, sondern nur eine einzige. Evangelikale zeigen in solchen Fragen eine größere Toleranz.[16]

Auch Fragen der „Weltlichkeit" wurden zu entscheidenden Themen fundamentalistischer Kreise. Der Gebrauch von Kosmetika, Theaterbesuch, Tanz, der Genuß von Alkohol und Tabak, Haartracht und das Verbot modischer Kleidung standen oft auf einer Ebene mit dogmatischen Aussagen wie dem stellvertretenden Opfer Jesu und seiner leiblichen Auferstehung.[17]

Der organisierte separatistische Fundamentalismus
1941 gründete Carl McIntire den *American Council of Christian Churches (ACCC)* als fundamentalistische Alternative zum *Federal Council of Churches* (heute: *National Council of Churches*), einer ökumenischen Arbeitsgemeinschaft. Erklärte Ziele des ACCC waren *„Zeugnis und Separation"*.[18] Gemeinden und Denominatio-

nen konnten nur dann wahlberechtigte Vollmitglieder werden, wenn keinerlei Verbindungen zum Modernismus oder zum Federal Council of Churches bestanden.[19]

1948 wurde als internationaler Zusammenschluß separatistischer fundamentalistischer Gruppen der *International Council of Christian Churches (ICCC)* nur wenige Tage vor der Gründung des Weltkirchenrates in Amsterdam gegründet. Erster Vorsitzender des ICCC wurde Carl McIntire.

Die Militanz des ACCC führte dazu, daß einzelne Denominationen wie Independent Fundamental Churches of America ihn in den vierziger und fünfziger Jahren wieder verließen.[20]

Eine dem ICCC ähnliche Organisation wurde 1976 durch *Bob Jones Jr.* und dem nordirischen Pastor der *Free Presbyterian Church of Ulster, Ian Paisley*, gegründet: der *World Congress of Fundamentalists*. Als Ziel wird definiert, *„ein vereinigtes Zeugnis für die Tatsache zu geben, daß es tausende in der ganzen Welt gibt, die ihre Knie nicht vor dem Kompromiß gebeugt haben, die deutlich für die Verteidigung der Schrift stehen und gegen den Liberalismus, den Romanismus, falsche Religionen und Irrlehren stehen"*.[21]

Zunehmender Separatismus

1927 wurde in Panama City, Florida, das *Bob Jones College* (heute: *Bob Jones University*) gegründet. Die Ausbildungsstätte trägt deutlich fundamentalistische Züge und steht für einen extremen Separatismus. Bereits Gespräche mit als Irrlehrern definierten Menschen wie liberalen Theologen oder Katholiken gelten als Kompromiß oder Abfall. Von dem bekannten Evangelisten *Dr. Billy Graham*, einem Absolventen der Universität, hat sich die Ausbildungsstätte inzwischen distanziert. Ihm wurde auf Grund seiner Gesprächsbereitschaft mit Theologen, die keine fundamentalistischen Positionen vertreten, vorgeworfen, *„die Kirche des Antichristen"* zu bauen.[22]

Ende der sechziger Jahre entwickelte der Kreis um Bob Jones die Lehre einer „Trennung zweiten Grades (*2nd-degree-separatism*)". Ging man in anderen fundamentalistischen Kreise so weit, die Trennung von liberalen Theologen und Kirchen, in denen sie wirken, zu fordern, so wurde nun auch die Trennung von Fundamentalisten, die mit „Irrlehrern" Verbindungen hatten, gefordert.²³ Noch radikalere Fundamentalisten forderten nun sogar eine „Trennung dritten Grades". Auch mit denjenigen, die die Trennung zweiten Grades nicht vollzogen haben, also solchen, die noch Kontakte oder Beziehungen zu nicht-fundamentalistischen Organisationen oder Einzelpersonen unterhalten, dürfe keine Gemeinschaft gepflegt werden.

Die Neo-Evangelikalen

Viele Evangelikale haben sich trotz eines „fundamentalistischen" Schriftverständnisses nie mit den separatistischen und engen Tendenzen des Fundamentalismus identifizieren können. Sie wollten einen anderen Weg einschlagen.

Einen Monat nach der Gründung des ACCC trafen sich in St. Louis, Missouri, andere Fundamentalisten mit dem Ziel der Gründung einer Organisation, die *„keine Wachhundmentalität haben sollte, nicht reaktionär, negativ oder destruktiv"* sein sollte.²⁴ Initiatoren des Treffens waren die Leiter der bereits 1929 gegründeten *New England Fellowship, Elvin Wright* und *Harold J. Ockenga*. Der Separatismus wurde von diesen Christen abgelehnt. Hieraus ging 1943 der *National Council of Evangelicals (NAE, Nationaler Rat der Evangelikalen)* hervor. Die Leitung des Rates übernahm *Harold J. Ockenga* (1905-1985). Ockenga warf den Fundamentalisten vor, sie hätten eine falsche Verhaltensweise, weil jeder verdächtig erscheine, der nicht in jeder Lehre und Praxis genau ihrer Vorstellung entspreche. Des weiteren hätten sie eine falsche Strategie, indem ein Separatismus mit dem Ziel einer absolut reinen Gemeinde praktiziert werde. Zuletzt hätten sie auch falsche Resultate erzielt, denn nirgendwo sei die Welle des Liberalismus abgewendet worden noch hätten sie die sozialen Probleme ihrer Zeit erfaßt.²⁵ Der Unterschied zwischen dem ACCC und dem NAE war nicht in erster Linie ein lehrmäßiger Unterschied, sondern ein Unterschied in der Methode.²⁶

Das Bekenntnis des NAE beinhaltete die Inspiration und Unfehlbarkeit der Bibel, die Dreieinigkeit Gottes, die Gottheit Jesu, seine Jungfrauengeburt, seinen stellvertretenden Tod, seine leibliche Auferstehung und seine persönliche Wiederkunft sowie die Notwendigkeit der Wiedergeburt durch den Heiligen Geist, den gegenwärtigen Dienst des Heiligen Geistes, die Auferstehung und die geistliche Einheit der Gläubigen.[27] Denominationen, die dem Federal Council of Churches (FCC, s.o.) angehörten, wurde die Mitgliedschaft ebenfalls verwehrt, nicht jedoch Gruppierungen, Gemeinden und Einzelpersonen, die durch die Entscheidung ihrer Kirchenleitung unfreiwillig dem FCC angehörten.[28] Die neue Gruppe nannte sich bewußt „evangelikal" oder „neo-evangelikal", weil der Begriff „fundamentalistisch" einen separatistischen Anstrich gewonnen hatte, mit dem sie sich nicht identifizieren wollten.[29] Die „Neo-Evangelikalen" legten in erster Linie Wert auf Mission und Evangelisation. Einer ihrer prominentesten Vertreter ist der in den letzten Jahren in Europa insbesondere durch die Satellitenevangelisation *Pro Christ '93* erneut ins Gespräch gekommene baptistische Evangelist Dr. Billy Graham. Akademisches Zentrum der Neo-Evangelikalen wurde das 1947 gegründete *Fuller Theological Seminary*.[30]

1962 geschah hier allerdings eine Wende, die innerhalb der evangelikalen Bewegung unterschiedlich gewertet wird. *Daniel Fuller* forderte erfolgreich die Streichung des Begriffes „irrtumslos" im Glaubensbekenntnis des Seminars. Spätestens seit dieser Zeit muß man feststellen, daß der Begriff „evangelikal" nicht mehr bedeutet, daß die Verbalinspiration der ganzen Bibel als verpflichtendes Dogma angesehen wird.[31] Evangelikale, die mit dem separatistischen Fundamentalismus nicht identifiziert werden wollen, jedoch an der Irrtumslosigkeit der Bibel festhalten, bezeichnen sich in den USA als „*conservative evangelicals*" („konservative Evangelikale").[32]

Auch die Hinwendung zu sozialen Problemen und eine Öffnung gegenüber der charismatischen Bewegung wird unter Evangelikalen unterschiedlich gewertet.[33]

Innerhalb des ICCC wurden die Neo-Evangelikalen von Anfang an abgelehnt. Billy Graham wurde und wird von ihnen der „Jochgemeinschaft" mit Ungläubigen beschuldigt.[34] Kontakte mit politischen Führern kommunistischer Staaten und mit Vertretern des Weltkirchenrates werden als Zusammenarbeit gewertet. Der NAE gilt als Teil der ökumenischen Bewegung.[35]

Das Entstehen eines „neuen" Fundamentalismus

Ende der siebziger Jahre bildete sich eine weitere fundamentalistische Gruppe um *Jerry Falwell*. Falwell akzeptierte den Begriff Fundamentalismus. Er lehnte jedoch die separatistischen Tendenzen ab, sah andererseits aber bei den Evangelikalen die Gefahr eines beginnenden Liberalismus.[36] Anliegen der „neuen Fundamentalisten" war die Wiederbelebung des frühen Fundamentalismus. Selbstkritisch schrieb *Ed Dobson*, Herausgeber der Zeitschrift The Fundamentalist Journal:

> *„Zu oft wurden Fundamentalisten charakterisiert durch Negativismus, Pessimismus, extremen Separatismus und Exklusivismus. Wir sind mehr durch das bekanntgeworden, gegen das wir sind, als durch das wofür wir sind."*[37]

Zwischen dieser Linie des Fundamentalismus und den konservativen Evangelikalen gibt es viele Berührungen. Kritisiert werden die Evangelikalen, die in theologischen Fragen, insbesondere der Schriftfrage, eine wachsende Offenheit für Bibelkritik haben.[38]

Gemeinsam mit *Tim LaHaye* und *Greg Dixon* gründete Falwell 1979 die Bewegung *Moral Majority* („Moralische Mehrheit"). Die Abwendung der neuen Fundamentalisten vom Separatismus wurde hier besonders deutlich. Auf politischer und gesellschaftlicher Ebene wurde auch mit Juden, Katholiken und Mormonen zusammengearbeitet, was natürlich Kritik aus den Reihen der Fundamentalisten einbrachte.[39]

Die Chicagoer Erklärungen

Die Ablehnung des Begriffes „unfehlbar" zur Definition des „Wie" der Inspiration führte vor allem in den USA in den siebziger Jahren zu Auseinandersetzungen. In seinem Buch *The Battle for the Bible* (Der Kampf für die Bibel) wies der damalige Herausgeber der evangelikalen Zeitschrift *Christianity Today*, *Harold Lindsell*, auf einen wachsenden „Liberalismus" in verschiedenen evangelikalen Ausbildungsstätten, unter anderem dem Fuller Seminary, und Institutionen hin.[40] Die Diskussion zeigte, daß der Begriff „unfehlbar" einer Definition bedurfte. 1977 schlossen sich evangelikale Theologen aus aller Welt zum *International Council on Biblical Inerrancy – ICBI* („Internationaler Rat für biblische Irrtumslosigkeit") zusammen. Deutschsprachiger Vertreter war *Professor Dr. Samuel Külling,* der Rektor der *Staatsunabhängigen Theologischen Hochschule Basel* (früher: Freie Evangelisch-Theologische Akademie Basel – FETA). Neben der Durchführung verschiedener Konferenzen und der Veröffentlichung diverser Bücher wurden zwischen 1978 und 1988 drei Erklärungen zur biblischen Irrtumslosigkeit, Hermeneutik (Schriftauslegung) und Anwendung gegeben. 1988 löste sich der Rat wieder auf, weil sein Zweck als vollendet betrachtet wurde.

Die Chicago Erklärung zur biblischen Irrtumslosigkeit
In dieser ersten der drei Erklärungen wird ein deutliches Bekenntnis zur wörtlichen und vollständigen Inspiration der Bibel ausgesprochen. Inspiration bedeutet jedoch nicht, *„daß Gott die Persönlichkeit dieser Schreiber ausgeschaltet habe, als er sie dazu veranlaßte, genau die Worte zu gebrauchen, die er ausgewählt hatte".*[41] Irrtumslosigkeit wird als in der biblischen Lehre über die Inspiration gegründet angesehen.[42] Der Artikel 12 der Erklärung macht deutlich, daß Irrtumslosigkeit nicht nur auf bestimmte biblische Aussagen begrenzt werden kann.

> „Wir bekennen, *daß die Schrift in ihrer Gesamtheit irrtumslos und damit frei von Fehlern, Fälschungen oder Täuschungen ist.*
> Wir verwerfen *die Auffassung, daß sich die biblische Unfehlbarkeit und Irrtumslosigkeit auf geistliche, religiöse oder die Erlösung betreffende Themen beschränke und Aussagen im Bereich der Geschichte und Naturwissenschaft davon ausgenommen seien. Wir verwerfen ferner die Ansicht, daß wissenschaftliche Hypothesen über die Erdgeschichte mit Recht dazu benutzt werden dürften, die Lehre der Schrift über die Schöpfung und Sintflut umzustoßen."*[43]

Verworfen wird auch die Auffassung,

> *„daß es angemessen sei, die Schrift anhand von Maßstäben für Wahrheit und Irrtum zu messen, die ihrem Gebrauch und ihrem Zweck*

fremd sind. Wir verwerfen ferner, daß die Irrtumslosigkeit von biblischen Phänomenen wie dem Fehlen technischer Präzision, Unregelmäßigkeiten der Grammatik oder der Orthographie, Beschreibung der Natur nach Beobachtung, Berichte über Unwahrheiten, dem Gebrauch von Übertreibungen oder gerundeten Zahlen, thematischer Anordnung des Stoffes, unterschiedlicher Auswahl des Materials in Parallelberichten oder der Verwendung freier Zitate in Frage gestellt werde."[44]

In dem von den Verfassern der Erklärung ergänzend hinzugefügten Kommentar wird allerdings auch festgestellt:

„Obwohl die Heilige Schrift nirgends in dem Sinne kulturgebunden ist, daß ihre Lehren keine universale Gültigkeit besitzen, ist sie doch manchmal von den Bräuchen und den traditionellen Anschauungen einer bestimmten Zeit geprägt, so daß die Anwendung ihrer Prinzipien heute eine andere Handlungsweise erfordert."[45]

Betont wird, daß das Bekenntnis zur Irrtumslosigkeit der Schrift nicht „zum Heil notwendig sei".[46] Ebenso wird Andersdenkenden nicht ihre „evangelikale Identität" abgesprochen.[47]

Die Chicago Erklärungen zur biblischen Hermeneutik und zur biblischen Anwendung

In der Erklärung zur Hermeneutik wird die Wahrheit des biblischen Textes erneut betont. Hier ist auch vom Wirken des Heiligen Geistes durch das Bibelwort und bei der Auslegung des Textes die Rede.[48] In Artikel 23 wird die „Klarheit der Schrift" bekannt, gleichzeitig jedoch auch darauf hingewiesen, daß nicht alle Abschnitte der Schrift „gleichermaßen klar seien oder von gleicher Bedeutung für die Botschaft von der Erlösung seien".[49] Die Wichtigkeit der Bibelauslegung wird im letzten Punkt der Erklärung hervorgehoben:

„Wir bekennen, daß die einzige Art der Predigt, die die göttliche Offenbarung und ihre rechte Anwendung auf das Leben hinreichend weitergibt, diejenige ist, die den Text der Schrift als das Wort Gottes treu auslegt."[50]

Die *Chicago Erklärung zur Anwendung der Bibel* geht in den ersten drei Hauptabschnitten auf fundamentale christliche Glaubensaussagen wie die Dreieinigkeit ein. In weiteren Abschnitten werden hauptsächlich ethische Fragen behandelt. Dabei wird auch auf soziale und politische Fragen eingegangen. In einem Abschnitt zum Thema „Reichtum und Armut" heißt es:

> „Wir bekennen, *daß aufopferungsvolle Anstrengungen, andere aus Armut, Unterdrückung und Leiden zu befreien, ein Kennzeichen christlicher Jüngerschaft sind.*"[51]

In einem Abschnitt über „Die Verwaltung der Umwelt" werden ebenfalls deutliche Worte für den Umweltschutz gebraucht:

> „Wir bekennen, *daß die Verwaltung der Erde des Herrn den produktiven Gebrauch der Ressourcen einschließt, die immer so weit wie möglich wieder ersetzt werden sollten.*
> Wir bekennen, *daß die vermeidbare Verschmutzung der Erde, der Luft, des Wassers oder des Weltraums unverantwortlich ist.* ...
> Wir verwerfen *die Auffassung, daß die biblische Sicht die verschwenderische Ausbeutung der Natur legitimiere oder dazu ermutige.* ...
> Wir verwerfen *die Auffassung, daß Christen die gegen die Kultur gerichtete Verwerfung der Wissenschaft begrüßen sollten oder den fälschlichen Glauben, daß die Wissenschaft die Hoffnung der Menschheit ist.*"[52]

Fundamentalismus und Evangelikale in Deutschland[53]

Fundamentalistisches Schriftverständnis

Ein separatistischer Fundamentalismus wie in den USA ist in Deutschland kaum anzutreffen.[54] Ebenso hat es eine fundamentalistische Bewegung wie in den USA in Deutschland nie gegeben. In unterschiedlichem Ausmaß sind jedoch neben dem nur ansatzweise vorhandenen separatistischen Fundamentalismus quer durch die verschiedenen Denominationen Christen mit „fundamentalistischem Schriftverständnis" zu finden. Daß sie nicht zu einer geschlossenen Bewegung wurden, begründet Holthaus folgendermaßen:

"Die fundamentalistischen Ansätze in der Theologie haben in Deutschland nicht zur Heranreifung einer geschlossenen Bewegung geführt. Konfessionelle Gegensätze zwischen Lutheranern und Reformierten wie auch eine ausgeprägte Aversion gegenüber den Freikirchen ließ es nicht dazu kommen."[55]

Als herausragende theologische Vertreter des Fundamentalismus identifiziert Holthaus dementsprechend vor allem Anhänger des Konfessionalismus lutherischer und reformierter Prägung.[56]

In ihrer Prägung und in der Art des Umgangs mit anderen sind deutsche Fundamentalisten, die nicht dem Konfessionalismus zuzuordnen sind, in der Regel eindeutig in der Nähe der Christen, die sich in den USA als „konservative Evangelikale" bezeichnen würden. Der extreme Separatismus und die überzogene Gesetzlichkeit amerikanischer Fundamentalisten ist hier nur in Randgruppen (s.o.) zu finden.

Diskussionen um die Schriftfrage hat es bis hinein in die Evangelische Allianz (s.o.) immer wieder gegeben. Stephan Holthaus kann in seiner Untersuchung über den Fundamentalismus in Deutschland in praktisch allen evangelikalen Verbänden und Freikirchen von mehr und weniger gravierenden Auseinandersetzungen um die Irrtumslosigkeit der Bibel berichten.

Ein Begriff, der oft verwandt wird, um ein fundamentalistisches Schriftverständnis zu markieren, ist der Begriff „bibeltreu". Da die Anwendung dieses Begriffes jedoch ohne nähere Definition davon auszugehen scheint, daß eben das eigene Verständnis der Inspiration bibelgemäß sei, ist er auch erklärungsbedürftig und letztlich wenig hilfreich.[57]

Organisierter Fundamentalismus in Deutschland

Der Bibelbund

Als Reaktion auf die wachsende Bibelkritik, die gegen Ende des 19. Jahrhunderts immer mehr in die Kirchengemeinden und auch in pietistische Kreise eindrang, kamen ab 1894 Gegner der Bibelkritik im Bibelbund zusammen. Dabei wurde betont, daß Voraussetzung für die Mitgliedschaft nicht die Überzeugung von der Verbalinspiration, sondern nur von der Irrtumslosigkeit der Schrift sei.[58]

In erster Linie waren die Mitglieder des Bibelbundes bis zum Zweiten Weltkrieg lutherische Pfarrer, obwohl der Bibelbund von Anfang an überkonfessionell war. Neben regelmäßigen Tagungen wurde ab 1901 die Zeitschrift *Nach dem Gesetz und Zeugnis* herausgegeben (heute: *Bibel und Gemeinde*).[59] Zu den Mitgliedern des Bibelbundes gehörten in der Vergangenheit unter anderem General *von Viebahn* (Gnadauer Verband), *Erich Sauer* (Brüderbewegung), *Heinrich Jochums* (Evangelische Gesellschaft für Deutschland, Gnadauer Verband) und *Dr. Lienhard Pflaum* (Liebenzeller Mission, Gnadauer Verband).

Nach dem Zweiten Weltkrieg ging die Leitung des Bibelbundes stärker in die Hände von Pietisten und Freikirchlern über. Unter *Pfarrer Fritz Rienecker*, ab 1953 Leiter des Bibelbundes, gewann der Bibelbund zahlreiche neue Mitglieder.[60] In diese Zeit fielen auch Kontakte zum ICCC (s.o.).[61]

Nachfolger Rieneckers wurde 1965 *Professor Samuel Külling* (s.o., Chicagoer Erklärungen). In der Zeitschrift *Bibel und Gemeinde* setzte man sich nun auch mit der „Evolutionstheorie" auseinander und trat für die Glaubwürdigkeit des biblischen Schöpfungsberichtes ein.[62]

Ende der fünfziger und Anfang der sechziger Jahre kam es innerhalb des Bibelbundes zu Diskussionen um die Frage der Verbalinspiration und der Irrtumslosigkeit der Schrift. Nachdem 1963 in einer Satzungsänderung nicht mehr von der Irrtumslosigkeit die Rede war, hieß es in einer erneut geänderten Satzung 1966:

„Sie halten an der völligen Zuverlässigkeit, sachlichen Richtigkeit und autoritären Geltung aller biblischen Aussagen fest. Sie bezeugen, daß die Heilige Schrift keine wirklichen Widersprüche enthält, sondern eine von Gott gewirkte Einheit ist."[63]

In den achtziger Jahren setzte sich die Zeitschrift des Bibelbundes stärker auch mit Erscheinungen in evangelikalen Kreisen auseinander. Kritische Auseinandersetzungen mit Themen wie „Ökumene" und „Charismatische Bewegung" fanden hier statt.[64] Den Vorsitz des Bibelbundes übernahm in den achtziger Jahren *Dr. Helge Stadelmann* (s.o., Baptismus), Dekan der *Freien Theologi-*

schen *Akademie* (FTA) in Gießen. Zwischen der FTA und dem Bibelbund besteht heute eine enge Verbindung.⁶⁵

In der DDR bildete sich 1977 ein *Arbeitskreis bibeltreuer Theologie*. Die Mitglieder stammten in erster Linie aus Kreisen der Brüderbewegung (s.o.). Anfang 1990 wurde aus diesem Arbeitskreis der Bibelbund-Ost. Beide Bibelbünde schlossen sich 1992, nun mit dem ostdeutschen Vorsitzenden *Richard Bergmann*, zusammen.

Als Aufgabe sieht der Bibelbund:

„*... die Glaubwürdigkeit der Offenbarung Gottes im unfehlbaren Gotteswort muß als Maßstab unseres Glaubens gegen jegliche Bibelkritik verteidigt werden.*"⁶⁶

1990 wurde der Beschluß gefaßt, den zweiten Paragraphen der Satzung des Bibelbundes für alle Zeiten festzuschreiben. Eine Ergänzung ist möglich, nicht jedoch eine Streichung. Der Text des Paragraphen lautet:

„*Die Mitglieder bekennen sich zu dem Glauben, daß allein die Bibel Alten und Neuen Testaments nach ihrem Selbstzeugnis bis in den Wortlaut hinein das durch göttliche Inspiration empfangene, wahre Wort Gottes und verläßliches Zeugnis von seiner Offenbarung in der Geschichte ist. Sie halten an der völligen Zuverlässigkeit und sachlichen Richtigkeit aller biblischen Aussagen – auch in geschichtlicher und naturkundlicher Hinsicht – sowie ihrer uneingeschränkten Geltung in ihrem heilsgeschichtlichen Zusammenhang fest. Sie bezeugen, daß die Bibel keinen wirklichen Widerspruch enthält, sondern eine von Gott gewirkte Einheit ist. Den Mitgliedern ist die Bibel in allem, was sie sagt, Heilswort, das dem Glauben gegeben ist, und somit uneingeschränkt göttliche Autorität und Norm für Lehre und Leben.*"⁶⁶ᵃ

Konferenz bibeltreuer Ausbildungsstätten

Seit 1964 treffen sich Lehrer europäischer Bibelschulen, vorwiegend aus dem deutschsprachigen Raum, jährlich zu einer Konferenz. Bis 1990 war dies eher ein loses Zusammentreffen, eine Satzung besteht erst seit jenem Jahr. In den Konferenzen setzen sich die Lehrer mit theologischen und praktischen Fragen der Ausbildung auseinander. Anliegen ist dabei eine Arbeit auf dem Boden der Bibel. In der Glaubensgrundlage bekennen sich die Ausbildungsstätten zu den traditionellen christlichen Lehren wie unter anderem der Dreieinigkeit, der Gottheit Jesu und der Jungfrauengeburt. Am Anfang der Glaubensgrundlage steht ein Bekenntnis zur göttlichen Inspiration und der Unfehlbarkeit der ganzen Heiligen Schrift. Als Leib Jesu Christi gilt die *„Gemeinde aller Wiedergeborenen"*.[66b]

Die Konferenz Bibeltreuer Ausbildungsstätten umfaßt heute 28 Bibelschulen und theologische Seminare, davon sieben in der Schweiz, eine Schule in Österreich, zwei in Belgien sowie achtzehn deutsche Ausbildungsstätten, darunter drei „Kurzbibelschulen", die in der Regel nicht für eine vollzeitliche theologische Tätigkeit vorbereiten. Mitglied ist auch die *Studiengemeinschaft Wort und Wissen,* deren Hochschuleinführungssemester studienvorbereitend gedacht ist und evangelikale Standpunkte zu verschiedensten akademischen Fachbereichen deutlich machen soll. Die meisten der Ausbildungsstätten sind überkonfessionell.

Die charismatische Bewegung

Der Beginn der charismatischen Bewegung wird in der Regel bei den geistlichen Aufbrüchen in der Episkopalkirche des amerikanischen Pastors Dennis Bennett gesehen (s.o., Geistliche Gemeinde-Erneuerung in der evangelischen Kirche).

In der charismatischen Bewegung wurde in der Vergangenheit eine Offenheit für alle Gaben des Heiligen Geistes in die theologische Prägung der jeweiligen Denomination integriert.

Die Stellung zu der Erfahrung der Geistestaufe ist unterschiedlich. Unterschiede gibt es vor allem in der Frage, ob Geistestaufe ein mit der Bekehrung oder Wiedergeburt gleichzusetzendes Geschehen oder eine die Wiedergeburt ergänzende Erfahrung sei. Verschiedene Positionen werden auch zu der Frage eingenommen, ob die „Zungenrede" grundsätzlich das begleitende Kennzeichen der Geistestaufe ist. Verbindend zwischen den charismatischen Gruppierungen innerhalb bestehender Denominationen ist eine Offenheit für die Erfahrung und das Praktizieren aller Gaben des Heiligen Geistes und das Rechnen mit dem übernatürlichen Handeln Gottes.

Neben einer Betonung der Gaben des Heiligen Geistes ist die Einheit der Christen ein wichtiges Anliegen charismatischer Christen. Sie legen Wert auf gemeinsame Veranstaltungen und sehen im geeinten Auftreten der Christen ein Zeugnis gegenüber anderen Menschen. 1992 kamen in Berlin 60 000 überwiegend charismatisch geprägte Christen zu einem „Marsch für Jesus" zusammen, um gemeinsam Gott zu loben, für ihr Land zu beten und geistliche Einheit zu demonstrieren. Am 25. Juni 1994 wurden solche Märsche in fast allen Hauptstädten der Welt veranstaltet.

Nun gibt es innerhalb charismatischer Gruppen unterschiedliche theologische Strömungen. Um trotz unterschiedlicher Positionen das christliche Zeugnis der Einheit nicht zu zerstören, fand 1993 in Berlin ein Gespräch charismatischer Leiter statt. Ergebnis des Gespräches war die Verpflichtung, miteinander, nicht übereinander, zu reden und sich als Bruder und Schwester zu betrachten, als ein Leib. In strittigen Fragen sollte versucht werden, miteinander zu sprechen und solange das nicht geht, positiv zu reden. Zu den Teilnehmern des Gespräches gehörten u.a. Friedrich Aschoff (s.o. Geistliche Gemeinde Erneuerung in der Evangelischen Kirche), Heinrich Christian Rust (s.o., Bund Evangelisch Freikirchlicher Gemeinden) und Wolfhard Margies (s.o., Wort- und Glaubensbewegung).

Im deutschsprachigen Raum kam es in den letzten Jahren zur Bildung neuer charismatisch orientierter Denominationen und unabhängiger Gemeinden mit durchaus unterschiedlichen Schwerpunkten in Lehre und Glaubenspraxis.

Hier soll nun auf einige neuere Erscheinungsformen eingegangen werden, die sich nicht ohne weiteres in eine bestimmte konfessionelle Richtung einordnen lassen. Die Grenzen innerhalb der charismatischen Bewegung sind dabei fließend. Es gibt auch innerhalb der Bewegung an bestimmten Strömungen deutliche Kritik.

Einige der bedeutenderen Strömungen der letzten Jahrzehnte, die auch in Deutschland Fuß gefaßt haben, seien an dieser Stelle erwähnt:

Die Jüngerschafts-Bewegung (Hirten-Bewegung – Sheperding Movement)

Diese Bewegung war in den sechziger und siebziger Jahren am einflußreichsten. Ihr Anliegen ist es, neutestamentliche Gemeindestrukturen wieder aufzurichten. Diese neutestamentliche Gemeindestruktur wird pyramidenförmig gesehen. Auf der untersten Ebene ist hier das Gemeindeglied, das seinem Hauszellenleiter untergeordnet ist. Die Hauszellenleiter sind wiederum dem oder den Pastoren untergeordnet. An der Spitze der Hierarchie steht – in manchen Gemeinschaften und Gemeinden – der Apostel (s.u., Betonung des fünffachen Amtes), der als leitende Vaterfigur, jedoch nicht im Sinne von Petrus und anderen Aposteln Jesu gesehen wird. Aus den in den Hauszellen geschulten Christen können nach einer Zeit der Schulung wiederum Leiter, auch Hirten genannt, hervorgehen.

Diese neue Betonung geistlicher Leiterschaft hat in vielen Gemeinden und Gemeinschaften eine zielorientierte Gemeindeaufbauarbeit zur Folge gehabt. In den Grundprinzipien arbeiten heute auch zahlreiche Gemeinden ohne charismatische Prägung in dieser Form. In einigen Fällen ging jedoch die Forderung der Unterordnung unter die Leiter so weit, daß Gemeindeglieder alle wichtigen Entscheidungen und manchmal auch weniger bedeutsame Entscheidungen mit dem ihnen vorstehenden Hirten abzuklären hatten.[67]

Die Initiatoren dieser Bewegung waren fünf Männer aus *Fort Lauderdale, Florida – Bob Mumford, Charles Simpson, Derek Prince, Don Basham* und *Ern Baxter*. Unabhängigkeit der Gemeinde wurde von ihnen zur Norm erklärt. Jede kirchliche Struktur, die über die Ortsgemeinde hinausgeht, fand radikale Ablehnung.[68]

Die Bewegung fand schärfste Kritiker gerade auch in der Pfingstbewegung. Der pfingstkirchlich orientierte Fernsehevangelist *Pat Robertson* kritisierte die Bewegung öffentlich, ohne die fünf aus Fort Lauderdale direkt anzugreifen. Er ließ sie jedoch in keiner seiner Radio- und Fernsehstationen mehr auftreten und ordnete an, sämtliche Bänder, die von ihnen existierten, zu entfernen.[69]

In einem von der Rundfunkgesellschaft Robertsons herausgegebenen Handbuch für Seelsorger schlägt sich seine Kritik an der Bewegung nieder. Unter dem Stichwort „Unterwerfung – Hirtenamt" schreibt Robertson:

> *„Es besteht ein Unterschied, ob du einen weisen Seelsorgehelfer aufsuchst, wobei Bibelunterricht und ein Gott-Suchen um deiner Angelegenheit willen eingeschlossen ist, oder ob man dir erzählt, was du zu tun hast, mit keiner anderen Möglichkeit, als daß dein Ungehorsam dem Hirten gegenüber zur Folge hat, aus der Gemeinschaft ausgeschlossen zu werden."*[70]

Die Kritik bezieht sich auf die Intensität der Autorität der Hirten:

> *„Erlaube niemandem zu bestimmen, wie du dein Leben zu leben hast, wen du heiraten sollst, daß du dich von deinem Ehepartner scheiden lassen, wo du arbeiten und ob du deine Verwandten besuchen sollst usw. Bedenke, daß Gott sich selbst nicht widerspricht und niemals ein Durcheinander stiftet (1. Korinther 14,33)."*[71]

Die fünf Leitpersonen der so kritisierten Bewegung trennten sich Mitte der achtziger Jahre. Bob Mumford entschuldigte sich öffentlich für den „Machtmißbrauch", der mit seiner Lehre und seinem Namen begründet worden sei. Er selbst und viele andere halten das Konzept der „Hirtenbeziehung" jedoch weiterhin für schriftgemäß. Die Bewegung hat mit der Trennung der fünf zwar namentlich aufgehört zu existieren, das Gedankengut hat jedoch einen breiten Eingang vor allem in charismatische Kreise gewonnen.[72] Die Hauszellgruppen sind oft eine „Gemeinde in der Gemeinde". Der einzelne Christ erfährt eine intensive Schulung, seelsorgerliche Begleitung und auch konkrete Lebenshilfe in seiner Kleingruppe. In manchen Kreisen wurde jedoch die Schwäche dieses Konzeptes, das in einer zu starken Autorität der „Hirten" liegen kann, nicht als solche erkannt.

In jüngster Zeit entstanden in Deutschland Gemeinden der durch *Kip McKean* begründeten *Boston Church of Christ* unter dem Namen *Gemeinde Jesu Christi* mit dem Zusatz der jeweiligen Stadt.[73] Hier wird die Hirtenautorität offensichtlich in extremer Form praktiziert.

Die prophetische Bewegung

In pfingstkirchlichen und charismatischen Kreisen hat es immer ein Rechnen mit dem aktuellen Reden Gottes in eine bestimmte Situation eines Christen oder einer Gemeinde hinein gegeben. In den letzten Jahren hat jedoch das Nachdenken über die „Gabe der Prophetie" stark zugenommen. So fand im September 1992 in Nürnberg eine Konferenz *„Prophetischer Dienst und Gebet '92"* statt. Hauptreferenten waren Mitglieder einer Gemeinde in Kansas City, die sich 1990 der von *John Wimber* begründeten *Vineyard-Bewegung* angeschlossen hatte. *Mike Bickle,* Pastor dieser Gemeinde, war einer der Referenten. Die inzwischen bekanntesten anderen Referenten waren *Paul Cain, Rick Joyner* und *Mahesh Chavda.* Letzterer stammt nicht wie die anderen aus Kansas City, sondern aus Fort Lauderdale, wo er lange Zeit Ältester in der gleichen Gemeinde wie Derek Prince (s.o., Hirten-Bewegung) war.

Anders als die anderen hier beschriebenen Strömungen ist die prophetische Bewegung nicht auf eine bestimmte Gruppe charismatischer Kreise beschränkt geblieben. So ist auch in den Reihen der Geistlichen Gemeinde-Erneuerung in der Evangelischen Kirche eine intensive Beschäftigung mit der Thematik zu beobachten. Die von dem überkonfessionellen charismatisch geprägten Missionswerk *Jugend mit einer Mission* herausgegebene Zeitschrift *Der Auftrag* widmete dem Thema ihre Dezemberausgabe 1992.

Mike Bickle (s.o.) sieht das Wiedererscheinen prophetischer Gaben als eine endzeitliche Erscheinung. Er schreibt bezüglich der am Pfingsttag von Petrus aufgegriffenen Prophetie aus Joel 3,1-5:

„Ich glaube, daß Joels Prophetie am Pfingsttag nur teilweise in Erfüllung ging und sich auch in der Urkirche nur begrenzt erfüllt hat. Joel spricht eigentlich von einem weltweiten Handeln Gottes, das der Wiederkehr des Herrn unmittelbar vorangeht. Ich glaube, daß wir der Kraft des Heiligen Geistes im weltweiten prophetischen Dienst gar nicht entgehen können. Die Gemeinde der Endzeit wird erfüllt sein von Träumen und Visionen, die mit dem geschriebenen Wort Gottes übereinstimmen."[74]

Die Einbindung prophetischen Dienstes in eine Gemeinde oder ein Team ist für Bickle dabei ein entscheidender Faktor. Prophetie muß der Prüfung unterzogen werden.[75]

1993 wurde auch in Deutschland ein bereits 1989 in den USA erschienenes Buch von Rick Joyner (s.o.) veröffentlicht. An die hierin beschriebenen prophetischen Aussagen stellt Joyner einen nicht geringen Anspruch:

„Der Inhalt dieser Vision wird nicht weitergegeben, um uns emotional anzustacheln, sondern der Leib Christi braucht diese Informationen, um seinen Auftrag zu erfüllen."[76]

Joyner beobachtet in der Kirchengeschichte eine Entwicklung, die Schritt für Schritt zur Wiederherstellung einer neutestamentlichen Situation führt:

„Am Anfang der Reformation wurde der Pastor und sein Dienst wiederhergestellt und anerkannt. Zweihundert Jahre später, mit den Gebrüdern Wesley, wurde der Dienst des Evangelisten wiederhergestellt, allgemein gebilligt und akzeptiert. Bei den pfingstlichen und den

sogenannten ‚Spätregen'-Erweckungen begann die Wiederherstellung der Gaben des Heiligen Geistes. Doch es dauerte bis zur charismatischen Erneuerung und der Dritte-Welle-Bewegung, bis der Dienst der Lehre völlig wiederhergestellt war. ... Die nächste geistliche Wehe wird die Wiederherstellung und Anerkennung des Dienstes der Propheten bringen. Der prophetische Dienst wird in den nächsten Jahren im Mittelpunkt der Aufmerksamkeit stehen, da mehr Salbung ihn begleiten wird, als man seit den Zeiten der Bibel je gesehen hat."[77]

Dieser „prophetische Dienst" soll jedoch auch vorbereitend auf ein weiteres erneuertes Amt sein:

„Unser Verständnis der grundlegendsten christlichen Lehren wird in Kürze ganz besonders zunehmen, aber wird immer noch nicht den apostolischen Glauben erfassen. Dieser wird erst dann ganz wiederhergestellt sein, wenn der apostolische Dienst ganz erneuert ist. Mit der Wiederherstellung des prophetischen Dienstes wird der Kirche eine Vision des apostolischen Glaubens gegeben werden."[78]

Mit der Wiederherstellung des Apostelamtes sollen nun alle neutestamentlichen Ämter wieder in der Kirche vorhanden sein.

„Es wird noch eine weitere Wehe geben, während dieser der vorwärtsstrebenden Kirche wahrhafte apostolische Vollmacht zurückgegeben wird, die allgemeine Anerkennung finden wird. Es ist bemerkenswert, daß diese Dienste der Kirche in der umgekehrten Reihenfolge wiedergegeben werden, wie sie verlorengegangen sind."[79]

Die Wiederherstellung des fünffachen Amtes

In charismatischen Kreisen wird die Frage der Wiederherstellung aller neutestamentlichen Ämter nicht erst seit der oben dargestellten Prophetie immer stärker diskutiert. Eine Gemeinde, die sich seit längerem mit dieser Thematik befaßt, ist die *Christliche Gemeinde Köln,* eine unabhängige Gemeinde, die inzwischen bereits einige Zweiggemeinden im Großraum Köln/Bonn gegründet hat. Eine Entwicklung hin zu der Wiederherstellung der Ämter wird in der Kirchengeschichte beobachtet:

„Gott gab uns die Jüngerschaftsbewegung, die Glaubensbewegung und die charismatische Bewegung, in denen auch die Dienste wiederhergestellt wurden. In der Glaubensbewegung wurde z.B. das Amt des Lehrers stark betont. Während Gott nun mit Seinem Plan für die Gemeinde weitergeht, werden auch die Ämter des Apostels und des Propheten wiederhergestellt. In dieser Zeit lernen wir ihre Autorität, Funktion und Wichtigkeit für die Gemeinde und auch darüber hinaus erneut kennen."[80]

Der Apostel wird als Vaterfigur der Gemeinden gesehen.

„Es entsteht eine Vaterbeziehung zur Gemeinde und zu den einzelnen geistlichen Kindern."[81]

Eine enge Beziehung zu dem Apostel, der die Gemeinde gründete und durch den der einzelne gläubig wurde, wird für wichtig gehalten.

„Die Welt redet schlecht über Apostel und Propheten. Gleichzeitig mit der Wiederherstellung dieser beiden Dienste wird Verfolgung über den Leib Christi kommen. Wirst Du während dieser Verfolgung zu dem apostolischen Vater stehen, der dich gezeugt hat, oder wirst du ihn verleugnen? ... Echte geistliche Söhne werden während der Verfolgung zu ihren geistlichen Vätern stehen."[82]

Ist der Apostel als helfende Vaterfigur zu sehen, so hat der Prophet stärker die Funktion, Einblicke in persönliche Probleme zu gewinnen und auf diesem Wege Wegweisung zu erteilen.

Literatur

Holthaus, Stephan. *Fundamentalismus in Deutschland*. Bonn: Verlag für Kultur und Wissenschaft, 1993.
Schirrmacher, Thomas (Hrsg.). *Bibeltreue in der Offensive. Die Drei Chicago-Erklärung zur biblischen Irrtumslosigkeit, Hermeneutik und Anwendung*. Bonn: Verlag für Kultur und Wissenschaft, 1993.

Dank

Viele Vertreter der verschiedenen Konfessionen haben mich mit Material versorgt, mir Einblick in Statistiken gewährt, das Manuskript durchgesehen und hilfreiche Korrekturen angebracht. Ihnen möchte ich herzlich danken. Da manche Kontakte zu den Denominationen mit mehreren Gesprächspartnern stattfanden, kann ich leider nicht alle namentlich nennen. Einige möchte ich jedoch an dieser Stelle erwähnen und ihnen meinen herzlichen Dank aussprechen:

Walter Alisch, Jörg Barth, Manfred Beutel, Rob Dingman, Ernst Guggolz, Klaus Haag, Hartmut Hentschel, Dr. Gerhard Hörster, Daniel Kallauch, Hans Kienzle, John Klaassen, Klaus Kröger, Dieter Götz Lichdi, Heinrich Löwen, Hans Beat Motel, Volker Müller, Gerhard Oertel, Erich Ott, Dieter Poppe, Hartmut Steeb, Holger Teubert, Dr. Walter Klaiber, Willi Rapp, Lorenz Reithmeier, Sigrid Rinker, Michael Schätzel, Jörg Schmidt, Hellmut Stegmann, Reinhart Weiß.

Selbstverständlich liegt das „Endprodukt" ganz alleine in meiner Verantwortung.

Manche andere haben mir durch Anfragen, Korrekturen und Ergänzungen geholfen. Besonders danke ich hier den Seminaristen des Neues Leben Seminars, den Schülern der Bibelschule Kirchberg und des Seminars für Gemeindeaufbau und Mission in Bern.

Meinen Kollegen am Neues Leben Seminar danke ich herzlich für alle Unterstützung im Umgang mit „diesem komischen Kasten mit Schreibmaschine und Fernseher."

Mein ganz besonderer Dank gilt Marion Wurth für ihre umfangreiche Schreibarbeit an meinem vorsintflutlichen Laptop.

Herzlich danken möchte ich dem Brunnen Verlag, insbesondere meinem Bruder Ralf, für alle Unterstützung und für die Geduld!

Jürgen Tibusek

Anmerkungen

Die römisch-katholischen Kirchen

1 Zahlen, soweit nicht anders vermerkt, nach Angaben der Deutschen Bischofskonferenz. Diese Zahl entstammt einem Schreiben an den Autor vom April 1993. Nach Aussagen des peruanischen Theologieprofessors Samuel Escobar liegt in Lateinamerika die Zahl der Protestanten inzwischen allerdings schon bei 12%, stündlich treten 400 Bewohner zum Protestantismus über. In Puerto Rico sollen inzwischen bereits 27% der Bevölkerung protestantisch sein. 80% der lateinamerikanischen Protestanten bezeichnen sich als evangelikal. (*Idea-Spektrum*. 9.12.1992, S. 12).
2 Focus, 13, 29. März 1993, S. 45. Quelle der Zahlen: Deutsche Bischofskonferenz.
3 Quelle: Deutsche Bischofskonferenz.
4 Eggenberger, Oswald. **Die Kirchen, Sondergruppen und religiösen Vereinigungen.** 4., überarb. Aufl. Zürich: Theologischer Verlag, 1986.
5 Schreck, Alan. **The Compact History of the Catholic Church.** Ann Arbor, Michigan: Servant Books, 1987. S. 69/70.
6 Adam, Alfred. **Lehrbuch der Dogmengeschichte.** Band 2. 4. Aufl. Gütersloh: Gütersloher Verlagshaus Gerd Mohn, 1984. S. 372.
7 Lohse, Bernhard. a.a.O. S. 191.
8 Adam, Alfred. a.a.O. S. 374.
9 Lohse, Bernhard. a.a.O. S. 197.
10 Lohse, Bernhard. a.a.O. S. 192.
11 Adam, Alfred. a.a.O. S. 377.
12 Lenzenweger, Josef. Stockmeier, Peter. Amon, Karl. Zinnhobler, Rudolf. (Hrsg.). **Geschichte der katholischen Kirche.** Leipzig: St. Benno, 1989. S. 368.
13 Lenzenweger, Josef. Stockmeier, Peter. Amon, Karl. Zinnhobler, Rudolf. (Hrsg.). a.a.O. S. 414.
14 Lenzenweger, Josef. Stockmeier, Peter. Amon, Karl. Zinnhobler, Rudolf. (Hrsg.). a.a.O. S. 414.
Kirchner, Hubert. **Das Papsttum und der deutsche Katholizismus 1870-1958.** Reihe „Kirchengeschichte in Einzeldarstellungen". III/9. Leipzig: Evangelische Verlagsanstalt, 1992. S. 22.
15 Kirchner. a.a.O. S. 23.
16 Lenzenweger. Stockmeier. Amon. Zinnhobler. a.a.O. S. 417.
17 Kirchner. a.a.O. S. 30.
18 Schreck. a.a.O. S. 109.
19 Schreck. a.a.O. S. 111. Lenzenweger. Stockmeier. Amon. Zinnhobler. a.a.O. S. 437.

[20] Lenzenweger. Stockmeier. Amon. Zinnhobler. a.a.O. S. 440.
[21] Lohse, Bernhard. *Epochen der Dogmengeschichte.* 3., überarbeitete und erweiterte Auflage. Stuttgart: Kreuz Verlag, 1974. S. 197.
[22] Rahner, Karl. Vorgrimler, Herbert (Hrsg.). *Kleines Konzilskompendium.* 20. Aufl. Freiburg, Basel, Wien: Herder, 1987. Dei Verbum 9.10.
[23] Rahner, Karl. Vorgrimler, Herbert (Hrsg.). a.a.O. Dei Verbum 9.10.
[24] Ecclesia Catholica. *Der Katechismus der katholischen Kirche.* München, Wien: Oldenbourg. Leipzig: St. Benno. Freiburg, Schweiz: Paulusverlag. Linz: Veritas. 1993. Nr. 67.
[25] Deutsche und Berliner Bischofskonferenz, Österreichische Bischofskonferenz, Schweizer Bischofskonferenz, Bischöfe von Bozen-Brixen, Luxemburg, Lüttich, Metz und Straßburg. (Hrsg.). *Codex Iuris Canonici.* Lat.-dt. Ausg., 3., verb. u. vermehrte Aufl. Kevelaer: Butzon & Bercker, 1989.
[26] Papst Johannes Paul II. „Frucht einer ungewöhnlichen Zusammenarbeit". *L' Osservatore Romano.* 3. Juli 1992. S. 7.
[27] a.a.O. S. 7.
[28] Ratzinger, Kardinal Josef. „Wesentliche Wahrheiten und Grundlagen". *L' Osservatore Romano.* 3. Juli 1992. S. 1.
[29] „Fidei Depositum. Apostolische Konstitution von Johannes Paul II. zur Veröffentlichung des Katechismus der katholischen Kirche nach dem II. Vatikanischen Konzil". L' Osservatore Romano. 27. November 1992. S. 7.
[30] a.a.O. S. 8.
[31] *Katechismus der katholischen Kirche.* a.a.O. (77).
[32] Papst Johannes Paul II. „Die Bischöfe als Hirten und Lehrer in der apostolischen Nachfolge". *L' Osservatore Romano.* 17. Juli 1992. S. 2.
[33] a.a.O. S. 2.
[34] Neuner-Roos. *Der Glaube der Kirche in den Urkunden der Lehrverkündigung.* Neubearbeitet von Karl Rahner und Karl-Heinz Weger. 11. Aufl. Regensburg: Verlag Friedrich Pustet, 1983. S. 79/80.
[35] Neuner-Roos. a.a.O. S. 81.
[36] Neuner-Roos. a.a.O. S. 302/303.
[37] *Katechismus der katholischen Kirche.* a.a.O. (880).
[38] Neuner-Roos. a.a.O. S. 295.
[39] Papst Johannes Paul II. „Das Pallium verbindet eng mit dem Nachfolger Petri." *L' Osservatore Romano.* 17. Juli 1992, S. 7.
[40] Rahner. Vorgrimler. a.a.O. Lumen Gentium 22.
[41] *Codex Iuris Canonici.* a.a.O. S. 145.
[42] Papst Johannes Paul II. „Ein Konzil kann nur ökumenisch sein, wenn es vom Papst bestätigt ist." *L' Osservatore Romano.* 16. Oktober 1992. S. 2.
[43] *Codex Iuris Canonici.* a.a.O. S. 145.
[44] Papst Johannes Paul II. „Das Pallium verbindet eng mit dem Nachfolger Petri." a.a.O. S. 7.
[45] *Katechismus der katholischen Kirche.* a.a.O. (838).

46 a.a.O.
47 Rahner. Vorgrimler. Lumen Gentium 17; Ad gentes, 28, 35-38.
48 Papst Johannes Paul II. „Eine neue Missionsära". *L' Osservatore Romano.* 24. Juli 1992.
49 *Katechismus der katholischen Kirche.* a.a.O. (1996).
50 *Katechismus der katholischen Kirche.* a.a.O. (1989).
51 *Katechismus der katholischen Kirche.* a.a.O. (1993).
52 Berliner Bischofskonferenz (Hrsg.). **Katholischer Erwachsenen-Katechismus.** Leipzig: St. Benno Verlag, 1985. S. 213.
53 *Katechismus der katholischen Kirche.* a.a.O. (2001).
54 *Katechismus der katholischen Kirche..* a.a.O. (2001).
55 *Katechismus der katholischen Kirche.* a.a.O. (2008).
56 Rahner. Vorgrimler. a.a.O. Sacrosanctum Concilium 59.
57 Rahner. Vorgrimler. a.a.O. Sacrosanctum Concilium 7.
58 *Codex Iuris Canonici.* a.a.O. S. 409.
59 Rahner. Vorgrimler. a.a.O. Sacrosanctum Concilium 10.
60 Deutscher Katecheten Verein (Hrsg.). **Grundriss des Glaubens. Katholischer Katechismus.** München: Kösel 1980. S. 149.
61 *Codex Iuris Canonici.* a.a.O. S. 413.
62 *Katechismus der katholischen Kirche.* a.a.O. (1330).
63 Papst Johannes Paul II. „Durch das eigene Leben das Evangelium bezeugen." *L' Osservatore Romano.* 30. Oktober 1992.
64 *Katechismus der katholischen Kirche.* a.a.O. (1330).
65 *Katechismus der katholischen Kirche.* a.a.O. (1367).
66 *Codex Iuris Canonici.* a.a.O. S. 419.
67 Berliner Bischofskonferenz (Hrsg.). **Katholischer Erwachsenen-Katechismus.** Leipzig: St. Benno Verlag, 1985. S. 295.
68 Rahner. Vorgrimler. a.a.O. Sacrosanctum Concilium 6.
69 *Codex Iuris Canonici.*
70 *Codex Iuris Canonici.* a.a.O. S. 401.
71 *Katechismus der katholischen Kirche.* a.a.O. (1385).
72 *Codex Iuris Canonici.* a.a.O. S. 447.
73 Deutscher Katecheten Verein (Hrsg.). a.a.O. S. 184.
74 *Katechismus der katholischen Kirche.* a.a.O. (1584).
75 Papst Johannes Paul II. „Die Bischofsweihe ist sakramental und Grundlage der Hierarchie." *L' Osservatore Romano.* 9. Oktober 1992. S. 2.
76 Lumen Gentium 21. Vgl. auch Papst Johannes Paul II. „Die Bischofsweihe ist sakramental und Grundlage der Hierarchie." *L' Osservatore Romano.* 9. Oktober 1992. S. 2.
77 Sodani, Angelo. „Die universale Sendung des Nachfolgers Petri." *L' Osservatore Romano.* 24. Juli 1992. S. 2.
78 *Codex Iuris Canonici.* a.a.O. S. 471.
79 *Codex Iuris Canonici.* a.a.O. can. 1124.
80 *Codex Iuris Canonici.* a.a.O. can. 1125.
81 *Katechismus der katholischen Kirche.* a.a.O. (500).

[82] Rahner. Vorgrimler. a.a.O. Lumen Gentium 57.
[83] Rahner. Vorgrimler. a.a.O. Lumen Gentium 62.
[84] Wojtyla, Karol. **Quellen der Erneuerung.** Freiburg, Basel, Wien: Herder, 1981. S. 99.
[85] Rahner. Vorgrimler. a.a.O. Lumen Gentium 69.
[86] Algermissen, Konrad. **Konfessionskunde.** Hannover: Joseph Giesel, 1930. S. 128/129.
[87] Deutscher Katecheten Verein (Hrsg.) a.a.O. S. 80.
[88] **Katechismus der katholischen Kirche.** a.a.O. (966).
[89] Rahner. Vorgrimler. a.a.O. Lumen Gentium 66.
[90] Rahner. Vorgrimler. a.a.O. Lumen Gentium 68.
[91] Rahner. Vorgrimler. a.a.O. Lumen Gentium 64.
[92] Schreck, Alan. **The Compact History of the Catholic Church.** Ann Arbor. Servant Books, 1987. S. 149.
[93] **Katechismus der katholischen Kirche.** a.a.O. (1030).
[94] zit. nach Deutscher Katecheten Verein. a.a.O. S. 99.
[95] a.a.O. S. 128.
[96] **Katechismus der katholischen Kirche.** a.a.O. (1473).
[97] **Katechismus der katholischen Kirche.** a.a.O. (1473).
[98] **Katechismus der katholischen Kirche.** a.a.O. (1477).
[99] **Katechismus der katholischen Kirche.** a.a.O. (1475).
[100] Deutscher Katecheten Verein. a.a.O. S. 217.
[101] Rahner. Vorgrimler. a.a.O. Lumen Gentium 49.
[102] a.a.O. Sacrosanctum Concilium 104.
[103] a.a.O. Lumen Gentium 50.
[104] Gerster, Tobias. „Jahrhundert des Heiligen Geistes." In **C-Magazin,** Nummer 22, 4/1992. S. 28.
[105] Nach Gerster, Tobias. a.a.O. Die aufgezählten Gaben sind nach 1. Korinther 12 und 14 übernatürliche, durch den Geist Gottes gewirkte Gaben. Mit der Gabe „in Sprachen zu beten" ist das Beten in einer dem Beter unbekannten Sprache gemeint, die nach in der Pfingstbewegung und der charismatischen Bewegung verbreiteten Auffassung sowohl eine heute auf der Erde existente Sprache wie auch eine „himmlische Sprache" sein kann (vgl. 1. Korinther 13,1).
[106] Gerster, Tobias. a.a.O.
[107] a.a.O. S. 28.
[108] Baumert, Norbert. **Gaben des Geistes Jesu. Das Charismatische in der Kirche.** Leipzig: St. Benno-Verlag, 1988. S. 74.
[109] Baumert. a.a.O. S. 247.
[110] „Neue Namen und reger Austausch." **C-Magazin.** Nummer 24, 2/1993. S. 41.
[111] „Gemeinsamkeiten." **IDEA-Spektrum.** 22/1993. S. 10.
[112] Gerster, Tobias. a.a.O. S. 29.
[113] nach Baumert. a.a.O. S. 75.
[114] Hocken, Peter. „Die Frucht wächst aus der Wertschätzung. Die Theologie

und die Taufe im Heiligen Geist." *C-Magazin*. Nummer 22, 4/1992. S. 19.
115 Baumert. a.a.O. S. 268.
116 Baumert. a.a.O. S. 269/270.
117 Hocken. a.a.O. S. 19.
118 Cantalamessa, Pater Raniero OFM. „Wenn Gott den Stecker in die Steckdose steckt. Was ‚Taufe im Heiligen Geist' bedeutet." *C-Magazin*. Nummer 22, 4/1992. S. 18.
Fischer, Karl. Hüger, Johannes. Humpert, Mechthild. (Hrsg.). *Leben im Geist. Seminar. Mitarbeiterhandbuch*. Augsburg: Bücher im Dienst der Erneuerung, 1991. S. 115.
119 Cantalamessa. a.a.O. S. 17.
120 a.a.O. S. 17.
121 a.a.O. S. 18.
122 „Wie komme ich zu einem lebendigen Glauben?" *C-Magazin*. Nummer 21, 3/1992. S. 39.
123 Fischer, Karl. Hüger, Johannes. Humpert, Mechthild (Hrsg.). *Leben im Geist*. a.a.O. S. 106-113.
124 z. B. Campus für Christus (Hrsg.) *Gott persönlich kennenlernen*. Neuhausen: Hänssler.
125 „Wie komme ich zu einem lebendigen Glauben?" a.a.O.
126 „Maria und die Heiligen im katholisch-lutherischen Dialog." *L'Osservatore Romano*. 24. Juli 1992. S. 6.
127 a.a.O. S. 6.
128 a.a.O. S. 6.
129 Vergleiche dazu Nash, Ronald H. *Evangelicals in America*. Who they are, what they believe. Nashville: Abingdon, 1987. S. 15. *„Man kann normalerweise erwarten, daß jeder, der beansprucht, evangelikal zu sein, ein christlicher Gläubiger ist, dessen Theologie traditionell oder orthodox ist, der die Bibel als seine oder ihre letzte Autorität in Fragen des Glaubens und der Praxis annimmt, der eine religiöse Bekehrung erlebt hat (wiedergeboren ist), und der daran interessiert ist, andere zu der gleichen Bekehrungserfahrung zu führen."*
130 „Der römische Katholizismus aus heutiger evangelikaler Perspektive. Eine Standortbestimmumg der Weltweiten Evangelischen Allianz. Verabschiedet von der Generalversammlung der Weltweiten Evangelischen Allianz vom 22. – 27. Juni 1986 in Singapur." *Idea-Dokumentation*. Nr. 19/86. S. 3.
131 a.a.O. S. 17.
132 a.a.O. S. 16.
133 a.a.O. S. 30/31.
134 Rahner, Karl. Vorgrimler, Herbert. a.a.O. Nostra Aetate, 2. S. 356.
135 Stott, John und Meeking, Basil (Hrsg.). *Der Dialog über Mission zwischen Evangelikalen und der römisch-katholischen Kirche*. Wuppertal: Brockhaus, 1987. S. 31/32.
136 Meyer, Harding. Papandreou, Damaskinos. Urban, Hans Jörg. Vischer,

Lukas. (Hrsg.) *Dokumente wachsender Übereinstimmung. Sämtliche Berichte und Konsenstexte interkonfessioneller Gespräche auf Weltebene. Band 2. 1982-1990.* Paderborn: Bonifatius. Frankfurt/Main: Otto Lembeck, 1992. a.a.O. S. 376.

[137] a.a.O. S. 378.
[138] a.a.O. S. 378.
[139] a.a.O. S. 386/387.
[140] a.a.O. S. 379/380.
[141] a.a.O. S. 389.
[142] a.a.O. S. 389/390.
[143] „Der römische Katholizismus aus heutiger evangelikaler Perspektive". a.a.O. S. 42.

Die altkatholischen Kirchen

[1] Dowley, Tim. (Hrsg.). *Die Geschichte des Christentums.* rev. Ausg. Wuppertal, Zürich: Brockhaus, 1992. S. 496.
[2] Krahl, Wolfgang. *Ökumenischer Katholizismus.* Bonn: St. Cyprian, 1970. S. 99.
[3] a.a.O. S. 99.
[4] a.a.O. S. 100.
[5] Lorenz, R. in Galling, Kurt (Hrsg.). *Die Religion in Geschichte und Gegenwart.* 3. Aufl. Tübingen: J.C.B. Mohr (Paul Siebeck). 1962. 6. Band, Sp. 1403/1404.
[6] Arbeitsgemeinschaft Christlicher Kirchen in Köln (ACK). Evangelischer Stadtkirchenverband Köln. Katholisches Stadtdekanat Köln (Hrsg.). Zusammengestellt von Link, Hans Georg und Müller, Ralf Thomas. *Kölner Ökumenischer Stadtführer.* Köln: 1993. S. 10.
[7] Christkatholische Kirchengemeinde Solothurn (Hrsg.). *Christkatholisch. Die Christkatholische Kirche in der Schweiz in Geschichte und Gegenwart.* Zürich, Einsiedeln, Köln: Benziger, 1978. S. 223.
[8] a.a.O. S. 224.
[9] Krahl. a.a.O. S. 164.
[10] Krahl. a.a.O. S. 168.
[11] Zahlen für Deutschland nach einem Schreiben des Katholischen Bistums der Alt-Katholiken vom 13. April 1993.
[12] Nach Auskunft von Bischof Hans Gerny in einem Schreiben an den Autor vom 6. April 1993.
[13] Christkatholische Kirchengemeinde Solothurn (Hrsg.). a.a.O. S. 36.
[14] a.a.O. S. 37.
[15] „Die alt-katholische Kirche." Eberhard, Kurt. (Hrsg.) *Was glauben die anderen?* Berlin: Willy Trubach, 1954. S 110.
[16] Küry, Urs. *Die Altkatholische Kirche. Ihre Geschichte. Ihre Lehre. Ihr*

Anliegen. Die Kirchen der Welt Bd. III. Stuttgart: Evangelisches Verlagswerk, 1966. S. 133.
[17] Küry, Urs. a.a.O. S. 133/134.
[18] a.a.O. S. 134/135.
[19] Christkatholische Kirchengemeinde Solothurn (Hrsg.). a.a.O. S. 78.
[20] a.a.O. S. 78.
[21] nach Küry, Urs. a.a.O. S. 433.
[22] „Glaubensbrief der Bischofskonferenz 1969 über das alt-katholische Bekenntnis." In Krahl. a.a.O. S. 157.
[23] a.a.O.
[24] a.a.O.
[25] „Glaubensbrief der Bischofskonferenz 1969 über das alt-katholische Bekenntnis." In Krahl. a.a.O. S. 157.
[26] Christkatholische Kirchengemeinde Solothurn (Hrsg.). a.a.O. S. 78.
[27] a.a.O. S. 79.
[28] Erklärung der Bischofskonferenz 1950 über die katholische Marienlehre und das päpstliche Dogma von Mariä Himmelfahrt. In Krahl. a.a.O. S. 155.; auch bei Küry. a.a.O. S. 430.

Die orthodoxen Kirchen

[1] Winkelmann, Friedhelm. *Die östlichen Kirchen in der Epoche der christologischen Auseinandersetzungen.* Reihe *Kirchengeschichte in Einzeldarstellungen.* I/6. 3. Aufl. Berlin: Evangelische Verlagsanstalt, 1980. S. 31-33.
Steubing, Hans (Hrsg.). *Bekenntnisse der Kirche. Bekenntnistexte aus zwanzig Jahrhunderten.* Wuppertal: Theol. Verlag Rolf Brockhaus, 1970. S. 25.
[2] nach Winkelmann. a.a.O. S. 35.
[3] Winkelmann. a.a.O. S. 36.
[4] Heussi, Karl. *Kompendium der Kirchengeschichte.* 14. Aufl. Tübingen: J.C.B. Mohr (Paul Siebeck), 1976. S. 136.
[5] Hage, W. „Apostolische Kirche des Ostens." In Heyer, Friedrich. *Konfessionskunde.* Berlin, New York: Walter de Gruyter, 1977. S. 202/211.
[6] Heussi. a.a.O. S. 137.
[7] Steubing. a.a.O. S. 26.
[8] Hägglund, Bengt. *Geschichte der Theologie. Ein Abriß.* Berlin: Evangelische Verlagsanstalt, 1983. S. 75. Heussi. a.a.O. S. 137.
[9] Hägglund. a.a.O. S. 76. Steubing. a.a.O. S. 27.
[10] a.a.O.
[11] z.B. auch Galitis, Georg. „Orthodoxie und Ökumene." In Galitis, Georg. Mantzaridis, Georg. Wiertz, Paul. *Glauben aus dem Herzen. Eine Einführung in die Orthodoxie.* 2., überarb. und ergänzte Aufl. München: TR-Verlagsunion, 1988. S. 221.

[12] Basdekis, Athanasios (Hrsg.). ***Orthodoxe Kirchen in Deutschland.*** Frankfurt: Griechisch-Orthodoxe Metropolie von Deutschland – Exarchat von Zentraleuropa K. d. ö. R. 1986, S. 22.
[13] a.a.O.
[14] „Kommunique der Vereinigten Kommission zum theologischen Dialog zwischen der Orthodoxen Kirche und den Orientalischen Orthodoxen Kirchen." In Papst Shenouda III. ***Die Natur Christi.*** Fürth: Flacius Verlag, 1990. S. 41.
[15] a.a.O.
[16] a.a.O. S. 39/40.
[17] a.a.O. S. 40.
[18] „Kommunique der Vereinigten Kommission zum theologischen Dialog zwischen der Orthodoxen Kirche und den Orientalischen Orthodoxen Kirchen". a.a.O. S. 41.
[19] „Schlußprotokoll der Dialoge zwischen der Katholischen und der Koptisch-Orthodoxen Kirche in Ägypten – 12.2.1988". In Papst Shenouda III. a.a.O. S. 35.
[20] Heyer, Friedrich. a.a.O. S. 216. Koptisch-Orthodoxes Zentrum St. Antonius Kloster (Hrsg.). ***Seminar-Vorträge.*** Waldsolms-Kröffelbach: Koptisch-Orthodoxes Zentrum, 1990. S. 3.
[21] Koptisch-Orthodoxes Zentrum. a.a.O. S. 7.
[22] a.a.O. S. 7.
[23] Reiss, Pfarrer Wolfram. „Koptisch-orthodoxes Gemeindeleben heute: Die Sonntagsschulen". a.a.O. S. 77.
[24] Ibrahim, Prof. Dr. Fouad N. „Die wachsende Islamisierung in Ägypten und die Situation der Kopten." a.a.O. S. 98.
[25] Koptisch-Orthodoxes Zentrum. a.a.O. S. 5.
[26] Kolta, Dr. K. S. „Die koptische Kirche heute." In Koptisch-Orthodoxes Zentrum (Hrsg.). a.a.O. S. 72.
[27] Heyer, Friedrich. ***Konfessionskunde.*** Berlin, New York: Walter de Gruyter, 1977. S. 214.
[28] Kolta, Dr. K.S. a.a.O. S. 75.
[29] Koptisch-Orthodoxes Zentrum. a.a.O. S. 5.
[30] a.a.O. S. 4.
[31] Papst Shenouda III. a.a.O. S. 12.
[32] a.a.O. S. 17.
[33] a.a.O. S. 16.
[34] a.a.O. S. 24.
[35] a.a.O. S. 20.
[36] Heyer. a.a.O. S. 228.
[37] Kolta, Dr. K.S. a.a.O. S. 72.
[38] Basdekis, Athanasios. a.a.O. S. 24.
[39] „Die Äthiopisch-Orthodoxe Kirche". In Arbeitsgemeinschaft Christlicher Kirchen in Köln (ACK). Evangelischer Stadtkirchenverband Köln. Katholisches Stadtdekanat Köln (Hrsg.) zusammengestellt von Link,

Hans Georg und Müller, Rolf Thomas. ***Kölner Ökumenischer Stadtführer.*** Köln: 1993. S. 9.
[40] Heyer. a.a.O. S. 263
[41] Heussi. a.a.O. S. 175.
[42] Lenzenweger, Josef. Stockmeier, Peter. Amon, Karl. Zinnhobler, Rudolf. ***Geschichte der katholischen Kirche.*** Leipzig: St. Benno, 1989. S. 273.
[43] a.a.O. S. 274/275.
[44] a.a.O. S. 273.
[45] Galitis, G. „Das orthodoxe Kirchenverständnis." In Galitis, Georg. Mantzaridis, Georg. Wiertz, Paul. a.a.O. S. 47.
[46] Hämmerle, Eugen. Ohme, Heinz. Schwarz, Klaus. ***Zugänge zur Orthodoxie.*** Bensheimer Hefte 68. Göttingen: Vandenhoeck und Ruprecht, 1989. S. 175.
[47] Galitis, G. a.a.O. S. 48.
[48] Basdekis. a.a.O. S. 9.
[49] Hämmerle, Eugen. Ohme, Heinz. Schwarz, Klaus. a.a.O. S. 177.
[50] Hämmerle, Eugen. Ohme, Heinz. Schwarz, Klaus. a.a.O. S. 214.
[51] Bourdeaux, Lorna und Michael. ***10 wachsende Kirchen.*** Uhldingen: Stephanus Edition, 1988. S. 192.
[52] Hämmerle, Eugen. Ohme, Heinz. Schwarz, Klaus. a.a.O. S. 178.
[53] Hämmerle, Eugen. Ohme, Heinz. Schwarz, Klaus. a.a.O. S. 180.
[54] Basdekis. a.a.O. S. 12.
[55] „Weitgehende Übereinstimmungen im rumänischen Kirchenkonflikt erzielt." ***L' Osservatore Romano.*** 24. Juli 1992. S. 6.
[56] Brief der Griechisch-Orthodoxen Metropolie von Deutschland vom 6. April 1993.
[57] Basdekis. a.a.O. S. 10/11.
[58] Basdekis. a.a.O. S. 12.
[59] Verzeichnis der Gemeinden und Gottesdienststätten des Moskauer Patriarchates in der Bundesrepublik Deutschland, Stand: Mai 1992.
[60] „Neuordnung orthodoxer Gemeinden in Deutschland". ***Materialdienst des Konfessionskundlichen Instituts Bensheim.*** 5/93. S. 98.
[61] Basdekis. a.a.O. S. 15.
[62] „Die Russisch-Orthodoxe Kirche im Ausland". in ***Kölner Ökumenischer Stadtführer.*** a.a.O. S. 44.
[63] Brief der Russischen Orthodoxen Kirche im Ausland vom 30. März 1993.
[64] a.a.O.
[65] Basdekis. a.a.O. S. 16.
[66] Basdekis. a.a.O. S. 18.
[67] Basdekis. a.a.O. S. 20.
[68] Basdekis. a.a.O. S. 20/21.
[69] „Die Ukrainisch-Orthodoxe Kirche im Ausland". In ***Kölner Ökumenischer Stadtführer.*** a.a.O. S. 46.
[70] nach Felmy, Karl Christian. ***Orthodoxe Theologie. Eine Einführung.*** Darmstadt: Wissenschaftliche Buchgesellschaft, 1990. S. 20.

71 Felmy, Karl Christian. a.a.O. S. 19. Vgl. auch Galitis, G. „Die Kirche als Spenderin des Heils." In Galitis. Mantzaridis. Wiertz. a.a.O. S. 80.
72 Galitis, G. „Die Kirche als Spenderin des Heils." a.a.O. S. 80.
73 a.a.O. S. 81.
74 a.a.O. S. 80.
75 a.a.O. S. 81.
76 a.a.O. S. 81.
77 Meyer. Bd. 1. a.a.O. S. 26.
78 Savramis, Demosthenes. *Zwischen Himmel und Erde. Die orthodoxe Kirche heute.* Stuttgart: Seewald 1982. S. 14.
79 Savramis. a.a.O. S. 24.
80 Felmy, Karl Christian a.a.O. S. 1.
81 Savramis. a.a.O. S. 20.
82 Mantzaridis, G. „Die Bedeutung des Mönchtums." In Galitis. Mantzaridis. Wiertz. a.a.O. S. 56.
83 a.a.O. S. 56/57.
84 a.a.O. S. 57/58.
85 a.a.O. S. 58.
86 Wiertz. „Das Umfeld des Gottesdienstes." In Galitis. Mantzaridis. Wiertz. a.a.O. S. 129.
87 Savramis. a.a.O. S. 18.
88 Wiertz. a.a.O. S. 127.
89 Wiertz. a.a.O. S. 126.
90 Savramis. a.a.O. S. 19.
91 nach Savramis. a.a.O. S. 19. Wiertz in „Das Umfeld des Gottesdienstes". a.a.O. S. 129. Zitiert eine inhaltlich gleiche Aussage von Basilius dem Großen.
92 Wiertz. a.a.O. S. 129.
93 Wiertz. a.a.O. S. 129.
94 Mantzaridis zitiert hier nach Palamas, Gregor. „Über das Hervorgehen des Heiligen Geistes." In Palamas. *Syngrammata.* Bd. 1, S. 95.
95 Mantzaridis, G. „Die Hauptmerkmale des orthodoxen Glaubens". In Galitis. Mantzaridis. Wiertz. a.a.O. S. 93.
96 Felmy, Karl Christian. *Orthodoxe Theologie. Eine Einführung.* Darmstadt: Wissenschaftliche Buchgesellschaft, 1990. S. 55.
97 Meyer, Bd. 1. a.a.O. S. 28.
98 Meyer, Bd. 1. a.a.O. S. 28.
99 Meyer, Bd. 1. a.a.O. S. 28.
100 Savramis. a.a.O. S. 15.
101 Mantzaridis, G. „Die Hauptmerkmale des orthodoxen Glaubens." In Galitis. Mantzaridis. Wiertz. a.a.O. S. 95.
102 Mantzaridis, G. „Die Hauptmerkmale des orthodoxen Glaubens." a.a.O. S. 95.
103 Mantzaridis. „Die Hauptmerkmale des orthodoxen Glaubens." a.a.O. S. 95.

[104] Mantzaridis. „Die Hauptmerkmale des orthodoxen Glaubens." a.a.O. S. 96.
[105] Mantzaridis, G. „Die Heilsmittel der orthodoxen Kirche". in Galitis. Mantzaridis. Wiertz. a.a.O. S. 158.
[106] Mantzaridis, G. „Die Heilsmittel der orthodoxen Kirche". Galitis. Mantzaridis. Wiertz. a.a.O. S. 158.
[107] Mantzaridis, G. „Die Heilsmittel der orthodoxen Kirche." In Galitis. Mantzaridis. Wiertz. a.a.o.
[108] Mantzaridis, G. „Die Heilsmittel der orthodoxen Kirche." a.a.O. S. 160.
[109] a.a.O.
[110] a.a.O.
[111] Savramis. a.a.O. S. 22.
[112] Diedrich, Hans Christian. (Hrsg.). *Das Glaubensleben der Ostkirche.* Leipzig: Koehler und Amelang, 1988. S. 120.
[113] Mantzaridis, G. „Die Heilsmittel der orthodoxen Kirche". In Galitis. Mantzaridis. Wiertz. a.a.O. S. 164.
[114] Diedrich. a.a.O. S. 121.
[115] „Frauenordination in der Orthodoxie". *Idea-Magazin.* Nr. 9/93. 4. Juni 1993. S. 10.
[116] a.a.O. S. 11.
[117] Mantzaridis, G. a.a.O. S. 161.
[118] Mantzaridis. a.a.O. S. 162.
[119] Diedrich. a.a.O. S. 124.
[120] Mantzaridis, G. „Die Heilsmittel der orthodoxen Kirche." In Galitis. Mantzaridis. Wiertz. a.a.O. S. 165.
[121] Savramis. a.a.O. S. 23.
[122] Meyer, Harding. Papandreou, Damaskinos. Urban, Hans Jörg. Vischer, Lukas. (Hrsg.) *Dokumente wachsender Übereinstimmung. Sämtliche Berichte und Konsenstexte interkonfessioneller Gespräche auf Weltebene. Band 2. 1982-1990.* Paderborn: Bonifatius. Frankfurt/Main: Otto Lembeck, 1992. S. 21.

Die Anglikanische Kirche

[1] Jenkins, Keith. „England und Wales". in Rössler, Andreas. (Hg.). *Protestantische Kirchen in Europa.* Stuttgart: Quell, 1993. S. 45.
[2] Chadwick, Henry. „Anglikanische Kirche." Heyer, Friedrich. *Konfessionskunde.* Berlin, New York: Walter de Gruyter, 1977. S. 576.
[3] a.a.O. S. 575.
[4] a.a.O. S. 576.
[5] a.a.O. S. 584.
[6] Tröger. a.a.O. S. 24.
[7] Tröger. a.a.O. S. 24.

[8] „Die 39 Artikel von 1571." Artikel 6. nach Steubing. *Bekenntnisse der Kirche.* Wuppertal: Theologischer Verlag Rolf Brockhaus, 1970. S. 240.
[9] a.a.O.
[10] a.a.O. S. 587.
[11] a.a.O. S. 587.
[12] Tröger, Sigrid und Karl Wolfgang (Hrsg.). *Kirchenlexikon.* Berlin: Union Verlag, 1990. S. 26.
[13] „Die 39 Artikel von 1571." Artikel 20. a.a.O. S. 243.
[14] „Die 39 Artikel von 1571." Artikel 25. a.a.O. S. 244.
[15] *Doctrine in the Church of England,* 1938; repr. London: SPCK, 1982. S. 127/128.
[16] a.a.O. S. 127/128.
[17] a.a.O. S. 137.
[18] „Die 39 Artikel von 1571." Artikel 27. a.a.O. S. 245.
[19] „Die 39 Artikel von 1571." Artikel 28. a.a.O. S. 245.

Die Evangelische Kirche in Deutschland

[1] Evangelische Landeskirche in Württemberg (Hrsg.). *Handbuch für Kirchengemeinderäte.* Stuttgart: o.J. S. 244.
[2] a.a.O. S. 246.
[3] *Idea-Spektrum.* 21/93. S. 6.
[4] a.a.O.
[5] a.a.O.
[6] Statistische Beilage Nr. 87 zum Amtsblatt der EKD, Heft 2 vom 15. Februar 1993. S. 3 und 4.
[7] Synode der Evang. Kirche in Deutschland. (Im Auftrag des Rates der Evang. Kirche in Deutschland herausgegeben vom Kirchenamt der EKD). *Glauben heute, Christ werden – Christ bleiben.* Gütersloh: Gütersloher Verl.-Haus Gerd Mohn, 1988. S. 27.
[8] Kirchenamt im Auftrag des Rates der Evangelischen Kirche in Deutschland (Hrsg.). *Christsein gestalten. Eine Studie zum Weg der Kirche.* Gütersloh: Gütersloher Verlagshaus Gerd Mohn, 1986. S. 26.
[9] *Christsein gestalten.* a.a.O. S. 26.
[10] Focus, 13, 29. März 1993, S. 45.
[11] „Kirchenaustritte auf Rekordniveau." *Idea-Spektrum* 21/93.
[12] „Die Volkskirche ist ‚kein Auslaufmodell'." *Idea-Spektrum.* 43/1993. S. 5.
[13] *Idea-Spektrum.* 14/93. S. 16.
[14] Übler, Hans. „Ein gekauftes Bekenntnis?" *Idea-Spektrum.* 14/93. S. 17.
[15] *Glauben heute.* a.a.O. S. 27.
[16] *Christsein gestalten.* a.a.O. S. 28.
[17] a.a.O. S. 87.
[18] *Glauben heute.* a.a.O. S. 28.
[19] a.a.O. S. 29.

[20] a.a.O. S. 31.
[21] a.a.O. S. 31.
[22] a.a.O. S. 34.

Die Lutherischen Kirchen

[1] Zur Ablaßlehre siehe „Römisch-katholische Kirche". In Luthers Zeit konnte man sich gegen Geld von Sünden „freikaufen". Diese überzogene Praxis des Ablasses wurde von der römisch-katholischen Kirche später zurückgenommen.
[2] Wenz, Gunther. *Einführung in die evangelische Sakramentenlehre.* Darmstadt: Wissenschaftliche Buchgesellschaft, 1988. S. 32.
[3] Evangelische Landeskirche in Württemberg (Hrsg.). *Handbuch für Kirchengemeinderäte.* Stuttgart: o.J. S. 246.
[4] Idea-Spektrum 43/92. S. 4.
[5] Evangelische Landeskirche in Württemberg (Hrsg.). *Handbuch für Kirchengemeinderäte.* Stuttgart: o.J. S. 246.
[6] Trüb-Leemann, Adolph. „Schweiz und Liechtenstein". In Rössler, Andreas (Hrsg.). *Protestantische Kirchen in Europa.* Stuttgart: Quell, 1993. S. 151.
[7] *Die Bekenntnisschriften der Evangelisch-Lutherischen Kirche:* herausgegeben im Gedenkjahr der Augsburgischen Konfession 1930. 11. Aufl. Göttingen: Vandenhoeck und Ruprecht, 1992. S. 767/768.
[8] Selbstdarstellung der VELKD in: Reller, Horst. Kießig, Manfred (Hrsg. für den VELKD-Arbeitskreis Religiöse Gemeinschaften im Auftrag des Lutherischen Kirchenamtes) *Handbuch Religiöse Gemeinschaften.* 3. Aufl. Gütersloh: Gütersloher Verlagshaus Gerd Mohn, 1985 S. 753.
[9] Reller. a.a.O. 753/754.
[10] Reller, Horst. Voigt, Martin. Müller, Herrmann. (Hrsg. im Auftrag der Katechismuskommission der VELKD). *Evangelischer Gemeindekatechismus.* 4., überarb. und erg. Aufl. Gütersloh: Gütersloher Verlagshaus Gerd Mohn.
[11] Nach Reller. a.a.O. S. 755/756.
[12] a.a.O. S. 756.
[13] a.a.O. S. 756.
[14] *Confessio Augustana* 5.
[15] „Apologie der Konfession". *Die Bekenntnisschriften der Evangelisch-Lutherischen Kirche.* a.a.O. S. 292.
[16] a.a.O. S. 293.
[17] Reller. a.a.O. S. 758.
[18] „Großer Katechismus." *Bekenntnisschriften der Evangelisch-Lutherischen Kirche.* a.a.O. S. 701.
[19] *Dr. Martin Luthers Kleiner Katechismus.* Hamburg: H. Korinth. S. 151/52/53.

[20] a.a.O. S. 151/52/53.
[21] Nach Reller. a.a.O. S. 758.
[22] Reller. a.a.O. S. 758.
[23] a.a.O. S. 758/759.
[24] a.a.O. S. 758.
[25] *Dr. Martin Luthers Kleiner Katechismus.* a.a.O. S. 157
[26] Lessing, Eckhard. *Abendmahl.* Bensheimer Hefte 72, Reihe Ökumenische Studienhefte 1. Göttingen: Vandenhoeck und Ruprecht, 1993.
[27] Reller. a.a.O. S. 759.
[28] Lessing. a.a.O. S. 6.
[29] a.a.O.
[30] *Dr. Martin Luthers Kleiner Katechismus.* a.a.O. S. 110/111.
[31] a.a.O. S. 110/111.
[32] a.a.O. S. 110/111.
[33] Adam. a.a.O. S. 387.
[34] „Konkordienformel." *Die Bekenntnisschriften der Evangelisch-Lutherischen Kirche.* a.a.O. S. 928.

Die Reformierten Kirchen

[1] Stadler, Hubert. *Martin Luther und die Reformation.* Hermes Handlexikon. Düsseldorf: Econ, 1983. S. 92/93.
[2] Christus war nach dieser Version „mit Brot und Wein" gegenwärtig, während es in der älteren Fassung „in Brot und Wein" hieß. Schmidt, M. „Evangelisch-reformierte Kirchen" in Heyer, Friedrich. *Konfessionskunde.* Berlin, New York: Walter de Gruyter, 1977. S. 652. Die Fassung von 1940 wurde jedoch nicht zur offiziellen Fassung.
[3] Schmidt, M. „Evangelisch-reformierten Kirchen" a.a.O. S. 652.
[4] Guhrt, Joachim. „Der reformierte Bund. Fakten und Zahlen." In Guhrt, Joachim (Hrsg. im Auftrag des Moderamens des Reformierten Bundes). *100 Jahre Reformierter Bund.* Bad Bentheim: A. Hellendoorn, 1984. S. 128.
[5] a.a.O. S. 129/130.
[6] Fahlbusch, Erwin. *Kirchenkunde der Gegenwart.* Stuttgart, Berlin, Köln, Mainz: W. Kohlhammer, 1979. S. 125.
[7] Herrenbrück, Walter. „Der Reformierte Bund und die Gemeinde am Ort." In Guhrt (Hrsg.). a.a.O. S. 68.
[8] Guhrt, Joachim. a.a.O. S. 128/129.
[9] Rohls, Jan. *Theologie reformierter Bekenntnisschriften.* Göttingen: Vandenhoeck und Ruprecht, 1987. S. 50.
[10] Adam, Alfred. *Lehrbuch der Dogmengeschichte.* 4. Aufl. Bd. 2. Gütersloh: Gütersloher Verlagshaus Gerd Mohn, 1981. S. 363.
[11] Herrenbrück, Walter. „Der Reformierte Bund und die Gemeinde am Ort." In Guhrt (Hrsg.) a.a.O. S. 66/67.

12 Rohls, Jan. a.a.O. S. 14/15.
13 Rohls. a.a.O. S. 7.
14 Rohls. a.a.O. S. 8.
15 Barth, Karl. „Wünschbarkeit und Möglichkeit eines allgemeinen reformierten Glaubensbekenntnisses" in *Die Theologie und die Kirche*. München, 1928. S. 76. Nach Rohls, Jan. a.a.O. Jan. S. 352.
16 Van T'Spijker, Prof. Dr.. W. Balke, Dr. W. Exalto, Drs. K. Van Dreil, Drs. L. (Hrsg.) *De Kerk,* Kampen; De Groot Goudrian, 1990. S. 329.
17 Mechels, Eberhard. Weinrich, Michael. (Hrsg.). *Die Kirche im Wort. Arbeitsbuch zur Ekklesiologie.* Neukirchen-Vluyn: Neukirchener, 1992. S. 35.
18 „2. Helvetisches Bekenntnis." Steubing. a.a.O. S. 193.
19 „2. Helvetisches Bekenntnis." Steubing. a.a.O. S. 191.
20 „Heidelberger Katechismus." Frage 66. Steubing. a.a.O. S. 143.
21 a.a.O. S. 35.
22 „Heidelberger Katechismus." Frage 72. a.a.O. S. 144.
23 „Heidelberger Katechismus." Frage 73. a.a.O. S. 144.
24 „Heidelberger Katechismus." Frage 74. a.a.O. S. 144.
25 Rohls. a.a.O. S. 246.
26 Rohls. a.a.O. S. 246/247.
27 Rohls. a.a.O. S. 252.
28 Rohls. a.a.O. S. 253.
29 Rohls. a.a.O. S. 253.
30 Rohls. a.a.O. S. 275.
31 Rohls. a.a.O. S. 277.
32 Lessing, Eckhard. *Abendmahl*. Bensheimer Hefte 72. Reihe Ökumenische Studienhefte 1. Göttingen: Vandenhoeck und Ruprecht, 1993. S. 8.
33 Lessing. a.a.O. S. 8.
34 „2. Helvetisches Bekenntnis." Nach Steubing. a.a.O. S. 193.
35 Rohls. a.a.O. S. 281.
36 Rohls. a.a.O. S. 181.
37 Rohls. a.a.O. S. 182.
38 Rohls. a.a.O. S. 183.
39 Rohls. a.a.O. S. 184.
40 Rohls. a.a.O. S. 185/186.
41 Rohls. a.a.O. S. 191.
42 Adam. a.a.O. S. 392.
43 Rohls. a.a.O. S. 191.
44 Tröger, Sigrid und Karl-Wolfgang (Hrsg.). *Kirchenlexikon.* Berlin: Union Verlag, 1990. S. 195.
45 Van T'Spijker. a.a.O. S. 280.
46 Van T'Spijker. a.a.O. S. 326 und 332. Auch bei Herrenbrück, Walter. a.a.O. S. 61.
47 Eßer, Hans Helmut. „Das reformierte Zeugnis in gesamtkirchlicher Verantwortung." In Guhrt (Hrsg.). a.a.O. S. 86.

Die Evangelische Kirche der Union

1 Wappler, Klaus. „Reformationsjubiläum und Kirchenunion." In: Goeters, J.F. Gerhard. Masu, Rudolf (Hrsg.). *Die Geschichte der Evangelischen Kirche der Union.* Bd. 1. Leipzig: EvangelischeVerlagsanstalt, 1992. S. 94.
2 Wappler, Klaus. a.a.O. S. 95/96.
3 *Erklärung zur theologischen Grundbestimmung der Evangelischen Kirche der Union.* (Wörtlich zit. aus: „Verhandlungen der 3. (gemeinsamen) Tagung der 7. Synode der Evangelischen Kirche der Union" vom 19. bis 21. April 1991, hg. im Auftrag der Räte von der Kirchenkanzlei der Evangelischen Kirche der Union, Berlin 1992, S. 153-168.) In: Kirchenkanzlei der Evangelischen Kirche der Union. (Hrsg.). *„... den großen Zwecken des Christenthums gemäß." Die Evangelische Kirche der Union 1817 bis 1992.* Bielefeld: Luther Verlag, 1992. S. 39.
4 *Erklärung zur theologischen Grundbestimmung der Evangelischen Kirche der Union.* a.a.O. S. 39.
5 Hüffmeier, Wilhelm. „Die Evangelische Kirche der Union." In: Kirchenkanzlei der Evangelischen Kirche der Union. (Hrsg.). *„... den großen Zwecken des Christenthums gemäß." Die Evangelische Kirche der Union 1817 bis 1992.* Bielefeld: Luther Verlag, 1992. S. 18.
6 Hüffmeier, Wilhelm. a.a.O. S. 24.
7 Fahlbusch. a.a.O. S. 123.
8 Aus dem der Verfassung vorausgestellten Grundartikel. Nach Fahlbusch. a.a.O. S. 122.
9 *Erklärung zur theologischen Grundbestimmung der Evangelischen Kirche der Union.* a.a.O. S. 41.
10 *Erklärung zur theologischen Grundbestimmung der Evangelischen Kirche der Union.* a.a.O. S. 41.
11 *Erklärung zur theologischen Grundbestimmung der Evangelischen Kirche der Union.* a.a.O. S. 46.
12 *Erklärung zur theologischen Grundbestimmung der Evangelischen Kirche der Union.* a.a.O. S. 46/47.
13 *Erklärung zur theologischen Grundbestimmung der Evangelischen Kirche der Union.* a.a.O. S. 47.
14 *Erklärung zur theologischen Grundbestimmung der Evangelischen Kirche der Union.* a.a.O. S. 48.
15 *Erklärung zur theologischen Grundbestimmung der Evangelischen Kirche der Union.* a.a.O. S. 48.
16 *Erklärung zur theologischen Grundbestimmung der Evangelischen Kirche der Union.* a.a.O. S. 43.

Übergreifende Organisationen in der EKD
Die Arnoldshainer Konferenz

1 *Geschäftsordnung für die Arnoldshainer Konferenz.* 22.10.1981.
2 Benn, Ernst Viktor. Söhngen, Oskar. „Auf dem Weg". In Burgsmüller, Alfred. Bürgel, Rainer (Hrsg. im Auftrag der Vollkonferenz). *Die Arnoldshainer Konferenz. Ihr Selbstverständnis.* Bielefeld: Luther Verlag, 1978. S. 25.
3 a.a.O. S. 23.
4 Art. 4,4. nach Fahlbusch. a.a.O. S. 126.
5 „Leuenberger Konkordie." In Burgsmüller, Alfred. Bürgel, Rainer. a.a.O. S. 75.
6 a.a.O. S. 68.
7 a.a.O. S. 71.
8 Rohls. a.a.O. S. 7.
9 Rohls. a.a.O. S. 7.
10 a.a.O. S. 71.
11 a.a.O. S. 71.
12 a.a.O. S. 72.
13 a.a.O. S. 72.
14 a.a.O. S. 74–76.
15 Arnoldshainer Konferenz (Hrsg.). *Das Buch Gottes. Elf Zugänge zur Bibel. Ein Votum des Theologischen Ausschusses der Arnoldshainer Konferenz.* Neukirchen-Vluyn: Neukirchener Verlag des Erziehungsvereins GmbH, 1992.
16 Arnoldshainer Konferenz (Hrsg.). *Das Buch Gottes. Elf Zugänge zur Bibel. Ein Votum des Theologischen Ausschusses der Arnoldshainer Konferenz.* Neukirchen-Vluyn: Neukirchener Verlag des Erziehungsvereins GmbH, 1992. S. 12.
17 Arnoldshainer Konferenz (Hrsg.). a.a.O. S. 23.
18 Arnoldshainer Konferenz (Hrsg.). a.a.O. S. 54. Zur Weltweiten Kirche Gottes vergleiche Tibusek, Jürgen. *Auf der Suche nach dem Heil.* 2. Aufl. Gießen, Basel: Brunnen Verlag, 1991. S. 77-83.
19 Arnoldshainer Konferenz (Hrsg.). a.a.O. S. 53.
20 Arnoldshainer Konferenz (Hrsg.). a.a.O. S. 63.
21 Arnoldshainer Konferenz (Hrsg.). a.a.O. S. 184.

Deutscher Evangelischer Kirchentag

1 *Ordnung des Deutschen Evangelischen Kirchentages.* In der Fassung vom 1. November 1991.
2 a.a.O.
3 *Deutscher Evangelischer Kirchentag.* Presseinformation, hrsg. während des Kirchentages in München 1993.

4 Affeld, Burghard. von Padberg, Lutz. „Kirchentage – ein ewiger Streitpunkt? Ausblick auf Düsseldorf 1985." In Affeld, Burghard. von Padberg, Lutz. (Hrsg.). *Umstrittener Kirchentag.* Wuppertal: Verlag und Schriftenmission der Evangelischen Gesellschaft für Deutschland, 1985. S. 213
5 *Idea—Spektrum.* 24/93. S. 5.
6 *Idea—Spektrum.* 24/93. S. 5.
7 *Idea—Spektrum.* 24/93. S. 14.

Gemeindetag unter dem Wort

1 Heimbucher, Kurt. (unter Mitwirkung von H. Günther) *gez. Kurt Heimbucher. Notizen aus meinem Leben.* Wuppertal, Zürich: Brockhaus, 1988. S. 94.
2 Bäumer, Rudolf. „Die Bekenntnisbewegung ‚Kein anderes Evangelium'." In Bäumer, Rudolf. Beyerhaus, Peter. Grünzweig, Fritz. *Weg und Zeugnis. Bekennende Gemeinschaften im gegenwärtigen Kirchenkampf. 1965-1980.* Bad Liebenzell: Verlag der Liebenzeller Mission. Bielefeld: Missionsverlag der Evgl. Luth. Gebetsgemeinschaften, 1980. S. 40.
3 Heimbucher, Kurt. a.a.O. S. 95.
4 Heimbucher, Kurt. a.a.O. S. 95.
5 Heimbucher, Kurt. a.a.O. S. 95.
6 Heimbucher, Kurt. a.a.O. S. 96.
7 Heimbucher, Kurt. a.a.O. S. 97.

Die Konferenz Bekennender Gemeinschaften

1 Bäumer, Rudolf. „Die Bekenntnisbewegung ‚Kein anderes Evangelium'." In Bäumer, Rudolf. Beyerhaus, Peter. Grünzweig, Fritz. *Weg und Zeugnis. Bekennende Gemeinschaften im gegenwärtigen Kirchenkampf. 1965-1980.* Bad Liebenzell: Verlag der Liebenzeller Mission. Bielefeld: Missionsverlag der Evgl. Luth. Gebetsgemeinschaften, 1980. S. 38.
2 Dokumentation „Ein Württembergisches Flugblatt." In Bäumer. Beyerhaus. Grünzweig. a.a.O. S. 126.
3 a.a.O. S. 127.
4 Maier, Gerhard. *Das Ende der historisch-kritischen Methode.* 2. Aufl. Wuppertal: Theologischer Verlag Rolf Brockhaus, 1975. Dies ist die dem Autor vorliegende Auflage, das Buch ist inzwischen in zahlreichen weiteren Auflagen erschienen.
5 a.a.O. S. 11.
6 a.a.O.
7 a.a.O. S. 69.
8 a.a.O. S. 69.
9 a.a.O. S. 71.

10 Bäumer, Rudolf. a.a.O. S. 36.
11 a.a.O. S. 38.
12 a.a.O. S. 38/39.
13 a.a.O. S. 39.
14 Evertz, Alexander. „Die Evangelische Notgemeinschaft in Deutschland." In Bäumer. Beyerhaus. Grünzweig. a.a.O. S. 55.
15 Haupt, Malte. „Die Kirchliche Sammlung um Bibel und Bekenntnis." In Bäumer. Beyerhaus. Grünzweig. a.a.O. S. 69.
16 a.a.O. S. 72.
17 „Ratzeburger Thesen zur Leuenberger Konkordie." Bäumer. Beyerhaus. Grünzweig. a.a.O. S. 193.
18 a.a.O. S. 188-193.
19 Nach Fahlbusch. a.a.O. S. 127.
20 Bäumer, Rudolf. Beyerhaus, Peter. Grünzweig, Fritz. a.a.O. S. 12.
21 a.a.O. S. 12.
22 „Stellungnahme des Theologischen Konventes zur Leuenberger Konkordie." Bäumer. Beyerhaus. Grünzweig. a.a.O. S. 197.
23 Grünzweig, Fritz. „Die Konferenz Bekennender Gemeinschaften in den Evangelischen Kirchen Deutschlands." In Bäumer. Beyerhaus. Grünzweig. a.a.O. S. 25.
24 Grünzweig. a.a.O. S. 26.
25 „Frankfurter Erklärung zur Grundlagenkrise der Mission." In Bäumer, Beyerhaus. Grünzweig. a.a.O. S. 204.
26 a.a.O. S. 205/206.
27 „Berliner Ökumene-Erklärung." In Bäumer. Beyerhaus. Grünzweig. a.a.O. S. 229-254.
28 Grünzweig. a.a.O. S. 27.
29 „Das neue Fragen nach dem Heiligen Geist. Biblische Orientierungshilfe." *Diakrisis*. 1/1993.
30 a.a.O. S. 9.
31 a.a.O. S. 33.
32 a.a.O. S. 28.
33 a.a.O. S. 50/51.
34 Holthaus, Stephan. ***Fundamentalismus in Deutschland. Der Kampf um die Bibel im Protestantismus des 19. und 20. Jahrhunderts.*** Bonn: Verlag für Kultur und Wissenschaft, 1993. S. 261.
35 Holthaus. a.a.O. S. 258.

Der Evangelische Gnadauer Gemeinschaftsverband

1 Luther, Martin. „Vorrede zur Deutschen Messe" (1526). Zit. aus: Beintker, Horst. Junghans, Helmar. Kirchner, Hubert. (Hrsg.). ***Martin Luther Taschenausgabe*** Bd. 3. 2. Aufl. Berlin: Evangelische Verlagsanstalt, 1983.

[2] Lange, Dieter. *Eine Bewegung bricht sich Bahn.* 3. Aufl. Gießen: Brunnen, 1990 S. 17.
[3] Lange. a.a.O. S. 18.
[4] Lange. a.a.O. S. 21.
[5] Lange. a.a.O. S. 21.
[6] Lange. a.a.O. S. 22. Lange nennt Mecklenburg, Oldenburg und Teile Mitteldeutschlands als Regionen, die von der Erweckungsbewegung unberührt blieben.
[7] Lange. a.a.O. S. 22.
[8] Lange. a.a.O. S. 24.
[9] Lange. a.a.O. S. 29.
[10] Finney, Charles G. *Autobiographie.* Frankfurt: Herold Verlag, o. J. S. 7.
[11] von Eicken, Erich. *Die charismatische Frage – Heiliger Geist oder Schwarmgeist?* Bearb. Neuaufl. des Bd. „Heiliger Geist – Menschengeist – Schwarmgeist" (1964). Moers: Brendow, 1988. S. 25. Auffällig ist hier, daß „Geistestaufe" offensichtlich nicht als ein einmaliges, sondern als wiederholbares Erlebnis verstanden wurde.
[12] Lange. a.a.O. S. 30.
[13] Lange. a.a.O. S. 30.
[14] Lange. a.a.O. S. 31.
[15] Lange. a.a.O. S. 43.
[16] Lange. a.a.O. S. 34.
[17] Lange. a.a.O. S. 34.
[18] Lange. a.a.O. S. 35.
[19] von Eicken, Erich. *Die charismatische Frage.* a.a.O. S. 27.
[20] Lange. a.a.O. S. 36.
[21] Schirrmacher. *Theodor Christlieb und seine Missonstheologie.* Wuppertal: Verlag Schriftenmission der Evangelischen Gesellschaft für Deutschland, 1985. S. 141.
[22] Schirrmacher. a.a.O. S. 141.
[23] Lange. a.a.O. S. 38.
[24] Lange. a.a.O. S. 45.
[25] Lange. a.a.O. S. 45.
[26] Lange. a.a.O. S. 45.
[27] Lange. a.a.O. S. 46.
[28] Lange. a.a.O. S. 47. Jellinghaus wandte sich von dieser Auffassung später radikal ab und bezeichnete seine Lehren als irreführend (Lange. a.a.O. S. 48).
[29] Lange. a.a.O. S. 51.
[30] Lange. a.a.O. S. 109.
[31] Lange. a.a.O. S. 49.
[32] Lange. a.a.O. S. 28-29.
[33] Zur Gründung des altpietistischen Gemeinschaftsverbandes kam es juristisch erst 1895.
[34] Die Hahnschen Gemeinschaften haben einige Eigenarten und sind nicht Mitglied im späteren Gnadauer Verband geworden.

35 Lange. a.a.O. S. 64-65.
36 Lange. a.a.O. S. 23.
37 Lange. a.a.O. S. 66.
38 Lange. a.a.O. S. 79.
39 Lange. a.a.O. S. 66.
40 Christian Dietrich der Ältere, ein Onkel Dietrichs d.J., war Gründer einer Gemeinschaft in Stuttgart, in der er Anhänger der Heiligungsbewegung gesammelt hatte. Später wurde er Vorsitzender des Altpietistischen Gemeinschaftsverbandes.
41 Lange. a.a.O. S. 67.
42 Lange. a.a.O. S. 81.
43 Lange. a.a.O. S. 81.
44 Lange. a.a.O. S. 82.
45 Lange. a.a.O. S. 91.
46 Lange. a.a.O. S. 95.
47 Lange. a.a.O. S. 96.
48 Lange. a.a.O. S. 97.
49 Nach Lange. a.a.O. S. 98.
50 Lange. a.a.O. S. 99.
51 Lange. a.a.O. S. 103.
52 Lange. a.a.O. S. 107.
53 Lange. a.a.O. S. 107.
54 Lange. a.a.O. S. 116.
55 Lange. a.a.O. S. 116.
56 Der Gemeinschaftsverband Schleswig-Holstein wollte sich 1939 den Freien evangelischen Gemeinden anschließen, vollzog diesen Schritt jedoch dann nicht. (Lange, Dieter. „Zur Geschichte der deutschen Gemeinschaftsbewegung." In Heimbucher, Kurt. (Hrsg.) **Dem Auftrag verpflichtet.** Gießen: Brunnen. Dillenburg: Gnadauer Verlag, 1988. S. 40.
57 Paschko, Werner. „Gnadau 1945 bis heute." In Heimbucher (Hrsg.). **Dem Auftrag verpflichtet.** a.a.O. S. 52.
58 Paschko, Werner. a.a.O. S. 63.
59 Paschko. a.a.O. S. 66.
60 Paschko. a.a.O. S. 73/74.
61 **Idea-Spektrum.** 8/93. S. 9.
62 Morgner, Christoph. **Gnadauer Gemeinschaftsbewegung. Perspektiven für die 90er Jahre.** Bericht des Präses anläßlich der Gnadauer Mitgliederversammlung in Haus Saron in Wildberg in der Zeit vom 12.-16. Februar 1990. Als Manuskript gedruckt. S. 12.
63 Morgner, Christoph. a.a.O. S. 8.
64 Morgner, Christoph. a.a.O. S. 8.
65 Morgner, Christoph. **Gnadauer Gemeinschaftsbewegung. In Spannungsfeldern bestehen.** Bericht des Präses anläßlich der Gnadauer Mitgliederversammlung Haus Schönblick in Schwäbisch Gmünd in der Zeit vom 10. – 14. Februar 1992. Als Manuskript gedruckt. S. 7.

[66] Morgner, Christoph. *Perspektiven für die 90er Jahre.* a.a.O. S. 13.
[67] Morgner, Christoph. *Perspektiven für die 90er Jahre.* a.a.O. S. 19.
[68] Morgner, Christoph. *In Spannungsfeldern bestehen.* a.a.O. S. 12.
[69] Morgner, Christoph. *In Spannungsfeldern bestehen.* a.a.O. S. 12-37.
[70] Morgner, Christoph. *Perspektiven für die 90er Jahre.* a.a.O. S. 9.
[71] Morgner, Christoph. *Perspektiven für die 90er Jahre.* a.a.O. S. 9.
[72] *Idea-Spektrum.* 23/93. S. 6.
[73] *Satzung des Evangelischen Gnadauer Gemeinschaftsverbandes.* Krelingen, 1991. S. 2.
[74] a.a.O. S. 2.
[75] Christlieb, Theodor. *Zur methodischen Frage.* S. 38. Nach Drechsel, Joachim. *Das Gemeindeverständnis in der Deutschen Gemeinschaftsbewegung.* Gießen, Basel: Brunnen, 1984. S. 77.
[76] Christlieb. *Methodische Frage.* Nach Drechsel. a.a.O. S. 77.
[77] Schirrmacher, Thomas. *Theodor Christlieb und seine Missionstheologie.* Wuppertal: Verlag und Schriftenmission der Evangelischen Gesellschaft für Deutschland, 1985. S. 99.
[78] Schirrmacher. a.a.O. S. 99.
[79] Lange. *Eine Bewegung bricht sich Bahn.* a.a.O. S. 83.
[80] Lange. a.a.O. S. 88.
[81] Lange. a.a.O. S. 89.
[82] Lange, Dieter. „Zur Geschichte der deutschen Gemeinschaftsbewegung." In Heimbucher, Kurt (Hrsg.). *Dem Auftrag verpflichtet.* Gießen: Brunnen. Dillenburg: Gnadauer Verlag, 1988. S. 24.
[83] Lange. „Zur Geschichte." In Heimbucher. *Dem Auftrag verpflichtet.* a.a.O. S. 25.
[84] Nach Heimbucher, Kurt. Schneider, Theo. (Hrsg.). *Sammlung und Zeugnis. Gnadauer Dokumente I.* Gießen: Brunnen. Dillenburg: Gnadauer Verlag, 1988. S. 92/93.
[85] Paschko, Werner. „Gnadau 1945 bis heute." In Heimbucher, Kurt (Hrsg.). *Dem Auftrag verpflichtet.* a.a.O. S. 57.
[86] Paschko. a.a.O. S. 58.
[87] In Wirklichkeit dürfte dieser Satz nicht von Christlieb stammen. Drechsel zeigt, daß der Satz erstmals 1919 bei Walter Michaelis auftaucht, mit dem Ziel der Zurückdrängung freikirchlicher Tendenzen in der Gemeinschaftsbewegung (Drechsel. a.a.O. S. 114/115). Auch Schirrmacher lehnt Christlieb als Autor dieses Satzes entschieden ab (Schirrmacher. a.a.O. S. 100/101). Noch in seinem im Jahre 1911 gehaltenen Referat „*Kirche und Gemeinschaft oder: Wie stehen wir als geistliche Menschen zur Kirche und zu den Brüdern?*" bezieht sich Theodor Haarbeck mit keinem Wort auf diesen „Leitsatz" (Haarbeck, Theodor. „Kirche und Gemeinschaft"). In Heimbucher, Kurt. Schneider, Theo (Hrsg.). *Besinnung und Wegweisung. Gnadauer Dokumente II.* Gießen: Brunnen. Dillenburg: Gnadauer Verlag, 1988. S. 11-28.). Dies ändert allerdings nichts an der Tatsache, daß dieser Satz heute immer wieder gebraucht wird, um die innerkirchliche Position des Verbandes zu beschreiben.

88 von Eicken, Erich. „In der Kirche, soweit möglich mit der Kirche, aber nicht unter der Kirche. Begründung und praktische Auswirkung des Leitwortes von Prof. Th. Christlieb." In Heimbucher, Kurt. Schneider, Theo. *Besinnung und Wegweisung. Gnadauer Dokumente II.* Gießen, Basel: Brunnen Verlag. Dillenburg: Gnadauer Verlag, 1988. S. 95-113.
89 von Eicken, Erich. a.a.O. S. 96.
90 von Eicken, Erich. a.a.O. S. 96.
91 von Eicken, Erich. a.a.O. S. 99.
92 von Eicken, Erich. a.a.O. S. 101.
93 von Eicken, Erich. a.a.O. S. 102.
94 von Eicken, Erich. a.a.O. S. 104.
95 Zit. nach Nieke, Walter. Schaal, Walter. „Zum Verhältnis von Kirche und Gemeinschaftsbewegung in Gegenwart und Geschichte." In Heimbucher, Kurt. (Hrsg.). *Dem Auftrag verpflichtet. Die Gnadauer Gemeinschaftsbewegung.* Gießen: Brunnen. Dillenburg: Gnadauer Verlag 1988. S. 401.
96 Nach Morgner, Christoph. *Gemeinschaftsbewegung in der Kirche. Eine Standortbestimmung.* Dillenburg: Gnadauer Verlag, 1992.
97 Heimbucher. *Dem Auftrag verpflichtet.* a.a.O. S. 399.
98 Heimbucher. *Dem Auftrag verpflichtet.* a.a.O. S. 399.
99 Heimbucher, Kurt. „Kirche und Gemeinschaft – Eine grundsätzliche Betrachtung." a.a.O. S. 424.
100 Heimbucher. a.a.O. S. 424.
101 Heimbucher. a.a.O. S. 424.
102 Morgner, Christoph. *Gnadauer Gemeinschaftsbewegung – Perspektiven für die 90er Jahre.* a.a.O. S. 23.
103 Morgner, Christoph. *In Spannungsfeldern bestehen.* a.a.O. S. 41.
104 Morgner, Christoph. a.a.O. S. 41.
105 Morgner, Christoph. a.a.O. S. 42/43.
106 Morgner, Christoph. a.a.O. S. 43.
107 Morgner, Christoph. a.a.O. S. 45.
108 Morgner, Christoph. *Gemeinschaftsbewegung in der Kirche.* a.a.O.
109 *Idea-Spektrum* 14/93. S. 12.
110 *Idea-Spektrum.* 25/93. S. 6.
111 „Mehr Freiräume für Gemeinschaften". *Idea-Spektrum.* 48/93.
112 „Anerkennung für Gemeinschaftsverbände". *Idea-Spektrum.* 1/2/94. S. 8.
113 *Idea-Spektrum.* 17/93. S. 9.
114 „Mehr Freiräume für Gemeinschaften". a.a.O.
115 „Berlin: Einigung." *Idea-Spektrum.* 6/94. S. 7.
116 Morgner, Christoph. *In Spannungsfeldern bestehen.* a.a.O. S. 40.
117 Paschko, Werner. „Gnadau 1945 bis heute." In Heimbucher, Kurt. *Dem Auftrag verpflichtet.* a.a.O. S. 60.
118 „Unsere Stellung zur Heiligen Schrift". In Heimbucher, Kurt. Schneider, Theo. *Sammlung und Zeugnis. Gnadauer Dokumente I.* Gießen, Basel: Brunnen Verlag. Dillenburg: Gnadauer Verlag, 1988. S. 158.

[119] „Unsere Stellung zur Heiligen Schrift." a.a.O. S. 159.
[120] Morgner, Christoph. „An der Bibel göttlich denken lernen". Bericht des Präses anläßlich der Gnadauer Mitgliederversammlung in Bibel- und Erholungsheim ‚Hohegrete' in Pracht/Hamm (Westerwald) vom 15.-19. Februar 1993. In *Gnadau Aktuell* 2. Dillenburg: Gnadauer Verlag, 1993. S. 6.
[121] Morgner, Christoph. a.a.O. S. 6.
[122] Morgner, Christoph. a.a.O. S. 8.
[123] *Idea-Spektrum.* 8/93. S. 8.
[124] *Idea-Spektrum.* 8/93. S. 8.
[125] *Gemeinsam unterwegs. Evangelischer Gnadauer Gemeinschaftsverband e.V.* Evangelischer Gnadauer Gemeinschaftsverband e.V., Dillenburg 1993. S. 9.
[126] *Idea-Spektrum* 30.31/91. S. 12.
[127] Gemeinsam unterwegs. a.a.O. S. 10.
[128] Gemeinsam unterwegs. a.a.O. S. 10.
[129] Schmid, Edgar (Hrsg.). *Wenn Gottes Liebe Kreise zieht. 150 Jahre Pilgermission St. Chrischona 1840-1990.* Gießen, Basel: Brunnen Verlag, 1990. S. 65.
[130] a.a.O. S. 66.
[131] a.a.O. S. 66.
[132] Haag, Klaus (Hrsg.) *Herr, du hast uns gerufen.* Gießen: Brunnen Verlag, 1978. S. 24.
[133] a.a.O. S. 44-46.
[134] Schmid, Edgar (Hrsg.). *Wenn Gottes Liebe Kreise zieht.* a.a.O. S. 68.
[135] Die in *Idea-Spektrum* 43/93 angegebene Zahl von 6000 ist wohl zu niedrig angesetzt.
[136] a.a.O. S. 96.
[137] Gemeinsam unterwegs. a.a.O. S. 17.
[138] Gemeinsam unterwegs. a.a.O. S. 18.
[139] a.a.O. S. 26. Das Nachrichtenmagazin Idea-Spektrum gibt eine wöchentliche Besucherzahl von 5000 Menschen an. (Idea-Spektrum 43/93. S. 11).
[140] a.a.O. S. 34.
[141] a.a.O. S. 24.
[142] Lange. a.a.O. S. 23-24.
[143] Lange. a.a.O. S. 23-24.
[144] Lange. a.a.O. S. 24.
[145] *Idea-Spektrum.* 43/93. S. 11.
[146] Jochums, Heinrich. „Das Wuppertaler Bekenntnis." In Bäumer, Rudolf. Beyerhaus, Peter. Grünzweig, Fritz. *Weg und Zeugnis. Bekennende Gemeinschaften im gegenwärtigen Kirchenkampf. 1965-1980.* Bad Liebenzell: Verlag der Liebenzeller Mission. Bielefeld: Missionsverlag der Evgl. Luth. Gebetsgemeinschaften, 1980.
[147] Gemeinsam unterwegs. a.a.O. S. 16.
[148] *Idea-Spektrum.* 43/93. S. 11.

149 Quast, Willi. „An alle Glieder unserer Gemeinschaften". *Der Evangelist aus dem Siegerland.* 19/1993, 10. Oktober 1993. S. 223.
150 Gemeinsam unterwegs. a.a.O. S. 23.
151 *Idea-Spektrum.* 43/93. a.a.O. S. 11.
152 Gemeinsam unterwegs.a.a.O.. S. 23.
153 a.a.O. S. 27.
154 *Idea-Spektrum.* 43/93. S. 11.
155 Gemeinsam unterwegs. a.a.O. S. 27.
156 *Idea-Spektrum.* 43/93. S. 11.
157 Gemeinsam unterwegs. a.a.O. S. 30.
158 *Idea-Spektrum.* 43/93. S. 11.
159 Gemeinsam unterwegs. a.a.O. S. 40.
160 a.a.O. S. 46.
161 a.a.O. S. 91.
162 Nach Rheinisch-Westfälischer EC-Landesverband. *Zum Kennenlernen.* Hattingen. o.J.
163 a.a.O.

Die charismatische Erneuerung in den protestantischen Kirchen

1 Bennett, Dennis J. *In der dritten Stunde.* 2. Aufl. Erzhausen: Leuchter, 1973. S. 30/31.
2 a.a.O. S. 32.
3 Bennett, Dennis und Rita. *Der Heilige Geist und Du.* 2. Aufl. Erzhausen: Leuchter, 1973. S. 23.
4 Kirchner, Hubert. Planer-Friedrich, Götz. Sens, Matthias. Ziemer, Christof. (Hrsg. im Auftrag der Theologischen Studienabteilung beim Bund der Evangelischen Kirchen in der DDR). *Charismatische Erneuerung und Kirche.* Berlin: Evangelische Verlagsanstalt, 1983. S. 20.26.
5 Rebner, Gottfried. „Die Bewegung in Ostdeutschland." *Gemeindeerneuerung.* Nr. 50. Jan.-März 1994. S. 40.
6 Kirchner, Hubert. Planer-Friedrich, Götz. Sens, Matthias. Ziemer, Christof. a.a.O. S. 57.
7 a.a.O. S. 15.
8 a.a.O. S. 104.
9 Rebner. a.a.O. S. 41.
10 Bayern (Süd), Bayern (Nord), Baden (Süd), Baden (Nord), Berlin, Brandenburg, Görlitz, Hessen-Nassau, Kirchenprovinz Sachsen, Kurhessen-Waldeck, Land Sachsen, Mecklenburg, Niedersachsen, Nordelbien, Pfalz, Rheinland, Sachsen-Anhalt, Thüringen, Vorpommern, Westfalen, Württemberg.
11 *Geistliche Gemeinde-Erneuerung in der Evang. Kirche. Eine Erstinformation.* Hamburg: Geistliche Gemeinde-Erneuerung. o.J. S. 4.

12 Müller, Dieter. „Ist die GGE ein Spaltpilz am Leib der Kirche?" *Gemeinde-Erneuerung.* Nr. 36, April – Juni 1990. S. 19.
13 *IDEA-Spektrum.* 23/1992.
14 Erlanger Laien im Aufbruch.
15 *IDEA-Spektrum.* 16/1993.
16 „Das will die GGE". *Gemeindeerneuerung.* Nr. 50. Jan. – März 1994. S. 21.
17 *IDEA-Spektrum.* 16/1993.
18 *Gemeinde-Erneuerung.* Nr. 36, April-Juni 1990.
19 a.a.O. S. 28.
19a Zit. nach Toaspern, Paul. *In der Schule des Heiligen Geistes.* Metzingen: Ernst Franz Verlag, 1994. S. 149/150.
20 Christenson, Larry (Hrsg.). *Komm Heiliger Geist. Informationen, Leitlinien, Perspektiven zur Geistlichen Gemeindeerneuerung.* Metzingen: Ernst Franz Verlag. Neukirchen-Vluyn: Aussaat, 1989. S. 20.
21 Christenson, Larry (Hrsg.). a.a.O. S. 63.
22 Christenson, Larry. a.a.O. S. 37.
23 *Geistliche Gemeinde-Erneuerung in der Evang. Kirche. Eine Erstinformation.* Hamburg: Geistliche Gemeinde-Erneuerung. o.J. S. 4.
24 Stuhlmacher, Peter. *Vom Verstehen des Neuen Testaments.* NTD Ergänzungsreihe 6. Göttingen: Vandenhoeck und Ruprecht, 1979.
25 Christenson, Larry. a.a.O. S. 38.
26 a.a.O. S. 41.
27 a.a.O. S. 200.
28 Kirchner, Hubert. Planer-Friedrich, Götz. Sens, Matthias. Ziemer, Christof. a.a.O. S. 68.
29 Christenson, Larry (Hrsg.). a.a.O. S. 118.
30 a.a.O. S. 119.
31 Toaspern, Paul. *In der Schule des Heiligen Geistes.* Metzingen: Ernst Franz Verlag, 1994. S. 17.
32 McDonnel, Killian. *Presence, Power, Praise.* Bd. 1., 1980. S. 138. Zit. nach Christenson, Larry. a.a.O. S. 202.
33 *Geistliche Gemeinde-Erneuerung in der Evang. Kirche. Eine Erstinformation.* Hamburg: Geistliche Gemeinde-Erneuerung. o.J. S. 4.
34 a.a.O. S. 4.
35 Christenson, Larry. a.a.O. S. 39.
36 *Gemeinde-Erneuerung.* Nr. 41, Juli-Sept. 1991, Editorial.
37 *Geistliche Gemeinde-Erneuerung in der Evang. Kirche. Eine Erstinformation.* Hamburg: Geistliche Gemeinde-Erneuerung. o.J. S. 5.
38 a.a.O. S. 5.
39 Müller, Dieter. a.a.O. S. 18.
40 Ein anbetendes oder verkündigendes Reden in einer dem Redner nicht bekannten und von ihm nicht erlernten Sprache. Im Neuen Testament taucht diese Gabe an Pfingsten wohl erstmalig auf, wurde aber auch im Gemeindeleben praktiziert. In einigen Fällen berichtet die Apostel-

geschichte davon, daß Menschen in Zusammenhang mit dem Empfang des Heiligen Geistes „in Zungen" redeten. In Pfingstkirchen sieht man diese Erfahrung oft als eine auf die Wiedergeburt folgende zweite Erfahrung an.

[41] Christenson, Larry. (Hrsg.). a.a.O. S. 83.
[42] „Hoffnung. Was ist die Geistliche Gemeinde-Erneuerung?" In Arbeitskreis für Geistliche Gemeinde Erneuerung in der Ev. Kirche (Hrsg.). *Gemeinde Erneuerung. Wer wir sind und was wir wollen.* Hamburg: GGE. 4., überarbeitete Aufl. 1992. S. 13.
[43] Kirchner, Hubert. Planer-Friedrich, Götz. Sens, Matthias. Ziemer, Christof. a.a.O. S. 59.
[44] Christenson, Larry. (Hrsg.). a.a.O. S. 252/253. Ähnliches findet sich – mit Verweis auf die Stelle bei Christenson – auch in „Eine Handvoll Theologie." In Arbeitskreis für Geistliche Gemeinde Erneuerung in der Ev. Kirche (Hrsg.). *Gemeinde Erneuerung. Wer wir sind und was wir wollen.* Hamburg: GGE. 4., überarbeitete Aufl. 1992.
[44a] Toaspern. a.a.O. S.94.
[45] „Eine Handvoll Theologie." a.a.O. S. 22.
[46] a.a.O. S. 23.
[47] Christenson, Larry (Hrsg.). a.a.O. S. 243.
[48] a.a.O. S. 243/244. Als Kriterien nennen die Autoren dabei zuerst die Übereinstimmung mit der Bibel und der Tradition.
[49] Christenson, Larry. (Hrsg.). a.a.O. S. 244.
[50] „Eine Handvoll Theologie." Arbeitskreis für Geistliche Gemeinde Erneuerung in der Ev. Kirche (Hrsg.). *Gemeinde Erneuerung. Wer wir sind und was wir wollen.* Hamburg: GGE. 4., überarbeitete Aufl. 1992. S. 25.
[51] „Eine Handvoll Theologie." a.a.O. S. 24.
[52] Toaspern. a.a.O. S. 25.
[53] „Heiliger Geist und Gaben, Ergebnisbericht theologischer Gespräche" (1981). Nach Toaspern. a.a.O. S. 26/27.
[54] „Heiliger Geist und Gaben, Ergebnisbericht theologischer Gespräche" (1981). Nach Toaspern. a.a.O. S. 28.
[55] Toaspern. a.a.O. S. 29.
[56] Toaspern. a.a.O. S. 29.
[57] Morgner, Christoph. „Herausgefordert. Wie begegnen wir den charismatischen pfingstlerischen Bewegungen?" *Gnadau Aktuell.* Nr. 1, November 1992. S. 12.
[58] Morgner. a.a.O. S. 12.
[58] Morgner. a.a.O. S. 14.
[58] Morgner. a.a.O. S. 21.
[58] Morgner. a.a.O. S. 29.

Der Christliche Verein junger Menschen (CVJM)

1 Stursberg, Walter. **Glauben, wagen, handeln.** 3. erg. Aufl. Kassel: CVJM-Gesamtverband in Deutschland e. V. 1987. S. 10.
2 a.a.O. S. 10.
3 a.a.O. S. 12.
4 a.a.O. S.
5 a.a.O. S. 322/323.
6 Idea 38/93.
7 Idea 38/93.
8 a.a.O. S. 332.
9 nach Stursberg. a.a.O. S. 316.
10 **Der CVJM.** Als Manuskript gedruckt. Kassel, o.J.
11 nach Stursberg. a. a. O. S. 55. Werner Jentsch stellt zur Knappheit dieser Basis fest: „*Die Gründer des Weltbundes betonten das für ihren Dienst Wesentliche, ohne damit andere Glaubensaussagen, die ebenfalls wesentlich sind, abstreiten zu wollen. So fehlen z.B. auch die Themen der Kirche, der Sakramente und der Prädestination, wahrhaftig nicht, weil sie ihnen unwichtig gewesen wären. Es schien ihnen aber nicht notwendig, sie zum Ausdruck ihrer Gemeinsamkeit besonders zu erwähnen.*" Jentsch, Werner. **Fassade oder Fundament. Die Pariser Basis.** Kassel-Wilhelmshöhe: Eichenkreuz Verlag, 1954. S. 18.
12 Stursberg. a.a.O. S. 323.
13 Jentsch. a.a.O. S. 8.
14 „Jahrhundertfeier-Erklärung." Nach Stursberg. a.a.O. S. 285/286.
15 Stursberg. a.a.O. S. 323.
16 Mitarbeiter-Erklärung des Hauptausschusses, 20. Oktober 1978. a.a.O. S. 323.
17 Jentsch. a.a.O. S. 8.
18 Stursberg. a.a.O. S. 286.
19 a.a.O. S. 285.
20 Idea 38/93.
21 Mack, Pf. Ulrich. „12. Weltrat und 1. Weltversammlung der CVJM vom 23. – 29.8. 1991 in Seoul, Korea." **CVJM-Informationen.** Okt./Nov. 1991. S. 4.
22 Parzany, Ulrich. „Aus dem Forum ‚Dialog und Partnerschaft mit Menschen anderer Religionen." CVJM-Informationen. a.a.O. S. 9.
23 a.a.O. S. 5.
24 a.a.O. S. 5.

Schweizer Evangelischer Kirchenbund

1 Trüb-Leemann, Adolph. „Schweiz und Liechtenstein." In Rössler, Andreas. Protestantische Kirchen in Europa. Stuttgart: Quell 1993. S. 151.
2 Brief des SEK vom 22.10.1993 an den Autor.

3 „Freikirchen legten seit 1980 stark zu." *Idea-Magazin.* Nr. 8/93, 21. Mai 1993. S. 32.
4 Trüb-Leemann. a.a.O. S. 152.
5 *Verfassung des Schweizerischen Evangelischen Kirchenbundes vom 12. Juni 1950.* Abschnitt 1.
6 Schweizerischer Evangelischer Kirchenbund (Hrsg.). *Jahresbericht 1992.* Bern: SEK, 1993. S. 18.
7 a.a.O. S. 8.

Evangelische Gesellschaft des Kantons Bern

1 Mauerhofer, Armin. *Eine Erweckungsbewegung im 19. Jahrhundert.* Basel, Gießen: Brunnen Verlag, 1987. S. 7.
2 Dellsperger, Rudolf. „Berns Evangelische Gesellschaft und die akademische Theologie." In Dellsperger, Rudolf. Nägeli, Markus. Ramser, Hansueli. *Auf dein Wort. Beiträge zur Geschichte und Theologie der Evangelischen Gesellschaft des Kantons Bern im 19. Jahrhundert.* Bern: Berchthold Haller Verlag, 1981. S. 181.
3 Dellsperger. a.a.O. S. 181.
4 Mauerhofer. a.a.O. S. 68.
5 Mauerhofer. a.a.O. S. 69.
6 Ramser, Hansueli. „Die Evangelische Gesellschaft des Kantons Bern im Dienst der Ausbreitung des Reiches Gottes." In Dellsperger. Nägeli. Ramser. a.a.O. S. 17.
7 Ramser. a.a.O. S. 23.
8 Ramser. a.a.O. S. 64/65.
9 Ramser. a.a.O. S. 92.
10 Nägeli, Markus. „Die Evangelische Gesellschaft des Kantons Bern in der Auseinandersetzung mit der Heiligungsbewegung." In Dellsperger. Nägeli. Ramser. S. 245.
11 Nägeli. a.a.O. S. 258/259.
12 Nägeli. S. 261.
13 Nägeli. S. 474.
14 Nägeli. a.a.O. S. 478.
15 *Verband Evangelischer Freikirchen und Gemeinschaften in der Schweiz.* Ausgabe 1990. S. 15.
16 a.a.O. S. 15.

Verband landeskirchlicher Gemeinschaften des Kanton Bern (Schweiz)

1 *Verband evangelischer Freikirchen und Gemeinschaften in der Schweiz.* Ausgabe 1990. S. 29.

[2] a.a.O. S. 29/30.
[3] Brief von Paul Hofstetter, Präsident des Verbandes Evangelischer Freikirchen und Gemeinschaften in der Schweiz, an den Autor vom 23. 12. 1993.
[4] *Verband Evangelischer Freikirchen und Gemeinschaften in der Schweiz.* a.a.O. S. 29.
[5] a.a.O. S. 29.

Freie Kirche Uster

[1] *Verband Evangelischer Freikirchen und Gemeinschaften in der Schweiz.* Ausgabe 1990. S. 19.

Minoritätsgemeinde der Evangelisch-reformierten Landeskirche Aarau

[1] Verband Evangelischer Freikirchen und Gemeinschaften in der Schweiz. Ausgabe 1990. S. 25.
[2] a.a.O. S. 26.

Evangelische Kirche in Österreich

[1] Weiland, Paul. „Österreich". In Rössler, Andreas (Hg.). *Protestantische Kirchen in Europa.* Stuttgart: Quell, 1993. S. 109.
Börner, Fritz. *Freikirchlicher Gemeindebau in Österreich.* Eigenvervielfältigung, 1989. S. 36.
[2] Börner. a.a.O. S. 36.
[3] Börner. a.a.O. S. 38.
[4] Statistische Angaben nach einem Schreiben von Oberkirchenrat Univ. Prof. Dr. Johannes Dantine vom 1. 4. 1993 an den Autor.
[5] Weiland. a.a.O. S. 111.

Lutherische Freikirchen

[1] Herrmann, Gottfried. *Lutherische Freikirche in Sachsen. Geschichte und Gegenwart einer lutherischen Bekenntniskirche.* Berlin: Evangelische Verlagsanstalt, 1985. S. 28.
[2] Herrmann. a.a.O. S. 28-30.
[3] Marty, M. E. „Lutheran Church in America". Reid, Daniel G. (Hrsg.). *Dictionary of Christianity in America.* Downers Grove, Illinois: Inter Varsity Press, 1990. S. 672.
[4] Kolb, R. A. „Lutheran Church – Missouri Synod". Reid. a.a.O. S. 675.

5 Hauschild, Hartmut. Küttner, Winfried. **Auf festem Glaubensgrund. Fast alles über die Selbständige Evangelisch-Lutherische Kirche.** Groß Oesingen: Verlag der Lutherischen Buchhandlung Heinrich Harms, 1984. S. 146.
6 Herrmann. a.a.O. S. 34.
7 Herrmann. a.a.O. S. 34-38.
8 Hauschild. Küttner. a.a.O. S. 147.
9 Herrmann. a.a.O. S. 267.
10 Herrmann. a.a.O. S. 274.
11 Herrmann. a.a.O. S. 270.
12 Herrmann. a.a.O. S. 280.
13 Herrmann. a.a.O. S. 313.
14 Herrmann. a.a.O. S. 333.
15 Herrmann. a.a.O. S. 326.
16 Hauschild. Küttner. a.a.O. S. 149.
17 Hauschild. Küttner. a.a.O. S. 149.
18 Hauschild. Küttner. a.a.O. S. 148.
19 Hauschiuld. Küttner. a.a.O. S. 150.
20 Herrmann. a.a.O. S. 369.
21 Hauschild. Küttner. a.a.O. S. 150.
22 Herrmann. a.a.O. S. 369.
23 Hauschild. Küttner. a.a.O. S. 63.
24 a.a.O. S. 69.
25 a.a.O. S. 35.
26 a.a.O. S. 35.
27 Poetsch, Hans Lutz. „Zu den Begriffen ‚Verbalinspiration' und ‚Irrtumslosigkeit' der Heiligen Schrift". In Dierks, Heinrich (Hrsg.). **Die Bibel Gottes Wort.** Groß-Oesingen: Heinrich Harms, 1982. S. 11-127. Nach Holthaus, Stephan. **Fundamentalismus in Deutschland.** Bonn: Verlag für Kultur und Wissenschaft, 1993. S. 176.
28 Holthaus. a.a.O. S. 176.
29 Hauschild. Küttner. a.a.O. S. 40/41.
30 a.a.O. S. 43.
31 a.a.O. S. 44.
32 a.a.O. S. 49.
33 Schöne, Jobst (Hrsg.) **Die Selbständige Evangelisch-Lutherische Kirche.** Berlin: Superintendentur des Kirchenbezirks Berlin (West), 1978. S. 29.
34 Hauschild, Hartmut. Küttner, Winfried. a.a.O. S. 54.
35 Schöne, Jobst. a.a.O. S. 25.
36 Schöne, Jobst. a.a.O. S. 43.
37 Hauschild, Hartmut. Küttner, Winfried. a.a.O. S. 58.
38 Schöne, Jobst. a.a.O. S. 43.
39 Herrmann, Gottfried. **Lutherische Freikirche in Sachsen. Geschichte und Gegenwart einer lutherischen Bekenntniskirche.** Berlin: Evangelische Verlagsanstalt, 1985. S. 370.

⁴⁰ Holthaus, Stephan. *Fundamentalismus in Deutschland.* Bonn: Verlag für Kultur und Wissenschaft, 1993. S. 177.
⁴¹ Herrmann. a.a.O. S. 349.
⁴² Herrmann. a.a.O. S. 314 und 349.
⁴³ Herrmann. a.a.O. S. 350.
⁴⁴ Herrmann. a.a.O. S. 349.
⁴⁵ Pieper, D. Franz., umgearb. von Mueller, D. Dr. J. T. *Christliche Dogmatik.* St. Louis, Missouri: Evangelisch-Lutherische Synode von Missouri, Ohio und anderen Staaten, 1946. S. 96.
⁴⁶ Pieper. Mueller. a.a.O. S. 98.
⁴⁷ Pieper. Mueller. a.a.O. S. 98.
⁴⁸ Hauschild. Küttner. a.a.O. S. 151.

Die Evangelisch-altreformierte Kirche

¹ Averes. Dirk. „Die Evangelisch-altreformierte Kirche." In Motel, Hans-Beat. (Hrsg.). *Glieder an einem Leib. Freikirchen in Selbstdarstellungen.* Konstanz: Christliche Verlagsanstalt, 1975. S. 293.
² a.a.O. S. 294.
³ a.a.O.
⁴ a.a.O. S. 301.
⁵ Lankamp, Berend Heinrich. „Die Altreformierten Kirchen in Niedersachsen". In Kunz, Ulrich (Hg.). *Viele Glieder – ein Leib: Kleinere Kirchen, Freikirchen und ähnliche Gemeinschaften in Selbstdarstellungen.* Stuttgart: Quell 1953. S. 53. Zit. nach Holthaus, Stephan. *Fundamentalismus in Deutschland.* Bonn: Verlag für Kultur und Wissenschaft, 1993. S. 149.
⁶ Holthaus. a.a.O.

Vereinigung Evangelischer Freikirchen in Deutschland

¹ Vereinigung Evangelischer Freikirchen. Faltblatt. o.O. o.J. S. 3.
² a.a.O.
³ a.a.O. S. 3.
⁴ Vereinigung Evangelischer Freikirchen. *Berichte aus der Arbeit 1988 bis 1991.* S. 9.
⁵ Vereinigung Evangelischer Freikirchen. Faltblatt. S. 2.
⁶ Vereinigung Evangelischer Freikirchen. *Berichte aus der Arbeit 1988 bis 1991.* S. 23.
⁷ a.a.O. S. 23.
⁸ a.a.O. S. 25.
⁹ a.a.O. S. 24/25.

Verband Evangelischer Freikirchen und Gemeinschaften in der Schweiz

1 *Verband Evangelischer Freikirchen und Gemeinschaften in der Schweiz.* Ausgabe 1990. S. 1.
2 Verband Evangelischer Freikirchen und Gemeinschaften in der Schweiz. *Statuten.* (Genehmigt an der Delegierten–Konferenz in Männedorf am 23. September 1986). S. 3.
3 *Verband Evangelischer Freikirchen und Gemeinschaften in der Schweiz.* a.a.O. S. 3.
4 a.a.O. S. 3.
5 a.a.O. S. 3.

Arbeitsgemeinschaft evangelikaler Gemeinden in Österreich

1 Arbeitsgemeinschaft Evangelikaler Gemeinden in Österreich (ARGEGÖ). *Dürfen wir uns vorstellen?* Wien: ARGEGÖ, o.J.
2 a.a.O.
3 a.a.O.

Die Herrnhuter Brüdergemeine

1 Zimmerling, Peter. *Nachfolge lernen – Zinzendorf und das Leben der Brüdergemeine.* Moers: Brendow, 1990. S. 17.
2 Motel, H.B. *Die Brüder-Unität. Herrnhuter Brüdergemeine.* Bad Boll: Brüder-Unität, o.J. S. 15/16.
Zimmerling. a.a.O. S. 17.
3 Zimmerling. a.a.O. S. 20.
4 Zimmerling. a.a.O. S. 21.
5 Direktion der Evangelischen Brüder-Unität Herrnhut (Hrsg.). *Die Brüder-Unität.* Herrnhut: Brüder-Unität. o.J. S. 9.
6 Motel. a.a.O. S. 16.
7 Motel. a.a.O. S. 16.
8 Hahn, Hans-Christoph. „Die Evangelische Brüder-Unität." In Motel, Hans Beat (Hrsg.). *Glieder an einem Leib. Freikirchen in Selbstdarstellungen.* Konstanz: Christliche Verlagsanstalt, 1975. S. 142.
9 a.a.O. S. 18.
10 Alle Daten aus einem Fax der Brüder-Unität vom 4. Mai 1993.
11 *Idea-Spektrum.* 23/92.
12 Direktion der Brüder-Unität (Hrsg.). *Die Herrnhuter Brüdergemeine. Evangelische Brüder-Unität.* Bad Boll: Brüder-Unität, 1981. S. 6.
13 Motel. H.B. a.a.O. S. 4/5.
14 Zimmerling. a.a.O. S. 34.

[15] Direktion der Brüder-Unität (Hrsg.). *Die Herrnhuter Brüdergemeine. Evangelische Brüder-Unität*. Bad Boll: Brüder-Unität, 1981. S. 5.
[16] Direktion der Evangelischen Brüder-Unität Herrnhut (Hrsg.). *Die Brüder-Unität*. Herrnhut: Brüder-Unität. o.J. S. 27.
[17] Hahn. a.a.O. S. 158.
[18] „Grund der Unität." Nach Motel, H. B. a.a.O. S. 31.
[19] Direktion der Brüder-Unität, Bad Boll. a.a.O. S. 5.
[20] „Grund der Unität." a.a.O. S. 31.
[21] Direktion der Brüder-Unität Bad Boll. a.a.O. S. 7.
[22] Direktion der Evangelischen Brüder-Unität Herrnhut (Hrsg.). a.a.O. S. 28. Direktion der Brüder-Unität Bad Boll. a.a.O. S. 12.

Die Evangelisch-methodistische Kirche

[1] Im geschichtlichen Teil beziehe ich mich in erster Linie auf das Kapitel „Die Evangelisch-methodistische Kirche" in Kirchner, Hubert (Hrsg.) *Freikirchen, Ein Handbuch*. Berlin; Evangelische Verlagsanstalt, 1987, S. 91-112.
[2] Zit. nach Kirchner. a.a.O. S. 94.
[3] Lutherisches Kirchenamt und Kirchenkanzlei der Evangelisch-methodistischen Kirche (Hrsg.). *Vom Dialog zur Kanzel- und Abendmahlsgemeinschaft. Eine Dokumentation der Lehrgespräche und der Beschlüsse der kirchenleitenden Gremien*. Hannover: Lutherisches Verlagshaus. Stuttgart: Christliches Verlagshaus, 1987.
[4] Lutherisches Kirchenamt und Kirchenkanzlei der Evangelisch-methodistischen Kirche (Hrsg.). a.a.O. S. 9.
[5] Hammer, Martin. *Konsensbildung in der Evangelisch-methodistischen Kirche*. Beiträge zur Geschichte der Evangelisch-methodistischen Kirche 31, Herausgegeben von der Studiengemeinschaft für Geschichte der Evangelisch-methodistischen Kirche. Stuttgart: Christliches Verlagshaus, 1988. S. 20.
[6] Steckel, Karl, „Zur Theologie der Evangelisch-methodistischen Kirche." In Steckel, Karl. Sommer, C. Ernst. *Geschichte der Evangelisch-methodistischen Kirche*. Stuttgart: Christliches Verlagshaus, 1982. S. 249.
[7] Klaiber, Walter. Marquardt, Manfred. *Gelebte Gnade. Grundriß einer Theologie der Evangelisch-methodistischen Kirche*. Stuttgart: Christliches Verlagshaus, 1993. S. 73/74.
[8] Klaiber. Marquardt. *Gelebte Gnade*. a.a.O. S. 74.
[9] Hammer, Martin. *Konsensbildung in der Evangelisch-methodistischen Kirche*. Beiträge zur Geschichte der Evangelisch-methodistischen Kirche 31. Herausgegeben von der Studiengemeinschaft für Geschichte der Evangelisch-methodistischen Kirche. Stuttgart: Christliches Verlagshaus, 1988. S. 20.
[10] Hammer. a.a.O. S. 20.

[11] Hammer. a.a.O. S. 20.
[12] Klaiber. Marquardt. *Gelebte Gnade.* a.a.O.
[13] Kerygma = Verkündigung.
[14] Klaiber. Marquardt. *Gelebte Gnade.* a.a.O. S. 66/67.
[15] Klaiber. Marquardt. *Gelebte Gnade.* a.a.O. S. 273/274.
[16] Klaiber. Marquardt. *Gelebte Gnade.* a.a.O. S. 275.
[17] Lindström, Harald. *Wesley und die Heiligung.* 2. Aufl. Stuttgart: Christliches Verlagshaus, 1982. S. 34/35.
[18] Klaiber. Marquardt. *Gelebte Gnade.* a.a.O. S. 280.
[19] Klaiber, Walter. Marquardt, Manfred. *Heiligung aus biblischer und evangelisch-methodistischer Sicht.* Beiträge zur Geschichte der Evangelischmethodistischen Kirche 27. Herausgegeben von der Studiengemeinschaft für Geschichte der Evangelisch-methodistischen Kirche. Stuttgart: Christliches Verlagshaus, 1987. S. 28.
[20] Lindström. a.a.O. S. 89.
[21] Lindström. a.a.O. S. 77, 96/97. Klaiber. Marquardt. *Gelebte Gnade.* a.a.O. S. 280.
[22] Klaiber. Marquardt. *Gelebte Gnade.* a.a.O. S. 299.
[23] Klaiber. Marquardt. a.a.O. S. 22/23.
[24] Lindström. a.a.O. S. 79.
[25] Lindström. a.a.O. S. 96.
[26] Lindström. a.a.O. S. 79.
[27] Lindström. a.a.O. S. 80.
[28] Lindström. a.a.O. S. 99.
[29] Lindström. a.a.O. S. 99.
[30] Lindström. a.a.O. S. 100.
[31] Gassmann, Ernst. *Erfahrungsreligion.* John Wesleys Botschaft. Stuttgart: Christliches Verlagshaus, 1989. S. 121/122.
[32] Stolze, Hans-Dieter. *Die Evangelisch-methodistische Kirche.* Stuttgart: Christliches Verlagshaus, 1979. S. 42.
[33] nach Lindström. a.a.O. S. 82.
[34] Klaiber. Marquardt. *Gelebte Gnade.* a.a.O. S. 274.
[35] Lutherisches Kirchenamt und Kirchenkanzlei der Evangelisch-methodistischen Kirche (Hrsg.). a.a.O. S. 73.
[36] Theologische Kommission des Europäischen Rates der Evangelisch-methodistischen Kirche. (Hrsg.) *Unterwegs mit Christus. Glaubensbuch der Evangelisch-methodistischen Kirche.* Materialien für die Gemeindearbeit in der Evangelisch-methodistischen Kirche, Heft 72/1991. Zürich: Gotthelf Verlag. Stuttgart: Christliche Verlagsanstalt, 1991. S. 72/73.
[37] Lutherisches Kirchenamt und Kirchenkanzlei der Evangelisch-methodistischen Kirche (Hrsg.). a.a.O. S. 74.
[38] Verfassung und Ordnung der EmK in der BRD und Westberlin. Zit. nach Steckel, Karl. a.a.O. S. 273.
[39] Steckel, Karl. a.a.O. S. 273.

Die Heilsarmee

1 Kiefel, Wilhelm. „Die Heilsarmee." In Motel, Hans Beat (Hrsg.). *Glieder an einem Leib. Freikirchen in Selbstdarstellungen.* Konstanz: Christliche Verlagsanstalt, 1975. S. 239.
2 Kiefel. a.a.O. S. 240.
3 Hoffmann-Hereros, Johann. *Catherine und William Booth.* Mainz: Matthias Grünewald Verlag (Reihe Topos-Taschenbücher), 1989. S. 54.
4 Hoffmann-Hereros. a.a.O. S. 54.
5 a.a.O. S. 242.
6 Gerster, Gerhard. „Freikirchen – ein vielfältiges Gebilde". *Idea-Magazin.* 5/93. 26. März 1993. S. 7.
7 Die Heilsarmee. *Kurzinformation.* o.J.
8 Die Heilsarmee. *Handbuch der Lehren.* 2. Aufl. Köln: Heilsarmee Verlag, 1992. S. 12.
9 Die Heilsarmee. *Was jeder Heilssoldat wissen muß.* Köln: Heilsarmee-Verlag, o.J. S. 23.
10 Kriegsartikel der Heilsarmee. Zit. nach Die Heilsarmee. *Was jeder Heilssoldat wissen muß.* a.a.O. S. 25.
11 *Die Lehren der Heilsarmee.* Zit. nach *Handbuch der Lehren.* a.a.O. S. 7.
12 *Handbuch der Lehren.* a.a.O. S. 24.
13 a.a.O. S. 27.
14 a.a.O. S. 27.
15 *Die Lehren der Heilsarmee.* Punkt 9. a.a.O.
16 *Handbuch der Lehren.* a.a.O. S. 114.
17 *Die Lehren der Heilsarmee.* Punkt 10. a.a.O.
18 Kiefel. a.a.O. S. 244.
19 Cherally, Robert. *Jubiläumsbroschüre.* Bern: Nationales Hauptquartier der Heilsarmee. S. 125. Nach Adolphs, Frank. „Das Sakramentsverständnis der Heilsarmee." Facharbeit Konfessionskunde, Seminar für Gemeindebau und Mission, Bern. 1993.
20 Die Heilsarmee. „Gelübde des Heilssoldaten. Kriegsartikel".
21 a.a.O.
22 a.a.O.

Die Täuferbewegung

1 *Geschicht-Buch der Hutterischen Brüder.* Repr. Macmillan Colony: Cayley, Alberta, Canada, 1982. S. 34-36.
2 „The Schleitheim Confession." In Loewen, Howard John, *One Lord, One Church, One Hope, And One God, Mennonite Confessions of Faith.* Elkhert, Indiana: Institute of Mennonite Studies, 1985. S. 80.
3 Littell. *Das Selbstverständnis der Täufer.* Kassel: J.G. Oncken, 1966. S. 39. Littell gibt hier als Quelle an: Egli, Emil. *Die St. Galler Täufer.*

Geschildert im Rahmen der städtischen Reformationsgeschichte. Zürich: Friedrich Schulthess, 1887. S. 44-45.
4 Guderian, Hans. *Die Täufer in Augsburg. Ihre Geschichte und ihr Erbe.* Pfaffenhofen: W. Ludwig Verlag, 1984. S. 19.
5 Littell. a.a.O. S. 78.
6 Littell. a.a.O. S. 16.
7 Goertz, Hans-Jürgen. *Die Täufer. Geschichte und Deutung.* Berlin: Evangelische Verlagsanstalt, 1987. S. 36.
8 Goertz. a.a.O. S. 37.
9 Littell. a.a.O. S. 56/57.
10 Knaake, Andreas (Hrsg.). *Bernhard Rotmann. Restitution rechter und gesunder Lehre.* Neudrucke deutscher Litteraturwerke des XVI. und XVII. Jahrhunderts. NO. 77 und 78. (Flugschriften aus der Reformationszeit VII.) Halle: Niemeyer, 1888. S. 106. Nach Littell. a.a.O. S. 56/57.
11 Wenger, J. C. *Die Täuferbewegung. Eine kurze Einführung in ihre Geschichte und Lehre.* Wuppertal, Kassel: Oncken, 1984. S. 39. Goertz. a.a.O. S. 39.
12 Wenger. a.a.O. S. 39.
13 Niesert, Joseph. *Münsterische Urkundensammlung.* Bd. 1. Urkunden zur Geschichte der Münsterischen Wiedertäufer. Coesfeld: Wittneven, 1826. Nr. Xiii. S. 48. Nach Littell. a.a.O. S. 56/57.
14 Littell. a.a.O. S. 56/57.
15 Goertz. a.a.O. S. 37/38.
16 Guderian, Hans. a.a.O. S. 110.
17 Littell. a.a.O. S. 71/72.
18 Philipps war in Friesland von zwei „Aposteln", die Hoffmann ausgesandt hatte, getauft worden. Er hatte jedoch mit den Ereignissen in Münster nichts zu tun. (Wenger, J.C. *Die Täuferbewegung.* a.a.O. S.36).
19 Littell. a.a.O. S. 71/72.
20 Wenger. a.a.O. S. 43.
21 Ummel. Baumann. Widmer. *De Thomas Müntzer a Menno Simons.* Montbelliard: Les Cahiers de Christ Seul, 1983. S. 76/77.
22 Goertz. a.a.O. S. 40/41.
23 Goertz. a.a.O. S. 41.
24 *Die vollständigen Werke Menno Simon's, übersetzt aus der Originalsprache, dem Holländischen.* Ausgabe von Funk 1876. Ausgabe von Räber, Baltic, Ohio, 1926. S. 461. Nach Littell. a.a.O. S. 73/74.
25 Simons, Menno. *Die vollständigen Werke,* Bd. I. S. 125. Zit. nach Wenger. a.a.O. S. 46.
26 Simons, Menno. *Fundament der christlichen Lehre.* Zit. nach Meyer, Wolf. *Taufe und Taufverständnis im Lauf der Jahrhunderte vom NT bis zur Reformation. Anhand von ausgewählten Beispielen und Quellenstudien.* Freie Examensarbeit im Fach Kirchengeschichte zum Abschlußexamen am Theologischen Seminar der Evangelisch-methodistischen Kirche bei Dozent Michael Weyer MA. Reutlingen 1984. S. 75.

[27] Werke, Bd. I. S. 56. Nach Wenger. a.a.O. S. 48.
[28] Simons, Menno. *Fundament* 41. Nach Meyer, Wolf. a.a.O. S. 75.
[29] Simons, Menno. *Fundament.* 46, 47, 60, 62. Nach Meyer, Wolf. a.a.O. S. 76.
[30] Simons, Menno. *Fundament.* 50f. Nach Meyer, Wolf. a.a.O. S. 77.
[31] Simons, Menno. *Fundament.* 62. Nach Meyer, Wolf. a.a.O. S. 78. Meyer stellt dazu fest: „... *während also Luther (Predigt Mt. 8,1ff, 63f) und Calvin (Institutio, 917f (IV,16,7);... auf Grund der Erzählung von der Segnung der Kinder durch Jesus die Säuglingstaufe fordern, argumentiert Menno mit dieser Stelle gerade dagegen"* (Meyer. a.a.O. S. 78.).
[32] Johannes 13,15.
[33] Lichdi. *Über Zürich und Witmarsum nach Addis Abeba.* Maxdorf: Agape Verlag, 1983. S. 74/75.
[34] Benannt nach dem nördlich von Amsterdam liegenden „Waterland".
[35] Lichdi. a.a.O. S. 75.
[36] Lichdi. a.a.O. S. 71.
[37] Lichdi. a.a.O. S. 73.
[38] Lichdi. a.a.O. S. 78/79.
[39] Lichdi. a.a.O. S. 88/89.
[40] Lichdi. a.a.O. S. 89.
[41] Lichdi. a.a.O. S. 100.
[42] Lichdi. a.a.O. S. 102.
[43] Lichdi. a.a.O. S. 130.
[44] Reimer, Johannes. *Aussiedler sind anders.* 2. Aufl. Wuppertal, Kassel: Oncken 1990. S. 46.
[45] Reimer. a.a.O. S. 60.
[46] Reimer. a.a.O. S. 59.
[47] „In erster Kampfreihe: Der Rat der Gemeinden". Missionswerk Friedensstimme e.V. (Hrsg.). *1961-1991. 30 Jahre Bund unabhängiger Evangeliumschristen-Baptisten.* Gummersbach: Missionswerk Friedensstimme e.V. S. 7.
[48] Reimer. a.a.O. S. 59.

Die Hutterischen Bruderhöfer

[1] Lichdi, Diether Götz. *Über Zürich und Witmarsum nach Addis Abeba. Die Mennoniten in Geschichte und Gegenwart.* Maxdorf: Agape-Verlag, 1983. S. 49/50.
[2] Lichdi. a.a.O. S. 51.
[3] Lichdi. a.a.O. S. 52.
[4] Lichdi. a.a.O. S. 52.
[5] *Klein Geschichtbuch.* Falher, Alberta, Kanada: Twilight Hutterian Brethren. Bassano, Alberta, Kanada: Fairville Hutterian Brethren. Neuaufl. 1992. S. 202.

⁶ *Klein Geschichtbuch.* S. 299-319.
⁷ *Klein Geschichtbuch.* a.a.O. S. 459/460. Lichdi. a.a.O. S. 54/55.
⁸ Nach Arnold, Eberhard. *Warum wir in Gemeinschaft leben.* Rifton, New York: Plough Publishing House, 1974. S. 7/8.
⁹ Rhein-Zeitung. 21./22.12.1991.
¹⁰ Rifton-Geräte.
¹¹ Eine Neuauflage dieses historischen Werkes ist erschienen: Riedemann, Peter. *Rechenschaft unsrer Religion, Lehre und Glaubens.* Falher, Alberta, Canada: Twilight Hutterian Brethren, 1988.
¹² Eberhard, Heini und Annemarie. *Gemeinsames Leben. Ein Weg zu wahrer Brüderlichkeit.* Rifton: Plough Publishing House, 1977.
¹³ *Hutterische Brüder. Der Bruderhof, eine christliche Gemeinschaft.* Rifton, New York: Plough Publishing House, 1990.
¹⁴ Riedemann, Peter. a.a.O. S. 63.
¹⁵ Riedemann. a.a.O. S. 73.
¹⁶ Arnold, Eberhard. *Warum wir in Gemeinschaft leben.* a.a.O. S. 13.
¹⁷ Riedemann. a.a.O. S. 79.
¹⁸ a.a.O. S. 82.

Die Mennoniten

¹ „Richtlinien für die Mennonitische Weltkonferenz." In Goertz, H.J. (Hrsg.) *Die Mennoniten.* S.100. Zit. nach Kirchner, Hubert (Hrsg.). *Freikirchen und konfessionelle Minderheitskirchen.* Berlin: Evangelische Verlagsanstalt, 1987. S. 31.
² Arbeitsgemeinschaft Mennonitischer Gemeinden in Deutschland (AMG) K.d.ö.R. *Mennonitisches Jahrbuch 1992. Geschwister dienen der Gemeinde.* Lahr: St. Johannis-Druckerei, 1992. S. 89. Die einzigen weiteren mennonitischen Zusammenschlüsse, die dem ÖRK angehören, sind die niederländische „Allgemeine Doopsgezinde Societeit" und die „Eglise de Christ en Zaire – Mennonite".
³ Arbeitsgemeinschaft Mennonitischer Gemeinden in Deutschland (AMG) K.d.ö.R. (Hrsg.). Mennonitisches Jahrbuch 1992. Geschwister dienen der Gemeinde. Lahr: St. Johannis-Druckerei, 1992. S. 86.
⁴ Telefonische Auskunft von John Klassen, 7.9.1993.
⁵ 1990.
⁶ *Mennonitisches Jahrbuch 1993.* a.a.O. S. 149.
⁷ Lichdi. Diether Götz. *Über Zürich und Witmarsum nach Addis Abeba. Die Mennoniten in Geschichte und Gegenwart.* Maxdorf: Agape Verlag, 1983. S. 213.
⁸ Lichdi. a.a.O. S. 212/213.
⁹ Lichdi. a.a.O. S. 304.
¹⁰ Kahle, Prof. Dr. Wilhelm. „Vom Werden einer Kirche". *Materialdienst des Konfessionskundlichen Instituts Bensheim.* 2/94. S. 36.

11 Arbeitsgemeinschaft deutscher Mennonitengemeinden (Hrsg.). *Wer sind die Mennoniten?* Karlsruhe: AdM, o.J.
12 Swartley, Willard M. „Das Schriftverständnis bei Täufern und heutigen Mennoniten." In Arbeitsgemeinschaft Mennonitischer Gemeinden in Deutschland (AMG) K.d.ö.R. (Hrsg.). *Mennonitisches Jahrbuch 1993. Schrift und Schriftverständnis.* Lahr: St. Johannis-Druckerei. S. 78.
13 Guderian, Hans. *Die Täufer in Augsburg.*
14 Swartley. a.a.O. S. 78.
15 Präambel der Satzung der Arbeitsgemeinschaft Mennonitischer Gemeinden in Deutschland. Zit. nach Arbeitsgemeinschaft Mennonitischer Gemeinden in Deutschland (Hrsg.). *Die Mennoniten – eine moderne Freikirche.* Hamburg: AMG, 1992. S. 17. (Hervorhebung durch den Autor.)
16 Swartley. a.a.O. S. 80.
17 Swartley. a.a.O. S. 81.
18 Nach Kerber, Kurt. „Wie sie im Gespräch untereinander ausgelegt wird..." *In Mennonitisches Jahrbuch 1993. Schrift und Schriftverständnis.* a.a.O. S. 106/107.
19 Nach Kerber, Kurt. „Wie sie im Gespräch untereinander ausgelegt wird..." a.a.O. S. 107.
20 Sider, Ronald J. „Evangelicalism and the Mennonite Tradition." In Kraus, C. Norman (Hrsg.). *Evangelicalism and Anabaptism.* Scottdale, Pennsylvania. Kitchener, Ontario: Herald Press, 1979. S. 153.
21 Sider, Ronald. J. a.a.O. S. 150.
22 Sider, Ronald J. S. 151.
23 Sider, Ronald J. S. 154.
24 Sider, Ronald J. S. 164.
25 Kerber, Kurt. „Wie sie im Gespräch untereinander ausgelegt wird..." a.a.O. S. 108.
26 Heidebrecht, Jakob. „Jugendliche in einer Aussiedlergemeinde." Arbeitsgemeinschaft deutscher Mennonitengemeinden in der Bundesrepublik Deutschland und Berlin (West) e.V. Mennonitisches Jahrbuch 1990. *Aussiedler – Gemeinsamkeit suchen.* Karlsruhe: Heinrich Schneider, 1990. S. 96.
27 Heidebrecht, Jakob. a.a.O. S. 97.
28 Epp, Peter. „Warum gibt es Annäherungsprobleme?" *Mennonitisches Jahrbuch 1990.* a.a.O. S. 80/81.
29 Heidebrecht, Jakob. a.a.O. S. 97.
30 Klassen, John. „Vom unterschiedlichen Schriftverständnis." *Mennonitisches Jahrbuch 1990.* a.a.O. S. 72.
31 Heidebrecht, Jakob. a.a.O. S. 99.
32 Hertel, Otto. „Die jungen Aussiedler." *Mennonitisches Jahrbuch 1990.* a.a.O. S. 92.
33 Wölk, Gerhard. „Was verstehe ich unter ‚mennonitisch'?" In *Arbeitsgemeinschaft deutscher Mennonitengemeinden in der Bundesrepublik Deutschland und Berlin (West) e.V. (Hrsg.). Mennonitisches Jahrbuch 1990.* Weisenheim: Agape Verlag, 1990. S. 79.

34 Stellungnahme des Ökumenischen Studienausschusses der VELKD. „Die-Verwerfungen der Confessio Augustana und ihre gegenwärtige Bedeutung." Ziff. 9. in: *Texte aus der VELKD.* 13/1980. Nach Martin, Pfarrer Michael. „Der Dialog zwischen Mennoniten und Lutheranern in Deutschland". *Materialdienst des Konfessionskundlichen Institutes Bensheim.* 2/94. S. 32.
35 Bericht S. 14-19. nach Martin, Pfarrer Michael. a.a.O. S. 34.
36 Martin, Pfarrer Michael. a.a.O. S. 33.

Mennonitische Heimatmission

1 *Brennpunkt Gemeinde.* Nr. 5/1991. S. 1.
2 a.a.O. S. 1.
3 a.a.O. S. 1.
4 a.a.O. S. 1.
5 a.a.O. S. 1.
6 a.a.O. S. 2.

Arbeitsgemeinschaft zur geistlichen Unterstützung in Mennonitengemeinden (AGUM)

1 Brief des Vorsitzenden Peter Rempel vom 4. Mai 1993.
2 Mennonitengemeinde Bielefeld e.V. *Wer wir sind. Was wir glauben. Was wir wollen.* o.J.

Die Mennonitischen Brüdergemeinden

1 Dyck, Cornelius J. *An Introduction to Mennonite History.* Scottdale, Pennsylvania. Waterloo, Ontario: Herald Press, 2. Aufl. 1981. S. 270.
2 Lehmann, Joseph. *Geschichte der deutschen Baptisten.* 2. Teil. Kassel: J. G. Oncken Nachfolger. 1900. S. 309.
3 Dyck. a.a.O. S. 270/271.
4 Dyck. a.a.O. S. 271.
5 Lehmann, Joseph. Bd. 2. a.a.O. S. 310.
6 Dyck. a.a.O. S. 272.
7 Dyck. a.a.O. S. 272.
8 Dyck. a.a.O. S. 273.
9 Diedrich, Hans Christian, *Siedler, Sektierer und Stundisten, Die Entstehung des russischen Freikirchentums.* Berlin: Evangelische Verlagsanstalt, 1985. S. 44.
10 Dyck. a.a.O. S. 273.
11 Dyck. a.a.O. S. 271.

[12] Diedrich. a.a.O. S.. 45.
[13] Dyck. a.a.O. S. 274.
[14] Dyck. a.a.O. S. 274.
[15] Dyck. a.a.O. S. 277.
[16] Dyck. a.a.O. S. 277. Auch bei Löwen, Heinrich. *In Vergessenheit geratene Beziehungen.* Bielefeld: Logos, 1989. S. 14/15.
[17] Löwen. a.a.O. S. 14/15.
[18] Löwen. a.a.O. S. 18.
[19] Löwen. a.a.O. S. 14.
[20] Dyck. a.a.O. S. 278.
[21] Dyck. a.a.O. S. 278.
[22] Lehmann, Joseph. a.a.O. S. 310. Nach Löwen taufte Becker Bartel, der dann wiederum Becker taufte. Löwen. a.a.O. S. 28.
[23] Löwen. a.a.O. S. 15.
[24] Lehmann, Joseph. a.a.O. S. 314.
[25] Lehmann, Joseph. a.a.O. S. 314.
[26] Lehmann, Joseph. a.a.O. S. 314.
[27] Lehmann, Joseph. a.a.O. S. 313.
[28] Lehmann, Joseph. a.a.O. S. 314/315.
[29] Reimer, Johannes. *Aussiedler sind anders.* Wuppertal, Kassel: Oncken, 1990. S. 48.
[30] Lehmann, Joseph. a.a.O. Bd. 2, S. 315.
[31] Reimer. a.a.O. S. 49.
[32] Löwen. a.a.O. S. 48/49.
[33] Zahlen von John N. Klassen, Meckenheim, Mai 1993.
[34] a.a.O.
[35] **Mennonitisches Jahrbuch 1993.** a.a.O. S. 202.
[36] a.a.O. S. 173.
[37] Zahl von John Klassen, telefonische Auskunft vom 7.9.1993.
[38] Arbeitsgemeinschaft Mennonitischer Brüdergemeinden in der Bundesrepublik Deutschland (Hrsg.). **Glaubensbekenntnis Mennonitischer Brüdergemeinden.** 2. Aufl. Lage: AMBD, 1991.
[39] a.a.O. S. 6.
[40] a.a.O. S. 7.
[41] a.a.O. S. 9.
[42] a.a.O. S. 11/12.
[43] a.a.O. S. 13.
[44] a.a.O. S. 15.
[45] a.a.O. S. 20.
[46] a.a.O. S. 20.

Bund der Gemeinden Evangelisch Taufgesinnter

1. Geiser, Samuel. *Die Taufgesinnten Gemeinden im Rahmen der allgemeinen Kirchengeschichte.* 2. überarb. und erw. Aufl. Courgenay: Christian Schmutz, 1971. S. 1971.
2. Geiser. a.a.O. S. 529.
3. Geiser. a.a.O. S. 528.
4. Hutten, Kurt. *Seher, Grübler, Enthusiasten.* 12. Aufl. Stuttgart: Quell Verlag, 1982. S. 266.
5. Mead, Frank S. (Hrsg.). Hill, Samuel S. (rev.). *Handbook of denominations in the United States.* 9. Aufl. Nashville: Abingdon, 1990. S. 29.
6. Mead. a.a.O. S. 30.
7. Eggenberger gibt die Zahl 1986 mit etwa 300 an.
8. Eggenberger, Oswald. *Die Kirchen, Sondergruppen und religiösen Vereinigungen.* 4. überarb. Aufl. Zürich: Theologischer Verlag Zürich, 1986. S. 60.
9. Hutten, Kurt. *Seher, Grübler, Enthusiasten.* 12. Aufl. Stuttgart: Quell, 1982. S. 266.
10. Bund ETG *Ganz nett – aber wer sind sie? Evangelische Täufergemeinden.* Uster: Bund ETG. o.J.
11. Evangelische Täufergemeinden. *Ganz nett – aber wer sind sie?* (Selbstdarstellung).
12. Bund ETG. a.a.O.

Baptistisch-mennonitische Zusammenschlüsse – Der Bund Taufgesinnter Gemeinden

1. 1990 in das Vereinsregister eingetragen.
2. Loewen, Don. „New association of anabaptist churches takes shape." *Mennonite Brethren Herald.* 9/1990. S. 16.
3. Zahlen von John N. Klassen, Meckenheim, Mai 1993.
4. *Idea-Spektrum.* 39/90. S. 28.
5. Loewen, Don. „New association of anabaptist churches takes shape." *Mennonite Brethren Herald.* 9/1990. S. 16.
6. Löwen, Heinrich. „Der BTG stellt sich vor." *Jünger und Meister.* 1990.
7. Löwen. a.a.O.
8. Löwen. a.a.O.
9. Loewen, Don. „Churches establish Anabaptist bond." *The Christian Leader.* 18. Dezember 1990. S. 12.
10. *Chicago-Erklärung zur Irrtumslosigkeit der Bibel.* Artikel 6. In Schirrmacher, Thomas. (Hrsg.). *Die Drei Chicago-Erklärungen zur biblischen Irrtumslosigkeit, Hermeneutik und Anwendung.* Reihe Bibeltreue in der Offensive. Bonn: Verlag für Kultur und Wissenschaft, 1993. S. 21.

[11] a.a.O. Artikel 8.
[12] a.a.O. Artikel 19.
[13] Telefongespräch mit Heinrich Löwen am 11. Mai 1993.

Vereinigung der Evangeliums-Christen-Baptisten-Gemeinden e.V.

[1] Missionswerk Friedensstimme (Hrsg.) „So fing alles an." *1961 – 1991 30 Jahre Bund unabhängiger Evangeliumschristen-Baptisten*. Gummersbach: 1991. S. 5.
[2] House, Francis. *Millenium of Faith. Christianity in Russia 988-1988 A.D.* Crestwood, New York: St Vladimir's Seminary Press, 1988. S. 108.
[3] Kahle, Professor Dr. Wilhelm. „Vom Werden einer Kirche." *Materialdienst des Konfessionskundlichen Instituts Bensheim*. 2/94. S. 35.
[4] House. a.a.O. S. 110.
[5] Reimer, Johannes. *Aussiedler sind anders*. 2. Aufl. Wuppertal, Kassel: Oncken, 1990. a.a.O. S. 58.
[6] Die Zahl der Evangeliumschristen-Baptisten in registrierten Gemeinden lag bereits 1988 bei 3 Millionen.
[7] Missionswerk Friedensstimme. *Nachrichten von Missionsfeldern im Osten*. 2/94. S. 5.
[8] Reimer. a.a.O. S. 97.
[9] „Zusammenarbeit der Bruderschaften in Ost und West". Missionswerk Friedensstimme. *Nachrichten von den Missionsfeldern im Osten*. 2/94. S. 15.
[10] „Rückblick auf Vereinigung 1992." *Hoffnungsbote*. 1/1993. S. 37.
[11] Prof. Dr. Kahle nennt unter anderem folgende Benennungen: Baptisten-Brüder-Gemeinde (Bad Hersfeld); Freie Evangeliumschristen Baptisten Gemeinde (Wiehl), Freie Evangeliumschristen Gemeinde (Köln); Evangelische Christliche Baptistengemeinde (Gummersbach-Dümmlingshausen). Kahle, Prof. Dr. Wilhelm. „Vom Werden einer Kirche." *Materialdienst des Konfessionskundlichen Instituts Bensheim*. 2/94. S. 36.
[12] Kahle. a.a.O. S. 36. Siehe auch Epp, Heinrich. „Ist das Fernsehen vom Teufel." In *Hoffnungsbote*. 2/1993. Entspannung vor dem Fernsehen wird hier als *„für Christen unangemessen"* bezeichnet (S. 8).
[13] Gemeinderegel § 4. Nach Kahle. a.a.O. S. 37.
[14] Reimer. a.a.O.
[15] „Rückblick auf Vereinigung 1992." a.a.O. S. 37.
[16] „Aus der Geschichte des Missionswerkes". Missionswerk Friedensstimme e.V. (Hrsg.). *1961-1991. 30 Jahre Bund unabhängiger Evangeliumschristen-Baptisten*. Gummersbach: Missionswerk Friedensstimme e.V. S. 10.
[17] *Hoffnungsbote* 2/1993.

Der Baptismus

1. Bärenfänger, Manfred, „Die Entstehung der Baptistengemeinden."In Balders, Günter,(Hrsg.). *Ein Herr, ein Glaube, eine Taufe, 150 Jahre Baptistengemeinden in Deutschland.* Wuppertal, Kassel: Oncken, 1984. S. 269.
2. Westin, Gunnar. *Der Weg der freien christlichen Gemeinden durch die Jahrhunderte.* Kassel: J.G. Oncken, 1956. S. 163.
3. Westin. a.a.O. S. 163/164.
4. Westin. a.a.O. S. 164.
5. Luckey, Dr. Hans. *Johann Gerhard Oncken und die Anfänge des deutschen Baptismus.* 2. Aufl. Kassel: Verlag von J. G. Oncken Nachf., 1934. S. 58.
6. Westin. a.a.O. S. 164.
7. Täufer.
8. Luckey, Dr. Hans. *Johann Gerhard Oncken.* a.a.O. S. 59.
9. Westin. a.a.O. S. 165.
10. Westin. a.a.O. S. 165. Luckey, Dr. Hans. *Johann Gerhard Oncken.* a.a.O. S. 59.
11. Kiffin, William, Gründungsbericht, nach Bärenfänger, a.a.O. S. 271.
12. Luckey, Dr. Hans. *Johann Gerhard Oncken.* a.a.O. S. 59.
13. Westin. a.a.O. S. 165.
14. Westin. a.a.O. S. 166.
15. Westin. a.a.O. S. 167.
16. Westin. a.a.O. S. 175.
17. Westin. a.a.O. S. 179.
18. Balders, Günter. *Theurer Bruder Oncken. Das Leben Johann Gerhard Onckens in Bildern und Dokumenten.* 2. Aufl. Wuppertal, Kassel: Oncken Verlag, 1978. S. 12.
19. Balders, Günter. a.a.O. S. 23.
20. Balders, Günter. a.a.O. S. 23/24.
21. Balders, Günter. a.a.O. S. 26.
22. Balders, Günter. a.a.O. S. 27.
23. Balders, Günter. a.a.O. S. 32.
24. Nach Balders. *Theurer Bruder Oncken.* a.a.O. S. 38. Auch bei Lorenz, Günter. *Die Evangelisch-Freikirchlichen Gemeinden,* Berlin: Evangelische Versandbuchhandlung Otto Ekelmann Nachf., 1986, S.18.
25. Luckey, Dr. Hans. *Johann Gerhard Oncken.* a.a.O. S. 152.
26. Balders, Günter. *Theurer Bruder Oncken.* a.a.O. S. 39.
27. Lorenz, a.a.O. S. 18.
28. Luckey, Dr. Hans. *Johann Gerhard Oncken.* a.a.O. S. 153. Balders, Günter. *Theurer Bruder Oncken.* a.a.O. S. 39.
29. Die Lehre von der letztlichen Errettung aller, Ablehnung einer ewigen Verdammnis.
30. Luckey. *Johann Gerhard Oncken.* a.a.O. S. 153. Balders. *Theurer Bruder Oncken.* a.a.O. S. 39. Strübind. *Die unfreie Freikirche.* a.a.O. S. 30.
31. Balders. *Theurer Bruder Oncken.* a.a.O. S. 39/40.

[32] Strübind, Andrea. *Die unfreie Freikirche. Der Bund der Baptistengemeinden im ‚Dritten Reich'*. Neukirchen-Vluyn: Neukirchener, 1991. S. 30.
[33] Balders, Günter. *Theurer Bruder Oncken*. a.a.O. S. 50.
[34] Nischik, R.: „Das Werden der Gemeinde – ein Wunder Gottes." In *Es begann 1868 in Köln*. Festschrift zum 100jährigen Bestehen der Evangelisch-Freikirchlichen Gemeinden in Köln. Köln, 1968. S. 37.
[35] Nischik. a.a.O.
[36] Materne, Ulrich. „Der Bund Evangelisch-Freikirchlicher Gemeinden in der DDR." In Kirchner, Hubert (Hrsg.). *Freikirchen*. Berlin. Evangelische Verlagsanstalt, 1987, S. 38.
[37] Bauer. Eisenblätter. Jörgensen. Schmidt (Hrsg.). *Der Bund Evangelisch-Freikirchlicher Gemeinden*. a.a.O. S. 46. Strübind, Andrea. *Die unfreie Freikirche*. a.a.O. S. 33.
[38] Strübind, Andrea. *Die unfreie Freikirche*. a.a.O. S. 33.
[39] Lorenz. a.a.O. S. 19.
[40] Lorenz. a.a.O. S. 23.
[41] Strübind, Andrea. *Die unfreie Freikirche*. a.a.O. S. 36.
[42] *Die Gemeinde*. 29.5.1994. S. 16 und 19.
[43] Bund Evangelisch Freikirchlicher Gemeinden in Deutschland K.d.ö.R. *Verfassung*. Beschlossen vom Bundesrat am 30. Mai 1992, in Kraft gesetzt am 16. Juli 1992 durch die Genehmigung des Hessischen Kultusministeriums. Artikel 18. Der Bund ist in folgende Vereinigungen aufgeteilt: Baden-Württemberg, Bayern, Berlin-Brandenburg, Hessen-Siegerland, Mecklenburg-Vorpommern, Niedersachsen, Norddeutschland, Nordwestdeutschland, Rheinland, Rheinland-Pfalz/Saarland, Sachsen, Thüringen, Westfalen.
[44] a.a.O. Artikel 20.
[45] *Der Bund Evangelisch Freikirchlicher Gemeinden*. S. 27.
[46] Walter, Karl Heinz (Hrsg.). „Vom Leben in der Gemeinde". Wuppertal, Kassel: Oncken, 1987. S. 57.
[47] Die Gründung des Arbeitskreises wurde auf der Sitzung der Bundesleitung vom 5.-7. November 1992 beschlossen. Leiter ist Pastor Hans Guderian. *Bundespost* 3/Dezember 1992.
[48] *Bundespost* 3/Dezember 1992.
[49] Die „Deutsche Zeltmission" verfügt über fünf Zelte mit 4600 Sitzplätzen. Sie hatte 1993 sechsundzwanzig Zeltveranstaltungen.
[50] *Idea-Spektrum*. 17/93. S. 7.
[51] Bauer. Eisenblätter. Jörgensen. Schmidt. (Hrsg.). *Der Bund Evangelisch-Freikirchlicher Gemeinden*. a.a.O. S. 54.
[52] Arbeitskreis Charisma und Gemeinde im Bund Evangelisch Freikirchlicher Gemeinden. (Hrsg.) *Charismatische Erneuerung im Bund Evangelisch Freikirchlicher Gemeinden*. Hannover: Arbeitskreis Charisma und Gemeinde, 1987. S. 3.
[53] „Neuerungen bei den Baptisten". *Idea-Magazin*. 10/93. 18. Juni 1993. S. 34.

54 Walter. a.a.O. S. 19.
55 Bauer. Eisenblätter. Jörgensen. Schmidt. (Hrsg.). *Der Bund Evangelisch-Freikirchlicher Gemeinden.* a.a.O. S. 111.
56 Brandt, Edwin, „Vom Bekenntnis der Baptisten". In Balders, a.a.O. S. 181.
57 Brandt, Edwin, „Vom Bekenntnis der Baptisten." In Balders. a.a.O. S. 180.
58 Popkes, Wiard, *Gemeinde, Raum des Vertrauens.* Wuppertal, Kassel: Onkken, 1984. S. 162/163.
59 Nach Brandt, a.a.O. S. 184/185.
60 *Rechenschaft vom Glauben.* In Walter. a.a.O. S. 68.
61 Bauer, Eisenblätter, Jörgensen, Schmidt (Hrsg.). *Der Bund Evangelisch-Freikirchlicher Gemeinden. Eine Selbstdarstellung.* a.a.O. S. 114.
62 Strübind. *Die unfreie Freikirche.* a.a.O. S. 40.
63 Brandt, Edwin. „Die Bibel – bewegende Kraft unserer Gemeinden? Theologische Positionen und Rückfragen an das Selbstverständnis des Baptismus als Bibelbewegung." *Theologisches Gespräch.* 2/92. S. 11.
64 Stadelmann, Helge. *Grundlinien eines bibeltreuen Schriftverständnisses.* Wuppertal: Brockhaus, 1985.
65 Stadelmann, Helge. a.a.O. S. 64.
66 So zitiert Schütz in dem Artikel aus dem baptistischen Bekenntnis „*Rechenschaft vom Glauben*" und bejaht den Inhalt: „*Deshalb gilt:* Der christlichen Gemeinde und ihrer Theologie ist im Hören auf Gottes Wort auch das geschichtliche Verständnis der Heiligen Schrift aufgetragen. Geschichtliche Deutung der Schrift rechnet mit der Wirksamkeit des Heiligen Geistes, wie bei der Entstehung so auch bei der Auslegung der Schrift Alten und Neuen Testaments. Die Bibel lebt, denn Gott redet durch sie." Schütz, Dr. Eduard. „Unser Christuszeugnis auf dem Grund der Schrift." *Theologisches Gespräch.* 3-6/83. S. 18/19.
67 Schütz, Dr. Eduard. a.a.O. S. 18. Als noch gravierender wurde aber von vielen Baptisten das Beispiel empfunden, an dem Schütz seine Betonung der Christusoffenbarung festmachte: die Jungfrauengeburt. Für ihn war das Reden von der Jungfrauengeburt „*ein Zeugnis von der Gottessohnschaft Jesu und von dem Zustandekommen seines messianischen Personengeheimnisses, dem andere, umfassendere Zeugnisse zur Seite treten*" (Schütz. a.a.O. S. 16.). Zwar könne der entsprechende Glaubenssatz des Apostolikums gesprochen werden, es handle sich bei den biblischen Aussagen jedoch um ein Christuszeugnis mit den den Verfassern zur Verfügung stehenden Begriffen (Schütz. a.a.O. S. 17). Die Debatten um diesen Artikel zeigten, daß Schütz hier eine Position vertreten hatte, die im Baptismus keine breite Basis fand – obwohl sich zahlreiche Pastoren und einzelne Gemeinden geschlossen hinter ihn stellten. Schütz wurde abgesetzt.
68 Stadelmann. a.a.O. S. 64.
69 Stadelmann. a.a.O. S. 65.
70 „Rechenschaft vom Glauben." In Walter. a.a.O. S. 77.

[71] „Rechenschaft vom Glauben." In Walter. a.a.O. S. 77.
[72] Brandt, Edwin. „Die Bibel – bewegende Kraft unserer Gemeinden?" a.a.O. S. 11/12.
[73] Brandt, Edwin. „Die Bibel – bewegende Kraft unserer Gemeinden?" a.a.O. S. 6.
[74] Eisenblätter, Dr. Winfried. „Die Scofield-Bibel – eine fundamentalistische Herausforderung." *Theologisches Gespräch.* 3-6/83. S. 24.
[75] Bauer. Eisenblätter. Jörgensen. Schmidt. (Hrsg.). *Der Bund Evangelisch-Freikirchlicher Gemeinden.* a.a.O. S. 112.
[76] Bauer. Eisenblätter. Jörgensen. Schmidt. (Hrsg.). *Der Bund Evangelisch-Freikirchlicher Gemeinden.* a.a.O. S. 113.
[77] Brandt, Edwin. „Die Bibel – bewegende Kraft unserer Gemeinden?" a.a.O. S. 6.
[78] So nach einer Zusammenfassung bei Popkes. a.a.O. S. 185. Popkes stellt dazu fest: „*Es dürfte Hughey gelungen sein, das baptistische Gemeindeverständnis in seinen wesentlichen Zügen aufgezeigt zu haben. Die Charakterisierung gilt auch heute noch, und zwar für die Baptisten in den unterschiedlichen geographischen, kulturellen, politischen und sozialen Gebieten.*"
[79] Hughey, John. *Die Baptisten. Lehre. Praxis. Geschichte.* Kassel: J.G. Oncken, 1959. S. 25.
[80] Hughey. a.a.O. S. 42.
[81] Bundespost 2/Juli 1992.
[82] Bundespost 2/Juli 1992.
[83] Zu den Unterzeichnern gehörten unter anderem Dr. Helge Stadelmann; Dr. Uwe Swarat, Dozent am Theologischen Seminar Hamburg; Horst Afflerbach, Dozent an der Bibelschule Wiedenest und Herbert Szepan, der frühere Leiter der Heimatmission des Bundes.
[84] Brandt, Edwin Peter. „Ordination – mit welchem Ziel?" *Die Gemeinde.* 27/1991. S. 7.
[85] Brandt, Edwin Peter. a.a.O. S. 6.
[86] Das Ordinationsgelübde lautet folgendermaßen:
„*Willst du das Evangelium von Jesus Christus, wie es in der Heiligen Schrift bezeugt und dir durch den Heiligen Geist verständlich gemacht worden ist, klar und eindeutig als gehorsamer Hörer und treuer Zeuge des Herrn predigen?*
Willst du in der Seelsorge in der Hirtengesinnung Jesu den Menschen nachgehen, für die der Herr dich verantwortlich macht, und ihnen den Zuspruch und Anspruch des Evangeliums persönlich nahebringen?
Willst du in deinem Leben die Herrschaft Jesu Christi glaubwürdig bezeugen und in Wort und Tat den Maßstäben des Reiches Gottes entsprechen?
Antwort: Ja, mit Gottes Hilfe."
[87] Brandt, Edwin Peter. a.a.O. S. 7.
[88] Brandt, Edwin Peter. a.a.O. S. 7.
[89] Vgl. Hughey. a.a.O. S. 28.
[90] Vgl. Hughey. a.a.O. S. 35.
[91] Hughey. a.a.O. S. 36. Hobbs. a.a.O. S. 84.

92 Bauer, Eisenblätter, Jörgensen, Schmidt (Hrsg.). *Der Bund Evangelisch-Freikirchlicher Gemeinden. Eine Selbstdarstellung.* a.a.O. S. 116.
93 Pohl, Adolf. „Zum Gespräch über die Taufe". *Theologisches Gespräch* 1/85. S. 22.
94 „Baptisten und Lutheraner im Gespräch." *Theologische Beiträge.* 1/91. S. 15.
95 Flew, R. Newton. *The Nature of the Church.* 1952. Nach Hughey. a.a.O. S. 37.
96 Zur Zeit der Fertigstellung dieses Buches kann, da ein Beschluß noch aussteht, nur eine vorläufige Fassung des erneuerten Taufartikels behandelt werden.
97 Rechenschaft. a.a.O. S. 79/80.
98 Rechenschaft. a.a.O. S. 79/80.
99 Brandt, Edwin Peter. „Christusnachfolge in verbindlicher Gemeinschaft." *Die Gemeinde.* 20/1993. S. 6.
100 Hughey. a.a.O. S. 39.
101 Steffen, Reinhard. „Eine Überzeugung, viele Möglichkeiten. Die Taufpraxis in Deutschland." *Gemeindeerneuerung.* Nr. 47, Apr.-Juni 1993. S. 17.
102 *Gemeindeordnung der Baptisten Gemeinde Innsbruck.* zit. nach Börner, Fritz. *Freikirchlicher Gemeindebau in Österreich.* Eigenvervielfältigung, 1989. Anhang, S. 38.
103 „Baptisten und Lutheraner im Gespräch. Auszüge aus dem Abschlußbericht." *Theologisches Gespräch.* 1/91. S. 17.
104 Bauer, Eisenblätter, Jörgensen, Schmidt (Hrsg.). *Der Bund Evangelisch-Freikirchlicher Gemeinden. Eine Selbstdarstellung.* a.a.O. S. 116.
105 Krell, Viktor. „Die fremde Heimat." *Die Gemeinde.* 10/1992. S. 8.
106 Krell, Viktor. a.a.O. S. 8.
107 Krell, Viktor. a.a.O. S. 9.
108 *Erklärung zur Frage der Pastorinnen.* o.O. o.J. (1993).

Die Brüdergemeinden

1 Turner, W. G. *John Nelson Darby.* Plumstead, London; Chapter Two, 1986, S. 17. Paperbackausgabe des 1901 erstmals erschienenen Buches.
2 Turner, a.a.O. S. 18.
3 Turner, a.a.O. S. 19.
4 Weremchuk, Max S. *John Nelson Darby und die Anfänge einer Bewegung.* Bielefeld: Christliche Literatur-Verbreitung, 1988. S. 71/72.
5 Weremchuk. a.a.O. S. 86.
6 Jordy, Gerhard. *Die Brüderbewegung in Deutschland.* Bd. 2. Wuppertal: Brockhaus, 1981. S. 80.
7 a.a.O. S. 86.
8 Weremchuk. a.a.O. S. 86/87.

⁹ *Interesting Reminiscence of the Early History of the Brethren.* 7,8. Nach Weremchuk. a.a.O. S. 106.
¹⁰ Weremchuk. a.a.O. S. 123.
¹¹ Weremchuk. a.a.O. S. 115.
¹² Geldbach, Erich. **Christliche Versammlung und Heilsgeschichte bei John Nelson Darby.** Wuppertal: Theol. Verlag Rolf Brockhaus, 1975. S.27.
¹³ Geldbach. a.a.O. S. 41.
¹⁴ Geldbach. a.a.O. S. 42.
¹⁵ Broadbent, E. H. **Gemeinde Jesu in Knechtsgestalt.** 2. Aufl. Dillenburg: Christliche Verlagsgesellschaft, 1984. S. 371/372.
¹⁶ Broadbent. a.a.O. S. 372.
¹⁷ Broadbent. a.a.O. S. 372.
¹⁸ Weremchuk, a.a.O. S. 249.
¹⁹ Geldbach, a.a.O. S. 45.
²⁰ nach Geldbach, a.a.O. S. 46.
²¹ Die einzige dieser Spaltungen, die auch in Deutschland Auswirkungen hatte, war die durch F. E. *Raven* ausgelöste Bewegung. Raven bestritt die vollständige Menschwerdung Christi, der seiner Meinung nach zwar Fleisch und Blut angenommen habe, in seiner Person aber nur Gott war. Die Ravenschen Brüder zeichnen sich durch eine extreme Absonderungslehre aus. Jeglicher privater Kontakt zu Außenstehenden wird vermieden (Hutten, Kurt. **Seher, Grübler, Enthusiasten.** 12. vollst. rev. und wesentlich erw. Neuaufl. Stuttgart: Quell, 1984. S. 291). Die Ravenschen Brüder haben wiederum mehrere Trennungen erlebt. Hutten gibt drei in Deutschland vertretene Richtungen an. Es gibt nur wenige Gemeinden und Anhänger. Laut Menk empfinden sie sich als die alleinige Gruppe, in der die gesamte Kirche Gottes dargestellt wird. (Menk, Friedhelm. **Die Brüderbewegung im Dritten Reich.** Bielefeld: Christliche Literatur Verbreitung, 1986. S. 249).
²² Jordy. Bd. 2. a.a.O. S. 15.
²³ Jordy. Bd. 2. a.a.O. S. 19.
²⁴ a.a.O. Bd. 1. S. 61.
²⁵ Jordy. Bd. 2. a.a.O. S. 129.
²⁶ a.a.O. S. 129.
²⁷ a.a.O. S. 145.
²⁸ a.a.O. S. 143/146.
²⁹ a.a.O. S. 146.
³⁰ **Festschrift zur 125-Jahr-Feier der Evangelisch-Freikirchlichen Gemeinde Hohenlimburg.** S. 10. Hohenlimburg: 1980.
³¹ Jordy. Bd. 3. a.a.O. S. 130.
³² Jordy. Bd. 3. a.a.O. S. 161.
³³ Jordy. Bd. 3. a.a.O. S. 122.
³⁴ Jordy. Bd. 3. a.a.O. S. 134.
³⁵ Jordy. Bd. 3. a.a.O. S. 189.
³⁶ Protokoll der 13. Jahresversammlung der Arbeitsgemeinschaft der Brüdergemeinden im BEFG am 31.10. 1992 in Leipzig.

37 Schreiben von Wolfgang Ruß vom 15.9.1993.
38 Vogel, Bruno. „Ein Brief zum Thema Absonderung." *Absonderung*. Neustadt/Weinstraße: Ernst Paulus Verlag, 1986.
39 Brockhaus, Rudolf. *Die Versammlung des lebendigen Gottes*. Hückeswagen: Christliche Schriftenverbreitung, 1993. (Neuauflage des 1912 veröffentlichten Werkes). S. 88.
40 Jordy, Gerhard. *Die Ältesten in der Gemeinde*. Wuppertal, Zürich: Brockhaus 1988. S. 36.
41 Jordy. *Die Ältesten in der Gemeinde*. a.a.O. S. 42.
42 Jordy. *Die Brüderbewegung in Deutschland*. Bd. 3. a.a.O. S. 316/17. *Versammlungen der Brüder*. 3. Aufl. Dillenburg: Christliche Verlagsgesellschaft, 1988. S. 21.
43 *Versammlungen der Brüder*. a.a.O. S. 21.
44 Jordy. Bd. 3. a.a.O. S. 317.
45 Jordy. Bd. 2. a.a.O. S. 59.
46 Heijkoop, H. L. *Der Platz des Zusammenkommens der Gläubigen*. Hükkeswagen: Christliche Schriftenverbreitung, o. J. S. 30.
47 a.a.O.
48 a.a.O. S. 31.
49 a.a.O. S. 30/31. auch bei Brockhaus, Rudolf. a.a.O. S. 8: „*Von mehreren, nebeneinander bestehenden Versammlungen an einem Orte weiß die Schrift nichts.*"
50 Jordy, Bd. 2. a.a.O. S. 89.
51 Kelly, William. *Christliche Einheit und Gemeinschaft*. Schwelm: Heijkoop Verlag, 1982. S. 35.
52 Brockhaus, Rudolf. *Die Versammlung des lebendigen Gottes*. Hückeswagen: Christliche Schriftenverbreitung, 1993 (Neuaufl. des 1912 erschienenen Werkes). S. 9/10.
53 Weremchuk, a.a.O. S. 133.
54 Grant, F. W. *A Divine Movement*. o. O.: R. P. Daniel, 1973, Neuauflage des Ende letzten Jahrhunderts verfaßten Werkes, S. 8.
55 Grant. a.a.O. S. 9/10.
56 Vgl. z.B. Weremchuk, Max, *Ihr liefet gut, Nachgedanken zur Brüderbewegung,* Albsheim; Notting Hill Press, o. J. S. 24.
57 Briem, Christian. *Die Entrückung der Gläubigen*. Hückeswagen: Christliche Schriftenverbreitung, 1991. S. 157.
58 a.a.O. S. 58.
59 a.a.O. S. 60.
60 „Jahresversammlung der Brüdergemeinden 1993". *Die Botschaft*. Nr. 1, 1994. S. 18.
61 *Versammlungen der Brüder, Geschichtliche Entwicklung, Bibelverständnis und Lehre*. Dillenburg; Christliche Verlagsgesellschaft, 1988.
62 a.a.O. S. 14.
63 a.a.O. S. 19.
64 a.a.O. S. 16.
65 a.a.O. S. 23.

⁶⁶ a.a.O. S. 21.
⁶⁷ Boddenberg, Dieter. Ouweneel, W. J. **Gladbecker Gespräche**. Selbstverlag, 1993. S. 51.
⁶⁸ a.a.O. S. 47.
⁶⁹ Arbeitsgemeinschaft der Brüdergemeinden im Bund Evangelisch-Freikirchlicher Gemeinden in Deutschland – KdöR –. **Geschäftsordnung**.
⁷⁰ siehe oben, „Der Baptismus."
⁷¹ Bauer, Wolfgang. Eisenblätter, Harold. Jörgensen, Herrmann. Schmidt, Hinrich. (Hrsg. im Auftrag des Bundes Evangelisch Freikirchlicher Gemeinden). **Der Bund Evangelisch Freikirchlicher Gemeinden. Eine Selbstdarstellung**. Wuppertal, Kassel: Oncken, 1992. S. 21.

Freie evangelische Gemeinden

¹ Geiser, Samuel. **Die Taufgesinnten Gemeinden im Rahmen der allgemeinen Kirchengeschichte**. 2. Aufl. Courgenay: Chr. Schmutz, 1971. S. 509.
² Geiser. a.a.O. S. 509.
³ Mauerhofer, Armin. **Eine Erweckungsbewegung im 19. Jahrhundert**. Gießen, Basel: BrunnenVerlag, 1987. S. 73. Rodt hatte sich bereits einige Jahre vorher als bereits Glaubender durch Besprengung taufen lassen (Mauerhofer. a.a.O. S. 59), erkannte aber nun die Taufe durch Untertauchen als die biblische Form der Taufe. Später schrieb er jedoch: *„Jetzt könnte ich mir und des Gewissens willen an der Besprengung genügen lassen..."* (Nach Mauerhofer. a.a.O. S. 74.)
⁴ Mauerhofer. a.a.O. S. 77. W. Iselin schreibt zu dieser Ordination: *„Er liess sich absichtlich von Predigern verschiedener Kirchen die Handauflegung ertheilen, weil er sich keiner derselben anschliessen konnte, da sie sich alle mehr oder weniger gegen Brüder anderer Gemeinschaften abschlossen, während er von Anfang an tief von der Wahrheit durchdrungen war, dass am Tische des Herrn alle Kinder Gottes ohne Unterschied der Meinung in Nebendingen sich vereinigen sollten, und dass Christus Jesus gestorben sei, dass Er die Kinder Gottes, die zerstreuten, in Eins zusammenbrächte (Joh. 11,52)"*. (Iselin, W. **Einiges vom Leben und Wirken des Herrn Carl von Rodt**. Bern: 1862. Zit. nach Mauerhofer. a.a.O. S. 77/78).
⁵ Iselin, W. **Einiges vom Leben und Wirken des Herrn Carl von Rodt**. Mauerhofer. a.a.O. S. 93.
⁶ Mauerhofer. a.a.O. S. 257.
⁷ Lenhard, Hartmut. **Die Einheit der Kinder Gottes. Der Weg Herrmann Heinrich Grafes (1818-1869) zwischen Brüderbewegung und Baptisten**. Witten: BundesVerlag. Wuppertal: Brockhaus, 1977. S. 36.
⁸ Steschulat, Dirk (Bearb.). „Die Krise im Evangelischen Brüderverein". In Dietrich, Wolfgang. (Hrsg.). **Ein Act des Gewissens. Dokumente zur Frühgeschichte der Freien Evangelischen Gemeinden**. Witten: Bundes

Verlag, 1988. S. 57. Mauerhofer. a.a.O. S. 276. (Nach Mauerhofer verließen neun Mitglieder den Brüderverein).
9 Mauerhofer. a.a.O. S. 276/277.
10 Lenhard. a.a.O. S. 24.
11 Lenhard. a.a.O. S. 25.
12 Stand: 31.12.1991.
13 „Ausbildungsordnung für Pastoren und Missionare". Ewersbach: Theologisches Seminar, 1992.
14 *idea-Spektrum*. 21/93. S. 10.
15 Internationaler Bund Freier evangelischer Gemeinden, (Hrsg.). *Internationaler Bund Freier evangelischer Gemeinden*. Stockholm: Internationaler Bund FeG, 1980. S. 5.
16 Dietrich, Wolfgang (Hrsg.). *Ein Act des Gewissens. Dokumente zur Frühgeschichte der Freien evangelischen Gemeinden*. Witten: Bundes-Verlag, 1988. S. 128.
17 Dietrich. a.a.O. S. 129.
18 Dietrich. a.a.O. S. 135.
19 Dietrich. a.a.O. S. 121.
20 Zit. nach Dietrich, Wolfgang, (Hrsg.). a.a.O. S. 111.
21 *Verfassung des Bundes Freier evangelischer Gemeinden in Deutschland KdöR*. „Präambel". Nach Erdlenbruch, E.W. Ritter, H.A. *Freie evangelische Gemeinden*. Witten: Bundes-Verlag, 1990. S. 56.
22 *Verfassung des Bundes Freier evangelischer Gemeinden in Deutschland KdöR*. „Präambel". Nach Erdlenbruch. Ritter. a.a.O. S. 57.
23 „Leitsätze zur Taufe in Freien evangelischen Gemeinden". Erläuterungen von Kurt Seidel und Gerhard Hörster, Ewersbach. S. 3 (Punkt 8, Erläuterung von Seidel und Hörster 8.1). Vgl. auch Bussemer, Konrad. *Die Gemeinde Jesu Christi. Ihr Wesen, ihre Grundsätze und Ordnungen*. 9. Aufl. Witten: Bundes Verlag, 1989. S. 53-57.
24 „Leitsätze zur Taufe in Freien evangelischen Gemeinden". a.a.O. S. 3 (Punkt 8; Erläuterung von Seidel/Hörster 8.2).
25 Bussemer. a.a.O. S. 58.
26 „Leitsätze zur Taufe in Freien evangelischen Gemeinden". a.a.O. S. 3 (Punkt 9).
27 Bussemer. a.a.O. S. 61.
28 „Leitsätze zur Taufe in Freien evangelischen Gemeinden". a.a.O. S. 3 (Punkt 8).
29 „Leitsätze zur Taufe in Freien evangelischen Gemeinden". a.a.O. S. 2 (Punkt 6).
30 „Leitsätze zur Taufe in Freien evangelischen Gemeinden". a.a.O. S. 3 (Punkt 8; Erläuterung 8.4).
31 „Leitsätze zur Taufe in Freien evangelischen Gemeinden". a.a.O. S. 3 (Punkt 8; Erläuterung 8.4).
32 Internationaler Bund Freier evangelischer Gemeinden (Hrsg.). *Internationaler Bund Freier evangelischer Gemeinden*, a.a.O. S. 10.

33 Hörster, Gerhard. „Freie evangelische Gemeinden". Sonderdruck aus Müller, Gerhard (Hrsg.). *TRE – Theologische Realenzyklopädie.*
34 Hörster. „Freie evangelische Gemeinden". a.a.O.
35 „Leitsätze zur Taufe in Freien evangelischen Gemeinden". a.a.O. (Punkt 1).
36 „Leitsätze zur Taufe in Freien evangelischen Gemeinden". a.a.O. (Punkt 1; Erläuterung 1.3).
37 „Leitsätze zur Taufe in Freien evangelischen Gemeinden". a.a.O. (Punkt 3; Erläuterung 3.2.).
38 „Leitsätze zur Taufe in Freien evangelischen Gemeinden". a.a.O. (Punkt 5).
39 „Leitsätze zur Taufe in Freien evangelischen Gemeinden". a.a.O. (Punkt 3; Erläuterung 3.3.).
40 Lenhard. a.a.O. S. 119.
41 Lenhard. a.a.O. S. 119.
42 Lenhard. a.a.O. S. 119.
43 Bussemer. a.a.O. S. 120. Vgl. auch die „Mustersatzung für die Freie evangelische Ortsgemeinde". Dort wird als Satzungstext vorgeschlagen: *„Die Gemeinde feiert regelmäßig mit ihren Mitgliedern das Mahl des HErrn. Andere Christen können als Gäste daran teilnehmen; die Gemeinde gibt bekannt, unter welchen Voraussetzungen das möglich ist. Alle Teilnehmer müssen in einem geordneten Verhältnis zu Gott und ihren Mitmenschen leben."*
44 Hörster. „Freie evangelische Gemeinden". a.a.O.
45 Urs Iten in „Die Freikirchen im Kanton Zürich – sieben Gemeindeverbände stellen sich vor". *Idea-Magazin.* 5/93. 26. März 1993. S. 9.
46 Schirrmacher, Thomas (Hrsg.). *Bibeltreue in der Offensive. Die Drei Chicago-Erklärungen zur biblischen Irrtumslosigkeit, Hermeneutik und Anwendung.* Bonn: Verlag für Kultur und Wissenschaft, 1993. S. 21.
47 Schirrmacher. a.a.O. S. 23 (Artikel 15).
48 Hörster, Gerhard. „Die Bibel – Gottes Wort im Menschenwort. Überlegungen und Perspektiven zum Schriftverständnis in Freien Evangelischen Gemeinden." *Gärtner-Forum.* Nr. 20. (1986). S. 16/17.
49 Hörster, Gerhard. „Die Bibel – Gottes Wort im Menschenwort." a.a.O. Heitmüller lehnte eine Inspirationslehre grundsätzlich ab, vertrat jedoch eine Irrtumslosigkeit der Heiligen Schrift auch in naturwissenschaftlichen und geschichtlichen Aussagen (a.a.O. S. 3). Bussemer hielt Abweichungen zwischen einzelnen Schriften und Ungenauigkeiten sowie Schreibfehler grundsätzlich für möglich, hielt aber an der Inspiration deutlich fest (a.a.O. S. 5/6). Wiesemann wandte sich vor allem gegen eine Lehre von der Verbalinspiration, die er nicht in der Bibel enthalten sah (a.a.O. S. 6/7).
50 Hörster, Gerhard. „Die Bibel – Gottes Wort im Menschenwort." a.a.O. S. 9.
51 a.a.O. S. 10.
52 a.a.O. S. 14.
53 Chicago Erklärung. Nach Hörster. a.a.O. S. 17.

54 Hörster. a.a.O. S. 17.
55 Hörster, Gerhard. **Markenzeichen Bibeltreu.** Gießen, Basel: Brunnen Verlag. Witten: BundesVerlag, 1990. S. 42.
56 a.a.O. S. 27/28.

Pilgermission St. Chrischona

1 Schmid, Edgar (Hrsg.). **Wenn Gottes Liebe Kreise zieht. 150 Jahre Pilgermission St. Chrischona 1840-1990.** Gießen, Basel: BrunnenVerlag 1990. S. 8.
2 Schick, Erich. Haag, Klaus. **Christian Friedrich Spittler. Handlanger Gottes.** 2. Aufl. Gießen: Brunnen 1982. S. 34.
3 Schmid, Edgar (Hrsg.). **Wenn Gottes Liebe Kreise zieht.** a.a.O. S. 9.
4 Haag, Klaus (Hrsg.). **Herr, du hast uns gerufen.** Gießen: Brunnen, 1978. S. 27.
5 Schmid, Edgar (Hrsg.). **Wenn Gottes Liebe Kreise zieht.** a.a.O. S. 13.
6 a.a.O. S. 14.
7 a.a.O. S. 55.
8 a.a.O. S. 58.
9 „Für einen modernen Pietismus." **IDEA-Spektrum** 20/92. S. 12.
10 Schmid, Edgar (Hrsg.). **Wenn Gottes Liebe Kreise zieht.** a.a.O. S. 62.
11 a.a.O. S. 62.
12 a.a.O. S. 96.
13 Pilgermission St. Chrischona (Hrsg.). **Gemeindeordnung der Chrischona-Gemeinden der Schweiz.** St. Chrischona 1985, S. 4.
14 Nach Haag, Klaus (Hrsg.). **Herr, du hast uns gerufen.** a.a.O. S. 164.
15 Haag, Klaus. (Hrsg.) a.a.O. S. 157.
16 Pilgermission St. Chrischona. **Ich glaube. Einführung in die biblischen Heilswahrheiten.** 4. Aufl. Basel: BrunnenVerlag, 1960. S. 80/81.
17 a.a.O. S. 81.
18 Pilgermission. a.a.O. S. 83.
19 Haag, Klaus. (Hrsg.) **Herr, du hast uns gerufen.** a.a.O. S. 158/159.
20 Pilgermission St. Chrischona. **Ich glaube. Einführung in die biblischen Heilswahrheiten.** 4. Aufl. Basel: BrunnenVerlag, 1960. S. 95.
21 Pilgermission St. Chrischona. a.a.O. S. 130-132.
22 Pilgermission St. Chrischona. a.a.O. S. 129.
23 **Leitlinien zur Taufpraxis.** a.a.O.
24 In Deutschland wird dies durchaus auch praktiziert, obwohl die Gemeinschaften innerhalb der Landeskirchen sind. Es ist hier jedoch auf Grund dieser besonderen Situation nicht allgemein üblich.
25 Pilgermission St. Chrischona (Hrsg.). **Leitlinien zur Taufpraxis.** St. Chrischona, 1988.
26 a.a.O.
27 a.a.O.
28 a.a.O.

Bund Evangelischer Gemeinden

1 Isler, Max. *Die Bibelschule Walzenhausen und die evangelischen Gemeinden (New Life)*. Bonn: Verlag für Kultur und Wissenschaft, 1989. S. 11/12.
2 Das Werk New Life ist ein eigenständiges überkonfessionelles Missionswerk, aus dem inzwischen zahlreiche weitere missionarische Arbeiten hervorgegangen sind. Es ist nicht identisch mit dem überkonfessionellen Missionswerk Neues Leben e.V., das durch den Evangelisten Anton Schulte begründet wurde. Es bestehen jedoch freundschaftliche Beziehungen zwischen den beiden Werken.
3 Isler. a.a.O. S. 14.
4 Isler. a.a.O. S. 15/16. Heute bildet die Bibelschule Walzenhausen meist junge Leute in einer vierjährigen Ausbildung aus. Die beiden letzten Ausbildungsjahre finden in Bern statt. Langfristig ist ein Umzug der ganzen Schule nach Bern geplant.
5 Isler. a.a.O. S. 25.
6 Isler. a.a.O. S. 31.
7 Isler. a.a.O. S. 49.
8 *Erläuterungen zum theologischen Leitbild der Evangelischen Gemeinde Bern.* o.J. S. 1.
9 Verband Evangelischer Freikirchen und Gemeinschaften in der Schweiz. Ausgabe 1990. S. 9.
10 *Erläuterungen zum theologischen Leitbild der Evangelischen Gemeinde Bern.* a.a.O. S. 4.
11 a.a.O. S. 4.
12 *Theologisches Leitbild der Evangelischen Gemeinde Bern.* o.J.

Der Bund Evangelikaler Gemeinden in Österreich

1 Glaubensbekenntnis und Glaubensgrundlage des Bundes Evangelikaler Gemeinden in Österreich. S. 1.
2 a.a.O. S. 1.
3 a.a.O. S. 2.
4 a.a.O. S. 3.
5 a.a.O. S. 4.
6 a.a.O. S. 4.
7 a.a.O. S. 4.
8 a.a.O. S. 4.
9 a.a.O. S. 5.

Arbeitsgemeinschaft für bibeltreue Gemeinden

[1] Gregory, Richard. „Arbeitsgemeinschaft für bibeltreue Gemeinden in den USA." *Gemeindegründung.* Heft 36/Okt.-Dez. 1993. S. 5.
[2] Gregory. a.a.O. S. 9.
[3] Gregory. a.a.O. S. 9.
[4] Hall, C.E. „Independent Fundamental Churches of America". Reid, Daniel G., Linder, Robert D., Shelley, Bruce L. Stout, Harry S. *Dictionary of Christianity in America.* Downers Grove, Illinois: InterVarsity, 1990. S. 573.
[5] Gregory. a.a.O. S. 9.
[6] Gregory. a.a.O. S. 14.
[7] Hall. a.a.O. S. 573.
[8] Gregory. a.a.O. S. 7/8.
[9] Montoya, Alex. *Gemeindegründung.* Heft 33/Jan.-März 1993. S. 41.
[10] Montoya. a.a.O. S. 43.
[11] Montoya. a.a.O. S. 43.
[12] Gregory. a.a.O. S. 7.
[13] *Gemeindegründung.* 9. Jahrg. Heft 33/Jan.-März 1993. S. 41.
[14] Herter, Gerd. „Die Arbeitsgemeinschaft für bibeltreue Gemeinden." *Gemeindegründung.* Nr. 36, Okt.-Dez. 1993. S. 24.
[15] Herter. a.a.O. S. 26.
[16] „Grundsätze der AfbG!" In Arbeitsgemeinschaft für bibeltreue Gemeinden (Hrsg.). *AfbG: Arbeitsgemeinschaft für bibeltreue Gemeinden.* o.O., o.J. S. 2.
[17] „Geschäftsordnung" *AfbG: Arbeitsgemeinschaft für bibeltreue Gemeinden.* a.a.O. S. 18.
[18] Herter. a.a.O. S. 24.
[19] Maier, Ernst G. „Einige Erwägungen, die zur Gründung der Arbeitsgemeinschaft für bibeltreue Gemeinden geführt haben". *Gemeindegründung.* Nr. 36, Okt.-Dez. 1993. S. 20/21.
[20] „Glaubensgrundlage" *AfbG: Arbeitsgemeinschaft für bibeltreue Gemeinden.* a.a.O. S. 3.
[21] „Glaubensgrundlage" *AfbG: Arbeitsgemeinschaft für bibeltreue Gemeinden.* a.a.O. S. 6.
[22] „Glaubensgrundlage" *AfbG: Arbeitsgemeinschaft für bibeltreue Gemeinden.* a.a.O. S. 6.
[23] „Glaubensgrundlage" *AfbG: Arbeitsgemeinschaft für bibeltreue Gemeinden.* a.a.O. S. 7.
[24] „Glaubensgrundlage" *AfbG: Arbeitsgemeinschaft für bibeltreue Gemeinden.* a.a.O. S. 4.
[25] „Stellungnahmen" *AfbG: Arbeitsgemeinschaft für bibeltreue Gemeinden.* a.a.O. S. 8.
[26] „Stellungnahmen". *AfbG: Arbeitsgemeinschaft für bibeltreue Gemeinden.* a.a.O. S. 9.

Die Gemeinden Gottes

1 Bewernick, E. "Die Bewegung der Gemeinde Gottes. Ein Abriß ihrer Entstehung und Entwicklung." In Missionswerk der Gemeinden Gottes (Hrsg.). *Gemeinde Gottes Europa und Naher Osten einschließlich der deutschsprachigen Gemeinden von Nord-Amerika 1987.* Fritzlar: Missionsverlag, 1987. S. 7.
2 a.a.O. S. 8.
3 a.a.O. S. 8.
4 a.a.O. S. 8-9.
5 Auskunft von Pastor Kröger vom 8.9.1993.
6 *Evangelische Freikirche Gemeinde Gottes. Wir über uns.* Hrsg. von den Gemeinden Braunschweig, Magdeburg, Wolfsburg; o.J.
7 Missionsverlag der Gemeinden Gottes (Hrsg.). *Sie fragen – wir antworten. Gemeinde Gottes, Evangelisch-Freikirchlich.* Fritzlar: Missionsverlag, o.J. S. 1.
8 Brown. *The Church Beyond Division.* Anderson: Gospel Trumpet Company, 1939. S. 117/118.
9 Bewernick. a.a.O. S. 9.
10 *Evangelische Freikirche Gemeinde Gottes.* a.a.O.
11 Brown, Charles Ewing. *The Church Beyond Division.* a.a.O. S. 114/115.
12 Missionsverlag der Gemeinden Gottes. *Sie fragen – wir antworten.* a.a.O. S. 2.
13 Kröger, Klaus. "Wir sind vollkommen geheiligt, aber keine vollkommenen Heiligen". *Perspektiven.* 9/93. S. 2.
14 Kröger. a.a.O.
15 Missionsverlag der Gemeinden Gottes. *Sie fragen – wir antworten.* a.a.O. S. 1/2.

Missions-Allianz-Kirche

1 Tozer, A.W. *Albert B. Simpson, ein Berufener Gottes.* Lahr-Dinglingen: Verlag der St. Johannis Druckerei C. Schweickhardt, 1987. S. 24/25.
2 a.a.O. S. 49.
3 a.a.O. S. 62.
4 a.a.O. S. 66/67.
5 a.a.O. S. 69.
6 a.a.O. S. 79.
7 a.a.O. S. 82.
8 a.a.O. S. 86.
9 Grabosch, Michael. *A.B. Simpson und die Christian and Missionary Alliance.* Semesterarbeit im Fach Missionsgeschichte, Bibelschule Bergstraße, Seeheim-Jugenheim 1979. S. 10.
10 Grabosch. a.a.O. S. 11/12.

[11] Grabosch. a.a.O. S. 12.
[12] Grabosch. a.a.O. S. 16.
[13] a.a.O. S. 16/17.
[14] Thompson, A.E. **A.B. Simpson – His Life and Work.** Harrisburg: Christian Publications Inc., 1960. S. 134. Nach Grabosch. a.a.O. S. 17.
[15] Thompson. a.a.O. Nach Grabosch. a.a.O. S. 17.
[16] Grabosch. a.a.O. S. 17.
[17] Daten nach einem Schreiben von Pastor Ernst Guggolz vom 21. April 1993.
[18] **Statement of Faith. Adopted by the 68th General Council of The Christian and Missionary Alliance.** Harrisburg: Christian Publications, Inc. o.J.
[19] Brief von Pastor Ernst Guggolz vom 21. April 1993.
[20] Simpson, A.B. **Evangelium 4x.** Frankfurt/Main: Herold-Verlag, 1972. S. 21.
[21] a.a.O. S. 18/19.
[22] a.a.O. S. 23.
[23] **Statement of Faith.** a.a.O.
[24] **Statement of Faith.** a.a.O.
[25] Simpson. a.a.O. S. 47.
[26] **Statement of Faith.** a.a.O.
[27] Brief von Pastor Ernst Guggolz, 21. April 1993.

Die Kirche des Nazareners

[1] van Note, Gene. **The People called Nazarenes: who we are and what we believe.** Kansas City, Missouri: Nazarene Publishing House, 1983. S. 10.
[2] van Note, Gene. a.a.O. S. 12.
[3] Kirche des Nazareners (Hrsg.). **Was wir glauben und leben.** Hanau: Kirche des Nazareners, 1990. S. 8.
[4] Kirche des Nazareners. a.a.O. S. 10/11.
[5] a.a.O. S. 11/12.
[6] van Note, Gene. a.a.O. S. 9. Kirche des Nazareners. (Hrsg.) **Was wir glauben und leben.** a.a.O. S. 12.
[7] van Note, Gene. a.a.O. S. 9.
[8] van Note, Gene. a.a.O. S. 9.
[9] Brief der Kirche des Nazareners, Hanau, vom 6.9.1993.
[10] Jakob Arminius (17. Jh.) lehnte die calvinistische Lehre von der doppelten Prädestination ab. Arminianer glauben, daß alle Menschen die Freiheit haben, Gottes Gnade anzunehmen oder abzulehnen. Auch Wesley vertrat diese Position (s.o.).
[11] van Note, Gene. a.a.O. S. 12/13.
[12] van Note, Gene. a.a.O. S. 56.
[13] Kirche des Nazareners (Hrsg.). **Was wir glauben und leben.** a.a.O. S. 15.
[14] van Note, Gene. a.a.O. S. 14.

[15] Kirche des Nazareners (Hrsg.). a.a.O. S. 16.
[16] Mayfield, Joseph H. „How do we know the Bible is God's Word?" *Emphasis*. Winter 1080/81. Nach van Note, Gene. a.a.O. S. 62.
[17] Hills, A.M. *Fundamental Christian Theology*. Pasadena, Calif.: C. J. Kline, 1931. S. 134. Nach van Note, Gene. a.a.O. S. 63.
[18] Kirche des Nazareners (Hrsg.). *Was wir glauben und leben*. a.a.O. S. 21.
[19] Kirche des Nazareners (Hrsg.). a.a.O. S. 21.
[20] a.a.O. S. 21/22.
[21] a.a.O. S. 22.
[22] van Note, Gene. a.a.O. S. 84.
[23] van Note, Gene. a.a.O. S. 84.
[24] Kirche des Nazareners (Hrsg.). a.a.O. S. 19.
[25] a.a.O. S. 24.
[26] a.a.O. S. 24/25.
[27] a.a.O. S. 38.
[28] a.a.O. S. 25.
[29] a.a.O. S. 28.
[30] a.a.O. S. 29.
[31] a.a.O. S. 37/38.
[32] a.a.O. S. 39.
[33] a.a.O. S. 47/48.
[34] van Note, Gene. a.a.O. S. 90.
[35] van Note, Gene. a.a.O. S. 11.

Evangelischer Brüderverein

[1] Dellsperger, Rudolf. Nägeli, Markus. Ramser, Hansueli. *Auf dein Wort. Beiträge zur Geschichte und Theologie der Evangelischen Gesellschaft des Kantons Bern im 19. Jahrhundert*. Bern: Berchthold Haller Verlag, 1981. S. 456.
Evangelischer Brüderverein. *Mein Wort behalten. 75 Jahre Evangelischer Brüderverein*. Herbligen: Verlag des Evangelischen Brüdervereins Wydibühl, 1984. S. 28.
[2] Dellsperger. Nägeli. Ramser. a.a.O. S. 457.
[3] Dellsperger. Nägeli. Ramser. a.a.O. S. 474.
[4] Evangelischer Brüderverein. a.a.O. S. 154.
[5] Evangelischer Brüderverein. a.a.O. S. 154.
[6] Evangelischer Brüderverein. a.a.O. S. 99.
[7] Evangelischer Brüderverein. a.a.O. S. 162.
[8] Evangelischer Brüderverein. a.a.O. S. 161.
[9] Evangelischer Brüderverein. a.a.O. S. 170.
[10] Evangelischer Brüderverein. a.a.O. S. 168/169.
[11] Evangelischer Brüderverein. a.a.O. S. 169/70.
[12] Evangelischer Brüderverein. a.a.O. S. 45.

Vereinigung Freier Missionsgemeinden

1 *Vereinigung Freier Missionsgemeinden.* Informationsblatt.
2 Brief vom 29. September 1993.
3 Moser, Samuel. „25 Jahre Vereinigung Freier Missionsgemeinden". *Christus im Brennpunkt.* Juli 1992. S. 3.
4 Moser, Samuel. a.a.O. S. 3.
5 *Statuten der Vereinigung Freier Missionsgemeinden.* Art. 6 und 7. S. 3.
6 *Statuten der Vereinigung Freier Missionsgemeinden.* Art. 13. S. 7.
7 *Statuten der Vereinigung Freier Missionsgemeinden.* Art. 4. S. 2.
8 *Vereinigung Freier Missionsgemeinden.* Informationsblatt.

Die Gemeinde der Christen e.V. Ecclesia

1 Gemeinde der Christen „Ecclesia" (Hrsg.). *Wir stellen uns vor.* o.O., o.J. S. 9.
2 Gemeinde der Christen „Ecclesia". a.a.O. S. 9.
3 Gemeinde der Christen „Ecclesia". a.a.O. S. 11.
4 Gemeinde der Christen „Ecclesia". a.a.O. S. 14.
5 Gemeinde der Christen „Ecclesia". a.a.O. S. 15.
6 Gemeinde der Christen „Ecclesia". a.a.O. S. 16.
7 Gemeinde der Christen „Ecclesia". a.a.O. S. 16.
8 Gemeinde der Christen „Ecclesia". a.a.O. S. 15.
9 Gemeinde der Christen „Ecclesia". a.a.O. S. 12.
10 Gemeinde der Christen „Ecclesia". a.a.O. S. 15.
11 Gemeinde der Christen „Ecclesia". a.a.O. S. 16.
12 Gemeinde der Christen „Ecclesia". a.a.O. S. 17.

Anskar Kirche International

1 Kopfermann, Wolfram. *Abschied von einer Illusion. Volkskirche ohne Zukunft.* Wiesbaden: P&C, 1990.
2 Stand Mai 1993, Zahlen nach Angaben der Anskar-Kirche vom Juni 1993.
3 *Die Anskar-Kirche – Präambel.* Hamburg, 9/1991.
4 Anskar-Kirche International. *Anskar Kolleg. Eine Erstinformation.* Hamburg: Anskar-Kirche, 1992. S. 18-23.
5 Anskar-Kirche International. *Anskar Kolleg.* a.a.O. S. 21/22.
6 Anskar-Kirche International. *Anskar Kolleg.* a.a.O. S. 22/23.
7 Gemeindeordnung der Anskar-Kirche Hamburg-Mitte. Evangelische Freie Gemeinde. S. 1.
8 *Die Anskar-Kirche – Präambel.* a.a.O.
9 *Die Anskar-Kirche – Präambel.* a.a.O.

[10] Kopfermann, Wolfram. „Anskar-Kirche International. Eine Positionsbestimmung."
[11] *Die Anskar-Kirche – Präambel.* a.a.O.
[12] *Die Anskar-Kirche – Präambel.* a.a.O. Auch Anskar-Kirche International. *Anskar Kolleg. Eine Erstinformation.* Hamburg: Anskar-Kirche International, 1992. S. 9.
[13] Anskar-Kirche International. *Anskar Kolleg.* a.a.O. S. 10-13.
[14] Anskar-Kirche International. *Anskar Kolleg.* a.a.O. S. 7.
[15] *Die Anskar-Kirche – Präambel.* a.a.O. Auch in Kopfermann, Wolfram. „Anskar-Kirche International. Eine Positionsbestimmung." Hamburg: Anskar-Kirche.
[16] *Die Anskar-Kirche – Präambel.* a.a.O.
[17] *Die Anskar-Kirche – Präambel.*
[18] Anskar-Kirche (Hrsg.). *Anskar-Kolleg. Eine Erstinformation.* Hamburg: Anskar-Kirche International, 1992. S. 4.
[19] Anskar-Kirche International. *Anskar Kolleg.* a.a.O. S. 5.
[20] Anskar-Kirche. *Anskar-Kolleg. Eine Erstinformation.* Hamburg: Anskar-Kirche, 1990. S. 14.
[21] Kopfermann, Wolfram. *Unterwegs zur urchristlichen Taufe.* Auf DIN-A-4-Blatt gedruckt. Hamburg, 31.08.1991. S. 2.
[22] Kopfermann, Wolfram. *Unterwegs zur urchristlichen Taufe.* a.a.O. S. 1.
[23] Kopfermann. *Unterwegs zur urchristlichen Taufe.* a.a.O. S. 1.
[24] Kopfermann. *Unterwegs zur urchristlichen Taufe.* a.a.O. S. 2.
[25] Kopfermann. *Unterwegs zur urchristlichen Taufe.* a.a.O. S. 3.

Calvary Chapel

[1] Smith, Chuck. Brooke, Tal. *Harvest.* Old Tappan, New Jersey: Fleming H. Revell Company, 1987. S. 22.
[2] *Jesus People Report.* Wuppertal: R. Brockhaus. Wetzhausen: Rolf Kühne. Wuppertal: Oncken, 1972. S. 22.
[3] Smith, Chuck. *The History of Calvary Chapel.* S. 23.
[4] Smith. a.a.O. S. 30.
[5] Aus der Schallplatte: „The Everlasting Living Jesus Music Concert". Costa Mesa: Maranatha Music, 1975.
[6] *Jesus People Report.* a.a.O. S. 22.
[7] Smith. a.a.O. S. 33.
[8] Smith. Brooke. a.a.O. S. 26.
[9] „Statement of Faith". In Smith, Chuck. *The History of Calvary Chapel.*
[10] „Statement of Faith". a.a.O.
[11] Enroth. R. M. Ericson, E.E. Peters, C.B. *The Story of the Jesus People.* Exeter: The Paternoster Press, 1972. S. 94.
[12] „Statement of Faith". a.a.O.
[13] „Statement of Faith". a.a.O.
[14] „Statement of Faith". a.a.O.

Freikirchliches Evangelisches Gemeindewerk

1 In der Vergangenheit war die Abkürzung „FEG" gebräuchlich. Dies konnte jedoch zu Verwechslungen mit den „Freien evangelischen Gemeinden" führen, so daß 1994 die oben genannte Abkürzung eingeführt wurde.
2 „Jörg Schmidt zu Ursprung, Wachstum und Auftrag des FEG". *FEG aktuell.* Sonder-Nr. 1. 1992. S. 3.
3 „Jörg Schmidt zu Ursprung, Wachstum und Auftrag des FEG". *FEG aktuell.* Sonder-Nr. 1. 1992. S. 3.
4 Telefonische Auskunft von Jörg Schmidt, 26.04. 1994.
5 Brief von Jörg Schmidt vom 22. September 1993.
6 Freikirchliches Evangelisches Gemeindewerk e.V. *Glaubensbekenntnis.* Salzgitter, o. J., S. 32.
7 FEG. *Glaubensbekenntnis.* a.a.O. S. 1.
8 FEG. *Glaubensbekenntnis.* a.a.O. S. 2.
9 FEG. *Glaubensbekenntnis.* a.a.O. S. 2.
10 FEG. *Glaubensbekenntnis.* a.a.O. S. 12.
11 FEG. *Glaubensbekenntnis.* a.a.O. S. 23.
12 Schmidt, Jörg. Mankel, Thomas. *Biblische Glaubenstaufe.* Reihe FEG-Schriften. o.O.: Freikirchliches Evangelisches Gemeindewerk in Deutschland e.V. 1991. S. 16.
13 Schmidt. Mankel. a.a.O. S. 24.
14 FEG. *Glaubensbekenntnis.* S. 14.
15 FEG. *Glaubensbekenntnis.* a.a.O. S. 14/15.
16 FEG. *Glaubensbekenntnis.* a.a.O. S. 15.
17 „*Und sie wurden alle erfüllt von dem Heiligen Geist und fingen an, zu predigen in andern Zungen, wie der Geist ihnen gab auszusprechen.*"
18 FEG. *Glaubensbekenntnis.* a.a.O. S. 32/33.

Die Pfingstbewegung

1 Krust, Christian. *50 Jahre deutsche Pfingstbewegung.* Altdorf: Missionsbuchhandlung, o. J. S. 40.
2 Zopfi, Jakob. *... auf alles Fleisch. Geschichte und Auftrag der Pfingstbewegung.* Kreuzlingen: Dynamis, 1985. S. 26.
3 Zopfi. a.a.O. S. 26.
4 Bartleman, Frank. *Feuer fällt in Los Angeles.* Hamburg: C. M. Fliß, 1983. S. 74.
5 a.a.O. S. 83.
6 a.a.O. S. 76.
7 a.a.O. S. 101.
8 a.a.O. S. 103/104.
9 a.a.O. S. 19.

[10] Paul, Jonathan. *Ihr werdet die Kraft des Heiligen Geistes empfangen.* Berlin: Deutsche Evangelische Buch- und Tractatgesellschaft, 1896. S. 187.
[11] Paul, Jonathan. *Ihr werdet die Kraft des Heiligen Geistes empfangen.* a.a.O. S. 188/189.
[12] Paul, Jonathan. *Ihr werdet die Kraft des Heiligen Geistes empfangen.* a.a.O. S. 309.
[13] Paul, Jonathan. *Ihr werdet die Kraft des Heiligen Geistes empfangen.* a.a.O. S. 342.
[14] Paul, Jonathan. *Ihr werdet die Kraft des Heiligen Geistes empfangen.* a.a.O. S. 343.
[15] Zit. nach Krust. a.a.O. S. 205.
[16] a.a.O. S. 206.
[17] a.a.O. S. 206.
[18] „Berliner Erklärung", 1909. Nach Fleisch, Paul. *Geschichte der Pfingstbewegung in Deutschland von 1900 bis 1950.* Marburg: Francke Buchhandlung, 1983. S. 113.
[19] Zit. nach Krust. a.a.O. S. 46.
[20] Kaiser, Otto. *Erlebnisse und Erfahrungen mit der Pfingstbewegung.* 1948. S. 8. Nach Krust. a.a.O. S. 47.
[21] Krust. a.a.O. S. 48. Nach Kaiser. a.a.O. S. 13 und 15.
[22] Fleisch. a.a.O. S. 38.
[23] Giese. Ernst. *Und flicken die Netze. Dokumente zur Erweckungsgeschichte des 20. Jahrhunderts.* 3. Aufl. Metzingen: Ernst Franz. Lüdenscheid: Ökumenischer Verlag Dr. R. F. Edel, 1988. S. 58.
[24] Giese. a.a.O. S. 67. Fleisch. a.a.O. S. 39.
[25] Fleisch. a.a.O. S. 39.
[26] Giese. a.a.O. S. 67.
[27] Fleisch. a.a.O. S. 41.
[28] Krust. a.a.O. S. 50.
[29] Fleisch. a.a.O. S. 58.
[30] Fleisch. a.a.O. S. 59/62.
[31] Nach Fleisch. a.a.O. S. 66.
[32] Barmer Erklärung. Nach Krust. a.a.O. S. 58.
[33] a.a.O.
[34] Krust. a.a.O. S. 65.
[35] Fleisch. a.a.O. S. 84/85.
[36] Fleisch. a.a.O. S. 85.
[37] „Berliner Erklärung." Nach Krust. a.a.O. S. 67/68.
[38] Morgner, Christoph. „Herausgefordert. Wie begegnen wir den charismatischen und pfingstlerischen Bewegungen?" *Gnadau aktuell.* 1, 1992. S. 8.
[39] a.a.O. S. 11.
[40] „Mülheimer Erklärung." Nach Krust. a.a.O. S. 73.
[41] a.a.O.
[42] Krust. a.a.O. S. 108.
[43] „Mülheimer Erklärung." Nach Krust. a.a.O. S. 76.

44 Krust. a.a.O. S. 133.
45 Fleisch. a.a.O. S. 267.
46 Fleisch. a.a.O.
47 Krust. a.a.O. S. 174.
48 Krust. *50 Jahre Pfingstbewegung.* a.a.O. S. 195.
49 Nägeli, Markus. „Die Evangelische Gesellschaft des Kantons Bern in der Auseinandersetzung mit der Heiligungsbewegung". Dellsperger, Rudolf. Nägeli, Markus. Ramser, Hansueli. *Auf dein Wort.* Bern: Berchthold Haller Verlag, 1981. S. 452.
50 Nägeli. a.a.O. S. 452.
51 Hollenweger, Walter J. *Enthusiastisches Christentum. Die Pfingstbewegung in Geschichte und Gegenwart.* Wuppertal: Brockhaus. Zürich: Zwingli, 1969. S. 276.
52 Gemeinde für Urchristentum. *Portrait.* Thun: Gemeinde für Urchristentum, o.J. (1993).
53 *IDEA* 39/92.

Christlicher Gemeinschaftsverband Mühlheim/Ruhr

1 Krust, Christian. *Was wir glauben, lehren und bekennen.* 2. Aufl. Altdorf: Missionsbuchhandlung und Verlag, 1980.
2 Krust. a.a.O. S. 136.
3 Krust. a.a.O. S. 39.
4 Krust. a.a.O. S. 40.
5 Krust. a.a.O. S. 40.
6 Krust, Christian. *Was wir glauben, lehren und bekennen.* Altdorf: Missionsbuchhandlung, 1976. S. 30.
7 Hitzer, Arnold. *Die Taufe mit dem Heiligen Geist nach dem Zeugnis der Schrift.* Informationsreihe der Pfingstbewegung Mülheimer Richtung, Bd. 2. Niedenstein: Christlicher Gemeinschaftsverband Mülheim an der Ruhr GmbH, 1985. S. 31.
8 Hitzer, a.a.O. S. 30.
9 Hitzer. a.a.O. S. 28/29.
10 Hitzer. a.a.O. S. 29.
11 Hitzer. a.a.O. S. 29/30.

Bund freikirchlicher Pfingstgemeinden

1 Nach einem Schreiben des BFP vom 1. 04. 1993.
2 Angaben nach einem Schreiben vom 20.04.1993.
3 Bund Freikirchlicher Pfingstgemeinden (Hrsg.) *Wer wir sind, was wir wollen.* Erzhausen. o.J.

4 Bund Freikirchlicher Pfingstgemeinden. ***Wer wir sind, was wir wollen.*** a.a.O.
5 Bund Freikirchlicher Pfingstgemeinden. ***Wer wir sind, was wir wollen.*** a.a.O.
6 Bund Freikirchlicher Pfingstgemeinden. ***Wer wir sind, was wir wollen.*** a.a.O.
7 Bund Freikirchlicher Pfingstgemeinden. ***Wer wir sind, was wir wollen.*** a.a.O.
8 Bund Freikirchlicher Pfingstgemeinden. ***Wer wir sind, was wir wollen.*** a.a.O.

Bund Pfingstlicher Freikirchen (Schweiz)

1 Eggenberger, Oswald. ***Die Kirchen, Sondergruppen und religiösen Vereinigungen.*** 5., überarb. Aufl. Zürich: Theologischer Verlag, 1990. S. 112.
2 Eggenberger, Oswald. a.a.O. S. 112.
3 Werner Kniesel in „Die Freikirchen im Kanton Zürich – sieben Gemeindeverbände stellen sich vor." ***Idea-Magazin.*** Nr. 5/93. 26. März 1993. S. 9.
4 Alun Morris in „Die Freikirchen im Kanton Zürich – sieben Gemeindeverbände stellen sich vor." ***Idea-Magazin.*** (Schweiz) 5/93, 26. März 1993. S. 9.

Apostolische Kirche/Urchristliche Mission

1 Apostolische Kirche. ***Wir stellen uns vor.*** Hamburg: Apostolische Kirche, o.J. S. 3.
2 a.a.O. S. 3.
3 siehe dazu vom selben Autor ***Auf der Suche nach dem Heil.*** 2. Aufl. Gießen, Basel: Brunnen Verlag, 1991. S. 28-37. Im Gegensatz zur hier behandelten Apostolischen Kirche verleihen die Apostel der Neuapostolischen Kirche nach deren Auffassung den Heiligen Geist, haben also Mittlerfunktion. Die Neuapostolische Kirche sieht sich als alleinige Kirche Christi. Sie wird allgemein als Sekte betrachtet.
4 Apostolische Kirche. ***Was wir glauben und lehren.*** Hamburg: Apostolische Kirche, o.J.
5 Apostolische Kirche. ***Was wir glauben und lehren.*** a.a.O. S. 9.
6 Apostolische Kirche. ***Wir stellen uns vor ...*** Hamburg: Apostolische Kirche, o.J. S. 7.

Gemeinden Gottes

1. Synan, Vinson. *The Twentieth Century Pentecostal Explosion.* Altamont Springs, Florida: Creation House, 1987. S. 67.
2. Hollenweger, Walter J. *Enthusiastisches Christentum. Die Pfingstbewegung in Geschichte und Gegenwart.* Wuppertal: Theologischer Verlag Rolf Brockhaus. Zürich: Zwingli Verlag, 1969. S. 49.
3. Hollenweger. a.a.O. S. 49.
4. Böhringer, Karl-Otto. „Auf dem Vormarsch. Eine Zusammenfassung der Geschichte der Gemeinde Gottes." In *Die Stimme der Wahrheit.* Mai-Juni 5-6/86. S. 12.
5. Hollenweger. a.a.O. S. 49. Synan. a.a.O. S. 66.
6. Hollenweger. a.a.O. S. 50.
7. Hollenweger. a.a.O. S. 50.
8. Mead, Frank S. *Handbook of Denominations in the United States.* New 9th Ed./Revised by Samuel S. Hill. Nashville: Abingdon Press, 1990. S. 84.
9. Synan. a.a.O. S. 66.
10. Synan. a.a.O. S. 68.
11. Church of God. „Minutes" (First Assembly, 1906). Zit. nach Hollenweger. a.a.O. S. 50.
12. Synan. a.a.O. S. 70.
13. Böhringer. a.a.O. S. 12.
14. Conn, Charles W. *Like A Mighty Army. A History of the Church of God.* Cleveland, Tennessee: Pathway Press, 1977. S. 154. Allerdings gibt Jones, Charles E. *A Guide to the Study of the Pentecostal Movement.* Metuchen, N.J. 1983. Bd. I, S. 271, nach Synan. a.a.O. S. 71, etwas niedrigere Zahlen an.
15. Synan. a.a.O. S. 71. Hollenweger. a.a.O. S. 51.
16. Böhringer. a.a.O. S. 13.
17. Böhringer. a.a.O. S. 14/15.
18. Böhringer. a.a.O. S. 15.
19. Böhringer. a.a.O. S. 18.
20. Böhringer. a.a.O. S. 19/20.
21. Gemeinde Gottes, Bundessekretariat (Hrsg.). *Lehre, Bekenntnis, Aufbau der Freikirche Gemeinde Gottes.* Urbach: Stiwa, 1989. Teil J, S. 19.
22. a.a.O. Teil J, S. 4.
23. a.a.O. Teil G, S. 35.
24. „Die Gemeinde ist die Arche unserer Zeit." Interview mit Dieter Knospe. *Die Stimme der Wahrheit.* Mai-Juni, 5-6, 1986. S. 25.
    Gemeinde Gottes, Bundessekretariat (Hrsg.). *Lehre, Bekenntnis, Aufbau der Freikirche Gemeinde Gottes.* a.a.O. Teil I. S. 1-11.
25. Mead. a.a.O. S. 84.
26. Telefonische Auskunft vom 11. Mai 1993.
27. Gemeinde Gottes, Bundessekretariat (Hrsg.). *Lehre, Bekenntnis, Aufbau der Freikirche Gemeinde Gottes,* a.a.O. Teil I. S. 16.

[28] a.a.O. Teil B. S. 1.
[29] a.a.O. Teil I. S. 16.
[30] a.a.O. Teil C. S. 1.
[31] a.a.O. Teil B. S. 2/3.
[32] a.a.O. Teil I. S. 16.
[33] a.a.O. Teil C. S. 1.
[34] a.a.O. Teil E. S. 6-10.
[35] a.a.O. Teil E. S. 13-15.
[36] a.a.O. Teil E. S. 21/22.
[37] a.a.O. Teil E. S. 29-31.
[38] a.a.O. Teil E. S. 32/33.
[39] a.a.O. S. 1.
[40] a.a.O. S. 2.
[41] Warnke, Matthias. „Glauben – eine Methode, um Gott zu manipulieren?" In *Stimme der Wahrheit*. Nr. 5, Mai 1989. S. 5/6.
[42] Siehe in *Stimme der Wahrheit*. Nr. 5/Mai 1989 die Artikel von Pache, Klaus Günter. „Gemeindewachstum um jeden Preis?"; Warnke, Matthias. „Glauben – eine Methode, um Gott zu manipulieren?" und Ulonska, Reinhold. „Kann ein Christ besessen sein?". Alle Autoren gehören nicht zu den Gemeinden Gottes, die Artikel wurden aus anderen Zeitschriften übernommen. Die Zusammenstellung in dieser wohl thematisch entsprechend orientierten Ausgabe zeigt jedoch, daß man hier deutlich „Nein" zu bestimmten Vorstellungen und Praktiken sagt.
[43] Gemeinde Gottes, Bundessekretariat (Hrsg.). *Lehre, Bekenntnis, Aufbau der Freikirche Gemeinde Gottes.* a.a.O. Teil H. S. 13.

Wort- und Glaubensbewegung

[1] *Gemeindewachstum.* Nr. 47. 4/1991. S. 18.
[2] *Gemeindewachstum.* Nr. 47. 4/1991. S. 18.
[3] Krüger, Richard. „Erlösung am Kreuz oder im Totenreich?" als Manuskript gedruckt. FFP-Konferenz, Theologisches Seminar Beröa, Erzhausen 1992. S. 12.
[4] Margies, Wolfhard. *Sein Reich und meine Veränderung. Der biblische Weg zur Charakterveränderung und das Geheimnis des Reiches Gottes.* Berlin: Aufbruch Verlag, 1992. S. 14.
[5] Margies, Wolfhard. *Das Erbe der Erwachsenen.* 2. Aufl. Berlin: Aufbruch Verlag, 1993. S. 15.
[6] Margies, Wolfhard. *Erkennen Glauben Bekennen.* Berlin: Aufbruch Verlag, 1991. S. 424.
[7] Margies. *Erkennen Glauben Bekennen.* a.a.O. S. 425.
[8] Yonggi Cho, Dr. Paul. *Die vierte Dimension.* Bd. 1. Köln: Christliche Gemeinde Köln, 1987. S. 25, 62 und 66.
[9] Yonggi Cho, Dr. Paul. a.a.O. S. 67.

10 Margies. ***Erkennen Glauben Bekennen.*** a.a.O. S. 456.
11 Margies. ***Erkennen Glauben Bekennen.*** a.a.O. S. 458.
12 Yonggi Cho. a.a.O. S. 81.
13 Yonggi Cho. a.a.O. S. 85.
14 Yonggi Cho. a.a.O. S. 122.
15 Yonggi Cho. a.a.O. S. 122.
16 Margies, Wolfhard. ***Glaube, der Wunder wirkt.*** Berlin: Aufbruch-Verlag, 1987.
17 Margies. ***Gnade.*** a.a.O. S. 13.
18 Margies, Wolfhard. ***Gnade.*** Berlin: Aufbruch Verlag, 1990. S. 14.
19 Margies. ***Erkennen Glauben Bekennen.*** a.a.O. S. 447/448.
20 Hagin, Kenneth E. ***Die Autorität des Gläubigen.*** 5. Aufl. München: Wort des Glaubens, 1989. S. 25.
21 Margies, Wolfhard. ***Eine vollkommene Erlösung.*** Berlin: Aufbruch Verlag, 1990. S. 12.
22 Margies, Wolfhard. ***Das Kreuz der Gesegneten.*** Berlin: Aufbruch Verlag, 1990. S. 19/20.
23 Hayes, Norvel. ***Erfolgreich leben.*** Berlin: Aufbruch Verlag, 1994. S. 24.
24 Hayes. a.a.O. S. 48.
25 Margies, Wolfhard. ***Befreiung.*** Berlin: Aufbruch Verlag, 1988. S. 222/223.
26 Margies. ***Befreiung.*** a.a.O. S. 30.
27 Margies. ***Befreiung.*** a.a.O. S. 31.
28 Margies. ***Befreiung.*** a.a.O. S. 33.
29 Henkel, Hartwig. ***Grundlagen des biblischen Lebensstils.*** 2. Aufl. Berlin: Aufbruch Verlag, 1990. S. 12.
30 Henkel. ***Grundlagen des biblischen Lebensstils.*** a.a.O. S. 15.
31 Henkel. ***Grundlagen des biblischen Lebensstils.*** a.a.O. S. 16.
32 Henkel. ***Grundlagen des biblischen Lebensstils.*** a.a.O. S. 15.
33 Henkel. ***Grundlagen des biblischen Lebensstils.*** a.a.O. S. 16.
34 Margies, Wolfhard. ***Eine vollkommene Erlösung.*** a.a.O. S. 95.
35 Henkel. ***Grundlagen des biblischen Lebensstils.*** a.a.O. S. 16.
36 Henkel. ***Grundlagen des biblischen Lebensstils.*** a.a.O. S. 18.
37 Margies. ***Erkennen Glauben Bekennen.*** a.a.O. S. 427/428.
38 Margies, Wolfhard. ***Eine vollkommene Erlösung.*** a.a.O. S. 156.
39 Diese Kritik schlägt sich z. B. in verschiedenen Buchveröffentlichungen nieder:
McConnell, D. R. ***Ein anderes Evangelium?*** Hamburg: C.M. Fliß, 1990. McConnell setzt sich kritisch mit der Glaubensbewegung, insbesondere mit Kenneth Hagin, auseinander. Die Wurzeln der Bewegung sieht er im Umfeld der Sekte „Christian Science" (Christi Wissenschafter).
Farah, Charles. ***Von der Zinne des Tempels. Glaube oder Vermessenheit?*** 2. Aufl. Hamburg: C.M. Fliß, 1991. Auch Farah befaßt sich mit der Glaubensbewegung, die nach seiner Auffassung die Souveränität Gottes umgeht.
Betschel, Albert. ***Verführerische Lehren der Endzeit.*** Hamburg: C.M. Fliß, 1991. Betschel setzt sich kritisch mit verschiedenen „neuen" Lehren

in der charismatischen Szene auseinander, wie dem „Wohlstandsevangelium", der Lehre von der inneren Heilung, vom geistlichen Kampf und dem Befreiungsdienst. Diese und andere Lehren sind für ihn endzeitliche Verführung und gehen vorbei an den Aussagen der Bibel.

[40] Krüger, Richard. „Erlösung am Kreuz oder im Totenreich?" als Manuskript gedruckt. FFP-Konferenz, Theologisches Seminar Beröa, Erzhausen 1992.
[41] „Stellungnahme der schwedischen Pfingstbewegung zur ‚Wort-des-Glaubens-Lehre'". Gemeinde Gottes (Hrsg.). *Material für Mitarbeiter. Information über „Wort-des-Glaubens"*. Urbach: Gemeinde Gottes, 1989. S. 39.
[42] Volksmission entschiedener Christen e. V. „Unsere Stellungnahme zu ‚Wort des Glaubens'. Nach Gemeinde Gottes (Hrsg.). *Material für Mitarbeiter*. a.a.O. S. 62.
[43] Volksmission entschiedener Christen e.V. a.a.O. S. 64.
[44] „Der Gläubige und ‚Positives Bekennen'." Gemeinde Gottes (Hrsg.). a.a.O. S. 41.
[45] „Der Gläubige und ‚Positives Bekennen'". a.a.O. S. 44.
[46] „Der Gläubige und ‚Positives Bekennen'". a.a.O. S. 45.

Die Siebenten-Tags-Adventisten

[1] Teubert, Holger in einer Rezension der 4. Auflage des Handbuches. *APD-Informationen*. 2/1994. S. 18.
[2] So führt das evangelikale Nachrichtenmagazin idea die Adventisten unter den Freikirchen auf.
[3] Brief von Pastor Holger Teubert, Zentralstelle für Apologetik, 8.9.1993.
[4] Gemeinschaft der Siebenten-Tags-Adventisten. (Hrsg.). *Die Siebenten-Tags-Adventisten*. Faltblatt. 1993.
[5] *APD-Informationen*. 2/1994. S. 4.
[6] Brief von Pastor Teubert. a.a.O.
[7] Stand 30.6.1993.
[8] Fax des Süddeutschen Verbandes vom 6.9.1993.
[9] *Glaubensüberzeugungen der Siebenten-Tags-Adventisten*. o.O. o.J.
[10] a.a.O.
[11] a.a.O.
[12] a.a.O.
[13] a.a.O.
[14] Gmehling, Otto. *Christus der Herr im Glauben und Leben der Siebenten-Tags-Adventisten*. Hamburg: Advent-Verlag, o.J. S. 18.
[15] Gemeinschaft der Siebenten-Tags-Adventisten (Hrsg.). *Gemeindehandbuch*. Hamburg: Advent-Verlag, 1955. S. 16. Nach Gmehling. a.a.O. S. 19.
[16] *Glaubensüberzeugungen der Siebenten-Tags-Adventisten*. a.a.O.

17 Gmehling. a.a.O. S. 40.
18 *Glaubensüberzeugungen.* a.a.O. Punkt 15.
19 a.a.O.
20 a.a.O. Punkt 19.
21 Dokumentation „Wer sind die ‚wahren' Siebenten-Tags-Adventisten?" In *Materialdienst.* 5, 1. Mai 1993. S. 145.
22 Gmehling. a.a.O.
23 *Glaubensüberzeugungen.* a.a.O. Punkt 25.
24 a.a.O. Punkt 26.
25 a.a.O. Punkt 27.
26 Gmehling. a.a.O. S. 42/43.

Religiöse Gesellschaft der Freunde – Quäker

1 Wood, Duncan. *Die Leute – die man Quäker nennt.* Neue überarbeitete Übersetzung der Ausgabe von 1983. Bad Pyrmont: Religiöse Gesellschaft der Freunde (Quäker), 1990. S. 2.
2 Reller, Kurt (Hrsg.). *Handbuch Religiöse Gemeinschaften.* 4. überarb. und erw. Aufl. Gütersloh: Gerd Mohn, 1993. S. 175.
3 Littell, F.H. Geldbach, Erich. *Atlas zur Geschichte des Christentums.* 2. Sonderauflage. Wuppertal: Brockhaus, 1989. S. 93.
4 Littell. Geldbach. a.a.O. S. 93.
5 Wood, Duncan. a.a.O. S. 12.
6 Wood. a.a.O. S. 13.
7 Hohage, Peter. Freundesbrief. In *Der Quäker.* Nr. 10/1993. S. 260.
8 zit. nach Rieber, Walther. *Quäkerhaltung in unserer Zeit. Ein Bekenntnis.* Richard L. Cary Vorlesung. Bad Pyrmont: Leonhard Friedrich, Verlagsbuchhandlung, 1964. S. 8.
9 Religiöse Gesellschaft der Freunde (Quäker). (Hrsg.). *Was sind Quäker?* Bad Pyrmont. o.J.
10 Wood. a.a.O. S. 6.
11 Wood. a.a.O. S. 5.
12 Wood. a.a.O. S. 6.
13 Religiöse Gesellschaft der Freunde. *Die Quäker. Eine Religionsgemeinschaft von Freundinnen und Freunden.* Bad Pyrmont: 1991.
14 Religiöse Gesellschaft der Freunde (Quäker). (Hrsg.). *Was sind Quäker?* Bad Pyrmont. o.J.
15 Brinton, Howard H. *Quäkertum und andere Religionen.* Bad Pyrmont: Verlagsbuchhandlung L. Friedrich, 1958. S. 12/13.
16 Brinton. a.a.O. S. 13.
17 Religiöse Gesellschaft der Freunde (Quäker). (Hrsg.). *Was sind Quäker?* Bad Pyrmont. o.J.

Unabhängige Gemeinden

1 „Ein persönliches Wort vom 1. Vorsitzenden der KFG". *Gemeindegründung.* 5. Jahrg. Heft 20/Okt. – Dez. 1989. S. 41.
2 Maier, Ernst G. (Im Auftrag der „Konferenz für Gemeindegründung e.V."). *Handbuch für Gemeindegründung.* Pfullingen: Ernst G. Maier, Biblischer Missionsdienst e.V. o.J.
3 Fußnote der Herausgeber zu dem Artikel „Warum denn taufen" von Pfr. i. R. Reinhart Weber in *Gemeindegründung.* 4. Jahrg., Okt.-Dez. 1988. Heft 16, S. 32.
4 „Stellungnahme der KFG. Zur ökumenischen Bewegung." *Gemeindegründung.* 3. Jahrg., Nr. 4, Okt.-Dez. 1987. S. 38.
5 siehe z.B. den kritischen Artikel von Ernst Maier „Gemeindegründung und der innerkirchliche Pietismus". *Gemeindegründung.* 4. Jahrg., Heft 14/April-Juni 1988.
6 „Stellungnahme der KFG. Zur charismatischen Bewegung." *Gemeindegründung.* 3. Jahrg., Nr. 4, Okt. – Dez. 1987. S. 38.
7 Maier, Ernst G. „Die Zeichen- und Wundergaben". *Gemeindegründung.* 6. Jahrg. Heft 23/Juli-Sept. 1990. S. 24.
8 Pousson, Edward K. *Spreading the Flame. Charismatic Churches and Missions today.* Grand Rapids: Zondervan, 1992. S. 34.
9 Dippl, Peter. „Thesen zum Mahl des Herrn – Heiliges Abendmahl". *CZB report.* 2/1993. S. 3.
10 Dippl, Peter. „Thesen zum Mahl des Herrn – Heiliges Abendmahl". a.a.O. S. 3.
11 Dippl, Peter. „Thesen zu dem Thema Prophetie, Weissagung und dem Dienst der Propheten im gottesdienstlichen wie auch privaten Leben". *CZB-report.* 2/1993. S. 8.
12 Dippl, Peter. „Thesen zu dem Thema Prophetie, Weissagung und dem Dienst der Propheten im gottesdienstlichen wie auch privaten Leben". a.a.O. S. 7.

Überkonfessionelle Zusammenschlüsse

1 Linn, Gerhard. *Ökumene. Hoffnung für eine gespaltene Menschheit?* Leipzig: Evangelische Verlagsanstalt, 1992. S. 43.
2 zit. nach Linn. a.a.O. S. 56.
3 zit. nach Linn. a.a.O. S. 57.
4 Johnston. a.a.O. S. 278.
5 Beyerhaus, Peter. „Ökumeniker und Evangelikale: Kann es noch ein Miteinander geben? Zur Weltmissionskonferenz des Weltkirchenrates in San Antonio." Kommentar aus idea Nr. 49/89. In *„Dein Wille geschehe."* idea-Dokumentation Nr. 15/89. S. 11.
6 Stockwell, Eugene, L. „Missionsfragen für heute und morgen". In

Wietzke, Joachim (Hrsg.). *Dein Wille geschehe. Mission in der Nachfolge Jesu Christi. Weltmissionskonferenz in San Antonio 1989*. Frankfurt: Otto Lembeck, 1989. S. 213/214.

[7] Kinnamon, Michael (Hrsg.). *Signs of the Spirit. Official Report. Seventh Assembly.* Genf: WCC Publications. Grand Rapids: Wm. B. Eerdmans, 1991. S. 46.

[8] Kinnamon. a.a.O. S. 15.

[9] Linn. a.a.O. S. 82.

[10] Lazareth, William H. Nissiotis, Nikos. Im Vorwort von *Taufe, Eucharistie und Amt. Konvergenzerklärung der Kommission für Glauben und Kirchenverfassung des Ökumenischen Rates der Kirchen.* Frankfurt: Otto Lembeck. Paderborn: Bonifatius Druckerei, 1982. S. 5/6.

[11] a.a.O. S. 6.

[12] Linn. a.a.O. S. 81.

[13] Kommission für Glauben und Kirchenverfassung des Ökumenischen Rates der Kirchen. *Taufe, Eucharistie und Amt.* In Meyer, Harding. Papandreou, Damaskinos. Urban, Hans Jörg. Vischer, Lukas. (Hrsg.). *Dokumente wachsender Übereinstimmung.* Band 1. 2. neubearb. Aufl. Paderborn: Bonifatius Druck Buch Verlag. Frankfurt/Main: Verlag Otto Lembeck. 1991. S. 549 und 551.

[14] a.a.O. S. 550.

[15] a.a.O. S. 550.

[16] a.a.O. S. 550/551.

[17] a.a.O. S. 551.

[18] a.a.O. S. 551.

[19] a.a.O. S. 552.

[20] a.a.O. S. 553.

[21] a.a.O. S. 554.

[22] a.a.O. S. 554.

[23] Meyer. Papandreou. Urban. Vischer. Bd. 1. a.a.O. S. 562.

[24] a.a.O. S. 563.

[25] Vgl. Popkes, Dr. W. „Eucharistie" in „Taufe, Eucharistie und Amt. Zu den Konvergenzerklärungen von Lima". *Theologisches Gespräch.* 2/1984. S. 20.

[26] Meyer. Papandreou. Urban. Vischer. Bd. 1. a.a.O. S. 579.

[27] a.a.O. S. 580.

[28] *IDEA-Spektrum.* 36/92. S. 12.

[29] *Arbeitsgemeinschaft Christlicher Kirchen in Deutschland e.V.* (Selbstdarstellung). S. 3.

[30] a.a.O. S. 7.

[31] Laubach, Fritz. *Aufbruch der Evangelikalen.* Wuppertal: Brockhaus, 1972. S. 14.

[32] Allan, John. *The Evangelicals. The Story of a Great Christian Movement.* Exeter: Paternoster. Grand Rapids: Baker Book House, 1989. S. 125.

[33] Selbstdarstellung der Evangelischen Allianz, z.B. in den Heften der Allianz-Gebetswoche.

34 Littell, Franklin H. Geldbach, Erich. *Atlas zur Geschichte des Christentums*. 2. Sonderaufl. Wuppertal: Brockhaus, 1989. S. 106.
35 Rühl, Lothar. „Die Geschichte des Evangelischen Allianzhauses." In der Reihe „Die Evangelische Allianz. Was sie ist und was sie will (4). *Neues Leben*. 2, 1994. S. 14.
36 Fax der DEA vom 9. Mai 1994.
37 *IDEA-Spektrum*. 31/32/1992. S. 26.
38 *IDEA-Spektrum*. 31/32/1992.
39 Steeb, Hartmut. „Die Evangelische Allianz – Was sie ist und was sie will". *Neues Leben*. 5/1993.
40 „Die ‚Geister' unterscheiden. Die Evangelische Allianz zur charismatischen Bewegung." *IDEA-Spektrum*. 49/92. S. 6.
41 „Die ‚Geister' unterscheiden." a.a.O.
42 „Die ‚Geister' unterscheiden." a.a.O.
43 „Diakonische Visionen der Schweizer Allianz." *Idea-Magazin (Schweiz)*. 10/93. 18. Juni 1993. S. 8.
44 Howard, David M. *The dream that would not die. The birth an growth of the World Evangelical Fellowship 1846-1986*. Grand Rapids: Baker Book House, 1986. S. 34.
45 Holthaus, Stephan. *Fundamentalismus in Deutschland*. Bonn: Verlag für Kultur und Wissenschaft, 1993. S. 312/313.
46 Holthaus. a.a.O. S. 313.
47 Howard. a.a.O. S. 34.
48 Howard. a.a.O. S. 15.
49 Steeb, Hartmut. „Die Evangelische Allianz – Was sie ist und was sie will". *Neues Leben*. 5/1993.
50 Steeb, Hartmut. „Die Evangelische Allianz". *Neues Leben*. 6/1993. S. 40.
51 Howard. a.a.O. S. 16.
52 Howard. a.a.O. S. 17.
53 Glaubensbasis der Evangelischen Allianz.
54 Deutsche Evangelische Allianz. *Die Deutsche Evangelische Allianz stellt sich vor.* Stuttgart: o.J.
55 a.a.O.
56 a.a.O.
57 Howard. a.a.O. S. 31.
58 Hauzenberger, Hans. *Einheit auf evangelischer Grundlage*. Vom Werden und Wesen der Evangelischen Allianz. Gießen: Brunnen. Zürich: Gotthelf, 1986.
59 Allan, John. *The Evangelicals. The Story of a great Christian Movement*. Exeter: Paternoster. Grand Rapids: Baker Book House, 1989. S. 150.
60 Lausanner Komitee für Weltevangelisation (Hrsg.). *Lausanne geht weiter*. Neuhausen-Stuttgart: Hänssler, 1980. S. 118.
61 Lausanner Komitee für Weltevangelisation. a.a.O. S. 127.
62 Lausanner Komitee für Weltevangelisation. a.a.O. S. 139/140.
63 Lausanner Komitee für Weltevangelisation. a.a.O. S. 154.

64 Lausanner Komitee für Weltevangelisation. a.a.O. S. 154.
65 Lausanner Komitee für Weltevangelisation. a.a.O. S. 147.
66 „Das Manifest von Manila". In Marquardt, Horst. Parzany, Ulrich. (Hrsg.). *Evangelisation mit Leidenschaft. Berichte und Impulse vom II. Lausanner Kongreß für Weltevangelisation in Manila.* Neukirchen-Vluyn: Aussaat, 1990. S. 330.

Überkonfessionelle Strömungen

1 vgl. Nash, Ronald H. *Evangelicals in America.* Nashville: Abingdon Press, 1987. S. 15.
2 vgl. Allan, J.D. *The Evangelicals. An Illustrated History.* Exeter, U.K.: Paternoster Press. Grand Rapids, USA: Baker Book House, 1989. S. 2.
3 Gasper, Louis. *The Fundamentalist Movement 1930-1956.* Grand Rapids: Baker Book House, 1981. (Nachdruck der 1963 in den Niederlanden bei Mouton & Co. erschienen Ausgabe). S. 12.
4 Laubach, Fritz. *Aufbruch der Evangelikalen.* Wuppertal: R. Brockhaus, 1972. S. 19.
5 Nash. a.a.O. S. 64.
6 Laubach. a.a.O. S. 19-21.
7 Laubach. a.a.O. S. 20.
8 So schrieb der Journalist *H.L. Mencken,* als Bryan am Sonntag nach dem Prozeß starb: *„Wir haben den Hurensohn getötet."* Allan. a.a.O. S. 142.
9 Laubach. a.a.O. S. 22.
10 Nash. a.a.O. S. 65.
11 Holthaus, Stephan. *Fundamentalismus in Deutschland.* Bonn: Verlag für Kultur und Wissenschaft, 1993. S. 102.
12 Gasper. a.a.O. S. 22.
13 Holthaus. a.a.O. S. 103.
14 Nash. a.a.O. S. 68.
15 Im Dispensationalismus wird zwischen den Arten, wie Gott in verschiedenen Zeitabschnitten mit Menschen handelte, scharf unterschieden. Normalerweise wird zwischen sieben Dispensationen oder „Haushaltungen" differenziert. Die entscheidenden Dispensationen sind dabei das Zeitalter des Gesetzes (gemeint ist damit die Zeit von der Erteilung des mosaischen Gesetzes bis zum Beginn der Kirche an Pfingsten) und das Zeitalter der Gnade beginnend an Pfingsten bis zur Entrückung der Gemeinde. Dispensationalisten unterscheiden hier zwischen biblischen Aussagen, die für Israel gegolten haben sollen und solchen, die für die Kirche oder Gemeinde gelten. Die „Entrückung" geschieht in der dispensationalistischen Theorie vor der „großen Trübsal", einer siebenjährigen Zeitepoche, die wiederum dem in Offenbarung 20,1-10 angesprochenen und wörtlich verstandenen

„Tausendjährigen Reich" vorausgeht. In der Entrückung kommt Christus auf den Wolken wieder und holt seine Gemeinde zu sich. Vor dem Tausendjährigen Reich kommt er sichtbar für alle wieder. Der Dispensationalismus wird in den USA vor allem am *Dallas Theological Seminary* vertreten. Er tritt auch in den Erklärungen der *Scofield Bibel* deutlich hervor. Eine breite Popularität gewann der Dispensationalismus in den siebziger Jahren durch das von *Hal Lindsay* verfaßte Buch „Alter Planet Erde – wohin?" Dieses Buch ist inzwischen in vielen Auflagen erschienen im Verlag Schulte und Gerth, Asslar. Kritisch äußert sich dazu Stuhlhofer, Franz. in **Das Ende naht!** Gießen, Basel: Brunnen Verlag, 2. Aufl. 1993.

16 Nash. a.a.O. S. 71.
17 Howard, David M. *The dream that would not die. The birth and growth of the World Evangelical Fellowship 1846-1986.* Grand Rapids: Baker Book House, 1986. S. 3. Vgl. auch Holthaus. a.a.O. S. 118.
18 Gasper. a.a.O. S. 24.
19 Gasper. a.a.O. S. 24, 32.
20 Gasper. a.a.O. S. 33.
21 Beale, David O. *In Pursuit of Purity: American Fundamentalism Since 1850.* Greenville: Unusual Publications, 1986. S. 195. Nach Holthaus. a.a.O. S. 119.
22 Holthaus. a.a.O. S. 118.
23 Nash. a.a.O. S. 73. Holthaus. a.a.O. S. 119.
24 Gasper. a.a.O. S. 25.
25 Lindsell, Harold. „Who Are The Evangelicals?" **Christianity Today.** 18 Juni 1964. S. 3. Zit. in Howard. a.a.O. S. 4.
26 Gasper. a.a.O. S. 24.
27 Gasper. a.a.O. S. 29.
28 Gasper. a.a.O. S. 27.
29 Allan. a.a.O. S. 147.
30 Allan. a.a.O. S. 147.
31 Holthaus. a.a.O. S. 56.
32 Holthaus. a.a.O. S. 43.
33 Kulosa, Christfried. „Die Fundamentalismusdebatte und die Evangelikalen." *idea-Dokumentation* 25/93. S. 5.
34 „The Crisis is intensified." **The Christian Beacon.** Nr. 16, 29. May 1986 S. 7. Gasper. a.a.O. S. 142.
35 „The Crisis is intensified." a.a.O.
36 Nash. a.a.O. S. 73.
37 Dobson, Ed. *In Search of Unity.* Nashville: Thomas Nelson, 1985. S. 138. In Nash. a.a.O. S. 74.
38 Nash. a.a.O. S. 74.
39 Nash. a.a.O. S. 73. Holthaus. a.a.O. S. 127.
40 Nash. a.a.O. S. 98.
41 Schirrmacher, Thomas (Hrsg.). **Bibeltreue in der Offensive. Die Drei Chicago-Erklärungen zur biblischen Irrtumslosigkeit, Hermeneutik und**

Anwendung. Bonn: Verlag für Kultur und Wissenschaft, 1993. S. 21 (Artikel 8 der Erklärung zur biblischen Irrtumslosigkeit).
42 Schirrmacher. a.a.O. S. 23 (Artikel 15).
43 Schirrmacher. a.a.O. S. 22 (Artikel 12).
44 Schirrmacher. a.a.O. S. 23 (Artikel 13).
45 Schirrmacher. a.a.O. S. 29.
46 Schirrmacher. a.a.O. S. 24 (Artikel 19).
47 Schirrmacher. a.a.O. S. 31.
48 Schirrmacher. a.a.O. „Chicago Erklärung zur biblischen Hermeneutik". S. 33/34 (Artikel 33/34).
49 Schirrmacher. a.a.O. S. 38 (Artikel 23).
50 Schirrmacher. a.a.O. S. 38 (Artikel 25).
51 Schirrmacher. a.a.O. „Chicago Erklärung zur Anwendung der Bibel". S. 71. (Artikel 15).
52 Schirrmacher. a.a.O. S. 72. (Artikel 16).
53 Eine ausführliche Darstellung des Fundamentalismus in Deutschland findet sich bei Stephan Holthaus: Holthaus. a.a.O.
54 Holthaus nennt hier lediglich die durch die Bob Jones Gruppe unterstützte *Internationale Arbeitsgemeinschaft Bekennender Christen (IABC)*. Ähnlichkeiten sieht er auch bei den *Glaubensnachrichten*, einer durch *Norbert Homuth*, Nürnberg, herausgegebenen Zeitschrift. In dieser Zeitschrift wird praktisch allen größeren christlichen Organisationen vorgeworfen, „freimaurerisch unterwandert" zu sein. Evangelikale werden mit teilweise unflätigen Begriffen diffamiert. Die Anhänger Homuths treten gerne bei evangelikalen Großveranstaltungen auf und versuchen, Anhänger für ihre Sache zu gewinnen. Ihrer Auffassung nach ist die wahre Gemeinde nur jenseits aller Landes- und Freikirchen sowie der Evangelischen Allianz zu finden. Holthaus nennt in diesem Zusammenhang noch die im Ton und in der Sachlichkeit moderatere Zeitschrift *Wir Evangelikalen* des Siegener Journalisten *Wolfgang Zöller*. (Holthaus. a.a.O. S. 24.) Dem Separatismus zuzurechnen ist auch die von *Helmut Finkenstädt* veröffentlichte Zeitschrift *Die Warnschrift*. Finkenstädt, ursprünglich Mitglied einer Freikirche, lehnt Denominationen grundsätzlich ab. *„Wer sich also mit seinem Anhang beim Staat als einen eingetragenen Verein registrieren läßt, der hat sich damit selbst außerhalb von allem gestellt, was die Bibel unter Gemeinde Jesu versteht."* (**Warnschrift.** 2/1991) Dabei ist für ihn Isolation von falscher Lehre entscheidender als die Mitgliedschaft in einer christlichen Gemeinschaft: „*Wie dumm das Gerede ist, das im Zusammenhang mit der so notwendigen geistlichen Heimat gehalten wird, zeigen Aussagen wie: Einzelgänger-Christentum sei unbiblisch. Man stehe nur unter dem Schutz Gottes, wenn man einer logalen (sic!) Gemeinde angehöre, usw. Wenn man dann fragt, ob es egal sei, ob diese Gemeinde richtig stehe oder nicht, dann heißt es gleich, es gibt halt keine Gemeinde ohne Fehler. Nun, das mag wahr sein. Trotzdem bin ich sehr davon überzeugt, daß, wenn die Bibel von einem Bereitsein der Braut spricht, etwas anderes dastehen muß als die verweltlichten Denominationen mit ihrem Parteigeist und ihrem Gezänk"* (**Warnschrift**. a.a.O.).

55 Holthaus. a.a.O. S. 457.
56 Holthaus. a.a.O. S. 454.
57 Dies zeigt auch das von Gerhard Hörster verfaßte Buch *Markenzeichen bibeltreu* (Gießen, Basel: BrunnenVerlag, 1991. s.o. Bund Freier evangelischer Gemeinden), in dem sich Hörster gegen den Begriff „irrtumslos" wendet, seine Position aber als bibeltreu sieht.
58 Holthaus. *Fundamentalismus in Deutschland.* a.a.O. S. 190.
59 Holthaus, Stephan. „Im Kampf um die Bibel." *Neues Leben.* 6/1994.
60 Holthaus, Stephan. „Im Kampf um die Bibel." a.a.O.
61 Holthaus. *Fundamentalismus in Deutschland.* a.a.O. S. 212.
62 Holthaus, Stephan. „Im Kampf um die Bibel." a.a.O.
63 Nach Holthaus. *Fundamentalismus in Deutschland.* a.a.O. S. 216.
64 Holthaus, Stephan. „Im Kampf um die Bibel". a.a.O.
65 Holthaus, Stephan. „Im Kampf um die Bibel". a.a.O.
66 Holthaus, Stephan. „Im Kampf um die Bibel". a.a.O.
66a Nach Holthaus, Dr. Stephan. „‚Markenzeichen: bibeltreu' – Die Geschichte des Bibelbundes (1894-1994)". In Holthaus, Stephan. Schirrmacher, Thomas (Hrsg.). *Der Kampf um die Bibel. 100 Jahre Bibelbund (1894-1994).* Bonn: Verlag für Kultur und Wissenschaft, 1994. S. 67/68.
66b *Glaubensgrundlage der Konferenz bibeltreuer Ausbildungsstätten.*
67 Barrs, Jeremiah. „Sheperding Movement." In Ferguson, Sinclair B. Wright, David F., Packer, J. I. *New Dictionary of Theology.* Downers Grove, Ill.: InterVarsity, 1988. S. 369.
68 Pousson, Edward K. *Spreading the Flame. Charismatic Churches and Missions Today.* Grand Rapids: Zondervan, 1992. S. 37.
69 Moriarty, Michael G. *The New Charismatics. A Concerned Voice to Dangerous New Trends.* Grand Rapids, Michigan: Zondervan, 1992. S. 78.
70 Braker, Harro J. (Hrsg). *Des Seelsorgers Handbuch.* 2. Aufl. Langen: MediaVision, 1990. S. 153.
71 Braker. a.a.O. S. 153.
72 Moriarty. a.a.O. S. 77/78.
73 Dem Autor sind Gemeindegründungen in Berlin, Hamburg und München bekannt.
74 Bickle, Mike. „Wozu Prophetie?" *Der Auftrag.* Nr. 45. Dez. 1992. S. 24.
75 Bickle. a.a.O. S. 26/27.
76 Joyner, Rick. *Die Engel, die Ernte und das Ende der Welt.* Wiesbaden: Projektion J, 1993. S. 18.
77 Joyner. a.a.O. S. 37/38.
78 Joyner. a.a.O. S. 42.
79 Joyner. a.a.O. S. 40/41.
80 Jones, Terry D. im Vorwort zu Robinson, Rob. *Feste Fundamente. Das Kommen der apostolisch-prophetischen Dienste in unserer Generation.* Köln: Christliche Gemeinde Köln, 1993.
81 Robinson, Rob. *Feste Fundamente. Das Kommen der apostolisch-pro-*

phetischen Dienste in unserer Generation. Köln: Christliche Gemeinde Köln, 1993. S. 33.
[82] Robinson, Rob. *Feste Fundamente. Das Kommen der apostolisch-prophetischen Dienste in unserer Generation.* Köln: Christliche Gemeinde Köln, 1993. S. 39.

Register

Abbuna Basileios 60
Abendroth, Christian von 164
Adventisten siehe Gemeinschaft der Siebenten-Tags-Adventisten
Afflante Spiritu, Enzyklika 16
Albietz, Karl 348
Albrecht, Jakob 221
Albrecht, Lothar 158
Albrecht-Bengel-Haus 125
Allianz der evangelikalen Freunde 460
Allianz-Bibelschule siehe Bibelschule Wiedenest
Allianz-Gebetswoche 487
Allianz-Kirche 374
Allianz-Konferenz 482
Allianz-Mission 335
Allunionsrat der Evangeliumschristen-Baptisten 248, 281
alpha-Buchhandlungen 153, 349
Alt-Hutterer 250
Altkatholiken 478
Altkatholische Kirchen (Utrechter Union) 15, 48ff, 69, 72, 77
Altlutherische Kirche 195f
Altpietisten 137
Altpietistischer Gemeinschaftsverband 150f
Amacker, Paul 353
American (Northern) Baptists 287
American Council of Christian Churches (ACCC) 497
Amisch 255
Anagignoskomea 69
Anderson College 367
Angelus Temple 406
Anglikanische Kirche 53, 77, 79ff, 220, 286

Anskar Kirche International (Evangelische Freie Gemeinde) 395ff
Anskar-Kolleg 397
Apologie des Augsburgischen Bekenntnisses 199
Apostolic Christian Church (Nazarene) 276
Apostolic Christian Church of America 276
Apostolikum 97, 199, 297, 339, 398
Apostolische Kirche des Ostens 55
Apostolische Kirche/ Urchristliche Mission 421, 430, 431ff
Appollinaris von Laodicäa 54
Arbeitsgemeinschaft zur geistlichen Unterstützung in Mennonitengemeinden (AGUM) 256
Arbeitsgemeinschaft Christlicher Kirchen in der DDR 304
Arbeitsgemeinschaft Christlicher Kirchen in der Schweiz (AGCK-CH) 295, 480
Arbeitsgemeinschaft Christlicher Kirchen in Deutschland (ACK) 210, 223, 233, 332, 362, 407, 451, 479f, 479
Arbeitsgemeinschaft der Brüdergemeinden im Bund Evangelisch-Freikirchlicher Gemeinden (BEFG) 291, 303, 319f, 330f
Arbeitsgemeinschaft der Christengemeinden in Deutschland (ACD) 421
Arbeitsgemeinschaft der CVJM in Deutschland 179

596

Arbeitsgemeinschaft der
 Evangelischen Jugend (aej)   210
Arbeitsgemeinschaft der
 Evangeliums-Christen-
 Baptisten im Bund
 Evangelisch-Freikirchlicher
 Gemeinden (BEFG)   291, 303,
 310ff, 331
Arbeitsgemeinschaft der
 Mennonitischen Brüder-
 gemeinden in Deutschland
 (AMBD)   271
Arbeitsgemeinschaft
 Diakonie   485
Arbeitsgemeinschaft evangelikaler
 Gemeinden in Österreich
 (ARGEGÖ)   213ff, 273
Arbeitsgemeinschaft Evangelikaler
 Missionen (AEM)   210
Arbeitsgemeinschaft evangelikaler
 Missionen   483
Arbeitsgemeinschaft freier ev.-luth.
 Kirchen in Deutschland   198
Arbeitsgemeinschaft für
 Ausländermission   483
Arbeitsgemeinschaft für
 bibeltreue Gemeinden
 (AfbG)   360ff, 467, 496
Arbeitsgemeinschaft für biblisch
 erneuerte Theologie   485
Arbeitsgemeinschaft für
 evangelikale Missiologie
 (AfeM)   375, 483
Arbeitsgemeinschaft Glaube
 und Behinderung   485
Arbeitsgemeinschaft
 Mennonitischer Brüder-
 gemeinden   213
Arbeitsgemeinschaft
 Mennonitischer Brüder-
 gemeinden in Österreich
 (AMBÖ)   273
Arbeitsgemeinschaft
 Mennonitischer Gemeinden
 in Deutschland   207, 255f, 479

Arbeitsgemeinschaft
 Missionarische Dienste   174
Arbeitsgemeinschaft
 Soldatenseelsorge e.V.   209, 483
Arbeitsgemeinschaft
 südwestdeutscher
 Mennonitengemeinden   255f
Arbeitsgemeinschaft zur
 geistlichen Unterstützung
 in Mennonitengemeinden
 (AGUM)   266f
Arbeitsgemeinschaft:
 Bibel und New Age   130
Arbeitskreis bibeltreue
 Theologie   507
Arbeitskreis Charisma und
 Gemeinde   294
Arbeitskreis für evangelikale
 Theologie e.V. (AfeT)   483
Arbeitskreis für Geistliche
 Gemeinde-Erneuerung   163f
Armenisch-Apostolische
 Orthodoxe Kirche   61
Arnold, Eberhard   249
Arnoldshainer Konferenz   116ff,
 223
Aschoff, Friedrich   123, 163, 510
Assembls de Dieu   422
Assemblies of God   421
Assemblies of God   428
Association of Pentecostal
 Churches of America   378
Athanasisches Glaubens-
 bekenntnis   97, 199, 398
Äthiopisch-Orthodoxe Kirche   60
Augsburger Bekenntnis
 siehe Confessio Augustana
Augsburger Religionsfriede   94
Augsburgische Konfession   218
Ausgangs- oder Stiftungs-
 schrift   273
Azusa Street   412f, 435

Bad Blankenburg   482
Baedeker, Friedrich Wilhelm   317

Bahnauer Bruderschaft 192
Baptismus/Baptisten 41, 42f, 270, 278, 281, 285ff, 356, 466, 482
Baptist Principals 296f
Baptist World Alliance 287, 295
Baptistischer Weltbund
siehe Baptist World Alliance
Barmer Theologische Erklärung 218
Barratt, T.B. 412f, 421
Barth, Chr. Gottl. 481
Barth, Karl 106
Bartolomaios I. 63
Basham, Don 511
Basler Jünglingsverein 345
Basler Mission 190, 345, 390
Bäumer, Rudolf 123, 126
Baumert, Norbert 38
Baxter, Ern 511
Beck, Julius 125
Becker, Hans 318
Becker, Wilhard 162
Beckers, Jakob 270
Bekdjian, Karekin 61
Bekenntnisbewegung „Kein anderes Evangelium" 126f
Bengel, Johann Albrecht 150
Bennett, Dennis 161f, 509
Beratendes Weltkomitee der Freunde 460
Berger, Fritz 187ff, 384
Bergmann, Richard 507
Berliner Erklärung 174, 415, 418f
Berliner Ökumene-Erklärung 131
Berliner Stadtmission 151
Berner Synodus 218
Bethanien 335
Bewegung für eine bessere Welt 36
Beyerhaus, Dr. Peter 130
Bibelbund 505f
Bibelschule Aarau 190
Bibelschule Ampfelwang
siehe Bibelschule Wallsee

Bibelschule Bergstraße 374
Bibelschule Beröa 426
Bibelschule Bienenberg
siehe Europäische Mennonitische Bibelschule Bienenberg
Bibelschule Burgstädt 330
Bibelschule Fritzlar 368
Bibelschule für Frauen der Pilgermission St. Chrischona 345
Bibelschule Wallsee 213, 273
Bibelschule Walzenhausen 353f
Bibelschule Wiedenest 291, 317, 327, 330
Bibelseminar Bonn 278
Bible Presbyterian Church 496
Bible Protestant Church 496
Biblische Gemeinderegel 283
Biblische Missionsgemeinde 467, 468
Biblische Missionsgemeinde Aalen 468
Biblische Sammlung um Christus und sein Wort 130
Bickle, Mike 512f
Bischoff, Christian 222
Bittlinger, Arnold 162
Blaues Kreuz 187, 190, 415
Blaues Kreuz, Verein Dürrgraben des freien 384
Blaurock, Georg 240
Blücher, Toni von 317
Blumhardt, Joh. Christoph 345
Boardman, William 378
Bob Jones University 498
Boehler, Peter 220
Böhmische Brüder 215
Booth, Bramwell 232
Booth, William 231
Borsdorfer Konvent 163,
Brandt, Edwin Peter 297, 301
Brandt, Konrad 159
Breese, Phineas F. 378
Breithaupt, Wolfgang 163
Bremische Evangelische Kirche 86ff

Broad Church 80
Brockhaus, Carl 316, 324, 334
Brockhaus, Rudolf 324f
Brot für alle 184
Brot für die Welt 210
Brüder, exclusive 316, 318ff, 324ff
Brüder, geschlossene
 siehe Brüder, exclusive
Brüder, offene 316ff, 328f, 467
Brüdergemeinden 312ff
Bruderschaft Mennonitischer
 Brüdergemeinden 256
Bruderverein 186
Brüderversammlungen 213
Brunn, Friedrich 195f
Brunnen Verlag 153, 349
Bryan, William Jennings 494
Bulgarisch-Orthodoxe Kirche 67f
Bullinger, Heinrich 102
Bultmann, Rudolf 125, 486
Bund der Baptistengemeinden
 in der Schweiz 211, 295
Bund der Baptistengemeinden in
 Deutschland 213, 291, 318, 480
Bund der Europäisch
 Mennonitischen
 Brüdergemeinden (BEMB) 273
Bund der Gemeinden Evangelisch
 Taufgesinnter (Evangelische
 Täufergemeinde) 211, 277
Bund der Gemeinden
 siehe Bund unabhängiger
 Evangeliumschristen-Baptisten
Bund der Vereinigten Gemeinden
 getaufter Christen 290
Bund Evangelikaler Gemeinden
 in Österreich 213, 356ff
Bund Evangelisch-Freikirchlicher
 Gemeinden in Deutschland 207,
 291ff, 318, 330, 479, 510
Bund Evangelischer
 Gemeinden 211, 353ff
Bund Freier Evangelischer
 Gemeinden (FEG) 185, 207,
 211, 334, 480

Bund Freier Evangelischer
 Gemeinden in der Schweiz 337
Bund freikirchlicher Christen
 (BfC) 291, 318
Bund Freikirchlicher Pfingst-
 gemeinden KdöR (BFP) 207,
 421, 426ff
Bund pfingstlicher
 Freikirchen 211
Bund Pfingstlicher Freikirchen
 der Schweiz 422, 429ff
Bund Taufgesinnter Gemeinden
 (BTG) 257, 278ff
Bund unabhängiger
 Evangeliums-Baptisten 247
Bund unabhängiger Evangeliums-
 christen-Baptisten 281
Bundes Verlag 336
Bürgin, Georg 368
Burrows, Eva 232
Bussemer, Konrad 343

Cain, Paul 512
Calvary Chapel 402ff
Calvin, Johannes 80, 102, 105,
 109ff
Calvinismus 286f
Calwer Verlagsverein 481
Campus für Christus 91
Cantalamessa, Raniero 38
Carter, Kelso 373
Casey, John 178
Cashwell, Gaston Barnabas 434
Cauvin, Jean
 siehe Calvin, Johannes
Chalcedon, Synode von 55
Charismatiker, Charismatische
 Bewegung 36f, 131, 161, 166ff,
 182, 362ff, 390ff, 395ff, 402ff,
 406ff, 445, 449f, 466, 468, 469ff,
 487, 494, 509ff
Chavda, Mahesh 512
Chicagoer Erklärung 279f, 343,
 501f

China-Inland-Mission 158, 348,
siehe auch Überseeische
Missionsgemeinschaft
Chortitza 247, 269
Chrischona Mission 348
Chrischona-Gemeinschaftswerk
in Deutschland 152f,
siehe auch Pilgermission
St. Chrischona
Christen des evangelischen
Glaubens 248
Christen für die Wahrheit
(CfT) 130
Christenson, Larry 162ff
Christentumsgesellschaft 345
Christian and Missionary
Alliance 372f
Christian Union 434
Christianae Religionis
Institutio 102
Christianity Today 501
Christkatholische Kirche 50
Christliche Bäckervereinigung
178
Christliche Fachkräfte
International (CFI) 483
Christliche Gemeinde Köln 514
Christliche Gemeinschaft
Charlottenburg e. V. 469
Christliche Kolportage-
Gesellschaft mit beschränkter
Haftung zu Mülheim-Ruhr 419
Christliche Medien-Akademie
(cma) 483
Christliche Mission 231
Christliche Missionsgemein-
schaft e. V. 469
Christliche Pflegeanstalt 330
Christliche Versammlung 318f
Christlicher Gemeinschafts-
verband der deutschen
Pfingstbewegung 420
Christlicher Gemeinschafts-
verband Mülheim a. d. Ruhr
GmbH 207, 421, 423ff, 480

Christlicher Missionsverein für
Österreich 139, 192
Christlicher Verein Junger
Menschen (CVJM) 122, 176ff
Christliches Erholungsheim
Westerwald 321
Christliches Jugenddorfwerk
(CJD) 178
Christliches Verlagshaus (CVH) 223
Christliches Zentrum Berlin 469
Christlieb, Theodor 137, 143, 482
Christsein heute 336
Christus-für-alle-Filmdienst
(Cfa) 483
Christusdienst Thüringen 162
Chrysostomos, Johannes 75
Church of God 435
Church of God Prophecy 435
Church of the Nazarene 378f
Cicek, Julius Yeshu 60
Claassen, Johann 270
Clark, Francis 159
Clark, Gerald 181
Cock, Hendrik de 205
Codde, Erzbischof Petrus 48
Coerper, Heinrich 158
Collegia pietatis 133
Common Prayer Book 80, 81
Concordia-Seminar 195, 203
Confessio Augustana 93, 97, 40,
199, 265
Confessio Belgica 206
Confessio Bohemica 218
Continental Society 288f
Copeland, Kenneth 131
Corneliusvereinigung
siehe Vereinigung von Christen
in der Bundeswehr
Craik, Henry 314
Cursillo Bewegung 36
CVJM-Reisen GmbH 179f
CVJM-Sekretärschule 179

Dallmeyer, Heinrich 415
Darby, John Nelson 312ff

De-Vau-Ge-Gesundheits-
  kostwerk 457
Deitenbeck, Paul 124
Demmer, Herbert 178
Der Auftrag 513
Deutsche Evangelisch-lutherische
  Synode von Missouri
  siehe Missouri-Synode
Deutsche Evangelische Allianz
  siehe Evangelische Allianz,
  Deutsche
Deutsche Gesellschaft zur
  Beförderung reiner Lehre und
  wahrer Gottseligkeit 345
Deutsche Inland Mission
  (DIM) 330, 467
Deutsche Missionsgemein-
  schaft 348
Deutsche Zeltmission 158
Deutscher christlicher
  Technikerverbund 178
Deutscher Evangelischer
  Kirchentag (DEKT) 121ff
Deutscher Gemeinschafts-
  Diakonieverband 153ff
Deutscher Jugendverband
  „Entschieden für Christus"
  (EC) 159f
Deutscher Verband für
  Gemeinschaftspflege und
  Evangelisation 139
Diakoniewerk Bethel 294
Diakoniewerk Salem 295
Diakoniewerk Tabea 294
Diakonisches Werk 85, 232
Diakonissenmutterhaus Ländli 353
Diek, A. 205
Dietrich d.J., Christian 137
Dippl, Peter 469
Dispensationalismus 325, 497
Dixon, Greg 501
Dobson, Ed 501
Döllinger, Ignaz von 15, 48
Dordrechter Lehr-
  entscheidungen 106
Dordrechter Lehrsätze 206
dran 336
Dritte Welle 514
Dublkanskyj, Erzbischof
  Anatolij 68
Duff, Frank 36
Duin, R.W. 205
Dunant, Henry 177, 485
Dunker/Dompelaars 246f
Duquesne University 36

Ecclesia siehe Gemeinde der
  Christen e. V. Ecclesia
Edel, Reiner Friedemann 162f
Edinburgher Bibelgesell-
  schaft 289
Église apostolique 430
Église de Dieu 333
Église vangelique libre 333f
Église libre 333
Église libre de Genève 184
Églises Evangelique
  Chrischona 347f
Églises Evanglique de Réveil 422
Eichhorn, Karl 196
Eicken, Erich von 144
Eisenbach, Franziskus 487
Elberfelder Brüder
  siehe Brüder, exclusive
Elia-Gemeinschaft 164f
Elim 335
Elim-Gemeinden 420
Elisabeth I. 80
Englisch-reformierte Kirche 288
Episkopalkirche 35, 161
  siehe auch: anglikanische Kirche
Erweckungsbewegung 290, 345,
  494
Europäisch-Festländische
  Brüder-Unität siehe
  Herrnhuter Brüdergemeine
Europäische Baptistische
  Förderation 295
Europäische Baptistische Mission
  (EBM) 294

Europäische Mennonitische
 Bibelschule Bienenberg
 (EMB)   258, 275, 277
Europäisches Bibelseminar   436
Eutyches   55, 56
Evangelical Brotherhood
 Church   385
Evangelical Church   221
Evangelical Covenant Church
 of America   337
Evangelical Missionary Alliance,
 The   373
Evangelical United Brethren
 Church   221
Evangelikale   39, 40f, 122, 262,
 314, 343, 390ff, 395ff, 402ff,
 406ff, 449f, 466f, 472f, 481f,
 490, 493ff
Evangelisch Lutherische
 (Altlutherische) Kirche   202
Evangelisch Taufgesinnte   276f
Evangelisch-altreformierte
 Kirche   104, 205
Evangelisch-altreformierte
 Kirche in Niedersachsen   479
Evangelisch-kirchlicher
 Elbingröder Gemeinschafts-
 verband   153
Evangelisch-kirchliches Gnadauer
 Gemeinschaftswerk in der
 DDR   141,
 siehe auch Gnadauer Verband
Evangelisch-Lutherische
 Freikirche   196, 201f
Evangelisch-Lutherische
 Freikirche in Sachsen und
 anderen Staaten   197
Evangelisch-lutherische
 Hermannsburg-Hamburger
 Freikirche   197
Evangelisch-Lutherische
 Immanuelsynode   196f
Evangelisch-Lutherische
 Kirche in Baden   95, 196,
 203f

Evangelisch-Lutherische
 Kirche in Bayern   86ff
Evangelisch-Lutherische Kirche
 in Oldenburg   86ff
Evangelisch-Lutherische Kirche
 in Thüringen   86ff
Evangelisch-lutherische
 Landeskirche Hannovers   86ff
Evangelisch-lutherische Landes-
 kirche in Braunschweig   86ff
Evangelisch-Lutherische Landes-
 kirche Mecklenburgs   86ff
Evangelisch-Lutherische Landes-
 kirche Sachsens   86ff
Evangelisch-Lutherische Landes-
 kirche Schaumburg-Lippe   86ff
Evangelisch-methodistische
 Kirche (EmK)   184, 207, 211,
 220ff, 478, 479
Evangelisch-reformierte
 Kirche   86ff
Evangelische Allianz
 in Österreich   485
Evangelische Allianz, Deutsche
 (DEA)   170, 210, 316, 354, 368,
 375, 396, 406f, 481ff
Evangelische Allianz,
 Europäische (EEA)   481, 485ff
Evangelische Allianz,
 Weltweite   41, 478
Evangelische Gemeinde
 Albersried   212
Evangelische Gemeinschaft   221
Evangelische Gesellschaft
 des Kantons Bern   185, 211
Evangelische Gesellschaft
 für Deutschland   156
Evangelische Kirche der Alt-
 preußischen Union (APU)   113
Evangelische Kirche der
 Kirchenprovinz Sachsen   86ff
Evangelische Kirche der
 schlesischen Oberlausitz   86ff
Evangelische Kirche der
 Union   86, 112ff

Evangelische Kirche im
  Rheinland 86ff
Evangelische Kirche in
  Berlin-Brandenburg 86ff
Evangelische Kirche in der Pfalz
  (Protestantische Kirche) 86ff
Evangelische Kirche in
  Deutschland (EKD) 11, 85ff,
  208, 217, 223, 468, 478, 479
Evangelische Kirche in Hessen
  und Nassau (EKHN) 86ff
Evangelische Kirche in
  Österreich 191f
Evangelische Kirche von
  Kurhessen-Waldeck 86ff
Evangelische Kirche von
  Westfalen 86ff
Evangelische Landeskirche
  Anhalt 86ff
Evangelische Landeskirche
  in Baden 86ff
Evangelische Landeskirche
  in Württemberg 86ff
Evangelische Missionsschule 192
Evangelische Missionsschule
  Unterweissach 140
Evangelische Notgemeinschaft
  in Deutschland 127
Evangelische Sammlung
  Berlin 128ff
Evangelische Sammlung
  im Rheinland 128
Evangelische Sammlung
  in Württemberg 128
Evangelische Sammlung um
  Bibel und Bekenntnis 128f
Evangelische Zentralstelle
  für Weltanschauungsfragen
  (EZW) 456
Evangelischer Blindendienst 151
Evangelischer Brüderverein 334,
  384ff, 388
Evangelischer Gemeinschafts-
  verband Siegerland und
  Nachbargebiete 156f

Evangelischer Gnadauer
  Gemeinschaftsverband
  e. V. 132ff, siehe auch
  unter Gnadauer Verband
Evangelischer Verein 189
Evangelischer Verein für innere
  Mission in Hessen, Worms 152
Evangelisches Jungmänner-
  werk 177f
Evangeliums-Rundfunk 210, 349,
  483
Evangeliumsposaune,
  siehe Perspektiven

Fabri, Johannes 137
Falwell, Jerry 501
Family 336
Fatima 33
Federal Council of Churches 497
Fédration des Églises Évangeliques
  Libres de Suisse 337
Feofan, Bischof (Galinskij) 65
filioque 71
Finney, Charles Grandison 134,
  378
Finnische Orthodoxe Kirche 63
Florenskij, Pavel 69
Focolarini 36
Forum Freikirchlicher Pfingst-
  gemeinden 421, 437, 449f
Fox, George 459
Franz Josef I., Kaiser 191
Free Presbyterian Church
  of Ulster 498
Freie Brüder 319f
Freie Christengemeinden 421f
Freie evangelikale Gemeinden 356,
  siehe auch Bund Freier
  evangelischer Gemeinden (FeG)
Freie evangelisch lutherische
  Anskar-Kirche 395ff
Freie Evangelisch-Theologische
  Akademie Basel,
  siehe Staatsunabhängige
  Theologische Hochschule Basel

Freie evangelische Gemeinden,
   siehe Bund Freier evangelischer
   Gemeinden (FeG)
Freie Evangelische Gemeinden
   in der Schweiz   336
Freie Kirche Uster   189f
Freie Pfingstmission Berlin   420f
Freie Synode   130
Freie Theologische Akademie
   Gießen (FTA)   261, 299, 374,
   506f
Freier Brüderkreis   327f
Freikirchliche Gemeinde   467
Freikirchliches Evangelisches
   Gemeindewerk (fegw)   406ff
Freisinnige   246
Freizeit- und Fahrtenbedarf
   GmbH   180
Friedenshort   321
Friedrich Wilhelm III.   112
Frische, Reinhard   348
Fröhlich, Samuel Heinrich   276
Fröhlichianer   276
Fuller, Andrew   287
Fuller, Daniel   500
Fuller Theological Seminary   500f
Fundament der christlichen
   Lehre, Das   244
Fundamentalismus   120, 132,
   259f, 314, 343, 392, 478, 493ff
Fundamentalismus, neuer   501f
Fundamentalismus,
   separatistischer   495f
Fünfundzwanzig Artikel   224
Funk, Albert   373
Furche, die   249

Galland, J. Louis   185
Galsterer, Alfred   192
Geistestaufe   424, 427, 429, 431,
   434, 440, 443, 509
Geistliche Gemeinde-Erneuerung
   in der EKD   122, 163ff, 193,
   187, 395, 407, 510, 513
Gemeinde auf dem Weg   442ff

Gemeinde der Christen e. V.
   Ecclesia   390ff
Gemeinde für Urchristentum
   (GfU)   211, 421, 430
Gemeinde Gottes (evangelisch-
   freikirchlich)   365ff, 494
Gemeinde Gottes
   (pfingstkirchlich)   421, 449f
Gemeinde Jesu Christi   512
Gemeindejugendwerk
   (GJW)   294
Gemeindetag unter dem
   Wort   123f
Gemeindewachstumsbewegung
   395f
Gemeinschaft der Siebenten-Tags-
   Adventisten   207, 451ff, 480
Gemeinschafts-Diakonie-Verband
   Berlin   153
Gemeinschaftswerk Evangelischer
   Publizistik (GEP)   209
General Baptists   286
General Conference Mennonite
   Church   258f
General Eldership of the
   Church of God in North America
General Ministerial
   Assembly   367
Generalkonferenz der Quäker   460
Gereformeerde Kerken in
   Nederland   206
Gesellschaft der Freunde –
   Quäker   480
Gesprächsforum Bibel
   und Gemeinde   298
Glaubensbewegung   440
Gnadauer Jugenddienst   160
Gnadauer Pädagogischer
   Arbeitskreis   140
Gnadauer Verband   124, 130,
   132ff, 163, 165f, 174, 187, 192,
   348, 413, 419f, 468, 482, 494
Gospel Trumpet, siehe Perspektiven
   Graber, Paul   188
   Grafe, Herrmann Heinrich   334, 338

Graham, Billy 181, 403, 490, 500
Grano-Vita 457
Grebel, Konrad 240
Gregor der Erleuchter 61
Griechisch-Orthodoxe Metropolie von Deutschland 64, 479
Griechisch-Orthodoxes Patriarchat von Antiochien und dem gesamten Orient 64f
Großer Katechismus 97, 200
Großmann, Siegfried 162
Grund der Unität 218
Guggolz, Ernst 375

Haag, Klaus 348
Haarbeck, Theodor 138, 143
Hagin, Kenneth 131, 442, 445, 450
Hahnsche Gemeinschaften 125, 137
Hannoverscher Verband landeskirchlicher Gemeinschaften 157
Hässig, Gottfried 190
Haus Maranatha 180
Hauswald, Roland 348
Hayford, Jack 406
Heidelberger Katechismus 105, 108ff, 205f
Heiligungsbewegung 134f, 227, 365, 384, 411, 494
Heiligungskonferenz 134, 186, 345
Heilsarmee 207, 211, 231, 373, 479, 480
Heimatmission 294
Heimbucher, Kurt 124, 140, 144ff, 193
Heinrich VIII. 80
Heitmüller, Friedrich 343
Helvetisches Bekenntnis, 2., 105, 107
Helwys, Thomas 285
Hencsey, Brüder 276
Henkel, Hartwig 442, 446f

Hensoltshöher Gemeinschaftsverband 155
Herrnhuter Brüdergemeine 137, 190, 207, 215ff, 220, 479, 494
Hervas, Bischof 36
Herzog, Dr. Eduard 49
Hessischer Gemeinschaftsverband 154
High Church 80
Hilfe für Brüder e. V. 483
Hilfswerk der Evangelischen Kirchen in der Schweiz 184
Hilfswerk Samariterdienst 437
Hille, Rolf 483
Hofacker, Ludwig 268
Hoffmann, Melchior 242f
Hoffmann, Wilfried 353
Hoffnungsbote 284
Holdermann, Georg 152
Holiness Church of Christ 378
Holiness Church, The 435
Holliman, Hesekiel 287
Holthaus, Stephan 132, 497f
Horak, Cyril 473
Hörster, Gerhard 340, 343
Humanae Vitae, Enzyklika 17
Humani Generis, Enzyklika 16
Humburg, Emil 419
Hus, Jan 215
Huschke, Georg Philipp Eduard 195
Hutter, Jakob 249f
Hutterische Brüder 241
Hutterische Bruderhöfer 249ff
Hyun Kyung, Prof. Dr. Chung 474

Ignatius IV., Patriarch 64
Independent Fundamental Churches of America (IFCA) 360, 496
Ineffabilis Deus, Bulle 15
Informationsdienst der Evangelischen Allianz (idea) 483

Initiativgruppe „Schalom" 294
Initiatiwniki 281
Innozenz X., Papst 48
International Church of the Foursquare Gospel 406
International Council of Christian Churches (ICCC), siehe Internationaler Rat der Kirchen
International Council on Biblical Inerrancy (ICBI) 502
Internationale Konferenz Bekennender Gemeinschaften 130
Internationale Volksmission 421
Internationaler Bund Freier Evangelischer Gemeinden 337, 341
Internationaler Missionsrat 471
Internationaler Rat der Kirchen (ICCC) 478, 498, 506
Internationales Büro für katholische charismatische Erneuerung 37
Irvingianer 314

Jablonsky, Daniel Ernst 216
Jacoby, Ludwig S. 222
Jansen von Ypern, Bischof Cornelius 48
Jansenisten 48
Jellinghaus, Theodor 135f
Jessey, Henry 286
Jesuiten 13
Jesus died spiritually (Jesus starb geistlich) 447, 449
Jesus-People-Bewegung 402
Jochums, Heinrich 506
Johannes Paul I., Papst 17
Johannes Paul II., Papst 17
Johannes XXIII., Papst 16, 37
Johanneum, Evangelistenschule 138
Johnson, Jerald 379
Jones Jr., Bob 498

Josef II., Kaiser 191
Joyner, Rick 512f
Jugend mit einer Mission 513
Jugend- und Freizeitheim Besenfeld 321
Jugend-, Missions- und Sozialwerk Altensteig 421
Jugendverband Entschieden für Christus e. V. 209
Julius Schniewind Haus 163
Jüngerschaftsbewegung 510

Kaiser, Otto 415f
Käser, Alfred 187ff
Katechismus der katholischen Kirche, „Weltkatechismus" 17, 19, 24
Katholisch-apostolische Gemeinde 314
Katholische Charismatische Erneuerung (KCE) 37
Katholische Kirche, römisch-katholisch 11ff, 57, 468, 479, 480
Katholisches Bistum der Altkatholiken 479
Kelly, William 327
Kinderheimat Sonnenstrahlen 321
Kirche am Südstern 469
Kirche der Vereinigten Brüder 222
Kirche des Nazareners 207, 378ff, 494
Kirchliche Sammlung 130
Klaiber, Dr. Walter 223
Klar & Wahr 120
Kleiner Katechismus 97, 199, 218
Knospe, Dieter 437
Köbner, Julius 289
Kohler, Elisabeth 185
Kommission für baptistische Lehre und zwischenkirchliche Beziehungen 42
Kommission für Weltmission und Evangelisation 471

Konferenz Bekennender
  Gemeinschaften 122ff, 125ff,
  128f
Konferenz bibeltreuer
  Ausbildungsstätten 507
Konferenz der Mennoniten der
  Schweiz (Alttäufer) 211
Konferenz Evangelikaler
  Publizisten (kep) 483
Konferenz für Gemeinde-
  gründung 466ff
Konferenz süddeutscher
  Mennonitengemeinden 255f
Konkordienformel 93
Konzil von Trient 13
Konzil, I. Vatikanisches 15, 19, 50
Konzil, II. Vatikanisches 16, 17,
  22, 35, 37
Kopfermann, Wolfram 163f, 395
Koptisch-Orthodoxe Kirche 57f,
  480
Kragler, Georg 193
Krell, Viktor 310
Krjutschkow, Gennadij 281
Kröger, Klaus 368
Krüger, Richard 449
Krummacher, Friedrich
  Wilhelm 481
Ku-Klux-Klan 434
Kullensche Kreise 137
Külling, Samuel 502, 506
Künneth, Walter 127
Kyrillos IV., Papst 57, 60

LaHaye, Tim 501
Lambeth Konferenz 82
Lamisten 246
Landeskirchlicher Gemeinschafts-
  verband in Bayern 157f
Landesverband Landeskirchlicher
  Gemeinschaften in Sachsen 158
Laubach, Fritz 494
Lausanner Bewegung 406
Lausanner Komitee für
  Weltevangelisation 490

Lausanner Konferenz für
  Weltmission und
  Evangelisation 474
Lausanner Verpflichtung 343,
  354, 396, 485, 490
Lausanner Verpflichtung 485, 490
Lauster, Herrmann 436
Lavrentije, Bischof 67
Lebenszentrum für die Einheit
  der Christen 162
Lee College 435
Lefèbvre, Erzbischof Marcel 16
Lehmann, Gottfried
  Wilhelm 289f, 482
Leiterkonferenz der Freikirchen
  in der Schweiz 212
Leuchter Verlag 426
Leuenberger Konkordie 94, 115,
  117f, 128, 218
Leyden, Jan van 243
Liebenzeller Gemeinschafts-
  verband 158
Liga zur Verteidigung des
  Evangeliums 130
Lima-Dokument 475
Lindsell, Harold 501
Ling, Gottlob 426
Link, Conrad 222
Lippische Landeskirche 86ff
Logos-Arbeit 278
Lohse, Bernhard 13
Lombardi, P. Ricardo 36
Long, Nick 403
Lourdes 33
Low Church 80
Löwen, Heinrich 278
Loyola, Ignatius von 13
Lubich, Chiara 36
Ludwig-Hofacker-Vereinigung
  124, 125, 130
Luther, Martin 12, 14, 80, 93, 109,
  132, 243
Lutheran Church – Missouri
  Synod,
  siehe Missouri-Synode

Lutherische Stunde 199
Lutherischer Weltbund 96

Machen, J. Gresham 494
Mack, Ulrich 182
Mahan, Asa 378
Maier, Fr. 295
Maier, Gerhard 125
Mani, Fredi 353
Manifest von Manila 396, 492
Mansfield, Patti 37
Mantz, Felix 240
Marburger Brasilien-Mission 155
Marburger Mission 155
Marcian 55
Margies, Wolfhardt 442, 510
Marinello, Gabriel 295
Marsch für Jesus 449, 509
Marti, Paul 232
Matthys, Jan 242
Mauerhofer, Erich 389
McAllister, Stuart 485
McDaniel, Lamar 436
McIntire, Carl 496f
McKean, Kip 512
McPherson, Aimee Semple 406
Mederlet, Eugen 162
Medjugorje 33
Melanchthon, Philipp 93, 102
Melchioriten 243
Mennonite Brethren Church 258f
Mennonite Brethren Confession of Faith 273
Mennonite Church 258f
Mennoniten 241ff, 466
Mennoniten, Waterländer 245f
Mennoniten-Brüdergemeinden 255f, 267ff, 278
Mennonitische Heimatmission 256, 266ff
Mennonitische Weltkonferenz 255
Methodismus 134, 496,
  siehe auch Evangelisch-methodistische Kirche (EmK)
Methodist Episcopal Church 221

Methodisten 494
Meyer, Emil 415
Michaelis, D. Walter 139, 143ff
Michaelshof 251
Minoritätsgemeinde der Evangelisch-reformierten Landeskirche Aarau 190
Minoritätsgemeinde der Evangelisch-Reformierten Landeskirche Aarau 211
Missionarische Dienste Südharz 163
Missions-Allianz-Kirche (MAK) 372ff, 494
Missionsgemeinde 467
Missionshaus Bibelschule Wiedenest 321,
  siehe auch Bibelschule Wiedenest
Missionswerk Bethel 422
Missionswerk der Gemeinde Gottes e. V. 368
Missionswerk Friedensstimme 284
Missouri-Synode 194f, 202f
Mitteldeutscher Gemeinschafts-Verband 153
Moderamen 104
Modersohn, Ernst 159
Molotschna 246, 249
Monod, Adolphe 333f
Monod, Frderic 333
Monsky, Max 193
Moral Majority 501
Morgner, Christoph 141ff, 175, 419
Moser, Samuel 388
Mstyslaw, Metropolit 68
Mueller, J. T. 203
Mülheimer Erklärung 419
Mülheimer Pfingstkonferenz 418
Mülhens, Ferdinand 49
Müller, Georg 314, 317
Müller, Gottlob 222
Mumford, Bob 511
Mundorgel Verlag GmbH 180

Munificentissimus Deus,
Bulle 16
Myron 74, 75

National Association for the
  Promotion of Holiness 365
National Camp Meeting for the
  Promotion of Holiness 378
National Council of
  Churches 497
National Council of Evangelicals
  (NAE) 499
Navigatoren, die 403
Nazarener 276
Nederlandse Christelijke
  Gemeenschapsbond 140
Neo-Evangelikale 499
Nestorius 55, 60
Neu anfangen 91
Neue Arbeit – Soziale Hilfe
  GmbH 151
Neues Leben Seminar 261
Neufeld, Alexander 273
Neununddreißig Artikel 80, 81,
  218, 224, 286
Neusehland TV 423
Neutäufer 276
Neviandt & Pfleiderer 334
Neviandt, Heinrich 335
New England Fellowship 499
New Life 349ff
Newton 314f
Nicänum 71, 97, 199, 398
Nitschmann, David 216
Nordelbische Evangelisch-
  Lutherische Kirche 86ff

Ockenga, Harold J. 499
Oertzen, Jasper von 137
Ohofer Gemeinschafts-
  verband 154
Ökumene 16
Ökumenische Kirchen-
  wochen 163
Ökumenischer Patriarch 62

Ökumenischer Rat der Kirchen
  (ÖRK) 217, 223, 256, 295, 337,
  437, 471ff, 479, 490
Ökumenisches Konzil, VII. 69, 71
Ökumenisches Patriarchat von
  Konstantinopel 64
Oncken, Johann Gerhard 271f,
  287ff, 481
Oncken-Verlag 291, 294
Orr, James 494
Orthodox Presbyterian
  Church 496
Orthodoxe Kirche Indiens 60f
Orthodoxe Kirchen 53, 54ff
Ostlondoner Mission 231
Otterbein, Philipp Wilhelm 221
Ouweneel, W.J. 329f
Oxford-Bewegung 135
Oxforder Heiligungs-
  konferenz 186
Ozman, Agnes N. 411

Paisley, Alan 498
Palmer, Phoebe 378
Parkham, Charles F. 411
Particular Baptists 286
Parzany, Ulrich 124, 178, 181
Paschko, Werner 140
Paul VI., Papst 16
Paul, Jonathan 413ff, 420
Penn, William 459
Pentecostal Church of the
  Nazarene 379
Perfektionismus 134f, 385, 389
Perspektiven 367
Pfingstbewegung 36, 131, 139,
  175, 383, 411ff, 434, 449f, 468,
  484, 487, 494, 511
Pfingstkirchen 281, 362ff, 406,
  423ff, 426ff, 469, 485
Pflaum, Dr. Lienhard 506
Philadelphia-Gemeinde,
  siehe Gemeinde auf dem Weg
Philippus-Gemeinschaft
  Aachen 164f

Phillipismus,
  siehe Melanchthon
Phillips, Dirk   243f
Phillips, Obbe   243f
Pia desideria   133
Pieper, Franz   203
Pietismus   80, 94, 112, 123f, 132ff,
  175, 246, 260, 290, 494
Pietistenreskript '93   148
Pilgermission St. Chrischona   135,
  192, 211, 277, 336f, 345ff
Pius   IX., Papst 15
Pius   X., Papst 15, 16
Pius   XI., Papst 16
Pius   XII., Papst 16
Plonis, Christopher   270
Plymouth Brethren   314
Poetsch, Hans Lutz   199
Pohl, Adolf   305
Pommersche Bruderschaft   163
Pommersche Evangelische
  Kirche   86ff
Portner, Christian   187ff
Poseck, Julius Anton von   316
Positives Bekennen   444f, 450
Potter, Philipp   473
Power-Evangelisations-
  Bewegung   131
Prädestination   286
Prädestination, doppelte   286
Prediger- und Missionsseminar
  St. Chrischona   348f
Pregizerianer   137
Presbyterian Church   103
Presbyterian Church of
  America   496
Prince, Derek   511, 512
Princeton Theological
  Seminary   494
Pro Christ   181
Pro Christ   500
Prokoviev, Alexei   281
Prophetischer Dienst   512f
Pückler, Fürst von   137
Pulcheria   55

Puritaner   286
Puritanismus   106

Quäker, siehe Religiöse Gesellschaft der Freunde – Quäker
Quäkerspeisung   461

Rader, Paul A.   232
Raem, Heinz-Albert   40
Rappard, Carl Heinrich   135f,
  151, 187, 345ff
Rathmaier, Franz   273
Ratzeburger Thesen   128
Rautenberg, Johann Wilhelm   288
Rechenschaft vom Glauben,
  Glaubensbekenntnis   298, 331
Reformed Presbyterian
  Church   287
Reformierter Bund   103f
Reformierter Weltbund   103
Register   596
Religiöse Gesellschaft der
  Freunde – Quäker   459
Renitente Kirche ungeänderter
  Augsburgischer Konfession   197
Réveil, Le   333
Rhema Bible Training Center   442
Richtungsgemeinden   165
Riedemann, Peter   251f
Rienecker, Fritz   506
Ring missionarischer Jugend-
  bewegungen   483
Rivinius, Oskar   282
Robertson, Pat   511
Rodt, Karl Stettler-von-   186
Rodt, Karl von   186, 333
Rothmann, Bernd   242
Ruhland, Carl Friedrich
  Theodor   196
Rumänisch-Orthodoxe Kirche   67
Rumänisch-Orthodoxes Erzbistum
  für Zentral- und Westeuropa   67
Ruß, Wolfgang   330
Russisch-Orthodoxe Kirche
  (Moskauer Patriarchat)   65, 479

Russisch-Orthodoxe Kirche
  im Ausland 65
Rust, Heinrich Christian 510
Rüstzentrum Slate 163

Sakramente 25
Saliby, Gabriel 65
Salvation Army, siehe Heilsarmee
Satorius, Willi 485
Sattler, Michael 240
Sauer, Erich 318, 506
Savramis, Demosthenes 69
Schaefer, Richard 374
Scharnsteiner Bibelkreis 193
Schaude, Otto 150
Scheffbuch, Kurt 124
Scheffbuch, Rolf 124
Scheve, Eduard 291
Schisma Akte 286
Schisma des Photius 62
Schleitheimer Bekenntnis
  von 1527 249f, 259
Schloß Craheim 162
Schmalkaldische Artikel 97, 199
Schmid, Edgar 349f
Schmidt, Jörg 406
Schneider, Theo 140
Schoemaker, H.H. 205
Schramm, Werner 119
Schrenk, Elias 159, 187, 190
Schütz, Dr. Eduard 299
Schwedischer Missionsbund 337
Schweizer Allianz Mission
  (SAE) 337
Schweizerische Evangelische
  Allianz (SEA) 211f, 485
Schweizerische Pfingstmission
  (SPM) 211, 421, 429
Schweizerische Pfingstmissions-
  gesellschaft 429
Schweizerische Zigeuner-
  mission 422
Schweizerischer Evangelischer
  Kirchenbund 184ff, 223, 480
Schweizerischer Temperenz-
  verein 187
Schweizerischer Verein
  Freisinniger Katholiken 49
Scopes, John T. 495
Sears, Barnas 287, 289
Seitz, Johannes 159
Sekretariat zur Förderung der
  christlichen Einheit 16
Selbständig Evangelisch
  Lutherische Kirche (SELK) 130,
  197, 199, 480
Serbisch-Orthodoxe Kirche 67
Sergius, Metropolit 66
Seyda, Robert 436
Shenouda III., Papst 57, 59
Simons, Menno 243
Simpson, Charles 511
Simpson, Dr. Albert B. 372, 411
Smith, Chuck 402f
Smith, Robert Pearsall 134, 317
Smyth, John 285
Sodano, Kardinalstaatssekretär
  Angelo 29
Sommer, Walter E. 178
Soubirous, Bernadette 33
Southern Baptists 287
Spar- und Kreditbank Evangelisch-
  Freikirchlicher Gemeinden 294
Spener, Philipp Jacob 131ff
Spittler, Christian Friedrich 152,
  345, 348
Spurling, Richard G. 434
St. Antonius Kloster 58
Staatsunabhängige Theologische
  Hochschule Basel 502
Stadelmann, Helge 299f, 506
Stadtmission,
  siehe Gnadauer Verband
Steeb, Hartmut 486
Steinhoff, Volker 160
Stephan, Martin 194
Stimme der Wahrheit 440
Stockmayer, Otto 135, 187
Stockwell, Eugene 474

Stollwerck 49
Stott, John 490
Stourdza, Fürst Mihail 67
Strauch, Peter 335
Strickert, Ekkehard 467
Strupler, Annelies u. Heinz 353
Studiengemeinschaft Wort und Wissen 508
Stundisten 271
Sturzenegger, Jakob 348
Süddeutsche Vereinigung für Evangelisation und Gemeinschaftspflege 159
Südwestdeutscher Gemeinschaftsverband 154
Sundag, J.B. 205
Synode der Russischen Orthodoxen Kirche im Ausland 66
Syrisch-Orthodoxe Kirche von Antiochien 60, 479

Taizé 475
Taufe – Eucharistie – Amt, Konvergenzerklärung 474
Täuferbewegung 238ff
Täuferreich in Münster 242
TEAM-Mission 356
Tegtmeyer, Paul 127
Teschner, Klaus 122f
Teubert, Holger 456
Thadden-Trieglaff, Reinhold von 121
Theodor von Mopsuestia 55
Theologisches Seminar der Pilgermission St. Chrischona, siehe Pilgermission St. Chrischona
Theologisches Seminar Ewersbach 336, 343
Theologisches Seminar Hamburg 293
Theologisches Seminar Rüschlikon 295
Tholuck, Prof. 481

Thomas-Christen 60f
Thurian, Max 475
Tichon, Patriarch 66
Tilley, Bramwell H. 232
Toaspern, Paul 163
Tomlinson, Ambrose Jessup 435
Tour, Gräfin Elvine de la 192
Trient, Konzil von 26
Tuesday Meeting for the Promotion of Holiness 378

Überkonfessionelle Strömungen 493ff
Überkonfessionelle Zusammenschlüsse 471ff
Überseeische Missionsgemeinschaft (ÜMG) 158, 348
Ulonska, Reinhold 426
Unabhängige Gemeinden 466ff
Ungarischer Bibelbund 130
Unger, Abraham 271
United Methodist Church, siehe Evangelisch-methodistische Kirche
Urchristliche Mission, siehe Apostolische Kirche/ Urchristliche Mission
Urlsperger, Dr. Johann August 345
Utrecht, Metropolie von 48
Utrechter Union 49

Varlet, Dominicus Maria 48
Vasgen I., Katholikos 61
Vater Salib 58
Vatikanisches Sekretariat für die Förderung der Einheit der Christen 42
Verband deutscher Mennonitengemeinden (VdM) 255f
Verband Evangelischer Freikirchen und Gemeinschaften in der Schweiz (VFG) 188, 211, 230, 233, 295, 337, 354, 422

Verband Landeskirchlicher
  Gemeinschaften des Kantons
  Bern (LKG) 211
Verband landeskirchlicher
  Gemeinschaften des Katons
  Bern (Schweiz) 187f
Verband mennonitischer
  Brüdergemeinden in Bayern
  (VMBB) 272
Verband unabhängiger evangelischer Korporationen (Kirchen,
  Gemeinschaften, Gesellschaften
  und Vereine) der Schweiz 211
Verein zur Förderung des
  Deutschen Kirchentages
  e.V. 121
Vereinigte Evangelisch-Lutherische
  Kirche Deutschlands (VELKD)
  86, 94ff, 223, 265, 451
Vereinigte Jahresversammlung
  der Freunde 460
Vereinigte Missionsfreunde
  (VMF) 391f
Vereinigte Missionsfreunde
  Velbert 421
Vereinigung der deutschen
  Mennonitengemeinden
  (VDM) 255f, 478
Vereinigung der Evangeliums-
  Christen-Baptisten-Gemeinden
  in Deutschland e.V. 257, 281ff
Vereinigung evangelisch-
  lutherischer Freikirchen 197
Vereinigung Evangelischer
  Freikirchen 207ff, 211, 217, 223,
  233, 451
Vereinigung freier Brüderversammlungen 320
Vereinigung Freier Missionsgemeinden 193, 211, 384, 388f
Vereinigung für Bibel und
  Bekenntnis 130
Vereinigung von Christen in der
  Bundeswehr (Corneliusvereinigung) 209

Versammlung 325f
Vetter, Jakob 158f
Viebahn, General von 316
Vielguth, George 367
Vietheer, Heinrich 420
Vineyard-Bewegung 512
Vins, Georgi 281
Volksmission 356, 388
Volksmission entschiedener
  Christen 426f
Volksmission entschiedener
  Christen 450
Volksmissionskreis Sachsen 163
Von der Gewalt und Obrigkeit
  des Papstes, Traktat 199

Walther, Carl Ferdinand
  Wilhelm 195
Warfield, Benjamin 494
Warner, D.S. 365, 367
Wattenwyl, Frau von 184
Weißes Kreuz 178
Weling, Anna Thekla von 482
Weltkonferenz für Glaube und
  Kirchenverfassung 471
Weltkonferenz für Praktisches
  Christentum 471
Weltmissionskonferenz 471
Weltrat Methodistischer
  Kirchen 222
Weltweite Kirche Gottes 120
Wesley, Charles 220f, 287, 381
Wesley, John 220f, 287
Wesleyanische Methodistenkirche 221
Westdeutscher Gemeinschaftsverband 154f
Westminster Confession
  of Faith 105, 106
White, Ellen G. 451
Wichern, Johann Hinrich 136
Widmer, Johann 421
Wiesemann, Heinrich 343
Wilkerson, David 36
Willenegger, Robert 421

Williams, George 177
Williams, Roger 286f
Wilson, Henry 373
Wilson, R. Dick 494
Wimber, John 131, 512
Winebrenner, John 365
Wonneberger, Erhard 174
Woolmann, John 460
World Baptist Fellowship 496
World Congress of Fundamentalists 498
World Evangelical Fellowship (WEF) 485, 488f
Wort des Glaubens-Zentrum 442
Wort- und Glaubensbewegung 510
Wort- und Glaubensgemeinden 442ff, 466
Woytyla, Karol, siehe Johannes Paul II.
Wright, Elvin 499
Wunderlich, Erhard 222
Wunderlich, Friedrich 222
Wuppertaler Stadtmission 335
Württembergischer Brüderbund 159
Wüst, Eduard 268

Yaroson, Garba 177
YMCA 181f, siehe auch CVJM
Yonngi Cho, Dr. Paul 443f

Zaiss, Herrmann 390
Zeltmission Berlin-Lichterfelde 421
Zentralstelle für Apologetik 456
Zeschky, Walter 286
Zhidkov, Yakob 281
Zinzendorf, Nikolaus Ludwig von 215
Zölibat 22, 29
Zonisten 246
Zopfi, Jakob 429
Zungenrede 162, 172ff, 424, 428, 429, 443, 484, 509
Zürcher Einigung 102
Zürcher, Peter 388
Zwingli, Huldrych 80, 102, 105, 109, 238ff

Jürgen Tibusek
Auf der Suche nach dem Heil
Religiöse Sondergemeinschaften –
Wer sie sind und was sie wollen

192 Seiten. ABCteam-Taschenbuch
Bestell-Nr. 3-7655-3388-2

Eine kurze, informative Darstellung der wichtigsten religiösen Sondergemeinschaften neben den christlichen Kirchen, ihres Anspruchs und ihrer Ausrichtung.
Vorgestellt werden anhand von Originalzitaten die bedeutendsten Religionsgemeinschaften aus Ost und West:
Zeugen Jehovas; Neuapostolische Kirche; Christian Science; Vereinigungskirche; Universelles Leben; Mormonen; Anthroposophie; Sri Chinmoy; Satya Sai Baba; Hare Krishna; Osho Rajneesh; TM; Scientology und andere.

BRUNNEN VERLAG GIESSEN

Andrew Wilson-Dickson
Geistliche Musik
Ihre großen Traditionen
Vom Psalmengesang zum Gospel

256 Seiten. Geschenkbuchausstattung mit festem Einband
und Schutzumschlag. Großformat. Durchgehend vierfarbig
Bestell-Nr. 3-7655-6339-0

Dieser wertvoll ausgestattete Geschenkband entfaltet ein breites
Panorama der geistlichen Musik in der ganzen Welt: Vom gregorianischen Gesang bis zur christlichen Rock-Oper, von der Liturgie der
Ostkirchen bis zur ekstatischen Musik afrikanischer Gemeinden, von
Gabrieli und Schütz bis zum Gospelsong, den Gesängen von Taizé
oder dem neuen Anbetungslied.

„Dieser ansprechende Bildband gibt in einzigartiger Weise einen
umfassenden Gesamtüberblick über die Musik der christlichen Kirche
in aller Welt – eine wahre Fundgrube für alle Musikfreunde und
-kenner."

Klaus Heizmann

BRUNNEN VERLAG GIESSEN